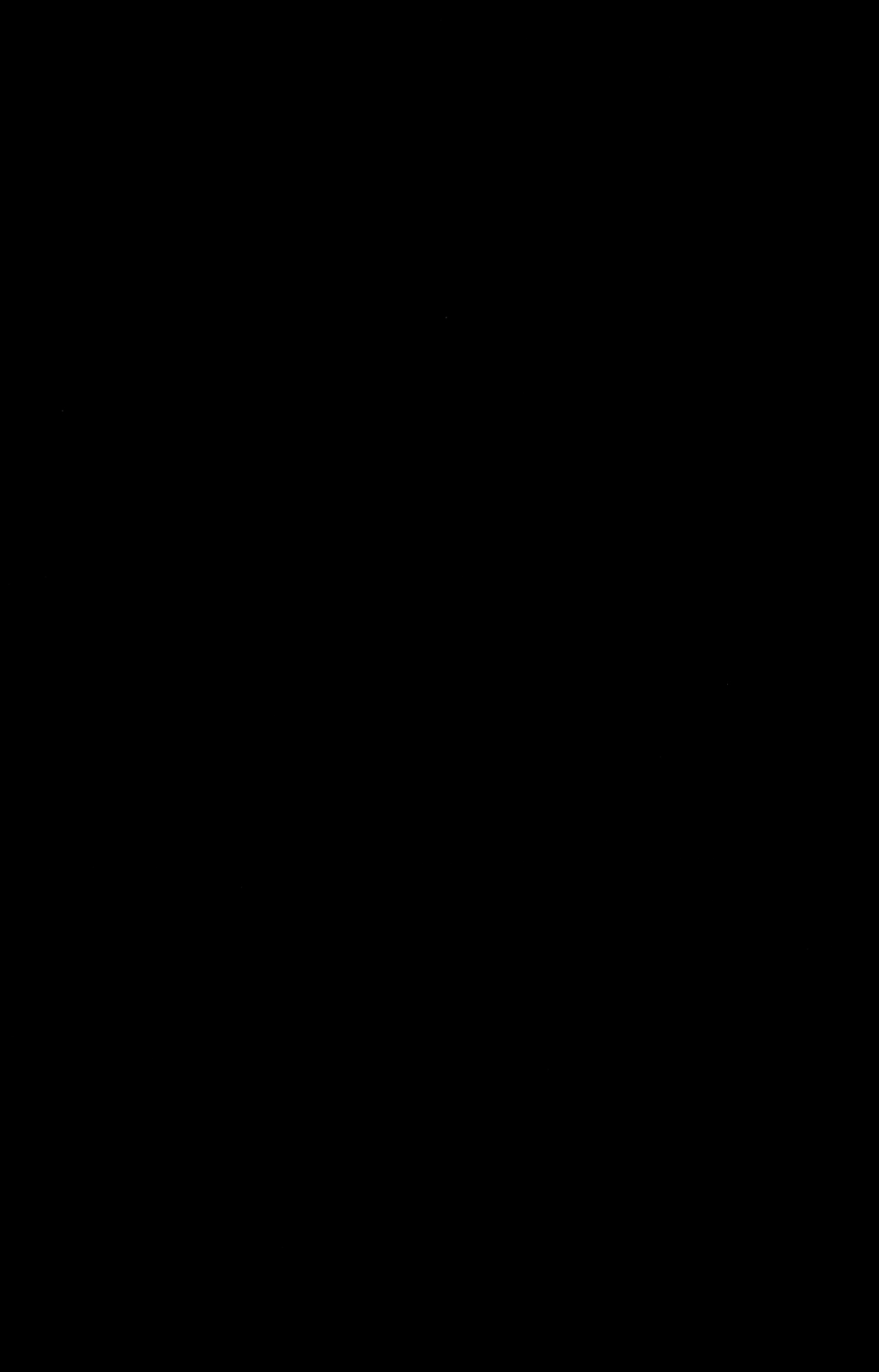

청소년사역의 새 지평

청소년사역의 새 지평
Toward a New Horizon of Youth Ministry

이하운 씀
Joshua Yihaun

SFC

인자야, 내가 너를 이스라엘 족속의 파수꾼으로 삼음이 이와 같으니라. 그런즉 너는 내 입의 말을 듣고, 나를 대신하여 그들에게 경고할지어다(겔33:7).

"Son of man, I have made you a watchman for the house of Israel, so hear the word I speak and give them warning from me(Ezekiel 3:17, 33:7)."

형제 여러분, 여러분이 하느님의 부르심을 받았을 때의 일을 생각해보십시오. 세속적인 견지에서 볼 때에 여러분 중에 지혜로운 사람, 유력한 사람, 또는 가문이 좋은 사람이 과연 몇이나 있었습니까.

그런데 하느님께서는 지혜 있다는 자들을 부끄럽게 하시려고 이 세상의 어리석은 사람들을 택하셨으며, 강하다는 자들을 부끄럽게 하시려고 이 세상의 약한 사람들을 택하셨습니다. 또 유력한 자를 무력하게 하시려고 세상에서 보잘 것 없는 사람들과 멸시받는 사람들, 곧 아무것도 아닌 사람들을 택하셨습니다. 그러니 인간으로서는 아무도 하느님 앞에서 자랑할 수 없다는 말입니다.

그러나 하느님께서는 여러분을 그리스도 예수와 한 몸이 되게 하셨습니다. 그리스도는 하느님께서 주신 우리의 지혜입니다. 그분 덕택으로 우리는 하느님과의 올바른 관계에 놓이게 되었고, 하느님의 거룩한 백성이 되었고, 해방을 받았습니다. 이것은 다 하느님께서 하신 일입니다.

그러므로 성서에도 기록되어 있듯이 누구든지 자랑하려거든 주님을 자랑하십시오(<공동번역>, I 고린토 1:18-31).

서문

샬롬Shalom.

하나님 아버지께서 이 글을 읽는 모든 이들과 그리고 청소년사역에 헌신하고 충성하는 주님의 일꾼들과 늘 함께하시며, 자비와 은혜와 은총을 베풀어 주시기를 주님의 이름으로 기도합니다.

배경과 목적

대학과 청소년관련기구들과 주님의 교회에서 30여 년간 오직 청소년과 관련된 연구, 교육, 봉사의 외길을 묵묵히 걸어 온 필자는 오랫동안 거역할 수 없는 힘에 이끌리며 씨름하였습니다. 그러다가 마침내, 60나이를 넘기는 때에 이르러서야 교수에서 사역자의 길을 가기로 복종의 무릎을 꿇었습니다.

그래서 대학(원)에서 청소년과 관련된 강의를 사역의 일환으로 하고 있는 것을 제외하면 사회 경제적인 활동을 모두 접었습니다. 사역 준비와 초교파적인 활동을 전개하기 위하여 섬기던 교회의 시무장로직도 내려놓았습니다. 아들이 다니던 대학교의 의과대학에 아내와 함께 저희들의 시신 일체도 기증하기로 서약했습니다. 사회 속에서 내세웠던 본명 이철위李哲偉를 뒤로 하고, '주님의 뜻만을 받들어 섬기는 일꾼으로 써주소서'라는 뜻으로 사역자의 이름도 이하운李何雲으로 바꿔 쓰기로 하였습니다.

그리고 주님께서 친히 이끄시고 도우시는 가운데 필자에게 참 꿈vision을 맡겨 주신대로 '교육·선교·봉사 사역공동체 - 갈릴리공방Education, Mission, Service - Galilee Workshop Community (약칭 G-G)'의 여러 사역계획 중에서 우선 청소년사역부터 착수하기로 하였습니다.

그래서 함께 일할 분들을 두루 찾고 만나기 시작했습니다. 그런데 그 과정에서, 뜻밖에도 청소년사역에 대한 저마다의 생각에 큰 차이가 있음을 알게 되었습니다. 특히 청소년사역을 교회(학교)교육과 같은 것으로만 생각하고 계시는 분들이 많았습니다. 그리고 교회(학교)교육 이외의 청소년사역영역들에 관해서는 '서로 뜻을 공유할만한 그 무엇'조차 우리들에게 없다는 것도 깨닫게 되었습니다.

이렇게 공유된 그 무엇이 없는 상태에서 사역한답시고 섣불리 행동으로 옮겨버리면 나중에 큰 혼란에 빠질 수도 있기 때문에, 시간이 걸리고 사역활동이 다소 지연되더라도 주님 안에서 뜻부터 하나로 모아야겠다고, 그래서 청소년사역의 먼 길을 함께 갈 채비부터 단단히 해야겠다고 마음먹었습니다. 그러는 것 자체도 사역일 테니까요.

늦깎이로 한껏 꿈에 부풀어 사역의 첫걸음을 내딛었던 터라 시작하자마자 벽에 부딪치는 것 같아서 안타까웠습니다. 먼 길을 돌아가야 한다는 생각 때문에 마음이 바빴습니다. 그러나 그래도 청소년사역에 관한 주님의 뜻을 공유하는 것이 '앞서야할 일'이라고 여겨져서 이 일부터 시작했던 것입니다.

그러니까 이 글은 애당초 '갈릴리공방(G-G)'의 한 기구인 '청소년사역연구개발원R&D Youth'이 청소년사역을 착수하려 하면서, 주님 안에서 함께 일할 형제자매들과 한뜻을 지니기 위한 '참고자료'의 하나로 작성되기 시작한 것이었습니다.

이렇게 이 글은 청소년사역에 관한 기본적인 사항들을 체계적으로 정리해서 이를 동역자들과 공유할 생각이었으므로, '청소년사역에 관한 기본적인 질문들에 대한 해답'을 하나씩 찾아나가는 방식으로 그 내용을 구성하려 하였습니다. 그 질문들이란, 청소년사역자들이면 누구나 흔히 갖게 되는 그런 본질적이고 기초적인 질문들입니다.

그것은 '청소년은 누구인가', '그리스도교회의 사역이란 무엇인가', 그리고 '청소년사역이란 무엇인가', '왜 청소년사역을 해야 하는가', '청소년사역의 목적과 목표는 무엇인가', '청소년사역의 내용은 어떤 것들인가', '청소년사역은 어떤 방향으로, 어떻게 전개되어야하는가', '청소년사역의 목표를 구현하고 활성화하기 위한 과제는 무엇인가'와 같은 질문들입니다. 이러한 질문들은 신학자도 그 흔한 박사도 아닌 평신도의 한 사람인 필자의 절실한 질문이기도 하였습니다.

이 글을 쓰기로 마음먹었을 무렵에는 이러한 질문들에 대한 해답이 시중에 이미 책으로 많이 나와 있을 것으로 믿었습니다. 그런 책들을 모아서 몇 개월만 작업하면 우리가 공유할만한 자료 하나쯤은 그리 어렵잖게 엮어낼 수 있을 것으로 생각했습니다. 그래서 '청소년은 누구인가'라는 소제목을 내걸고 이 부분부터 써내려가기 시작했습니다. 다른 한편으로는 그 다음에 이어질 '청소년사역이란 무엇인가'를 정리하는 데에 필요한 참고자료를 찾기 시작했습니다.

그런데 의외로 청소년사역의 본질적이고 기초적인 질문에 대한 해답을 일목요연하게 정리한 자료를 찾기 힘들었습니다. 손에 잔뜩 들어 온 것은 교회(학교)교육에 관한 것들뿐이었습니다. 그래서 우리나라 주요 교단들의 대표적인 신학대학(원)과 관련학과들의 청소년사역에 관한 교재들도 찾아보았습니다. 그러나 극히 예외적인 경우를 제외한다면 그런 과목은 개설조차 되어 있지 않다는 것을, 그래서 더 이상 참고자료도 구할 수 없다는 것을 알게 되었습니다.

좀 과장되고 경박한 표현이 될 것 같습니다만, 숨이 컥 막히는 것 같았습니다. 앞이 캄캄했습니다. 얼마나 황당했던지, 이 작업을 그만 접어야겠다는 생각이 필자를 압도하고 있었습니다. '주님, 저는 못합니다. 저 혼자서는 해낼 수 없는 일입니다'라고 토로했습니다.

나중에야 기도하는 가운데 '하나님의 일, 하나님나라의 일'인 '사역'을 너무 쉽고 간단하게 여기고 덤빈 것이 너무나 부끄럽고 죄송스럽게 여겨졌습니다. 그리고 '자료가 없으면 누군가가 만들어내야 할 것 아닌가.'라는 절박한 이끄심이 다시금 무릎을 꿇게 했습니다. '그리스도교회 사역의 하나인 청소년사역은 그 유일한 뿌리가 성경에 있다. 그러니까 참고할 만한 자료가 없으면, 생명력 있는 성경을 펴놓고 열심히 들여다보며 주 성령님께서 역사하시는 대로 '받아 옮겨 쓰기'를 하면 될 것 아니냐, 일을 시키신 분께서 어찌 길도 열어주시지 않겠느냐'라는 충동이 두방망이질을 하고 있었습니다.

결국 "주님께서 저와 함께하시고, 친히 이끄시고 도우시며 주님 뜻대로 이루소서."라고 고백하면서 다시 작업으로 복귀하였습니다. 흔한 표현그대로 필자의 '천학비재淺學非才'함을 무릅쓰고 오직 주님 안에서 믿음으로 기도하는 가운데, 말씀과 성령님의 역사하심에 따라 글을 완성하리라 결단하였습니다. 그래서 '주님, 말씀하소서. 옮겨 담겠나이다.'라고 하면서 글 표지의 제목 밑에 적어놓았던 '이하운 저著'에서, 내가 '지었음'이라는 뜻의 '저'를 빼고 '뜻을 받들어 썼음'이라는 뜻으로 '씀'이라고 얼른 바꿨습니다. 그리고 동역자들끼리 자료로나 공유하려던 처음의 마음은 한국 교회의 청소년사역에 보탬이 될 두루 읽힐 책으로 펴내야 한다는 사명감으로 바뀌었습니다.

내용의 특성과 한계

이 책은 청소년사역에 관련되어 있거나 이 분야에 관심이 있는 이들이라면 누구나 한번 읽어보기를 바라는 마음으로 썼습니다. 그러므로 책의 내용은 이 분야를 전문적으로 다루는 이는 물론, 대학생과 학부모님들 그리고 그리스도인 청소년들이 읽더라도 이해할 수 있는 수준으로 정리되었습니다.

이 책은 청소년사역 전반에 걸친 기본적인 내용들을 다루고 있습니다만, 그렇다고 청소년사역의 현장에서 그대로 활용할 수 있는 행동프로그램을 창작하거나 번안해서 이를 한 곳에 모아놓은 사역프로그램 모음집이 아님을 미리 밝혀둡니다. 이 책은 이른바 '프로그램 완제품'인 '생선'을 제공하는 것이 아니라, 사역의 '왜, 무엇을, 어떻게' 등과 관련되는 '낚싯대와 고기 잡는 방법'을 탐색하고 이를 공유하기 위한 것입니다. 그래야 이 기초 위에서 사역자가 언제 어디서라도 그때그때 자신의 사역 현장상황에 적용할 행동프로그램을 창안해내서 '고기잡이'를 할 수 있을 것이기 때문입니다. 청소년사역의 행동프로그램은 어디서 누군가로부터 완제품을 얻어다가 '써먹는 것'이기보다는 사역자 자신이 '무릎으로 만들어내야' 할 것이라고 믿기 때문입니다. 따라서 이 글을 토대로 사역자들이 많은 행동프로그램들을 사역현장의 실정에 맞게 창안하여 주님의 뜻을 이루어나가실 수 있게 되기를 기대합니다.

또한 이 글은 그리스도교회 교회(학교)교육에 관한 것이 아니라 청소년사역 전반에 관한 것입니다. '교회교육'과 '청소년사역'이 모두 한 하나님, 한 성경, 한 그리스도교회 공동체 안에서 이루어지고 있기 때문에 이들은 서로 매우 밀접한 관계를 유지하고 있습니다. 그래서 더러는 이 두 가지 영역이 거의 같은 것처럼 파악될 때도 있습니다만, 그렇다고 '서로 같은 내용의 사역'은 아닙니다. 이미 그리스도교회의 교육에 관해서는 오랜 동안에 수많은 값진 자료들이 축적되어 있기 때문에, 여기에서는 새삼스럽게 이 분야를 논의할 필요조차 느끼지 않고 있습니다. 따라서 이 글에는 주로 청소년사역에 관해서만 집중적으로 탐색한 내용들이 실려 있습니다.

그리고 이 글은 어른들이나 청소년사역자들에 의한 '청소년을 위한 사역 ministry for youth'이라는 관점에서만 청소년사역을 다루지 않습니다. 이 글은 '청소년을 통한 사역 ministry through youth' 즉 '청소년과 함께하는 사역 ministry with youth'과, '청소년에 의한, 청소년의 사역 ministry by and of youth'에도 새로운 관심을 집중하여, 이를 강조하고 있습니다. 이런 의미에서 이 글의 제목이 『청소년사역의 새 지평』으로 된 것이기도 합니다.

여기에 덧붙여서 이 글은 청소년사역의 영역을 교회 울타리 안에만 국한시키지 않습니다. '땅 끝까지 가서 행하라'는 주님의 뜻을 따라 교회 밖 저 세상 속으로, 즉 청소년의 '여기, 오늘', 그 '삶의 현장'으로까지 청소년사역의 영역을 확장하고 있습니다. 또한 이 글은 '개별교회 수준의 사역'뿐만 아니라 그리스도교회들의 일치와 연대와 협력 속에서 이루어져야 할 '그리스도교회 공동체 차원의 사역'에도 깊은 관심을 기울였습니다. 이런 의미에서도, 이 글은 '청소년사역의 새 지평'을 넓히기 위한 것입니다.

그리고 이를 위하여 이 글은 청소년사역이 이룩해내야 할 과제들을 성경말씀은 물론 우리가 살고 있는 '지구촌의 여기, 오늘의 사회문화적 정황들' 속에서도 발굴해내려고 기도하며 나아갔습니다. 청소년은 '여기, 오늘을 사는 이들'이기 때문입니다. 그리고 이들 청소년과 관련된 과제들을 해결하기 위한 실천적 접근방안을 탐색하는 과정 속에서는 이와 관련되는 인접학문들의 자료들을 참작하기도 하였습니다. 인접학문들 속에는 하나님께서 우리에게 주신 지혜와 유용한 지식들이 포함되어 있기 때문입니다.

당부의 말씀

이 책은 비록 새롭고 광범위한 접근을 시도해보려고 노력했다고는 하더라도, 학술이론서도 아니고 더군다나 신학 전문서적도 아닙니다. 초고를 쓰는 데에만 2년 10개월 이상 걸렸고 그 이후로 고치고 또 고치기에 몇 개월을 보냈으며, 또 한동안 멈칫거리며 출간을 미루고 덮어두었다가 다시 손질을 거듭한 5년여에 걸친 글이라고는 전혀 믿겨지지 않을 만큼, 필자 자신이 읽어봐도 내용이 허술하고 빈약하기가 이를 데 없습니다.

그리고 이 글은 청소년사역에 관한 질문들의 해답을 탐색해나가는 과정을 그대로 옮긴 것이기 때문에 해답이나 결론이 시원시원하게 글머리에 제시되지 않습니다. 그래서 새로운 탐색의 장이 펼쳐질 때마다 앞에서 했던 말을 또 반복하기도 합니다. 긴 긴 탐색과정이 모두 설명된 맨 뒷부분에 가서야 겨우 간단한 몇 줄의 글로 결론적인 내용이 나올 뿐입니다. 그러니까 '간단히 정리된 해답'만을 요구하시는 분들에게는 매우 갑갑하고 지루한 글이 될 수도 있을 것입니다.

그뿐만 아니라 읽으셔야 할 분량도 제법 많습니다. 그래서 끝까지 읽어내기 위해서는 이 글을 읽으시는 분들이 많이 부담이 되고 인내심도 필요할 거라고 생각합니다. 그것은 전적으로 말씀을 제대로 받아 옮겨 쓰지 못한 아둔한 필자의 탓입니다. 그래서 위로는 주님께 죄송하고 이 글을 읽게 되실 분들께는 부끄럽기 그지없습니다. 아직도 바로 잡아야 할 곳이 한두 군데가 아닐 것으로 압니다만, 질책보다는 주님의 사랑으로 품어주시고 너그러이 이해해주시기를 간곡히 부탁 말씀드립니다. 그저 평신도 한 사람이 뒤늦게야 부르심을 받아 청소년사역에 투신하게 되면서 한국 교회와 성도님들 앞에 드리는 청소년사역에 관한 필자의 신앙고백서이거나, 청소년사역이 나아갈 방향에 관한 사명선언서 또는 청소년사역에 관한 기초적인 논의자료 정도로 여기시고 읽어주시기를 바랍니다.

다만 이 글 속에 담긴 주님의 뜻만은 온전히 전달되어서, 이 글이 '청소년사역의 새 지평'을 열고 넓히는 데에 자그마한 샘이 되고 마중물이 되며, 생명 있는 불씨가 되고 불쏘시개가 되기를 간절히 소망합니다. 그래서 이 글 때문에 청소년사역에 관한 관심과 논의, 연구와 개발이 더욱 촉진되기를, 그래서 '청소년사역의 새 바람'이 교회의 안팎에서 불고, '청소년사역의 새 불길'이 들불처럼 활활 타올라서 교회 밖으로 지구촌 저 끝까지, 우리 주님 다시 오실 때까지 번져나가기를 기대합니다. 그래서 한국 교회의 청소년사역 때문에 우리의 청소년과 한국사회와 교회, 그리고 온 지구촌이 주님 안에서 새로운 소망을 품게 되고 아름답고 복된 사역의 열매들이 풍성하게 맺게 되기를 열망합니다. 그리고 그 열매들이 우리 주 하나님께 봉헌되어 주님께서 기쁘게 받으시고 영광을 누리시는 예물이 되기를, 주 예수님 이름으로 기원합니다.

감사의 말씀

이 글은 전적으로 주님께서 이끄시고 도우시고 이루셨습니다. 보잘것없는 필자를 도구로 삼으셔서 주님의 뜻을 받들어 옮기게 하신, 나의 능력, 나의 힘이 되시는 주님의 각별하신 은혜와 사랑을 감사하며 찬양합니다.

그리고 이 글이 책으로 펴내지기까지 여기에는 많은 이들의 기도와 격려와 도움이 있었습니다. 특히 청소년사역의 열정을 품도록 계기를 제공해주신 정봉규 목사님(서울 은성교회)과 기도와 성원을 아끼지 않으신 장로님들을 비롯한 성도님들, 그리고 제대로 정리도 되지 않은 초고를 읽어주시고 조언과 격려를 아끼지 않으신 배광영 사돈목사님(서울 천우교회) 내외분을 비롯하여, 김요셉(김포 비전교회), 김상완(능곡 주안교회), 조태회(부천 돌모딤교회), 김진희(행신 물댄동산교회), 김홍근, 김성균, 박용성(SFC), 전병재(동백 사랑의교회)목사님, 필자의 사역에 관심과 협력을 아끼지 않으신 송길원 목사님(하이 패밀리), 그리고 언제나 형제같이 한결같은 배려와 격려를 아끼지 않으신 호서대학교 청소년문화상담학과 박진규 학장님을 비롯한 김혜원, 정철상, 주은지, 정남환 교수님, 천안으로 장막이 옮겨진 후 그동안 말씀과 기도로 힘을 주신 이재경(천안드림교회), 김정호(천안 예찬교회)목사님께 감사를 드립니다. 그리고 이 글이 책으로 모습을 갖추어 출간될 수 있도록 여러 어려움을 감내하시면서 편집과 출간에 힘쓰신 SFC출판부 관계자 여러분의 노고에 깊이 감사합니다.

끝으로 외롭고 힘겨웠던 집필 과정을 항상 곁에서 지켜보면서, 여인으로서 감당하기 어려운 고통을 감수하며 기도로 뒷바라지해준 사랑하는 나의 반쪽 최혜경 권사에게, 그리고 공연과 봉사의 바쁜 일정들 속에서도 큰 힘과 위로가 되어준 내 사랑스런 딸 가영과 자랑스러운 사위 민경언에게, 캐나다에서 힘든 박사학위과정을 보내면서도 꼼꼼히 원고를 살펴준 나의 장한 아들 경준과 사랑스런 며늘아기 배인혜에게, 항상 기도로 뒤를 밀어주신 모든 가족과 친인척들에게, 그리고 나의 보배로운 손주 바울과 소울에게 이 책을 안겨줍니다.

Soli Deo Gloria

주후 2012 년 사순절에
갈릴리공방 학린헌學隣軒에서
이하운Joshua Yihaun

차례

서문　7

제1편 청소년사역의 새 바람

제1장 하나님, 교회, 청소년

제1절 하나님의 교회와 청소년
1. 일하시는 하나님과 하나님의 일꾼들　29
2. 하나님의 일꾼인 청소년과 하나님의 작업장　32

제2절 청소년, 청소년사역에 대한 새로운 관심
1. 한국 교회의 새로운 가능성: 청소년, 청소년사역　51
2. 하나님의 뜻, 하나님의 관점에서　54

제2장 청소년은 누구인가

제1절 청소년의 이해
1. 청소년 이해의 중요성과 필요성　62
2. 청소년을 이해한다는 것　68

제2절 청소년에 대한 일반적 이해
1. 청소년 새로 읽기　72
2. 청소년 자세히 읽기　83

제3절 청소년사역의 관점에서 본 청소년
1. 그리스도의 사람인 청소년　109
2. 그리스도 교회공동체의 인간자원인 청소년　152

제3장 청소년사역이란 무엇인가

제1절 사역이란 무엇인가
1. 사역의 개념　164
2. 사역의 의미와 성격　187
3. 그리스도교회공동체 사역의 정의　228

제2절 청소년사역이란 무엇인가
1. 청소년사역의 개념과 특성　245
2. 청소년사역과 교회교육　292

제4장 왜 청소년사역을 해야 하는가

제1절 청소년사역의 이유를 찾아 나서면서
1. 청소년사역의 이유를 찾는 까닭　318
2. 모든 이유가 완벽해야 할 청소년사역　322
3. 청소년사역의 당위성, 중요성, 필요성, 시급성 차원에서　325

제2절 청소년사역을 해야 하는 이유들
1. 당위성 차원에서　341
2. 중요성, 필요성, 시급성 차원에서　355
3. '청소년사역을 해야 할 35가지 이유들'에 관하여　394

제2편 청소년사역의 새 불길

제1장 청소년사역의 목적과 목표는 무엇인가

제1절 청소년사역의 목적과 목표에 대한 이해
1. 사역의 목적과 목표에 대한 일반적 이해　　406
2. 사역의 목적과 목표를 확인해야 할 필요성과 중요성　　412

제2절 청소년사역의 목적　　421
1. 그리스도교회공동체 사역의 목적
2. 청소년사역의 목적

제3절 청소년사역의 목표
1. 청소년사역의 목표가 지니는 의의　　509
2. 그리스도교회공동체 사역의 목표　　517
3. 청소년사역의 목표들　　536

제2장 청소년사역의 내용은 어떤 것들인가

제1절 청소년사역의 내용을 탐색하면서
1. 사역의 목표들을 구현하기 위한 '내용'들   560
2. '청소년사역의 내용'들이 지니는 의미와 특성   569

제2절 청소년사역 내용의 분류와 발굴
1. 청소년사역 내용의 분류   588
2. 청소년사역 내용의 발굴   601

제3절 청소년사역 내용들의 발전적 전개
1. 청소년사역 내용들의 전개 방향   659
2. 사역프로그램에 대한 이해   664

제3장 청소년사역은 어떤 방향으로, 어떻게 전개되어야하는가

제1절 청소년사역은 어떤 방향으로 전개해야하는가
1. 청소년사역 전개의 기본원칙과 방향   684
2. 청소년사역의 실천적 전개방향   704

제2절 청소년사역 목표의 구현과 활성화를 위한 과제는 무엇인가
1. 청소년, 청소년사역 바르게 이해하기   718
2. 청소년사역을 위한 정책적 배려와 지원   721
3. 청소년사역의 장애요인 극복 및 해결   724
4. 청소년 및 관련 역량들의 연대와 협력   738

표 목차

<표 1> 청소년인구 및 구성비
<표 2> 그리스도인 청소년의 발달과제 탐색
<표 3> 문화화 과정
<표 4> 인간자원개발(HRD)의 과정
<표 5> 구약시대의 제사와 그리스도의 사역과의 비교
<표 6> 청소년사역의 개념 탐색을 위한 사역유형 비교
<표 7> 청소년사역의 발전적 전개과정
<표 8> 청소년사역의 목적 탐색
<표 9> '하나님의 뜻이 그리스도교회 공동체로'
<표10> 그리스도교회 공동체 사역의 목적(1)
<표11> 그리스도교회 공동체 사역의 목적(2)
<표12> 위계적 구조와 질서 속의 목표
<표13> 그리스도교회 공동체 사역과 청소년사역의 목표
<표14> 청소년사역의 목적과 목표(종합)
<표15> 실천적 체계적으로 재조정한 청소년사역의 목표
<표16> 청소년사역의 하위 체계
<표17> 청소년사역의 유형, 목표, 이유들의 통합
<표18> 유형, 목표의 상호관계에 따른 조합과 실천적 영역
<표19> 청소년사역 내용의 통합적 분류와 체계화 일람

일러두기

1. 별도의 표시가 없는 한 성경구절의 인용은 다음을 참고했다.

   한글성경:『성경전서 개역개정판』(NKR73ES 2nd Printing, 대한성서공회, 1998)
   영어성경: *The Holy Bible, New International Version*(Zondervan, 1984년)
   한자성경:『貫珠 聖經全書-簡易國漢文 한글판』(대한성서공회, 1964)

2. 인용하는 성경 말씀의 의미를 더욱 분명히 하기 위해서, 더러는 국내외에서 출간된 성경들도 함께 참고하였고, 이 경우에 각각 <개역>, <공동>, <현대> 등으로 그 출처를 장, 절 앞에 밝혀둔다. 참고한 성경들은 다음과 같다.

   <개역>:『한글판 개역성경전서』, 대한성서공회, 1996년, 184판.
   <공동>:『공동번역 성서(외경포함)』, CH83-I 19th Printing, 1981.
   <현대>:『현대어 성경(THE HOLY BIBLE, Today's Korean Version)』, 성서교재간행사, 1991.
   <GNB>: *Good News Bible-Today's English* Version, United Bible Society, 1981.
   <KJB>:『한글 킹 제임스 성경(King James Bible) 한영대역』, 말씀보존학회, 1995년, 초판.
   <홍콩>:『現代中文譯本 聖經』, 香港聖經公會出版, TCV043P, 7th Printing, 1983.
   <남경>:『新舊約全書』, 中國基督敎協會, 中國基督敎三自愛國運動委員會, 南京, 1985.

3. 성경구절을 인용하면서 말씀을 생략한 부분은 '……'로 표시하기도 했다. 성경본문 난 외의 주(註)에 있는 내용을 함께 밝히거나, 글 속에서 그 의미나 용례를 서로 대치 또는 병용할 수 있음을 나타내고자 할 때는 이를 괄호 속에 넣었다.

   보기: '계보(세계)' - '계보 또는 세계', '사역(자)' - '사역 또는 사역자'

4. 성경구절을 인용할 때, 그 출처만 밝히고 해당 구절의 내용을 생략한 경우도 많다. 독자들이 본서를 읽을 때 성경을 곁에 두고 성경구절을 바로 확인하면 좋을 것이다.

5. 찬송가는 『통일 찬송가』와 『21세기 새 찬송가』를 순서대로 괄호 속에 표기했다.
  보기: (찬256/515장)

6. 본서는 여러 책에 있는 글들을 퍼 옮겨서 적당하게 편집하는 방식의 이른바 '짜깁기'식 집필방식은 지양했다. 내용확인을 위해서 일반 문헌정보자료를 참조하였으나 직접인용 이나 재인용 같은 특별한 경우를 제외하고는 자료들의 출처를 낱낱이 밝히지는 않았다. 출처를 밝혀 둘 필요가 있는 경우는 본문 괄호 속 또는 각주에서 밝혔다.

7. 한자어를 비롯한 외래어 등은 원칙적으로 한글 바로 옆에 썼으나, 문맥상 한글처럼 그냥 써도 내용을 이해하는 데에 전혀 무리가 없을 것이라고 여겨지는 대목에서는 외래어를 그대로 썼다. 영어가 아닌 외래어는 그 앞에 출처를 밝혔다.

  보기: <독> - 독일어, <히> - 히브리어, <헬> - 헬라어, <라> - 라틴어

제 1 편

청소년사역의 새 바람

생명의 주 성령님,
성령의 바람이 불어와

이 바람
뭇 영혼을 흔들어 깨우셔서

'하나님의 일꾼인 청소년'과
'하나님, 하나님나라의 일인 청소년사역'에 관한
깨달음이 새로워져

청소년사역에도 새 바람이 일게 하소서.

주 예수님의 이름으로 기도하나이다.
아멘

제1편 '청소년사역의 새 바람'은, 이 글의 주제인 청소년과 청소년사역에 관한 본질적이고 기초적인 이해를 새롭고 올바르게 하기 위한 서설序說에 해당하는 부분이다.

그런데 청소년사역에 관한 논의를 시작하려면 무엇보다도 주 우리 하나님과 교회의 관계 그리고 청소년과 청소년사역의 관계에 대한 이해가 분명해져야 할 것이므로, 제1장 서설에서는 이 주제를 먼저 살펴보려고 한다.

이를 바탕으로 이 책의 핵심 주제인 '청소년, 청소년사역'을 다루는 것이 순서일 것이므로, 이 작업은 제2장에서 착수하려고 한다. '청소년사역'은 '청소년靑少年'과 '사역使役'이라는 두 낱말이 이루어낸 합성어이다. 이 순서대로 제2장에서는 '청소년'이 누구인지를 먼저 살펴보고, 그 다음 제3장에서는 '사역'이란 어떤 것이며 그 사역의 하나인 '청소년사역'이란 무엇인지를 다루고, 제4장에서는 청소년사역을 왜 해야 하는지를 살펴보겠다.

이런 논의 과정을 통해 하나님의 교회와 청소년, 사역, 그리고 청소년사역에 대해 새로운 관심을 갖게 되고 이해가 깊어질 것이다. 이 새로운 이해와 관심을 바탕으로 한 청소년사역에 대한 새로운 발상과 새로운 접근노력들이, 성령님의 새 바람을 타고, 교회 안팎에서 다시 새롭게 일어나는 계기가 되기를 기대한다.

제 1 장 _ 하나님, 교회, 청소년

제1절 하나님의 교회와 청소년
1. 일하시는 하나님과 하나님의 일꾼들
2. 하나님의 일꾼인 청소년과 하나님의 작업장

제2절 청소년, 청소년사역에 대한 새로운 관심
1. 한국 교회의 새로운 가능성: 청소년, 청소년사역
2. 하나님의 뜻, 하나님의 관점에서

청소년과 청소년사역에 대한 우리의 이해와 관심을 새롭고 온전하게 하기 위해서는 '하나님의 교회와 청소년(사역)'의 관계를 먼저 살펴보아야 한다.

청소년사역에서 말하는 청소년은 '교회 안에 들어와 있는 청소년'뿐만 아니라 '장차 교회가 만나야 할 청소년'들을 포함한다. 청소년사역도 마찬가지로 그리스도교회 안팎에서 이루어지는 사역이다. 이렇게 청소년과 청소년사역 개념은 하나님과 하나님의 교회에 대한 이해와 맞닿아 있다. 따라서 '하나님의 교회와 청소년(사역)'의 관계가 무엇이며 이와 관련된 '현안'들이 무엇인지를 기본적으로 이해할 필요가 있다.

이런 과정은 이 글의 주제인 '청소년사역의 새 지평'이라는 커다란 실타래를 풀기 위하여 그 실마리를 더듬어가는 첫 번째의 조심스러운 손놀림과도 같다. 기초가 튼튼해야 큰 집을 세울 수 있고, 출발점이 확실해야 먼 길을 가더라도 목표를 잃지 않고 곧장 갈 수 있기 때문이다. 1장의 논의는 우리의 관심을 한 곳으로 모으고 교회가 직면한 현실인식을 새롭게 하는 데 도움이 될 것이다.

제1절 하나님의 교회와 청소년

1. 일하시는 하나님과 하나님의 일꾼들

가. 일하시는 하나님

하나님은 우리처럼 살아계시는 하나님(신5:26)이시고, 영원부터 영원까지 계시는 하나님(느9:5)이시다. 이 영원하신 우리 주 아버지 하나님께서는 지금도 '일하시는 하나님'이시다. 그래서 예수님께서는 어느 안식일에 '내 아버지께서 이제까지 일하시니 나도 일한다'(요5:17)고 말씀하셨다.

항상 일하시는 하나님께서는 전능하신 하나님이셔서, 못할 일이 전혀 없으시다(창17:1). 하나님께서는 일손이 부족하지도 않으시고, 누가 거들어 드리지 않아도 전혀 힘들어하지 않으신다. 하나님께서는 필요하시면 꼭 사람이 아니더라도 짐승이나 새나, 심지어는 벌레까지도 마음대로 불러 쓰신다. 나귀의 입을 열어 엉터리 선지자 발람을 꾸짖으시고(민22:21-30), 가뭄에 까마귀를 통하여 엘리야에게 먹고 마실 것을 공급하시고(왕상17:2-6), 벌레를 시켜서 요나를 덮고 있던 넝쿨을 말라죽게도 하시는(욘4:6-7), 전능하신 하나님이시다.

이렇게 전능하신 하나님이시면서도, 하나님께서는 손수 지으신 '사람과 함께' 일하시기를 기뻐하신다. 그래서 사람을 불러서 일꾼으로 쓰신다. 일꾼에게 시켜놓으신 다음에는 나 몰라라 뒷짐 지고 구경만 하지 않으신다. 그 일꾼들과 늘 함께 일하신다. 함께 일하시는 동안에 자상히 가르쳐주시고 따뜻하게 격려도 해주시며, 칭찬도 아끼지 않으신다. 상도 푸짐하게 주시고 복도 넘치도록 베풀어주신다. 하나님께서는 우리가 일하는 모습을 바라보시면서 우리 때문에 기쁨을 이기지 못하시며, 잠잠히 사랑하시며 즐거이 부르시며 기뻐하신다(습3:17). 그렇다. 우리 주 하나님께서는 그냥 표현 그대로 '아빠(Abba, 막14:36)'이시다. 자비로우신 우리 하나님 아버지(갈1:1)이시다.

하나님은 사랑이시다(요일4:8). 손수 지으신 사람들을 죄와 사망에서 구원해주시려고 독생성자 그리스도 우리 주 예수님을 화목제물로 세상에 내놓으시기까지 우리를 극진히 사랑하시는 하나님(요3:14-16)이시다. 이렇게 전능하시고 자비로우신 주 아버지 하나님께서는 우리 사람들과 함께 일하신다. 처음부터 하나님께서는 우리를 '하나님의 일꾼'으로 지으셨기 때문이다(창1:26-28). 그래서 최초의 사람 아담도 에덴동산에서 과일이나 따먹고 빈둥빈둥 놀고만 있었던 것이 아니라, 하나님께서 그를 이끌어 거기 두시고 그것을 경작하며 지키게 하셨다(창2:15).

나. 하나님의 일꾼: 교회와 성도들

이 하나님의 일꾼 중에는 한국 교회와 성도들도 포함되어 있다. 한국 교회와 주 믿는 성도들도, 이 땅에 복음이 전파된 이래로 하나님의 일꾼으로 쓰임 받아 왔다. 이제는 그 일꾼의 수효도 많이 늘어났고, 전국 어느 곳에 가든지 십자가첨탑을 쉽게 찾아볼 수 있을 만큼 교회들도 많이 세워졌다. 수효만 많아진 것이 아니라 한때는 교회가 사회를 앞장서서 이끌어가던 때도 있었다. 나라의 구심점이요 겨레의 선구자로서 사회에 이바지해왔다. 아직도 교회의 영향력은 막강한 것 같다. 지구촌 속에서도 한국 교회의 역량은 전 지역으로 확장되어서 지금은 세계에서 두 번째로 선교사를 많이 파송하는 나라가 되었다고 한다. 하나님께 감사할 일이 아닐 수 없다.

그런데 벌써 오래 전부터 한국 교회의 신도들이 줄어들고 있다고 우려하는 사람들이 많아졌다. 신도가 줄어든다는 것은 하나님의 일꾼들이 줄어들고 있는 것이나 마찬가지이기 때문이다. 최근에 이르러서는 가톨릭교회 신도가 늘어나고 있는 반면에 개신교의 신도가 줄어들고 있다고 한다. 거의 모든 개신교 교단의 교세가 간신히 완만한 성장세를 유지하거나, 성장이 멈춰 제자리걸음을 하고 있거나, 심지어는 교세가 줄어들고 있는 것으로 통계자료들은 밝히고 있다. 자료들이 반드시 사실만을 나타낸다고 하기는 어렵겠지만, 부정확한 자료들 속에서라도 분명히 읽어 볼 수 있는 사실 하나는 '한국 개신교는 지금 그 성장세가 둔화 또는 정체상태에 있다'는 점이다.[1] 오히려 '거품'을 빼면 한국 개신교 교인의 수효가 줄어들고 있다는 주장들도 나와 있다. 우리 주 예수님께서 그렇게 생명까지 내놓으시며 아끼시는 '주님의 양 무리(요21:15-17)'가 줄어들고 있다는 사실은 서글프기 그지없다. '추수할 것은 많되 일꾼이 적으니, 그러므로 추수하는 주인에게 청하여 추수할 일꾼들을 보내주소서 하라(눅10:2)'라고 안타까워하시던 주님을 향하여서는 참으로 죄송하고, 부끄러운 일이 아닐 수 없다.

설령 교인의 수가 늘어나는 교회가 있다고 하더라도, 그것은 신도들이 섬기던 교회를 떠나 '규모'도 크고 '말씀'이나 '프로그램' 등이 좋기로 소문난 큰 교회로 모여들거나, 아니면 새로 형성된 아파트촌이나 인구밀집지역으로 인구가 이동하는 현상, 즉 인구유동현상에 불과하다고 분석하는 사람들도 있다. '주께서 구원받는 사람을 날마다 더하게 하시니라(행2:47)'라는 말씀과 같이 불신자가 회심하여 주 예수님을 '나의 주님'으로 영접하게 되는 '새 신자'의 경우는 상대적으로 적다는 주장도 있다.

다음의 <표 1> '청소년 인구 및 구성비'에서 보는 바와 같이 현재까지 한국

---

[1] 통계자료들에 관하여는, 이런저런 생각을 거듭한 끝에, 이를 뒷받침할 만한 실증적 통계자료들을 이곳에 싣지 않는 것을 양해하기 바란다. 통계자료의 정확도를 높이기 위하여 노력하고 있는 교단들이 없지는 않지만, 아직도 교회나 교단들이 '하나님의 일꾼'들의 수효조차도 제대로 파악하지 못하고 있는 것 같아서 자료를 공개하지 않으려는 것이다.

의 인구는 꾸준히 증가하고 있다. 낮은 출산율 때문에 인구증가율이 다소 둔화되고 있기는 하지만, 아직까지는 총인구가 줄어들고 있지는 않다. 인구통계 전문가들은 2020년까지는 한국의 인구가 증가할 것으로 예측하고 있다.

그런데 이렇게 늘어나고 있는 인구에도 불구하고 하나님께서 쓰실 일꾼은 거꾸로 줄어들고 있는 것이다. 추수할 일꾼이 적다고 하시던 예수님의 말씀대로, 하필이면 이토록 할 일 많고 어둡고 사악한 시대에 주님의 일꾼이 줄어들고 있다는 것이다. 전능하신 하나님께서는 필요하시면 아무 때나 어떤 경로를 통해서든지 누구를 들어 쓰시든지 차질 없이 하나님의 뜻을 반드시 이루실 것이지만, '하나님의 작업장'인 교회에 '하나님의 일꾼'이 줄어들고 있다면, 지혜롭고 진실한 청지기(눅12:42)의 직분을 감당해야 할 우리로서는 하나님 앞에서 이만저만 죄송스런 일이 아닐 수 없다.

2. 하나님의 일꾼인 청소년과 하나님의 작업장

가. 하나님의 일꾼인 청소년

1) 교회의 미래인 청소년의 감소

그렇다면 흔히 교회의 미래라고들 말하는 청소년은 어떤가. 교회학교에서 성장하고 있는 청소년의 수효도 덩달아 감소하고 있는 실정이라고 한다. 왜 그럴까. 여기에는 몇 가지 서로 다른 견해들이 있다.

첫째, 교회청소년의 감소는 청소년인구의 감소추세와 관련된 것이라는 견해이다. 아래의 <표1> '청소년 인구 및 구성비'에서와 같이, 최근의 한국청소년 인구동향을 보면 청소년인구가 지속적으로 감소추세에 있다는 사실을 확인할 수 있다. 한국의 총인구는 지난 40년 동안 꾸준히 증가해왔지만, 청소년인구는 1980년까지는 성장세를 보이다가, 그 이후로부터는 계속 감소세를 보이고 있기 때문이다.

한국의 청소년기본법[2]에 의한 청소년(9-24세)의 인구는 1980년에 1천4백여만 명에 이르러 총인구의 36.8%를 차지하던 때도 있었다. 그러던 것이 2006년에는 1천1백만 명도 되지 않아 총인구의 22.4%에 머물게 되었다. 한국의 총인구가 지난 4반세기(1980-2005)동안에 1천만 명이상 증가하는 동안에 초중고 및 특수학교 학생은 200만 명이상 감소했다는 자료도 있다.

표 1 청소년 인구 및 구성비

구분	총인구	0~18세	9~24세	구성비	
				0~18세	9~24세
1965	28,705	14,720	9,121	51.3	31.8
1970	32,241	16,419	11,330	50.9	35.1
1980	38,124	16,545	14,015	43.4	36.8
1990	42,869	14,489	13,553	33.8	31.6
2000	47,008	12,904	11,501	27.5	24.5
2004	48,082	11,871	11,218	24.7	23.3
2005	48,294	11,689	11,065	24.2	22.9
2006	48,497	11,521	10,858	23.8	22.4

자료: 통계청, '장래인구 특별추계 결과(2005. 1) *재구성 (단위 : 천명, %)

이러한 청소년인구의 감소추세는 주로 출산율의 저하에 따른 현상이라고 전문가들은 해석하고 있다. 그래서 교회청소년의 감소도 이러한 청소년인구의 감소현상에 따른 비례적인 현상일 것이라고 말하는 이들도 있다. 청소년인구가 전체적으로 줄어들고 있으니, 이에 비례해서 교회청소년도 줄어드는 것이 당연한 것 아니냐는 견해이다. 인구통계학적으로는 일리가 있는 해석일 수도 있다.

---

[2] 청소년기본법은, 이 글이 작성되고 있는 현재로서는 현행법이지만, 언제든지 개정될 수 있으므로 자료이용에 착오가 없기를 바란다.

둘째, 또 어떤 이들은 입시제도라든지 학교교육제도 등이 잘못 장치되어서 교회청소년이 감소되는 것이라고 진단한다. 교회교육과 관련된 한 연구기관이 목회자들을 대상으로 조사한 여론조사자료에 의하면, 목회자들의 거의 대부분(88.4%)이 교회학교침체의 원인은 입시제도 때문이라는 견해를 보이고 있었다. 제도 때문에 청소년학생들이 교회(주일)학교에 제대로 출석조차 할 수 없어서, 청소년들이 줄어들고 교회학교도 덩달아 침체된다는 말이다.

실제로 이런 현상은 두드러지게 나타나고 있다. 특히 주5일 수업이 실시되고 난 이후부터 이러한 예는 더욱 쉽게 찾아볼 수 있다. 청소년학생들은 학교수업이 없는 주말과 주일을 마음껏 쉬고 즐기기는커녕, 오히려 전문보습학원이나 그룹과외 같은 곳에 가서 보충수업을 받기 일쑤다. 또는 무슨 모의고사나 자격시험 같은 것들은 쉬는 날 치르는 것처럼 고정되어버렸다. 그래서 교회에 나와서 주일예배조차도 드리지 못한다는 청소년들이 늘어났다. 결국 이러한 교육적 환경과 분위기가 교회학교학생 들의 수효가 줄어드는 원인으로 작용하게 되었다는 주장이다.

셋째, 청소년을 자극하고 유혹하는 퇴폐한 향락 문화가 청소년들이 교회에 가는 것을 가로막고 있다고 보는 견해도 있다. 실제로 오염된 사회문화적 환경이 청소년을 자극하기도 한다. 더러는 소비성향을 부추기고, 더러는 무사안일과 현실도피, 퇴폐와 방종을 부추긴다. 심지어는 흔히들 청소년 범죄와 비행 등으로 일컫는 일탈행위 또는 부적응행동maladjustive behavior[3]을 일으킬 만한 위해환경들이 우리의 청소년들을 포위하고 있다. 그런 사회적 분위기, 그런

---

[3] 흔히 '청소년 범죄와 비행'이라고 일컫는 청소년의 일탈행위나 부적응행동들은, 형사법적인 의미에서 그 정도에 따라 불량행위나 우범상태, 그리고 일탈 등으로 나뉘고 있으며, 그 중에서 규범을 어기는 행위인 일탈은 다시 청소년비행과 범죄 행위 등으로 구분되고 있다. 현재 소년법에서는 14세 이상의 청소년이 형벌법령에 위배되는 범죄행위를 저지른 때에는 형사책임을 묻고, 10세 이상 14세 미만의 경우는 이를 촉법행위(觸法行爲)라 하여 형사책임을 면제하는 대신, 이들을 10세 이상의 우범소년과 함께 보호대상으로 삼고 있다.

그 종류와 정도가 어떤 것이건 간에, 청소년의 부적응행동은 청소년자신에게 뿐만 아니라 가정과 사회의 불행한 상태를 드러내는 것이므로, 이를 해결하기 위한 그리스도교회의 대처가 시급히 요망된다고 하겠다.

시설들과 갖가지 프로그램들이 청소년들을 에워싸고 유혹한다.

이런 것들은 교회와 학교주변과 주택가에도, 그리고 우리의 안방에까지도 거침없이 널려있다. 그래서 청소년들은 주말과 주일을 교회에서와 같이 바람직한 상태에서 지내기보다는 신나고 화끈한 곳에서 입맛에 맞는 방식으로 시간을 보내기도 한다. 그렇기 때문에 교회학교 청소년학생수가 줄어들 수밖에 없다고 지적하는 이들도 있다.

아마도 위의 세 가지 지적들에 대하여 상당 부분을 공감할 수 있을 것이다. 특히 현장에서 이런 상황들을 지켜보아 온 이들이라면, 이런 요인들에 대해서 우려하는 바가 클 것이다. 그래서 효과적인 대처방안을 교회와 사회가 속히 내놓아야 할 때라고 여기고 있을 것이다.

줄어드는 이유를 교회 밖으로만 미루지 말고

하지만 다른 관점에서 보면 위에서 살펴 본 현상들은 오히려 교회의 각성과 분발을 촉구하는 상황을 의미할지 모른다. 교회청소년의 수효가 줄어드는 원인을 '교회 밖'에서 찾는 것은 교회가 판단을 잘못하고 있거나 책임을 회피하고 있는 것은 아닐까.

첫 번째의 인구감소경향 때문이라는 견해를 살펴보면, 교회청소년의 감소가 청소년인구의 감소에 따른 것이라는 견해를 완전히 배제하기는 어렵다. 그러나 이를 전적으로 받아들이는 것은 잘못된 판단일 수 있다. 적어도 이런 논리가 성립되려면, 청소년인구의 감소에 대한 교회청소년의 감소가 상대적으로 정비례하는 추세를 지속적으로 보여야 하기 때문이다. 가령 청소년인구가 10% 감소했을 때 교회청소년의 수효도 10% 감소했다고 하자. 그리고 이런 청소년인구의 변동에 비례해서 교회청소년의 수효도 계속해서 여러 해 동안 비슷한 비율로 변동되었다고 하자. 그렇다면 그런 주장에 대한 타당성은 어느 정도 인정받을 수 있을지도 모르겠다. 그런데 한국 개신교 어느 교단의 경우를 보면 실상이 반드시 그렇지 않다는 것을 보게 된다.

한국 중고등학교 학생수가 1997년보다 2002년에 평균 11.0% 감소했다. 그런데 같은 기간 동안에 그 교단의 교회학교 중고등부학생은 31.9%나 감소했다고 총회에 보고하고 있다. 인구가 11% 감소했으면 교회학교학생도 그만큼만 감소했어야 논리적일 것이다. 그런데 20%정도를 더 초과해서 감소했다면, 그 원인이 위의 '비례논리'로는 설명이 되지 않는다.

이것은 교회학교학생의 감소현상은 단순히 청소년인구의 감소에 따른 자연발생적 현상만이 아니라, 다른 요인(들)이 포함되어 있다는 것을 암시해주는 사례이다. 돌이켜 보면 하나님의 교회는 인구에 비례해서 늘거나 줄지 않았다. 한국 그리스도교 역사의 맨 처음을 생각해보더라도, 한국 교회는 한두 사람의 선교사와 복음을 접한 한두 사람의 신도에서부터 시작되었다. 그 소수의 사람에서부터 겨자씨같이, 누룩같이(마13:31-33), 온갖 박해와 악조건 속에서도 오늘날과 같은 다수로 불어난 것이다. 그러므로 교회청소년의 감소를 인구감소에 따른 현상쯤으로 진단해놓고, 적절히 그 감소추세의 책임소재를 얼버무리려는 생각은 확실히 '무사태평한 오판'이다.

두 번째와 세 번째의 경우 교회청소년 감소의 원인을 학교교육제도나 사회문화적인 유혹요소 등 '교회 밖의 요인'들에 돌리는 것도 마찬가지다. 물론 그러한 요인들은 충분히 우려할 만한 현상임에 틀림없다. 그 영향력은 피부로 느껴질 만큼 막강하고 매우 심각하다. 그래서 이에 대처하기 위해서는 커다란 영적 전쟁靈的 戰爭이 치러져야 할 것이라는 마음가짐도 절실히 필요한 실정이다.

그런데 이러한 교육제도의 문제나 사회문화적인 위해환경의 유혹에도 불구하고 보란 듯이 청소년들이 모여드는 교회들이 한국사회 속에 어엿이 있다고 한다. 이렇게 청소년들이 모여드는 교회는 학교들이 많아서 학생들도 덩달아 많이 몰려있기 때문이 아니라고 한다. 유명학군이나 번화한 곳에 교회가 있어서도, 청소년을 위한 편의시설도 많고 모여들기 쉬운 지역이어서도 아니라고 한다. 오히려 차를 타고 또 갈아타면서라도 일부러 찾아가는 그런 교회들도 있다고 한다. 주님을 영접하는 새 신자 청소년의 수효가 늘어나고, 청소년의 참여가 성령님 안에서 그렇게 뜨겁고 활발한 교회들이 한국 교회들 중에서도 분명히 있다고 한다.

이런 사실에서 알 수 있듯이 교회청소년이 감소하는 문제의 원인은 '교회 밖'에만 있지 않다. 그러므로 오히려 한국 '교회 안'에도 그 원인이 있을 것이라고 진단하고 자책하는 것이 하나님 앞에서 겸비(스8:21)한 모습이 아닐까. 교회청소년 감소의 원인과 그 책임은 바로 나와 우리 교회와 교회학교 안에 있다고 스스로 뉘우치고, 각성하고, 새롭게 분발하는 것이 바른 자세가 아닐는지 한다. 또한 교회청소년의 감소는 교회의 청소년정책의 부재 또는 교회학교 교육훈련계획의 부실, 그리고 청소년이 기꺼이 참여할 만하게 마련된 프로그램의 부족 또는 프로그램 운영역량의 미숙함 등에서 빚어진 결과일 것이라고 일단 가정해보는 것이 어떨까. 그것이 충성스런 청지기의 모습이 아닐까.

꼭 청소년의 수효가 문제이겠는가. 수효가 많은들 그 질적 수준이 보장되지 않는다면 무슨 소용이 있겠는가. 그러나 이유야 어떻든, 교회청소년의 감소는 '이 작은 자 중의 하나라도 잃는 것은 하늘에 계신 너희 아버지의 뜻이 아니니라(마18:14).'라고 하시는 말씀에 정반대되는 현상임에 틀림없다. '하나님의 관점'에서 이 현상을 바라보면 이는 결코 앉아서 보고만 있을 수 없는 엄중한 사태 아닌가. 그러므로 교회의 양적성장이라는 차원에서만 이 문제를 바라 볼 것이 아니다. 청소년 수효의 많고 적음이 근본적인 문제는 아니지만, 교회청소년의 감소는 교회가 '주님의 어린양들을 잃고 있다(마18:14, 눅15:3-7)'라는 절박함 때문에 위기의식을 갖게 하는 것이다. 이 위기의식 속에서 깊은 책임감으로 이 문제를 주시해야 할 것이다.

'혹시 한국 교회가 교회 본연의 역할과 기능을 온전히 수행하고 있지 못한 것 아니냐'는 심각한 질문 앞에 한번 서봐야 할 것이다. 이 땅에 복음이 들어온 이후로 교회가 그 역할과 기능을 제대로 다 했을 때는, 미신과 관습과 다른 종교를 따라 살던 이 땅의 백성들이 교회로, 하나님의 품으로 '구름떼 같이' 모여들었던 그 감격의 역사를 우리는 간직하고 있기 때문이다. 또 한편 교회의 역할기능을 온전히 수행하기 위해서는 하나님의 일꾼을 지속적으로 양성하고 충원하는 일이 반드시 필요한 법인데, 교회청소년이 감소하는 이 역현상은 엄중하고 심각한 현안으로 받아들여져야 할 것이다. 청소년을 하나님의 일꾼으로 양성하고 이들을 교회의 여러 방면에서 일꾼으로 세우는 일에 과연 한국 교회가 필요한 만큼 충분히 정성과 역량을 기울였는지를 진지하게 성찰해야 할 때라고 생각한다. 청소년은 하나님께서 오늘도 기뻐하시고 소중히 들어 쓰시는 '하나님의 일꾼들'이기 때문이다.

2) 청소년: 여기, 오늘 하나님의 일꾼들

'청소년은 하나님의 일꾼'이라는 표현을 쓰게 된 김에, 여기에서 한 가지 중요한 사실, 즉 '청소년은 여기, 오늘 하나님의 일꾼'이라는 점을 짚고 넘어가려고 한다. 불쑥 튀어나온 것처럼 들릴 수도 있을 것 같지만, 청소년은 '여기, 오늘을 사는 사람들'이며, 청소년은 여기, 오늘 '하나님께 쓰임 받는 일꾼들'이라는 이 두 가지 사실은 청소년사역에서 매우 중요한 핵심 개념이기 때문이다.

우리는 지금까지 청소년을 이른바 '내일의 일꾼'으로 여겨왔다. 그래서 청소년을 '여기, 오늘 하나님의 일꾼들'이라고 말하면, 그게 무슨 소리냐고 하는 이들이 적지 않다. "청소년은 아직 어리기 때문에 교회나 사회의 주체적 일꾼(주역)으로 세우기는 이르다. 그들은 더 많이 자라야 하고 더 배우고 익혀야 할 '아이들'에 불과하다. 그들이 주체적으로 일할 시기는 '여기, 오늘'이 아니고 그들은 '내일의 일꾼'이다. '그곳, 내일'이 그들의 무대다. 하나님의 일을 하는 교회에서 청소년이 감히 하나님의 일꾼으로 쓰이다니 말이 되느냐."라는 식이다. 실제로 이러한 생각이나 판단을 하시는 이들은 그럴 만한 경험적인 근거가 그 바탕을 이루고 있을 것이다. 실제로 우리의 청소년들을 바라보면 그렇게 여겨질 만한 경우가 많다.

그런데 이러한 어른들의 판단이 정확한 것일까? 과연 이러한 생각이 성경적인 것이며, 하나님의 견해와 일치하는 것일까? 혹시 자신도 모르는 사이에 청소년에 대한 편견이나 선입관이 생겨서, 그 피상적인 편견이나 선입관만으로 쉽사리 청소년을 판단해버린 것은 아닐까? 오랜 유교적 사고방식, 가부장적이고 어른중심적인 전통과 질서와 가치관 속에서 형성된 '아이들'에 대한 고정관념이 판단을 흐리게 하고, 오류를 범하게 하고 있는 것은 아닐까? 하나님께서는 '청소년'을, 청소년의 '여기, 오늘'을 어떻게 보고 계실는지 살펴보아야 하지 않을까?

사람들이 '아이들'을 주 예수님께 데리고 오자 제자들이 이를 보고 꾸짖는다(막10:13). "저리 가라, '여기'는 아이들이 올 곳이 아니야. '지금' 고쳐주셔야 할 급한 환자도 많고, 천국복음을 전하실 말씀도 많으신데 너희들 만져주실 시간이 어디 있니!" 아마 그렇게 소리치며 쫓아버리려 했을 듯하다. 그러나 주 예수님께서는 이를 보시고 노하시어 말씀하신다. "어린 아이들이 내게 오는 것을 용납하고, 금하지 말라. 하나님의 나라가 이런 자의 것이니라. 내가 진실로 너희에게 이르노니, 누구든지 하나님의 나라를 어린 아이와 같이 받들지 않는 자는 결단코 그곳에 들어가지 못하리라(막 10:14-15)."라고 말씀하신다. 이제 머잖아 십자가에 못 박히시기 위하여 예루살렘으로 올라가셔야 할 주님께서는 아마도 무척 바쁘셨을 것이다. 그러나 주 예수님께서는 그 어린아이들을 안아주시고 그들 위에 안수하시고 축복해주셨다. 우리 주님께서는 아이들의 '여기, 오늘'도 매우 중요하고 시급한 것으로 여기셨기 때문일 것이다.

그렇다. 청소년을 '내일의 일꾼' 쯤으로만 여기는 이러한 생각들은 분명히 수정되어야 한다. 그것은 잘못된 청소년관이다. '오늘, 여기의 실존'을 '내일, 그곳'으로 내몰아서는 안 된다. 그것은 어른들의 잘못된 판단에서 비롯된 차별이요, 배제요, 학대다. 청소년을 사람의 생각으로 바라보지 말아야 한다. '하나님의 관점'에서 청소년을 바라보아야 한다. 적어도 그리스도인이라면 그래야 한다. 교회에서는 오직 성경말씀을 근거로 청소년을 판단해야 한다. 청소년을

'내일의 일꾼'이라고 잘못 생각한 나머지 그들의 '오늘'이 소홀히 여겨지지 않아야 한다. 그리고 그리스도인 청소년의 '역할기능'이 '여기'에서 가볍게 취급되는 경우가 결코 있어서는 안 된다. 그것은 하나님의 뜻이 아니기 때문이다. 성경말씀을 다시 펴들고 성령님의 인도하심에 귀를 기울여야 한다. 청소년은 '내일'은 물론이고, '여기, 오늘'에서도 하나님의 부르심과 들어 쓰심의 대상이 되는 귀한 존재들이기 때문이다.

복음의 본질이 가물가물 그 불씨마저 꺼져버릴 것만 같은 한국 교회에 새로운 가능성의 불씨로, 새 바람으로 청소년이 하나님의 부르심 앞에 서있는 모습을 바라 볼 수 있는 그런 영적 시야를 우리가 확보해야 할 때라고 여겨진다. 청소년도 한국 교회의 '여기, 오늘의 일꾼들'이라는 새로운 인식과 새로운 각성이 시급히 확보되어야 한다.

이러한 인식과 각성은 우선 교회지도자들에게서부터 일어나야 한다고 믿는다. 교회지도자의 인식과 태도와 행동 하나하나가 교회와 성도 개개인에게 미치는 영향이 크고 깊기 때문이다. 아울러 청소년에 대한 이러한 확신이 청소년사역 분야에서 섬기는 모든 이들의 마음속에도 확실하게 각인되어야 한다고 강조해두고 싶다. 그리고 이런 인식의 변환과 각성을 바탕으로 청소년사역의 새 바람이 한국 교회 속에서, 지도자들과 사역자들에게서, 그리고 우리의 청소년, 대학생, 청년들 속에서 성령님의 역사하심과 함께 새롭고 큰 바람으로 일어나야 할 때라고 믿는다.

나. 하나님의 작업장: 그리스도교회 공동체

1) 참 교회, 본래적 교회

우리는 앞에서 잠시 '하나님의 일꾼인 청소년'에 대하여 교회가 새로운 인식을 가져야한다는 생각을 해보았다. 그런데 이와 함께 우리 속에 먼저 확보되어야 할 또 하나의 인식이 있다면 그것은 '하나님의 교회'에 관한 것이다. 이 하나님의 교회에 대한 바른 교회관은 온전한 사역의 기초가 되고 길잡이가 되기 때문이다. 그러므로 참 교회요, 본래적 교회에 대한 우리의 인식과 믿음이 말씀 안에서 온전히, 그리고 굳건히 서야 한다.

주 우리 하나님으로부터 택하시고 부르심을 받은 성도는 하나님의 교회이다. 하나님의 교회인 그리스도교회 공동체[4]는 하나님에 의해서 거룩해지고 특별한 봉사자로서 주님의 택하시고 부르심을 입은 하나님의 일꾼(사역자)들, 또는 그 공동체이다(고전1:2). 교회는 예배당 건물을 의미하는 것이 아니라 하나님의 일꾼인 사람(들)을 의미한다.

교회는 수직적으로는 우리 주 아버지 하나님을 영과 진리로 온전히 '예배'하며, 수평적으로는 그리스도 우리 주 예수님께서 친히 명령하신 말씀들을 따라 '교육'과 '선교'와 '봉사에 헌신하고 전념하며, 성령님 안에서 성도들 사이에 진정한 '교제'가 이루어지도록, 그리스도의 죽으심과 그분의 부활하심의 터전 위에 택하심을 받아 일꾼으로 세워졌다. 그러기에 그리스도교회 공동체는 그 자체가 하나님을 향한 믿음의 공동체요, 그리스도의 사랑의 공동체요, 성령님께서 친히 함께하시며 이끄시고 도우시는 삶의 공동체이다. 하나님의 교회는 이렇듯 하나님께서 친히 부르신 '하나님의 일꾼들', 그리고 그 일꾼들이 쓰임 받는 '하나님(나라)의 작업장'이다. 이것이 참 교회요, 본래적 교회의 모습이라고 믿는다.

예배자의 모습으로 일하는 교회

이 일꾼들이 작업장에서 해야 할 과업은 첫 번째도 마지막도 예배이다. '하나님의 작업장'의 창설자시요 소유주이신 주님은 주님을 받들어 섬길 자를 처

---

[4] 교회와 관련하여 이 글에서는 그 의미와 용례를 보다 명확하게 표기하기 위하여, 일반적 의미로는 그리스도가 머리시요 우리는 그의 몸(지체)인 공동체교회를 강조하여 '교회' 또는 '그리스도교회'나 '하나님의 교회'로, 거룩하고 공변된 보편교회(the holy universal(catholic) church)를 강조할 때는 '그리스도교회 공동체'로, 개(個)교회, 개체(個體)교회, 지(支)교회, 지역(地域)교회 등을 의미하는 경우는 '개별교회(an individual local branch church)'로 각각 구별하여 쓰고자 한다.

음부터 주님의 뜻에 따라 손수 만드셨다. 즉 주님께 예배할 자를 만드시고 부르신 것이다. 그것이 하나님의 본래의 목적이셨고, 또한 궁극적인 목적이셨기 때문이다.

이렇게 하나님의 교회는 하나님중심으로, 또한 하나님의 말씀중심으로 "영광과 존귀와 권능을 세세무궁토록 받으시기에 합당하신 하나님(계4:11, 롬16:22)"께 언제나 예배하는 모습으로 섬기도록 세워졌다. 그리고 하나님의 뜻을 받들어 섬기는 일꾼들의 공동체이자 그 작업장으로 세워진 것이 교회이다. 따라서 교회의 참 모습은 그 무엇보다도 하나님께 대한 예배의 형태로 존재해야 한다.

그런데 본래의 예배는 예배당과 같이 일정한 예배장소에서 드리는 공동체예배를 포함하여 우리의 '삶 전체가 하나님께 헌신되는 것'을 의미한다. 성경은 "너희 몸은 너희가 하나님께로부터 받은 바 너희 가운데 계신 성령의 전인 줄을 알지 못하느냐. 너희는 너희 자신의 것이 아니라 값으로 산 것이 되었으니You were bought at a price, 그런즉 너희 몸으로 하나님께 영광을 돌리라 Therefore honor God with your body(고전6:19-20)"라고 가르친다. 예배의 참 모습은 "몸으로 드리는 산 제물(제사)living sacrifices(롬12:1)"이다. 우리의 삶 전체 속에서 우리의 마음과 행동으로 하나님께 봉헌되는 것들이 모두 예배행위이어야 한다. 예배는 예배당에서 드리는 공동체예배만을 의미하지 않는다. 이 공동체예배가 참으로 중요한 것이듯, 우리의 삶 전체도 역시 예배이어야 옳다. 이것이 주님이 원하시는 예배(사람이 할 일)이고, 교회(일꾼과 작업장)의 참 모습이다.

사실 우리는, '너희는 내게로 와서 나를 섬겨라'고 하신 그것만으로도 감사하고 감격할 노릇 아닌가. 저주받아 죽을 운명에 놓여있던 내가 주님의 사랑받는 일꾼으로 부르심을 받았으니까 말이다. 아니, 설령 일꾼으로만 한 평생을 마친다 하더라도 질그릇 같은 우리가 어찌 토기장이 같으신 하나님을 향하여 무어라고 투덜댈 이유나 자격이 있겠는가(롬9:20-21).

그런데 우리는 단순히 부르심을 받아 쓰임을 받는 일꾼에 그치는 것이 아니다. 여기에는 우리가 몸으로 산 제물(제사)을 드려야 할 만한 이유가 또 있다. 우리가 온몸으로 주님을 예배해야 할 또 하나의 이유, 그것은 우리의 삶이 내 것이 아니기 때문이다. 우리 인간들은 죄와 허물 때문에 죽을 운명에 놓여있었다. 그런 "내가 그리스도와 함께 십자가에 못 박혔으니 그런즉 이제는 내가 사는 것이 아니요, 오직 내 안에 그리스도께서 사시는 것이라. 이제 내가 육체 가운데 사는 것은 나를 사랑하사 나를 위하여 자기 자신을 버리신 하나님의 아들을 믿는 믿음 안에서 사는 것(갈2:20)"이기 때문이다. 그렇다. "내가 하나님의 은혜를 폐하지 아니하노니(갈2:21)"라고 바로 뒤이어지는 말씀처럼, 우리는 주님의 그 경이롭고 망극하신 자비와 은혜와 은총을 입었다.

어디 그 뿐이겠는가. 우리는 그리스도의 십자가 보혈과 부활로 '자유인'이 되었고, '새로운 피조물'이 되었고, 또한 '영존하실 하나님의 자녀'가 되었다. 그래서 주 성령님께서 친히 우리 안에 계시면서 우리를 이끄시고, 도우시고, 이루신다. 이렇게 우리는 성삼위일체이신 주 하나님 안에 있게 되었다. 이 감격스런 자비와 은혜와 은총을 일평생 감사하고 찬양해도 부족할 존재들이 바로 우리들이다. 우리는 애당초 하나님을 영화롭게 하고, 하나님의 목적에 따라 쓰임을 받기 위하여 창조되었는데, 이 '자비'와 '은혜' 위에 '은총'까지 받았으니 어찌 우리가 온몸으로 삶 전체를 드려서 주 하나님께 예배하지 않을 수 있겠는가. 그래서 성경은 우리에게 "그런즉 너희가 먹든지 마시든지 무엇을 하든지 다 하나님의 영광을 위하여 하라(고전10:31)"고 가르친다.

이렇게 참 예배, 본래의 예배는 우리의 삶 전체 속에서 드려지는 예배요, '몸(행동)으로 드리는 예배'이다. 믿음과 삶이 일치하는 예배다. 예배는 우리의 마음과 정성을 행동으로 드리는 것이다. 따라서 삶 전체를 온몸(행동)과 마음으로 드림이 없는 예배는 참 예배가 아니다. 그런 예배자는 참 예배자도 아니고 그런 교회는 참 교회일 수도 없다. 하나님의 뜻을 불순종하는 허울뿐인 예배자요 죽은 교회일 뿐이다. 행함이 없는 믿음은 그 자체가 죽은 것이고 헛것이며, 선을 행할 줄 알고도 행하지 아니하면 하나님께서 가장 미워하시고 저주하시는 죄sins가 되는 것이기 때문이다(약2:17,20, 4:17).

그러므로 단순히 하나님을 마음속으로 예배하고 감사하는 것만이 아니라 그 경배와 감사와 찬양의 '마음'을 하나님사랑, 이웃사랑, 교회사랑, 일꾼사랑, 영혼사랑이라는 구체적 '행위로' 우리의 일상적인 삶 속에서 나타내야 한다. 이것이 하나님께서 받으시고 기뻐하시는 예배의 참 모습이다.

세상 속에서 살아 일하는 교회

그렇다. 빛이 어둠 속에서 드러나듯이 교회(하나님의 일꾼들)의 예배는 밖으로 드러날 수밖에 없고 또 행위로서 나타나게 마련이다. 위로는 하나님께 대하여, 땅에서는 하나님의 뜻을 따라 이웃을 향하여 그렇게 교회는 예배하는 모습으로 그 정성, 그 열정으로 일하며 존재하는 것이 당연하다. 그것이 몸으로 산 제물(제사)을 드리는 살아있는 교회요 일하는 교회의 참 모습이다.

만일 어느 개체교회가 자신의 필요, 자기들만의 만족, 자기들의 내부관리에만 관심을 집중하면서 교회 안에만 머물러 있게 된다면, 그것은 '말 아래에 둔 등불(마5:15)'과 같이 결코 교회 본래의 온전한 모습이 아닐 것이다. 그래서 성경은 "일어나라. 빛을 발하라(사60:1)."했고, 주 예수님께서도 친히 "이같이 너희 빛이 사람 앞에 비치게 하여, 그들로 너희 착한 행실을 보고 하늘에 계신 너희 아버지께 영광을 돌리게 하라(마5:16)."라고 가르쳤다. 우리의 행동으로 하나님께 영광을 돌리는, 즉 '행동을 통한 예배의 삶'을 실천하라고 주 예수님께서 교회(하나님의 일꾼들)에게 친히 가르치신 것이다.

만약 어떤 교회가 이웃을 향하여 다가가 손을 펴지 않거나 자기 것만 움켜쥐고 옴짝달싹도 하지 않으려 한다면, 과연 이런 교회를 온전한 교회라고 말할 수 있겠는가. "하나님 아버지 앞에서 정결하고 더러움이 없는 경건은 곧 고아와 과부를 그 환난 중에 돌보고 또 자기를 지켜 세속에 물들지 아니하는 그것이니라(약1:27)."는 말씀은 뒤로 미뤄둔 채 물량주의와 세속주의에 빠져 그 속으로 파묻혀 들어가는 교회, '경건의 모양만 있고 경건의 능력은 없는 교회(딤후3:5)'를 하나님께서 과연 작업장으로 쓰시겠는가.

이렇게 '교회중심'이라는 말씀의 참 뜻을 잘못 이해하여 하나님의 작업장인 교회가 폐쇄적이고 이기적인 의미의 '교회중심적'인 모습으로만 남아 있어서는 안 된다는 점을 기억해야 할 것이다. 그것은 일종의 직무유기고 현장도피며, 말씀에 대한 불순종이기 때문이다.

2) 주님의 명령을 따르는 외부지향적 공동체

하나님의 작업장(교회)은 '세상을 향하여 열린 작업장', 즉 외부지향적인 공동체이어야 한다. 교회는 주 예수님께서 '내 교회(마16:18)'로 세우신 그 처음부터 외부지향적인 공동체outer-oriented community였음을 기억해야 할 것이다. 주님의 교회는 "하늘과 땅의 모든 권세를 내게 주셨으니, 그러므로 너희는 가서 모든 족속을 제자로 삼아 아버지와 아들과 성령의 이름으로 세례(침례)를 베풀고, 내가 너희에게 분부한 모든 것을 가르쳐 지키게 하라(마28:19-20)."고 하셨던 주님의 '지상명령'을 받들어 실행하기 위한 '일꾼들의 공동체'였기 때문이다. 그리고 주님의 그 명령은 '가서, 행하라Go and Do'는 말씀이었다. 여기 예배당 안에 너희들끼리만 오글오글 눌러앉아서 말만하고 있지 말고 흩어져 가서 행하라고 하신다. 그래서 교회는 부활하신 예수 그리스도의 영이신 성령님의 능력 안에서 세상을 향하여, 세상 속에서 행동하기 시작했고, '선교mission'와 '봉사services'를 펼친다. 또 이를 위하여 교회 안팎에서는 하나님의 자녀들을 '일꾼'으로 양성하여 세우기 위하여 '교육education'을 실시한다.

교회는 이렇게 처음부터 '하나님나라의 작업장'으로 세워졌고, 그리고 이 작업장(교회)에서는 주 예수님을 그리스도요, 하나님으로 믿는 사람들이 '하나님의 일꾼'으로 쓰임 받아왔다. 이런 교회, 즉 그리스도 우리 주 예수님의 터 위에 굳건히 서서 주님과 함께 세상 속에서 일하는 교회가 참 교회요, 살아있는 교회라고 성경은 가르쳐준다.

삶의 현장으로 '흩어지는 교회'

여기에서 잠시 한국 교회로 눈을 돌려보자. 한국 교회는 어느 정도 '모이는 교회gathering church'에는 성공한 것처럼 보인다. 또 그렇게 자평하고 자찬하는 이들도 있다. '1천만 성도'라고 한다. 그러나 그것은 겉모양만 훑어본 평가이거나 현상일 뿐이지, 그 내면과 질적인 의미에서 그리스도의 몸답게 제대로 세워진 교회라고 말하기에는 흡족하지 못하다는 자성의 목소리도 적지 않다. 예배의 형태로 존재해야 할 교회가 '삶 속의 예배'를 제대로 생활화하지 못하고 있다는 지적도 있다. 믿음과 삶의 일치를 위한 노력, 즉 교회가 '삶 속의 예배'를 생활화하기 위한 그런 예배의 갱신이나 예배의 회복과는 거리가 먼 모습을 보일 때가 많고, 오히려 역행하고 있다는 개탄의 목소리도 높다.

'모이는 교회'는 먼저 주 하나님께 공동체예배를 통하여 예배하는 가운데, 그리고 교회공동체 생활을 통하여 주님의 말씀과 성령님의 감화하심으로 새롭게 무장되어, 자신의 삶의 현장으로 또는 사역의 현장으로 소명을 받들고 되돌아 나가야한다. 거기에서도 '또 하나의 예배행위'로서 주님의 명령을 행동으로 실천하는 데에 그 참 가치가 있다고 말할 수 있을 것이다.[5] 즉 삶의 현장으로 '흩어지는 교회scattering church' 속에서 '모이는 교회'의 진가가 나타나야 한다는 말이다.

교회가 이렇게 삶의 현장에서 '삶 속의 예배'를 행동으로 드릴 수 있으려면, 진정한 예배의 갱신과 회복이 교회 안팎에서 먼저 이루어져야 할 것이다. 그리고 이 예배의 갱신과 회복을 구현하기 위해서는 무엇보다도 우선 '예배자의

---

[5] 그리스도교회 공동체의 전례(典禮)를 개신교(protestant)에서는 예배(worship), 가톨릭교(catholic)에서는 미사(Missa/Mass)라고 하는데, worship은 worth(가치/명예) +ship 즉 주님께 돌려드리는(to ascribe worship) 예배(<독>Gottesdienst, 하나님을 섬김)를 강조하고 있고, Missa는 '폐회, 집회의 해산'(<라> Misso) 즉 예배 중에 하나님께로부터 충만히 은혜를 받아 그리스도를 증거하는 일꾼으로 '파견됨, 또는 떠나보냄'을 강조하고 있다. 이 예배와 미사의 의미를 함께 묵상해보면, 교회와 예배의 참 의미가 더욱 분명해질 것 같다.

갱신과 회복'이 그에 앞서 이루어져야 한다고 믿는다. 그것은 마음으로만 믿는, 주저앉아만 있거나 말로만 웅얼대는 그런 자신의 모습에 대한 철저한 자기반성과 참회를 필요로 한다. 행동으로 표현되는 신앙고백이 삶 속에서 이루어지도록 철저한 자기갱신과 분발이 이루어져야 할 것이다. '믿음의 역사work와 사랑의 수고와 우리 주 예수 그리스도에 대한 소망의 인내(살전1:3)'가 우리들의 삶 속에서 실제로 구현되도록, 우리에게는 자신을 주님의 말씀 안에서 재정향하려는 몸부림이 있어야 할 것이다.

참 교회의 모습은 하나님께서 받으실 만한 참 예배로서 존재하는 것이며, 참 예배는 예배자의 진심과 행위로서 표현되는 것이라면, 오늘 한국 교회와 믿는 자들에게 요구되는 참 예배행위는 삶의 현장으로 흩어져서 거기에서 또 하나의 작은 교회를 이루고, 한 사람의 전도자요, 선교사요, 봉사자로 굳게 서서 하나님의 뜻을 따라 하나님께서 기뻐하실 일에 '순종하고 봉사하는 행동' 속에서 구현되어야 한다. 이 '순종하고 봉사하는 행동'을 다른 표현으로 바꿔보면 '사역work-service[6]'이 된다. 사역은 하나님의 부르시고 명령하신 바를 그대로 '받들어(순종하여) 일하고work', 또한 동시에 마음과 뜻과 정성을 다하여 하나님을 '섬기는(봉사하는) 행위service'이어야 하기 때문이다.

그렇다면 참 예배행위는 사역행위 속에서 구현되는 것이라고도 볼 수 있다. 사역은 곧 몸으로 드리는 참 예배요, 삶 속의 예배와 같다는 것을 알게 된다. 따라서 예배행위로서의 사역 그 속에서 참 예배의 모습을 발견하게 된다. 그러므로 이렇게 말할 수 있다. 삶의 현장에 흩어져서 사역하는 교회가 살아있는 교회, 일하는 교회, 몸으로 예배하는 참 교회라고.

다. 하나님의 작업장에 일꾼이 줄어드는 이유

---

[6] '하나님의 뜻 받들어 일하며(work), 하나님을 섬기는(service) 행위가 곧 사역(ministry)'이라는 점을 강조하는 의미에서, 이 글에서는 사역을 work-service로도 함께 사용하고자 한다.

이제까지 살펴 본 '하나님의 일꾼', '하나님의 작업장', '삶 속의 예배', '예배행위로서의 사역' 등과 같은 관점에서 우리 자신을 다시 되돌아본다.

1) 병들고 복음의 본질을 상실한 듯한 한국 교회

만약에 나 자신이나 한국 교회가 교회 본연의 모습으로 서 있다면 하나님께서 얼마나 기뻐하실까. 그런데 만약에 각기 삶의 현장으로 흩어져서 주님의 뜻을 따라 맡겨진 일(사역)은 하지 않고 교회 안에만 머물러 있거나 말만 무성하게 하고 있다면, 하나님께서는 나를 향하여 그리고 한국 교회를 향하여 어떤 말씀을 하실까. 만약에 우리가 이 지경에 있다고 가정하면 누가 '주님의 사환과 증인(<개역>행26:16)'이 될 것이며, 누가 주님의 '일꾼(롬15:16)'이 되고, '군사(빌2:25, 딤후2:3)'가 될 수 있겠는가.

실제로 많은 이들로부터 한국 교회는 하나님의 명령이나 주 예수님께서 당부하신 말씀을 제대로 행동으로 옮기지 않고 있다는 평가가 교회 안팎에서 제기되고 있다. 요즈음은 심지어 사회의 언론매체들까지도 병든 한국 교회를 진단하고 비판하고 있는 어처구니없는 현실도 본다. 어쩌다가 하나님의 교회가 이런 한심한 처지에 몰리게 되었을까. 이것은 어느 누구의 잘잘못을 따지기 전에 나 자신의 죄와 허물이 크고, 무능하고 태만하기 때문이지 않을까. 우리 모두의 죄와 허물이지 않을까. 그래서 이를 바로 세워보자고 뜻있는 목회자들이나 또는 평신도들의 모임이 이런저런 모습으로 여기저기서 일어나는 건 아닐까.

그런데도 한국 교회는 새로워지는 모습이 눈에 잘 띄지 않는 듯하다. 모든 교회가 다 그렇다는 표현은 결코 아니지만, 빛이요 소금다운 교회의 참 모습은 이 혼탁하고 사악한 사회 속에서 찾아보기 힘든 것이 솔직한 현실이다. 어쩌면 방향이 점점 하나님과 성경에서부터 멀어지고 교회가 세상 쪽으로 세상 가까이, 마치 롯이 소돔을 향하여 다가가듯이(창13:8-13) 가고 있다는 두려움이 엄습할 때도 있다. 어쩌면 새로워지고 올바르게 서려는 몸부림 자체가 힘을 잃고 있는 것 아니냐는 의문이 문득문득 들 때도 있다. 아니, 어쩌면 뭐가 문제라고 야단법석들이냐고 되묻는, 아예 문제의식조차도 사라져버린 것이 우리들의 현실이 아닐까 하고 염려될 때도 있다.

그러다보니 교회에서 삶의 참 꿈vision과 희망을 발견해보려고 입문했던 사람들이 복음의 본질을 상실한 교회 속에서 이렇다 할 해답을 찾지도 못하고 실망한 나머지 교회를 등지고 세상으로 나가는 건 아닐까. 그리고 다시는 돌아오지 않고 오히려 주님의 교회를 향하여 돌팔매질을 하고 있는 건 아닐까. 한국 교회가 안고 있는 본질적인 문제점, 즉 거룩하시고 온전하시며 존귀하시고 전능하신 하나님의 작업장에 하나님의 일꾼이 줄어들고 있는 기현상의 진짜 이유, 그 고민의 현주소는 바로 여기에 있는 것이 아닐까.

해야 할 일은 많은 것 같은데 일꾼은 적고, 일꾼을 세워놓아도 힘이 부족하고, 그래서 힘을 모아 보려하지만 구심점이 없고, 스스로 구심점이 되려고 해도 준비가 되지 않았고, 준비가 된듯해서 나서면 견제와 훼방을 받고, 그래서 그냥 그렇게 교회 안에만 엎드려있게 된다. 그래서 그런 모습이 하나님께는 죄송스럽기 한이 없고, 세상을 향해서도 민망하고 스스로도 떳떳하지 못한 게 아닐까.

2) 하나님의 사람들아, 어이할고

하나님께서는 "인자야, 내가 너를 이스라엘 족속의 파수꾼으로 세웠으니, 너는 내 입의 말을 듣고 나를 대신하여 그들을 깨우치라(겔3:17, 33:7)."라고 말씀하셨다. 그리고 또한 "가령 내가 악인에게 말하기를 너는 꼭 죽으리라 할 때에 네가 깨우치지 아니하거나 말로 악인에게 일러서 그의 악한 길을 떠나 생명을 구원하게 하지 아니하면, 그 악인은 그의 죄악 중에서 죽으려니와 내가 그의 피 값을 네 손에서 찾으리라(겔3:18, 33:8)."라고 경고하신다.

그러므로 하나님께서 한국사회 속에 세우신 주님의 교회는 정녕 하나님의 뜻을 따라 사회를 이끌어 가야 할 영적, 시대적 사명을 감당하는 교회일 것이다. 진리의 보루요 자유의 깃발이며, 정의의 파수꾼으로서, 그리고 평화와 번영의 촉진자요 발전의 원동력으로서 교회는 사회 속에 우뚝 서있어야 할 것이다. 복음을 들고 지구촌 저 끝까지 나아가는 '세계 속의 한국 교회'이어야 할 것이다. 이것은 오늘의 한국 교회를 향하신 주님의 지상명령이다.

한국 교회의 위상과 사명이 그러해야 한다면 하나님의 교회는 시대에 뒤떨어지지 않아야 한다. 세상의 흐름에 좌우되는 종속변수從屬變數로 뒤처지지 않아야 한다. 하나님의 교회는 예언자처럼 시대를 앞서가고 선지자처럼 우뚝 서서 사회를 이끌고 섬기는 독립변수獨立變數가 되어야 한다. 그러기 위해서 교회는 위로부터 주시는 힘을 공급받아 더욱 무릎으로 일하고, 더 낮은 곳으로, 저 성문 밖으로(레4:11-12, 14:40-42) 나가서 더 많은 피와 땀과 눈물을 현장에서 흘리고 있어야 할 것이다.

더군다나 가서 행하라 하시는데 교회 안에만 움츠리고 있거나 주저하고 망설여서야 되겠는가. 그리스도교회는 세상의 빛이시고 유일한 소망이시며 교회의 머리이신 그리스도 주 예수님의 몸인데도 몸이 말을 듣지 않아서야 되겠는가 말이다. 우리 주님께서는 성자의 귀하신 몸을 버려 몸소 희생의 모범을 보이셨다. 그런데 그의 몸인 그리스도교회는 주님 때문에, 복음 때문에 말씀대로 살다가 세상으로부터 지금 어떤 박해를 당하는 것이 있는가. 그 순교자적 발자취는 과연 어디에서 찾아볼 수 있는가. 이 안타깝고 갑갑하고 절박한 정황 속에서 여기에 "하나님의 사람아, 어이할고(딤전6:11, 행16:30, 찬 256/515장)." 하는 물음이 절규처럼 일어날 수밖에 없는 것 아니겠는가.

그렇다. 하나님의 작업장인 교회는 본래의 모습으로, 본래의 자리로 돌아와야 한다. 그렇게 복구되고 회복되어야만 한다. 이를 위해서는 하나님의 일꾼들이 한시바삐, 다시 새로워지고, 굳건하게 세워져야 할 것이다. 거기 '하나님의 일꾼인 청소년'도 주님 앞에 함께 세워져야 할 때이다.

제2절 청소년, 청소년사역에 대한 새로운 관심

1. 한국 교회의 새로운 가능성: 청소년, 청소년사역

우리는 청소년사역의 기초인 '하나님의 일꾼'과 '하나님의 작업장'을 살펴보는 동안에 한국사회 속에 세워진 하나님의 작업장인 그리스도교회 공동체가 당면하고 있는 갑갑한 현상들도 잠시 되돌아보았다. 그리고 '청소년도 여기, 오늘 하나님의 일꾼들'이라는 사실도 기억에 떠올린 바 있다.

바로 여기 이 대목에서 '한국 교회의 새로운 가능성인 청소년, 청소년사역'을 눈여겨볼 필요가 있다. 청소년이 교회의 미래를 짊어져야할 것이고, 그러려면 청소년들은 오늘, 여기에서부터 하나님의 일꾼으로 세워지고 있어야 할 것이기 때문이다. 이 글도 그 '가능성인 청소년'을 발굴하고 개발하며 활용해야 한다는 피할 수 없는 사명에 응답하는 것으로부터 출발했다.

가. 하나님의 작업장에 일꾼 세우기

교회가 하나님의 작업장 구실을 다하기 위해서는 일꾼을 확보해야 한다. 그러려면 교회는 하나님께 쓰임 받을 만한, 그래서 하나님과 함께 일할 일꾼(동역자)을 제대로 양육하고 세워나가야 한다. 하나님의 작업장(교회)에 일꾼이 없으면 일(사역)할 수 없기 때문이다. 그리고 그 일(사역) 자체가 몸으로 드리는 예배행위이므로 이 예배(사역)에 '몸으로 산 제물(제사)를 드릴 예배자(사역자)'는 반드시 거룩하고 온전히 준비되어야 한다. 하나님의 작업장인 교회에 일꾼을 세운다는 것은 곧 '하나님께 예배할 사람(예배자)'을 세우는 일과 같고, 이는 매우 중요하고도 엄숙한 성역holy work이기 때문이다.

주님의 교회가 세워진 이후, 이러한 '일꾼 세우기' 작업은 끊임없이 전개되어 왔다. 그 일꾼을 계속 충원한 교회는 하나님 앞에서, 그리고 시대를 앞서가며 교회 본래의 역할기능을 잘 감당했지만, 그렇지 못한 때에는 교회가 건물만 남게 되는 처참한 현상도 드러냈다. 그런 현상은 우리가 살고 있는 지금도 눈으로 확인할 수 있다.[7] 그러므로 '하나님의 동역자'요, 예배자인 '일꾼 세우기'에 교회는 역량을 한데 모아 최선을 다해야 할 것이다.

이 동역자요 예배자인 일꾼을 세우기 위해서는 먼저 하나님께서 개개인 속에 이미 부여해주신 잠재력potential을 개발development해야 한다. 하나님께서는 우리 모두에게 서로 다른 은사gifts를 이미 나누어주셨기 때문이다(롬 12:6). 이 개발된 힘들이 성령님의 도우심을 따라(슥4:6) 안으로는 한국 교회를 갱신하고 강화하며 성화시키는 데 기여할 자원으로 쓰여야 할 것이고, 동시에 밖으로는 사역의 동력으로도 활용될 수 있어야 할 것이다. 그래야 하나님의 교회는 하나님께 온전히 몸으로 예배하고 그 부르시고 명하신 바를 제대로 이행하며, 지체들(고전12:27)이 온전하고 거룩하게 되어 그리스도의 몸을 세워나갈(엡4:12) 것이기 때문이다.

이 '일꾼 세우기' 과업의 대상에는 목회자를 포함한 교회의 지도적 위치에 있는 이들로부터 평신도와 청소년, 어린이에 이르기까지 '모든 주님의 자녀'가 다 포함되어야 할 것이다. 한국 교회에게 부여된 '일꾼 세우기' 사명이 이렇게 막중하고 또 당면한 과제들이 시급하며 이를 감당해 나가려면 난관과 도전

---

[7] 자료나 관련 매체들의 보도에 의하면, 한때는 그리스도교가 국교로 지정되기까지 하였던 유럽의 교회들 중에는 오늘날 예배자가 줄어들어 극심한 공동화 현상을 보이고 있으며, 예배당은 박물관, 관광명소, 공연장 등으로 바뀌고, 심지어는 식당, 술집, 주거시설 그리고 이슬람, 불교 기타 종교들의 사원 등으로도 쓰이고 있는 실정이다.

(방해)도 많을 것으로 예상된다. 그래서 목회자와 지도적 위치에 있는 이들이 먼저 바르고 온전하게 세워져야 하고, 이 과제가 어느 특정한 직임을 맡은 이들에게만 제한된 것이 아니므로 평신도들도 함께 세워져야 할 것이다. 무엇보다 교회의 오늘과 내일이 청소년과 어린이들에게 연결되어 있으므로 이들도 '지금부터' 주님의 일꾼으로 세워져나가야 한다.

나. 무시당하는 청소년, 얕잡아 보이는 청소년사역

우리의 관심의 대상으로 등장하는 청소년이나 청소년사역도 이와 똑같은 소명의식과 문제의식 속에서 출발한다. '청소년도 하나님의 일꾼'이요, '청소년사역도 그리스도교회 공동체사역의 하나'이기 때문이다.

그런데 서글픈 사실은 청소년이 '하나님의 자녀'라는 데에는 대체로 쉽게 동의하면서도, 청소년이 '여기 오늘, 하나님의 일꾼'이라고 하면 좀처럼 이를 수긍하려들지 않는다는 점이다. 또 청소년사역을 '사역의 하나'로 인정하기는 하지만, 그러나 '별로 대수롭지 않은 사역의 하나'로 얕잡아보는 경향이 있다. 청소년이나 청소년사역을 잘 이해하지 못한 사람들에게서는 흔히 "청소년이 무슨 사역을 한다는 말이냐"라는 부정적 반응을 보게 된다. 또는 "그래, 한다는 것이 겨우 청소년사역이냐"라는 식으로 얕잡아보거나 비아냥거리는 태도를 본다. 그것은 아마도 "청소년은 아직 나이가 어리고 경험도 부족하기 때문에, 그들이 어찌 '하나님의 일, 하나님나라의 일인 사역'을 감히 맡아 할 수 있겠느냐"라는 생각 때문일 것이다. 어찌 보면 매우 신중한 태도처럼 보이고, 일리 있는 말처럼 들리기도 한다.

또 "많고 많은 교회의 사역들 중에서 하필이면 효과도 별로 없이 투자만 많이 해야 하는 청소년사역을 왜 해야 한다고 법석이냐"라면서 대수롭지 않게 여기거나 귀찮게 느끼는 이들도 있다. 이런 사람들은 자신들이 교회사역에 대해 매우 현실적인 판단력과 경험적 근거들을 갖고 있다고 생각한다. 그래서 매우 단호하고 쌀쌀맞다. 우리가 피상적으로 거리에서나 교회에서 만났던 청소년들, 별로 관심을 갖지도 않았고 눈여겨보지도 않았던 동네청소년들, 그냥 그렇게 지나쳐버렸던 청소년들, 그리고 우리가 지금까지 많은 교회들에서 보아온 그 '유명무실한 청소년사역'을 머리에 떠올린다면 이런 분들의 그런 말과 태도가 어느 정도 그럴듯하게 여겨질 수도 있다. 그리고 오늘날 우리의 청소년들이 보여주는 '저 한심한 행동과 안타까운 소행'(겔14:21-23)에 비추어 볼 때, 이런 분들의 반응과 태도는 어쩌면 당연한 것일는지도 모른다.

2. 하나님의 뜻, 하나님의 관점에서

가. 주님의 관점에서 보는 청소년, 청소년사역

그러나 주님의 관점에서 보면 청소년의 모습과 청소년사역의 중요성이나 필요성은 전혀 다르게 나타난다. 이스라엘의 이방異邦이던 시리아의 페니키아 태생이요 헬라인인 한 여인이 귀신들린 그의 딸을 구하여주십사고 간청하던 때(마15:21-28, 막7:24-30)의 모습을 생각해보라. 또 나인이라는 마을에 살던 한 과부의 외아들이 죽어서 관 속에 들려나가던 때(눅7:11-17)를 기억에 되살려보라.

제자들의 눈에는 이방여인의 딸이 귀신들린 것쯤은 뭐 그리 대수로울 것도 아니었다. 그래서 뒤쫓아 오며 소리 지르는 그를 쫓아 보내십사고 주님께 말씀드린다. 그러나 주 예수님에 대한 그 이방여인의 확실한 믿음과 겸손하고 간절한 소원과 그의 절박한 상황을 보신 주님은 그의 간청을 들어주셨다. 즉시 귀신을 그의 딸에게서 쫓아내신 것이다. 이방여인의 딸, 그것도 '더러운 귀신들린 하찮은 청소년'을 주님께서는 방치하지 않으셨다. 오히려 그를 구원하시고, 이를 통하여 장차 이방인에게도 그리스도의 구원의 역사役事가 임하게 될 것임을 미리 몸소 보이셨다.

또 다른 경우로, 매장하러 들려나가는 과부의 아들은 이미 싸늘한 시신으로 관 속에 누워있었다. 외아들마저 잃은 과부는 절망에 쌓여 오열했다. 성문 가까이에서 이 참담한 광경을 보신 주님은 그 과부를 그냥 지나쳐가지 않으셨다. 그를 불쌍히 여기셔서 위로하시고, 관에 손을 대면서 장례행렬을 멈추게 하셨다. 그 당시에 유대인들은 관의 뚜껑을 덮지 않았다고 한다. 그런데 시신을 만지는 것은 부정한 것이었음에도 불구하고(민19:11,16) 주님의 사랑은 이런 것들을 초월하였다. 그 어머니에게는 소중하기 이를 데 없었던, 아니 자신의 '전부'였던 이 젊은이의 생명을 되살리셔서 어머니에게 돌려주셨다. '죽은 시체였던 젊은이'를 살려서 그리스도의 능력을 입증하셨고 하나님께 영광을 돌리셨다.

이렇게 그리스도 우리 주 예수님의 시각과 관점은 경박하고 피상적인 우리의 그것과는 전혀 다르다. 천하고 더러운 것을 고귀하고 깨끗하게, 그리고 죽음을 생명으로 바꿔주시기까지 '청소년을 향하신 주님의 관심과 사랑'은 이루 말로 다 표현하기 어려울 지경이다. 하물며 주님의 품 안에서 자라고 있는 그리스도인 청소년들을 향해서는 오죽하겠는가.

나. 하나님께서 들어 쓰시는 큰 일꾼인 청소년

하나님의 관점에서 청소년은 그리 하찮은 존재가 아니다. 공평하신 하나님의 관점에서는 청소년이나 청소년을 하찮게 보는 어른이나 모두 동일하다. 어찌 영원하신 하나님께 사람의 나이가 문제이겠는가. 어찌 전능하신 하나님께 사람의 경험이나 능력이 문제가 되겠는가. 오히려 때 묻지 않고 순진한 청소년을 더 어여삐 여기시는지도 모를 일이지 않은가. 그러시기에 성경 속에서 청소년은 주로 좋은 일에 쓰임 받은 사람들로 기록되어 있는 것 아닐까.

주 예수님께서도 이를 강조해서 말씀하신다. "천국에서는 누가 크니이까."라고 제자들이 주님께 여쭙는다. 명예욕과 권력욕으로 가득한 그 제자들을 향하여 예수님께서는 "진실로 너희에게 이르노니 너희가 돌이켜 어린 아이들과 같이 되지 아니하면 결단코 천국에 들어가지 못하리라(마18:3)."고 경고하신다. 어린이와 같이 자기를 낮추는 자가 '천국에서 큰 자(마18:4)'요, 그런 의미에서 "어린 아이 하나를 영접하면 곧 나를 영접함(마18:5)"이라고까지 강조하신다. 그리고 "삼가 이 작은 자 중의 하나도 업신여기지 말라(마18:10)."라고 경계하셨다.

그렇다. 하나님의 관점에서 청소년은 결코 보잘것없는 존재들이 아니다. 청소년사역, 즉 '청소년을 통해서 이루시는 하나님의 일'을 보라. 청소년을 통해서 이루신 하나님의 일은 오히려 더 광대하고 찬연한 것이었지 않던가. 이집트에 노예로 팔려간 소년 요셉의 어깨에는 그의 가족은 물론 장구한 세월에 걸친 이스라엘 민족의 장래가 짊어져 있었다(창37:1-36, 42:1-47:12, 50:15-21, 출1:7). 제사장 엘리를 따라 여호와의 전에서 섬기던 어린 소년 사무엘에게는 하나님의 계시의 음성이 임하셨다(삼상3:1-14, 19-21, 7:3-6). 아버지 이새조차도 대단하게 여기지 않았고 형들조차도 탐탁하게 여기지 않았던 소년 목동 다윗도 있다. 골리앗에 맞선 그의 손에는 이스라엘 하나님의 영광스런 이름과 민족의 존망이 달려 있었다(삼상16:1-13, 17:28, 33, 38-51). 바빌로니아에 포로로 잡혀간 어린 처녀 에스더의 민족을 향한 뜨거운 가슴과 기도와 그 지략 속에는, 동족 유다백성들의 수많은 생명들이 직결되어 있었다(에2:5-7, 3:1-6, 12-14, 4:15-16, 7:3-4, 8:9-14). 또 바빌로니아의 포로가 된 유다의 왕족 청소년 다니엘의 그 투철한 신앙심과 비타협적인 절제생활은, 하나님의 심판 중에 있던 이스라엘 백성에게 장차 하나님의 보호와 구원이 임할 것임을 예언하는 은혜를 입히게 되었다. 역사적으로 볼 때 다니엘의 기도(단9)는 민족의 해방뿐만 아니라 '여호와 신앙'이 바빌로니아에 전해지고, 나중에는 페르시아(단10)와 그리스(단11)로 널리 확산되는 결과를 가져오기도 하였다.

어찌 이들뿐이겠는가. 성경에 기록된 '이름 없는 젊은 별들'을 보라. 그들의 이름이 실명으로 기록되지 않았을 뿐이지, 성경 여기저기에서 이들은 '하나님의 일꾼'으로 쓰임을 받지 않았던가. 보라. 하나님께서는 오히려 시원찮은 어른들보다 훨씬 더 크게 청소년을 들어 쓰셨다. 청소년도 이미 하나님의 일꾼으로 넉넉히 쓰임을 받아왔다는 말이다.

그러므로 '청소년도 하나님의 일꾼'이라는 것을 누구도 부정하거나 의심하면 안 된다. 그것은 '사실'이다. '청소년은 아직 안 된다'는 생각은 '사람의 생각'일뿐이다. 이런 생각은 비(반)성경적이다. 사람(어른)의 편견이고 선입관이고, 오만이고 독단이며, 착각이고 오류이다. 청소년도 하나님의 일꾼이라는 새로운 인식과 각성이 우리 속에 부정할 수도 거역할 수도 없는 '사실'로 확실히 자리 잡아야 한다.

다. 하나님, 하나님나라의 일인 청소년사역

우리 주 여호와 하나님은 존귀하시고, 거룩하시고, 온전하시고, 전능하신 하나님이시다. 그러므로 하나님나라의 일에는 귀하거나 천하거나, 중요하거나 대수롭지 않은 것이 따로 있을 수 없다. 하나님의 일, 하나님나라의 일은 그 자체로서 존귀하고 거룩하고 온전하고 중요한 것이다.

이와 마찬가지로 '청소년사역이라는 하나님(나라)의 일'도 그렇다. 청소년사역도 하나님이 부르시고 명하신 뜻을 받들어 섬기는, 그리스도교회 공동체 사역의 하나이기 때문이다. 청소년사역은 택하시고 부르심을 받은 성도들이 주님의 동역자로서 청소년을 통하여, 그리고 청소년을 위하여 일하시는 하나님을 받들어 섬기는 행위이다. 하나님께서 기뻐하시는 이 '청소년사역'을 통하여 '몸으로(행동으로)' 하나님께 예배드리는 것이나 마찬가지다. 청소년사역은 '하나님의 영광'을 드러내며, '주님의 나라'가 확장되며, '주님의 뜻'이 땅에서도 이루어지는 데에 쓰임 받는 '하나님의 도구'인 셈이다.

이와 같이 청소년사역은 청소년들을 통하여 또는 청소년들을 위하여 주님의 뜻을 따라 그리스도교회 공동체가 행하는 일이므로, 이는 하찮은 일이거나 교회재정만 축내는 쓸데없는 일이 결코 아니다. 그러므로 만약에 이 청소년사역을 교회의 '거추장스런 부담' 쯤으로 여기거나 '장식용 슬로건'의 하나 정도로 만홀히 여긴다면(사1:4 <공동> 업신여김), 그것은 하나님 앞에서 결코 작지 않은 잘못을 저지르는 것이 될 것이다. "하나님은 만홀히 여김을 받지 아니하시나니, 사람이 무엇으로 심든지 그대로 거두리라(<개역> 갈6:7)."라는 말씀처럼, 하나님께서 귀히 여기시고 기뻐하시는 일(사역)을 사람이 대수롭지 않게 가벼이 여기는 것은 곧 경책이 뒤따르는 잘못을 저지르는 것이기 때문이다.

제1장을 마치면서

올바른 청소년, 청소년사역관의 확립

위에서 살펴 본 바와 같이, 청소년사역은 매우 중요하고 긴급한 '하나님나라의 일'이다. 왜냐하면 하나님께서는 하나님의 자녀에 대한 관심과 하나님의 일꾼에 대한 열심과 이들을 통하여 이루실 목적을 갖고 계시는데, 청소년을 향하신 경우도 마찬가지로 이 청소년사역 속에는 하나님의 관심과 열심과 목적하심이 들어있기 때문이다. 그리고 이 청소년사역 속에 교회의 현재와 장래가 함축되어 있거나 관련되어 있기 때문이기도 하다. 그래서 하나님께서는 지금도 청소년사역을 통하여 청소년일꾼들을 목적하신 바대로 쓰시고자 하신다.

주님께서 쓰시고자 하실 때에 제대로 준비하고 있다가 선뜻 내어드리는 것(마21:3, 막11:3)이 마땅한 도리이다. 이를 위하여 교회는 하나님의 작업장으로서 끊임없이 일꾼을 양성하여 충원할 수 있도록 준비하고 있어야 한다. 주님 오실 때까지 '대를 이어' 이 과업은 지속되어야 한다. 그리고 교회가 할 일이 많아지면 많아질수록 더더욱 많은 노력을 기울여 일꾼을 양성, 충원하기에 힘써야 한다.

 이처럼 청소년사역은 그리스도교회 공동체사역의 중요한 영역이고, 지체함이 없이 수행되어야 할 긴급한 사역이다. 그러므로 그리스도교회 공동체는 청소년사역, 즉 청소년을 위한 사역과, 청소년을 통한 사역, 즉 '청소년과 함께하는 사역'이나 '청소년에 의한, 청소년의 사역'들 속에서 하나님의 뜻을 받들어 섬기며, 이를 완수할 준비를 새롭고 온전히 갖추기에 힘써야 할 것이다.

 이를 위해서는 청소년, 청소년사역에 대한 편견이나 선입관을 즉시 버려야 한다. '사역은 교역자나 어른들이 하는 것'이라는 인간중심적이고 어른중심적인 청소년관, 청소년 사역관을 말끔히 청산해야 한다. 그것은 스스로 일하시는 하나님을 사역의 중심에 두지 않고 오히려 인간이 감히 하나님을 앞서가는 오만방자한 인본주의적 청소년(사역)관이기 때문이다. 인간이 사역의 중심부를 차지하려는 불순한 발상이기 때문이다. 그것은 하나님의 일, 하나님나라의 일을 하나님 없이도 인간들이 스스로 도맡아 시행할 수 있다고 착각한 오류이기 때문이기도 하다.

 우리는 하나님께서 친히 들어 쓰시는 청소년을, 청소년사역을 통하여 이루시는 하나님의 역사를 새롭게 눈여겨보고 올바른 이해와 순종의 자리로 돌아와서 주 하나님 앞에 바로 서야 한다. 한국 교회가 지금 모두 예외 없이 그렇게 되어야 한다고 거듭 강조하고 싶다. 교회지도자들과 청소년사역관련자들의 인식과 태도가 그렇게 바뀌어야 한다고 믿는다. 학부모와 청소년들 자신도 그래야 한다고 강조해두고 싶다.

제2장 _ 청소년은 누구인가

제1절 청소년의 이해
1. 청소년 이해의 중요성과 필요성
2. 청소년을 이해한다는 것

제2절 청소년에 대한 일반적 이해
1. 청소년 새로 읽기
2. 청소년 자세히 읽기

제3절 청소년사역의 관점에서 본 청소년
1. 그리스도의 사람인 청소년
2. 그리스도교회공동체의 인간자원인 청소년

제1절 청소년의 이해

1. 청소년 이해의 중요성과 필요성

우리는 '하나님의 일꾼인 청소년'과 '청소년을 통해서도 이루시는 하나님의 일인 청소년사역'에 대하여 새로운 관심을 가져야 할 필요가 있음을 앞에서 살펴보았다. 하지만 현장에서 청소년사역을 제대로 실행해가려면 이런 개략적인 이해 위에 사역의 대상이며 주체인 '청소년' 그 자체부터 제대로 질문으로부터 출발하는 폭넓은 이해가 필수적이다. 그래서 2장에서는 청소년에 대한 이해의 폭을 조금씩 넓혀보려고 한다.

청소년을 새롭고 온전히 이해하는 일이 청소년사역에서 중요시되고 그 필요성이 강조되는 이유는 다음과 같다.

첫째, 인간적인 관점에서 청소년이 누구인지에 대해서 제대로 이해하는 것은 온전한 사역을 펼치는 데에 도움이 될 것이기 때문이다. 여기에서 '인간적 관점'이란 '한 사람으로서의 청소년을 바라봄'을 말한다. 만약에 이 '한 사람' 청소년을 올바르게 이해(파악)하지 못하면, 본의 아니게 청소년에 대한 편견과 오해를 갖게 된다. 그리고 그런 편견과 오해 속에서는 제대로 된 사역을 기대할 수 없다. 이 편견과 오해는 더러 청소년을 한 인간 그 자체로 대하기보다는 하나의 '수단'으로 대할 수도 있게 한다. 또는 별 것도 아닌 '하찮은 존재'들로 잘 못 대할 수도 있다. 그래서 청소년이 엉뚱하게 교회의 안팎에서 불이익을 당하기도 하고, 경우에 따라서는 청소년을 지극히 아끼고 사랑하시는 하나님의 뜻마저 거역하는 잘못을 저지를 수도 있다.

둘째, 바른 인간관에 뿌리를 내려야 올바른 사역, 효과적인 사역이 가능하기 때문에 청소년을 올바르게 이해해야 한다. 특히 청소년사역의 과정 중에서 청소년을 양육하고 그들의 삶에 개입하여 지도guidance and development[8] 하기 위해서는 청소년에 대한 올바른 이해가 더더욱 강조된다. '청소년(기)의 특성'을 잘 이해하지 못하면 효과적인 양육을 할 수 없을 뿐만 아니라 청소년지도 과정에서 오히려 악영향을 초래하거나 역효과를 유발할 수도 있기 때문이다. 이것은 교회(학교)교육이나 청소년사역 현장에서도 마찬가지다. '나는 청소년 시절을 겪어봤기 때문에 청소년 속을 환히 들여다보고 있다. 나는 아이들의 속셈을 미리 알아차릴 수도 있다. 나는 청소년보다 지식도 많고, 경험도 많고, 심지어 믿음도 청소년보다 낫다. 그러므로 나는 열성을 가지고 청소년을 대하기만 한다면 충분히 청소년들을 지도하고 양육할 수 있다.'라고, 어른들은 흔히 자신을 그렇게 진단할 때가 많다.

그러나 그것은 전혀 착각이고 오만이다. 내가 청소년시절을 보내던 때는 이미 과거다. 내가 만나는 청소년은 나의 과거와는 판이한 '요즈음 세상'에서 살고 있는 청소년이다. 어찌 과거의 경험만으로, 그것도 내 경험만을 가지고 '여기, 오늘의 청소년'을 만날 수 있겠는가. 그의 '여기, 오늘'은 과거에 내가 경험한 '그때, 그곳'과는 전혀 다를 수 있다. 실제로 많이 달라졌다. 그리고 나는 그들과 얼마든지 과거의 경험이나 지식이나 성장과정 등이 다를 수 있다. 어찌 내 경험이나 열성만을 앞세워 청소년 앞에 설 수 있다고 장담하겠는가.

이해를 돕기 위하여 여기에서 잠시 '나는 청소년을 어느 정도로 이해하고 있는가'를 한번 살펴보면 어떨까한다.

---

8 청소년 '지도'(指導)를 영어로 표현할 때는, leader(ship), guidance가 많이 쓰이고, 특정한 지도유형을 말할 때에는 fostering, support(ing), mentoring, counsel, coaching 등이 각각 그 용도에 따라 사용되고 있는데, 이 글에서는 '청소년을 지도(guidance)하고 개발(development)하는 것'이 현대사회 속의 청소년을 위한 지도개념으로 적절하다고 여겨, 'youth guidance and development'로 쓴다.

아래에 소개하는 11개항의 점검사항은 프리츠 레들Fritz Redl이라고 하는 미국의 심리학자가 청소년의 평소행동을 묘사한 것들이다. 다음의 각 문항 중에서, '이런 행동은 청소년으로서 비정상적인 경향을 나타내는 것이다'라고 생각되는 문항 끝의 ( ) 속에 표시(0)하여 보라.

1. 이 청소년은 두 가지의 생각, 즉 부모에게 복종해야 한다는 생각과, 기성세대에 반항하는 경향을 지닌 자기 또래집단의 규칙을 따라야 한다는, 그 두 가지 생각 사이에서 발생하는 갈등 때문에 더러는 죄책감이나 수치심을 느끼고 있다. ( )
2. 이 청소년은 어른다운 의젓함이나, 예의범절에 적응하는 것을 거북스럽게 여긴다. ( )
3. 이 청소년은 쓸데없이 체력을 과시하거나, 모험적인 행동과 으스대는 듯한 말투를 사용하고서도, 그것을 부끄럽게 느끼지 못한다. ( )
4. 이 청소년은 자신이 원했던 것이면서도, 정작 그것을 부모님이나 선생님이 넉넉히 허용해주시면 오히려 당황한다. ( )
5. 이 청소년은 친구들의 일이라면 아주 성실하고, 심지어 속마음으로는 그들이 싫고 두려운 때에도, 친구들에게 따돌리지 않기 위해서 위험한 짓도 감수한다. ( )
6. 이 청소년은 자기보다 권위나 힘이 있는 상대들에게 대항하는 용기가 있노라고 공공연히 자신을 과시한다. ( )
7. 이 청소년은, 어린아이들이나 받게 되는, 그런 식의 벌이나 칭찬을 받으면 몹시 불쾌하게 여긴다. ( )
8. 이 청소년은 이성(異性)을 인간관계의 수준에서 파악하기보다는 일종의 '획득물'처럼 여기거나, 반대로, 두려움의 대상으로 본다. ( )
9. 이 청소년은 기성세대로부터 도움을 받기보다는 스스로 해내려는 경향이 있다. ( )

10. 이 청소년은 자신의 느낌이나 감정에 관해서 솔직하게 표현하는 것을 별로 자신 없게 생각한다. ( )

11. 이 청소년은, 예를 들어서 집단놀이와 같은 상황이 아니라면, 어른을 자기의 파트너로 삼는 것을 피하려고 한다. ( )

위의 문항 가운데에서 '청소년으로서 비정상적인 경향을 나타내는 것'이라고 생각되어 O표를 한 문항은 몇 개나 되는가? 정확하게 평가했는지 다시 확인해보라. 몇 개의 문항이 청소년의 비정상적인 경향을 묘사한 것이라고 보았는가. 답 : ( )개

아마 어떤 이는 상당히 많은 문항을 비정상적이라고 보았을 수도 있고, 또 어떤 이는 청소년을 너그럽게 보아 불과 서너 개 정도를 비정상적이라고 지적했을 수도 있다. 모든 문항이 다 비정상적인 것들만 늘어놓았다고 하는 이도 있을 수 있고, 반대로 모든 문항이 다 정상적인 청소년을 묘사한 것이라고 하는 이도 있을 것이다.

그런데 이 문항을 고안한 사람은 위의 11개 문항들은 모두 '청소년들이라면 충분히 그럴 수 있는 정상적인 경향들'만을 열거해놓았다고 한다. 그러니까 11개 문항이 '모두 정상'이라고 한 것이 정답이다. 그렇게 표시한 경우라면, 청소년에 대한 탁월한 식견에 경의를 표하고 싶다. 그러나 만약에 하나라도 비정상적인 것이라고 지적한 경우라면, 미안하지만 멀쩡한 청소년을 비정상적이라고 잘못 판단해버린 것이다. 만일 더 많이 비정상적이라고 지적했다면 청소년을 잘못 이해해도 한참 잘못 이해하고 있는 것이다. 그러나 너무 언짢게 여기지 말기 바란다. 자신의 약점을 알아야 더 올곧게, 더 강하게 되는 법이니까. 점수보다는 앞으로 청소년을 어떻게 이해하고 어떻게 만나느냐가 더 중요한 일이다.

만약에 이렇게 청소년을 제대로 이해하지도 못한 상태에서 우리들의 청소년을 만났다고 하자. 그런 시각으로 청소년을 판단해버렸다고 하자. 그래서 청

소년에게 '너는 비정상적인 아이야'라고 말하고 그런 태도로 그를 대했다고 가정해보자. 그 아이를 만나서 그렇게 말하고 그런 태도로 대한 곳이 가령 교회라고 해보자. 그래서 그 청소년은 억울하게 오해를 받고 정당한 대우를 받지 못한 것 때문에 상처를 입었다고 상상해보자. 그렇게 되면 그 청소년은 교회를 떠날 수도 있다. 나의 잘못된 청소년관과 미숙한 판단과 태도 때문에 그는 마음 아파하면서 교회를 떠나, 하나님의 품을 떠나 세상으로 간다. 그리고 그렇게 떠난 청소년이 교회에 다시 돌아오기란 매우 어려운 일이다. 평생 교회문턱을 다시는 넘어 들어오지 않고 교회 밖에서만 살다가 그의 삶을 마칠 수도 있다. 믿을만한 분에게서 들은 이야기인데, 실제로 우리나라 어느 대통령이 어린 시절에 주일학교를 다녔는데, 선생님에게 심하게 꾸지람을 듣고 교회를 나온 이후로 일평생 교회 밖에서만 살다가 세상을 떠났다고 한다. 우리는 이렇게 하나님 앞에서 청소년을 실족하게 한 죄(막9:42)를 짓게 될 수도 있다. 그러기에 청소년을 올바르게 이해한다는 것은 사역에서 매우 중요하고도 필요한 일인 것이다.

셋째, 청소년사역은 '청소년을 만나는 일'이 포함되는 것이므로 청소년을 먼저 올바르게 이해해야 한다. 사역에서 청소년을 만나는 일은 청소년의 삶에 개입하는 것을 의미한다. 남의 삶에 개입한다는 것은 결코 예삿일이 아니다. 그래서 함부로 아무렇게나 접근하면 안 된다. 더군다나 청소년을 만나는 청소년사역은 '청소년의 영혼을 만나는 일'이다. 매우 중요하고 진지한 접근을 청소년에게 내가 하는 것이다. 그러므로 청소년을 먼저 올바르게 이해해야 한다. 경험이나 열성만으로 불쑥 한번 만나보는 식의 그런 스침이나 맞닥뜨림이 아니다. 그것은 매우 엄숙한 '참 만남'이어야 한다. 하나님께서 지켜보시는 가운데 이루어지는 만남이기 때문이다. 기도하러 성전 미문으로 들어가려던 베드로와 요한이, 나면서부터 못 걷게 된 이가 그들에게 구걸하는 것을 눈여겨보고 주 예수님의 이름으로 그의 손을 붙잡아 일으켜 걷게 했던 것과 같은(행3:1-10) 그런 진지하고 적극적인 접근, 그런 '생명을 건지고 변화시키는 만남'이어야 하기 때문이다.

넷째, 청소년을 어떻게 이해하느냐에 따라 청소년을 대하는 나의 태도와 방향이 달라질 수도 있기 때문이다. 가령 여기 장애를 가진 한 사람 앞에 두 사람이 있다고 하자. 한 사람은 그를 매우 불쌍히 여겼다. 얼마나 불편하고 힘들까 하는 측은한 마음으로 말이다. 그러나 다른 한 사람은 그 장애인을 행복한 사람이라고 여겼다. 하나님께서는 이 장애인을 비장애인보다 더 많은 관심과 사랑으로 돌보실 것이라고 믿었기 때문이다. 그런데 세월이 지나서 이 두 사람 모두가 장애인들을 위해서 소신껏 일할 수 있는 기회와 힘을 얻게 되었다고 가정해보자. 앞에서 말한 사람은 아마도 장애인을 평소 불쌍히 여겼기 때문에 불우한 이웃을 돕는다는 입장에서 '구제'중심의 '사회사업'에 힘썼을 가능성이 높다. 그러나 뒤의 사람은 이 장애인을 매우 행복한, 우리와 다를 바 없는, 다만 좀 불편할 뿐인 사람으로 여겼기 때문에, 그 장애인이 다른 사람들과 더불어 더 행복하게 살아갈 수 있도록 그를 '지원'하여 사회통합의 길을 열어주려고 '복지사업'에 힘썼을 가능성이 높다. 그래서 장애인들에게 주어진 능력을 개발하여 더 많은 일을 할 수 있는 일꾼으로 육성하기에 힘썼을 것으로 짐작해볼 수도 있다.

청소년사역에서도 마찬가지다. 청소년을 아직은 어리고 성숙하지 못한 아이들로 보면 청소년은 늘 '양육의 대상'으로만 머물 수 있다. 말썽꾸러기들로 보면 언제든지 골칫거리로 여겨지게 되고, 그래서 '훈육의 대상'으로 남는다. 그러나 청소년을 '하나님의 일꾼'으로 보는 시각이 우리에게 열리게 되면, 그 순간 청소년은 솔로몬 성전의 야긴과 보아스(왕상7:21)와 같은 '교회의 기둥'으로, '사역의 동반자'로 우리 곁에 우뚝 서있는 것을 발견하게 될 것이다. 사역자나 교회의 청소년관이 어떤 것이냐에 따라 청소년에 대한 태도와 청소년사역의 방향이 이렇게 근본적으로 달라질 수 있다. 청소년을 성경말씀 안에서 주님의 심장으로 바라보고, 그들을 올바르게 인식하는 일은 참으로 중요하고도 필요한 일이라고 강조하는 이유가 여기에 있다

2. 청소년을 이해한다는 것

그렇다면 청소년을 올바르게 이해한다는 것은 무엇을 의미하는 것일까. 그것은 청소년을 단편적이거나 고정된 관점으로 보지 않고, 청소년의 실체를 제대로 파악하기 위해서 다각적인 관점에서 깊고 그리고 폭넓게 바라보는 것을 의미한다. 특히 청소년사역에서 청소년을 제대로 이해하려면 적어도 '한 사람'인 청소년에 대한 이해와 '사회와 환경'의 영향을 받으면서 살아가는 청소년, 그리고 '하나님의 일꾼'으로 쓰임 받는 청소년이라는 관점들에서 청소년을 파악해보아야 할 것이다.

가. '한 사람인 청소년'에 대한 이해

첫째, 청소년을 이해한다는 것은 한 인간으로서의 청소년, 그 자체에 대한 이해를 말하는 것이기도 하다. 대체로 청소년은 집에서는 자녀요, 학교에서는 학생이요, 일터에서는 아직은 서투른 견습생이요, 동네에서는 그저 그런 '우리 동네 사는 아이들'로 보일 때가 많다. 그래서 별다른 관심을 기울이지 않고도 청소년과 함께 지낼 수 있다. 교회에서도 어린이 주일학교를 거쳐서 중고등부, 그리고 대학부에 올라온 우리교회 청소년, 청년쯤으로 만난다. 그리 대수로울 것도 없지만 딱히 얄미울 것도 없고 그다지 경계할 것도 없는, 늘 그랬듯이 따뜻하게 대해주기만 하면 되는 그런 청소년이다.

그런데 정작 교회에서 교회학교 교사로 섬기라는 말씀을 듣고 청소년 앞에 서보면, 신대원에서 공부만하다가 전도사님으로 교회학교 청소년 앞에 처음 서보면, 눈앞에 아른거리는 청소년들이 예전과는 사뭇 다른 모습으로 내 앞에 있음을 느껴본 경험이 있으리라. 또 혹시 무슨 말썽거리라도 생겨서 청소년과 함께 대화를 나누다보면, 그들 속에는 내가 평소에 상상조차도 못했던 놀라운 구석이 있음을 실감하기도 했을 것이다. 더러는 엉뚱하기도 하고, 더러는 어른스럽기도 하고, 더러는 어른도 미처 생각하지 못했던 고뇌와 갈등과 번민이 있는가 하면, 열망과 희열과 어른스러움이 있음을 읽을 수도 있을 것이다. 어쩌면 교회학교 부장 교사보다 더 절절한 기도를 하나님께 드리는 것을 보고 은근히 자신을 돌아보기도 했을 법하다.

그래서 청소년을 새롭게 보게 된다. '평소실력'만으로 그들 앞에 서기에는 부족하다는 것을 느끼게 된다. 어린아이 대하듯 하는 식으로는 어림도 없다는 것을 알게 된다. 내가 자랄 때와는 많이 달라진 요즈음 청소년들을 본다. 내 곁(앞)에 '또 한 사람' 청소년이 있음을 발견하게 된다. 그래서 이 만만찮은 '한 사람인 청소년'을 만나기 전에, 좀 더 일찍 청소년에 대해서 이해의 폭을 넓혀둘 것을 그랬구나 하는 생각을 뒤늦게야 갖게 되기도 한다.

이와 같이 청소년을 이해한다는 것은, 청소년이 누구인지, 즉 인간적 관점에서 청소년은 어떤 사람인지, 그리고 이 또래의 사람들이 왜 '청소년'이라는 이름으로 불리는지, 그리고 이들이 겪고 있는 이 어정쩡한 '청소년기'라는 독특한 삶의 단계는 한 개인에게 있어서, 그리고 교회와 사회적으로는, 어떤 의미를 지니는 것인지 등을 헤아리는 것에서부터 출발한다. 그래야 '한 사람인 청소년'을 바로 만날 수 있기 때문이다.

나. 사회와 환경 속의 청소년에 대한 이해

둘째, 청소년을 이해한다는 것은 사회문화적 관점에서, 그리고 청소년을 둘러싸고 있는 환경과의 관련 속에서 청소년과 그의 삶을 주의 깊게 살핌으로써 청소년의 실상을 정확히 파악하는 일을 말한다. 더러 우리는 문제가 있다고 여겨지는 청소년, 또는 스스로 문제가 있음을 느끼고 이를 호소해오는 청소년을 만나보면 뜻밖에도 그들은 자기 자신의 밖에 있는 원인들 때문에 고통을 받고 있음을 보게 된다. 그래서 문제해결의 실마리는 그 청소년 안에서 찾아야 하는 것이 아니라 그를 그렇게 문제가 있도록 만든 외부요인들에 있음을 확인할 때가 많다. 이것은 꼭 청소년과 관련된 골칫거리만을 두고 하는 말이 아니다. 밝고 건전하고 바람직한 경우에서도 마찬가지다.

바로 우리가 청소년기를 그렇게 보내면서 자랐듯이, 좋은 것이건 궂은 것이건 청소년은 그가 보고 듣고 느끼는 것을 모방하면서 자란다. 그것이 사회제도이건 사회적인 유행이건, 청소년들은 외부환경의 영향을 그대로 받기 마련이다. 그러므로 청소년을 바르게 이해하려면 청소년을 단순히 '한 사람'으로 이해하는 것만으로는 충분하지 않다. 그에 못지않게 중요한 것은 청소년이 자기의 바깥에 존재하고 있는 것들로부터 무슨 영향을 받고 있으며, 그래서 그들이 어떤 반응을 하게 되는지 그 실태를 정확히 이해하는 일이다. 청소년의 형편과 처지, 고충과 열망들도 정확히 파악해야 한다.

이것을 잘 이해하지 못하면 청소년의 의식과 태도와 행동을 제대로 파악하지 못해서 결국 제대로 청소년을 양육하거나 지도할 수 없게 된다. 그래서 청소년의 아픔을 잘못 진단하고 엉뚱한 처방을 내린 나머지 청소년에게 피해를 주거나 상처를 남기게 할 수도 있다. 또는 모처럼의 생산적이고 창의적인 청소년의 의지를 무참히 꺾어버릴 수도 있다. 그렇게 되면 우리 자신은 본의 아니게 하나님과 청소년 사이를 가로막는 벽이 될 수도 있다.

이렇게 청소년사역의 현장에서 청소년을 이해한다는 것은, 우리의 청소년들이 사회 속에서, 그리고 다양한 문화적 흐름 속에서, 그리고 그 사회문화적인 환경 속에서 어떤 모습으로 어떤 영향을 받아 어떤 반응을 보이면서 살고 있는지를 면밀히 살피고, 그 실상을 제대로 파악하는 것을 말한다.

다. '하나님의 일꾼인 청소년'에 대한 이해

셋째, 청소년을 이해한다는 것은 그리스도교회 공동체가 예수 그리스도의 심장으로(빌1:8) 성경말씀 안에서 '하나님의 일꾼인 청소년'을 새롭게 재조명하는 것을 말한다. 청소년을 한 인간으로서, 또는 사회문화적 환경의 영향을 받는 실존으로서 이해하는 일은 교회는 물론이고 가정이나 학교 그리고 사회 전반적인 영역에서 필요한 일이다. 그런데 그리스도교회 공동체에서 특히 관심을 갖고 파악되어야 할 것이 있다면, 그것은 성경을 통하여 '청소년을 성경적으로 이해하는 일'이다. 그것은 청소년사역에서 필수적으로 요구되는 사역의 첫 단추나 마찬가지다. 그러므로 하나님의 말씀인 성경을 통하여 성경 안에서 청소년을 향하신 주 하나님의 뜻을 먼저 알아야 한다. 그리고 하나님의 관점에서 청소년을 재조명하고, 그들을 바르게 이해해야 한다. 이어서 그리스도 우리 주 예수님의 심장으로 그들을 품어 안아야 한다. 이것은 청소년사역이 지니는 독특한 과정이자 특징적인 과제이다.

사람의 지식이나 경험으로 청소년을 읽고 판단하는 것만으로는 진정한 의미의 청소년사역에 가까이 이를 수도 없고, 하나님께서 원하시는 사역이 이루어질 수도 없다. 하나님께서 무엇 때문에 하나님을 무시하고 하나님을 앞서가는 사람들의 행위에 함께하시겠으며, 하나님의 일꾼인 청소년에게 제 마음대로 다가가는 짓을 거들어주시겠는가. 그것은 사역이 아니라 오히려 망령된 행위일 수도 있다. 우리(교회)는 하나님께 쓰임을 받는 하나님의 도구들이다. 그러므로 하나님의 뜻하신 바가 청소년들에게서 또는 청소년을 통하여서도 이루어질 수 있도록, '청소년을 주님 안에서 새롭게 바로 읽고, 만나는 것'이 청소년사역에서 그 무엇보다도 중요한 과제가 되는 것이다.

제2절 청소년에 대한 일반적 이해

위에서 살펴본 청소년이해의 중요성과 필요성, 그리고 청소년을 제대로 파악하기 위한 관점들을 바탕으로, 교회나 사회가 공통적으로 그 이해의 폭과 깊이를 같이 해야 할 '청소년에 대한 일반적인 이해'를 논하고자 한다.

일반적 이해라 함은 다음에 언급할 '청소년사역의 관점에서 본 청소년의 이해'라는 본질적인 접근에 앞선 기초적이며 개괄적인 이해를 말한다. 이 일반적인 이해 부분에는 사회 일반의 이론이나 지식들이 포함되어 있다. 그래서 이러한 일반적 이해는 청소년에 관한 기초이론을 보강해주며, 청소년의 현실과 과제를 이해하는 데에 도움이 될 것이다. 특히 이 분야를 전공하지 않은 이들에게는 '보완의 기회'가 될 수도 있을 것으로 기대한다. 아울러 이러한 기초적이고 개괄적인 이해는 청소년을 '사역과 관련하여 파악'할 때에, 여러 가지 판단의 기초를 제공해 줄 수 있을 것이기 때문에 의미 있는 과정이 될 것이라 믿는다.

1. 청소년 새로 읽기

가. 청소년의 개념

청소년, 청소년기

청소년靑少年은 원래 청년靑年과 소년少年을 아울러 일컫는 낱말이다. 청소년은, 영어로는 흔히 youth, young people, teenager, adolescent, 그리고 juvenile 등으로 쓰이고 있다. 우리나라는 물론이고 동서양 모두 청소년은 '젊다'(靑)는 뜻과 '어리다'(少)는 뜻을 함께 지니고 있다. 청소년이라는 용어 속에는 이렇게 서로 다른 의미가 내포되어 있다. 긍정적인 의미로는 청순하고 힘차고 발랄하다는, 그래서 앞날이 기대된다는 그런 희망이 섞여있기도 하다. 부정적인 관점에서는 청소년은 유치하고 미숙하고 말썽꾸러기 같다고 보는 어른들의 속마음을 내비치고 있기도 하다. 물론 청소년을 이런 글자 뜻풀이 정도만으로 그들을 파악했다고 말해버릴 수는 없다. 청소년은 하나의 단어에 그치는 것이 아니라, 그 실체를 헤아리기조차 어려운 '사람들'이기 때문이다. 그러므로 청소년을 올바르게 이해하기 위해서는 그들을 보다 더 자세히 개념화할 필요가 있다.

그런데 청소년을 개념화하기에는 많은 어려움이 따른다. 청소년은 여러 관점에서 파악되는(되어야 할) 실존들, 즉 청소년은 생물학적, 심리적, 사회적, 문화적인 여러 관점에서 두루 파악되어야 할 '사람들'이기 때문이다. 그러므로 몇 마디 말로서 '청소년은 이러이러한 사람이다'라는 식으로 청소년을 정의해 보려고 무리할 필요는 없다. 청소년을 차근차근, 두루, 속속들이, 제대로 이해하는 것이 더 중요하다.

청소년을 연령을 중심으로 말하는 경우가 있다. 청소년이라고 불리는 사람들 중에는 나이가 대체로 십대, 특히 십대teenager, thirteen-nineteen들이 중심적 분포로 자리하고 있는 것이 현실이다. 인구분포만 그런 것이 아니라 청소년이라는 특징적 이미지를 제일 강하게 풍기는 것도 대체로 이 십대들이다. 그러나 그렇다고 해서 이들만을 청소년으로 부르기에는 현실상황이 전혀 이에 걸맞지 않다. 이들 십대청소년뿐만 아니라 이 시기를 전후한 연령층의 청소년, 즉 십대 이전의 청소년(어린이)나 십대 이후 청년 초기의 사람(청년)도 다분히 청소년다운 속성을 여전히 지니고 있기 때문이다.

따라서 이들을 그 속성을 중심으로 청소년의 범주 속에 포함시키는 새로운 경향이 보편화되어 있다. 요즈음은 아이도 아니고 그렇다고 완전한 기성사회인도 아닌 그런 상태를 중심으로 이 '어정쩡한 상태의 사람들'을 청소년이라고 통틀어 부르기도 한다. 그래서 우리나라도 이런 경향을 반영하여 청소년기본법에서 9세(소년)에서부터 24세(청년초기)까지를 청소년의 범주 속에 넓게 포함시켜서 이러한 상태나 시기를 청소년기adolescence/adolescent period라고 일컫는다.

10대 이전으로까지 내려가는 청소년기

먼저 청소년기는 10대 이전으로 하향조정 되는 경향이 두드러지게 나타나고 있다.

십대 이전의 청소년들은 부모와 가정을 중심으로 의존적인 생활을 하던 아동기를 이제 막 벗어나려는 시기의 어린이들, 즉 청소년기라는 새로운 단계로 접어드는 중요한 길목에 서 있는 아이들이다. 아직은 좀 이른 감이 있지만 이 아이들을 청소년의 범주 속에 미리 포함시킨 것이다. 이것은 이들이 '심리적 이유기心理的 離乳期'[9]를 원만하게 마무리하게 하고 자연스럽게 청소년기로 진입하게 하여 홀로서기 채비를 할 수 있도록 그들을 돕기 위해서다. 청소년기를 10대 이전으로까지 하향조정하는 경향은 그래서 나타나는 것이다.

그래도 그렇지 아직 초등학교에 다니는 어린이들을 청소년 취급할 것까지야 없지 않느냐고 지적하는 사람들도 있다. 충분히 일리가 있다. 그렇지만, 우리의 어린이들은 오늘의 어른들이 그의 어린 시절을 보내던 것과 같은 그런 어린이의 상태로 오늘을 살고 있지만은 않다. 요즈음 여자 어린이들 중에는

---

[9] 아기가 젖을 떼는 시기를 이유기라고 하듯이, 청소년기에 이르러 어른들의 보호나 간섭 등으로부터 벗어나서 스스로 홀로서기를 하려는 마음이 나타나는 시기를 심리적 이유기(psychological weaning period)라고 한다. 이 심리적인 '젖 뗌'이 원만히 이루어지는 것이 홀로서기에 도움이 되기 때문에, 어린이와 청소년들에게는 중요한 과정의 하나이다.

초경을 경험하는 나이가 예전과는 달리 훨씬 앞당겨지고 있다. 성장과 성숙이 앞당겨지고 있는 것이다. 초등학교 아이들 중에는 해로운 담배를 사서 저희들끼리 나눠 피고, 또한 이미 성경험이 있는 아이들조차도 적잖이 있는 것으로 조사, 보고되고 있다. 십대중후반의 청소년들이나 저지를법한 행위를 이미 우리의 어린이들이 저지르고 있는 것이다. 이럴 경우에 이들의 부적응행위를 어린아이들 수준의 '불장난' 쯤으로 취급해버려도 되겠는가. 또한 어느 보도 자료에 의하면, 우리나라 7세 이하의 어린이들 가운데 이동전화요금 연체자가 2만 명이나 되어, 이들이 '신용불량자'가 될 형편에 놓였다고 전하고 있다. 부정적인 측면에서만 그런 것이 아니다.

긍정적이고 적극적인 측면에서 보아도 그렇다. 초등학생 아이들의 상당수가 컴퓨터를 비롯해서 외국어 능력에 이르기까지 정보화시대, 국제화시대를 사는 데에 필요한 기술과 능력을 어느 정도 보유하고 있다. '컴맹 어른들'이나, '우리나라말 하나밖에 할 줄 모르는 어른들'보다, 훨씬 앞선 수준으로 '삶의 기술'을 보유하고 있는 것이다.

이런 경우들은 이해를 돕기 위한 몇 가지 사례에 불과하지만, 아무튼 '청소년기가 시작되는 시기'도 훨씬 앞당겨지고 있는 추세라는 점만은 분명하다. 그래서 청소년기가 시작되는 연령은 점점 하향조정 되고 있는 실정이다.

청년초기까지로 연장되는 청소년기

한편 청소년기는 청년초기로까지 위로 확장(상향조정)되고 있다. 청년초기에 해당하는 사람들이 청소년 취급을 받는다는 것은 어딘가 좀 어색하고 무리가 있는 듯이 보일 수도 있다. 우리나라에서 19세면 대학생이 되고 성인이 되는 나이다. 이미 자랄 만큼 자랐고 배울 만큼 배운 사람들인데, 이들이 청소년의 범주 속에 들어가야 한다는 것은 반세기 전만해도 상상하기 힘든 사태이다. 그때는 고등학교만 졸업해도 직업을 얻어서 일하는 것이 보통이었고, 이내 결혼도 할 수 있었다. 대학을 다니며 공부만하는 사람은 희소가치가 있는 존재들로 여겨지기까지도 했다. 그래서 한때는 '대학생님'이라고 불리던 분위기조차도 우리 사회 속에 있었다.

그런데 우리 사회는 과거의 농경사회 또는 일차산업중심의 사회에서 산업사회로 접어들었다. 이에 따라 직업세계도 전문화, 분업화, 조직화되기 시작했다. 그리고 그것은 관료화되기까지 변모했다. 이러한 현상은 고도산업사회를 거쳐 탈산업화되어가면서 사회 속에서 더 더욱 그 양상이 굳어졌다. 그래서 지금 우리가 살고 있는 이 시대, 이 사회는 '하나의 거대한 조직체'같은 모습을 드러내고 있다.

그러므로 한 사람의 청소년이 이 빈틈없이 꽉 짜인 사회의 조직화된 직업세계에 들어가서 성인역할을 하게 되는 길도 과거와 같이 그렇게 수월하지 못하다. 오히려 점점 더 까다롭게 되고 훨씬 더 그 문은 좁아졌다. 따라서 청년초기의 사람들은 점점 직업세계나 성인계층으로 진입하는 길목 앞에서 주춤주춤 머물러 서게 된다. 이른바 '적체현상'을 보이기 시작한 것이다. 그래서 더 많은 지식과, 기술과, 경험을 요구하는 취업의 문턱에서 이들은 '산업예비군'이나 '견습사회인'과 같은 모습으로 멈춰서있게 된다. 어른구실 한번 제대로 못해보고 어정쩡한 상태에 머물러있게 된다. 취업을 위한 면접의 자리에 서류를 들고 수없이 이리저리 뛰어다녀야 한다. 멋쩍게도 부모님에게 손을 내밀어야 하는 안타까운 시절을 보내기도 한다. 이들은 장성한 청년들이면서도 결국 '청소년'의 범주 속에 고스란히 그대로 남게 된 것이다.

그러니까 이 부류에 속하는 청년초기의 사람들은, 현대사회 노동시장 속에서, '결정적인 타격을 입은 사람들'인 셈이다. 그래서 이제는 대학을 졸업해도, 심지어 대학원을 나와도 제대로 취업을 하지 못한다. 이른바 '이태백—이십대의 태반이 백수'라는 요즈음 유행어가 그것이다. 이 이태백 현상은 단순히 경제적인 불경기 때문만이 아니다. 불경기 때문이라기보다는 구조적인 문제이다. 전문화, 분업화, 조직화된 현대사회의 노동시장이 구조적으로 이들을 사회인으로, '일꾼'으로 쉽게 받아들이지 않기 때문이다.

이것은 현대사회 속에서 청소년, 청년들이 어엿한 사회인으로 등장하기가 그리도 어렵고 힘든 것이라는 현실을 보여주는 것이다. 그래서 특히 청년초기의 사람들은 성인으로서 그들의 역할기능을 발휘할 기회가 주어지지 않은, 이른바 '역할유예moratorium'[10]된 상태에서 고민과 방황을 거듭하고 있다. 바로 이 역할이 유예된 사람들—장성했으나 기회를 얻지 못하여 '홀로서기'와 '제구실하기'를 제대로 못하고 있는 사람들—을 돕기 위하여 요즈음 많은 나라들은 이들에 대한 관심과 지원을 아끼지 않고 있다. 마치 십대청소년을 돌보듯, 청년초기의 사람들까지도 모두 청소년의 범주 속에 포함시켜서 이들에 대한 관심과 지원을 확대해나가고 있다. 우리나라가 청소년의 범주를 9-24세로 잡은 것도 이를 정책적으로 반영한 것이라고 볼 수 있다. 따라서 지금과 같은 사회적 상황이 계속된다면, 청년이면서도 청소년의 범주에 포함되는 사람들의 증가현상, 즉 청소년기의 확장 추세는 앞으로도 계속될 전망이다.

더 확장되어가는 청소년의 범주

이렇게 해서 청소년이라는 분포는 그 폭이 점차 넓어져간다. 십대청소년을 중심으로 해서 그 아래로, 그리고 그 위로 청소년이라고 불려야 할 연령층의 범주는 더 넓어져간다. 따라서 사회 속에서 이 확장된 청소년의 분포가 차지하는 비율이 점차 높아져가는 것은 당연하다.

대체로 우리나라 청소년인구(9-24세)는 앞선 <표 1>에서와 같이 일천만 명 정도에 이르고, 이는 우리나라 전체인구의 20%쯤 된다. 그런데 이러한 청소년기의 확장 추세에 따라 '청소년층의 분포'는 앞으로도 더 확대될 수 있고, 그런 의미에서 청소년이라고 불려야 할 사람의 수효는 늘어나게 될 전망이다. 다시 말해서 청소년을 인구통계에 나타난 숫자만으로 따져본다면 출산율의 저하

---

10 역할유예는 원래 '지불유예'(支拂猶豫)로 번역되어 쓰이는 경제용어 모라토리엄moratorium에서 유래된 것인데, 지불유예는 경제가 혼란에 빠지고 채무이행(債務履行)이 어려워진 불가피한 상황 속에서 국가가 공권력을 발휘하여 일정기간 동안 채무의 이행을 연기하거나 유예하는 행위를 말한다. 여기에서는 다 자란 청(소)년들에게 마땅히 주어져야 할 사회적 역할을 그 사회가 주지 않고(못하고) 있는 사회적 상황을 강조해서 묘사하기 위하여 지불유예 대신에 '역할유예'라는 말로 쓰고 있다.

등의 이유 때문에 청소년인구(9-24세)는 앞으로 줄어들 것으로 예측된다. 그러나 위에서 말한 바와 같이 이미 나이로는 청소년의 범주를 벗어났으면서도 역할유예 현상 때문에 어쩔 수 없이 우리 사회 속에 어정쩡한 백수 상태로 남아 있어야 하는 사람들–즉 현대사회 속에서 '새로운 형태의 청소년'으로 남아 있어야 할 사람들은 앞으로 더 늘어날 것으로 예측된다. 바로 그런 의미에서 청소년층의 분포는 점점 더 확대될 추세이고, 따라서 그런 청소년의 수효는 늘어날 것으로 전망된다고 말한 것이다.

이러한 전망은 앞으로 현대사회의 구조나 질서가 획기적으로 바뀌어서 청소년이나 청년들에게 홀로서서 제구실할 수 있는 기회를 제공하지 않는다면 이 새로운 형태의 청소년층이 늘어날 수밖에 없을 것임을 예고하고 있다. 30세를 전후한 나이에 이르러서까지, 청소년이라는 '사회문화적 범주 sociocultural category'[11]를 벗어나지 못하는 사람들이 많아질 것이라는 점을 경고하고 있다. 그리고 그러한 현상은 이미 우리 앞에 나타나 있다. 이와는 반대로 지금 우리 주변에는 십대 청소년의 나이에 어엿한 기업가가 되어 있는 사람들, 이런저런 분야들에서 세계를 주름잡고 있는 사람들, 나이로는 청소년이면서도 하는 일은 어른이 되어있는 청소년들도 많다. 불과 몇 년 전만해도 상상하기조차 어려운 '별난 청소년들'이 우리 사회 속에 속속 등장하고 있는 것이다.

그러므로 청소년은 이제 나이로 말할 때가 아닐 듯싶다. 청소년은 '사회문화적인 상태'를 중심으로 분류되어야 하는 시대에 접어들었음을 실감케 하는 대목이다. 이런 의미에서 청소년은 이제 연령으로만 구분되는 인구통계학적 존재들이 아니라 '청소년은 현대사회가 만들어 낸 새로운 사회문화적 존재들 new sociocultural being'이다. 그래서 이 새로운 사회문화적 존재들에 대하여 UN을 비롯한 국제기구들과 각국 정부는 새로운 관심을 기울이고 있다. 청소

---

11 여기에서 '사회문화적 범주로서의 청소년'이라는 말은, '연령'으로 보면 청소년의 범주를 벗어났는데, '사회적'으로 또는 '사회문화적' 정황이나 상태로 볼 때는 청소년이나 다를 바 없는 처지에 놓여있는 사람들을 일컫는 것이다.

년의 범주를 넓혀 잡고 청소년들을 지원하려는 나라들도 많다. 예를 들면, UN을 비롯한 세계은행이 15-24세를, 우리나라는 9-24세를 청소년으로 규정하고 있고, 중국은 7-30세를, 그리스, 스페인, 핀란드, 이란, 인도, 방글라데시는 30세까지를, 스위스와 헝가리는 35세까지를, 심지어 말레이시아, 네팔, 아르헨티나 정부의 경우는 청소년 연령을 40세까지로 정하고 이들에게 국가가 특별한 관심과 지원을 베풀고 있다.[12] 이는 국가가 청소년의 삶에 개입해서 그들의 사회문화적인 상태를 개선하고 향상시켜주기 위해서다.

이와 같이 현대사회 속의 각국 정부들은 역할이 유예된 청소년세대들의 지원을 강화하기 위해서, 또는 국가경쟁력을 강화하기 위한 '인간자원개발 human resources development, HRD'의 차원에서 청소년층의 범주를, 즉 '정책 수혜대상의 영역'을 확대하고 있는 추세이다. 이것은 청소년이 '여기, 오늘을 사는 사람들'이며 '사회공동체의 구성원들'이라는 점에서, 그리고 국가사회의 '오늘과 내일의 일꾼들'이며 중요한 인간자원 또는 인간자본human capital이라는 점에서 새로운 관심의 대상으로 급부상하고 있음을 보여준다.

나. 새롭고 폭넓은 사회문화적 존재

현대사회 속에서 새롭게 형성된 청소년

이렇게 청소년은 연령만을 기준으로 해서 규정하기도 어렵고, 신체적, 심리적, 사회적 성숙정도를 중심으로 판단하기만도 어렵다. 그것은 현대적 의미의 청소년이 사회문화적 개념에 속하는 매우 독특한 존재들이기 때문이다.

그렇기 때문에 청소년을 단순히 인구통계상의 연령계층만으로 분류하는 것은 이제 그리 큰 의미나 효과가 없다. 또한 지금까지의 일반적인 방식처럼 청소년을 직업(취업)이나 결혼(가정) 여부를 기준으로 구분하는 것으로도 충

---

[12] 이 자료는 세계청소년의 해(IYY)에 즈음한 '법률회의 결과보고서'(85.9)와, '아동권리에 관한 국제규약(안)'에 관련된 제43차 UN인권위원회 회의자료(89.4)를 참고한 것이기 때문에, 그동안 각국의 사정에 따라 변동되었을 수도 있다.

분하지 않다. 사회가 변해가면서, 특히 현대산업사회의 변동과정과 그 결과로 생겨난 '현대사회 속에서 새롭게 형성된 청소년'이라는 특이한 '새 분포'는 어떤 기준을 미리 정해놓고 그 범주에 해당하는 사람들을 청소년이라고 구획지을 수 있는 그런 고정된 틀 속에 정지되어 있는 대상도 아니다.

청소년은 다양한 상태로 우리 사회 속에서 살고 있다. 그 상태는 유동적이다. 그리고 청소년의 그런 상태나 속성을 결정짓는 요인들은 복합적이다. 그것은 얽히고설킨 인과관계 또는 상호관련 속에서 끊임없이 청소년의 모습을 새롭게 만들어낸다. 그래서 현대사회는 우리가 과거에 경험하지 못했던 매우 특이한 모습의 청소년을 만들어낸다. 그러니까 '청소년은 현대사회 속에서 새롭게 탄생된 사회문화적 존재(분포)'라는 특성을 지닌다고 말하는 것이다.

한국 청소년 되돌아보기

여기 오늘을 살고 있는 한국의 청소년을 잠시 생각해본다. 이것은 '새로운 모습으로 우리 사회 속에 등장하고 있는 청소년'에 대한 이해를 돕기 위한 것이다.

오늘의 한국청소년은 일단 '종잡기 힘든 세대'다. 마치 1950-60년대에 출생한 미국사회의 젊은이들을 묘사하고 있는 소설 'X세대'[13]에서 읽어 볼 수 있는 것처럼, '알 수 없는 세대, 마땅하게 정의할 수 없는 세대'의 모습으로 우리 사회 속에서 살고 있다. 이들은 '우선순위에서 밀리고, 역할기능도 제대로 주어지지 않았던' 청소년들이다. 그래서 이들은 '별로 대수롭지 않은' 존재들로 푸대접받던 청소년들이다. 그래서인지 더러는 아무 것도 할 수 없고 아무 것도 하고 싶지 않은 사람처럼 무기력한 모습으로, 무감각한 표정으로 살아가기도 한다.

이러한 현상은 특히 복잡한 기계처럼 조직화된 현대사회 속에 태어나서, 가정이나 부모와 원만하지 못한 인간관계를 유지하며 성장한 청소년들의 경우에서 흔히 볼 수 있다. 이러한 청소년들은 심각하게 공허감을 느끼고 우울증

---

13 Douglas Coupland, *Generation X: Tales for an Accelerated Culture*, St. Martin's Griffin, 1991.

을 앓기도 하고, 자기밖에 모르는 이기적인 행동을 보이기도 하고, 그리고 동경과 반발을 동시에 드러내는 이중적인 성향 등을 나타내기도 한다. 그러다가 어떤 자극적 요인이 외부로부터 자신에게 주어지면 이런 것들을 한꺼번에 분출하여 문제를 일으키기도 한다.

그런가하면 청소년들은 어떤 때는 일체의 간섭과 억압을 단호히 거부하면서 자신의 행보를 스스로 결정하고, 거침없이 행동하기도 한다. 마치 '활주로에 들어선 항공기가 이륙을 준비하기 위하여 거세게 엔진을 가속하고 있는 형세'로 자신의 열정을 내뿜기도 한다. '새로운 동력'으로 청소년이 우리 사회 속에서 부각되고 있는 것이다.

이렇게 우리의 청소년들은 명암이 교차되는 모습으로, '종잡기 힘든 세대 Generation X'로, 우리 사회 속에 그들의 모습을 새롭게 드러내고 있다.

또한 한국의 청소년은 '주변에서 중심으로 이동한 세대'이다. 이들은 'N세대의 무서운 아이들'[14]로 등장해있다. 컴퓨터와 인터넷이 엮어낸 새로운 디지털 체계 속에서 하나의 'Net 세대'로, 그런 의미에서 하나의 새로운 세대로 나타나있다. 그런데 이 N세대들은 지구촌이 새천년을 맞이하면서 새로운 희망을 걸고 'Y2000세대', 즉 'Y세대'라고 부르게 된 바로 그 새로운 세대들이다. 이들 2000년대의 주역으로 등장한 새 세대들은 정보화시대가 그 막을 올리던 때에 태어나서 자랐다. 그래서 이들은 그 누구보다도 디지털 의사소통체계가 지니는 양방향성兩方向性과 상호작용성相互作用性이라는 질서와 기술에 충분히 숙달되어 왔다. 그래서 이들은 과거의 아날로그 세대들과는 판이한 모습을 보인다.

Y세대들은 새로운 정보화질서 속에서 스스로 융통성과 자율성을 지닌 독립된 세대로 등장하여 사회의 중심으로 이동하고 있다. 이른바 '주변인 marginal person'의 처지에 머물러 있던 청소년들은 그들이 획득한 정보기술에 힘입어 기성세대들이 장악하고 있던 사회의 중심에 아무 저항도 받지 않고 무

---

14 Don Tapscott, *Growing Up Digital : The Rise of the Net Generation*, McGraw-Hill, 1999.

혈입성하였다. 누구의 허락을 받을 필요도, 그 누구와 자리다툼을 벌일 필요도 없이, 그들은 스스로 정보화시대의 중심에 어엿이 서버린 것이다.

이제 청소년들은 어느덧 '3P', 즉 'Participation(참여), Passion(열정), Potential Power(잠재력)'으로 그들의 특징을 드러내면서 우리 사회 속에 또 하나의 시대의 중심축을 형성해가고 있다. 이들은, 예를 들면, 소비와 유행의 주역으로서 그들의 독특한 모습을 드러내기도 하고, 그들의 자유분방한 가치관과 문화적 행태는 문화와 산업분야의 새로운 주요인자로서 자리를 굳혀가고 있다. 개인이 정보를 단지 이용하기만 하던 시대를 지나 이제는 개인이 컨텐츠를 직접 생산하고 이를 다른 이들과 함께 공유하고 즐기는 시대가 펼쳐지고 있다. '사용자제작 콘텐츠UCC, User Created Contents'라든지, '1인소비자 기업minipreneur'을 비롯해서, 그 보다 규모가 훨씬 큰 기업형태로까지 발전시키는 사례들도 활발하게 전개되고 있다.

이렇게 Y세대는 문화와 산업분야 등에서 하나의 'C세대Contents Generation'를 형성하여 이를 주도하기까지 발전하고 있는 것이다. 어쩌면 이 글을 마치는 무렵쯤이면, 또 무슨 새로운 내용을 추가해야 할는지도 모른다. 청소년은 그만큼 빠르게 변모하고 있으니 말이다.

이와 같이 X, N, Y, C세대로 표현되는 한국의 청소년들은 사이버세계와 현실세계를 자유자재로 넘나들면서 새로운 질서와 가치를 주체적으로 창출해내고 있다. 이것이 오늘 사회 속의 청소년의 모습이다.

청소년, 새롭고 폭넓은 사회문화적 존재(범주)들

우리는 객체에서 주체로, 주변인에서 주역으로, 그 중심을 이동한 청소년을 새롭게 바라보아야 한다. 과거에는 사회문화적 환경의 영향을 받았던 피동적인 객체에서부터, 이제는 스스로 환경을 변화시키고 새로운 환경과 질서를 창출해내는 주체로 변모하고 있는 청소년을 큰 눈을 뜨고 바라보아야 한다. 사회문화적 역할기능의 축을 스스로 새로 갈아 끼우고 중심에 나선 청소년을 새롭게 주시해야 한다. 사회적 역할기능의 대열에 끼지도 못하고 막연히 주변만을 맴돌아야 했던 처지에서부터, 어른들이 만들어놓은 사회진입의 관문을 통과하지도 않고 훌쩍 뛰어넘어버린 청소년들을 눈여겨보아야 한다. 스스로 자신의 역할기능을 찾아 어엿한 주역으로 우리 사회 속에 불쑥 등장해버린 청소년의 위상을 우리는 새로운 관점에서 관찰하고 이해해야 한다.

이런 의미에서 오늘날의 청소년은 다각적인 관점에서 관찰되어야 한다. 포괄적이면서도 체계적으로 그들에게 다가가야 한다. 새롭고 진지하게 우리의 청소년들을 파악하고, 그들의 실상에 걸맞게 대처해야 한다. 우리의 청소년은 '새롭고 폭넓은 사회문화적 존재(범주)'들로 우리 사회 속에 이미 입성해 있으니까.

그리고 '이 청소년의 범주에 속하는 이들의 역량과 환경을 어떻게 개발하고 지원할 것인가'라는 물음에 대한 해답을 마련하는 일에 시급히 착수해야 한다. 바로 이러한 과제가 청소년을 향한 우리들 모두의 진지하고도 시급한 과업으로 등장해있음을 깨달아야 한다. 그래야 이들 청소년들이 한 인간으로서 여기, 오늘 그의 삶을 사람답게 살아갈 수 있을 것이기 때문이다. 그리고 그 능력을 최대한 발휘하여 교회와 이웃과 사회에 기여할 수 있게 될 것이기 때문이다.

2. 청소년 자세히 읽기

청소년의 개념 파악에 이어, 여기에서는 청소년을 몇 가지 핵심적인 관점에서 좀 더 자세히 살펴보고자 한다. 그 몇 가지 관점이란 인간적 관점, 개인적 차원, 사회문화적 정황, 세계(사)적 흐름 등이다. 청소년을 이렇게 몇 가지 관점으로 나누어 살펴보고자 하는 것은, 청소년은 단순히 어떤 관점 하나만으로 온전히 읽어 내려갈 수 없는, 새롭고 폭넓은 범주이기 때문이다. 그 존재양식이 매우 다양하고, 그들과 관련된 현상들도 새롭고 폭넓게 분포되어 있기 때문에, 여러 가지 차원과 관점에서 편중됨이 없이, 두루 그들을 읽어야 한다.

특히 여기에서는 사회 일반에서 두루 통용되고 있는 청소년관련 이론(지식)들이 그리스도교회의 청소년사역과 조심스럽게 만나게 된다. 그런 의미에서 새로운 접근이 시도되는 여울목과 같은 대목이므로 새로운 관심을 기울일 필요가 있다. 이러한 새로운 접근은 앞으로 청소년사역의 폭을 넓히고 그 깊이를 더 심화시키는 데에 도움을 주게 될 것으로 기대하기 때문이다.

가. 인간적 관점에서 본 청소년

하나님께서 허락하신 청소년의 삶과 권리

인간적인 관점에서 청소년을 보면, 뭐니 뭐니 해도 청소년은 '사람'이다. 청소년도 인간으로서의 보편적 존엄성과 가치를 지닌, 그래서 '인간다운 삶을 살 권리 <독> Menschen würdiges da sein'[15]를 지닌 사람이다. 다른 세대, 즉 장년이나 노년기에 해당하는 사람들과 마찬가지로 청소년도 한 인격체이다. 청소년은 그 자체로서 목적인, 결코 수단으로 전락해서는 안 될 한 인간이다. 기성세대에 속하는 사람들이 자신의 인간적 권리를 말할 때의 그 권리와 똑같은 비중이나 수준으로, 청소년에게도 한 인간으로서의 존엄과 가치, 그리고 권리가 주어져 있다는 말이다. 청소년도 한 권리주체이다.

하나님의 오묘하신 예정과 섭리에 따라 사람은 잉태되는 순간부터 하나의 생명으로서 결코 침해받아서는 안 될 존엄성과 가치를 지닌다. 하나님께로부터 받은 단 한 번의 기회요, 세상에 단 하나밖에 없는 '나'는, 세상의 그 무엇과도 바꿀 수 없는 매우 소중한 존재이다. 하나님께서는 각 사람들이 저마다의 삶의 주체가 되어 주님의 뜻을 따라 살도록 그 삶을 허락하셨다. 사람은 그렇게 하나님의 목적에 따라 지어진 존재들이다. 하나님의 사랑의 대상이요 하나

---

[15] '인간다운 삶을 살 권리'(<독> Menschen würdiges da sein)는 독일 바이마르헌법(Weimarer Verfassung: Die Verfassung des Deutschen Reiches ('Weimarer Reichsverfassung') vom 11. August 1919)이 최초로 '인간다운 생존권' 이념을 천명한 이래로, 이는 현대의 민주국가들에서 보편적 가치로 받아들여지고 있다.

님의 뜻을 따라 하나님과 함께 일하는 일꾼으로 태어났다. 그래서 인간은 그 자체로서 매우 소중히 다뤄져야 할 하나의 목적 그 자체이다. 결코 누군가에 의해서 수단적 존재나 도구로 전락되거나 악용되어서는 안 될 '하나님의 사람들'이다. 그의 소유권과 관리권이 하나님께 귀속되어 있는 실존들이 사람이다.

따라서 인간은 누구든지 주 하나님 안에서 인간답게 주체적으로 살아 갈 천부적 권리를 지닌다. 물론 여기에는 그 권리에 상응하는 의무도 따른다. 그러므로 인간은 권리를 향유하는 주체(권리주체)요, 동시에 의무를 부담해야 할 주체(의무주체)이기도 하다. 이러한 권리와 의무는 개인적으로나 사회적으로 매우 중요하기 때문에 이를 법으로 명확히 규정해놓는다. 그래서 우리 헌법은 "모든 국민은 인간으로서의 존엄과 가치를 가지며, 행복을 추구할 권리를 가진다. 국가는 개인이 가지는 불가침의 기본적 인권을 확인하고 이를 보장할 의무를 진다(제10조)."라고 전제하고 있으며, 또 "모든 국민은 인간다운 생활을 할 권리를 가진다(제34조)."라고 확인하고 있다. 물론 그에 따른 국민적 의무들도 규정하고 있다.

너무나도 당연한 말이지만, 청소년도 사람이다. 그러므로 여기 오늘을 사는 청소년들에게도 '사람답게, 청소년답게 살 권리'가 하나님께로부터 주어져 있다. 어린 아이가 아이답게 천진난만하게, 여인이 여인답게 아름답게, 어른이 어른답게 품위 있게, 노인이 노인답게 복되게 살 수 있어야 하듯이, 청소년도 청소년답게 청순하고, 발랄하고, 순진하게, 푸른 꿈을 지니고 자발적이고 주체적이며 창의적으로 자신의 삶을 살 권리가 있다.

그래서 우리 헌법에는 청소년이 교육을 받을 권리(제31조)와 근로의 권리, 특히 연소자로서 근로현장에서 특별한 보호를 받을 수 있는 권리(제32조-⑤)와, 건강하고 쾌적한 환경에서 생활할 권리(제35조), 행복을 추구할 권리(제37조)를 지니고 있다고 명확히 규정하고 있다. 그리고 이를 확실히 보장하기 위하여 국가는 청소년의 복지향상을 위한 정책을 실시할 의무(제34조-④)가 있다고 밝혀놓기까지 하였다. 이와 같이 한국의 청소년에게는 '시민적 권리'와 함께, 헌법을 비롯해서 '청소년기본법'이나 '청소년헌장' 등에서 볼 수 있는 '청소년의 권리'가 두루 주어져 있다.

이러한 청소년의 권리는 국제적으로도 공인된 권리이다. 청소년과 아동의 권리를 보장하려는 국제적 노력은 제1차 세계대전의 승전국들을 주축으로 결성된 국제연맹the League of Nations 시기로 거슬러 올라간다. 국제연맹은 1924년에 '아동의 권리에 관한 제네바선언Geneva Declaration of the Rights of the Child'을 발표한다. 그리고 그 정신과 노력은 제2차 세계대전 이후에 창설된 국제연합the United Nations, UN으로 이어진다.

인권, 즉 인간의 평등하고도 양도할 수 없는 권리에 대한 믿음이 명실상부하게 '모든 사람의 인권'으로 그 보편성이 마침내 인정되고 온 세계에 선포된 것은, 제3차 UN총회의 '세계인권선언Universal Declaration of Human Rights, 1948'이 최초의 일이다. 그래서 UN 총회는 '세계인권선언'의 정신을 살려서 '아동의 권리선언Declaration of the Rights of the Child'을 1959년에 채택한다. 그리고 이러한 맥락을 따라 마침내, 'UN 아동의 권리에 관한 협약UN Convention on the Rights of the Child'이 채택(1989), 발효(1990)되고, 우리나라 국회도 이를 비준(1991)함으로써 이 협약은 하나의 국제법적 효력을 갖고 있다.

이 협약의 전문前文에서 "아동은 완전하고 조화로운 인격발달을 위하여 가족적 환경과, 행복, 사랑 그리고 이해의 분위기 속에서 성장해야 함을 인정하고……, 사회에서 한 개인으로서의 삶을 영위할 수 있도록 충분히 준비되어져야 하며……, 평화, 존엄, 관용, 자유, 평등, 연대의 정신 속에서 양육되어야 할 것"[16]을 강조하고 있다. 이와 같이 이제 아동과 청소년의 권리는 보편화된 세계적 관심사요 국제적 약속으로 등장하였다. 오랜 역사 속에서 묻혀 있던 아

---

16 이 협약에서 말하는 아동은 18세미만의 모든 사람(제1조)을 일컫는 것이고, 이들은 표현(13조), 사상과 양심. 종교(14조), 결사(15조), 사생활(16조)의 자유와, 정보와 자료에 대한 접근권(17조) 등을 규정하고 있는 것으로 미루어 볼 때, 이 협약에서 말하는 아동은 단순히 어린이만을 지칭하는 것이 아니라 청소년도 포함되는 것임을 알 수 있다.

동과 청소년의 천부적 인권이 햇빛을 보게 된 것이다.

청소년의 권리는 그 무엇보다도 하나님께서 주신 천부적 권리이다. 그러기에 그것은 절대적 가치가 있는 권리이고 불변의 권리이며, 불가침의 권리일 뿐만 아니라 반드시 보장되어야 할 의무가 수반되는 권리이다. 앞에서 예수님께서는 어린아이들을 쫓아버리려는 제자들을 꾸짖으시며, "용납하고 금하지 말라(<개역> 막10:14)."라고 하셨음을 우리는 기억하고 있다. 오히려 주님께서는 "누구든지 나를 믿는 이 작은 자 중 하나를 실족하게 하면 차라리 연자 맷돌이 그 목에 달려서 깊은 바다에 빠뜨려지는 것이 나으니라(마18:6)."라고 경고하셨다. 주 예수님께서는 한 걸음 더 나아가서 "삼가 이 작은 자 중의 하나도 업신여기지 말라. 너희에게 말하노니, 그들의 천사들이 하늘에서 하늘에 계신 내 아버지의 얼굴을 항상 뵈옵느니라(마18:10)."라고 강조하셨다. 주 예수님께서 친히 어린이와 청소년의 천부적이고 절대적이며 불가침의 권리를 확인하신 것이다.

오늘, 여기에서 보장되어야 할 청소년의 권리

이렇게 국내법적으로나 국제법적 관점에서나, 또는 성경말씀으로 보나 어느 모로 보든지, 청소년의 권리는 인정받을 만한 근거를 확보하고 있다. 그러므로 청소년이 '자발적·주체적·창의적'으로 살아 갈 수 있도록 청소년의 권리, 즉 청소년의 '현재적 삶'이 우선적으로 보장되어야 한다. 청소년이 자발적, 주체적, 창의적으로, 청순하고 발랄하고 순진하게 푸른 꿈을 지니고 살아가는 것이 곧 '청소년이 청소년답게 사는 삶'이라고 할 수 있을 것이기 때문이다. 청소년의 권리는 내일 그가 성장하고 성숙한 어느 시점에서나 보장될 그런 미래적 상황이 아니다. 청소년의 권리는 바로 지금, 여기에서부터 보장되어야 할 현재적 요구이다.

이것이 지금 국제적으로나 국내적으로 청소년의 권리를 인식하는 추세이다. 그것은 이제껏 내일로, 나중 일로만 미루어져왔던 청소년의 권리를 '여기 오늘'로 앞당겨놓는 것을 의미한다. 세상의 인식이 그렇게 바로잡혀가고 있는 것이다. 이제 이러한 인식은 보편적 인식으로 자리를 잡아가고 있다.

그런데 이러한 추세 속에서 아직도 청소년의 인권에 대해서 요지부동으로 생각의 전환을 이루지 못하고 있는 사람이나 집단이 적잖게 남아 있다. 긍정적인 국면이 전혀 없는 것은 아니지만, 한국의 청소년들은 이러한 권리를 제대로 누리지 못하고 있다. 청소년의 권리는 겨우 선언적 수준에 머무는 경우가 많고, 유보되거나 묵살되는 경우가 더 많다. 더러는 제한되거나 차별되고, 심지어는 배제되거나 박탈당하는 경우들도 우리 사회 속에는 얼마든지 있다. 이것은 시대의 정당한 흐름에 발맞추지 못하고 오히려 역행하는 것이기에 부끄러운 모습이 아닐 수 없다. 더군다나 그것은 비성경적 또는 반성경적 모습이기에 시급히 바로잡아야할 과제이기도 하다.

그러면 한국 교회의 경우는 어떤가. 이 부끄러운 모습이 청소년사역관련자들이나 사역의 현장 속에 전혀 남아있지 않다고 장담할 수 있는가. 우리의 청소년들이 예수님의 말씀처럼 그리스도교회 공동체 내에서 제대로 대접받고 있다고 자신 있게 말할 수 있을까. 혹시 우리의 청소년들이 교회어른들의 전유물처럼 다뤄지는 경우는 없는지, 그래서 청소년들의 순수한 의견은 '순종'이라는 이름으로 묵살되고 말 때는 없는지, 청소년들이 마치 무슨 재산목록처럼 그 머릿수만 헤아려질 때는 없는지, '아이들은 저리 가라' 하는 때는 없는지 등을 한번쯤 돌이켜 깊이 생각해보아야 할 때가 아닐까.

청소년의 인권에 대한 세상의 인식과 태도들조차도 성경적으로 회귀하고 있는 시대인데, 성경말씀에 기초한 하나님의 교회와 청소년사역 영역에서 오히려 청소년을 '사람답게, 청소년답게' 품지 못하는 경우가 만에 하나라도 있다면 뭔가 잘못되어도 한참 잘못된 상황이 아니겠는가. 심지어는 이러한 규정(<개역> 사1:27)의 길을 애써 외면하고 종래의 방식대로 청소년을 대하려는 잘못된 경향들이 만약에 아직도 우리들 속 어딘가에 남아 있다면 이는 얼마나 안타까운 일이겠는가. 청소년의 권리를 보장할 책임당사자는 포괄적 의미에서 어른들이고, 국가사회이고, 그리고 교회이다. 그 중에서도 청소년의 권리를 보장할 최후의 보루는 하나님의 교회이기 때문에 하는 말이다.

바로 여기에서 청소년사역, 즉 청소년이 여기, 오늘을 인간답게, 청소년답게 살 수 있도록 청소년의 권리를 인정, 보장, 증진하며 그들의 삶을 돕는 사역, 즉 '청소년을 위한 사역'의 필요성과 시급성을 만나게 된다.

나. 개인적 차원에서 본 청소년

청소년기: 과도기 그리고 제2의 탄생기

개인적 차원에서 청소년 개개인은 하나같이 '청소년기'라고 하는, 한 사람의 일생 중에서 매우 중요한 삶의 한 단계를 지나가고 있다. 이 '청소년기'라는 삶의 단계는 '제2의 탄생기the second birth'[17]라고 일컬어질 만큼 청소년에게는 개인적으로 매우 결정적인 시기이다. 그래서 개인적 차원에서도 청소년을 자세히 읽어 볼 필요가 있는 것이다.

첫째, 청소년기의 사람들은 급격한 변화를 맞이한다. 이들은 신체적·정서적 변화를 경험하고 심리적·인지적·사회적인 기능의 변화, 즉 성장과 발달이라는 극심한 변화를 겪는다. 몸이 쑥쑥 자라고 뜻이 자란다. 생각하는 것이, 일하는 것이 날로 대견스러워진다. 어린 아이 때와 같지 않다. 그래서 이러한 변화의 시기를 하나의 '과도기'라고 부른다. 이 '과도기'란 아동기에서 성인으로 '옮겨가는 과정'에 있다는 뜻이다. 그래서 이 시기를 겪는 사람들은 혼란스럽고 불안정한 상태에 놓여있다는 의미가 내포된 말이다. 청소년기는 부모와 가정을 중심으로 의존적으로 살아왔던 아동기를 벗어나서 '홀로서기'와 '제구실하기'가 가능한 성인, 즉 '독립적이고 기능적인 사회구성원'을 향해 나아가는 시기이다. 그러나 청소년은 아직 성인대접을 받지는 못한다. 아동과 성인 사

---

[17] 한 사람이 어머니에게서부터 출생하는 것이 제1의 탄생이라면, 한 사람 청소년이 성장하여 사회 속에 어엿한 사회구성원으로 서게 되는 것을 제2의 탄생이라고 한다. 이는 청소년의 사회진출이 그만큼 중요한 일이고, 또한 그 과정이 매우 어렵고, 힘든 것임을 강조하는 말이다.

이의 어정쩡한 상태에 놓여있다. 마치 항구를 떠난 배가 목적지에 도달하지 못하고, 바다 한 복판에서 지루한 항해만 계속하고 있는 것과 같은 상태다.

그런데 한 사람 청소년이 부모나 가정에 대한 의존적인 상태를 벗어난다는 것은 매우 어렵고 두려운 일이다. 이것은 태어나서 지금까지 경험해보지 못한 엄청난 변화이다. 벗어나라고 하니까 의존상태를 벗어나겠다고 일어서긴 했지만, 내 앞에는 정작 선뜻 따스하게 손을 내밀어주는 또 다른 그 무엇이 없다. 그래서 크게 당황한다. 이렇게 '떠났으나 도달하지 못한 항해'처럼, 과도기적 혼란과 갈등과 불안과 불만 속에서 커다란 변화들을 경험해야 하는 시기가 곧 '청소년기'이다. 그리고 그러면서도 그 항해(개인적 노력)를 계속해서 마침내 목적지(사회가 요구하는 목표나 수준)에 도달해야 하는 것이 청소년들이다. 그러니까 이 시기에 속한 우리의 청소년들은 입버릇처럼 '힘들어, 짜증나, 참견 마'[18]라고 내뱉는다. 우리는 청소년기의 이러한 '불안의 몸짓, 거부의 몸짓, 창조의 몸짓'들에 대해서 깊은 이해와 동정과 관심이 있어야 할 것이다.

어렵고 까다로운 변화와 형성의 시기

둘째로, 청소년기는 그저 자라고 변모하는 그런 단순한 변화의 시기가 아니라, '사회적으로 요구된 변화와 사회적으로 강제된 형성'까지를 청소년 스스로 자신 속에 수용해야하는 그런 힘든 변화의 시기이다. 청소년기는 자발적인 자기변화나 주체적인 자아형성뿐만 아니라, 타의(사회적 요구와 강제)에 의한 변화와 형성까지도 수용하고 추구해야 하는 시기라는 말이다. 그 변화와 형성의 과정에는 사회가 미리 정해놓은 일정한 틀이 있고 엄격한 기준이 있다. 그 틀과 기준에 맞춰 나를 변화시키고 형성해야 한다. 그래야 대학도 가고 취업도 할 수 있고, 사회적으로 인정을 받고 사람대접도 받게 된다. 그러므로 이 과업

---

[18] 여기 '힘들어, 짜증나, 참견 마'는 청소년들이 입버릇처럼 내뱉는 말 중에서 가장 빈도수가 높고, 특징적인 말들일 것 같다. 비록 이런 표현들이 듣기 좋은 말에 속하지는 않겠지만, 이 '힘들어' 속에 담겨진 청소년의 불안과, '짜증나' 속에 뒤엉킨 갖가지 불만과 고충, 그리고 '참견 마' 속에 배어있는 청소년의 당찬 자긍심과 창의적 의지를 제대로 읽는 것이 청소년을 바로 이해하는 길이 될 것이다.

은 퍽 까다롭고, 귀찮고, 심지어는 받아들이고 싶지 않은 경우도 있기 마련이다. 청소년기는 이처럼 어려운 변화와 까다로운 형성의 과정을 겪어야 하는 매우 힘든 시기이다.

더군다나 청소년기에는 사회적 위상도 사회적인 '주변인으로서의 나'로 바뀐다. 그것은 부모나 가정에 의존적이던 나를 갓 벗어나기 시작하는 청소년에게는 커다란 변화이고 충격적인 상황변화이다. 부모와 가정을 중심으로 응석부리며 기대어 살던 아동기의 그런 행동이나 태도는 더 이상 사회 속에서 받아들여지지 않는다. 그렇다고 나에게 내 몫의 그 무엇이 사회로부터 새로 주어지는 것도 아니다. 오히려 권리도, 자격도, 기회도 모두 '사회적 역량이 충분히 형성될 때까지'라는 이유로 유보된다. '역할유예' 사태를 맞보게 되는 것이다. 그래서 사회의 중심에 내가 있지 못하고 그저 그 주변을 맴돌기만 해야 하는 갑갑하고 안타까운 나를 발견하게 된다.

그렇게 되고 보니 짧막한 과거의 경험에 없는 청소년으로서는 이 어렵고 힘든 상황과 과제들을 스스로 해결해야 한다는 커다란 부담감을 갖게 된다. 그래서 앞길이 막막한 불안감에 휩싸이고, 그것 때문에 청소년들은 심각한 위기감을 느끼기도 한다. 그러기에 청소년들은 더러는 방황하고, 더러는 좌절하고, 더러는 반항한다. 참고 참았던 것이 얼결에 그만 폭발하기도 한다. 그 곪아 터짐이 폭발적이어서 '질풍노도<독> Strum und Drang'와 같다고 표현하는 이들도 있다. 어른들은 이런 청소년들을 '골치 아픈 아이들'이라 부르기도 한다. '청소년'이라는 말만 들어도 고개를 절레절레 흔든다. 정녕 그들도 이런 청소년기를 거쳤을 것임에도 불구하고 말이다.

'홀로서기', '제구실하기'라는 무거운 짐

이 힘든 청소년기를 더 어렵고 힘들게 만드는 이유의 하나로서, 청소년에게 주어진 '발달과제developmental tasks'[19]라는 것이 있다. 이 발달과제란 말 그대

---

19 청소년기의 발달과제는 청소년, 청소년기를 이해하는 데에 핵심적인 내용이 되는 것이므로,

로 발달 또는 개발되어야 할 과제나 과업을 말한다. 한 사람이 성장해가는 과정에서 그의 삶은 영유아기, 아동기, 청소년기, 청년기를 거치게 된다. 이때 그가 맞이하는 각 단계마다 그 단계에 걸맞은 의식, 태도나 행동, 그리고 역할기능 등을 획득(확보)해야 한다. 그래야 정상적으로 성장, 발달하고 있다는 말을 들을 수 있다. 바로 이때에 그가 획득(확보)해야 할 과제(과업)를 '발달과제'라고 말하는 것이다.

그러니까 청소년기의 발달과제란, 특히 '청소년기에 주어진, 그래서 청소년기 동안에 반드시 획득(확보)해야 할 성장과 발달의 과제들'[20]을 일컫는 것이다. 다시 말하자면 청소년기에 주어진 발달과제는 한 사람으로서, 한 사회구성원으로서, '홀로서기'와 '제구실하기'가 가능하도록 청소년 각자가 이 시기에 품성과 기량을 확보하기 위하여 제대로 사회화되고, 자아실현을 이루시는 일이라고 풀어서 이해해 볼 수도 있겠다.

청소년기의 발달과제를 제대로 이루어내서 사회가 요구하는 만큼의 사회화와 자아실현을 확보하느냐, 그렇지 못하느냐에 따라 청소년의 장래가 달라진다. 즉 청소년이 홀로서기, 제구실하기 위한 품성과 기량을 얼마만큼 확보했느냐의 정도(수준)에 따라 청소년의 사회진입 여부가 결정되는 것이다. 수준에 도달하면 사회가 그를 받아들일 것이고, 그렇지 못하면 그는 사회 속에 있으면서도 제구실도 못하는 사람으로 따돌림을 받거나 남의 도움을 받아야만 살 수 있는 낙오자가 된다. 따라서 청소년기의 발달과제는 결코 피할 수 없는 반드시 이루어내야만 하는 '청소년기 최대의 무거운 짐(과업)'으로 여겨지는 것이다.

여기에서는 '청소년에게 짊어지워진 무거운 짐'이라는 원론적이고 개념적인 내용만을 잠시 살펴보고, 제3절에서 다시 자세히 청소년사역과 관련하여 살펴보게 될 것이다.

20 이 발달과제의 내용에 관해서는 학자들마다 그 설명하는 내용들에 서로 차이가 있고 매우 다양하다. 그래서 이 글에서는, 청소년기의 발달과제를 뭉뚱그려서 표현하려고 한다. 즉 청소년기의 발달과제는 청소년 개개인이 '사회화(socialization)'와 '자아실현(self-actualization/realization)'을 구현하는 데에 있다고. 이렇게 뭉뚱그려서 말할 수 있는 이유는 이 '사회화와 자아실현' 속에 학자들이 말하는 청소년기의 발달과제를 거의 모두 다 포용할 수 있기 때문이다.

힘들어, 짜증나, 참견 마

이 발달과제를 제대로 실현해낸다는 것 자체가 청소년에게는 매우 까다롭고 힘든 짐(과업)이다. 그리고 이러한 짐은 현대사회 속에서 교육이 보편화되고 과학과 기술이 급속하게 발달되고 있기 때문에 '날이 가면 갈수록 감당하기 어려운 짐'으로 그 무게를 더해간다.

교육이 보편화되면 될수록 '배움'과 '훈련'이라는 것은 하나의 의무요, 필수과정이 된다. 경쟁도 심하게 되고 배워야할 거리도 많아진다. 여기에 과학과 기술이 발달하면 할수록 배울 거리는 더 많아지고 훈련(숙달)되어야 할 수준도 향상된다. 그래서 배움과 훈련은 그만큼 따라잡기 힘든 과업이 되고, 그만큼 사회구성원으로 인정받기 위한 관문의 문턱도 더 높아지고 어려워진다. 그러기 때문에 '배우는 사람'의 입장에 서있는 우리의 청소년들에게는 견디기 힘들고 어려운 과정이 아닐 수 없다. 그러나 그렇다고 이를 피하거나 미룰 수도 없다. 누군가가 대신 해줄 수도 없다. 그래서 우리의 청소년들은 또 '힘들어, 짜증나, 참견 마'하고 내뱉는다. '사회적으로 요구된 변화와 사회적으로 강제된 형성'이라는 그 무거운 짐 때문에 말이다.

이 무거운 짐을 지고 우리의 청소년들은 새벽녘에 집을 나서고, 한밤중에야 파김치처럼 축 늘어져서 집으로 돌아온다. 그래서 또 '힘들어, 짜증나, 참견 마'하면서 고꾸라져 잠에 빠진다. 청소년사역은 바로 이런 무거운 짐을 진 청소년들을 향하신 '하나님의 심부름'임을 잊지 말아야 할 것이다.

개입과 지원이 필요한 사회화와 자아실현

그런데 여기에서 살피고 넘어가야 할 일은 청소년의 발달과제, 즉 청소년의 사회화나 자아실현이 청소년 혼자서만 감당할 성질의 것이 아니라는 점이다.

사회화socialization는 하나의 '사회적 학습과정'을 말한다. 이 사회적 학습은 누군가의 개입 즉 누군가의 가르침과, 지도와, 지원 등이 반드시 있어야 한다. 그 누군가가 청소년의 사회화에 직간접으로 어떤 자극이나 영향을 끼쳐야, 청소년에게서 사회화가 이루어지는 것이란 말이다. 사회화는 어느 면에서 보면 '사회적으로 닮아가고, 길들여지는 것'이기 때문이다.

청소년의 사회화에 이러한 영향을 미치는 사람들 중에는 어른(기성인)들이 그 대부분을 차지한다. 이때 이런 사람들을 '일반화된 타인generalized others'이라고 일컫는다. 또 여기에는 청소년의 사회화에 직접적이고 결정적인 영향력과 효력을 미칠 특정한 사람들도 있다. 목사님, 전도사님, 선생님 등과 같은 이들이 여기에 속한다. 이런 분들을 '중요한 타인significant others'이라고 한다.

그들이 누구이든 간에 청소년의 사회화과정에는 이렇게 그 누군가의 개입이 반드시 있어야 하고, 청소년과 그(들)과의 사이의 상호작용interaction이 반드시 이뤄져야 하는 것이다. 사람은 사람 속에서 사람과 함께 더불어 사는 동안에 사람답게 되어가는 것이기 때문이다. 혼자만으로는 사람의 겉모습은 지니고 있을지 몰라도 참 사람다운 짓을 할 수 없다. 보고, 듣고, 배우고, 흉내 내고, 본받고 그러는 동안에 사람다움과 사람다운 삶을 배우고 익혀서 사람 되는 법이다. 따라서 청소년의 사회화과정에 작용하는 타인의 역할기능은 반드시 필요한, 그리고 매우 중요한 사회화의 요인이 된다. 청소년사역에서, 하나님의 부르심을 받은 사역자의 역할기능이 필요하고, 중요한 이유를 여기에서 찾아볼 수 있다.

자기실현self-actualization도 사회화 못지않게 누군가의 개입과 지원이 필요하기는 마찬가지다. 자아(자기)실현[21]은 대체로 '자아정체성을 확보하는 것, 또는 자신의 잠재력을 개발하여 그 능력을 최대한으로 발휘하는 것'이라고 설명하고 있다.

그런데 한 사람이 자아정체성을 확보하게 되는 과정에는 처음서부터 타인이 개입된다. 이 타인의 개입 때문에 '나'를 찾게 된다. 이렇게 한 사람이 '나'를

---

21 이 글에서 '자아정체성 확보'와 관련된 경우는 '자아실현(self-realization)'으로, '잠재력 개발과 능력의 발휘'와 관련된 경우는 '자기실현(self-actualization)'으로, 본질적이고 궁극적인 '나'의 실현과 관련된 경우는 '참 자아실현(self-realization)'이라 할 것이다. '참 자아실현과'과 '자기실현'을 한꺼번에 두루 표현하고자할 경우에는 '자아실현'이라고 표현함으로써 용어들의 의미를 서로 구별하고자 한다.

의식하게 되는 것, 즉 '나는 사람이다' 또는 '나는 어떠어떠한 사람이다'라는 식의 자아상自我像 또는 정체성(정체감)을 갖게 되는 것은 살아가는 동안에 이루어지는 것이다. 이 자아상 또는 정체성은 그가 사람 속에서 사람과 함께 더불어 살면서 사람들의 영향을 받아 점점 형성하게 된 '나'에 대한 의식이나 태도를 일컫는 말이다. 그러므로 자아정체성의 확보를 위해서도 누군가의 개입과 지원이 반드시 필요하다.

또한 청소년 자신의 잠재력을 개발하거나 그 능력을 최대한으로 발휘하게 되는 자기실현의 과정도 타인의 개입이나 지원 없이는 불가능하다. 청소년의 입장과 처지에서 볼 때 자신의 잠재력을 스스로 개발한다는 것은 거의 불가능한 일이기 때문이다. 더군다나 이 일은 청소년 속에 잠재된, 그래서 그 속을 들여다볼 수 없는 상태에서 그 속으로부터 가능성을 발굴해내는 일이기 때문에 매우 어렵고 민감한 과업이다.

또 이 일은 그 발굴해낸 것을 개발하고 그것을 개인적으로 또는 사회적으로 유효한 '힘'이 되도록 발전시켜나가야 하는 과정이기도 하다. 그러므로 이것은 하나의 '창조적 과정'이나 마찬가지로 힘든 일이다. 그래서 개입과 지원이 더더욱 요망된다. 여기에는 많은 실험적 개입과 다양하고 실천적인 방법론과 지속적인 노력이 쏟아져야 한다. 이 과정에는 청소년 자신의 선호나 취향, 그리고 욕구 등도 반영되어야 하기 때문에 매우 섬세하고 진지한 접근이 요구되기도 한다. 이와 같이 자기실현은 청소년 자신과 직결된 일이고 청소년 속에서 구현되어야 할 일이기는 하지만, 그렇다고 청소년 스스로의 힘만으로는 결코 이룩해낼 수 없는 과업임을 알 수 있다.

청소년사역은 바로 이 과정에 개입하여 하나님의 뜻에 합치되는 청소년의 자아실현을 지원하는 작업의 하나이기도 한 것이다. 우리는 여기에서 사회화와 자아실현이라는 무겁고 어려운 짐을 지고 힘겨워하는 '청소년의 오늘, 여기'를 본다. 그리고 청소년이 사회 속에서 '제2의 탄생'을 맞이하기 위하여 매우 까다롭고 힘든 '사회적 관문' 앞에서 비지땀을 흘리는 모습을 본다. 그러면서 우리는 청소년이 청소년기의 발달과제를 충실히 감당해냄으로써 사회의 한 구성원으로 어엿이 우리 사회 속에 등장하여 '홀로서기', '제구실하기'를 할 수 있도록 , '청소년과 함께하면서 그들을 돕는 사역', 즉 '청소년을 위한 사역' 또는 '청소년과 함께하는 사역'의 중요성과 필요성도 함께 만나보게 된다.

다. 사회문화적 정황 속에서 본 청소년

'우리들의 미래'를 잉태하고 있는 청소년

사회문화적인 관점에서 청소년은 '미래를 잉태하고 있는 사람들'이라고 말할 수 있다. 청소년이 '그의 미래'이자 동시에 '우리의 미래'를 지금 그의 속에 잉태하고 있다는 말이다. 이는 청소년이 자라서 장차 미래사회를 이끌게 될 것이라는 정도의 소극적인 표현이 아니다. 보다 더 적극적이고 현재적인 모습으로 말하자면 청소년은 지금 '우리 사회의 미래'라는 커다란 밑그림을 그리고 있고, 그 그림은 임산부가 새 생명을 잉태하여 생명이 모태에서 자라고 있듯이 '청소년 속에서 구체화(실체화)되고 있다'는 뜻이다. 그러니까 청소년이 오늘 어떤 그림을 그리느냐에 따라 미래의 내용과 모습이 결정된다. 그 미래는 청소년 개인의 미래요 우리들의 미래이므로, 청소년이 우리의 미래까지도 만들어가고 있다는 말이 된다.

청소년은 사회 속에서 사는 동안에 사회적으로, 또는 문화적으로 많은 영향을 받으면서 자란다. 그래서 청소년은 어릴 때보다 훨씬 더 사회화, 문화화되어 간다. 그래서 아동기 때보다 청소년기에 하는 말이나 행동이나 태도가 훨씬 더 사회적으로 큰 의미를 지니게 된다. 어릴 적에 '나는 커서 대통령이 될 거야' 하던 말과, 청소년이 된 다음에 '나는 공무원이 되고 싶어'라고 하는 말과는 그 의미가 사뭇 다른 것처럼 말이다. 이럴 때를 일컬어 청소년의 말이나 행동이나 태도의 '사회적 의미가 증대되었다'라고 말한다.

이렇게 청소년(기)의 말이나 행동이나 태도 하나하나가 사회적 의미를 더해가면서 청소년은 성장하고, 그 청소년과 함께 증대되어 온 '사회적 의미들'은 미래사회로 이어진다. 그리고 그 미래사회 속에 청소년 그도, 우리도, 함께 살게 된다. 그러므로 우리의 청소년들이 오늘 무엇을 배우고 익히며, 무슨 꿈을 꾸느냐에 따라, 청소년 자신은 물론 '우리의 미래상'이 좌우될 수도 있다. 청소년을 일컬어 '미래를 잉태하고 있는 사람들'이라고 하는 표현은 여기에서 비롯된 것이다.

'Tabula rasa'라는 말이 있다. 이는 인간을 하나의 백지(서판)에 비유한 데서 비롯된 것이다. 어떤 경험도 하지 않은 인간의 정신 상태는 아무것도 적혀있지 않은 말끔한 백지상태와 같아서, 인간은 경험에 의해서 그 백지 위에 개인의 특성이라는 그림이 그려지게 된다는 뜻이다. 청소년을 여기에 견주어보면, 청소년의 마음 판에 미래에 대한 어떤 밑그림이 그려지느냐에 따라 그와 사회의 미래가 결정되게 마련이라는 것과 같은 뜻으로 읽을 수 있다. 그렇다. 미래사회는 청소년의 몫이고, 오늘 이미 청소년의 마음속에서 그 미래는 자라고 있다. 그러므로 만약 미래에 대한 어떤 소망이 있다면, 오늘 청소년의 마음속에 있는 '미래'의 밑그림이 제대로 그려지고 알차게 채워져 나가도록 청소년을 깨우치고, 가르치고, 세워야 한다. 청소년사역도 미래사회를 잉태하고 있는 청소년을 눈여겨보고, 그들을 제대로 보양(保養)할 준비를 서둘러야 할 필요가 있다.

대를 이어 문화적 사명을 감당하기 위하여

그런데 이렇게 자기 자신도 아닌 타인, 즉 청소년을 '우리사회의 미래'와 관련하여 생각하는 것은 어찌 보면 유한한 삶을 사는 인간에게서 떨쳐버릴 수 없는 계대본능(繼代本能)의 하나가 아닐까 여겨지기도 한다. 나의 미래를 청소년의 미래와 한데 묶어서 그것을 '우리의 미래'라 부르고, 나의 오늘과 불확실한 나의 내일을 청소년의 창창한 그 미래에 이어 붙여서 우리의 미래로 엮어내고, 그래서 나의 오늘과 내일을 단절됨이 없이 그대로 청소년의 미래 속에 유지 존속시켜보려는 그 본능적 모습 말이다.

실제로 이 계대본능은 인류의 역사(사회)와 문화를 이어오는 데에 중요한 내적요소로 작용해왔다. 그러므로 이것을 인생의 유한성을 극복해보려는 인간의 마지막 공허한 발버둥이라든지 종족번식본능의 표출 정도로 비하해버릴 필요는 없을 것 같다. 오히려 이 계대본능은 자신이 살고 있는 오늘, 여기 이 사회와 문화에 대한 자신의 정체성을 긍정적으로 확인하고, 그가 발견(경험)한 사회문화적 가치와 유용성을 '다음세대'인 청소년들에게 전수하려는 순수하고도 진지한 의지를 드러낸 것이라고 적극적인 의미를 부여하는 것이 바람직할 것 같다.

그리고 이러한 의지는 그 사회문화의 동질적 맥락을 계승, 유지, 발전시키고자 하는 염원이 담긴 미래지향적인 시간관時間觀을 반영한 것으로도 이해할 수 있을 것이다. 그것은 단순히 인간의 이기적인 소망을 관철하려는 차원이 아니다. '생육하고 번성하여 땅에 충만하라, 땅을 정복하라. ……모든 생물을 다스리라(창1:28)'고 말씀하신 창조주 하나님의 문화명령文化命令을 순종하고 실천하려는 의지가 담긴 것이다. 세대에서 세대로 이어가면서 그 '문화적 사명'을 실천하려는 것이라는 차원에서 재해석될 필요가 있다.

그러므로 다음세대를 떠맡게 될 청소년을 미래사회와 관련하여 이해하고, 그들에게 미래에 대한 열쇠를 쥐어주서서, 그들로 하여금 아름답고 복된 미래를 꿈꾸고 가꿔나갈 수 있도록 힘쓴다는 것은 당연하고도 중요한 일이다. 이것은 하나님께서 인간에게 부여하신 문화적 사명과 관련하여 청소년사역의 필요성을 발견할 수 있는 중요한 대목이기도 하다.

교회와 사회의 미래를 위하여

튼튼하고 복스러운 손자나 손녀를 안아보고 싶은 조부모가 손자나 손녀를 직접 낳을 수는 없다. 임산부인 며느리를 잘 돌봐서 그 며느리가 그런 아이를 낳을 수 있도록 도와야 한다. 마찬가지로 바람직한 미래사회를 희망하는 사람(어른)은 그 미래사회를 잉태하고 있는 청소년들을 위해서 기도하고 지원하고 양육해야 한다. 청소년을 양육한다는 것은 따지고 보면, 청소년 그들만을 위한 것이 아니라 나와 우리들을 위한 일, 즉 '우리들의 미래'에 대한 투자이다.

그리스도교회 공동체와 청소년의 관계도 마찬가지다. 조부모격인 교회와 성도들이 임산부와 같은 우리의 청소년을 잘 양육하면 교회의 내일은 밝고 튼튼할 것이다. 그러나 잘 가르치지도 않고 제대로 지도하지도, 지원하지도 않으면 우리 자녀들의 행동과 소위所爲가 어떠하겠으며(창19:32-38, 삼상2:12-17, 겔14:22-23), 그런 자녀들이 들어앉은 내일의 우리 교회는 과연 어떤 모습이 되겠는가. 거기 하나님이 계시기나 하시겠는가.

이렇게 청소년은 미래사회건설의 '창조적 독립변수'이다. 그래서 '오늘과 내일의 주인공'이고, '사회문화적인 동질성을 계승·발전시킬 주체'들이다. 교회의 현재와 미래도 청소년의 두 어깨에 얹혀 있다. 그렇다면, 청소년은 그야말로 대단히 중요한 존재들이지 않은가. 이 창조적 주역들이 중요한 청소년기를 통과하고 있을 때, 국가사회는 물론, 교회도 청소년들을 전폭적으로 지원해서 '유능한 하나님의 일꾼, 건전한 시민'으로 배양하는 일에 힘써야 한다는 것은 너무나도 당연한 책무라고 할 것이다.

여기에서 청소년사역–청소년이 건전한 미래사회를 창출할 수 있도록, 그들에게 올바른 미래관을 심어주고, 그들의 소양과 경륜과 주체적 역량을 개발하며, 그들의 창조적 활동을 진작시키고, 지원하는 사역, 즉 '청소년과 함께하는 사역' 또는 '청소년에 의한, 청소년의 사역'–의 필요성을 절실히 느끼게 되는 것이다.

라. 세계(사)적 흐름 속에서 본 청소년

현대사회 변동의 산물, 청소년

청소년을 세계(사)적 흐름이라는 관점에서 보면 청소년은 '현대사회의 산물'

이다. 청소년은 현대사회가 출현하면서 특별한 관심의 대상으로 등장했기 때문이다. 특히 그 사회변동의 과정 속에서, 그리고 그 사회변동의 산물로서 사회 속에 새로운 모습으로 나타난 세대들이 바로 청소년세대들이다. 세계사적으로 볼 때 변화가 거의 없던 전통적인 사회나 변화하되 그 변화의 속도가 매우 느리던 전근대적인 사회 속에서 청소년은 사회적으로 대단한 관심을 불러일으키는 세대가 아니었다. 아동기에서 성인기로 접어드는 과정도 그렇게 길거나 힘들지 않았다. 거의 큰 고통이나 대단한 절차도 없이 청소년들은 아동에서 성인으로 자연스럽게 세대이입世代移入[22] 해서 어른도 되고 사회구성원도 되었다.

그런데 산업화, 도시화, 관료화, 대중사회화 등의 특징을 지닌 현대산업사회가 등장했다. 이 산업사회의 변동들은 속도가 빠르고 폭도 넓고 골이 깊은 사회변동이었다. 그것은 이른바 '구조적 변동structural change'이라고 일컬어질 만큼 근본적인 변동이었다. 이러한 구조적 변동은 청소년들이 사회구성원 또는 성인층으로 진입하는 조건을 매우 까다롭고 어렵게 만들었다. 청소년의 '역할유예' 현상도 여기에서 생겨났다. 이렇게 역할이 유예된 산업예비군 또는 견습사회인들의 수효는 점점 더 불어났고, 그들로부터 파생되는 사회적 문제들도 덩달아 날로 늘어 갔다. 그래서 청소년은 단순히 하나의 연령계층이 아니라 사회문화적으로 충분히 관심의 대상이 될 만한 '하나의 특징적인 세대'로 자리 잡았다. 이 청소년들을 일컬어 '새로운 종new species'[23]이라고 표현한 학자도 있었을 정도로 현대사회 속에 청소년이라는 '특징적인 분포'가 출현한 것이다. 청소년을 '현대사회 속에서 새롭게 태어난 사람들'이라고 일컫는 말은 여기에서 비롯된 것이다.

---

[22] 세대이입(世代移入)이란, 한 사람이 유아기에서 소년기로, 그 소년기에서 청소년기로, 청소년기에서 다시 청장년기로... 옮겨가듯이, 그의 삶의 단계를 새로운 단계로 옮겨가는 것을 말한다.

[23] 여기에서 종(種)은, 종, 속, 과, 목, 강, 문(種屬科目綱門) 등으로 생물이 분류될 때, 그 최상위에 있는 바로 그 종(種)이다. 그러니까 청소년을 '새로운 종'이라고 부르는 것은 곧 '새로운 인류'가 나타났다는 말과도 같다.

그런데 현대사회는 또다시 '새로운 국면'으로 접어들었다. 세계는 고도산업화, 탈산업화, 정보화, 국제화, 세계화 그리고 지역화 등으로 새롭게 개편되고 있는 것이다. 이러한 변화는 이 세상을 하나의 '지구촌'으로 만들어놓고 있으며, 그 변화는 지금도 숨 가쁘게 계속되고 있다. 이러한 현대사회 변화의 소용돌이 속에서 청소년은 두 가지의 서로 다른 상황을 만나고 있다. 그 하나는 '현대사회로부터 청소년이 피해'를 입고 있는 양상이고, 다른 하나는 청소년이 '발전과 평화의 동반자'로 사회 속에 등장하는 추세이다. 청소년이 이렇게 명암이 엇갈리는 두 가지 모습으로 파악될 수 있다는 것은 현대사회의 '청소년을 읽는' 데에 매우 중요한 길잡이가 된다. 그래서 잠시 이 두 가지 상황에 관해서 살펴보고자 한다.

1) 비인간화와 사회해체의 위기 속에서

먼저 청소년이 피해를 입고 있는 위기의 상황부터 살펴보면, 청소년은 비인간화와 사회해체라는 위기가 가중되고 있는 상황 속에서 '사회문화적인 환경의 피해자'로 살고 있다. 우리가 너무나도 뼈저리게 절감하고 있는 바와 같이 이 지구촌은 날이 갈수록 극심한 비인간화 현상과 무규범의 사회해체현상 속에서 혼란과 갈등, 분쟁과 파괴의 요인들을 끊임없이 뿜어내고 있다. 하나님의 형상을 닮아 가장 이성적이어야 할 인간이, 이기적인 욕정을 따라 사는 야생동물처럼, 동물화하고 있다. 또한 영적존재로 창조된 인간이 거룩하시고 온전하신 창조주 하나님의 뜻을 숭앙하며 살지 않고, 돈(재화)을 하나님보다 중요시하고 섬기며 스스로를 그 물질의 노예로 전락시킴으로써, 스스로 되돌려놓기 어려운 상태로 물질화物質化하고 있다. 그리고 하나님께서는 인간관계를 '대등한 인격적 만남', 그리고 '더불어 사는 불가분의 사랑의 관계'로 엮어주셨음에도 불구하고, 타락한 인간이 조장한 이 사회는 '거대하고 몰인정한 기계의 부속품'들 같이 인간을 조직화 또는 기계화해놓고 있다.

하나님께서는 오직 하나님과 피조물과의 관계만을 수직적 관계에 두시고, 사람과 사람의 관계는 수평적 관계로 설정해주셨다. 그리고 하나님께서는 하나님과 사람의 관계조차도 수직적 관계로부터 '인격적 관계'로 품어 안으시기를 원하신다. 그래서 신인관계神人關係이기보다는 부자관계父子關係를 형성하기 위하여 그리스도의 십자가 희생의 은혜를 베풀어주시기까지 우리를 사랑하셨다.

그럼에도 불구하고, 오늘날의 인간과 인간의 관계는 근본적으로 수직적 종속관계로 변질되어 '인간(조직)에 의한 인간의 지배'라는 상황을 만들어놓고 말았다. 하나님께서 손수 지어 만드신 사람, 친히 맺어주신 인간관계가 변질되고 무너진 것이다. 하나님이 계셔야 할 그 수직적 관계의 정점에 가증하게도 인간이 서있는 것이다. 하나님의 창조질서가 인간에 의해 붕괴되고 무질서한 파멸상태로 전락하고 있는 것이다.

그리스도 우리 주 예수님께서는 친히 속죄와 구원을 위한 희생양이 되셔서 타락한 우리를 죄와 사망에서 구원하여 주셨다. 우리가 새로운 피조물(고후 5:17)로서 다시 창조주 하나님과 화목한 관계 속에서, 아버지와 자식의 관계(부자관계) 속에서 참 자유와 영원한 생명의 기쁨과 평화를 누리며 살 수 있도록 길을 열어놓으셨다. 이렇게 주님은 우리의 상상을 초월하는 놀라운 십자가의 은혜를 베풀어주셨다. 그런데 오늘 이 땅에는 '사악하고 어둡고, 거역하고 훼방하는 세력'들이 하나님께 대한 마지막 도전을 감행하고 있다. 하나님께서 구별하여 창조하신 인간을 '비인간화'시키고, 더불어 살도록 하나님께서 친히 만드신 사회의 '해체'를 부추기고 있다. 타락한 인간은 여기에 편승하여 반역의 죄악을 하나님 앞에서 범하고 있는 것이다.

가중되는 청소년의 위기

우리의 청소년도 예외 없이 이 파멸과 거역의 물결을 타고 있다. 그 퇴폐와 방종과 불법과 불의를 물에 빠져 허우적거리는 사람마냥 받아 마시고 흉내 내면서 오늘을 살아가고 있다. 그래서 청소년을 둘러싼 환경environment과 상황situations과 조건들conditions은 청소년을 '인간적 위기' 속으로 몰아넣고 있다. 사회나 기성세대의 청소년에 대한 몰이해, 즉 '편견과 무지'도 나아지지 않고 있다. 청소년을 차별하고, 소외시키거나 배제하고, 억압과 착취도 일삼는다. 청소년에게 사회적 역할기능을 발휘할 기회는 제대로 주어지지 않고, 오히려 역할유예 현상은 그 정도를 더해갈 뿐 개선될 기미도 잘 보이지 않는다. 이 참담한 현상들은 세계적으로 공통된 것이다. 여기에 혼탁한 사회의 유혹의 손길은 점점 더 노골적이고, 더 자극적으로 청소년에게 다가온다. 청소년이 뒵쓰고 있는 이 오염된 환경과, 위태로운 상황과, 열악한 조건 등은 청소년의 삶과 성장에 매우 나쁜 영향을 미칠 수 있는 것들로 가득하다.

어디에 제대로 참여하여 일하지도 못하고 정착되지도 못한 청소년들은 그래서 언제 또다시 '질풍노도'로 변모할는지, 어디서 활화산처럼 폭발해버릴 것인지, 어느 뒷골목에서 차마 눈뜨고 보지 못할 모습으로 변해있을지 도무지 헤아릴 수가 없는 상황이다.

주어진 환경의 피해자, 청소년

우리의 청소년들이 이런 상황에 놓이게 된 것을 청소년의 탓으로만 돌려버릴 일이 아니다. 청소년들은 이런 상황을 스스로 조장하지도 않았고, 요청하지도 않았다. 전혀 청소년의 의지와는 무관하게 일방적으로 '주어진' 환경이고 상황이다. 청소년이 이러한 상태에 방치되고 있다는 것만으로도 청소년은 피해자라고 말할 수 있다. 더군다나 청소년이 이런 것들의 영향을 받아서 덩달아 비인간화와 사회해체의 탁류에 휩쓸리게 되어 '청소년다움'을 상실하고 있다면, '청소년은 위기를 맞고 있다(UNESCO: youth in crisis)'고 단호히 외치지 않을 수 없다.

이 '청소년 피해자' 속에, 이 '위기를 맞고 있는 청소년' 속에, 내 손자손녀, 내 자식, 내 형제, 내 조카, 그리고 '우리 교회 청소년들'이 포함되어 있다. 우리는 문제를 일으킨 아이의 보호자가 '우리 아이는 절대 그럴 리가 없다'면서 눈앞에 벌어진 상황을 애써 부정하려는 안타까운 모습을 자주 본다. '설마, 우리 아이는 문제없겠지, 아니겠지' 하면서 평소에 방심하고 자만하던 사람들이, 믿기지 않는 현실 앞에서 땅을 치며 울부짖는 모습들을 자주 본다. '이건, 우리 아이가 오해를 받고 있는 게 틀림없어. 뭔가가 잘못된 거야' 하고 책임을 딴 데로 돌려보려고 애쓰는 모습도 본다. "우리 애가 잘못을 저질렀다면, 그건 우리 애가 무얼 잘못알고 그런 게 틀림없어."라고 항변한다. 그러다가, 뒤늦게야 '우리 아이가 왜 이렇게 되었는지' 그 원인을 규명해보려고 발버둥 쳐보지만, 딱히 '이거다' 하고 지목할 만한 원인을 찾아낼 수 없어서 처절하게 절규하는 모습도 더러 본다.

이런 상황에 이르고 나면 이미 때는 늦어도 너무 늦어버린 것이다. 거기에는 아무도 책임져주는 사람이 없다. 과연 누가 가해자인지 알 수도 없게 되고 만다. 오직 문제를 일으킨 그 청소년만이 '문제아'로 거기 붙잡혀있을 뿐이다. 세계사적 탁류 속에서 표류하는 이 위기의 청소년, 일방적으로 피해를 입고 사는 청소년 그들은 하나님께서 우리에게 맡기신, 그래서 우리가 책임지고 보호하며 양육해야 할 하나님의 사람들이다.

2) 발전과 평화를 위한 새 일꾼

다음으로, 청소년이 맞이하고 있는 또 하나의 다른 상황은 보다 적극적이고 긍정적이며 낙관적인 국면이다. 청소년을 발전과 평화를 이룩하기 위한 동반자로서, 또는 발전의 주역이자 인간자원으로 여기고 청소년과 손을 맞잡으려는 세계적 동향이 그것이다.

이러한 세계적 움직임이 나타나게 된 배경에는 제2차 세계대전이후 이른바 베이비 붐baby boom을 타고 태어난 전후세대들이 청소년기에 이르러 기성세대(사회)에 도전하는 사태가 있었다. 이 전후세대들은 유럽을 비롯한 세계의 도처에서 기존의 문화와 질서와 가치들을 거부하고 부정하며 자신들의 주장을 앞세워, 거의 '혁명적 수준'으로 소요사태를 일으키며 기성세대에 도전했다. 이들 젊은이들은 자신들의 권리를 주장하고, 전쟁과 가난을 거부하며, 자유와 평화를 주장했다.

이렇게까지 사태가 확산된 데에는 더러는 전승국이라는 들뜬 흥분 속에서, 더러는 패전국이라는 아픔과 어려움 속에서, 더러는 저개발국, 미개발국 또는 최빈국이라는 절망과 고통 속에서 세계의 국가사회들이 저마다 그들의 청소년을 미처 눈여겨보지도 못했고 그들의 목소리를 경청하지 못했던 것이 바로 그 원인으로 작용했다. 당시에 어떤 영문 시사주간지는 그의 표지에 'Student Revolution(학생혁명)'이라는 제목을 달았을 정도로 젊은이들의 저항과 도전의 물결은 거센 것이었다. 그것은 마치 강둑이 터지듯, 용암이 분출하듯 기성세대를 향하여 밀어닥쳤다. 그것은 역사적으로 전혀 경험해보지 못했던 '젊은 세대의 기성세대에 대한 도전'이라는 새로운 사태였다. 그것은 커다란 사회적 충격이 아닐 수 없었다.

그래서 기성세대나 기존의 질서와 체제들은 청(소)년을 새로운 관점에서 눈여겨보지 않을 수 없게 되었다. 그리고 마침내 청(소)년의 목소리를 경청하기에 이르렀다. 그 결과 각 지역과 국가들의 지성인들과 지도자들은 청(소)년을 '새로운 사회적 관심사'로, 변모된 '새로운 사회 속의 새로운 세대(분포)'로 새롭게 인식하기에 이른다. 그리고 이 청(소)년들을 더 이상 '과거의 젊은이들'과 같은 방식으로 대할 수 없는 '새로운 힘'로 받아들이게 된다. 기성세대의 항복의 백기만 없었을 뿐, 젊은이들의 도전은 그들의 존재를 사회 속에 부각시켜놓기에 충분한 성과를 거둔 것이다.

이런 흐름과 관련하여 1960년대 초의 유네스코UNESCO는 청소년을 '평화와 발전을 위한 동반자'로 새롭게 인식하고, UN을 비롯한 각 지역과 국가들이 청소년을 '동반자로 삼아In Partnership With Youth' 새로운 역사를 일궈나가자고 제안하기에 이른다. 이러한 제안이 UN에서 공식적으로 채택된 이후 오늘에 이르기까지 청소년에 대한, 그리고 청소년을 위한 인식과 정책들은 실로 눈부신 발전을 거듭해오고 있다. 특히 1985년 UN은 '세계청소년의 해IYY, International Year of Youth'를 맞이하면서, '참여, 발전, 평화'를 주제표어로 내걸고, '청소년은 발전을 위한 동반자요, 발전의 주역'임을 공식적으로 천명하고 있다. 이를 계기로 하여, 새천년의 역사가 새로 펼쳐지고 있는 최근 수년 동안에는, '청소년의, 청소년에 의한 참여'라는 새로운 개념이 더욱 활발하게 가속화 또는 강화되고 있는 추세이다.

이러한 경향들은 청소년을 이제는 더 이상 '인구통계상의 집단(세대)'이거나 '사회문제적 존재들' 정도로만 여기지 않고 있음을 보여주는 것이다. 오히려 경제·사회·문화·정치 등의 영역에서 청소년의 참여를 강화하여, 청소년의 역량을 발전과 평화에 기여하게 하려는 국제사회의 노력을 대변하는 것으로 파악할 수 있다.

이러한 세계적 추세에 발맞추어 이미 유럽연합을 비롯한 지역이나 국가의 청소년들은 스스로 그들의 참여의 폭을 적극적이고 주체적으로 넓혀가고 있다. 그들의 '참여역량강화를 위한 전략YES, Youth Empowerment Strategies'은 그 좋은 사례의 하나이다. 앞서가는 지역과 국가의 청소년들은 이를 구현하기 위하여 'UN체계 내에서' 그들 자체의 힘을 모으는 한편 착실히 그리고 광범위하게 이 분야의 활동을 전개하고 있다. 한국사회에서는 다소 생소한 이야기처럼 들릴는지 몰라도, 지구촌 다른 한쪽에서는 이렇게 청소년들이 커다란 변화의 물결을 '주체적, 자발적, 창조적'으로 일으키고 있다. 그것도 사회 전반적인 영역에 걸쳐서 어른들과 어깨를 나란히 하면서, 어엿한 동반자요 주역으로서 말이다. 그것은 어찌 보면, 하나님께서 '마지막 때'에 쓰시고자 하여 일꾼으로 예정해두셨던 청소년들을 '하나님의 강한 손과 편 팔(신4:34, 5:15, 7:19, 26:8)'로 붙잡아 일으키셔서, '여기, 오늘' 역사의 대열에 투입하신 것이 아닐까, 생각해보게 하는 정황이기도 하다.

새로운 세계사적 흐름에 민감해야

이와 같이 청소년은 '현대사회의 피해자'로서, 또는 '발전과 평화를 위한 동반자요 주역'으로서 현대사회 속에 서있다. 그리고 이러한 '두 얼굴의 청소년'을 빚어낸 세계(사)적 현상과 추세는 한국의 청소년들에게도 이미 현실로 와 닿아 있다. 그것은 긍정적 국면이건 부정적 악순환이건 간에 피할 수 없는 세계(사)적 조류로, 현대사회의 기류로 우리들의 청소년에게 이미 다가와 영향을 미치고 있다. 그러므로 지금은 청소년, 그리고 청소년들에게 영향을 미치는 세계(사)적 조류와 현대사회적 현상과 추세에 대하여 교회도 민감해야 할 때이다. 이들에 대한 새로운 관심과 정책적 대처의 필요성을 절감하고, 지체 없이 우리의 청소년을 이 거센 파도와 바람 앞에 맞세워야 할 때이다. 그리고 이를 위하여 온 교회가 깨어 기도하고, 청소년과 함께 일어나 이 시대에 대처해야 한다.

여기에서 위기의 청소년을 돕고, 교회와 사회에 기여할 청소년의 참여역량을 강화하기 위한 사역, 즉 '청소년을 위한 사역' 또는 '청소년에 의한, 청소년의 사역'의 필요성과 시급성을 만나게 된다.

제3절 청소년사역의 관점에서 본 청소년

위에서 청소년을 인간적 관점, 개인적 차원, 사회문화적 정황 그리고 세계(사)적 흐름 속에서 읽어보았다. 그런데 청소년사역을 위해서는 한 가지 더 중요한 관점에서 청소년이 조명되어야 한다. 그것은 '그리스도의 사람인 청소년' 즉 '그리스도인 청소년Christian youth'이라는 관점이다. 그리스도인 청소년은 표현 그대로 '그리스도의 청소년'이다. 일반청소년의 범주에 들면서도 그들과 구별되는 청소년이다. 그것은 성경적 관점에서 재해석되는 또 다른 차원의 청소년을 의미한다. 그리고 바로 이 '그리스도의 사람인 청소년'을 바르게 이해하는 것은 그리스도교회 공동체의 청소년사역이 확보해야 할 과업의 하나이기도 하다.

청소년을 성경적으로 이해한다는 것은 일반 학문과는 그 차원과 내용을 달리 한다. 하나님의 말씀인 성경이 가르쳐주시는 '그리스도인 청소년'은 사회적 의미의 청소년과는 본질적인 차이가 있기 때문이다. 이들 그리스도인 청소년은 세상에 사는 청소년이기도 하지만, 동시에 하나님나라에 속한 백성, 그리스도의 품성을 닮은(닮아가야 할) 사람이라는 차별성을 지닌 청소년이다. 그러므로 위에서 살펴본 바와 같이 일반 학문이 소개하고 있는 그 정도로는 그리스도인 청소년을 도저히 설명할 수 없다.

이런 의미에서 '그리스도인 청소년'은 청소년사역 관련자들에게 성경적으로 새롭게 그리고 분명히 이해될 할 필요가 있다. 그래야 그리스도인 청소년에 대한 바른 이해의 터전 위에서 청소년사역이 사역답게 전개될 수 있을 것이다. 청소년사역, 그것은 그리스도의 성역聖役에 쓰임 받는 하나님의 일, 하나님나라의 일 그 자체이기 때문이다.

1. 그리스도의 사람인 청소년

앞에서 청소년을 네 가지 관점에서 살펴보면서, 개인적 차원에서 청소년기에는 그 시기에 요구되는 발달과제가 있고 그것은 청소년 자신에게나 사회적으로도 매우 중요하고 필수적인 과제인데, 이 과제는 사회화와 자아실현으로 압축될 수 있다고 말한 바 있다. 그리스도인 청소년도 여기에서는 예외가 아니다. 그리스도인 청소년은 우리 사회의 구성원들이기도 하기 때문에 그들도 일반청소년과 다를 바 없이 사회화되어야 하고 자기실현에 힘써야 한다.

그러나 그렇다고 해서 '그리스도인 청소년의 발달과제'가 사회의 일반청소년에게 요구되는 사회화나 자기실현의 수준에서 멈추거나 끝나는 것은 결코 아니다. 이른바 '홀로서기'와 '제구실하기'를 사회화나 자아실현의 목표로 삼는 일반적 이론만으로는 '그리스도인 청소년의 발달과제'를 제대로 설명할 수 없다. 그러므로 '그리스도의 사람'인 청소년들의 발달과제는 무엇인지를 제대로 파악해야 한다.

그러기 위해서는 발달과제라는 개념이 사회의 일반이론에서 나왔으므로, 이 사회의 일반이론이 말하는 것과 성경이 가르치시는 내용을 함께 살펴가면서 무엇이, 어떻게 이루어지는 것이 그리스도인 청소년의 발달과제를 제대로 달성하는 것인지를 파악해야 할 것이다. 그래야 여기에서 탐색하고자 하는 청소년사역의 관점에서 본 청소년의 실체가 비로소 그 전모를 드러낼 수 있을 것이기 때문이다. 이를 위하여 앞에서도 예고했던 바와 같이, 사회의 일반이론이 말하는 청소년의 사회화와 자아실현을 중심으로 성경의 가르심을 함께 고찰하면서 그리스도인 청소년의 발달과제를 논의하려고 한다.

이해를 돕기 위하여, 논의하고자 하는 틀을 표로 묶어보면 다음과 같다. <표 2> '그리스도인 청소년의 발달과제 탐색'에서와 같이 청소년은 사회화되고 자아실현을 이룩해야 할 시기의 사람들이다. 사회화와 관련해서는 인간화(사람됨), 문화화(어른 됨), 주체적 역할기능화(일꾼 됨)를 이뤄야 할 시기의 사람들이다. 그래서 '홀로서기', '제구실하기'를 성취해야 한다.

또 다른 한편으로 청소년은 사회 속에서의 '자기실현'과 '그리스도 안에서 발견되는 참 자아실현'을 모두 이뤄야 할 사람들이다. 특히 참 자아실현과 관련하여 청소년은 '소명적 자아(정체성)'를 형성(확보)해야 할 '그리스도의 사람'이요 '그리스도의 일꾼'이다.

표 2 그리스도인 청소년의 발달과제 탐색

	그리스도인 청소년의 발달과제			
	일반이론과의 만남 속에서			말씀 안에서
사회화	인간화(사람됨) ⇒ 문화화(어른 됨) ⇒ 주체적 역할기능화 (일꾼 됨) ⇒		홀로서기 제구실하기 ↓ ↑	⇒ <소명적 ⇒ 자아형성> ↓ ↑ 그리스도의 사람 그리스도의 일꾼
자아실현 자아실현	자기실현 ⇔			
	참 자아실현 ⇔		그리스도 안에서 발견되는 나	

갈릴리공방 / 청소년사역연구개발원

이러한 내용을 중심으로 그리스도인 청소년을 살펴보고 나면, 아마도 이 글의 첫 번째 논의주제인 '청소년은 누구인가'라는 질문에 대해서, 특히 '그리스도인 청소년'에 관해서 어느 정도의 이해가 이루어질 것이다. 그리고 다음 논의주제인 '청소년사역이란 무엇인가'로 나아갈 수 있는 징검다리도 놓게 될 것이다.

특히 여기에서는 사회의 일반이론과 성경의 가르치심의 유사성(연관성)이나 차이점을 발견하게 될 뿐만 아니라, '성경에 입각한 청소년(사역)의 이해'를 더 깊게 해주는 새로운 작업이 될 것이다.

가. 사회화되어야 할 그리스도인 청소년

사회화의 일반적 개념

'사회화되어야 할 그리스도인 청소년'을 이해하기 위하여, 먼저 사회화의 일반적인 개념을 살펴본다.

사회학은 사람을, 태어나서 스스로 자라다가 저절로 홀로서서 제구실하게 되는 존재로 여기지 않고 '사회적으로 형성되어 가는 존재'로 취급하는 경우가 많다. 여기에서 '사회적으로 형성되어간다'는 말은 사회 속에서 함께 더불어 사는 사람들이 서로 상호작용하는 과정 속에, 한 '자연의 아들'이 '사회적(문화적) 존재'로 변모되어가는 것을 말한다. 그래서 사회학은 사람이 어떤 환경 속에서, 어떻게 적응하여, 그 사회로부터 인정받는 한 구성원으로 되어 가는가에 관심을 둔다. 즉 사회의 문화가 개인에게 어떻게 전달되어 그가 이를 수용하고, 내면화, 생활화, 체질화하게 되는가에 관심을 쏟는다. 사회화 socialization는 이런 현상을 설명하기 위해서 발전된 개념(이론)이며, 이것은 넓은 의미의 사회교육과도 밀접한 관련이 있는 개념이다.

이 사회화는 한 인간유기체가 '자연의 아들'과 같은 상태로 출생한 후에 다른 사람들과의 접촉을 통해서 시작된다. 이 자연의 아들은, 그의 삶과 그가 속한 사회의 유지와 발전에 필요한 이념, 가치, 규범, 생활양식, 지식, 기술, 태도 등을 배우고 익힘으로써, 이것들에 적응하거나 또는 이것들을 생활에 적용해 나갈 수 있게 된다. 그래서 이 자연의 아들은 그가 영향을 받은 그 '사회문화의 아들'로 발달(변모)해 가는데, 이런 과정을 통틀어 사회화라고 한다. 그러니까 사회화는 일련의 '사회적 학습과정'이라고 이해할 수 있다.

사회화를 개인적인 관점에서 보면, 그것은 사회의 문화에 개인이 '적응 adjustment'해가는 것이라고 말할 수 있고, 사회적인 관점에서 보면, 그것은 기존의 문화가 개인에게 '전승inheritance'되는 과정이라고 볼 수도 있으며, 개인이 문화에 잘 적응할 수 있도록 하기 위하여 '일반화된 타인들' 또는 '중요한 타인들'이 개인의 사회화에 개입하는 일련의 '길들이기 과정'과 같다고 볼 수도 있다.

그러므로 사회화 과정에서 사람에게 전해지는 '문화'가 과연 어떤 내용과 수준의 것이냐 하는 점도 매우 중요한 관심사이다. 사회화되어야 한다는 필요성도 중요하지만, 보다 더 근본적인 문제는 '어떤 사회화가 이루어지느냐'하는 것이기 때문이다. 따라서 청소년의 사회화를 논의함에 있어서도, 우리의 청소년들이 어떤 문화를 전달 받아서, 어떤 사회문화적 존재를 형성하게 되느냐에 깊은 관심을 가져야 할 것이다.

사회화의 주관자 또는 매체로서의 인간과 환경

이렇게 사회화는 개개인 속에서 일어나는 일련의 '변화와 형성의 과정'인데, 여기에는 반드시 사회화를 자극하거나 이에 영향을 미치는 매체media 또는 주관자가 있다. 이 매체 또는 주관자가 없으면 사회화는 이루어지지 않는다. 이 매체 또는 주관자는 다름 아닌 타인들과 외부적인 환경이다.

실제로 사회화는 가정, 즉 부모나 가족에서부터 시작한다. 그리고 또래집단 속에서도 일어나기 시작하여, 학교로, 일터로, 지역사회로 이어진다. 그리고 여기에는 항상 '다른 사람들'과 '환경'이 사회화되는 그 사람 곁에서, 또는 그의 안팎에서 작용한다. 이와 같이 사람은 태어나면서부터 '이미 사회화된 타인들'과, 또는 '기존하고 있는 환경들'과 끊임없이 상호작용하게 된다. 이들 타인과 환경의 영향을 더러는 받아들이고 더러는 거부하거나 타협하면서 사람은 그렇게 점점 '사회적 존재'로 변모되어 간다.

그러한 과정과 결과로서 타인과 구별되는 '나 자신만의 내면세계의 체계(개성)'를 형성하고, '사회적 질서에 적응'하게 된다. 그래서 마침내 한 사람의 사회구성원으로서 '사회적 인정'을 받으며 그 사회의 일원으로 살아가기에 이른다. 한 '자연의 아들'이 '사회문화의 아들'로 그 사회 속에 새로 태어나는 것이다. 그러므로 한 사람의 사회화에 관련되는 외적 요인으로서의 '인간과 환경'에 대해서 보다 더 깊은 관심을 기울일 필요가 있다. 청소년사역에서 '사람(사역자)'와 청소년의 '환경'이 주요관심의 대상이 되는 이유도 여기에 있다.

그런데 사회화 과정에서 작용하는 인간과 환경이 청소년의 사회화에 개입하고 영향을 미치는 모습을 보면, 이들은 지원적이고 상호보완적이며 사회화에 유익한 것들을 제공하기도 한다. 그러나 인간과 환경이 언제나 그리 원만하게 사회화에 작용하는 것만은 아니다. 때때로 이들은 오히려 사회화를 혼란스럽게 하는 경우도 있고, 심지어는 사회화를 방해하거나 왜곡시키는 유해한 것들도 있다. 이렇게 인간과 환경이 꼭 사회화에 순기능적으로 작용하는 것만은 아니다.

따라서 청소년의 사회화에 작용하는 사람, 그가 '누구'이며 환경 그것이 '어떤 것인가'에 대한 관심을 결코 소홀히 할 수 없다. 아울러 인생의 매우 중요하고도 민감한 시절을 보내는 청소년의 사회화에 작용하는 '인간과 환경의 건재健在'는 사회화에 반드시 필요한 선결조건이라는 점도 기억해야 할 것이다.

청소년기 사회화의 목표: 인간화, 문화화, 주체적 역할기능화

사회화 과정을 통하여 사람은 '사회생활에 참여할 수 있는 능력'을 부여받으며, 의미 있는 삶을 영위하기 위한 '자기실현의 가능성'을 제공받는다. 그러므로 청소년의 사회화가 지향하는 목표와 이를 구현하기 위한 내용이 무엇인가는 매우 중요한 관심거리가 아닐 수 없다. 많은 논자들이 사회화의 목표와 내용에 대해서 각기 나름대로의 주장을 펴왔지만 이에 관한 수많은 논의들은 입장과 관점에 따라 각양각색이다. 이런 이유로 이 주장들로 청소년기 사회화

의 목표와 내용을 일반화시키기는 어렵다.

따라서 사회화를 좀 더 구체적이고 체계적으로 세분화하여 '청소년기 사회화의 목표'를 인간화(사람됨), 문화화(어른 됨), 주체적 역할기능화(일꾼 됨)로 나누고 그 내용을 살펴보고자 한다. 이러한 작업과정을 거치는 이유는 첫째, 청소년은 사회화과정을 통하여 '사람다움, 어른다움, 일꾼다움'을 지녀야 할 사람이라는 점을 부각시켜서 청소년에 대한 이해를 한층 더 강화하려는 것이고, 둘째는 바로 이 '목표와 내용'들이 (나중에 제2편에서) '청소년사역의 목표나 내용'을 설정하는 데에 필요한 기초자료들이 될 것이기 때문이다.

1) 인간화(사람됨): 청소년은 사람다움을 지니게 되어야 할 시기의 사람

인간다움

청소년기 사회화의 목표는 첫째로 '인간화humanization', 즉 '사람됨'을 지향하는 데에 있다. 한 사람은 생물학적 존재의 모습으로 이 땅에 태어난다. 출생 당시의 모습으로만 본다면 사람은 다른 동물들처럼 '자연의 아들'이나 마찬가지로 보일 수 있다. 그런데 사람은 단순히 생물학적 존재이거나 자연의 아들로서 태어나는 것만이 아니다. 그는 심리적 존재이기도 하, 또 '사회문화의 아들', 즉 사회문화적 존재라는 관계성도 지니고 태어난다. 그리고 이 사회문화적 관계성은 한 사람이 그의 일생을 살아가는 동안 유지된다. 하나님께서는 손수 지으신 사람들이 이렇게 서로 관계를 유지하면서 함께 더불어 살도록 지으셨다.

그러므로 사람은 살아가면서 필연적으로 자신과 사회와의 끊임없는 상호작용을 통하여 어떤 형태로든지 하나의 사회적 인격을 형성하게 마련이다. 사람이 서로 다른 환경 속에서 살아가면서도 '인간다움'이라는 보편적인 동질성을 지니는 것도, 따지고 보면 사람이 사람 속에서 살면서 사람답게 된 것이기 때문이다. 반면에 사람이 환경에 따라 서로 다른 사고방식과 태도를 지니게 되는 것이라든지, 개성을 드러내는 것도 결국 이러한 상호작용의 과정과 결과로서 형성된 것이다. 그래서 사람들은 가족이나 사회구성원들을 가르치고 길들여왔다. 예를 들면, 가족이 자녀를 양육하는 것은 그의 자녀를 가족과 '동질적인 인간으로 형성시키려는 한 과정'이라고도 말할 수 있다. 학교교육이나 교회교육도 이러한 맥락에서 파악할 수 있을 것이다.

이렇듯 사회화는 생물학적 존재를 사회학 또는 문화인류학적 존재로, 자연의 아들을 사회문화의 아들로, '인간답게' 변화시키는 과정이다. 그러므로 청소년기 사회화의 첫 번째 단계의 목표는 '인간화'에 있다고 파악할 수 있다.

진화론적 '사람화'가 아니고

그러나 여기에서 말하는 인간화는 진화론의 관점에서 말하는 '사람으로의 진화' 즉 '사람화'가 아니다. 진화론은 사람이 창조된 존재가 아니라 진화한 존재라고 주장하는 유물론적인 학설이다. 진화론은 어떤 생물학적 존재가 오랜 기간에 걸쳐 진화에 진화를 거듭하다가 마침내 다른 영장류Primates와 인류<라>Homo Sapiens를 구별하게 하는 어떤 '특질'들이 '우연히' 나타났고, 그 특질을 지닌 것이 사람이라고 말한다. 그러니까 진화론은 어떤 생물학적 존재가 어떤 환경이나 조건 속에서 우연히 변이를 일으켰고, 그런 식으로 또 수많은 우연한 변이들이 오랜 기간 동안에 걸쳐 거듭 일어났고, 그러면서 진화에 진화를 거듭하고 거듭했고, 그러다가 어느 날 사람을 닮은 영장류가 지구상에 나타났다고 말한다. 그리고 그 영장류는 다시 또 오랜 동안 진화하고 진화하다가 드디어 어느 날 '사람'이 되었다고 주장한다. 이렇게 '사람으로 진화됨'을 진화론적 용어로는 '사람화hominization'라고 한다. 한편 기계가 인간화되는 것도 '사람화'라고 하는데, 이 두 가지 '사람화'는 여기에서 논의하고자 하는 '인간화'와는 전혀 다른 개념이고, 아무런 관련도 없다.

여기에서 말하는 '인간화'는 '사람화' 개념과 근본적으로 다르다. 사람은 진화한 것이 아니라 '하나님에 의해서 창조된 존재'라는 확신을 그 바탕으로 한다. 하나님의 예정과 섭리에 따라 맨 처음부터 사람에게서 사람으로 태어난 사람이 사람들과 함께 더불어 살면서 성장하고, 발전하고, '나'를 세우는 그런 '사람답게 됨'의 과정과 그 결과로서 형성된 '인간화'를 말한다. "아기가 자라며 강하여지고 지혜가 충만하며 하나님의 은혜가 그의 위에 있더라(눅2:40)."라는 성경말씀처럼 말이다.

본질적이고 궁극적인 '참 사람됨'의 구현

청소년의 사회화와 관련하여 여기에서 말하는 인간화는 일반적인 표현으로 '사람이 사람과 함께 살면서 사람다워짐'을 말한다. 즉 사람이 사람들과 함께 더불어 살면서 인간성과 인간애를 함양하게 되고, 이성과 양심에 따라 살아가게 되는 그런 '참 인간다움을 이룸'이다. 이것은 사람이 그리스도교회 공동체 안에서 성장하면서 '그리스도의 사람다움'을 지니게 되고, 주님 안에서 마침내 '그리스도와 하나 된 사람(그리스도인)'을 이루게 되는 것과 맥락을 같이한다. 그러므로 보다 더 본질적이고 궁극적인 의미에서 청소년기 인간화의 목표는 한 사람 청소년이 '하나님의 형상과 모양(창1:26)'을, 그 '본래의 모습'을 '나' 안에 형성하거나 또는 그것을 회복하는 것을 말한다. 여기에서 그 본래의 모습을 형성한다는 것은, 육신과 정신과 영혼을 지닌 사람이 창조주 하나님 안에서 온전히 그 전인성全人性을 함양하는 것을 의미하고, 회복한다는 것은 아담과 하와의 범죄 이후 잃었던 사람 본래의 모습을 그리스도의 십자가 희생과 부활 안에서 회복하는 것을 말한다.

그러므로 '인간화'라는 이 목표는 하나님께서 창조하신 사람 그 누구에게나 적용되어야 할 인류보편적인 과제이며, 사람이면 누구나 반드시 이룩해야 하고 또는 누구나 회복해야 할 궁극적이고 엄숙한 '인간과업'이다. 더군다나 청소년기 사회화의 목표 중의 하나인 이 인간화는, 오늘 우리가 살면서 뼈저리게 느끼고 있는 인간성 상실 또는 비인간화 추세와 물질화되어가는 현상들 속에서 그 의의가 더욱 강조될 필요가 있다. 사회구성원으로서 건전한 시민이 되어야 하고 '하나님의 일꾼'으로서 하나님께서 들어 쓰실만한 '사람됨'을 이룩하기 위해서 힘써야 할 시기의 청소년에게, 인간화는 최우선적 과제이기 때문이다. 특히 청소년기의 사회화는 '성장기에 처한 사람이 겪는 사회화'로서는 '단 한 번뿐이자 마지막인 기회'[24]이므로, 청소년에게 이 '사람됨의 구현'이라는 과제는 결코 놓쳐서는 안 될, 매우 중요하고도 시급한 현안이 아닐 수 없다.

2) 문화화(어른 됨): 청소년은 어른다움을 지니게 되어야 할 시기의 사람

사회문화적 환경의 영향을 받는 인간

청소년기 사회화의 두 번째 목표는 문화화, 즉 '어른 됨'을 지향하는 데에 있다. 이는 청소년이 그가 소속한 사회의 문화를 잘 배우고 익혀서 이를 제대로 누릴 뿐만 아니라 계승, 발전시켜나갈 수도 있도록 사회화되어야할 것이라는 뜻이다. 만약에 한 사람이 태어나는 때로부터 자연 속에서 혼자 고립되어 살아간다면, 그는 어떤 모습일까. 아마도 그는 동물적 차원에서 파악되는 야만성이나 자연성을 그대로 유지하게 될 것이다. 왜냐하면 그가 태어날 때 어떤 '문화'도 함께 지니고 태어지 않았기 때문이다.

중학교 도덕교과서에도 실렸다고 하는 예화니까 기억할는지 모르겠지만, 1920년경 인도의 벵갈Bengal지역에서 선교활동을 하던 싱Sing목사님이 야생 늑대와 함께 숲속에서 생활하고 있던 두 여자아이들을 데려다가 기른 이야기가 있다. 나중에 '카마라'와 '아마라'라고 이름붙인 두 '늑대아이'를 인간으로 회복시키려고 많은 노력을 했다는 기록이 그것이다. 생포될 당시에 두 아이들은, 늑대와 겉모양만 다를 뿐이지, 늑대 그 자체였다고 한다. 현지주민들의 표

---

24 여기에서 '성장기에 처한 사람이 겪는 사회화'로서는 '단 한 번뿐이자 마지막인 기회'라 함은 '청소년기에 이루어지는 사회화로서는 마지막'이라는 의미이지, 모든 사회화가 청소년기에서 마감된다는 의미는 아니다. 사회화는 청소년기 이후에도 직업적 사회화(professional socialization)라든지 재사회화(resocialization) 등 여러 모습으로 거의 그의 평생에 계속된다.

현으로 '사람 형상을 한 요괴'였다. 늑대와 똑같이 행동하면서 생김새만 달랐으니까. 그러나 두 아이들은 각각 7-8세(카마라)와 2세(아마라)정도 된 '사람의 아이들'임에 틀림없었다. 어째서 그들이 그렇게 버려진 삶을 살게 되었는지, 어떻게 늑대의 먹잇감이 되지 않고 살아남아서 그들과 함께 살고 있었는지는 알 수 없다.

그런데 보살피는 이들의 많은 노력에도 불구하고 아마라는 1년쯤 뒤에 죽었고 카마라는 9년쯤 더 살다가 죽었는데, 이 두 아이는 모두 '인간'으로 환원되지 못한 늑대상태로 삶을 마쳤다고 한다. 그들의 '선천성先天性'은 하나님으로부터 허락된 '인간'이었으나, 사람 속에서 사람으로 길들여지지 않고 '늑대의 문화' 속에서 길들여진 그들의 '후천성後天性'은 '늑대아이'였더라는 기록이다. 그 밖에도 '인간으로부터 분리된 사람들(어린아이들)'이 자연 상태에서 함께 지냈던 동물들의 행태를 그대로 닮은 채로 발견되어, 별도의 보호를 받고 있는 사례들은 최근에도 외신 기사를 통해서 가끔 읽어 볼 수 있다.

이렇게 인간으로부터 분리된 사람들에 관한 사례에서 보는 바와 같이, 사람은 사람으로 태어났다는 것만으로 사람답게 되는 것이 아니라, 사람 속에서 사람과 더불어 살면서 사람으로 개발되고, 성장하고, 성숙하게 되는 것임을 알 수 있다. 이와 같이 사람은 그를 둘러싼 특정한 사회문화적 분위기 안에서 그 누군가로부터 적응방식을 교육받아 그 교육(훈련)된 것들을 삶 속에서 실행하는 '사회문화적 존재'들이다. 그렇기 때문에 삶과 행동을 좌우하는 '환경(문화)'의 실체가 무엇이며, 누구냐에 따라, 사람은 저마다의 특유한 사회문화적 속성을 지니게 된다. 그리고 이 사회문화적 속성에 따라 사람의 사고방식과 행동양식도 달라지게 마련이다.

아브라함은 헤브론 땅 마므레의 상수리 수풀에서 하나님만 바라고 살았다. 하나님을 믿고 순종하며, 순수하고 성결한 삶을 살았던 아브라함은 '복의 근원(<개역> 창12:2)'이요, '열국의 아비(<개역> 창17:4)'가 되는 은총을 입었다.

그러나 아브라함과 나뉘어 살게 된 롯은 요르단 평야지대로 가족을 데리고 옮겨갔고, 마침내 죄악의 도시 소돔에 이르렀다. 거기서 살게 된 롯의 가족들은 그곳의 퇴폐한 가치관과 생활행태를 그대로 본받는다. 그래서 '소돔사람들'처럼 되어버렸다. 딸들과 약혼한 사위들은 하나님의 심판으로 도시가 멸망하게 될 것을 일러주는 장인 롯의 말을 '농담으로' 여겼다. 성을 빠져나가 도망하는 동안에 뒤를 돌아보지 말라는 천사의 말에도 불구하고 롯의 아내는, 남겨두고 온 것들에 미련이 남아서 뒤돌아보다가 그만 소금기둥이 되어버렸다. 아버지와 함께 산속 굴에서 살게 된 두 딸은 아버지에게 술을 마시우고 만취한 아버지와 동침하여 자식을 낳는 끔직한 근친상간의 역사를 기록한다. 심지어 롯조차도 하나님의 두 천사를 위하여 남색에 눈이 어두운 소돔사람들에게 자신의 두 처녀 딸들을 '이끌어내겠다'고 말할 정도로 가치관의 혼란을 드러내고 있다(창13:8-13, 18:16-19:38). 퇴폐한 환경(문화) 속에서 그릇된 사람들의 영향을 받아 결국 가장 비참한 인간의 모습이 되었고, 그 처참한 모습으로 생을 마쳤다.

아브라함과 롯은 한 핏줄이고 함께 조상의 고향인 갈대아의 우르를 떠났고, 하란에서도 같이 길을 떠난 똑같은 처지(창11:26-12:5)였었다. 그러나 가나안에서 서로 나뉜 이후 그들이 각각 어떤 문화(환경) 속에서 살았느냐에 따라 이렇게도 확연히 두 가정의 모습은 달라졌고, 심지어 운명조차도 갈라졌다. 이렇게 사람이 특정한 사회문화(환경) 속에서 생활하면서 그들 사이에 일반적으로 받아들여진 생활양식life-style의 총체를 '문화文化'라고 한다. 문화는 본래 하나님의 창조계획에 따라 비롯된 것이다. 하나님께서는 인간이 그들의 환경을 다스리고 활용할 수 있도록 환경을 지배(관리)할 권한을 주셨다(창1:26-28). 이것이 하나님의 '문화명령'이다. 이 명령에 따라 사람이 자연(환경)을 지배하기 위해서 행하는 모든 행동양식을 문화라 일컫고, 또 그 과정에서 인위적인 행동의 결과로 형성(산출)된 것들까지도 문화라고 부른다.

그런데 사회문화적 환경은 언제 어디서나 다 같지 않기 때문에, 형성된 문화도 여러 가지이다. 그래서 사람 사는 사회의 내부를 들여다보면 거기에는 저마다 서로 비슷한듯하면서도 다른 문화들이 있다. 이 다양한 문화들 속에서 사람들은 자기네들 사이에서 형성된 나름대로의 특유한 문화를 향유하며 산다. 그리고 이 특유한 문화(고유문화)는 끊임없이 그 문화권에 속한 사회구성원들에게 전달(계승)되며, 그것을 따르도록 권유하는 강제력도 지니고 있다. 그래서 같은 문화권 속에서 사는 사람들의 행동이나 태도는 그들 나름대로의 질서나 규칙성 같은 것을 지니게 되고, 마침내 그들만의 독특한 문화적 행태를 형성하게 된다. 이러한 문화적 행태를 일반화, 체계화시킨 개념을 문화체계라고 부른다.

청소년이 사회화 과정을 겪고 있다는 것은 바로 이 문화체계를 수용하여 이를 내면화, 생활화, 체질화하는 과정이라고도 이해할 수 있다. 이러한 과정을 '문화적응(순응)' 또는 '문화화과정'이라고도 한다.

표 3 문화화(culturalization) 과정

근원 ⇒	인간 ⇒	사회 ⇒	특정집단 ⇒	개인의 문화화과정 ⇒	결과
하나님의 문화명령	문화	다양한 고유문화들	문화권 특유의 문화체계 형성	문화체계의 수용 (문화적응)	문화화

갈릴리공방 / 청소년사역연구개발원

이 문화화과정은 '특정문화에 사회화되어 가는 과정'을 말한다. 이는 아브라함과 롯의 예를 통해서 본 바와 같이, 그가 속한 사회의 문화를 닮아가는 것인데, 이 과정을 통하여 사람은 문화화 된다.[25] 문화화를 청소년사회화의 한 목표로 삼은 이유를 여기에서 만날 수 있다. 위의 <표 3> '문화화(culturalization) 과정'에서와 같이, 사람들은 이러한 문화화과정을 통하여 문

---

25 여기에서 문화화과정과 문화화는 서로 다른 개념이 아니라, 그 선후관계만 다를 뿐이다. 문화화 되어가는 과정을 통하여 결과적으로 문화화에 이르게 되는 것이니까, 동의어로 간주될 수도 있다.

화화 됨으로써 그 사회의 '구성원'이 되고, 외부인에 대해서는 '토박이'가 되어 그 사회에 공헌하며 살아간다.

교회교육에서도 중요한 청소년의 문화화

이 문화화는 청소년의 사회화에서도 매우 중요한 단계이다. 이 문화체계를 자기 것으로 제대로 수용하게 되면 그는 사회의 문화에 잘 적응하면서 살아갈 수 있지만, 그렇지 못하면 문화적 갈등을 겪게 되고, 문화지체cultural lag 현상이 발생하거나 문화충격culture shock을 받게 될 수도 있다.[26] 만약에 청소년기의 사회화 과정에서 이러한 장애를 경험하게 된다면 이는 개인적으로나 사회적으로 결코 바람직한 상태가 아님은 두말할 나위도 없다. 그것은 서로가 더불어 살아가야 할 사회 속에서 청소년이 잘 적응하며 살지 못하고 거꾸로 이질적, 독존적, 비협력적인 외톨이나 이방인처럼 살기 십상이기 때문이다. 그러므로 우리의 청소년들이 그가 살고 있는 사회의 문화를 잘 수용하여 이것을 익숙하고 유연하게 향수(받아 누림)할 뿐만 아니라 창의적으로 이를 계승하고 발전시켜나간다면 이는 매우 바람직한 일이라고 할 것이다. 그런 의미에서 청소년기 사회화 과정에서 문화화는 매우 중요한 과업의 하나라고 말 할 수 있다.

한편 이 문화화과정(문화적응)에서 청소년에게 잘못된 문화체계가 전달되거나 강제된다면, 그것은 롯의 가정에서 보는 바와 같이 청소년의 의식과 가치관과 삶의 방식 등에 치명적인 장해요인으로 작용하게 될 것이다. 그러므로 청소년기의 사회화과정(특히 문화화과정)에서 올바른 문화화가 촉진되도록 청소년의 지도와 교육에 깊은 관심과 노력을 기울여야 한다. 특히 이러한 문

---

[26] 사회의 문화가 변할 때, 대체로 물질적인 문화가 앞서서 변한다. 이 물질적인 문화를 비물질적인 문화가 따라가지 못할 때, 이를 문화지체(文化遲滯)라 하고, 이때 개인이나 사회가 이 변동을 따라가지 못하고 부조화 현상을 나타내는 것을 '문화지체현상'이라고 한다. 특히 변화된 문화나 환경에 대한 반응이 거의 충격적이어서, 불안감이나 혐오감을 느끼거나, 심지어는 스트레스를 받는 현상 등이 나타나는 경우를 일컬어 문화충격(文化衝擊)이라고 한다. 가령 TV도 없는 외딴 섬에서만 사시던 어르신 한 분이 대도시에 처음 오셨을 때의 그 충격을 상상해보라.

화화과정은 전반적인 청소년교육과정에서 매우 중요한 의미를 지닌다. 교육은 문화를 전달하는 과정이고 동시에 그 문화를 개량하고 발전시키는 과정이기 때문이다. 기독교교육 또는 교회교육도 마찬가지이다. 그리스도교회 공동체 안에서 사람들의 신앙과 삶의 방식을 체계적인 과정을 통하여 가르치고(전달하고), 이를 유지 또는 발전시켜나가는 것이 교회교육이라고 이해할 수도 있기 때문이다.[27]

그런데 성경은 '우리가 그를 전파하여 각 사람을 권하고 모든 지혜로 각 사람을 가르침은 각 사람을 그리스도 안에서 완전한 자로 세우려함(골1:28)'이라고 말씀하신다. 이 말씀을 통하여 알 수 있는 바와 같이, 교회교육은 본질적으로 그리스도 안에서 사람을 복음화하고 그를 '그리스도의 사람'으로 만드는 과정이다. 청소년도 이 일련의 교육과정을 통하여 '그리스도의 문화, 그리스도교의 문화, 그리스도교회 공동체의 문화'를 배우고 익히게 된다. 그래서 '하나님의 일꾼'이요 '그리스도의 사람'으로 성장해가는 것이기 때문에 청소년을 향한 교회교육은 매우 중요한 과업의 하나가 되는 것이다.

청소년사역에서 강조되어야 할 '어른다움'

청소년의 문화화와 관련하여 생각하고 넘어가고자 하는 개념이 하나 있는데, 그것은 '어른 됨' 또는 '어른다움'에 관한 것이다. 위에서 소제목을 보면 '문화화(어른 됨)'라고 되어있었다. 이렇게 '문화'와 '어른'이 한 개념으로 묶어져 있기 때문에 언뜻 이해가 잘 되지 않았을 수도 있었을 듯하다. 그렇지만 '문화화된 사람의 모습은 어떤 것일까'를 생각해보면 쉽게 이해가 될 것 같다. 여기에서 '어른 됨(어른 되어가기)'이란 청소년기의 사람이 '어른으로 성장 또는 변모해가는 것', 즉 청소년이 '성인을 향하여 나아가는 과정'이라는 뜻이다. 그리고 '어른다움'이란 '어른이 된 상태' 또는 '어른스런 모습'을 일컫는 말이다. 그러니까 청소년의 문화화와 관련하여 말하는 '어른 됨' 또는 '어른다움'의 개념은 곧

---

27 이것은 일종의 종교문화화(religious culturalization)과정이라고 이해할 수도 있다.

'청소년이 문화화과정을 거쳐서 어른답게 되는 것'과도 같은 의미이다. 청소년은 어른을 향하여 가는 과정에 놓인 사람이고, 청소년기의 사회화 중에서 이 문화화(과정)는 곧 그 '어른다움을 이루는 것'을 의미한다고 볼 수도 있기 때문이다.

그런데 어른이란 다 성장한 사람을 일컫는 말인데, 정확히 말하면 사회문화적으로 '충분히 개발되고 성숙한 사람'을 어른이라고 한다. 우리가 누군가를 '어른'이라고 부르는 데에는 어떤 이유나 조건이 있다. 가령 나이든지, 행동이든지, 기능이든지, 인품이든지, 그를 어른이라고 부를 만해야 어른이라고 부르게 될 것이다. 우리는 흔히 나이 드신 분들을 어른이라고 불러왔다. 하지만, 나이 드신 분들 중에는 나잇값을 제대로 못하는 이들도 있다. 행동이 도저히 어른답지 않은 사람들도 많다. 어른다운 구실(역할기능)을 제대로 하지 못하고 오히려 역행하는 어른들도 적지 않다. 그 됨됨이가 유치해서 어른이라고 부르기조차 꺼려지는 어른들도 있다. 이런 사람들조차 어른이라고 마구 불러댄다면, 진짜 어른대접을 받을 만한 어른들이 서운할 노릇 아니겠는가. 그렇다면 어떤 사람을 어른이라고 해야 할까. 어른이란 '그 사회의 문화 즉 규범이나 질서, 가치나 전통 등을 잘 수용하여 이것을 익숙하고 유연하게 누릴 뿐만 아니라 창의적으로 이를 수호하고 계승, 발전시켜나갈 수 있는 품성과 능력을 갖춘 사람'을 일컫는 말이다.

이렇게 '어른 됨' 또는 '어른다움'을 익히며 성숙해지는 것, 또는 그런 능력과 품성이 개발되는 것이 바로 청소년기 사회화 중에서 '문화화'라는 과정이 담고 있는 과제이다. 그래서 '문화화'를 '어른 됨'과 서로 같은 개념으로 생각했던 것이다. 이 문화화과정은 교회교육 또는 청소년사역에서도 매우 중요한 과제이다. 왜냐하면, 그리스도인 청소년이 맞이하고 있는 청소년기는 그리스도교회공동체의 한 지체(member, 고전6:15; part, 고전12:20)로 성경이 가르치는 진리 안에서 올바른 가치관과 태도를 확립하는 시기로서, 이 시기에 '어른다움'이, 그런 품성이 그리스도인 청소년에게도 형성되어야 하기 때문이다.

또한 청소년기는 하나님의 일꾼이요, 그리스도의 사람답게 능력과 품성, 그리고 영성靈性(spirituality)도 개발되어야 할 때이다. 청소년기는 '그리스도의 장성한 분량(엡4:13)'에 이를 만큼 성숙해져서, 주님의 몸 된 교회를 위하여 '헌신하기 시작해야 할 단계'이기 때문이다. 그러므로 그리스도인 청소년은 영적 전쟁에서 진리와 교회를 수호하고 그리스도교회 공동체의 일치에 기여하며, 사회를 변화시키는 일에 투신할 태세(능력)를 바로 이 시기에 충분히 개발하고 확보해야 한다. 그리고 이러한 '품성과 영성과 능력'은 그리스도인 청소년이 '그리스도의 문화, 그리스도교의 문화, 그리스도교회 공동체의 문화'에 충분히 문화화 되는 그 과정 속에서 형성되는 것이라는 점을 기억할 필요가 있다.

3) 주체적 역할기능화(일꾼 됨): 청소년은 일꾼다움을 지니게 되어야 할 시기의 사람

직업적 사회화의 관점에서

셋째, 인간화(사람됨), 문화화(어른 됨)에 이어, 청소년 사회화의 목표는 '주체적 역할기능화', 즉 '일꾼 됨'을 지향하는 데에 있다. '주체적 역할기능화'는 한 사람이 사회구성원으로서 그의 삶을 누리는 한편 자기실현을 이룩하기 위하여, 사회 속의 여러 역할기능들 가운데에서 자신의 역할기능을 주체적으로 선택하고, 그것을 제대로 수행할 수 있는 능력을 개발, 함양하는 것을 말한다. 이 주체적 역할기능화는 청소년의 사회화 과정 중에서도 특히 '일(직업)'과 밀접한 관련이 있는 개념이다. 그것은 이른바 '직업적 사회화'와 관련된 것이다. 이 직업적 사회화는 직업세계 속에서 자신의 역할기능이 충분히 발휘될 수 있도록 능력이 개발되고, 또 그 속에서 잘 적응하며 일할 수 있도록 자신을 적응시키는 과정을 말한다. 따라서 직업적 사회화는 특히 전문화, 분업화, 조직화 된 현대사회에 이르러서 하나의 '새롭고 커다란 사회경제적 과제'로 등장한 신개념이다. 그러니까 주체적 역할기능화는 전통사회나 전근대적 사회에서는 지금처럼 절박한 과제로까지 부각되지 않았던 '현대사회 속에서 급부상한' 청소년기 사회화의 한 과제라고 이해할 수 있다.

사람은 누구나 작건 크건 간에 자기 나름대로의 기본적인 욕구나 사회적 욕구를 지니게 마련이다. 이 사람의 욕구나 열망은 대체로 개인적으로 또는 집단(사회)적으로 적극적인 노력을 기울여야 획득된다. 실제로 이러한 얻기 위한 노력, 즉 '일work/job'을 통해서 필요한 것을 얻게 되는 것이 우리의 삶이다. 그래서 사람은 그가 추구하는 것을 얻기 위해서 끊임없이 일한다.

그런데 특히 전반적인 사회구조가 '직장화(직업화)'되어 있는 현대사회 속에서는, '일거리' 또는 '일자리'를 확보하고 그것을 유지해나가면서 그 일을 통하여 또는 그 일을 한 결과로서 내가 필요로 하던 것을 얻는다. 그러므로 우선 이 일거리나 일자리를 확보하고 그것을 지탱해나가는 것이 필요하고도 중요한 과제가 된다. 그리고 이 일거리나 일자리를 확보했더라도, 제대로 일을 하기 위해서는 스스로 능력의 개발에 힘써야 하고, 그 능력을 향상시키기 위해서 온갖 노력을 다 기울여야 한다. 일차적으로는 일(작업/직업)이 그리 호락호락 쉽지만은 않고 또한 경쟁도 심하기 때문이지만, 일을 일답게 해야 일한 보람을 얻을 수 있기 때문에 더욱 그렇다. 이러한 노력은 일의 구조나 내용이 복잡하고 까다롭고 전문성의 수준이 높을수록 더욱 더 많은 노력을 필요로 한다. 특히 오늘날과 같이 산업구조가 고도로 전문화, 분업화, 조직화되어 있고 사회변동도 커다란 소용돌이처럼 급격한 상황 속에서는 두말할 나위도 없다. 그래서 현대사회 속의 사람은 그의 욕구충족 또는 생활수단의 확보를 위하여 '능력 있게 일할 수 있는 나'를 세우기에 여념이 없다.

직업적 사회화가 우리의 청소년들에게 사회화의 중요한 과제로 등장하는 이유도 여기에 있다. 청소년의 경우라고 해서 결코 예외일 수 없기 때문이다. 아니, 청소년의 경우는 더욱 절실하고 바로 코앞에 닥친 급박한 일이다. 우선 전반적인 구조가 직장화(직업화)되어 있는 사회 속에서 청소년은 자신의 진로부터 결정해야한다. 자영업을 하든 취업을 하든, 어느 계통의 일을 하든 궁극적으로 진로선택은 내가 해야 한다. 주변의 조언이나 권유도 필요하겠지만, 일할 사람은 나요, 책임질 사람도 나니까 내가 주체적으로 나의 길을 결정해야 한다.

그런데 그러려면 내가 참으로 좋아하고 내가 제일 잘 할 수 있는 일들이 무엇인가도 미리미리 파악되어 있어야 한다. 그에 따른 나의 '인생설계'도 마련해야 한다. 일(직업)과 관련한 나의 가치관이나 태도도 확립해야 한다. 그리고 이와 함께, 사회가 요구하는 것만큼, 전문화된 지식과 기술 등도 확보해야 한다. 그래야 이런 것들을 바탕으로 올바른 진로선택이 가능해지고, 일을 할 수 있는 길도 열리기 때문이다. 직업적 사회화의 관점에서 청소년기는 바로 이런 조건들을 갖춰야 할 시기이다. 이런 것들이 청소년기에 갖춰지지 않으면 그는 나이가 들어서도 청소년의 범주를 벗어나지 못하고 백수로 지내게 된다.

이와 같이 현대사회 속에서 사회구성원으로 그의 삶을 누리기 위해서 청소년들은 사회가 요구하는 여러 가지 조건들을 갖추어야 한다. 여러 가지 직업군職業群이나 역할기능들 가운데에서 자신의 것을 주체적으로 선택해야 하고, 이를 감당할 수 있는 능력(지식과 기술 등)도 확보해야 한다. 그래서 '홀로서기', '제구실하기'에 이르러야 하는데, 이것을 청소년기 사회화의 세 번째 목표인 '주체적 역할기능화'라고 하는 것이다.

이 주체적 역할기능화(일꾼 됨)는, 현대산업사회에 이르러 훨씬 더 크고 중요한 '생존과 직결된 과업'의 하나로 등장하였다. 그만큼 일(직업)이 까다롭고 복잡해졌으며 그것이 요구하는 지식이나 기술의 수준도 현저히 높아졌기 때문이다. 그래서 이 주체적 역할기능화라는 과업은 한 사람이 사회구성원으로 진출할 수 있느냐의 여부를 결정짓는 중요한 '기준(조건)'으로 떠올랐다. 그것은 사회구성원으로 인정받을 수 있는 조건이고 '사회진출의 열쇠'가 되었다. 그리고 이 주체적 역할기능의 획득이라는 기준(조건)은 커다란 '사회적 관문'이 되어 청소년들의 앞을 가로막고 서있다. 이 관문은 '주체적 역할기능화'라는 조건을 충족한 사람만 통과할 수 있다. 우리의 청소년들도 예외 없이 이 관문을 통과해야 한다. 그래야 '사회가 요구하는 일꾼'이 될 수 있다. 그러므로 오늘날의 청소년은 과거보다 훨씬 무거운 짐을 지고 '일꾼 되기' 위하여 힘든 사회화 과정을 겪는다. 청소년의 사회화, 그 세 번째 목표가 주체적 역할기능화 즉 '일꾼 됨'에 있다는 것은 이를 두고 하는 말이다.

이러한 주체적 역할기능화는 교회교육 또는 청소년사역의 경우에도 그대로 적용되는 과업이다. 교회는 '하나님의 작업장'이고, 그리스도교회 공동체의 지체인 청소년은 '하나님의 일꾼'이기 때문이다. 하나님의 뜻을 이 땅 위에서 이루며 하나님의 나라를 확장하기 위한 작업은 하나의 거대하고 치열한 영적 전쟁이기 때문이다. 여기 투입될 청소년의 역할기능은, 그러므로, 당연히 시급히 강화되어야 한다.

4) 청소년기 사회화와 '홀로서기', '제구실하기': 청소년은 홀로서기, 제구실하기를 달성해야 할 시기의 사람

위에서와 같이 사회화의 의의나 목표를 인간화·문화화·주체적 역할기능화라고 재해석해 볼 때, 사회화는 개인적으로나 사회적으로 꼭 필요한 과정이며 또한 매우 중요한 인간적 과제임을 알 수 있다.

사회화는 개인적 관점에서 보면 한 사람이 사회 속에서 인간답게 살아가기 위한 '힘을 얻어가는 창조적 과정'이며, 사회적 관점에서, 그것은 '사회적 재생산 과정'과도 같다. 사회구성원으로서의 개개인이 그 사회의 문화를 수용하여 사회적 기대에 부응하는 역할과 기능을 잘 수행하고, 그 문화를 창조적으로 계승·발전시켜가는 것은 사회의 유지와 발전을 위하여 매우 중요한 과제가 되기 때문이다.

이렇게 한 개인은 사회화 과정을 통하여 비로소 한 사회구성원으로 '홀로서기'와 '제구실하기'에 이른다. 그러므로 이 '홀로서기와 제구실하기'는 사회화의 목표를 달리 표현한 것이라 할 수 있다. '홀로서기'를 못하는 의존상태, '제구실하기'를 못하는 무능력상태는 바로 사회화가 제대로 되지 못한 상태를 말한다. 이런 의미에서 위의 <표 2> '그리스도인 청소년의 발달과제 탐색'에서와 같이 '청소년기 사회화의 목표는 인간화, 문화화, 주체적 역할 기능화를 통한 홀로서기와 제구실하기에 있다'고 요약, 정리할 수 있다.

그래서 우리 사회의 공교육도 그 목표를 여기에 맞추고 있다. '주체적 인간', 그리고 자신에게 맡겨진 역할기능을 감당할 수 있는 '유능한 시민'의 양성이야말로 사회적, 교육적 과제이기 때문이다. 이 '주체적 인간, 유능한 시민'이라는 개념은 사람을 사람답게 여기고 개개인의 권리와 자유와 복리를 중요시하며 개인의 사회적 역할기능의 유용성(실용성)에 대한 인식 등을 두루 포괄하고 있다. 따라서 이러한 인간관과 사회관이 교육에 크게 영향을 미쳐 온 것도 이런 배경에서 이해할 수 있다. 이것은 창조적 지성의 양성을 염두에 두고 인간개발을 추진하는 공교육과정에서 매우 소중한 이념적 가치를 제공해준다. 그래서 이러한 이념적 배경이 현재 우리 교육의 중심을 차지하고 있는 것이다.

변질되고 있는 사회화의 목표에 대한 우려와 경각심

그런데 이 '홀로서기', '제구실하기'라는 사회화의 목표나 '주체적 인간, 유능한 시민'을 표방하는 공교육의 목표는 언제부터인가 그 본질이 훼손 또는 변질되고 있다는 우려의 목소리가 많다. 공교육의 현장에서조차 인간(인도)주의 또는 개인주의의 본래적 의미가 잘못 이해되어 이기주의로 전락하고 있으며, 실용주의의 참 정신이 잘못 적용되어, 본질(본래)적 '존재 그 자체'의 가치는 무시하고 오히려 가시적인 능률이나 실적만을 추구하기에 급급한 그런 비인간화 현상이 나타나고 있다는 지적들이 바로 그것이다.

이러한 현상은 공교육 현장에서만이 아니라 우리 사회 전체에 만연된 현상이라는 점을 부정하기 어려울 것이다. 오늘 우리가 피부로 느끼는 이기주의는 이제 더 이상 타협할 수 없을 정도로 그 정점에 이르러 있다. 나와 자기집단의 유익밖에 모르는 몰인정한 세태는 누그러질 조짐이 보이지 않는다. 그리고 능률과 실적만을 유용한 것으로 값을 메겨주는 풍조는 그렇지 못한 경우에 대해서 일체의 아량을 베풀려고 하지 않는다. 사회적, 경제적, 문화적 유용성이 둔화되거나 상실되었다고 판단되기만 하면, 가차 없이 도태시켜버리는 매몰찬 찬바람이 우리의 가슴을 시리게 한다. 그래서 '존재 그 자체가 가치'로 여겨지던 가치관은 아예 우리의 뇌리에서 사라져가고 있다. '능률과 실적'만이 유용성의 잣대로 활용될 뿐이다.

이것은 우리 사회의 본질적인 가치와 질서가 뿌리째 흔들리는, 그래서 손쓸 수 없는 '붕괴의 조짐'을 보여주는 것이기도 하기 때문에 실로 두렵고 개탄할 일이 아닐 수 없다. 특히 '사회적 재생산과정'이나 마찬가지인 청소년기 사회화의 길목에 이와 같은 비인간화 현상과 요인들이 도사리고 있어서, 우리의 청소년들까지도 여기에 오염될 수 있다는 데에 생각이 다다르면 참으로 우려되는 바 크다. 그러므로 지금은 큰 경각심을 가지고 '홀로서기와 제구실하기' 또는 '주체적 인간, 유능한 시민'이라는 것의 참 모습은 과연 어떤 것이어야 하는지, 그 궁극적 목표와 방향을 진지하게 재검토해야 할 시점이다.

청소년의 사회화는 어떤 방향으로 추구되어야 하는가

사회화는 인간형성 또는 자기실현을 위한 창조적 과정이며, 사회적 동화작용同化作用 또는 사회적 재생산과정이라고 이해할 수 있다면, 이때 '사회화는 개개인(사람)을 위한 것이냐, 사회를 위한 것이냐'라는 문제가 제기될 수 있다. 사회화는 개개인 모두의 삶에 필요한 과정이라는 관점에서 이는 개개인을 위한 것이라고 여겨지며, 사회화는 개개인을 사회의 형성, 유지, 발전을 위해서 '사회적으로 길들이는 과정'이라는 관점에서 보면 이는 사회를 위한 것이기도 하기 때문이다. 이 양자가 조화를 이루는 것이 순리일 텐데, 이들은 어떻게, 어떤 모습의 조화를 이루어야 할까.

사회화는 개개인을 위한 것인가?

먼저 '사회화는 개개인을 위한 것'이라는 관점에서 볼 때, 사회화는 일방적으로 주입이 가능한 것이 아니라 쌍방의 상호작용에 의해서 이루어진다. 이때 그 한쪽은 사회화되는 당사자로서의 '나'(자아)이고, 다른 한쪽은 사회화에 영향을 미치는 주관자 또는 매체로서의 '인간'(타인)과 사회문화적 '환경'이다. 이들 양자가 상호작용한 과정과 결과로서 사회화가 이루어진다.

이 사회화의 과정이 보다 높은 단계로 진행될수록 나(자아)는 성장하고 확장되며, 사회적 자아정체성도 확립되어가면서 사회적 자아가 형성된다. 이 사회적 자아는 보다 구체화된 자아실현의 욕구를 드러낸다. 이때 자아실현의 욕구가 지향하는 내용은, 더러는 매우 바람직한 방향으로 나타나기도 하지만, 더러는 이기적이거나 배타적일 수 있고, 심지어는 반사회적인 것일 수도 있다. 비록 그것이 배타적·반사회적인 것은 아니라 하더라도 자기중심적 차원에만 머물러 있는 것일 수도 있다.

이 경우에 바람직한 방향으로 표출된 자아실현의 욕구는 개인과 사회 모두에게 두루 유익한 것이 될 수 있지만, 자기중심적·이기적 차원의 자기실현이나 욕구충족은, 개인적으로는 만족할 수 있을는지 몰라도 배타적 속성을 그대로 유지하는 경우가 대부분이다. 이런 자기중심적, 이기적 성향은 그것이 형성되는 과정 속에서 '나, 그리고 또 다른 나'를 동시에 배려하는 훈련이 이루어지지 않았기 때문인 경우가 많다. 그래서 공존적 또는 공동체적 삶에 대한 태도가 미성숙한 모습을 그대로 드러낸다. 결국 이러한 차원의 사회화는 결국 수없이 많은 이기적 자아를 사회 속에 배출해내는 결과를 가져온다.

물론 누구에게나 '욕구충족과 자기실현'은 기본적이고도 필수적인 명제命題이다. 그리고 이를 지향하는 사회화는 매우 중요한 과업이기도 하다. 그러나 그것은 '사회적 필요성과 중요성이라는 관점에서 본 사회화'와는 상당한 거리를 갖게 된다는 점을 유의할 필요가 있다. 이것은 사회화의 본질적 의미와 목표가 결코 이기적 또는 자기중심적 차원에만 머물러 있어서는 안 될 것임을 강하게 암시하는 것이다. 다시 말해서 사회적 자아형성이라든지 주체적 역할기능의 확보가 고작 이기적이고 자기중심적인 목표만을 지향하는 개념으로 상식화되거나 역행하지 말아야 한다는 것을 의미한다. 예를 들어, 어느 불량한 집단에 소속한 사람이 그 집단으로부터 맡겨진 임무를 제구실한답시고 못된 짓 즉 반인륜적이고 반사회적인 행위를 했다고 치자. 이 경우 그가 제 몫을 해냈다는 것만으로 제구실했다고 말 할 수는 없지 않은가. 그의 동기動機는 정당화될 수 없고, 그 행위도 사회적으로 결코 용인될 수 없다.

이와 같이 사회화는 개인중심적으로, 그리고 사회중심적인 관점에서도 유익한 방향으로 전개되어야 한다. 청소년의 사회화에서도 이러한 점을 반드시 유념해야 한다. 특히 공교육과 가정교육을 비롯한 전반적인 청소년생활지도나 가치관 함양을 위한 훈련프로그램 등에서 이는 매우 중요한 관심의 대상이 되어야할 것이다.

사회화는 사회를 위한 것인가?

다음으로 '사회화는 사회를 위한 것'이라는 관점에서 볼 때, 사회화는 사회적으로 승인된 이념, 생활양식, 지식, 기술, 규범, 태도, 가치 등을 배우고 익히며 이것들에 적응하거나 적용할 수 있도록 길들여지는 사회적 학습과정임을 앞에서 살펴보았다. 사회화는 사회구성원이 되기 위한 조건, 또는 사회적 일꾼을 평가하는 기준에 개인이 도달하는 것쯤으로 이해할 수도 있다. 가정이나 학교, 그리고 사회생활의 전반적인 영역 속에서, 개개인의 사회적 역할기능의 개발과 향상은 아주 주요한 사회적 목표로 등장한다. 이 사회적 역할기능의 정도나 수준 즉 '사회적 유용성(능력)'은 그래서 인간을 평가하는 사회적 척도가 된다.

이 척도에 들어맞는 사람은 사회에서 쓰임을 받는다. 유용한 사람으로 인정받고, 유익한 사람으로 대접도 받는다. 그러나 기준미달의 사람은 쓰임 받지 못하고 쓸데없다거나 무익한 존재라거나, 심지어는 인간으로서의 가치도 없는 존재로까지 곤두박질치는 경우도 생긴다. 이것은 하나님께서 손수 하나님의 형상대로 만드시고 그 코에 생기를 불어넣어 생령이 되게 하신 인간, '그 자체로서 목적인 고귀한 인간'이 홀로서기, 제구실하기를 제대로 못한다는 이유로 사람대접을 받지 못하는 사태이다. 사람이 그 자체로서 목적이 되지 못하고, 오직 사회의 유지와 발전을 위한 수단이나 도구로 전락해버리고 만 것이다. 그래서 사람은 자기 의지와는 상관없이 그저 사회적 기준에 도달하기 위하여 달음박질한다. '경쟁'이라는 급물살 속에서 어른이나 아이 할 것 없이 허우적거리며 발버둥을 친다.

적어도 이 처절한 경쟁의 소용돌이 속에서는 '인간다움'이 자리 잡기 어렵다. 그래서 비인간화는 더 더욱 빠른 속도로 촉진되고 확산된다. 그러므로 '홀로서기, 제구실하기'라는 사회적 역할기능의 확보에만 기울어진 사회화는 결코 바람직한 경향이 아니다. 사회화가 개인을 무시(경시)하고 사회만을 위하여 편향적으로 추진되어서는 안 된다. 청소년을 위한 넓은 의미의 교육도 이 한계를 극복해야 한다. 실제로 '한국의 교육은 그 실용성에만 최고의 가치를 두고 추진되어 왔지 않았느냐'는 질문 앞에서 냉철하고도 엄숙한 자기성찰이 있어야 할 때다. 왜냐하면 그 정도의 교육 또는 사회화는 실용주의라는 이름 아래에서 얼마든지 변질되고 오용될 수 있음을 우리가 늘 보아왔기 때문이다.

청소년기 사회화는 이렇게 '사람다움, 어른다움, 일꾼다움'이 반드시 조화를 이루는 방향으로 전개되어야 한다. 그리고 그것은 '개개인의 욕구충족과 자기실현'을 위한 창조적 과정답게 추진되어야 하고, 동시에 '사회적 동화작용 또는 사회적 재생산 작업'에 걸맞게 촉진되어야 할 것임을 강조해둔다.

<u>나. '참 자아실현'을 이룩해야 할 그리스도인 청소년</u>

청소년사역의 관점에서 '청소년은 누구인가'를 살펴보면서 우리는 <표 2> '그리스도인 청소년의 발달과제 탐색'의 왼쪽윗부분에서 '그리스도의 사람

인 청소년'도 사회의 '일반이론'에 따르면 사회화되어야 할 시기의 사람들임을 볼 수 있었는데, 이제부터는 관심을 <표 2> 아랫부분의 '자아실현'으로 돌려보자.

이 자아실현은 청소년기 발달과제의 또 다른 중점과제이다. 특히 '참 자아실현'은 이 글의 주제인 '청소년사역'의 핵심적 과제의 하나요, 그 중심내용에 해당하는 것이며, 사회 일반이 말하고 있는 '자아실현'과는 자못 그 의미와 내용을 달리하는 것이기 때문에—특히 '그리스도 안에서 발견되는 나'의 '참 자아실현'에 관하여 '새로운 내용'이 전개될 것이기 때문에—이제부터 살펴보는 내용들에 대하여 또 다시 우리의 각별한 관심과 주의를 집중할 필요가 있는 대목이다.

1) 청소년과 자아실현의 길

자아실현의 개념

철학이나 심리학에서 말하는 자아실현自我實現 혹은 자기실현自己實現이란 일반적으로 하나의 가능성으로서 인간 속에 잠재되어 있는 자아의 본질을 자신의 삶 속에서 실현(구현)하는 것을 말한다. 자기실현은 개개인의 잠재력을 개발하여 그 개발된 능력을 실제 삶 속에서 최대한 창조적으로 발휘하게 되는 것을 말한다. 그리고 자아실현은 인간 고유의 성찰적 질문인 '나는 누구인가Who am I?'에서 출발한 '나'에 대한 자아정체성을 확보하고 이를 나 속에 구현하게 되는 것을 말하기도 한다.

먼저 말했던 '잠재력의 개발과 발휘'라는 의미의 자기실현은, 한 인간 속에 내재된 잠재능력(가능성)을 발굴해내고, 그것을 개발 또는 향상시켜서 실제 삶 속에서 활용하거나 또는 그 힘을 발휘하는 것을 의미한다. 따라서 이는 인간의 행위 능력과 밀접히 관련되며 행동지향적인 속성을 지닌다는 점에서 'self-actualization'에 가깝다고 볼 수 있다. 청소년의 사회화에서 '직업적 사회화'와 관련하여 말했던 '주체적 역할기능화'를 연상하면, 그것과 매우 가까운 것으로 이해할 수도 있을 것이다.

나중에 말했던 '자아정체성의 확보'라는 측면의 자아실현self-realization은 인간의 내면세계에서 일어나는 일련의 의식의 전개(작용)과정이다. 이러한 자아실현은 자의식自意識, 즉 자신에 대한 인식 속에서 일어나는 심리적 변화와도 밀접하게 관련된다. 그래서 이 자의식 즉 '나는 누구인가'라는 질문은 사회적 관계 속에서 인식되는 여러 가지 모습의 '나'에 관한 자아상自我像들 속에서, 자신의 정체(성), 즉 '어떤 것이 진짜의 나인가'를 찾아 나선다. 왜냐하면 자신을 둘러싸고 있는 다양한 '사회적 환경과의 관계 속에서 인식되는 나'는 실제로는 하나가 아니라 '여러 모습을 지닌 나'이기 때문이다.

가령 직업사회 속의 나, 가정과 가족관계 속의 나, 나만 아는 나, 내가 바라는 나, 나도 모르는 나, 나는 몰라도 남이 아는 나, 남이 바라는 나 등등, 이렇게 '사회적 관계'도 다양할 뿐더러 그 '관계들 속에서 인식되는 나'는 하나가 아니라 여럿이다. 그런데 내가 아는 나라고 해서 '참 나'는 아닐 수도 있다. 내가 착각했거나 오해했을 수가 있다. 그렇다고 남들이 객관적으로 본 내가 진짜 나라고 말하기도 어렵다. 그들이 나를 잘못 관찰했을 수도 있으니까. 그래서 '진짜의 나는 누구냐'고 되물으면서 자신의 참 모습을 찾아 나선다. 이 과정과 결과로서 '자아정체성', 즉 사회적 자의식을 지니게 된다. 그러므로 이러한 자아정체성과 관련된 '자아실현'은, 의식적으로 형성 또는 구현되어가는 것이라는 점에서 self-realization이라는 표현에 가깝다고 이해할 수도 있다. 이것은 흔히 동양적 개념의 인격(자기)완성과도 흡사한 개념으로 보일 때도 더러 있다.

그런데 실제로 학자들 사이에는 이 자아(자기)실현이라는 용어를 저마다 달리 쓰고 있다. 어떤 이는 actualization과 realization을 구별해서 쓰는 이도 있고, 특별히 구별하지 않고 혼용하는 이도 있고, 또 의미를 구별하되 이 둘의 의미를 이 글에서 설명한 것과는 반대의 의미로 뒤바꿔서 사용하는 이들도 있다. 이 용어의 혼돈 속에서 이 글은 위에서 설명한 바와 같이 두 개의 서로 구별되는 개념으로 사용한다. 즉 self-actualization은 개개인의 잠재력을 개발하여 그 개발된 능력을 그의 실제 삶 속에서 최대한 창조적으로 발휘하게 되는 것과 같은 개념으로, 그리고 self-realization은 나(자신)에 대한 성찰적 질문에서 출발하여 '나의 정체성'을 발견하고 그 '나'를 나(의 삶) 속에서 구현하는 것과 같은 개념으로 사용한다.

뒤에서 자세히 논의할 것이지만, 이 글에서 self-realization은 '나를 지으신 창조주 하나님 안에서 발견된 나'와 관련되는 새로운 개념, 즉 '참 자아실현'으로 발전할 것이다. 그런 의미에서 이 단어는 앞으로 '참 자아실현'이라는 독특한 형태의 용어로서 구별하여 사용하고자 한다. 이 '참 자아실현self-realization'은 엄밀한 의미에서 성경적 용어나 그리스도교의 상용어휘가 아니다. 심지어 '자아실현'이라는 용어 자체가 그리스도교에 어울리지 않는 것이라고 말하는 이들도 있다. 그렇다. 이 글에서 사용하고자 하는 '참 자아실현'은 사회 일반의 학술용어와 '근본적으로' 구별되는 이 글 특유의 새로운 용어이다. 즉 하나님과 성경을 중심으로 새롭게 해석한 '참 나의 형성과 구현'이라는 뜻의 특유의 용어임을 거듭 밝혀둔다.

청소년기: 자아정체성 형성과 확립의 결정적 시기

청소년기 발달과제의 하나인 '자아실현'과 관련된 주요개념은 '자아정체성'인데, 이 자아정체성에 대한 견해들이 다양하다. 어떤 학자들은 자아정체성이란 어떤 자극에 대해서 반응하는 자아가 지니는 천부적 특성이라고 말한다. 즉 자아정체성은 사회적 상호작용에서 생겨나는 부산물이 아니라, 그것은 그 자체로서 특유한 것, 사람이 본래 지니고 있던 특성이라고 말한다. 반면에 자아는 본래 백지상태이고 빈 그릇일 뿐이며, 자아정체성은 사회문화적 상호작용을 통해 형성(결정)된다는 주장도 있다. 그래서 자아정체성을 '사회적 자아' 개념으로 설명하는 이 부류의 학자들은, 심리사회적 발달단계상 사춘기에 해당하는 청소년기를 '정체성과 역할혼란'의 시기로 규정하고, 청소년에게는 친구관계가 중요하다고 지적한다. 그리고 이 시기에는 직업, 성역할, 정치 및 종교 등에서 자아정체감을 성취해야 할 것이라고 설명한다. 또 한편으로 자아정체성은 자의식을 가진 사람이 어떤 동기에 의해서 그의 욕구와 가치를 추구하게 되고, 이러한 추구행위는 그의 삶 속에서 거듭 되풀이되는데, 이런 반복되는 추구과정 속에서 형성되는 것이 태도이며, 그 태도는 사람마다 서로 다를 수 있기 때문에 결국 반복된 그 태도의 결과로서 그 사람 특유의 자아가 형성된다고 설명하는 이들도 있다.

이렇게 자아정체성에 대한 주장들이 서로 다르다. 그러나 그것이 천부적인 것이라는 주장도, 사회적 상호작용을 통해서 형성되는 것이라는 이론도, 삶 속에서 반복된 태도의 결과로 형성된 것이라는 설명도 결국 사람에게는 자아가 있고 그 자아의 정체성이 각 사람에게서 제대로 확보되어야 한다는 점에서는 같다.

이 자아정체성의 확보와 관련하여 이 글에서 주목하고자 하는 것은, 사람은 대체로 십대 후반에서 20대 초반에 이르면 어느 정도 '고정적인 틀'을 가진 자아정체성을 지니게 된다는 점이다. 그 자아가 현실적 자아이든 이상적 자아이든 대체로 이 시기에 이르는 동안에 저마다의 자아정체성이 확립되는 것이라면, 이 '시기'와 이 시기에 이르기까지의 그 '과정'은 한 사람에게 있어서 '자아정체성의 형성과 확립의 결정적 시기'가 되는 셈이다. 이 시기가 바로 청소년기에 해당한다.

또 한 가지 여기에서 관심을 기울이고자 하는 것은, 천부적이건 후천적이건 그 자아는 살아가는 동안에 수많은 관계들 속에서 영향을 받게 되었고, 그것이 자아정체성을 형성하는 데에 주요인자로 작용하였다는 사실이다. 따라서 우리의 청소년들이 만나는 '사람들, 환경들과의 관계'는 매우 중요한 관심사로 등장한다. 청소년기에 이르기까지 만난 사람들이 누구이며 사회문화적 환경들이 어떤 것이었느냐에 따라 그의 동기와 욕구와 가치가 다르므로 그의 태도가 달라질 수 있는 것이기 때문이다. 그리고 그 결과로서 형성된 '그의 그 됨', 즉 인간화와 문화화, 그리고 주체적 역할기능화의 내용과 그 수준도 달라 질 것이기 때문이다. 실제로 자아정체성은 그의 성性, 사회경제적 계층, 신념, 태도, 관점, 인종, 소속, 문화 등의 영향을 받는다. 물론 이러한 요소들이 자아 정체성 확보에 모두가 순기능적으로 작용하는 것만은 아니다. 퇴락頹落한 사 회적 양상들은 자아정체성 확보를 거들기보다 오히려 저해하는 경우도 많다. 그러므로 청소년기 자아정체성 형성에 영향을 미치는 '인간과 환경'에 대한 우리의 관심이 얼마나 민감하고 철저해야 할 것인가를 거듭 일깨워주는 대 목이라 하겠다.

자아정체성 확보의 중요성과 어려움

이 '자아정체성의 확보'가 청소년기의 자아실현과 관련하여 주요관심의 대 상이 되는 것은 이것이 청소년기에 그 결정적 시기를 맞이하게 된다는 것과, 이 자아정체성이 개인(자신)에게 미치는 영향이 대단하다는 것 때문이다. 자 아정체성이 제대로 확보되면 그것은 긍정적인 영향을 끼친다. 자긍심을 불러 일으키고 자신감을 불어넣어준다. 그것은 '나를 사랑할 줄 아는 자아'를 만드 는 데에도 기여한다. 그래서 개인적으로나 사회적으로도 유익한 결과를 가져 올 수 있다. 반대로, 자아정체성이 제대로 확보되지 못하면, 그것은 개인에게 부정적인 영향을 미쳐서, 결국 이기심으로 똘똘 뭉친 나, 열등감으로 뒤범벅 이 된 나, 자기연민과 자기혐오감으로 가득한 나, 오기로 가득한 나를 빚어낸 다. 그것은 개인적으로도 사회적으로도 불행한 결과를 초래하게 된다. 따라서 '자아정체성의 확보'는 청소년 자신과 사회를 위하여 반드시 달성되어야 할 매 우 중요하고도 필요한 발달과제가 되는 것이다.

그런데 바람직한 자아정체성의 확보가 실제로는 매우 어렵다. 자아정체성 의 확보 과정은 여러 가지의 자아상들 속에서 '진짜의 나' 즉 '바람직한 참 자 아상'을 찾아내고 이것을 추구하는 일이기 때문이다. 더군다나 그것은 복잡한 사회문화적 환경과의 관계 속에서 자기를 설정해가는 과정이고, 다양한 모습의 '나'들 속에서 '참 나'를 찾고 그것을 세우는 일이기에 더더욱 어려운 일이다. 이렇게 다양한 자아상들이 오히려 참 자아상의 설정을 방해하기도 하는 것이다.

'내가 생각하는 나, 내가 바라는 나'가 있다. 그러나 그것은 내 생각, 내 희망일 뿐 그것이 진짜의 나인지 아닌지는 나도 모른다. '타인이 보고 있는 나, 타인이 짐작하는 나도 있다. 그러나 그런 나를 그들이 나에게 일러주지 않으면 나는 모른다. 그리고 그들이 나를 잘 모르기 때문에, 그것이 진짜의 나인지 그들도 나도 알지 못한다. '타인이 바라는 나'도 있을 터이지만 그것은 그들의 희망일 뿐, 나의 바람과 다를 수도 있고 그것이 바람직한 나인지 아닌지 모를 일이다. '타인의 눈에 비친 나'를 내가 추측해보는 그런 나도 있겠지만, 과연 내가 남의 눈에 비친 나를 제대로 읽은 것일까, 그것이 진짜 나일까, 나는 알 수 없다. 그러므로 어느 누구도 스스로의 힘으로는 '실재(본래)의 나'를 알 수 없다. 그것이 진짜의 나라고 입증할 만한 확실한 근거나 기준이 없는 한 누구도 나를 제대로 안다고, 이것이 '참 나'라고 말할 수 없다.

'참 나'를 찾아서

분명 '실재하는 나, 본질적인 참 나'는 어떤 모습으로든 존재하고 있을 것이다. 하나님께서 한 처음에 사람을 창조하시고 '너와 나, 그래서 우리'라는 관계를 창조하셨고, 그 창조질서 속에서 '여기, 지금, 나를 이렇게 살아 있도록' 이끌고 계시기 때문이다.

그런데 '실재하는 나, 본질적인 참 나'를 식별할 수 있는 근거나 기준을 알지 못하는 사람에게는 이 다양한 자아상들 가운데에서 '참 나'를 찾기란 거의 불가능한 것처럼 보일 수밖에 없다. 이 자아정체성은 어쩌면 일평생 확보할 수 없는 것일지도 모르고 그냥 '평생 고행苦行 속에서 추구해나가기만 하는 나' 쯤으로 여기기 쉽다. 정체성이 확립되어야 할 시기의 사람인 우리의 청소년들에게도 이는 마찬가지다. 혼란하기 이를 데 없는 사회문화적 환경 속에서 어떤 근거도 기준도 없이 자기를 찾고 설정한다는 것은 또 하나의 혼란만 가중될 뿐이다. 그것은 지도를 손에 쥐지 않고 길을 찾아나서는 것과 다를 바 없다. 더군다나 이 퇴폐하고 오염된 가치관 속에서, 혼돈과 무질서와 무규범의 사회 속에서, 도처에 비인간화의 악취가 가득한 이 세상 속에서 '참 나'를 찾아 그것을 세운다는 것은 거의 불가능하다.

그렇다. 이런 상태, 이런 조건 아래에서라면 우리는 '나는 누구인지'를 제대로 알 수 없다. 나는 왜 존재하게 되었는가, 어디서부터 왔고 어디로 가는가, 산다는 것은 무슨 의미와 가치를 지니는가, 왜 살아야 하는가, 무엇을 어떻게 하면서 살아야 하는가 등을 모른다. 그래서 내가 추구하는 것, 마땅히 추구해야 할 것을 사실은 나 자신도 모른다. 그리스도 우리 주 예수님께서 십자가 희생의 사역을 감당하시려고 예루살렘으로 올라가실 때, 세베대의 아들 야고보와 요한에게 "너희 구하는 것을 너희가 알지 못 하는도다(막10:32-40)."라고 말씀하신 것처럼, 나의 본질과 실체를 파악하지 못하는 한 나는 헛것일 수 있다.

여기에서 인간의 본질적이며 자기성찰적인 질문이 생겨난다. 여기에서 인간적 고뇌와 방황이 시작된다. 짧은 과거사밖에 없이 까다롭고 힘든 오늘을 살면서 철들어가는 우리의 청소년들에게도 마찬가지다. '참 나'는 누구며, 무엇이냐고 말이다.

참 자아상의 근거와 기준: 하나님께서 보고 계시는 나

이와 같이 자아상의 다양함이 '자아정체성의 혼란'을 가져오고, 오염된 인간들과 혼탁한 환경이 '본질과 실체를 바라 볼 눈'을 가려버린다. '참 나를 찾기 위한 근거와 기준'이 없어서 자아정체성의 추구는 미궁에 빠진다. 아주 오래 전부터 자아정체성의 확립이나 자아실현을 위한 수많은 논의와 대안들이 제시되었었지만, '참 자아상을 확증할 만한 근거나 기준'은 제시되지 못하였다. 사변적인 논리도, 철학적 예지叡智도, 규범적 접근도, 사회가치지향적인 준거의 틀 등도 모두 마찬가지였다. '사람 중심적(인본주의적)'인 논리에 입각한 자아실현의 노력은 한계에 부딪치고 말았다. 따라서 '참 나'를 찾고 세우기 위한 근거와 기준을 발견하는 일이 매우 중요하고 시급하다. 이것은 청소년기 자아정체성 형성을 위해서만이 아니라, 인간이면 누구에게나 필요한 '참 자아상의 발견과 구현'이라는 차원에서 매우 중요한 공통적 과제가 아닐 수 없다.

여기 이 막막한 미궁 속에서 다음과 같은 사실을 기억에 되살려본다. 어떤 물건을 직접 만든 사람은 그 물건에 대해서 잘 알고 있다. 그 물건의 용도며 성능, 그리고 심지어는 숨은 기능과 결함까지도 속속들이 다 안다. 그래서 그는 그 물건의 실체와 진가를 판별할 수 있는 사람으로 인정받는다. 이와 마찬가지로 만약에 누군가가 사람을 직접 만들었다면, 오직 그는 그가 만든 사람에 관해서 그 진면목을 확실하고 자세히 알 것이다.

사람을 지으신 이는 우리 주 하나님이시다(창1:1, 26-27, 2:7, 18, 21-22). 사람을 가장 확실하고 자상히 알고 계시는 분은 하나님이시다. 따라서 실재하는 나, 본질적인 '참 나'를 찾고 세우는 근거와 기준, 다시 말해 '자아정체성 확립의 참 근거와 기준'은 나를 만드신 하나님에게서(하나님 안에서) 발견되어야 한다. 이것이 순리요 합리이다. 그것은 나를 지으신 '하나님께서 보고 계시는 나'를 발견하는 것이다. 전능하신 하나님께서 뜻하신 바대로 목적을 두고 설계하시고 공들여 제작하신 나–그래서 누구보다도 정확하고 자상히 나를 알고 계시는 창조주 그분 안에서 발견되는 '참 나'–를 발견하는 일이다. '하나님께서 보고 계시는 나'의 발견이라는 그 근거와 기준 속에 '참되고 올바른 자아 발견'의 길이 있고, 그 길 위에 '참 자아정체성 확보'의 유일한 가능성이 있다.

그러므로 나의 실체(정체)를 파악할 수 있는 근거와 기준을 발견하게 된 바로 그분 안에서 '참 자아실현'의 길도 발견될 수 있다[28] 고 믿는다. 이러한 믿음

---

[28] 그 어떤 인본주의적 근거나 기준으로는 '참 나'의 정체성을 발견할 수도 없으므로 '참 자아실현의 길'도 열릴 수 없지만, 사람을 창조하신 '주님 안에서' 우리는 '참 나'를 온전히 볼 수 있고, 이를 '그리스도와 함께' 나의 삶 속에서 구현할 수 있다. 이것이 이 글에서 말하는 '자아정체성의 확보'나 '참 자아실현'과 사회 일반이론들과의 '근본적인 차이'이다.

은 '자아정체성의 확보나 참 자아실현은 인간이 지향하는 하나의 이상이나 희망에 불과하다. 그것은 일평생 추구해야 할 인간의 고상한 과제나 목표일뿐이지, 실제로 그것을 확보하거나 구현하기는 불가능한 것이다'라는 식의 그런 사회 일반의 인본주의적 또는 허무주의적 견해와는 현저하게 다르다. 사람은 그의 창조주 안에서 '본래의 참 나'를 확실히 발견할 수 있을 뿐만 아니라, 그리스도 우리 주 예수님 안에서 그 분과 연합하여 '새로운 참 나'를 세울 수도 있다는 믿음이 성경에 기초한 이 글의 신앙고백이다.

그리고 우리의 청소년도 예외 없이 주님 안에서 '참 자아정체성의 확보'가 가능하고, 지금 이 청소년기가 바로 그 '자아정체성 확보의 결정적인 시기'임을 강조하고 있는 것이다. 아울러 '참 자아실현의 길'이 주님 안에서 열려있는 우리의 청소년들을, 교회는 새로운 관심과 소망을 가지고 그들을 양육하고 지도해야 할 것임을 힘주어 말하려고 여기까지 달려 온 것이다. 여기에서 우리는 청소년의 '자아정체성의 확보와 참 자아실현의 길'을 바라보는 감격을 누리면서 한 걸음 더 앞으로 나아간다.

2) '참 자아실현'의 궁극적 목표: '소명적 자아'의 형성

우리는 위에서 '참 나'를 찾을 수 있는 확실한 근거와 기준을 찾았으므로, 여기에서는 '소명적 자아 Self of the Calling'라는 새로운 어휘를 중심으로, 청소년기 사회화와 자아실현의 궁극적 목표[29]에 관하여 살펴보려고 한다.

인간만이 갖는 창조적 욕구, 자아실현

사람은 자라면서 철이 들고 나 자신에 대한 인식이 보다 더 구체화되면서부

---

[29] 앞선 <표 2>에서와 같이 청소년기의 발달과제는 사회화와 자아실현으로 압축될 수 있는데, 이것들은 한 사람 청소년 안에서 이루어지는 것이므로 결과적으로 형성되는 발달과제의 궁극적 목표도 하나로 통합되는 것은 당연하다. 그래서 여기에서는 '사회화'와 '자아실현'이라는 두 가지 발달과제의 공통적, 궁극적 목표로서 '소명적 자아의 형성'이라는 개념을 제시한다.

터 점점 자아실현이라는 욕구로 그의 관심이 이어진다. 이 자아실현의 욕구는 개개인의 열망으로 발전하고, 이 열망에 의미와 가치를 부여하며 스스로 이 의미와 가치를 성취하려고 달음박질한다. 이렇게 의미와 가치를 지닌 나, 그리고 바람직한 현재와 기대해볼 만한 미래에 대한 소망이 깃든 창조적 욕구는 누구에게나 있다. 하나님께서 손수 빚어 만드신 사람만이 가질 수 있는 고귀하고도 아름다운 모습이다.

그런데 사람들이 추구하는 자아실현의 의미(내용)를 살펴보면, 어떤 것은 이기적이거나 자기중심적인 경우가 있고, 또 어떤 것은 이타적이고 타인중심적이며, 가치중심적인 목표를 지향하는 경우도 있다. 이렇게 지향하는 목표나 성향이 사람에 따라 다를 수 있는 것은 그들에게 형성된 행동이나 태도가 서로 다르기 때문이고, 또 각자가 처한 상황이나 여건이 서로 달라서 그에 대한 반응이 다르게 나타나기 때문이다. 남을 섬기는 일에 헌신적인 부모를 따라 성장한 사람이나 훌륭한 스승에게서 배우고 익힌 제자의 행동이나 태도가 그렇지 못한 사람과 다르고, 또 배고픈 사람과 배부른 사람의 반응이 서로 다르듯이 말이다.

그래서 사람은 자신의 잠재력을 개발하여 그 능력을 최대한 그의 삶 속에서 발휘하려는 자기중심적 성향이 강한 자기실현을 촉진하기도 한다. 또 다른 한편으로 사람은 자신을 뛰어넘는 그 어떤 것, 즉 무한한 것 또는 초현실적인 것을 추구하는 존재이기에, 나를 초월한 존재(하나님)를 찾기도 한다. 그래서 사람은 나를 초월한 존재(하나님)를 중심으로 가치중심적인 '참 자아실현'을 추구하기도 한다.[30]

자아실현이 이처럼 두 가지 경향으로 나뉠 수 있다는 것은 새로운 사실이 아니다. 왜냐하면 사람은 사회화과정 속에서 '나의 발견'뿐만 아니라 '역사나 사회와의 만남'도 경험하게 되고, 자신의 창조주 '하나님 안에서 참 나를 발견'

---

[30] 이때 자기중심적인 요인이 우세하게 작용하여 가치중심적인 경향을 억제하기도 하고, 반대로 가치중심적인 경향이 자기중심적인 욕구를 억제하기도 한다. 그래서 어느 것이 우세하느냐에 따라 자아실현의 무게 중심이 좌우되기도 한다.

하는 감격도 누리기 때문이다. '나의 발견'의 경우, 즉 '사회화과정 속에서 발견된 나'는 주로 직업적 사회화 또는 주체적 역할기능화와 관련하여 자기개발이 촉진되는 경우가 많다. 우리의 청소년들이 진학이나 취업을 위하여 거의 '전투적인' 노력을 기울이는 것이 바로 그 모습이다. 이렇게 한 사람이 그가 사는 사회 속에서 자신의 역할기능을 다하는 일꾼으로 홀로서기를 실현한다는 것은 개인과 사회에 두루 중요한 과제이고 과정이기 때문에, 가정과 공교육을 비롯한 사회적 지원이 이에 뒤따르는 것이다.

'역사나 사회와의 만남'의 경우 한 개인이 그의 삶 속에서 '역사와 사회 속의 나'를 발견하게 되면, 그는 거기 역사와 사회 속에 투영된 자아상을 이타적 · 타인중심적으로 승화시키려고 노력하게 된다. 마치 물속에 비친 자신의 모습을 처음 본 사람이 소스라치게 놀라고 감격하듯이, 나뿐만 아니라 나와 함께 더불어 사는 '또 다른 나'[31]들을 새롭게 깨닫게 되었기 때문이다. 그래서 그는 공익이나 공선公善을 추구하는 사회적 자아를 형성하게 된다. 특히 이러한 사회적 자아를 이 글에서는 '공동체적 자아'라고 부르고자 하는데, 종교적 차원을 제외한다, 공동체적 자아는 아마도 사회 속에서 형성될 수 있는 최상위수준의 자아형성이라고 해도 좋을 것 같다.

마지막으로 말한 '하나님 안에서 발견된 나'는 여러 가지의 자아상 중에서 유일하게 '참 나'임을 확인할 수 있는 자아이다. 나는 하나님께서 지으셨으므로, 오직 하나님께서만 나의 실체(정체)를 온전히 아신다. 그러므로 그 '하나님 안에서 발견된 나', 즉 나를 지으신 하나님께서 나를 부르셔서 친히 만나주시고 나에 관해서 자상히 말씀해주신 것을 듣고 확인하게 된 나, 그런 나는 곧 '참 나'이다. 모세가 '내가 누구입니까(출3:11)' 하던 것처럼, 다윗이 또한 그렇게 여쭙던 것처럼(대상17:16) 말이다. 그 부르심과 만남, 그 말씀(명령)하심에 대

---

31 여기에서 '또 다른 나'들이란 나 이닌 남 즉 다른 사람(타인)을 일컫는 것인데, 이는 남을 나 못지않게 중요한 존재로서 인식한다는 뜻을 지닌다. 이 '또 다른 나'들에 대한 존재가치를 인정하고 그들과 대등한 인격적 관계 속에서 공존하고 있음을 자각하는 사람에게는, 역사나 사회와 같은 것들도 하나의 '인격적 존재'처럼 인식되어 이를 '우리' 속에 포용할 수 있게 된다.

한 나의 확신(믿음)을 통하여 발견된 나의 실체(정체) 그것이 '참 나', 즉 '나의 진정한 정체'이다. 그런 의미에서 '하나님 안에서 발견된 나'이다. 그리고 그런 나에 대한 정체감 또는 정체의식을 통틀어 우리는 비로소 '참 자아정체성'이라 말할 수 있다. 이렇게 확실하고 온전한 자아정체성의 토대 위에 세워진 나, '하나님께서 부르시고(김) 말씀(명령命令)하신 나'를 이 글에서는 '소명적 자아'라고 부르고자 한다.

참 나, '소명적 자아'

이 '소명적 자아'는 우리 그리스도교회 공동체에서, 특히 청소년사역에서 매우 중요한 개념일 뿐만 아니라 개인적으로나 사회적으로도 반드시 확보되어야 할 필요가 있는 자아이다. 이 소명적 자아는 첫째, 소극적으로는 남에게 해를 끼치지 않겠다는 양심을 비롯하여 공익이나 공선, 사회발전 등을 자신의 목표나 이상으로 삼는 것에 이르기까지 폭넓게 그 영역을 이해할 수도 있다. 주 우리 하나님께서는 우리에게 그러한 도덕적(인륜적)이고 사회공동체적인 사명들도 주셨기 때문이다. 그래서 위에서 말한 사회적 자아, 공동체적 자아가 바로 이 소명적 자아의 영역 속에 포함되는 것이다. 도덕적(인륜적), 사회공동체적인 관점에서 소명적 자아가 개인이나 사회에 미칠 영향은 참으로 크다. 그것은 자아정체성이 그렇게 형성되지 못한 경우 그것이 개인이나 사회에 미칠 영향을 생각해보면 곧바로 이해될 수 있는 일이고, 앞에서도 이와 관련하여 그 필요성과 중요성을 말한 바 있다. 특히 우리의 청소년들이 이러한 사회적 자아나 공동체적 자아를 '소명적 자아형성의 틀 안에서' 확립하도록 청소년 자신은 물론 교회와 사회 모두가 관심과 지원을 아끼지 말아야 할 것이다.

둘째, 사회화를 개인적 관점에서 보면 '자기실현을 위한 창조적 과정'이고 사회적 관점에서 볼 때는 '사회문화적 재생산과정'이나 마찬가지라고 앞에서 말했는데, 소명적 자아는 사회화의 이 양면성을 모두 포용하여 개인적 목표와 사회적 목표를 조화롭게 구현하는 기능도 담당한다. 즉 소명적 자아는 자신

(나)과 사회(또 다른 나)를 모두 중요시하는 균형 잡힌 자아를 지향하게 한다. 이것은 소명적 자아가 개인과 사회를 모두 값어치 있는 실존들로 조성하신 하나님께로부터 비롯된 자아이기 때문이다. 그래서 소명적 자아는 개인과 사회를 모두 중요시하는 가치관과 균형감각을 지닌다. 우리의 청소년들도 이 소명적 자아를 바탕으로 '홀로서기'와 '제구실하기'라는 개인적이며 사회적인 목표를 조화롭게 이룩할 수 있는 것이다. 따라서 소명적 자아는 개인적으로나 사회적으로도 그 중요성과 필요성이 확실히 드러난다. 이런 관점에서 청소년기 자아실현의 궁극적 목표는 이 '소명적 자아의 형성'이라는 '자아정체성의 확보'에 있다고 강조하는 것이다.

소명적 자아의 참 모습

소명적 자아형성은 이런 수준에서 그치지 않는다. 이 정도, 이 수준만으로는 그리스도교회 공동체의 청소년사역에서 규명하고자 하는 청소년기의 자아실현을 온전히 설명할 수 없기 때문이다. 소명적 자아는 본질적으로 그리고 근원적으로 '하나님께로부터 비롯된 하나님께 속한 자아'이다. 그러므로 소명적 자아의 본령本領은 세상에 속한 것이 아니라 하나님께 속한 '신령한 자아'이다. 감사하고 황공하게도 우리는 하나님의 형상과 모습을 닮은 실존들이다(창1:26). 그 은혜를 입어 '하나님의 동역자(고후6:1)'인 '사람'이요, '일꾼'이 되었다. 하나님의 형상과 모습<라>Imago Dei을 닮은 나, 그것이 '참 나'이다. 그리고 '사람으로 이 땅에 오신 하나님, 그리스도 우리 주 예수님'을 닮은 나, 그것이 하나님께서 원하시는 '나의 참 모습'이다.

그러나 그것은 겉모습만을 의미하는 것이 아니다. 나를 향하신 '하나님의 뜻'이 나에게서 구현되어야 한다. "아버지의 뜻이 하늘에서와 같이 땅에서도 이루어지게 하소서(주기도문)"라는 하나님을 향한 전폭적인 신뢰가 나에게 확립되어야 한다. "내 원대로 마시옵고 아버지의 원대로 되기를 원하나이다(눅22:42)."라는 그 절대순종이 나에게서 이루어져야 한다. 그것이 '소명적 자아의 참 모습'이기 때문이다. 이런 소명적 자아를 나에게서 구현하는 것이 '참 자아실현'이다. 바로 이것이 '하나님 안에서 인간이 이룩할 수 있는 최상의 자아완성의 실체'라고 믿는다. 또한 바로 이것이 청소년기 사회화와 자아실현의 궁극적인 모습이어야 한다고 믿는다.

참 자아실현의 과정

그런데 이 '참 자아실현'이 한 사람(의 삶) 속에서 이룩되는 과정을 다음과 같이 단계적으로 정리해볼 수 있을 것 같다.

우선 '참 자아실현'은 하나님께서 나를 창조하셨다는 '피조물의식'과 그리스도께서 나를 구속하셨고 살리셨다는 '새로운 피조물의식(고후5:17)'에서부터 출발한다.[32] 이 두 가지의 진리를 믿음으로써 나는 '피조물인 나'의 존재 의미와 가치를 발견한다. '새로운 피조물인 나'의 위상과 사명도 깨닫는다. 말하자면 진리(하나님) 안에서 나를 새롭게 발견하게 된다. 하나님의 사랑과 기쁨의 대상인 나, 구원받아 죄와 사망에서 자유와 영생을 얻은 나, 하나님과 다시 화목하게 된 나, 하나님의 자녀가 된 나, 하나님의 일꾼으로 쓰임 받는 나, 주 성령님의 임재와 역사하심을 따라 사는 나, 마침내 하나님나라에서 영원한 복락을 누리게 될 나를 발견한다. 그래서 "주의 말씀 받은 그날, 참 기쁘고 복되도다(찬209/285장)"라고 환호하며 찬양하게 된다.

이렇게 나의 본질과 실체를 파악하고, 또한 내 삶의 목적과 방향을 확인한다. 이와 함께 '소명적 자아의식'과 '그리스도인(교회) 공동체 의식'을 진리의 말씀 안에서 지니게 된다. 그러면 주 성령님께서는 이러한 믿음과 의식의 소유자들—주 안에서 깨어있는 자들—에게 친히 역사하신다. 그래서 '깨어있는 나'는 성령님께 이끌려서 그리스도 안에서, 역사와 사회 속에서 내가 해야 할 역할기능을 구체적으로 탐색하게 된다. 이때 나는 '여기, 오늘'뿐만 아니라 '영원

---

32 '피조물의식'은 하나님을, '새로운 피조물의식'은 그리스도를 믿는 데에서부터 비롯되는 것이다. 이 두 가지 의식(믿음)이 없이는 하나님과 나와의 인격적 만남이 불가능하게 되므로, 하나님 안에서 '참 나'를 구현하는 것도 불가능하게 된다.

한 아버지의 나라'를 위한 나의 역할기능까지도 함께 탐색하게 된다.

그리고 나면 이러한 나의 역할기능을 잘 감당해서 하나님 아버지를 기쁘시게 해드리기 위하여 우선 나의 잠재력과 가능성부터 개발하기 시작한다. 이 부분은 성령님의 도우심에 힘입어 사람이 스스로 자신의 힘과 정성을 다해서 노력해야 하는 대목이다. '피와 땀과 눈물'이 요구되는 현장이다. 사람이 스스로 노력하지 않고 행함이 없으면, 하나님께서도 그 은혜의 팔을 놓아버리실 수도 있는 중요한 과정이다. 그래서 그 과정과 결과로서 획득된 능력을 최대한으로 발휘하여 하나님과 나와 우리를 위한 일에 기여한다. 이렇게 함으로써 자기실현이라는 '첫 열매'를 삶 속에서 맺는다. 이 자기실현의 열매를 맺은 사람을 하나님께서는 "착하고 충성된 종아(마25:21)"라고 하시면서 기뻐하신다. 그래서 '나'는 개인적으로는 보람도 느낀다. 그리고 이 열매를 감사의 예물로 '하나님'께 올려드리고 '이웃'과도 함께 나눈다. 이 정도만으로도 '세상 사람이 도달할 수 있는 매우 중요한 단계'에 진입한 것이다. 사회적 관점에서 보면 '성공'한 것이다.

그러나 이런 수준의 자기실현으로 '참 자아실현'에 도달한 것은 아니다. 하나님께서 성경을 통하여 우리에게 일러주시고 우리에게서, 또는 우리를 통하여서도 이루시고자 예정하시고 섭리하시는 그 인간의 궁극적이고 본질적인 '참 자아실현'은 여기에서 그치지 않는다.

그리스도 안에서 발견되는 나

이렇게 나의 개인적 목표만이 아니라 공동체와 사회의 목표를 위해서도 힘쓰며, 특히 하나님의 뜻에 순응하여 이를 구현하려는 '하나님 중심적인 목표'를 지향하고 힘쓰기를 거듭하는 동안에 어느덧 나의 삶은 주님 안에서 '그리스도를 닮은 삶'을 살아가게 된다. '나와 세상적인 것을 위해서 살아가는 삶'으로부터 점차로 '하나님을 위해 살아가는 삶'으로 변화되어간다. '나와 세상은 간 곳 없고, 오직 우리를 구속하신 주님만 보인다(찬204/288장, 갈2:20).' 그래서 '주님과 같이 길 가는 것, 즐거운 일 아닌가(찬456/430장)' 하면서 '주님의 일'에 전념하며 받들어 섬기는 삶, 즉 사역(자)의 길을 걷기 시작한다. 그렇게 '비워 닦여진 나'로, '준비된 나'로 바뀌어간다.

그런 나는 '오직 그리스도만으로<라>Solus Christus', '주님의 심장으로(빌1:8)', 주님 안에서 헌신하고 받들어 섬기는 동안에 어느덧 '그리스도의 장성한 분량(엡4:13)'에 이르는 성숙함에 도달한다. 하나님 안에서 하나님과 함께 일하고 '하나님의 온전하심과 거룩하심을 닮은 나'로, '작은 예수'로 성화되어간다. 그래서 '그리스도의 사람다운, 하나님의 자녀다운 성화(레11:44, 벧전1:16, 롬8:14-17)'라는 열매를 맺는다.

그러면 나는 주님과 하나가 된다. 참 포도나무와 가지처럼(요15:5), 그리스도와 나 사이에는 "나는 나의 사랑하는 자에게 속하였고, 나의 사랑하는 자는 내게 속하였다(<개역> 아6:3)."라는 그 아름다운 관계가 형성되고 유지된다. 그 하나 된 관계(상태) 속에서 "내가 그를 위하여 모든 것을 잃어버리고 배설물로 여김은 그리스도를 얻고 그 안에서 발견되려 함이니(빌3:8-9)"라는 사도 바울의 고백처럼, 마침내 나는 '그리스도 안에서 발견되는 나'를 이루게(얻게) 된다. '그리스도와 하나 된 나'를 구현하게 된다. '그리스도 안에서 발견되는 나, 그리스도와 하나 된 나'의 획득과 구현, 이것이 하나님께서 성경을 통하여 택하심을 받은 우리에게 일러주시는 '참 자아실현'이다.

하나님의 은혜로 얻는 참 자아실현

그런데 이 모든 '참 자아실현'의 과정은 오직 하나님께서 예정하시고, 그리스도 안에서 우리를 택하시고, 하나님의 은혜로 이를 이루시고, 성령으로 인印치신 것이다(엡1:4-14). 참 자아실현은 사회의 일반이론들이 말하는 '나의 노력'에 의해서 구현되는 것이 아니다. 더더군다나 나의 '능력'도, 그 누구의 '배려'에 의한 것도 아니다. 무슨 '조건'을 갖추고 '자격'을 획득해야 비로소 주어지는 것도 아니다. '나이'에도 상관없다. '실적'이나 '경험'과도 무관하다. 그것은 우리의 청소년에게서도 일어날 수 있는 일이다. 만약에 얼마만큼의 나이에 이르러야 한다거나 얼마만큼의 기간이 경과해야 비로소 참 자아실현을 이룰 수 있는 것이라면, 이 글에서 '청소년의 참 자아실현'을 논의할 엄두도 낼 수 없다. 언제든지, 누구든지 주님 안에서 '오직 은혜로, 오직 믿음으로<라>Sola Gratia, Sola Fide' 맛볼 수 있는 것이 참 자아실현이다. 참 자아실현은 오직 하나님의 은혜로우신 '선물'일 뿐이다. 우리의 청소년도 그의 청소년기에 누릴 수 있는 은혜의 선물이다.

그래서 사도 바울은 "내가 나 된 것은 하나님의 은혜로 된 것(고전15:10)"이라고 고백한다. "너희는 그 은혜에 의하여 믿음으로 말미암아 구원을 받았으니, 이것은 너희에게서 난 것이 아니요, 하나님의 선물이라. 행위에서 난 것이 아니니, 이는 누구든지 자랑하지 못하게 함이라(엡2:8-9)."라고 성경은 밝히 말씀하신다. 그렇다. 그러므로 이 글의 '권두성구'에서 "누구든지 자랑하려거든 주님을 자랑하십시오(<공동> I고린토 1:31)."라고 미리 밝혀놓았듯이 '오직 하나님께만 영광<라>Soli Deo Gloria'을 올려드리며 감사할 뿐이다.

'그리스도의 사람인 청소년'과 '참 자아실현'

'참 자아실현'은 사람의 노력에 의한 것이 아니라 하나님의 은혜로 얻는 것이라는 점에서도 사회일반에서 논의되는 자기실현과 근본적인 차이가 있다. 그러므로 그리스도인 청소년의 발달과제인 '참 자아실현'도 주님 안에서 이제 새롭고 활발히 추구되어야 한다. 참 자아실현이 언제든지, 누구든지, 주님 안에서 오직 은혜로, 오직 믿음으로 얻을 수 있다는 사실은 우리의 청소년에게는 큰 축복이요 청소년사역의 큰 희망이다.

만약에 그리스도인 청소년의 발달과제 즉 '참 자아실현'이 사회일반에서 논의되는 자기실현처럼 또 피와 땀과 눈물을 흘려야하는 것이라면, 어른 나이 정도에 이르러야 달성할 수 있는 그런 장기적인 목표라면, '그리스도인 청소년의 발달과제'는 우리의 청소년들에게 또 얼마나 혹독한 짐이 되겠는가. 그런데 이것은 나의 노력이나 자격으로 얻는 것이 아니라니, 하나님께서 선물로 주시는 것이라니 얼마나 다행스런 일인가.

그리고 참 자아실현은 꼭 많은 시간을 쏟아 부어서 기한이 차야만 획득되는 것도 아니라니, '일꾼'이 급한 청소년사역의 입장에서 보면 이 또한 얼마나 감사한 일인가. 그러므로 그리스도인 청소년의 발달과제인 '참 자아실현'은 기쁘고 감사함으로 시급히 우리의 청소년들에게서도 그 구현이 촉진되어야 할 것이다. 이것은 그 어떤 과제보다도 본질적이고 기초적인 과업이며, 그 어떤 목표보다도 최우선적으로 다루어져야 할 과제이기 때문이다.

그렇다면 그리스도의 사람인 청소년, 즉 그리스도인 청소년의 '참 자아실현'은 어떻게 구현되어야 할 것인가.

이를 위해서는 위의 '자아실현의 전개과정'에서 살펴보았던 그 '나의 믿음, 나의 변화'가 '오직 말씀'과 성령님의 인도하심에 따라 '나, 그리스도인 청소년'에게서 일어나야 한다. 왜냐하면 나, 그리스도인 청소년도 하나님의 부르심을 받은 사람이다. 나를 부르셨을 뿐만 아니라 하나님의 선물을 받기에 합당한 나를, 하나님의 뜻에 합치되는 나를 바라신다. 하나님께서는 믿음의 사람, 순종의 사람, '비워 닦여진 그릇'을 찾으시기 때문이다. 그러므로 부르심을 받은 나는 부르신 분이 바라시는 모습으로 변화되어야 마땅하다. 믿고 순종하고 선물을 간절히 사모하면서 그런 나로 변화되어야 한다.

첫째, 나는 하나님께서 지으신 사람이며, 그리스도와 함께 죽었고 그의 부활과 함께 새로운 피조물로 거듭났다(갈2:20)는 그런 온전한 믿음[33]을 바탕으로 한 자아발견이 청소년기에 이루어져야 한다. 둘째, 이 청소년기에 나는 하나님께서 친히 택하시고, 부르시고, 사명을 맡기신 주님의 사람(사43:1)이라는 투철한 '일꾼의식', 즉 그런 소명적인 자아관이 확보되어야 한다. 셋째, 그래서 나는 주님의 사환(종)이요, 증인이며, 군사라는 자기확신이 새로워져야 한

---

[33] 여기에서 온전한 믿음이란, 무엇보다도 오류(誤謬)가 없는 정확한 믿음이어야 할 것이고, 그 믿는 바에 대해서 어떤 유혹이나 방해가 있더라도 흔들리지 않을 굳건한 믿음, 그리고 믿는 바를 행동으로 표현할 수 있는 역동적(力動的)인 믿음을 모두 일컫고 있다.

다. 넷째, 이러한 자아정체성을 바탕으로 그리스도와 함께 하나님의 후사後嗣가 된 자녀답게, '그리스도와 함께 영광을 받기 위하여, 고난도 함께 받을 준비(롬8:17)'가 되어야 한다. 여기에는 "누구든지 나를 따라오려거든 자기를 부인하고, 자기 십자가를 지고 나를 따를 것이니라(마16:24)."라고 하시는 주님의 말씀처럼, 철저한 자기부정과 자기희생의 투혼이 청소년 속에 구현되고 날마다 강화되어가야 한다. 이를 위해서는 '실전을 방불케 하는 훈련'뿐만 아니라 '실전을 통하여 그 속에서 스스로 강화되는 체험'도 포함될 것이 요망된다. 다섯째, 그래서 청소년기에는 말씀과 기도와 성령님의 도우심으로 '소명적 자아'라는 자아정체성이 충실히 형성, 확보될 수 있어야 한다. 이 소명적 자아를 바탕으로 우리의 청소년들은 그들의 청소년기에 '하나님의 자녀'답게, '그리스도의 제자요 일꾼'답게, '성령님께 이끌리는 하나님의 사람'답게 성화되는, 그런 '참 자아실현'이 추구(촉진)되어야 할 것이다.

'하나님의 일꾼'으로 거듭나야 할 청소년기

'그리스도의 사람인 청소년'과 관련하여 이제까지 살펴 본 바를 요약해보면, 그리스도인 청소년은 사회의 일반 청소년들이 안고 있는 그런 청소년기의 발달과제도 그대로 지니고 있다. 이러한 과제 외에도 그리스도인다운 자아정체성을 확립(내면화)해야 하고, '하나님사랑'을 나의 신앙으로 고백할 수 있어야 하며, 또한 그 하나님사랑을 내 삶 속에 강화(생활화)해 나가야 하고, '이웃사랑'의 실천과 '정의구현'을 위한 나의 능력을 실천적으로 확보(체질화)해야 하는 등, 실로 획득(확보)해야 할 과제가 가득한 매우 중요한 시기에 서있다.

그뿐만 아니라 그리스도인 청소년들은 '제2의 탄생기', 즉 사회 속에서 '홀로서기, 제구실하기'를 확보하는 정도에서 그치지 않고, 그 보다 더 중요한 '탄생의 시기', 즉 중생重生(거듭남)을 이루어야 할 시기의 사람들이다. "사람이 거듭나지 아니하면 하나님의 나라를 볼 수 없느니라. ······사람이 물과 성령으로 나지 아니하면 하나님의 나라에 들어갈 수 없느니라. ······거듭나야 하겠다 하는 말을 놀랍게 여기지 말라(요3:3-7)."라고 주님께서 친히 말씀하신 바대로, 청소년기는 사회적인 탄생보다 더 중요한 '거듭남(중생)의 과제'가 주어져있는 신앙적으로도 매우 중요한 시기이다.

또한 그리스도인 청소년은 '미래사회를 잉태하는 청소년'에 그치는 정도가 아니라 그 보다 더 중요한 것을 잉태해야 하는 시기, 즉 '하나님의 뜻을 잉태하는' 청소년, '하나님의 나라를 잉태하는' 청소년이 되어야 할 시기의 청소년이다. 그래서 '하나님나라의 일꾼'답게 일할 수 있는 나를 세우기 위해서 일반 청소년과 구별되는 또 다른 성장과 자기개발과 성숙이 끊임없이 요구되는 시기에 놓인 것이 그리스도인 청소년이다. 이들은 '하나님의 일꾼, 하나님나라의 일꾼'이며 '하나님의 자원들'이고, '그리스도교회 공동체의 매우 요긴한 인간자원들'이기 때문이다. 여기 이 대목에서 우리는, 그리스도교회 공동체의 청소년사역이 '하나님의 일꾼 만들기(제자화)'라는 매우 중요하고도 절실한 임무를 짊어지고 있다는 사실에 주목하게 된다.

2. 그리스도교회 공동체의 인간자원인 청소년

위에서 우리는 청소년사역의 관점에서 청소년은 누구인가를 이해하기 위하여 '그리스도의 사람인 청소년'을 그들의 발달과제인 사회화와 자아실현을 중심으로 자세히 살펴보았다. 그러는 가운데 우리는 보다 더 새로운 관심이 집중되어야 할 필요성과 시급성이 있는 청소년을 만나보았다. 그리고 교회가 일꾼 삼아 함께 일해야 할 '하나님의 일꾼, 하나님나라의 일꾼' 청소년도 만났다. 그리고 이 일꾼이요, '하나님의 자원'인 청소년들이 그 역량을 주체적으로 발휘할 수 있도록 그리스도인 청소년을 '그리스도교회 공동체의 인간자원들'로 개발, 육성해야 할 필요성도 끄집어낼 수 있게 되었다. 그렇다. 청소년사역의 관점에서 청소년은 '그리스도의 사람'일 뿐만 아니라 '그리스도의 일꾼'이다. '하나님의 작업장'에서 쓰일 '하나님의 자원'이요, '그리스도교회 공동체의 인간자원'이다.

그렇다면 이제 우리가 새로운 관심을 기울여야 할 남은 과제 하나는 <표 2>'그리스도인 청소년의 발달과제 탐색'의 맨 끝부분에서 제시한 '그리스도의 일꾼'에 대한 진지한 접근이다. 그것은 하나님의 일꾼인 그리스도인 청소년들을 그리스도교회 공동체의 인간자원개발이라는 차원에서 개발, 육성, 지원하여 청소년을 주님의 일꾼, 교회의 일꾼으로 세우는 일이라고 할 수 있다. 그리스도교회 공동체의 인간자원개발, 이것은 곧 청소년사역의 '중점적인 목표와 과제' 중의 하나이기도 하다.

그래서 '그리스도의 사람인 청소년'에 이어, 이제부터는 '그리스도의 일꾼인 청소년'에 우리의 관심을 돌려서, 청소년 인간자원개발을 중심으로 살펴보고자 한다.

가. 청소년 인간자원개발

청소년 인간자원개발에 대한 새로운 인식

일반적으로 자원資源이라 함은 인간생활에 도움이 되거나 생산 활동 등에 이용되는 재료 또는 원료, 그리고 노동력이나 기술 등을 통틀어 일컫는 말이다. 이 자원 중에는 자연계의 일부인 여러 자연자원自然資源들이 있으며, 특히 '사람'이 유용한 '자원'으로 기여하게 될 때를 일컬어 '인간자원人間資源'[34]이라고 한다. 이 인간자원이라는 낱말은, 교회에서는 그리 자주 사용하지 않기 때문에, 생소한 개념일 뿐만 아니라 교회와는 거리가 먼 사회적인 개념으로만 여겨질 수도 있다. 그러나 제2절의 두 번째 항목인 '청소년 자세히 읽기'의 '세계(사)적 흐름 속의 청소년'에서 잠시 본 바와 같이, 인간자원 개발이라는 과제

---

[34] 흔히 인간자원(human resources)을 '인적 자원'(人的 資源)으로 번역하여 사용하는 경우들을 보게 되는데, 이것은 명사(名詞, noun) 뒤에 '적(的)'자를 붙여서 형용사적 용법으로 활용하는 한자식 표기법에 따른 것이기도 하고, 또는 '물적 자원'에 대한 표현으로 '인적 자원'이라 쓰기도 한 것이지만, 인간 그 자체가 자원으로서의 의미를 지니게 된다는 생각으로, 이 글에서는 '인간자원'이라고 쓰고자 한다.

는 전 세계를 뒤흔들고 있는 관심사의 하나이다. 그리고 그것은 교회도 새로운 관심을 기울여야 할 새로운 관심영역이며, '그리스도인 청소년 인간자원 개발'은 청소년사역에서 빼놓을 수 없는 꼭 필요하고도 시급한 과제이다.

일찍이 주 예수님께서도 "추수할 것은 많되 일꾼이 적으니 그러므로 추수하는 주인에게 청하여 추수할 일꾼들을 보내주소서 하라(눅10:2)."라고 말씀하셨다. '하나님의 나라', 그 '마지막 때'가 가까이 다가온(눅10:11) 이 시대 이 땅에서 '일꾼'을 세우기에 힘써야한다는 점을 강조하신 말씀이다. 더구나 하나님의 작업장인 교회에서 일할 일꾼들이 줄어들고 있는 상황 속에서는 그 필요성이 더욱 절실한 말씀이다. 교회 안팎에서 이미 일하고 있는 일꾼들만으로는 역부족인 실정 속에서, 할 일 많은 한국 교회로서는 그 필요성이 더욱 크게 강조되어야 할 대목이다.

이러한 시점에서 우리는 '그리스도의 사람'이요, '하나님의 일꾼'인 청소년에게 관심을 돌린다. 앞에서도 일관되게 강조해왔지만, 청소년은 무한한 가능성과 힘을 우리 주 하나님께로부터 받고 이 시대 이 땅에 태어난 '하나님의 일꾼'이다. 그러기에 청소년은 한국 교회의 새로운 가능성이요, 잠재력으로서 기대를 받기에 충분하다. '그리스도교회 공동체의 인간자원'으로서 청소년을 새롭게 인식할 필요성이 그만큼 절실해졌다는 말이다.

'인간자원개발'의 논리와 목표

우리 주변을 잠시 둘러보면 지금 지구촌은 이 '인간자원개발HRD'이라는 과제를 남보다 앞서 달성하려고 온갖 노력을 다 쏟고 있다. 그것은 부족한 자원, 치열한 경쟁 속에서 '지속가능한 발전, 번영, 평화'를 이룩하려면, 우수한 인력을 확보하는 것이 무엇보다도 중요한 선결과제가 되기 때문이다. 또한 '그 자체로서 목적'인 인간이 인간답게 개발되지 않으면(못하면) 진정한 의미에서 인간의 존엄성과 가치를 구현하기 어려울뿐더러, 개개인의 자유와 권리를 보장할 민주주의를 정착, 발전시킬 수도 없다는 점에서 '인간(자원)개발'은 더욱 강조되고 있다. 그래서 UN을 비롯한 각 지역과 국가들은 너, 나 할 것 없이 '인간(자원)개발전략'을 수립하고 그 목표를 달성하기에 여념이 없는 실정이다.

그런데 이 인간자원개발은 우물을 파서 물을 마시듯 개발과 동시에 사용이 가능한 단순작업과정이 아니다. 인간자원개발은 '사람이 자원으로 기여할 수 있도록 사람을 개발하는 일'이기 때문에 간단한 일도, 손쉬운 과정도 아니며, 많은 시간과 재원과 노력이 투자되어야 한다. 인간자원개발은 하나의 지속적이고 반복적인 과정이다. 인간사회 속에서 끊임없이 지속될 것이 요망되는 과업이고, 한번만이 아니라 거듭거듭 반복되어야 할 성질의 작업이다. 그래야 인간자원이 사회적 생산현장에 계속 공급될 것이기 때문이다.

인간자원이 개발되는 과정은 '지속적이고 반복적인 과정'이라는 것을 요약해보면, 아래의 <표4>와 같다.

표 4 인간자원개발(HRD)의 과정[35]

Ⅰ. 투자 (investment) →	인간자본 (human capital) →	Ⅱ. 활용 (utilization) ↓
↑ (새로운 목표를 향하여)		생산 (production) ↓
↑ 삶의 질 향상 (enhanced quality of life)	소비(누림) ← (consumption)	Ⅲ. 공급 ← (provision)

갈릴리공방 / 청소년사역연구개발원

인간자원개발의 첫 번째 단계는, 생산력을 증진시키기 위해서 우선 생산에 투입할 사람에게 '투자'하는 것이다. 사역에서 교육과 훈련 등이 여기에 해당된다. 그러면 사람은 생산을 가능하게 하는 하나의 '인간자본human capital'[36]

---

35 이 <표 4>는, 'UN: Review of the Youth Situation, Policies and Programmes in Asia and the Pacific, 1997)'을 필자가 '아태지역 청소년정책 비교연구(1), 유네스코한국위원회, 청소년연구자료집(1998-1)'에 번역, 게재한(자료집 p.13) <그림1> '자카르타 실행계획의 HRD과정'을 알기 쉽게 재구성한 것이다.

36 여기에서 인간자본이라 함은 사람이 '생산에 필요한 자본과 같은 역할'을 하게 된다는 뜻인데, 여기에서 자원과 자본은 큰 차이가 없다. 다만, 사회가 인간개발에 투자하면 그 사람은 교육이나 훈련 등의 과정을 거치는 동안에 '생산을 가능하게 하는 밑천(자본)'과 같은 '힘(기능, 능력)'을 지니게 되는 것을 말한다. 사람을 '자본'(capital)으로 보는 것은 최근에 국제사회에서 새롭게 떠오른 개념이다.

이 되어 생산과정에 참여할 기능(능력)을 갖게 된다. 그러면 두 번째 단계로, 생산력을 지속적으로 증진시키기 위하여 이 기능(능력)을 보유한 사람들, 즉 인간자본을 '활용'한다. 생산과정에 참여시키거나 고용하는 것이다. 그러면 생산은 지속적으로 증진될 수 있고, 여기에 참여하는 사람은 점점 더 그 기능이 향상된다. 그렇게 되면 생산성은 더욱 향상되고 더 많은 생산을 이룩하게 된다. 그래서 세 번째 단계에 이르면 증가된 생산에서 발생한 생산품이나 이익(이윤) 등을 이 생산과정에 참여한 사람들에게 공정하게 배분하고 '공급'한다. 그래서 이 공급된 것을 받아 사람들이 이를 자신의 삶 속에서 누림(소비) consumption으로써, 이전보다 더 '향상된 삶의 질'을 얻는다. 그래서 사람들은 보다 더 나은 내일을 위하여 '새로운 투자'를 또 다시 시작하고, 그렇게 끊임없이 반복하고 또 반복한다.

이렇게 인간자원개발은 '투자, 활용, 공급'이라는 상호의존적인 세 가지 요소들로 구성되어 있다. 그리고 이 세 요소는 서로 밀접하게 연계되어 있고, 인간자원개발 작업이 계속되는 동안에는 위의 <표 4>에서 보는 바와 같이 끊임없이 이 '투자, 활용, 공급'이라는 과정을 반복한다. 이러한 과정을 통해서 인간자원개발 작업은 '발전을 위한 수단의 확보'라는 효과와 함께, '개발을 통한 삶의 질 향상'이라는 두 가지 목표를 동시에 달성하게 되는 것이다.

청소년 인간자원개발을 위한 세계적 추세

이러한 인간자원개발 노력은 청소년을 주요한 인간자원으로 새롭게 인식한 곳이라면 지금 지구촌 어느 곳에서나 한창 추진되고 있다. UN은 15-24세에 이르는 사람들을 '청소년'이라는 하나의 특수한 사회집단으로 규정하고, 1995년에 개최된 UN총회에서 '2000년대 청소년을 위한 세계 실행프로그램 The World Programme of Action for Youth to the Year 2000, WPAY'을 채택했다. 이 결의에 따라 각 지역과 국가들은 '청소년은 개발의 주요한 수단이요 동시에 궁극적인 목적이 되는 대상(사람)'이라는 인식에 따라, 청소년을 '인간자원개발의 우선적 목표집단'으로 삼는다. 청소년의 경제사회적인 역할기능이 그만큼 중요한 것으로 인식되었기 때문이다.

이러한 움직임은 아태지역Asia & the Pacific Region에서도 전개되었다. 청소년은 '지역 내의 결정적인 인간자원으로서 그 역할이 증대된 청소년'으로 인식되었기 때문이다. 다시 말하자면, 청소년이 사회적, 정치적, 경제적 발전에 기여할 수 있는 잠재적인 인간자본으로 파악되고, 청소년은 이제 사회의 어엿한 한 부분이라는 인식이 새로워진 것이다. 그래서 청소년에게도 기회와 참여가 보장되어야 한다는 필요성이 점점 더 강조되기에 이르렀다.

이에 따라서 'UN 아태경제사회이사회ESCAP'는 '아태지역 청소년 인간자원개발의 증진Promoting Human Resources Development among Youth in Asia and the Pacific'이라는 결의안(52/4, 1996)을 채택하였다. 이 결의안을 바탕으로 청소년개발에 필요한 다양한 정책프로그램들을 추진하기에 이르렀다. 우리도 속해있는 'ESCAP지역 내 인간자원개발에 관한 자카르타 실행계획JPA, Jakarta Plan of Action on HRD in the ESCAP Region'이 바로 그것이다. 이 JPA는 '개발을 위한 청소년의 참여, 참여를 위한 청소년의 개발'이라는 논리와 목표를 앞세우고 있다. 즉 '국가사회의 여러 분야를 개발하기 위해서는 개발의 결정적인 인간자원인 청소년을 여기에 참여시켜야 한다. 이와 함께, 청소년이 개발에 참여하려면 청소년의 역량을 먼저 개발해야 할 것이다. 그러므로 청소년 개발부터 힘써야 한다'는 목표가 등장했다. 그래서 이 두 가지의 논리와 목표에 따라 '개발을 위한 청소년의 참여, 참여를 위한 청소년의 개발'이라는 정책방향이 서게 되고, 청소년 인간자원개발 작업은 아태지역 국가들에서 활발히 전개되고 있는 것이다.

나. 그리스도인 청소년의 인간자원개발

'하나님의 인간자원'으로 개발되어야 할 그리스도인 청소년이러한 주변 정황을 둘러보면서 관심을 그리스도교회 공동체의 오늘과 내일로 돌리면 '하나님의 일꾼인 청소년 인간자원개발'에 관하여 진지한 질문을 던져볼 필요를 절감하게 된다. 한국 교회의 오늘과 내일을 위한 그리스도인 청소년 인간자원개발 작업, 즉 '그리스도인 청소년일꾼 세우기' 작업은 지금 어떤 상황에 있는가. 그리스도인 청소년을 개발하기 위한 교회의 정책과 프로그램들은 구체적으로 어떤 것들이 있는가. 이를 추진하기 위해서 어떤 전략과 수단이, 어느 정도의 규모로, 어느 수준까지 전개(진척)되고 있는가. 지금 상태로 만족하거나, 지금 상태를 적정한 상태라고 안심할 수 있는가.

지금도 일꾼이 태부족한 실정이라고 걱정이 한창인데, 만약에 오늘, 일꾼을 충분히 양성하고 있지 못하다면, 과연 이런 대책 없는 상태로 내일의 한국 교회를 위해 일할 일꾼을 충당해낼 수 있겠는가. 일꾼 없이는 일할 수 없는 법이다. 하나님의 작업장인 교회에도 일꾼이 없으면 사역은 멈춘다. 하나님께서 맡기신 교회의 사명이 실종되어버리게 되고, 그러면 그리스도교회는 생명력을 잃고, '그리스도의 사역Christly Ministry'도 멈춘다. 그러므로 반드시 일꾼을 세워야하고, 일꾼을 세우려면 양성해야한다. '하나님의 인간자원인 그리스도인 청소년'이 지금 개발되고 있어야 한다는 말이다.

그런데 그리스도교회 공동체의 인간자원인 청소년의 개발은 소수의 몇몇 교회에서 간헐적으로, 그것도 개별교회의 필요에 따라 전개되는 수준이나 규모로서는 그 목표를 달성할 수 없다. 각국 정부들이 추진하는 청소년 인간자원개발 작업도 저토록 치밀하고 방대하고 적극적인데, 하물며 이 마지막 때에 할 일 많은 한국 교회가 지구촌을 향하여 달려갈 '하나님의 일꾼들'을 양성하는 일은 얼마나 크고 힘찬 것이어야 할 것인가. 하나님나라의 일꾼을 세우는 일은, 실로 방대하고도 장구한 시일을 요구하는 대역사大役事이다. 동시에 어느 한 교회라도 소홀히 하거나 뒤로 미뤄서는 안 될 전체 한국 그리스도교회의 공동과업이다. 그리고 그것은 주 우리 하나님의 명령이시다. 따라서 하나님의 일꾼인 청소년 인간자원개발의 필요성과 중요성을 다시 강조하지 않을 수 없다. '모든 그리스도인 청소년을 하나님의 일꾼으로 세우는' 인간자원개발 작업이 교회 안에서 지금 당장 착수되어야 한다고, 그리고 '모든 그리스도인 청소년의 제자화'가 그리스도교회 공동체의 실질적이고 최우선적인 과업의 하나로 촉진되어야 한다고 말이다.

모든 청소년의 그리스도인화(복음화)

그러면 청소년사역의 관점에서 청소년 인간자원개발, 즉 '하나님의 일꾼 세우기'는 어떤 방향으로 이루어나가야 할 것인가.

한국 교회를 향하신 하나님의 관점에서 볼 때 청소년 인간자원개발의 궁극적인 목적은 '모든 청소년의 그리스도인화(복음화)'에 있어야 한다. 그리스도인이건 비그리스도인이건 간에 '모든 청소년'이 아버지 하나님의 품으로 돌아와 '하나님의 자녀, 그리스도의 일꾼, 성령의 사람'으로 다시 태어나게 되는 것이 최우선적인 목표이어야 한다는 말이다. 하나님께서 지으시고 사랑하시고 하나님의 영광을 위한 도구로 손수 들어 쓰시는 '하나님의 일꾼인 청소년'은 누구라고 할 것 없이, 그리스도 우리 주 예수님 안에서 '하나님의 자녀라는 새로운 피조물'로 거듭 태어날 자격을 지니게 되었기 때문이다.

그러므로 '모든 청소년의 그리스도인화(복음화)'는 그리스도교회 공동체가 청소년 인간자원을 개발함에 있어서 기본전제로 삼아야 할 목표이다. 교회의 청소년 인간자원개발은 이미 교회 안에 들어와서 신앙생활을 하고 있는 그리스도인 청소년들을 일꾼으로 양성하는 일에 그치지 않음은 물론, 여기에다가 '비그리스도인 청소년의 그리스도인화(복음화)'라는 목표까지도 포함되어야 한다. 그리스도교회 공동체의 '청소년 선교사역'의 근거도 바로 여기에서 찾을 수 있는 것이다.

그리스도교회 공동체의 청소년 인간자원개발을 단계적으로 정리하면 다음과 같다. 첫째, 우선 '모든 청소년'을 교회로 인도하여 그리스도인 청소년이 되게 하려는 '청소년 선교사역' 차원의 복음화 노력, 둘째, 이와 동시에, 이미 교회 안에 들어와서 신앙생활을 하고 있는 그리스도인 청소년의 '일꾼(제자)화'를 위한 '청소년 교육(훈련)사역' 차원의 청소년개발 노력의 전개(여기에서 그리스도교회 공동체의 '청소년 교육(훈련)사역'의 근거를 만나게 된다.), 셋째, 일꾼으로 양육(개발)된 청소년에 의한 청소년의 사역활동, 즉 청소년을 통한 '봉사 및 참여 활동'의 전개와, 이를 통하여 '하나님 나라의 확장'에 기여하는 청소년 인간자원의 개발(여기에서 그리스도교회 공동체의 '청소년 봉사(참여)사역'의 근거를 만나게 된다.) 등으로 요약할 수 있을 것이다.

여기에서 우리는 '청소년사역의 새 지평'을 또 다른 관점에서 바라 볼 수 있게 된다. 즉 '청소년 선교사역, 청소년 교육(훈련)사역, 청소년 봉사(참여)사역'이라는 새로운 지평을 말이다. 이러한 새 지평을 확장해나가기 위하여 교회도 투자, 활용, 공급이라는 '지속적이고 반복적인 노력'을 통해서 그리스도인 청소년 인간자원을 개발해야 한다. 그래서 이들 청소년이 하나님의 일, 하나님나라의 일에 참여하여 큰 몫을 감당할 수 있도록 해야 할 것이다.

그리스도인 청소년 인간자원개발의 과제

이러한 그리스도인 청소년 인간자원개발을 추진하기 위해서는 첫째로 선교·교육·봉사사역 등을 위한 전략과 프로그램의 개발이 사전에 충분히 마련되어야 한다. 이 과제가 선결되지 않으면 인간자원개발 작업도 그 자리에 멈춰설 수밖에 없다.

둘째로, 이 사역을 촉진하거나 개입할 '추진인력'의 확보도 매우 중요한 과제이다. 이 추진인력이 없으면 아무리 좋은 전략과 프로그램이 마련되어 있다고 하더라도 별로 소용이 없을뿐더러 인간자원개발 작업 자체가 실행될 수 없기 때문이다.

셋째로, 청소년 인간자원개발 작업은 몇몇 교회의 개별적이고 간헐적인 분산된 노력만으로는 달성될 성질의 것이 아니다. 따라서 여기에는 전체 한국 교회가 참여하는 '범교회적 사역추진'과, 이를 위한 '공동협력체계의 구축과 운용'이라는 커다란 과제가 가로놓여있다는 점을 꼭 기억해야 한다.

넷째로, 뭐니 뭐니 해도 그리스도인 청소년 인간자원개발 과정에는 '청소년의 참여'가 보장되어야 한다. 오늘날과 같이 청소년이 하나같이 학교공부나 일에만 매달려있을 수밖에 없다면, 청소년의 자발적이고 주체적이며 창의적인 참여는 기대하기 어렵다. 따라서 청소년의 참여가 없거나 부실한 상태에서 인간자원개발의 효과를 기대한다는 것은 무리한 일이다. 청소년의 참여기회를 실질적으로, 즉 제도적으로나 정책적으로 반드시 확보해야 할 것이다.

제2장을 마치면서

이제 제2장의 끄트머리에 이르러, 우리는 별로 어렵지 않게 이런 말들을 할 수 있게 되었다. 알고 보니 청소년을 어리다고, 미숙하다고 얕잡아 본 어른들의 편견이나 선입관이 잘못된 것이었다. 청소년도 하나님께서 들어 쓰시는 '오늘, 여기, 한국 교회의 일꾼들'이다. 그래서 우리의 '청소년은 그리스도교회 공동체의 새로운 초점이요 새로운 가능성이며 새로운 대안이 되기에 충분하다'고 말할 수 있게 되었다.

이제는 의심하지도 말고, 주저하거나 지체하지도 말고, '그리스도교회 공동체의 인간자원이요, 사역을 위한 하나님의 인간자본'이라는 차원에서, '하나님의 사람, 하나님의 일꾼인 청소년'들에게 관심과 지원을 쏟아 부어 청소년을 부지런히 개발 육성해야 한다. 그래서 청소년 때문에 한국 교회에 '청소년사역의 새 바람'이 불고 '청소년사역의 새 불길'이 지펴져서, 마침내 '청소년사역의 새 지평'이 활짝 열려야 한다.

제3장 청소년사역이란 무엇인가

제1절 사역이란 무엇인가
1. 사역의 개념
2. 사역의 의미와 성격
3. 그리스도교회공동체 사역의 정의

제2절 청소년사역이란 무엇인가
1. 청소년사역의 개념과 특성
2. 청소년사역과 교회교육

제1절 사역이란 무엇인가

1. 사역의 개념

'청소년사역'을 중심으로 내용이 전개되는 이 글에서 '청소년'에 관한 부분을 앞에서 살펴보았으니, 그 다음으로 '사역'에 관한 부분을 살피는 것이 당연한 순서일 것이다. 이 사역은 '하나님의 일, 하나님나라의 일'이므로, 이 중요한 '청소년사역'의 올바른 '청소년관'을 세우기 위한 것이 제2장이었다면, 여기 제3장은 올바른 '사역관使役觀'을 확립하기 위한 것이다. 그래야 이 두 가지가 합하여 올바른 '청소년사역관'을 세울 수 있을 것이기 때문이다.

특히 이 장에서는 사역이란 무엇인지를 먼저 살펴보려고 한다. 여기에서 '청소년사역'을 곧바로 다루지 않고 교회에서 보편적으로 이해하고 있는 '사역'부터 살펴보고자 하는 이유는 청소년사역이란 결국 '그리스도교회 공동체 사역의 하나'일 뿐이기 때문이다. 따라서 청소년사역을 온전히 이해하려면 반드시 그리스도교회 공동체의 사역을 먼저, 확실하게 이해해야 하는 것이 옳은 순서이다. 그래야 사역의 한 영역인 청소년사역을 그리스도교회 공동체 사역의 테두리 안에서 제대로 파악할 수 있을 것이고, 이를 바탕으로 온전한 청소년사역을 전개할 수 있을 것이기 때문이다.

가. 사역의 일반적 개념

사역에 대한 이해

우리말에서 사역使役이란 '일을 부리어 시킴' 또는 '어떤 작업을 시킴을 받아 실행함'을 말한다. 그러니까 사역은 주체적 입장에서 볼 때는 '부림'이나 '시킴'이라는 행위와 그에 따라 생긴 '일거리', 피동적 입장에서 볼 때는 그 시키는 일을 '실행함' 즉 시키는 일을 '따름(순종함)'이라는 행위가 순차적으로 이어지면서 엮어내는 '일work(과업)'을 일컫는 말이다. 이렇게 사역은 그 자체가 주체적(능동적)인 의미와 피동적인 의미를 모두 지니고 있다. 그리고 피동적인 의미에서 부림이나 시킴에 따라 일거리(사역)를 실행(담당)하는 사람을 사역자, 일꾼, 사환使喚, 심부름꾼 등으로 부른다.

군생활을 해본 이들은 잘 알겠지만, 군대에도 사역이라는 것이 있다. 요즈음은 어떤지 모르겠지만, 사역은 누군가가 시켜서 하는 일이기에 더러는 귀찮고 성가신 일이기도 하다. 내가 스스로 하려는 일이 아닐 수도 있기 때문에 내 마음에 들지 않을 수도 있다. 더러는 고단한 병영생활 속에서 사역은 더욱 힘들고 어려운 일일 수도 있다. 그것은 일방적으로 강제된 것일 뿐, 노력에 대한 어떤 대가나 보상이 반드시 주어지는 것만도 아니다. 어떤 때는 기껏 일하고도 손해를 볼 수도 있다. 그래서 군대에서 '사역병을 차출하라'는 지시가 있으면 서로 눈치를 살피는 경우도 없지 않았다.

이처럼 사역은 명령자命令者와 사역자使役者의 관계에서 생기는 일이다. 우선 명령자의 의지가 먼저 작용하고, 그 의지는 목적이나 목표가 있는 명령(지시)의 형태로 바뀐다. 그 명령은 하나의 일거리로 사역자에게 전달된다. 그래서 비록 그것이 일방통행식일 때도 있지만, 어떤 형태로든지 명령자와 사역자 사이에는 의사소통이 이루어진다. 이때부터 이 전달된 명령은 명령자와 사역자 사이에 하나의 일거리인 '사역'으로 등장한다.

사역은 명령자의 시킴이나 부림에 대한 사역자의 행동지향적인 반응 즉 명령에 대한 복종과 이행이 있을 때 비로소 '실행되는 일(역사役事)'로서의 '사역 ministry'이라고 일컬어 질 수 있다. 만약에 시킴이나 부림에 대해서 아무런 반응이 없거나 거부반응을 보인다면, 그것은 명령에 대한 무시이거나 거역이지 '실행'으로서의 역사(일)은 아니기 때문이다. 따라서 사역은 명사형의 '일'(과업) 그 자체이거나, 이를 이루기 위한 동사형의 '행동'이라는 속성을 함께 지닌다.

사역의 성격

그런데 사역은 그 명령자가 누구이며 어떤 이유나 목적으로 어떤 내용의 일을 시켰는지, 그리고 또 일을 맡은 사역자는 명령자와 어떤 관계에 있는 사람이며, 맡은 일에 대한 그의 태도나 행동방식이 어떤 것인지를 살펴봐야 한다. 사역의 의미와 성격에 따라 그 실행의 태도, 방법, 방향 등이 달라지고 그 결과도 달라지기 때문이다. 그러므로 다음과 같이 사역을 구분해볼 수 있다.

첫째, 만약에 사역이라는 것이 사역자의 노동력을 일방적이고 강압적으로 착취만 하는 것이라면 그것은 강제노역forced labor이고, 그런 상태에서 '어쩔 수 없이 일하는 사람'은 노비(노예slave)이다. 이런 경우의 사역은 '인간에 의한, 인간의 착취'에 해당된다.

이러한 상황 속에서는 대체로 사역자의 자발성이나 창의성을 기대하기 어렵고, 성취욕구도 낮고 작업의 효율성도 떨어져서 결과적으로는 생산성이 기대에 미치지 못하는 경우가 많다. 그래서 명령자의 명령과 통제는 더욱 심해지고 사역자의 고통과 불만도 쌓여가는 악순환이 계속된다. 구약시대에 이스라엘 민족이 이집트인들에게 혹독하게 당한 강제노역(출1:8-14)과 같은 상황이다.

이러한 관계는 바람직하지 않은, 비인간적 관계이고, 이러한 강압과 착취는 범법(범죄)행위에 속할 수 있다. 그것은 법에 따라 범법자에게 형벌의 하나로서 강제노역을 시키는 경우[37]를 제외한다면(이 경우도 그 자체가 하나의 비극이지만), 어떠한 논리로도 정당화될 수 없고, 이러한 비극적 상황은 반드시 척결되어야 할 것이다.

둘째, 만약에 명령자와 사역자가 서로 어떤 계약을 맺고, 그 조건에 따라 일을 하게 된다면, 그것은 요즈음 우리가 흔히 말하는 노사관계 속의 일(과업)과 같은 것이다. 직업세계에서 볼 수 있는 인간관계와 그에 따른 노무勞務와 같다.

직업세계에서는 고용주(사용자)가 명령자가 되고 근로자는 피고용인(종업원) 즉 사역자가 되어, 이들 사이에는 계약에 따른 업무관계 즉 노사관계가 형성된다. 따라서 여기에는 계약조건을 위반한 고용주의 일방적인 강제라든지 횡포가 있을 수 없고, 있어서도 안 된다. 마찬가지로 계약을 어긴 피고용인의 근무태만이나 직무거부행위도 있을 수 없고, 그런 경우에는 해고될 수도 있다. 계약조건을 무시하거나 뛰어넘는 어떠한 월권행위도 쌍방 간에 받아들여지지 않는다. 고용주의 온정이라든지, 피고용인의 필요이상의 충성 같은 것은 거의 기대하기 어려운 것이 보통이다. 그런 그들의 관계는 그저 계약관계 안에서 성립되고 유지될 뿐이다.

이 계약관계(노사관계)는 일(직업)과 관련하여 '역사 속에서 꾸준히 개량되어 온 인간관계의 하나'이다. 그러나 그렇다고 '필요 충분한 인간관계'라고 말하기는 좀 어렵다. 그것은 원만하고 온전한 인간관계라기보다는, 역시 어느 한 구석이 삭막하거나 틀에 얽매어있다는 느낌을 주는 그런 관계이다.

셋째, 만약에 명령자와 사역자의 관계가 매우 친밀하고 돈독해서 그들 사이에는 끊임없이 교감이나 대화가 이루어지고, 그래서 명령자의 명령이나 지시

---

[37] 우리나라는 '형법'(刑法)과 '보호관찰 등에 관한 법률'에 따라, 법원이 유죄가 인정된 범죄인을 교도소나 소년원 등에 보내는 대신에 일정시간 동안 무보수로 사회에 유익한 근로를 명하는 제도인 '사회봉사명령'이란 것이 있다. 이 제도는 1989년에 청소년을 대상으로 실시되기 시작하였는데, 1997년부터는 성인에게도 확대 적용하고 있다. 이것은 위에서 말한 '법에 의한 강제노역'의 한 예라고 할 수 있다.

가 곧 사역자인 나의 의지와 같고, 그리고 그 일이 나에게도 유익을 주는 '나의 일'처럼 여겨지는 관계가 있다고 가정해보자. 그래서 마치 자기 일을 하듯이 기쁜 마음으로 명령자가 지시한 일을 척척해나간다고 상상해보자. 한걸음 더 나아가서 시키지 않더라도 명령자의 마음을 헤아려 스스로 일을 찾고 만들어서, 열성을 다하여 일한다고 상정해보자. 원만한 가정의 가족관계와 같은 그런 공동체 또는 동역자의 관계를 말이다.

그것은 명령자와 사역자 사이에 무슨 '강제다, 착취다, 계약조건에 맞다, 안 맞다'가 아닌, 그야말로 매우 인간미 넘치고 분위기가 살아있는 '유기체적 관계'이다. 거기에는 명령자의 사역자에 대한 진심어린 배려와 칭찬과 보상이 있다. 또한 사역자의 명령자에 대한 자발적 복종과 진정한 충성과 헌신이 있다. 그 결과로 얻게 되는 감사와 보람도 넘칠 만큼 충만하다. 그리고 명령자와 사역자의 '공동의 만족과 기쁨'이라는 아름다운 결과도 넉넉히 그려볼 수 있다.

사역에 대한 이해의 필요성과 중요성

이처럼 사역에는, 명령자나 사역자 그리고 그 두 당사자 사이의 관계 등에 따라 서로 다른 의미와 성격을 지니는 사역들이 있다. 그리고 그에 따라 사역의 과정과 결과도 현저히 달라질 수 있다. 그래서 사역의 의미와 성격을 먼저 제대로 '이해'하는 것은 이를 '실행'하는 것 못지않게 중요하다. 마찬가지로 '하나님의 일, 하나님나라의 일인 청소년사역'을 살펴보기 위해서는 먼저 이 '사역'의 의미나 성격, 그 목표 등을 먼저 명확하게 이해할 필요가 있다. 그래야 사역자는 명령자이신 하나님의 뜻에 합치되는 목적의식을 지니고 참 사역(자)다운 본래의 모습을 유지하게 된다. 그래서 우리 주 하나님 아버지께서 기뻐하시고 받으실 만한 청소년사역을 전개하게 될 것이기 때문이다.

나. 사역의 성경적 개념

하나님의 일, 하나님나라의 일

이 글에서 사용하는 '하나님의 일'이란 하나님께서 친히 행하시는 일(시64:9, 전11:5), 하나님의 예정과 섭리에 따라 이룩될 구속사적인 일(마16:23, 막8:33), 하나님께서 의도하신 일(생각)(<개역> 하나님의 사정, 고전2:11), 하나님께서 우리에게 요구하시는 일(요6:28), 그리고 하나님의 말씀을 순종하여 받들어 섬기는 일(롬15:17, 히2:17) 등의 의미를 모두 포괄한다. 그리고 '하나님나라의 일'은 같은 맥락에서, 하나님의 은혜와 사랑이 그리스도의 죽으심과 부활을 통하여 인간을 구원하시고, 마침내 하나님의 나라가 인간에게 임재하시는 일(눅9:11, 행1:3), 하나님의 나라를 위하여 사람이 하나님의 뜻을 받들어 행하는 일(골4:11)을 말한다.

이렇듯 '하나님의 일, 하나님나라의 일'은 우리들 '부르심을 받은 사람들과 직결되어있는 일'이다. 그러므로 하나님의 뜻(명령)에 따라 사람이 해야 할 일은 그 무엇과도 비교가 될 수 없는 우선순위 제1번의 지상과업이다. 우리의 온전한 순종과 거룩한 봉사가 요구되는 명령이시다. 청소년사역도 바로 이 '하나님의 일, 하나님나라의 일'에 속한다.

이 중요한 '하나님의 일, 하나님나라의 일'인 '사역'이 강제노역처럼 그저 시키니까 마지못해서 하는 일, 귀찮고 힘만 드는 일, 할 수만 있다면 회피해버리고 싶은 일로만 여겨진다면, 그것은 선지자 요나가 하나님의 명령과 얼굴을 피하여 다시스로 도망하려 했던 것(욘1:1-2:10)과 같이, 하나님께 이만저만한 잘못을 저지르는 것이 아니다. 그런 식의 사역이 어찌 하나님께서 받으실 만한 '제물'이 될 것이며, 흠향하실 만한 '예배'가 되겠는가. 그것은 "아들은 그 아버지를, 종은 그 주인을 공경하나니, 내가 아버지일진대 나를 공경함이 어디 있느냐. 내가 주인일진대 나를 두려워함이 어디 있느냐. ……너희가 눈 먼 희생제물을 바치는 것이 어찌 악하지 아니하며, 저는 것, 병든 것을 드리는 것이 어찌 악하지 아니하냐. ……내가 너희를 기뻐하지 아니하며 너희가 손으로 드리는 것을 받지도 아니하리라(말1:6,8,10)."라고 하시면서 엄히 꾸짖지 않으시겠는

가. "이 무익한 종을 바깥 어두운 데로 내쫓으라. 거기서 슬피 울며 이를 갈리라(마25:30)."라고 하시지 않겠는가 말이다.

또 사역을 그저 '계약관계(노사관계)'에 의한 삭막한 업무나 과업에 지나지 않는 것으로 받아들인다면, 그것은 그리스도 우리 주 예수님의 희생으로 어렵사리 회복된 '아버지와 자식'의 관계, 즉 '아버지 하나님'과 그 아버지께서 사랑하시는 '자녀(사람)'들과의 참된 관계를 또다시 허물어버리는 불효와 불충의 죄악을 저지르게 될 것이다. 그것은 마치 마땅히 부모에게 드릴 것을 드리지 않고 '하나님께 드림이 되었다'고 속이는 '고르반의 위선이나 가식(막7:11)'보다 더 가증한 죄악이 아니겠는가. "화 있을진저. ……뱀들아, 독사의 새끼들아, 너희가 어떻게 지옥의 판결을 피하겠느냐(마23:13-33)."라고 하시지 않겠는가 말이다.

그러나 만약에 사역을 '공동체적(동역자적) 관계'에서 수행되는 사역처럼 하나님 아버지의 '선하시고 기뻐하시고 온전하신 뜻(롬12:2)'을 우리가 제대로 받들어 헤아려, '그리스도의 일꾼'이요 '하나님의 비밀을 맡은 자'들답게 충성한다고(고전4:1-2) 해보자. 우리가 그리하면 주 아버지 하나님의 나라가 이 땅에서도 이루어지고(마6:10), 하나님께서 기쁨을 이기지 못하실 만큼(습3:17) 영광을 받으실 만한 많은 열매(요15:1-8)를 맺게 될 것 아니겠는가. 그러면 "충성되고 지혜 있는 종이 되어, 주인에게 그 집 사람들을 맡아, 때를 따라 양식을 나눠 줄 자가 누구냐. 주인이 올 때에 그 종이 이렇게 하는 것을 보면, 그 종이 복이 있으리로다(마24:45-46)."라고 말씀하신 그대로, "그 주인이 이르되, 잘 하였도다, 착하고 충성된 종아, 네가 적은 일에 충성하였으매 내가 많은 것을 네게 맡기리니, 네 주인의 즐거움에 참여할지어다(마25:21)."라고 하시지 않겠는가.

성경말씀 속에 등장하는 '사역'

이렇게 하나님의 일, 하나님나라의 일인 '사역'에 대해서 올바른 인식과 태도를 지니는 것은 사역을 실행하기에 앞서 사역자에게 요구되는 전제조건이다. 이런 관점에서 사역의 의미나 성격, 그 목표 등을 명확히 파악하기 위하여, 여기에서는 성경말씀에 등장하는 '사역'을 먼저 살펴나가려고 한다.

우선 우리말 성경들에 기록되어 있는 '사역(자)'의 용례들을 살펴보려고 한다. 그것은 성경원본의 말씀들이 우리말로 옮겨질, 우리나라의 성경학자를 비롯한 번역자들이 '사역(자)'라는 어휘를 어떤 경우에, 무슨 용도로 썼는지를 살펴보면, '우리의 언어감각에 걸맞은 사역(자)의 의미나 성격'을 헤아려볼 수 있을 것이기 때문이다. 이를 위하여 여기에서는 먼저 우리말 신구약성경에 등장하는 '사역'이라는 어휘를 낱낱이 찾아서 그 용례를 분석하고, 그것을 동류항끼리 묶어보려고 한다. 그런 다음에 그 각각의 동류항들이 보여주는 의미나 성격을 정리해보려고 한다. 이것은 신학적 분석이라기보다는 일종의 어문학적 접근이라고 보는 편이 나을 듯하다.

이러한 색다른 접근방식은 사역에 관한 남의 글을 섣불리 퍼 옮겨 적는 방식보다는 하나의 새롭고 진지한 탐색이 될 것이라 여겨진다. 그리고 성경 전체 속에서 등장하는 '사역'의 의미나 성격을 폭넓게 이해하는 기회도 될 것이고, 또한 한국인의 언어감각에 맞는 의미를 찾는 길이 될 것이며, 따라서 사역을 피부에 닿게 이해하는 방법도 될 것이다. 그리고 이러한 성경말씀 중심의 접근 과정에는 말씀이 살아있고, 그 말씀 안에는 성령님께서 역사하고 계시고, 성령님께서 역사하고 계시는 곳에는 반드시 확실한 길이 있다고 믿기 때문이다. (다만, 여기에서는 지면을 아끼기 위하여 그 작업과정은 모두 생략하고 결과만을 소개하려고 한다.)

우리말 성경 '개역개정판 성경전서', '한글판 개역성경전서(이하 <개역>)', '공동번역 성서(이하, <공동>)'들은 우리나라 신학자들이 주축이 되어 번역한 성경이다. 이 성경들 속에 등장하는 '사역(자)'는 그러므로 한국인의 언어감각에 맞는 의미나 성격을 지니고 있을 것이다. 그래서 성경에 나타난 사역(자)의 의미나 그 용례들을 종합해보면, 사역이라는 어휘의 의미나 용례는 다음과 같이 요약될 수 있다.

1) 구약성경 속의 사역

우선 구약성경에서 찾아볼 수 있는 사역(자)의 의미는 첫째, 부하 또는 강제노역자servant(<개역> 삼상27:12)이다. 이 경우의 사역(자)은 대체로 어둡고 불행한 의미로 쓰이고 있다. 그것은 마치 멍에yoke(신21:3, 왕상12:4, 대하10:4, 렘30:8)를 짊어지고 혹독한 강제노역(수16:10, 17:13, 삿1:28, 30, 33, 35)에 종사하는 것과 같은 성격으로 파악된다. 그러니까 관계의 모양새로 말하면 수직적 관계이며 주종관계로서, 거역하거나 저항할 수 없이 일방적으로 강제되고 착취당하는 노예slave(렘34:11,16)의 신세와 같은 처참한 의미로 쓰이고 있다.

이러한 관계상황은 절대주권의 하나님과 절대적이고 무조건적인 복종을 해야 하는 사람, 그리고 하나님께서 우리에게 명령하신 사역의 지엄하심과 절대성 등을 생각나게 하는 대목이기도 하다. 그러나 사역이 '노예'처럼 무자비하게 혹사당하는 것으로 그려진 구약시대의 인간사회 모습과, 하나님께서 사랑하시는 일꾼들이 하나님의 총애를 받으면서 스스로 하나님나라의 일에 충성하는 그런 '종'의 개념과는 비교도 할 수 없는 본질적 차이가 있다. '왕의 왕'이신 하나님께서는 사람을 노예로 부리신 일이 단 한 번도 없으셨다. 한 번도 없으셨을 뿐만 아니라, 오히려 노예와 같은 신세로 전락한 사람을 죄와 사망에서 해방시키시고, 자유인으로 만드시기까지 사람을 사랑하셨다. 우리 주 하나님께서는 친히 사람을 '동역자'로 생각하셨고, '하나님께서 기뻐하시는 자들'로 우리 사람을 대하셨다. 우리를 '지배와 착취의 대상'으로 삼지 않으시고 처음부터 '사랑의 대상'으로 삼으셨다. 우리 사람을 지극히 사랑하셨을 뿐만 아니라 지금도 끝까지 사랑하신다(요13:1).

그런데도 만약에 성경에 하나님과 사람의 관계를 '노예'라고 표현한 경우가 있다면, 그것은 인간이 스스로 겸비謙卑하여 하나님 앞에서 자기를 낮추어 그렇게 표현하였을 뿐이다. 예컨대 "노예라도, 부르심을 받고 주님을 믿는 사람은 주님의 자유인이 되고, 자유인이라도 부르심을 받은 사람은 '그리스도의 노예'가 되는 것입니다. 하느님께서는 값을 치르고 여러분을 사셨습니다. 그러니 여러분은 '인간의 노예'가 되지 마십시오(<공동> 고전7:22-23)."라는 말씀 속의 '그리스도의 노예Christ's slave'가 그런 것이다. 이는 성경의 여러 곳에서 볼 수 있는 종servant의 개념, 바로 그것과 같다. 하나님께서 존귀하고 보배롭게 여기신 사람(사43:4)을 노예slave로 부린 것은 오직 타락하고 잔인한 인간, 바로 우리 인간들뿐이었다.

둘째, 구약성경 속에서 사역은 '계획된 일(왕상5:16)' 또는 '해야 할 일(사28:21)', 즉 '일(역사 또는 과업)' 그 자체를 의미하기도 한다. 여기에서 '사역은 곧 일work'이라는 개념을 하나 더 얻는다. 사역은 하나님께서 목적을 두고 계획하신 일project, 우리에게 맡기신 일task, 사람들이 반드시 해야 할 일ministry/mission이다. 다시 말해서, 하나님께서는 뜻하신 바를 이루시기 위하여 사람을 부르시고the Calling, 일꾼 즉 증인witness이며 종(사환)servant으로 삼으셨다. 그리고 증인이요 종(사환)인 우리들에게 그 뜻하신 바를 '시행하여 목표를 달성하라'고 명령하셨다. "너희는 나의 증인, 나의 종으로 택함을 입었나니, 이는 너희가 나를 알고, 믿으며, 내가 그인 줄 깨닫게 하려함이라(사43:10)."라고 하심 같이, 또한 "일어나 네 발로 서라. 내가 네게 나타난 것은 곧 네가 나를 본 일과 장차 내가 네게 나타날 일에 너로 사환과 증인을 삼으려 함이니, 이스라엘과 이방인들에게서 내가 너를 구원하여 저희에게 보내어 그 눈을 뜨게 하여 어두움에서 빛으로, 사단의 권세에서 하나님께로 돌아가게 하고, 죄 사함과 나를 믿어 거룩케 된 무리 가운데서 기업을 얻게 하리라(<개역> 행26:16-18)."라고 하심 같이 말이다. 이 소명召命, 즉 '하나님께서 친히 부르시고 명하신' 거룩한 '의무로서의 일'이 곧 사역이라는 의미로 사용되고 있다.

셋째, 사역(자)은 하나님께서 친히 쓰시는 사자使者(시104:4)의 모습으로 나타나기도 한다. 여기에서 사역자는, 마치 천사를 보내어 주님의 뜻하신 바를 전하시거나 이루실 때의 그 '사역꾼(천사)'(<공동> 창32:2)과 같이, 주님의 거룩하신 뜻에 따라 파송된 '전달자'로 묘사되어 있다. 따라서 사역은 곧 하나님(나라)의 일을 '위탁받아 대행하는 일'이고, 사역자는 이를 수행하는 일꾼 또는 전달자임을 찾아볼 수 있다. 우리처럼 사시는 하나님(신5:26)께서 역사하시는 모습은 손수 일하시는 하나님(전11:5, 엡1:11), 우리와 함께 일하시는 하나님(창26:24, 28:15, 46:4, 출3:12, 33:14, 민11:17, 신31:23 등등), 우리에게 명하셔서 우리로 하여금 일을 대행하게 하시는 하나님(신15:11, 대상17:10, 렘1:17)이시다. 이때 여기에서 말하는 사자(전달자)나 일꾼은 세 번째의 경우, 즉 사자 또는 대행자에 해당하는 것이라고 볼 수 있다.

2) 신약성경 속의 사역

율법과 복음의 차이

다음으로 신약성경 속에 나타난 사역(자)을 살펴보면, 구약시대와는 다소 차이가 있음을 보게 된다. 구약시대의 사역(자)이 지니던 의미와 성격은 신약시대에 그대로 이어지고 있기는 하지만, 그 수준과 차원에 있어서는 서로 차이가 있음을 볼 수 있다. 이러한 차이는 구약시대의 '율법'과 신약시대의 '복음'과의 차이(갈4:21-31)에서 비롯된 것이기 때문일 것이다. 구약시대의 율법은 인간을 정죄하고 인간에게 많은 것을 요구함으로써 인간을 속박하였다. 그러나 그 율법은 인간을 죄와 사망에서 구원할 수는 없었다. 구원은 율법이 요구하는 '자기의 의義' 즉 '율법을 지킴(행함)'이라는 인간의 노력에 달린 것이 아니기 때문이다.

그런데 신약시대의 복음은 우리를 구원에 이르게 한다. 인간의 노력에 의해서가 아니라 '오직 하나님의 은혜로' 성령님의 감동하심에 힘입어, 우리가 주 예수님을 그리스도(구주)요 하나님으로 '믿음으로써' 구원에 이른다. 신약시대의 사람들은 오직 이 복음을 믿음으로써 하나님의 은혜로 의롭다하심을 얻고(롬5:1), 구원함을 받은 사람들이다. 장차 구원받기 위하여 힘쓰고 애쓰는 것이 아니라, '이미 구원받은 사람들'이다.

그러므로 신약시대의 사람들에게 주어지는 사역은 율법 아래에 있던 구약시대의 사역과는 차이가 있을 수밖에 없다. 신약시대의 사역은 '이미 하나님의 은혜를 입은 자유인들', 즉 '이미 구원받은 백성들'로서 그 기쁨과 감사에서 나온 '자발적인 순종과 봉사'이기 때문이다. 이러한 자발적인 순종과 봉사가 이루어지는 것은, 우리가 십자가 위의 그리스도 예수 안에서 거룩하여지고 성도라 부르심을 받는(고전1:2) '새로운 피조물(<홍콩, 남경> '新造的人', 고후5:17)'이 되었고, 하나님으로부터 분리되고 하나님과 불화하던, 그래서 불행하고도 절망적일 수밖에 없었던 구약시대적인 '율법적인 관계'에서부터 다시금 하나님과 '화목한 상태로 회복'되었기 때문이다. 또한 '하나님과 원수'되었던 최악의 절망적인 상황에서부터 화목과 구원받은 신분으로 바뀌었고(롬5:10, 엡2:16, 골1:21), 이제 다시 '주님의 백성'이요, 그리스도 우리 주 예수님 안에서 '하나님의 자녀(갈3:26)'들이 되었기 때문이다.

그리스도의 일꾼이요, 지체로서

또한 우리는 구약 이사야서(43:10)의 말씀처럼 '아버지 하나님의 증인이요, 종'일 뿐만 아니라, 신약 사도행전(<개역> 26:16)의 말씀처럼 '예수 그리스도의 사환과 증인'도 되었다. 우리는 예수 그리스도의 일꾼(고전4:1)이요, 지체(고전6:15)로서, 성령님께서 친히 이끄시고 도우시는 하나님의 동역자(고전3:9)로 쓰임 받게 되었다. 그것은 그리스도의 터 위에서 우리가 하나님의 성전이 되고, 놀랍고 감사하게도, 하나님의 성령님께서 우리 안에 계시는 그런 획기적인 관계(고전3:16)가 조성되었기 때문이다.

하나님의 은혜로 우리의 이 모든 위상과 관계와 처지는 예수 그리스도 안에서 그렇게 근본적으로 변화되고 향상되었다. 이렇게 놀라운 '구원받은 백성들'로서, 우리는 그리스도와 한 몸을 이루어 '그리스도의 사역'을 오늘, 여기에서

'기쁘고 감사함으로' 기꺼이 동참(계승)한다. 그러기에 신약시대의 사역의 의미나 성격은 구약시대의 그것과는 차이가 있는 것이다.

신약성경 속에서 사역이나 사역자는 구약성경 속에서와 마찬가지로 service와 servant로 표현되고는 있지만, 그 의미와 성격은 예배자, 동역자, 대행자, 섬기는 자(종) 등으로 표현되고 있다.

신약성경 속에서 사역(자)은 첫째로 예배(자)의 모습이다. 이것은 하나님의 독생성자께서 이 세상을 구원하시려고 사람으로 탄생하셨을 때에, 수많은 천군과 천사들이 '지극히 높은 곳에서는 하나님께 영광이요(눅2:13-14)'하면서 주님을 경배하였던 모습과 같다. 이렇게 천군과 천사들이 경배했던 것은 하나님께서 천사들을 그의 사역자로 삼으셨기 때문이다. 즉 하나님께서 '맏아들을 이끌어 세상에 다시 들어오게 하실 때'에, 하나님의 모든 천사들이 아기 예수님께 경배하도록 그들을 '예배자'로 삼으셨기 때문이다(히1:6-7). 이와 같이 하나님의 말씀을 따라 '천사들이 주님을 경배한 것'과 같이, 하나님의 말씀(뜻)을 높이 받들어 정성껏 섬기는 것이 사역(자들)의 모습이다. 따라서 '사역은 곧 하나의 예배행위'임을 보게 된다.

둘째로 신약시대의 사역(자)은 동역(자)의 모습이다. 이는 '주께서 각각 주신대로 너희로 하여금 믿게 한 사역자(집사)들(고전3:5)'이라는 구절에서 볼 수 있는 그런 사역(자)의 모습이다.[38] '나는 심었고 아볼로는 물을 주었으되 오직 하나님께서 자라나게 하셨나니(고전3:6)'라는 말씀처럼, '심는 사람'과 '물을 주는 사람'은 '자라게 하시는 하나님'의 동역자(고전 3:9)이다.

셋째로 신약시대의 사역(자)은 대행(자)의 모습이다. 이는 하나님의 사자와 같은 의미인데, '악을 행하는 자에게 진노하심을 따라 보응하는 자(<개역> 롬 13:4)' 등으로 쓰이고 있음을 볼 수 있다. 여기에서 사자는 그가 곧 하나님이 아니다. 오히려 하나님께로부터 하나님의 뜻을 펼치도록 의무가 주어져있는

---

[38] 이 경우의 사역은 '말씀사역'(말씀 전하는 일, <개역> 행6:4)과 같은 의미로 쓰이고 있다. 여러 가지 사역 가운데에서도 '선교(전도)'가 차지하는 중요성과 필요성을 읽을 수 있는 대목이다.

존재이다. 즉 모든 권위와 통치의 모체母體인 하나님의 법의 테두리 안에서 그는 자기에게 부여된 임무를 대신 행사하는 자 즉 대행자이다.

넷째로 신약시대의 사역(자)은 섬김(섬기는 자)의 모습이다. 이는, "너희 중에 누구든지 크고자 하는 자는 너희를 섬기는 자servant가 되고, 너희 중에 누구든지 으뜸이 되고자 하는 자는 너희의 종slave이 되어야 하리라(마20:26-27)."는 말씀에서 보는 바와 같이, 충성되고 지혜 있는 종(마24:45), 하인(요2:5, 9) 등과 같은 그런 겸손과 순종의 일꾼들의 모습이다.

이렇게 신약성경 속의 사역(자)는 성경말씀의 완벽한 성취자(요20:30)이신 그리스도 우리 주 예수님 안에서 영과 진리로 주 우리 하나님을 '예배'하며(요4:23-24), 그 예배자의 자세와 열정을 지닌 채로 하나님의 '동역자'요 하나님(나라)의 일의 '대행자'로서 일하거나, '그리스도의 지체답게 스스로 겸비하여 부여된 책무를 온전히 순종하고 충성하는 것(사람)'이라고 요약해 볼 수 있을 것 같다.

3) 영어성경 속에서 'ministry'의 용례

우리말의 '사역'을 영어로 표현할 때 대체로 'ministry'라는 단어를 사용하고 있다. 영영사전에서 이 ministry에 대한 몇 가지 뜻풀이들 중에서 종교적 내용에 가까운 것을 읽어보면, '윗분superior의 명령이나 뜻orders or purpose을 따라 이를 행하는 것carry out, the act of serving'이라는 대목이 있다. 사역은 이러한 뜻풀이와 맥락을 같이 한다고 볼 수 있다. 특히 우리 그리스도교에서 사용하는 ministry는 '하나님께서 맡기신 거룩한 직분職分이나 직임職任을 정성껏 받들어 섬긴다.'는 뜻이 담겨 있다. 그리고 이 직분(직임)을 받들어 행하는 사람을 minister라고 부르기도 하는데, 이 minister는 동사로도 쓰인다. 이는 minister가 단순히 직분(직임)만을 가리키는 명사일 뿐만 아니라 행동으로 실천해야 하는 것임을 나타내는 것이리라.

Ministry의 여러 가지 의미와 성격

이 ministry의 뜻을 파악하기 위하여 영어성경(NIV, KJB)에서 'ministry'라고 표현된 곳의 우리말 용례를 살펴보았다. 이를 요약해보면 다음과 같다.

- 직분: 롬11:13, 고후3:7-9, 4:1, 5:18, 6:3, 골4:17, 딤전1:12, 히8:6
- 직무: 행:1:17,25, 고후9:12-13, 대상24:3,19
- 사역(또는 일): 롬12:7, 행21:19, 딤후4:11, 호12:10,
- 섬기는 일(봉사): 행12:25, 고전6:15, 엡4:12, 민4:12,14,47, 대상25:1,6, 대하 7:6
- 역사役事(일work): 갈2:8
- 예식ceremony(장막에 들어가서 섬김): 히9:6
- 가르침: 눅3:23
- 말씀사역: 행6:4, 20:24, 딤후4:5
- 도道: 행8:21

이와 같이 ministry는 여러 가지의 의미와 성격을 지니고 있다. 사역은 광대하신 하나님께 속한 일이며 하나님나라의 일이기에, 그 사역의 의미와 성격, 그리고 사역의 형태 (즉 우리가 하나님께 쓰임 받는 모습이나 방식) 등이 다양하다는 것은 너무나 당연하다. 또한 이 ministry는 여러 가지 우리 낱말로 번역되었고 그 쓰임새도 다양하다. 쓰임은 같은데 우리말로 번역된 낱말이 서로 다르거나, 번역된 낱말은 서로 다르지만 우리말에서의 뜻은 같은 경우도 많다.[39] 그러나 이것은 낱말들의 쓰임새가 혼용되고 있을 뿐, ministry가 지니는

---

[39] 그것은 필자의 추측이지만, 아마도 방대한 분량의 성경번역에 참여한 이들이 저마다 사용한 낱말에 서로 조금씩 차이가 있었거나, 또는 한 사람이 번역한 경우에도, 쓰임새는 같아도 낱말들을 다양하게 사용했기 때문일 것이다. 또 한편으로, 우리말과 글은 그 구조가 한국어(한글)과 중국의 한자를 함께 쓰고 있어서, 번역자가 어떤 때는 한자어로, 또 어떤 때는 우리말로 표현했기 때문일 것이다. 또 우리말은 그 어휘가 풍부하고 섬세하여 동의어(synonym), 동류어(analogue), 파생어(derivative) 등이 많고, 또 의성어(onomatopoeia)와 의태어(mimetic word)도 다채롭기 때문에, 성경 원문의 분위기를 전달하는 과정에서 같은 단어도 서로 다른 느낌이 들도록 표현한 것이리라

전체적인 의미나 성격을 이해하는 데에는 아무런 문제가 없을듯하다.

사역은 성역

영어성경 속에서 ministry가 갖는 용례와 의미들을 종합해볼 때 그리스도 교회 공동체의 사역에는 명령자로서 하나님(예수님)이 계시고, 하나님의 부르심과 명령, 그 부르심과 명령을 받은 사역자, 그리고 그 사역자의 순종(받듦)과 봉사(섬김)이라는 행동요소들이 함께하고 있음을 알 수 있다.

이 명령자와 사역자 사이에는 오직 하나님(예수님)의 말씀 즉 '부르심과 명령' 외에는 아무 것도 존재하지 않으며, 어느 누구도, 그 아무것도 개입할 수 없고, 그럴 필요도 없이 오직 주 성령님께서 친히 역사하실 뿐이다. 그것은 사역이 곧 하나님 자신의 일이며 하나님께서 친히 사람을 불러 하나님의 일에 쓰시는 매우 거룩하고도 중요한 일, 즉 '성역聖役'임을 의미한다. 따라서 이 사역을 맡게 된 사역자는 오직 하나님의 말씀을 따라 죽도록 충성할 것뿐이다(고전4:2, 계2:10). 이런 의미에서 그리스도교회 공동체의 사역은 '하나님의 사람들이 주님의 뜻을 따라 행하는 것, 또는 하나님(그리스도)의 사람이면 누구나 말씀 안에서 마땅히 수행해야 하는 거룩한 일(성역)'이다.

다. 사역ministry 개념의 뿌리

위에서 우리는 '사역(자)'이라는 낱말의 성경 속 용례를 중심으로 사역의 의미를 살펴보았는데, 이제부터는 이 사역의 개념을 보다 더 확실히 이해하기 위하여 사역의 뿌리와 성격을 알아보고자 한다.

1) 구약시대의 사역

여겨지기도 한다.

초기의 사역 형태들

하나님께서 친히 사람을 부르시고 명령하셔서 일하게 하신 '사역'은 구약시대로 거슬러 올라가서 그 뿌리를 찾아볼 수 있다. 하나님께서 인간을 창조하시고, 그들에게 복을 주시며 "생육하고 번성하여 땅에 충만하라. 땅을 정복하라. ……모든 생물을 다스리라(창1:28)."라고 분부하신 이후 하나님께서 사람을 불러 일하게 하신 기록은 성경의 여러 곳에 남아있다. 그 중에서도 특히 아담과 하와에게는 에덴동산을 경작하고 지키게 하시고(창2:15), 둘이 한 몸을 이루어 가정을 이루게 하셨다(창2:24). '인간 고유의 역할기능'과 '가정(사역)의 연원'을 볼 수 있는 대목이다. 노아에게는 하나님의 홍수심판에 대비하여 고페르나무(잣나무)로 방주를 짓도록 명령하셨다. 하나님의 예언을 성취하기 위한 인간의 절대적인 순종과 그리고 사역자의 인내의 필요성을 읽어볼 수 있다(창6:14-7:5). 아브라함에게는 하나님의 백성임을 상징하는 할례를 반드시 행하도록 명하셨고(창17:9-14), 백세에야 겨우 얻은 아들인 이삭을 번제로 드리라(창22:2)고 말씀하시기도 하셨다. 거룩한 백성이 되기 위한 성별된 행위, 그리고 하나님께 드리는 제사(예배)의 절대성을 기억하게 하는 대목이다. 야곱에게는 벧엘로 올라가서 그곳에 거하면서 하나님께 단을 쌓으라(창35:1)고 명령하셨다. 우리가 하나님을 사랑한 것이 아니라 하나님께서 상처받은 우리를 예배의 자리에 불러 모으시는 그 은혜를 감사하게 하는 대목이다. 그리고 마침내 모세를 불러, 종살이하고 있는 이스라엘을 이집트에서 구출해내라고 명령하셨다(출3:7-10). 하나님께서는 이스라엘 백성들에게 '여호와의 유월절(출12:1-14)'에 관한 규례를 일러주시고, 이를 지키는 자를 구원해주셨다. 하나님의 구원의 역사이다. 이들은 모두 초기의 사역 형태들이다.

광야교회의 사역

사역이 구체적인 모습을 드러낸 것은, 이스라엘 자손들이 이집트의 노예생활에서 풀려나온 후에 하나님께서 친히 모세를 시내산으로 부르시고 그에게 가르쳐주신 말씀 속에서부터이다. 하나님께서는 모세에게 갖가지 식양式樣(pattern, 출25:8-31:11)대로 성막聖幕(레17:4)과 회막會幕(출30:16)을 세워서 그곳에서 하나님을 섬기도록 일러주셨다. 아울러 이 성막과 회막에서 하나님께 올려드릴 제사offering/sacrifice의 종류와 절차, 그리고 이를 담당할 사람들의 직분과 직임을 상세히 일러주셨다(레위기 전체). 이렇게 사람들이 하나님의 부르심과 명하심에 따라 구체적인 형태로 사역을 수행하게 된 것은 바로 '하나님께 드리는 예배행위'로서의 '절기'와 '제사'였다.

여기에서 대표적인 '절기' 즉 '감사의 축제'요, 모든 성년남자들이 일 년에 세 차례 순차적으로 드리던 '순례의 축제'는 무교절(유월절)과 맥추절(칠칠절, 오순절), 수장절(초막절, 성막절, 장막절)이다. 이와 함께 유대력으로 제7월(태양력9-10월) 첫날은 '나팔을 불어 기념할 날(나팔절)'로서 성회로 모이며, 노동을 금지하고 화제를 드렸다(출23:14-17, 34:18-26, 레23:4-44, 민28:16-29, 민29:1-6, 신16:1-17).

그리고 '제사', 즉 부정不淨함으로부터 정결하게 되어 죄를 용서받기 위해서 속죄의 제물을 드리는 정결의식의 종류로는 번제, 소제, 화목제, 속죄제, 속건제가 있었다. 그리고 그 밖에도 서원제와 낙헌제 등도 있었다. 또한 그 제사의 방법으로는 화제, 요제, 거제, 전제(등이 있었다(출29:1-46, 레1:1-7:38, 22:17-25).

이 제사들은 각각 하나님께서 친히 일러주신 엄격한 규례와 절차와 방식들이 있었고, 이를 위하여 섬길 사람들의 직분과 직임도 자세히 규정되어 있었다. 이 '절기와 제사'들은 제사장 직무를 맡은 아론의 자손들(출28:1)과, 그 제사장에게 시종하던 레위의 자손들(민3:6-9)만이 '복무(<남경> 임직, <KJB> to perform the service, to do the work, <NIV> to serve in the work, 민4:23)' 하고, '봉사ministering'를 담당하도록 하나님께서 모세에게 명령하신 것이다. 바로 이 예배행위로서의 절기와 제사를 위하여 복무하고 봉사하던 모습 속에서 '하나님의 부르심과 명하심(소명)'에 대한 복무와 봉사, 즉 하나님의 뜻을

'받들어(순종work)' 온 정성을 다해 '섬김(봉사service)'으로서의 사역ministry이라는 근원[40]을 찾아볼 수 있다. 사역은 곧 하나님의 명령하심을 그대로 '받들어, 섬기는' 거룩한 역사役事, 즉 성역聖役 그 자체였다.

두렵고 떨림으로 받들어 섬기던 제사

모세의 시대에 하나님께 드려진 제사는 조심스러운 정도가 아니라 실로 '두렵고 떨리는 가운데 받들어 섬겨야 하는 일(빌2:12)'이었다. 지금 우리가 사는 신약시대에서도 마찬가지이지만, 하나님께 드리는 제물(예물)은 '하나님께서 기쁘게 받으실 만한, 흠 없는 것, 온전한 것'이어야(레22:18-33) 했다. 하나님께서는 믿음으로 드린 아벨의 희생제물은 기쁘게 받으셨지만, 땅의 소산을 드린 가인의 제물은 받지 않으셨다(창4:3-5, 히11:4). 나이 백세가 되어서야 겨우 얻은 외아들을 하나님께서 명령하신 바에 따라 번제물로 드리는 아브라함의 그 지극한 정성과 순종과 믿음을 받으신 하나님(창22:1-18)이셨다. 그리고 제사를 드리면서 하나님께서 지정하시지 않은 다른 불을 향로에 담아 분향하던 아론의 두 아들 나답과 아비후를 그 자리에서 처단(레10:1-2)하실 만큼 매우 엄중하신 하나님이셨다.

이것은 하나님께서 까다로운 분이어서가 아니다. 하나님은 거룩하시고 온전하신 하나님(레11:44-45, 마5:48)이시기 때문이다. 하나님께서는 인류를 구원하시기 위한 마지막 제물로 가장 존귀하고 가장 완벽한 제물, 즉 하나님의 독생자를 친히 제물로 삼으실 정도로 '거룩하고 온전할 것'을 요구하시는 하나님이시기 때문이다. 그러시기에 받으실 '제물'도 흠 없는 것, 기뻐하실 만한 것(레1:3)이어야 했고, 그 '행위'(방식과 절차)도 규례(레3:17, 6:9)에 맞는 온전한 것이어야 했으며, 드리는 '정성'도 온전히 드려져야 했다(민8:16).

---

[40] 물론 '하나님께 드리는 행위'(offering)로서의 제사는 가인(Cain)과 아벨(Abel)의 시대로 거슬러 올라갈 수도 있다. 그렇지만, 족장시대의 그것과는 달리, 모세의 시대에 드린 제사는 하나님께서 구체적으로 지시하신 식양과 직분과 직임을 받아 '섬기는 자들'(헬: diakonos)에 의해서 거룩하게 행해지는 사역(받들어 섬김)이었다는 점에서 구별된다.

그러므로 성막과 회막에서 하나님을 섬기는 일, 즉 사역(성역)은 '마음을 다하고 뜻을 다하고 힘을 다하고 목숨을 다하여(신6:5, 마22:37)' 섬겨드려야 할 지극히 진지하고 엄숙하고 거룩한 의무였다. '두렵고 떨림으로' 주님의 명령을 받들어 섬겨야 했던 '사역(자)의 절대적 엄숙성'을 여기서 읽을 수 있다.

2) 그리스도의 사역을 본받아

제사: '그리스도의 사역'의 예표

그런데 이 제사는 '그리스도의 사역'과 매우 밀접한 관련이 있는 행위라고 성경학자들은 지적하고 있다.

먼저, 번제burnt offering는 하나님과의 정상적인 관계유지와 하나님께 대한 온전한 헌신을 위하여 드려진 제사였다. 이 번제는 그리스도 우리 주 예수님께서 그의 생명 전체를 바치셨음(눅22:42, 요3:14-16, 히9:12)을 상징한다. 아울러 이는 "너희 몸을 하나님이 기뻐하시는 거룩한 산 제물로 드리라. 이는 너희가 드릴 영적 예배니라(롬12:1-2)."라신 말씀과 같이, 그리스도 안에서 그리스도인의 희생적인 헌신을 의미하는 것이기도 하다.

다음으로 소제grin offering는, 하나님께 대하여 사람이 그의 행위를 거룩하게 구별(성별)하고 충성과 감사와 순종의 마음을 드리기 위한 제사였다. 이 소제는 "하나님이 죄를 알지도 못하신 이를 우리를 대신하여 죄로 삼으신 것은, 우리로 하여금 그 안에서 하나님의 의가 되게 하려 하심이라(고후5:21)."라신 말씀처럼, 그리스도 우리 주 예수님께서 인격적으로 아무 죄도 없으셨음을 상징하는 것이기도 하고, 그리스도와 그리스도인의 순수한 충성을 의미하기도 한다(빌2:17).

화목제fellowship offering는 하나님과 사람(예배자) 사이의 화목과 친교를 위하여 드려진 제사였다. 이 화목제는 "그의 십자가의 피로 화평을 이루사(골1:20)"라신 말씀처럼, 그리스도의 희생을 통한 성도와 하나님과의 화평을 의미한다.

속죄제sin offering는 죄사하심의 은혜를 입기 위한 제사였다. 이 속죄제는 "인자가 온 것은 섬김을 받으려 함이 아니라 도리어 섬기려 하고, 자기 목숨을 많은 사람의 대속물로 주려 함이니라(마20:28)."라신 말씀과 같이 그리스도의 속죄사역을 상징한다.

끝으로, 속건제guilt offering는 하나님께 또는 이웃에게 해를 끼친 경우에 이를 보상할 목적으로 드려진 제사였다.[41] 이 속건제 역시 "그는 실로 우리의 질고를 지고 우리의 슬픔을 당하였거늘, 우리는 생각하기를 그는 징벌을 받아 하나님께 맞으며 고난을 당한다 하였노라. 그가 찔림은 우리의 허물 때문이요, 그가 상함은 우리의 죄악 때문이라. 그가 징계를 받으므로 우리는 평화를 누리고, 그가 채찍에 맞으므로 우리는 나음을 받았도다. 우리는 다 양 같아서 그릇 행하여 각기 제 길로 갔거늘, 여호와께서는 우리 모두의 죄악을 그에게 담당시키셨도다(사53:4-6)."라는 말씀 그대로 '그리스도의 속죄사역'을 의미하기도 한다.

이렇게 제사는 그리스도의 사역과 밀접한 연관성을 지니면서 하나님께서 부르시고 명하신 바대로 순종과 봉사로서 하나님께 드려졌다. '그는 근본 하나님의 본체시나 하나님과 동등 됨을 취할 것으로 여기지 아니 하시고, 오히려 자기를 비워 종의 형체를 가지사 사람들과 같이 되셨고, 사람의 모습으로 나타나사 자기를 낮추시고 죽기까지 복종하셨으니 곧 십자가에 죽으심'과 같다(빌2:6-8).

주 예수님께서는 이렇게 완벽한 제사, 온전한 제물의 참 모습을 몸소 실천하시고 본을 보이셨다. 그러니까 구약시대의 제사는 하나님의 뜻을 따라 그리스도의 사역의 예표像表로서 행해진 것으로 이해할 수도 있다. 이것을 정리해 보면 <표 5> '구약시대의 제사와 그리스도의 사역과의 비교'와 같다.

---

[41] 이 속건제의 '속(贖)은 잘못이나 허물(죄)에 대한 값을 치러서 용서받는다는 뜻이고, 건(愆)은 잘못이나 허물 그 자체를 말한다.

표 5 구약시대의 제사와 그리스도의 사역과의 비교

제사(祭祀)의 종류 (offering/sacrifice)	제사의 목적	'그리스도의 사역'의 예표
번제(燔祭) (burnt offering)	하나님과의 온전한 관계유지, 하나님께 대한 온전한 헌신	그리스도께서 그의 생명 전체를 바치심
소제(素祭) (grain offering)	하나님 앞에서 행위를 성별(聖別), 충성 감사 순종의 마음을 봉헌	그리스도의 죄 없으심(無罪性), 하나님께 대한 순수한 충성
화목제(和睦祭) (fellowship offering)	하나님과 사람 사이의 화목과 친교	그리스도의 희생을 통한 하나님과 성도의 화평
속죄제(贖罪祭) (sin offering)	죄사하심의 은혜를 입기 위하여	그리스도의 속죄사역 * 대속물(代贖物)
속건제(贖愆祭) (a sin offering, guilt offering)	하나님께 또는 이웃에게 끼친 해(害)를 보상(報償)	그리스도의 속죄사역 * 징계를 대신 받음

갈릴리공방/청소년사역연구개발원

제사가 예배로, 예배는 사역으로

이렇게 '받들어 섬기는 행위', 즉 구약시대의 '제사'는 신약시대에 이르러서 성도들의 '예배'로 이어졌다. 그리스도의 십자가 희생으로 구원함을 받아 그리스도 안에서 새 사람, 새로운 피조물이 된 거룩한 무리(성도)들이 사역의 온전한 완성자이신 주 예수님을 본받아 아버지 하나님께 '올려드리는' 감사와 찬양과 경배가 그것이다. 그래서 예배는 offering, worship, service 등이 모두 같은 뜻으로 쓰인다.

이 예배행위로서의 받들어 섬김은 오늘날 '사역'이라는 '그리스도인의 행동양식' 또는 '그리스도인의 삶'으로 자리 잡았다. 하나님의 사랑과, 주 예수님의 은혜와, 성령님의 임재와 역사하심에 대한 감사와 보은의 '제사(예배)로서의 사역', '하나님의 뜻을 실천하는 순종과 봉사로서의 사역' 형태로 말이다.

Ministry를 '사역' 또는 '봉사'라는 '행동적(실천적) 용어'로 번역해서 쓰게 된 배경의 뿌리는 이러한 맥락에서 찾아 볼 수 있다. 이와 같이 사역은 순종(받듦)과 봉사(섬김), 즉 명령을 받들어 행하는 '일'(직무, 직임)으로서의 'work'와 이 일을 위하여 '자리(직분)를 맡은 자'(직분자)가 온 정성과 힘을 다하여 섬기고 봉사하는 'service'가 함께 동시적으로 어우러져서 하나의 행위로 융합되는 것이 참 모습이다. 그러니까 일 따로 섬김 따로 있는 것이 아니라, 동전의 양면처럼 일과 섬김이 동시에 하나로 있어야 한다. 구약시대에 하나님께 제사를 드리는 직임을 맡았던 사람(직분자)들은 하나님께 제물을 드리는 '일'만 한 것이 아니라, 그들의 마음을 다하고 뜻을 다하고 힘을 다하여 주 하나님을 '받들어 섬기기'에도 전념하였던 바로 그 모습과 같이, 사역이란 순종과 봉사라는 양면성을 지니는 것임을 보게 된다.

사역: 순종과 봉사

이 사역의 두 속성이 동시에 나타나야 비로소 하나님의 뜻을 따라 드리는, 그래서 하나님께서 받으실만한 '산 제물'이 되는 것이며, 그래야 '영적예배(롬 12:1)다운 사역(성역)'을 온전히 실행하는 것이 된다. 이런 의미에서 사역의 양면성은 순종과 봉사의 융합, 즉 '합일성'과 같은 의미를 지니게 된다.[42] 이것은 마치 그리스도 우리 주 예수님께서 십자가 사형틀에서 죽기까지 복종하신 그 순종(받듦)과 봉사(섬김)을 하나님께서 기쁘게 받으신 것과 같다. "하나님이 그를 지극히 높여 모든 이름 위에 뛰어난 이름을 주사, 하늘에 있는 자들과 땅에 있는 자들과 땅 아래 있는 자들로 모든 무릎을 예수의 이름에 꿇게 하시고, 모든 입으로 예수 그리스도를 주라 시인하여 하나님 아버지께 영광을 돌

---

[42] 흔히 '양면성'이라는 용어는 '겉과 속이 서로 다름'이나 '모순'(矛盾), '대립'(對立), '이율배반'(二律背反, antinomy) 등과 같이 부정적인 느낌을 줄 때가 많다. 그러나 여기에서 말하는 양면성은, 동전에 양면이 모두 있어야 온전한 값어치를 하는 것과 같이, 순종과 봉사가 서로 하나로 융합될 때에 비로소 온전한 사역이 되는 것 즉 그 '합일성'(合一性, oneness)을 강조하고 있다.

리게 하셨느니라(빌2:9-11)."라고 하심과 같이, 그 순종과 봉사를 참 제사요 제물로 받으신 것이다.

그러므로 위에서와 같이 사역이란, 하나님께서 친히 부르셔서 세우신 사람들(직분자)이, 그 명령하신 사역(직무, 역사, 일, work)을, 예배하는 자세로 받들어 섬기며 실행하는 것service이라고 이해할 수 있다.[43]

2. 사역의 의미와 성격

이렇게 사역 개념의 뿌리에 관하여 살펴보면서 알 수 있었던 바와 같이 사역은 그 안에 여러 가지의 의미와 성격들이 내포되어 있다. 이 사역의 의미와 성격들을 자세히 살피는 일은 사역의 질적 향상에 매우 유익한 영향을 미치게 될 것이다. 특히 실행 중인 사역을 평가해보거나, 사역의 새로운 지평을 탐색하는 데에 중요한 기준과 방향을 제시해줄 것이며, 사역의 변질을 막고 사역의 동기와 목적의식을 강화하는 데에도 기여할 것이다.

그래서 이제부터는 성경말씀 속에서 '사역의 의미와 성격'을 살펴보면서, 아울러 한국 교회의 사역의 실상도 이 의미와 성격에 견주어 되돌아보고 사역다운 사역의 '참 모습'을 찾아 나서려고 한다.

가. 사역의 합일성

하나님 앞에서, 하나님과 함께

사역은 '일'과 '맡은 자의 온 마음과 정성'이 함께 어우러질 때, 즉 사역이 '합일성合一性'을 이룰 때, 그의 참 모습이 드러난다고 위에서도 말하였다. 사역

---

[43] 이 글에서는 이 점을 강조하고, 또 늘 기억하기 위하여, 사역을 영문으로 표기할 때에 '사역(ministry, work-service)' 또는 그냥 '사역(work-service)'으로도 쓴다.

은 우리가 하나님 앞에서, 하나님과 함께 일하는 것이기 때문에 더욱 그렇다. "직분(<개역> 직임)은 여러 가지나 주主는 같으며, 또 사역(<개역> 역사)은 여러 가지나 모든 것을 모든 사람 가운데서 이루시는(<개역> 역사하시는) 하나님은 같으니(고전12:5-6)"라신 말씀에서 보는 것처럼, 또는 "바울이 문안하고 하나님이 자기의 사역(<개역> 봉사)으로 말미암아 이방 가운데서 하신 일을 낱낱이 고하니(행21:19)"라는 말씀에서도 볼 수 있는 것처럼, 우리가 사역할 때에 우리는 모든 것을 모든 사람 가운데서 이루시는 하나님, 그리고 이방 가운데서도 일하시는 하나님, '그 하나님 앞에서, 그 하나님과 함께' 일한다. 사람인 나 혼자 또는 우리끼리만 일하는 것이 아니라, 하나님께서 보고 계시고 친히 함께 일하시는 그 현장에서 우리가 일한다. 하나님의 임재하심과 역사하심 속에서 이루어지는 거룩한 그 현장에 우리가 있다. 사역의 현장은 지성소(출26:33)나 다름없고, 사역행위는 하나의 예배요, 우리는 헌신된 '산 제물'들이다. 그러므로 우리는 택하심과 일꾼으로 부르심을 받아 주 여호와 하나님 앞에 선 '왕 같은 대제사장들(벧전2:9)'이다. 그리고 그 사역은 '하나님과의 동역'이기에 말로 다 표현할 수 없이 감격스러운 것이다.

이와 같이 신약시대의 사역도, 구약시대의 제사와 본질적으로 전혀 다를 바가 없다. 그것은 하나님의 뜻에 따라 하나님 앞에서 행하는 '일work'이며, 매우 엄숙하고 진지한 '섬김service'이다. 어쩌면 구약시대의 '제사'에서 직임을 받아 섬기던 그들의 모습은, 오늘 신약시대에 '사역'을 감당하는 우리들의 본보기라고 할 수 있다.

일하시는 하나님의 뜻을 받들어 섬겨야

그러므로 신약시대의 사역도 그냥 아무나 맡아서 해도 되는 일이 아니다. 그것은 엄중한 책임과 의무가 수반되고, 사역의 성격에 따라서는 많은 훈련이나 전문성이 요구되는 경우도 있는 그리스도교회 공동체의 성스러운 '공적 업무<KJB> administrations'이다. 또 그것은 그냥 아무렇게나 하는 일이 아니다.

일정한 원리나 법칙에 따라 수행되는 '작업<KJB> operations'과도 같다. 그리고 사역은 거룩한 역사, 즉 '성역' 그 자체이다. 하나님의 일인사역은 사람만 하는 것이 아니라 '하나님과 함께하는 일'이기 때문이다. 하나님께서는 우리에게 일을 시켜놓으시고 구경만 하지 않으신다. 하나님은 일하시는 하나님, 아주 정교하고 섬세하게 심혈을 기울여 일하시는 하나님이다.

하나님의 창조역사를 기록한 말씀 가운데 "하나님의 신은 수면에 운행하시니라(창1:2)."라는 말씀이 있다. 이 말씀 가운데에서 '운행하시니라hovering over'는 어미 새가 알이나 어린 새끼 위에서 고요히 배회하거나, 그것들을 날개로 소중히 가슴에 품어 돌본다는 의미라고 한다. 하나님, 우리 주님이신 하나님께서는 그렇게 정성껏 일하신다. 그래서 사도 바울은 위에서 소개했던 말씀(행21:19)에서 자신이 사역하는 동안에 하나님께서도 손수 일하셨다God had wrought고 간증하고 있다.⁴⁴

또한 하나님께서 부르시고 명하심을 받들어(수1:1-2) 여호수아가 이스라엘 백성들과 함께 요단강을 건넌 후에 하나님께서 허락하신 새 땅을 정복해나갈 때에, "여호수아가 그 온 땅 ……그 모든 왕을 쳐서 ……진멸하였으니, 이스라엘의 하나님 여호와의 명하신 것과 같았더라. 여호수아가 또 가데스 바네아에서 가사까지와 온 고센 땅을 기브온에 이르기까지 치매, 이스라엘의 하나님 여호와께서 이스라엘을 위하여 싸우신 고로 여호수아가 이 모든 왕과 그 땅을 단번에 취하니라(<개역> 수10:40-42)."라고 기록되어 있다.

또 죽음을 이기시고 부활, 승천하셔서 하나님 우편에 계시는 '주 예수님의 역사'에 관하여 "제자들은 사방으로 나가 이 복음을 전하였다. 그리고 주께서는 그들과 함께 일하셨으며, 여러 가지 기적을 행하게 하심으로써 그들이 전한 말씀이 참되다는 것을 증명해주셨다(<공동> 막16:22)."라고 기록하고 있다.

---

44 이 wrought라는 단어는 고어체(古語體) 또는 문어체(文語體) 단어로서 work의 과거(분사, participle)형인데, 그것은 그냥 'worked'한 것이 아니라, 대리석을 가공하듯이 정교하고 섬세하게 공을 들여서 일한 것을 말한다.

그렇다. 하나님께서는 우리와 함께 일하신다. 그리고 부활하시고 승천하신 그리스도 우리 주 예수님께서도 우리와 함께 일하고 계신다(마28:20, 행7:55-56). 이렇게 하나님께서 손수 힘써 하시는 일, 그리고 지금도 주 예수님의 성령님께서 함께 역사하고 계시는 그 일을 좀 거들도록 우리를 부르시고 부탁하신다. 이 망극하고도 감격적인 사역에 어찌 불평이나 주저함이나 소홀함이 있을 수 있겠는가. 그러기에 사역은 '임무에 대한 받듦(순종)'과 '충성스런 섬김(봉사)'이라는 합일성을 항상 지녀야 한다.

나. 사역의 절대성

사역이 지니는 의미와 성격, 그 두 번째는 '절대성絶對性'이다. 성경 속에서 하나님과 사람 사이의 사역관계는 받듦(순종)과 섬김(봉사)라는 두 요소의 합일성이 특히 두드러지게 나타나는데, 그것은 구약성경 속에서 볼 수 있었던 인간과 인간 사이의 사역관계와는 판이하게 다르다. 구약의 인간과 인간 사이의 사역관계는 착취적이고 강압적이고 불평등한 강제노역이 거의 전부였다. 거기에는 지배자의 끝없는 강제와 탄압, 그리고 그에 따른 노역자의 어쩔 수 없는 묵종默從과 고통이 반복적으로 지속될 뿐이었다. 그리고 그 강제된 노역의 결과는 정당한 보상도, 해방이나 자유도 아니었다. 죽어서나 그 상황이 멈추게 되는 고통의 연속일 뿐이었다. 그러므로 거기에는 기꺼이 내 마음을 드려 섬기는 자발성이나 순종의 모습은 찾아보기 어렵다. 좌절과 체념뿐이었다.

그러나 하나님과 사람 사이에서의 사역관계는 인간들끼리의 그것과는 출발부터가 다르고 그 전개과정과 결과도 본질적으로 다르다. 창조하신 만물들을 '다스리게 하기 위하여(창1:26)' 인간을 손수 빚어 만드신 하나님께서는 주님의 창조목적에 따라, 주님께서 사랑하시는 일꾼들인 사람에게 명령해서 일하게 하셨다. 그리고 그 명하심은 참으로 절대적이고 지엄하신 명령이다. 이 '명령하신 바를 받들어 섬기는 행위'로서의 사역은, 하나님과 사람의 관계를 잘 헤아리지 못하는 이들이 보면 어쩌면 마치 구약시대 노예들의 강제노역처럼 보일 수도 있을지 모른다. 그러나 어찌 감히 거룩하신 창조주 하나님의 섭리를 타락하고 잔인한 인간들의 관계와 같은 차원에서 비교할 수 있겠는가.

하나님은 거룩하시고, 전능하시고, 영존永存하시며, 만물을 그 뜻하신 바대로 지으신 하나님이시다(계4:8-11). 우리는 이 하나님의 은혜를 입은 사람들로서 구원받은 백성이며, 자유인이며, 사랑받는 '하나님의 자녀'가 되었다. '하나님의 동역자(고전3:9)'로 쓰임 받는 우리들이다. 그러니까 사역은 '아버지와 자식 사이의 일'이다. 이 놀랍고 감격스런 은혜를 입은 우리들은 하나님께서 기뻐하시는 일, 주님께서 시키시는 일이라면, 그 일에 대하여 마음으로부터 우러나오는 '마땅하고도 자발적인 받들어 섬김'이라는 기쁘고 감사함을 보이게 된다. 강제노역을 당하던 노예의 그것과는 비교도 되지 않는다.

그러나 그러면서도 아버지이신 하나님의 명령은 여전히 지엄하고 절대적이다. 따라서 사역자는 하나님의 부르심과 명령하심에 대한 '절대적인' 받듦과 섬김이라는 '두렵고 떨림'이 나타나기도 한다. 이것은 받듦이건 섬김이건 어느 것 하나도 결코 소홀히 할 수 없는 '절대적인 지고의 의무'에 해당하는 절대성 그 자체이다. 예외 없이 반드시 해야 하고, 하되 기꺼이 정성껏 해야 하는 그런 절대성이다.

이렇게 '사역은 곧 하나님께 대한 하나의 예배행위와 같다'고 말할 수 있다. 앞에서 제사나 예배를 살펴본 바와 같이, 절대자이신 하나님께 대한 순수하고도 온전한 받듦과 섬김으로서의 예배행위 말이다. 성경은 "순종이 제사보다 낫고, 듣는 것이 숫양의 기름보다 나으니(삼상15:22)"라고 말한다. 이 받듦과 섬김이 제사나 제물보다 낫다는 말씀은, 사역이 제사 즉 예배행위만큼 중요하다는 것을 강조하는 말일 것이다. 또 "너희 몸을 하나님이 기뻐하시는 거룩한 산 제물로 드리라. 이는 너희가 드릴 영적 예배니라(롬12:1)."고 한 말씀처럼 사역, 즉 받듦과 섬김 그 자체가 하나님께서 기뻐 받으시는 예배라는 말씀이다.

그러므로 이 '예배행위로서의 사역'은 사람의 선택사항이 아니라 필수사항이며, 엄중한 의무요 '거룩한 역사(성역)이라는 사실과도 맥을 같이 한다. "주 안에서 부르심을 받은 자는 종이라도 주께 속한 자유인이요, 또 그와 같이 자유인으로 있을 때에 부르심을 받은 자는 그리스도의 종이니라(고전7:22)"고 한 말씀처럼 말이다. 사역은 종이 주인을 섬기듯 순종과 봉사가 필수이다. 그러므로 사역은 하나님의 자녀요, 하나님나라의 거룩한 백성(신14:2)이요, 그리스도께서 친히 피로 값을 치르시고 사신 '그리스도의 종(고전7:22)'의 신분을 지닌 우리들 주님의 일꾼들이, 주님의 '절대적인 뜻'을 따라 그 부르시고 명령하신 일을 충성스럽고 헌신적으로 실행하는 것이라고 받아들일 수 있다.

영원한 유산이 보장된 부르심 앞에서

하나님의 일(꾼)로서의 사역(자)은 충성과 헌신을 그 바탕으로 한다. 그것은 세상에서 어느 누구의 심부름을 하는 것과 비교도 되지 않는 일이기 때문이다.

그 충성과 헌신의 근거는 무엇인가? 그것은 첫째, 그리스도 우리 주 예수님께서 친히 십자가 사형 틀 위에서 흘리신 그 보배로운 피로 우리를 속량(구속 redemption)해주셨기 때문이다. 즉 대가를 지불하고 죄 사함의 은혜를 베풀어 주셔서 우리를 묶인 상태에서 풀려나게 해주셨고(엡1:7), 우리를 해방시켜 주셔서 자유의 몸이 되었기 때문(<공동> 갈5:1)이다. 죄에서 자유를, 사망에서 생명을, 그것도 영원한 생명을 우리에게 주셨기 때문이다. 그러므로 그 감격과 감사의 마음이 충성과 헌신으로 표출되는 것은 너무도 당연한 인간의 도리이다.

둘째, 존귀하신 하나님의 독생성자 우리 주 예수님께서 이렇게 자신을 친히 내어주신 것은, '우리를 깨끗하게 하셔서 선한 일을 열심히 하는 자기 백성(<개역> 친 백성)'이 되게 하려는 목적이 있으셨기 때문(딛2:14)이다. 이 망극하신 은혜를 입은 우리에게 '생명까지 내어던지시며 당부하시는 일'이기에, 충성과 헌신을 하는 것은 우리의 당연한 의무이다.

셋째, 우리를 일꾼으로 부르실 때 주님께서는 우리에게 '영원한 기업(유산), 하늘나라의 유산'을 주시기로 약속하시고, 그리스도의 피로 '새 언약의 중보자'가 되어주셨다(히9:14-15). 그러니까 주님의 일꾼으로 부르심을 받은 것은 은혜에 감사하여 무상으로 봉사하는 것만이 아니다. 공짜로 해드린들 서운할 것 하나도 없을 터인데, 엄청난 보상까지 약속해주신 사역이다. 이런 의미에서 사역은 '보장성이 확실한 사역'이다. 하나님의 은혜도 갚고 사랑받으며 하나님의 일에 쓰임도 받고 영원한 기업도 보장받았으니, 어찌 이 사역에 충성하고 헌신하지 않겠는가.

여기에서 우리는 '하나님의 일, 하나님나라의 일인 사역'은 명령자와 사역자 사이에 매우 원만하고도 완벽한 '공동체적이고 동역자적인 사역관계'가 형성되어 있음을 본다. 그 사역은 '절대성'을 지니면서도 결코 일방적인 강제나 착취의 절대성이 아니라, 오히려 하나님의 절대적인 사랑이 사람에게 일방적으로 쏟아 부어지는 '은혜'요, '선물'이다. 그러므로 이 영광스럽고 감격적인 쓰임 받음에 어찌 받듦과 섬김이 없겠으며, 충성과 헌신이 주저될 수 있겠는가.

다. 사역의 보편성

1) 보편성 개념의 이해: 성역聖域이 따로 없는 성역聖役

사역이 지니는 의미와 성격, 그 세 번째는 사역의 '보편성普遍性'이다. 여기에서 사역의 보편성이란 '사역은 주님의 부르심을 받은 주 믿는 모든 성도들에게 두루 주어진 것'이라는 그 보편성을 말한다. 하나님께서 사람을 불러 쓰시는 일인 사역은 '하나님의 일, 하나님나라의 일'이기에 거룩한 역사, 즉 '성역(대상 23:13)'에 쓰임 받는 것이다. 그런데 신약교회에 이르러서 이 '성역聖役에 성역 聖域이 따로 없다'는 사실, 즉 사역의 보편'을 먼저 확인하는 것은 사역을 올바로 이해하는 데에 필요하고도 중요한 일이다. 그것은 사역이란 '주 믿는 모든 성도들의, 성도들에 의한 것'이라는 사역의 보편성을 인식하게 하기 때문이다.

좀 더 풀어서 말하자면, 모든 사람은 하나님 보시기에 다 소중한 존재들이기에, 누구를 무슨 일에 부르시고 들어 쓰시든지 그것은 오직 주님의 뜻에 달려있다. 모세를 부르셔서 명하신 구약시대의 제사에는 아론과 그 자손들, 그리고 레위사람들만이 신별적으로 쓰임을 받았다. 그러나 신약시대는 주님의 은혜로 '주님을 믿는 자는 누구든지(요3:15-16)' 구원받아 주 하나님의 자녀요, 일꾼으로서 주님 앞에 선다. 그러니까 사역은 우리의 선택이나 의지나 결단에서 비롯되는 것이 아니라, 전적으로 하나님의 선택, 하나님의 결정하심에 따라 이루어진다. 우리에게 무슨 대단하거나 기특한 요인이 있어서가 아니라 전적으로 하나님의 은혜이다. 그러므로 스스로를 하나님의 일꾼(사역자)이라고 인식하는 사람들은 주님 앞에서 아무 자랑할 것이 없다. 주님을 믿는 우리 모두는 주님께서 택하시고 부르시고 쓰시는 '종', 주님 앞에서 아무 자랑할 것 없는 종들일 뿐이다(<공동> I 고린토 1:18-31). 따라서 사역자는 그가 누구이든지 하나님의 종이다. 주님의 부르심을 따라 일꾼이 된 모든 성도는 직분이나 직무의 차별 없이, 다 같이 '한 주님의 종들'이라는 공통성과 동등성을 지닌다.

실제로 서로가 맡은 직분이나 직무에는 '차이'가 있지만, 그렇다고 거기에 무슨 '차별'이 있을 수 없다. 만일 사역자가, 구약시대의 표현으로 제사장이나 성직자에 해당하는 것이라면, 신약시대의 사역자들은 그리스도 우리 주 예수님 안에서 '누구나 모두 다' 하나님 앞에 직접 나가는 제사장이고 그가 맡은 일은 거룩한 직무이며, 그런 의미에서 거룩하신 하나님의 일을 맡은 '성직자'이다(히10:19-22, 벧전2:9-10). 그것은 주님 안에서 성도라면 누구나 마찬가지다. 따라서 사역은 교회 안의 어느 특정 계층이나 부류만이 전담할 수 있는 특수하고 전문적인 역할이나 기능만을 의미하는 것이 결코 아니다.

성경은 "우리는 그가 만드신 바라. 그리스도 예수 안에서 선한 일을 위하여 지으심을 받은 자니, 이 일은 하나님이 전에 예비하사 우리로 그 가운데서 행하게 하려 하심이라(엡2:10)."라고 말한다. 우리 모두가 선한 일을 위하여 예수님 안에서 지으심을 받은 자들이라는 말씀이다. 또 "이는 이방인들이 복음으로 말미암아 그리스도 예수 안에서 함께 상속자가 되고, 함께 지체가 되고, 함께 약속에 참여하는 자가 됨이라(엡3:6)."고 말한 것은, 이방인이었던 우리들까지도 사역에 함께 참여하도록 부르셨음을 일러준다. 그리고 "우리 각 사람에게 그리스도의 선물의 분량대로 은혜를 주셨나니 ······그가 어떤 사람은 사도로, 어떤 사람은 선지자로, 어떤 사람은 복음 전하는 자로, 어떤 사람은 목사와 교사로 삼으셨으니, 이는 성도를 온전하게 하며, 봉사의 일을 하게하며, 그리스도의 몸을 세우려 하심이니라(엡4:7,11-12)."고 한다.

성경은 사역이란 우리의 구원이시며 유일한 소망이신 그리스도 우리 주 예수님께서 친히 지정해주신 은혜, 즉 그리스도의 선물gifts이라고 가르쳐준다(엡4:7). 선물이니까 기꺼이 받아 누리라는 것이다. 그리고 그 선물(직분과 직무)을 각자에게 나눠주셨다. 그것은 '지체'인 우리가 다 함께 각자에게 맡겨진 일을 잘 감당하여, 마침내 '그리스도의 몸을 세우려 하심'이라고 밝혀준다. 그러므로 사역은 특정계층이나 부류만 맡는 것이라는 발상은 잘못된 것이다. 그것은 성경적이지 않다. 물론 사역에는 그 직분과 직임을 수행하는 데에 따라 더러는 전문성을 요구하는 특수한 영역도 있다. 그러나 좀 덜 전문적인 직분이나 직임을 맡았더라도, 또는 비전문적인 사역을 하더라도 그것도 역시 사역이다. 그것도 거룩한 직분이고 직임이다. 전문성이 사역자의 자격이나 가치를 결정짓는 요인이 아니며, 성직聖職과 속직俗職을 구별하는 기준도 아니다. 사역은 주 믿는 우리 모두에게 주어진 '하나님의 명령'이요 동시에 '주님의 은혜'이라면, 그것은 '자격'이기보다는 자애로우신 주님의 '부르심'과 손수 '들어 쓰심'이다. 그러므로 사역은 '주 믿는 모든 성도들의(성도들에 의한) 거룩한 일'이다. 이것이 사역의 보편성 개념이다.

2) 오인되거나 오용되고 있는 사역의 보편성

그런데, 이 사역의 보편성 개념이 한국 교회에서는 제대로 적용되지 않고 있는 경우가 적지 않은 것 같다. 마치 '한정된 특정인들에 의한, 특수한 활동영역이나 직무'인 것처럼 사역개념이 잘못 이해되거나 잘못 사용되는 경우가 있다는 말이다.

'목회만이 사역'이라는 잘못된 발상

그 한 가지의 예가 '사역ministry은 곧 목회'라는 고정관념이다. 거꾸로, '목회가 곧 사역'이라는 생각이 발전하여 '목회만이 사역'이라는 독단적 발상이나 독점적 행동으로 나타나는 경우까지도 있다. 그래서 이런 발상법은 교회의 '교역자敎役者사역'만을 중요시하는 경향을 나타낸다. 그리고 교역자의 사역이 아닌 이른바 '평신도의 사역'은 '부수적인 것' 또는 목회사역을 '보조하는 것', '수준이 낮은 것'으로 보다가, 마침내 '평신도사역은 하찮은 것'으로까지 추락하지나 않을까 염려되기도 한다.

사역ministry을 목회로 번역하거나 그렇게 사용하는 것이 틀렸다는 말이 아니다. 그렇게 번역하고 그렇게 사용함이 성경적이다. 그렇다고 해서, '목회만이 사역'이라는 인식은 지나친 생각이고, 이것이 잘못 발전하면 '독점의식'으로 변질될 우려가 있다는 말이다. 실제로 사역의 길은 다양하다. 목회사역이 아닌 이른바 '평신도사역'[45]도 얼마든지 있다. 그 '사역의 다양성'은 그리스도께서 지정하신 것이다(엡4:7,11-12). 이 사역은 '하나님의 긍휼하심을 통하여 우리가 맡게 된 것(고후4:1)'이며, 그것은 '목회(교역)'만이 아니라 실로 매우 다양하다. 오히려 다양한 사역들 안에 목회라는 '특수하고 전문적이며, 섬세한 사역형

---

45 평신도사역과 관련하여, 성직자와 평신도의 구별이 두드러진 로마 가톨릭교회에서조차도 '평신도가 그리스도의 사제직, 예언자직, 왕직에 참여하여 그리스도의 백성으로서 사명을 완수할 책임이 있으며, 평신도를 통해서 교회가 세상의 빛과 소금이 될 수 있다'고 천명(제2차 바티칸공의회 헌장들(1963, 1964)과 교령(1965))함으로써 사역의 보편성과 다양성을 보여주고 있다.

태' 즉 '흠모하고 본받아야 할 만한, 거룩하고 복된 직분(직임)'이 포함되어 있는 것이다.

흠모할 만한 은사요, 본보기가 되어야 할 목회사역

그런데 교역자인 목사는 영어로 minister 외에도 pastor라고도 번역되고 있다. 이 pastor는 목초지pasture에서 목자가 가축을 먹이고 돌보는 모습pasturing에서 그 어원이 비롯된 것인데, 매우 목가적인pastoral 분위기가 넘치는 표현이다.

성경 속에서 '목자牧者'는 왕, 제사장, 선지자나 예언자, (교회)지도자 등을 일컫는 데에 많이 쓰였다. 주 예수님께서도 친히 '나는 선한 목자라(요10:11)' 하셨고, 제자 시몬 베드로를 향하여, "내 어린 양을 먹이라. ……내 양을 치라. ……내 양을 먹이라(요21:15,16,17)."라고 마치 목자에게 당부하시듯이 말씀하셨다. 이렇게 성경 속에는 목자와 양의 비유로 하나님과 사람, 국가지도자와 그의 돌 볼 백성, 교회지도자와 성도의 관계를 여러 곳에서 묘사하고 있다. 그러므로 교회에서 목사를 목자에 비견하여 그의 교역敎役을 목회牧會로 표현하는 것은 성경적이다. 어떤 이들은 '목회(자)'나 '목양실' 등과 같은 표현 자체를 부정적으로 보는 경향이 없지 않다. 그런 이들의 생각의 뒤안길을 어느 정도 이해할 수는 있다. 그러나 위와 같은 근거와 관점에서 볼 때, 목사의 목회는 말씀과 성령님의 역사하심에 의한 참으로 흠모할 만한 은사(롬12:6)요 거룩하고 아름다운 사역이며, 교회의 '필수불가결한 역할기능'이라고 믿는다.

그런데 "나는 선한 목자라. 선한 목자는 양들을 위하여 목숨을 버리거니와(요10:11)"라신 예수님의 말씀은 목회가 얼마나 '험난한 사역'인가를 일깨워 준다. 그것은 '군림하는 권능'이 아니요, 강제나 착취를 일삼는 직무도 아니요, 으스대며 다른 이들을 얕잡아보거나 윽박지르는 직분도 아니라는 점을 힘주어 가르쳐주시는 말씀이라고 믿는다. 그래서 주님께서는 오히려 빗나간 목회자들을 목자가 아니라 '삯꾼(요10:12)'밖에 안 되는 인물로 묘사하셨다. 그리고 그 '직무'와 '직분(행2:17,20)'을 온전히 감당하지 못하는 목자들을 향하여 성경은 여러 곳에서 엄히 질타하고 있다(슥11:15,17, 렘10:21, 사56:11, 겔34:2, 유1:12).

이와 같이 '양 무리를 돌보는 사역'으로서의 목회는, '자랑거리'이거나 '섬김을 받는 직임'이기보다는, 오히려 더 낮아져야하고 더 많이 더 앞장서서 섬겨야 하는 일이다. 참으로 어렵고도 힘든 '십자가의 길을 걷는 임무' 중의 하나가 바로 목회이기에, 목회사역이 '모든 그리스도교회 공동체 사역의 본보기'가 되는 것이리라.

존중되어야 할 사역의 보편성과 고유영역

목회자의 이러한 역할기능의 필요성과 그 사역의 중요성과 성스러움은 그 누구도 부정하거나 폄하지 말아야 할 것이다. 그것은 그리스도교회의 '본질적 영역'이며, 교회의 '핵심적이며 소중한 기능' 중의 하나이기 때문이다. 사도 바울은 "잘 다스리는 장로들은 배나 존경할 자로 알되, 말씀과 가르침에 수고하는 이들에게는 더욱 그리 할 것이니라(딤전5:17)."라고 하였다. 이는 교회의 조직, 행정, 성도의 치리문제를 담당하는 치리장로治理長老에 대한 존경뿐만 아니라, 특히 장로들 가운데 '가르치는 장로'에 대한 정신적 예우와 물질적 처우문제에 대한 언급(딤전5:18)이다.[46] 그러니까 사도 바울이 디모데에게 권고한 이 말은, 복음사역에 생활의 전체를 헌신하는 '교역자에 대한 존경과 후원'의 필요성(중요성)을 강조한 것이다. 이는 예수님께서도 '일꾼이 자기의 먹을 것 받는 것이 마땅함이라(마10:10, 신25:4)'고 확인하신 바 있다. 그러므로 만약에 우리 중에 누군가가 목회사역의 고유 영역이나 그 역할기능을 무분별하게 침해하거나 대수롭지 않게 여긴다면, 그것은 사무엘의 제사장 직능을 침해한 사울의 잘못(삼상13:8-15)과 다를 바 없을 것이다.[47]

---

[46] 이 '가르치는 장로들'을 초기 그리스도교회에서는 감독(監督, overseers/bishop 행20:28, 빌1:1, 딤전3:1-2, 딛1:7, 벧전2:25)이라 하였고, 나중에 이 분들을 목사(pastor, 엡4:11)라고 불렀다.

[47] '제사쯤이야' 하던 사울은, 제사장 사무엘을 기다리지 않고, 자신이 제사장을 대신하여 하나님께

'사역에는 성역이 없다'고 해서 그 '사역의 보편성'이 '사역의 특수한 영역(목회사역의 고유영역)'까지를 소홀히 여기거나 함부로 그 영역을 침범해도 되는 것쯤으로 결코 착각하지 말아야 한다. 그리고 이러한 목회사역(교역)의 중요성과 함께 '그리스도교회 공동체 안의 모든 다른 사역들'도, 특히 이른바 '평신도사역'도, 그 역할기능의 필요성과 사역의 중요성과 성스러움이 동등하게 인정받아야 한다. 우리 모두는 한 하나님, 한 성경 안에서 한 백성, 한 교회를 이루고 한 사역을 전개하는 그리스도의 종이요, 지체들(고전12:4-31)이기 때문이다.

어찌 목회자만 '성직자'이겠는가. 어찌 평신도사역자는 성직자가 아니겠는가. 어찌 목사만 '제사장'이고, 평신도는 제사장이 아니겠는가. 어찌 목사만 '주님의 종'이고, 평신도는 주님의 종이 아니겠는가. 우리는 성직자와 평신도라는 이분법적 발상에서 비롯된 '계급의식'이 고착화되어서 교회를 하나의 '계급교회'로 만들어가고, 그래서 세속적 의미의 '조직'을 방불케 할 수도 있는 조짐들을 단호히 차단해야 할 것이다. 우리는 그리스도교회 공동체의 모든 직분과 직임의 성스러움을 부정하지 말아야 하고, 서로 차별하거나 폄하지도 말아야 한다. 그리고 직임(역할기능)에는 서로 차이가 있지만 차별해서는 안 된다는 것과, 직분은 다양하고 사역도 다양하지만 이들은 모두 주님 안에서 동등한 중요성을 지니는 '성역'이라는 점도 잊지 말아야 한다.

오직 우리들 모두는 성령님의 역사하심에 따라 주 예수님을 그리스도요, 하나님으로 믿기 시작하게 된 때부터 우리들 개개인 모두는 주님의 종이 되었다는 것과, 그래서 우리들 모두에게는 하나님과 교회와 세상(사람)을 받들어 섬기도록 엄숙한 임무가 부여되어 있다는 것과, 그리고 그 사역은 나를 위함이나 나 중심이 아니라 하나님중심, 하나님지향적인 사역이어야 한다는 사실에 대한 철저한 소명의식을 가져야 할 때라고 믿는다.

제사를 드렸다. 그것은 '하나님께서 주신 직분과 권능에 대한 도전'이었다. 그런 참람(僭濫)한 태도는 결국 자기 위하여 전승기념비나 세우는(삼상15:12) 망령된 교만으로 빠져들어 갔다. 사울은, 당장 눈앞에 보이는 백성을 하나님보다 더 두려워하는, 물릴 수 없는 실책을 범하고(삼상15:24), 마침내는 비참한 최후를 맞이하였다(삼상31:1-13).

두렵고 떨림으로, 기쁘고 감사함으로

실제로 우리에게는 교회 안팎에서 무슨 일 좀 한다고 으스댈 것 하나도 없지 않은가. 예수님을 모시고 가던 제자들을 보라(막4:35-41). 어부출신이 많았던 제자들은 예수님을 배에 모시고, 의기양양하게 배를 저어간다. 그들은 갈릴리호수를 손바닥 들여다보듯 훤하게 알고 있다. 배를 운항하는 것쯤은 익숙한 일이다. 어쩌면 그것만은 예수님보다 낫다고 생각했는지도 모른다. 그래서 제자들은 우쭐한 마음으로 예수님을 모시고 간다.

그러나 풍랑을 만나서 배가 침몰할 위기에 이르렀다. 자기들 힘으로는 어쩔 수 없는 한계상황에 이르렀다. 그런데 예수님은 베개까지 베고 곤히 주무신다. 주님은 그 무서운 풍랑 속에서도 아주 평안히 주무시고 계신다. 제자들은 그제야 이 예수님이 눈에 들어왔다. 그 의기양양하던 제자들은 주님께 살려달라고 외친다.

예수님은 바람을 꾸짖으신다. 바다더러 '잠잠하라, 고요하라' 하시자 파도와 바람이 즉시 잦아든다. 그러시고 난 다음에, 제자들에게 어찌하여 이렇게도 무서워하느냐, 어찌 그리도 믿음이 없느냐고, 이 시건방진 제자들을 나무라신다.

그렇다. 우리에게는 으스대거나 우쭐댈 것 하나도 없다. 오직 우리는 '두렵고 떨림으로' 그리고 '기쁘고 감사함으로' 주님의 명령을 받들어(순종하고) 섬길(봉사할) 뿐이다. "너희는 더욱 큰 은사를 사모하라. 내가 또한 가장 좋은 길을 너희에게 보이리라(고전12:31)."라는 말씀처럼, 우리 모두는 오직 묵묵히 겸손히 일하면서 더욱 큰 은사를 사모할 뿐이다.

3) 사역에서 차별받는 청소년의 청소년사역

그런데 이 '사역의 보편성' 개념이 제대로 적용되지 않고 있는 사례가 하나 더 있다. 그것은 사역이 마치 제한된 특정인들, 특히 '전문가'나 '어른(성인)'들에 의한 특수한 활동영역이나 직무인 것처럼 한정시키는 경향이다. 사역이 더러는 전문성을 요구할 경우도 있고 또 아무나, 아무렇게나 해버려도 되는 것이 사역이 아니라는 점은 앞에서도 지적했다. 그러나 그렇다고 해서 아무 데나 전문성을 들이대고, 누구는 되고 누구는 안 되고 하는 식으로 마구 '감별'해버려서도 안 되는 것이 사역이라는 점을 잊지 말아야 한다. 거기에는 엄정한 잣대가 필요하다. 그 잣대는 곧 '하나님의 뜻'이어야 한다. '사역은 하나님께서 부르시고 시키시는 일'이기 때문이다. 그러므로 사역자의 적정성 여부를 판단하고 결정짓는 이는 궁극적으로 하나님이시다. 사람은 그 잣대도 아니고 판단하는 자나 결정자도 아니다.

초기교회 사도들은 배반자 유다(요6:70-71)가 처참히 죽은 후에 그의 '봉사와 사도의 직무'를 대신 맡을 자를 보충할 때에 먼저 하나님께 기도하였다. 그리고 투표를 한 것이 아니라 제비를 뽑아서 하나님의 뜻을 따랐다(행1:24-26). 우리 주 예수님께서도 제자를 임명하실 때에 친히 산에서 밤새워 하나님께 기도부터 하셨다(눅6:12-13). 한국 교회가 사역(자)를 선정하여 세울 때에 제대로 기도도 하지 않는다고 말하고 있는 것이 아니다. 하나님께서는 '사역의 보편성'이 적용되기를 원하시고, 인간의 생각과 경험이 '하나님의 뜻'을 앞지르지 말도록 경계하고 계심을 말하고 있다.

하나님께서는 하나님나라의 일에 어른, 아이 할 것 없이 두루 들어 쓰신다. '전문성'이 꼭 사역(자) 선정의 중요한 잣대만은 아니라는 점을 성경 여러 곳에서 밝혀두고 있고, '사람중심적인 판단기준'을 고집하지 말아야함을 지적하고 있다. 특히 청소년사역을 살피려는 이 글에서는 그리스도교회 공동체의 사역이 '전문가중심, 어른(성인)중심'으로만 엮어지고 추진되는 것 같다는 점을 지적하지 않을 수 없다. 어찌 전문성이, '어른'들의 경험이나 연륜이 하나님의 일, 하나님나라의 일이라고 해서 불필요하겠는가. 하지만 이른바 합리성, 효율성, 경제성, 효과성 등을 내세운 인간의 경험적 논리가 자신도 모르는 사이에 하나님의 섭리에 정면으로 도전하는 '바벨탑(창11:9)'이 되지 않을까 염려된다. 왜냐하면 '하나님의 일, 하나님나라의 일'에 상하와 주종, 계급이나 계층이 있을 수 없듯이, 경험이나 연륜이나 전문성 등은 그리스도교회 공동체의 사역(자)을 선정하거나 판별하는 데에 유일한 잣대가 아니기 때문이다. 더군다나 그것들이 특정 계층이나 부류(예, 청소년)를 사역자의 대열에서 '차별'하거나 '배제'하는 '잣대'로 쓰여서는 더 더욱 안 될 노릇이기 때문이다.

그리스도교회 공동체의 사역에서 성인계층이 연소자들의 사역참여를 하찮게 여기거나 업신여기는 경향은 어제오늘의 일이 아닌 것 같다. 2천여 년 전 사도 바울도 디모데에게 "누구든지 네 연소함을 업신여기지 못하게 하라(딤전4:12)."라고 말했듯이 말이다. 그렇다고 이 '성인중심, 성인우월'의 잘못된 사고방식 때문에 청소년사역과 같은 영역들이 소홀히 취급되고 심지어 뒷전으로 밀려버린다면, 이것이 사역의 보편성을 가르치시는 주님의 뜻은 결코 아닐 것이다. "삼가 이 작은 자 중의 하나도 업신여기지 말라. 너희에게 말하노니, 그들의 천사들이 하늘에서 하늘에 계신 내 아버지의 얼굴을 항상 뵈옵느니라(마18:10)."라고 말씀하시던 주님께, 어른이건 아이들이건 무슨 차별이 있으시겠는가. 주님의 눈에는 '성인중심, 성인우월'의 독단적 사고방식이 얼마나 옹졸하고 편협한 것으로 비춰지시겠는가. 주님께서는 오히려 연소자를 업신여기고 제지하는 어른들의 태도에 격노하셨지 않은가. 그러시면서 "너희가 돌이켜 어린 아이들과 같이 되지 아니하면 결단코 천국에 들어가지 못하리라(마18:3)."라시며 회개를 촉구하신 주님께서는 이런 '어른들'을, 여기 오늘의 '한국 교회의 실태'를 어떤 눈으로 바라보고 계실까.

그러므로 전문가중심, 어른중심의 사역모형은 이제 진지하게 재고될 필요가 있다. 그런 사역을 폐지하거나 뜯어고치자는 말이 아니라, 오히려 말씀 안에서 '사역모형의 새 지평'을 열어야 한다는 말이다. '사역의 보편성의 확보'라는 차원에서, 청소년사역 등과 같이 이제껏 하찮은 것처럼 여겨졌던 사역영역들에 대한 관심과 논의가 절실히 요망된다는 점을 강조해두고 싶다.

모든 성도들의, 모든 성도들에 의한 사역

다리오 왕이 페르시아 제국의 왕위에 올랐을 때, 하나님께서 선지자 학개를 통하여 멈추어 있던 성전건축을 다시 시작하라고 촉구하신 말씀 중에 "너희 가운데에 남아 있는 자 중에서, 이 성전의 이전 영광을 본 자가 누구냐. 이제 이것이 너희에게 어떻게 보이느냐. 이것이 너희 눈에 보잘것없지 아니하냐(학 2:3)."고 물으신다. 웅장하고 아름다웠던 솔로몬의 성전을 기억하던 당시의 어른들은 훨씬 작고 초라한 스룹바벨 성전의 기초를 보고 큰소리로 울었다(스 3:12). 사람의 눈에는 법궤도 없는 이 성전이 보잘것없이 여겨질 수도 있었겠지만, 하나님께서는 사람의 관점이나 판단과는 다르셨다. "내가 너희와 함께 하노라. ……조금 있으면……. 내가 이 전殿에 영광이 충만하게 하리라. ……이 성전의 나중 영광이 이전 영광보다 크리라(학2:4-9)."라고 하신다. 성전사역의 주관자이시며 그 성전의 주인(마12:6)이시고 교회의 머리(엡1:22, 5:23, 골 1:18)가 되시는 주님께서 함께하시는 것, 그것이 중요하고도 큰 것이라고 일러주신다. 가치가 있고 없고, 쓸모가 있고 없고, 규모가 크고 작고는 너희들 인간의 생각이지, 판단하는 것은 주님 자신의 일이라고 지적하신다. 주님 쓰시기에 달린 일이지, 인간이 함부로 판단하는 것이 아니라고 가르쳐주신다. 그 보잘것없는 세상경험, 과거경험으로 감히 역사의 주관자이신 하나님의 뜻을 앞지르지 말라는 말씀이다.

이와 같이 하나님의 일, 하나님나라의 일인 '사역'에서, 하나님께서 부르시고 시키시는 '일'과 들어 쓰시는 '일꾼'을 어찌 인간이 임의로 판단하겠는가. 어찌 인간의 상식과 경험으로 특정계층의 사역만을 옳고 크다고 말할 수 있으며, 어찌 어떤 계층은 사역자로 쓰기에 적합하지 않다거나, 또는 어떤 사역영역을 하찮다고 차별하거나 배제할 수 있겠는가. 그러므로 사역의 보편성 개념은 '오직 자기의 뜻과, 영원 전부터 그리스도 예수 안에서 우리에게 주신 은혜대로, 우리를 구원하시고 거룩하신 소명으로 부르신 하나님 아버지(딤후1:9)'께로부터 비롯된 것이며, 그 적용범위도 "그리스도 예수 안에서 거룩하여지고 성도라 부르심을 받은 자들(고전1:2)", 즉 '모든 성도들의, 모든 성도들에 의한 성역'임을 확인해둘 필요가 있다.

라. 사역의 다양성

사역이 지니는 의미와 성격, 그 네 번째는 사역의 '다양성多樣性'이다. 이 다양성 개념은 사역의 보편성 개념과 맥락을 같이 한다. 사역의 보편성을 지니고 있는 그리스도교회 공동체의 사역은 필연적으로 다양할 수밖에 없기 때문이다. 그것은 그리스도교회 공동체가 교회 본연의 기능을 온전히 감당하려면 그 역할이 다양해지기 마련이고, 사역의 대상이 되는 세상(사회)이 변동을 거듭하고 복잡해지며 문제가 많아질수록 교회가 이에 대처해야 할 일도 많아지기 때문이다. 이런 변화에 따라서 여기에 참여하는 사역자들의 임무(역할기능)의 종류도, 그리고 사역자에게 요구되는 재능(능력/기량)들도 다양해져야 할 것이기 때문이다.

그런데 이 사역의 다양성 개념은 '우리 주 예수 그리스도의 사역'에서 비롯된 것이다. 그리스도 우리 주 예수님께서는 지금도 일하고 계신다. 교회와 세상을 향한 '그리스도의 사역'은 지금도 각별하시고 다양하시다. 그리고 그 사역들을 주님께서는 그리스도교회 공동체를 통하여, 그리스도교회 공동체와 함께 구현해나가신다. 그래서 실제로 우리 교회들은 그리스도와 함께 다양한 사역을 감당하고 있다.

사역의 다양성과 관련하여, 여기에서는 그리스도 우리 주 예수님과 그리스도교회 공동체가 근본적으로 어떤 관련 속에서 무엇을 위하여 이런 다양한 사역들을 전개하게 되는지를 살펴보고자 한다. 그것은 사역의 다양성에 대한 이해는 물론, 그리스도교회의 '공동체사역'이 지녀야 할 참 모습, 참 방향을 일깨워줌으로써 사역의 의미와 성격에 대한 이해의 폭을 넓히는 데에도 도움이 될 것이기 때문이다.

1) '한 몸, 많은 지체'인 그리스도교회 공동체

주 하나님께로부터 비롯된 사역, 그리고 그 다양성

주 예수님께서는 "나는 포도나무요, 너희는 가지라. 그가 내 안에, 내가 그 안에 거하면 사람이 열매를 많이 맺나니, 나를 떠나서는 너희가 아무 것도 할 수 없음이라(요15:5)."라고 말씀하셨다. 주님은 포도나무 비유를 통하여 주님과 성도 개개인, 그리고 주님과 교회의 연합을 강조하신다. 즉 주 하나님의 사랑과 그리스도 우리 주 예수님의 십자가 은혜로 구원함을 받은 백성들이 그리스도와 연합하여 이 땅위에 존재하는 실체적인 '한 몸(단일공동체)'을 이루고자 하신 것이다:

우리는 그리스도의 주권과 은혜 안에 거하고 동시에 우리 안에 그리스도를 모시는 그런 신비로운 연합 속에서, 그리스도의 지체로서 그리스도의 사역에 참여하는 감격을 누리게 된다. "몸은 하나인데 많은 지체가 있고, 몸의 지체가 많으나 한 몸임과 같이 그리스도도 그러하니라. ······몸은 한 지체뿐만 아니요 여럿이니······. 너희는 그리스도의 몸이요, 지체의 각 부분이라(고전12:12, 14, 27)."라고 하신 말씀이 그것이다. 그리스도교회 공동체는 곧 예수 그리스도를 '머리(엡4:15, 골1:18)'로 하는 많은 지체들의 유기체적 단일공동체이다. 주님의 '부르심을 받아 나온 성도들'이 주님 안에서 그리스도를 기초요, 머리로 하는 유형적 또는 가시적 실체인 교회를 이룬 것이다. 그리고 이 한 몸으로서의 유기체적 단일공동체인 교회는 한 성령님, 한 주님, 한 하나님의 뜻을 따라 각각 서로 다른 은사와 직분과 사역을 맡게 된다(고전12:4-6). 이 다양한 모든 일들은 성령님께서 그의 뜻대로 각 사람에게 나눠주시는 것(고전12:8-11)이고, 그 사명은 주 예수님께서 주신 것(행20:24)이다. 그러므로 그리스도교회 공동체 사역의 근원과 그 사역의 다양성 개념은 성삼위일체이신 주 하나님으로부터 비롯된다.

그런데 교회는 세상에 존재하는 유형적이며 가시적인 교회만이 그 전부가 아니다. 교회가 만약 인간에 의한 유형적, 가시적 집단이라면, 교회는 '거룩하고 공변된 교회', '온전한 교회'라고 말하기 힘들게 된다. 그것은 세상 속에 존재하는 집단의 하나이거나 '사람이 만든 결사체'에 지나지 않을 수도 있기 때문이다. 보다 완전한 의미에서의 교회는 그 조직적, 제도적 실체를 뛰어넘는다. 위에서 인용한 성경말씀처럼, 교회는 머리가 되시는 예수 그리스도를 중심으로 그 터전 위에서 그리고 그 주님 안에서 다양한 각 지체들이 성령의 역사하심에 따라 한 몸으로 맺어진 영적 공동체를 말한다. 이런 의미에서 교회는 '하나님의 예정하심에 따라 선택받은 성도들이 하나가 된', 비가시적이고 내면적이며, 초자연적인 단일공동체이기도 하다. 또 그런 의미에서 교회는 무형의 공동체이고, 성령님께서 '오늘, 여기'에 구체적으로 임재하시고 역사하시는 영적 공동체로서 '믿음의 공동체, 사랑의 공동체, 삶의 공동체'이다.

이러한 유형무형의 그리스도교회 공동체는 첫째, '한 몸, 많은 지체', 즉 다양한 지체로써 이루어진(이룩될) 그리스도의 몸이라는 '단일성'과 '다양성'을 함께 지닌다. 둘째, 이 유형무형의 그리스도교회 공동체는 '하나님의 성전(고전 3:16)'이요 '하나님의 처소(엡2:22)'이며 '신령한 집(벧전2:5)'이라는 지극히 거룩한, 신성불가침의 '거룩성'을 지닌다. 셋째로 이 유형무형의 그리스도교회 공동체는 '진리의 기둥과 터(딤전3:15)', 즉 말씀이 육신이 되신(요1:14) 예수 그리스도의 복음의 진리를 널리 전파하고 보존·계승해야 할 의무, 즉 '사역성'도 함께 지닌다. 이 '단일성, 거룩성, 사역성'을 함께 지니는 교회가 곧 사도신경을 통하여 '나는 믿습니다'라고 고백하는 그 '거룩한 공회', 즉 '거룩하고 공변된 교회'요 '보편교회'라고 믿는다.

성도와 교회는 '그리스도의 사역'의 계승자요, 동역자이다.

여기에서 우리는 그리스도교회 공동체의 사역성과 그 사역의 거룩성, 그리고 사역의 다양성을 만나게 된다. 그러므로 주님의 교회는 일하는 영적 은사恩賜공동체이며, 그 은사를 활용하여 하나님의 뜻을 이루는 사역공동체이고,

이러한 과정 속에서 '머리 되신 그리스도의 몸'인 교회를 성장, 성숙, 성화시켜 가는 하나의 초자연적, 유기체적 공동체이다.

따라서 '그리스도의 몸'인 교회는 '하나님께서 그리스도에게 맡기신 사역', 즉 '그리스도의 사역'의 계승자요 동역자로서 존재한다. 예수님께서는 "아버지께서 나를 세상에 보내신 것 같이 나도 저희를 세상에 보내었고(요17:18)"라고 말씀하셨다. 그러므로 그 사역을 지속적으로 실행하고, 발전시켜야 할 의무가 성도 개개인과 교회공동체에 있다.

그러면 '그리스도의 사역'은 무엇이었으며, 그리스도의 사역과 우리와의 관계는 어떤 것인가?

첫째, 제사장직이다. 그리스도는 하나님과 사람 사이에서 '중보자의 사역'을 담당하셨고(딤전2:5, 히6:20, 7:24-25, 9:15), 제사를 드리는 사역(히4:14, 5:5-10, 10:12-14)과 함께 자신을 직접 제물로 드리는(사53:4-11, 요1:29, 롬3:23-25) '참 제사장'의 직임을 감당하셨다. 그래서 우리 주님께서는 오늘 우리들도 그리스도를 본받아 자기 몸을 드려 하나님께 영과 진리로 예배하며(요4:24), 이웃을 위하여 도고禱告(딤전2:1)하기를 원하신다.

둘째, 선지자직이다. 그리스도는 단순히 하나님의 뜻을 사람에게 전하는 하나님의 종들, 즉 수동적으로 사역하던 일반선지자들과 구별되는 '선지자'(신18:15, 요1:21)이셨다. 하나님의 아들이신 그리스도는 '하나님의 뜻과 그리스도 자신의 사역을 완전히 계시하신 선지자'이시고, 또 이를 친히 가르치신 선생이요, 지도자(마23:8,10)이셨으며, 마침내 '계시와 교훈을 완성하신 선지자'(사61:1-3)이셨다. 그래서 주 예수님께서는 지금도 이 땅에 남겨두신 그의 교회가 선지자적 사명을 잘 감당하도록 보혜사 주 성령님을 보내주시고(요14:26), 세상 끝 날까지 친히 우리와 함께 일하신다(마28:20).

셋째, 왕직王職이다. 그리스도는 '왕'으로 오실 것임을 성경이 예언하였다(사9:6-7, 단7:13-14, 미5:2,4, 슥9:9-10, 눅1:30-33). 과연 그리스도는 이 땅에 그 나라와 함께 오셨고(마12:28), 하나님께서는 하늘과 땅의 모든 권세를 그리스도에게 주셨다(마28:18). 그래서 그 나라는 우리 마음속에(눅17:20-21), 그리고 지상교회의 모습으로도 세워지고, 그리스도는 그 머리가 되셨다. 그리스도는 이 땅에 오셔서 우리를 죄와 사망으로부터 자유와 영생으로 옮겨주심으로써 왕으로서의 통치권을 행사하셨다(골1:13-20).

그리고 마침내 그리스도의 재림과 함께 '그리스도의 왕국'은 완성될 것이다(계11:15, 고전15:24). 그래서 주 예수님께서는, 여기 오늘 그의 백성들과 교회들을 향하여 그리스도와 함께 세세토록 다스리는 자(롬5:17, 엡5:5, 벧후1:11, 계20:4-6, 22:3-5)가 될 수 있도록, 나를 이기고 세상을 이기며, 머리되신 '그리스도의 몸'을 세워나가라고 당부하신다.

넷째, 구세주직이다. 그리스도 우리 주 예수님은 스스로 단한번의 완벽한 화목제물이 되셔서 속죄사역을 담당하셨다(히10:10-18, 요일2:2). 이로써 인간을 향하신 하나님의 진노를 가라앉게 하시고(롬3:25), 그 진노하심으로부터 구원을 받아 하나님과 사람이 다시 화목하게 하시고(롬5:10), 누구든지 저를 믿으면 멸망하지 않고 영생을 얻으며, 그의 이름을 부르면 구원을 얻게 하셨다(요3:16, 행2:21, 롬10:13). 이렇게 구원사역을 완수하신 '그리스도'께서는 하나님께서 이미 예정하셔서 택함은 받았으나, 아직 이 복음을 듣지 못하여 '구원받은 무리' 속에 들어와 있지 않은 사람들이, 이 은혜의 복음을 듣고, 믿어, 구원에 이르도록 오늘, 먼저 믿어 구원함을 받은 우리들에게 복음을 전파하는 일에 힘쓰라고 명령하고 계신다(마28:19-20, 막16:15-16).

참 교회, 본래적 교회의 모습

이와 같이 우리 주 예수님께서는 제사장이요 선지자요, 왕이시며 구세주로 오셔서, '아버지 하나님께로부터 받은 사역'을 다 이루셨다. 그 예수님께서 오늘, 제자요 일꾼인 우리들에게 '그리스도의 사역'을 계승하고 발전시키라고 당부하신다. 그래서 교회는 말씀선포<헬> kerygma(예배, 전도, 교육), 봉사<헬> diakonia(구휼, 구제, 건덕), 교제<헬> koinonia(친교, 화목, 협력)라는 사역을 전개한다.[48] 교회는 위로는 아버지 하나님을 온전히 '예배'하며, 수평적으로는 '교육'과 '선교'와 '봉사'에 전념하고, 성령님 안에서 성도들 사이에 진정한 '교제'가 이루어지도록 힘쓰는 '그리스도의 몸'이며, 이를 위하여 하나님에 의해서 거룩해지고 특별한 봉사자로서 주님의 택하시고 부르심을 입은 소명자들(소명자들의 공동체)이 곧 교회이다(고전1:2). 그러기에 교회는 그 자체가 하나의 '믿음, 사랑, 삶의 공동체'이며, '하나님의 일꾼'들이 쓰임 받는 '하나님(나라)의 작업장'이다. 이것이 '참 교회, 본래적 교회의 모습'이라고 믿는다.

그래서 교회는 오늘도 여러 가지 역할과 기능을 수행한다. 또 이를 위하여, 하나님께서 원하시는 대로(고전12:18) 성도들을 세우셔서 할 일을 감당케 하신 직분과 직임도 다양하다(고전12:28-30). 그러므로 이 지체들이 수행하는 역할기능들은 하나하나가 모두 유용한 것이고 귀중한 것들이다(고전12:15-23). 다양한 사역들 하나하나의 '유용성과 귀중함'을 읽을 수 있는 대목이다. 하나님께서는 이 모든 지체들의 역할기능을 고르게 하여<GNB> put the body together (고전12:24), 성도들이 서로서로 돌보게 하심으로써 지체들이 '상호의존적, 상호보완적' 유기체적 공동체를 이루도록 하셨다. 이렇게 하여 하나님께서는 그리스도교회 공동체의 사역들이 다양성 속에서도 그 각각의 유용성과 귀중함을 간직하고, 각 지체들이 상호의존, 상호보완이라는 조화를 이루는 '아름다운 지체들(고전12:24)'이 되고, 동시에 '우리가 다 하나님의 아들을 믿는 것과 아는 일에 하나가 되어 온전한 사람을 이루어 그리스도의 장성한 분량이 충만한 데까지(엡4:13)' 이르게 하셔서, '그리스도의 몸을 세우시려고' 계획하셨다(엡4:1-7,11-12). '사역의 다양성'은 여기에 그 참 뿌리가 있는 것이다.

2) '그리스도의 몸'을 세움

---

[48] 이 말씀선포, 봉사, 교제를 일컬어 '그리스도교회 공동체의 3대 사역(기능)'이라고 하는데, 이를 구체적으로 풀어, 특히 초기 그리스도교회 공동체의 모습(행2:42-47)으로부터 ①예배(offering, <헬>leitourgia), ②교육(education, <헬>didache), ③선교(mission, <헬>kerygma), ④봉사(services, <헬>diakonia), ⑤교제(fellowship, <헬>koinonia) 등을 '5대 사역(기능)'이라고도 한다.

'그리스도의 몸을 세운다'는 말의 뜻

그런데 여기에서 '그리스도의 몸을 세움'은 신약시대 그리스도교회 공동체 사역의 목표이자 방향이라고 말할 수 있을 것 같다. 왜냐하면 사역은 주님께서 부르시고 명령하신 일 그리고 그 일을 받들어 섬기는 것인데, '그리스도의 지체'된 우리는 '그리스도의 몸을 세우기 위하여' 부르심을 받았기 때문이다. 부르신 이유가 우리로 하여금 그리스도의 몸을 세우기 위함이시기 때문에, 사역의 목표나 방향은 당연히 여기에 집중되어야 한다. 그래서 성경은 "너희가 부르심을 입은 부름에 합당하게 행하라(엡4:1)."라고 그리스도의 사람이요 그 일꾼들에게 당부한다.

그러면 그리스도의 몸이 세워진다는 것은 무엇을 의미하는 것이며, 어떻게 세워지는 것인가. 이것을 알아야 그리스도의 몸을 세우는데 각자의 몫을 감당할 수 있을 것이다.

우선 그리스도의 몸이 세워진다는 말은 첫째, 몸을 지배하는 머리(두뇌)이신 주님께서 각 지체에게 은혜를 선물로 주셨는데, 그 '은혜의 선물'은 곧 각 지체가 전체로서의 몸을 위하여 특정한 역할기능 즉 직분(직임)을 맡도록 배려하신 것으로 이해할 수 있다. 그리고 그 일들은 다양하다. 그리스도교회 공동체 사역의 다양성을 일러준다(엡4:7-11).

둘째, 이렇게 각 지체에게 일거리를 맡겨주신 이유나 목적은, 각 지체가 봉사의 일을 통하여 서로 돕고 협력하는 가운데, 교회 본연의 사역을 충실히 감당함으로써 그리스도의 몸인 '교회를 세우려 함'이다(엡4:12).[49] 이는 그리스도교회 공동체 사역의 보편성과 연대성을 일러준다.

셋째, 그 몸(교회)는 자라야 한다. 모든 지체들이 하나님의 아들을 믿는 것

---

[49] 이 말씀의 이해를 돕기 위하여 <공동번역 성서>와 <현대어 성경>의 에베소서 4:13 말씀을 여기 옮겨둔다. '<공동>마침내 우리 모두가 하느님의 아드님에 대한 믿음과 지식에 있어서 하나가 되어 성숙한 인간으로서 그리스도의 완전성에 도달하게 되는 것입니다.' '<현대>그러면 마침내 우리 모두가 자신의 구원뿐 아니라 구주이신 하나님의 아들에 대한 믿음으로 하나가 되어, 주 안에서 완전히 성숙한 인간이 될 것입니다. 그렇습니다. 우리는 그리스도로 완전히 충만한 상태에까지 이르게 될 것입니다.'

과 아는 일에 하나가 될 때까지, 각 지체가 그리스도의 장성한 분량이 충만한 데까지 이를 만큼 성숙해지기까지 자라야 한다(엡4:13). 그리스도교회 공동체 사역의 통일성과 성숙을 강조하는 대목이다.

넷째, 그 통일성과 성숙함이 요구되는 이유는, 교회가 성숙하지 못하여 사람의 속임수나 간사한 유혹에 빠지고 온갖 교훈의 풍조에 밀려 요동하지 않게 하려함이다(엡4:14). 교회가 오직 사랑(하나님) 안에서 참된 일들을 행하여 교회의 모든 지체들과 사역의 영역들이 그리스도의 완전성에 도달하게 되기까지 성장, 성숙해야 하기 때문이다(엡4:15). 그래야 이 '성숙하고 온전한 교회', 즉 '그리스도께서 친히 보양하시는 교회'와 '그의 흠 없는 지체들'이 '신랑이신 예수 그리스도'를 모셔 들여 '한 몸'을 이루게 된다(엡5:29-30, 살전5:23). 이는 그리스도교회 공동체 사역의 완전성을 강조하는 대목이다.

그리스도의 몸을 세움은 머리이신 그리스도와 그의 몸통인 교회(성도)가 이렇게 완전히 한 몸을 이루는 것이다. 그리스도의 몸을 세움은 그러므로 그리스도의 몸인 그리스도교회를 세움, 즉 그 초자연적 유기체적인 그리스도교회 공동체를 이루는 것이다. 아가서의 사랑노래와 같이, 우리가 주님 안에, 또한 주님께서 우리 안에, 그렇게 교회와 성도는 그리스도와 한 몸이 되어 그리스도의 몸을 세우는 것이다.

> 내 사랑하는 자는 내게 속하였고,
> 나는 그에게 속하였도다. (아2:16)
> 나의 사랑,
> 너는 어여쁘고 아무 흠이 없구나. (아4:7)
> 북풍아, 일어나라
> 남풍아, 오라
> 나의 동산에 불어서 향기를 날리라
> 나의 사랑하는 자가 그 동산에 들어가서

그 아름다운 열매 먹기를 원하노라. (아4:16)

사랑아,

네가 어찌 그리 아름다운지.

어찌 그리 화창한지 즐겁게 하는구나. (아7:6)

너는 나를 도장같이 마음에 품고

도장같이 팔에 두라.

사랑은 죽음같이 강하고,

질투는 스올같이 잔인하며 불길같이 일어나니

그 기세가 여호와의 불과 같으니라.

많은 물도 이 사랑을 끄지 못하겠고

홍수라도 삼키지 못하나니,

사람이 그의 온 가산을 다 주고 사랑과 바꾸려 할지라도

오히려 멸시를 받으리라. (아8:6-7)

나는 내 사랑하는 자에게 속하였고

내 사랑하는 자는 내게 속하였도다. (아6:3)

아멘

따라서 신부인 교회와 성도는 신랑이신 예수 그리스도께서 참으로 사랑하실 만큼 성숙해야하고, 온전해야 하며(마5:48), 거룩해야(레11:44-45, 20:26) 할 것이다.

'그리스도의 몸'은 어떻게 세워질까

다음으로 그리스도의 몸은 어떻게 세워지는지를 살펴보자. 성경은 "그는 머리니 곧 그리스도라. 그에게서 온몸이 각 마디를 통하여 도움을 받음으로 연결되고, 결합되어, 각 지체의 분량대로 역사하여, 그 몸을 자라게 하며, 사랑 안에서 스스로 세우느니라(엡4:15-16)."라고 일러준다.

먼저 그리스도(머리)에게서 온몸이 각 마디를 통하여 도움을 받는다. 각 지체들이 머리이시며 만물을 충만하게 하시고(엡1:23) 보양하시는 그리스도로부터 은혜를 받고, 그것을 서로 나눔으로써 '소명의식'과 '영적 능력'을 부여받는다. 여기에서 "그에게서 도움을 받음으로…… 각 지체의 분량대로 역사하여…… 사랑 안에서 스스로 세우느니라."라는 말씀은 교회 안의 다양한 개별(단위)사역의 효능이나 중요성을 지적하시는 말씀으로 이해할 수도 있을 것이다.

둘째, 이렇게 힘을 얻은 지체들은 서로 연결되고 결합되어 '평안의 매는 줄로 성령이 하나 되게 하신 것을 힘써 지킨다(엡4:3)'. 지체들이 연대와 협력체계를 구축하는 것이며, '하나의 사역공동체'로 일치되는 것이다.

셋째, 이 터전 위에서, 각 지체들은 맡겨진 임무를 힘껏 수행한다. 요셉이 가정 총무로서 주인을 섬기듯(창39:4), 주님의 뜻을 따라 사역에 전심전력한다. 그리고 이때 각 지체들에 의해서 전개되는 사역은 그리스도교회 공동체 전체적으로 보면 매우 다양하다. '사역의 다양성'을 볼 수 있는 대목이다.

넷째 이 '일치됨'과 '다양함'이 주님의 사랑 안에서 '합력하여 선을 이루어(롬8:28)' 그리스도의 몸인 교회를 자라게 하고 세운다. "각 지체의 분량대로 역사하여 그 몸을 자라게 하며, 사랑 안에서 스스로 세우느니라(엡4:16)."는 말씀처럼 교회는 그렇게 자라고 세워져간다. 이렇게 우리는 그리스도와 연합하여(롬6:4-5), 우리 주님께서 다시 오실 때까지 '그리스도의 사역의 동역자'로 참여하여(고전3:9, 고후3:6, 6:1, 갈4:7, <공동> 딤후1:2), 아버지 하나님의 뜻을 이루고, 하나님나라를 확장해가는 것이다.

그리스도의 몸을 이루기까지

따라서 그리스도교회 공동체의 사역이 '그리스도의 몸을 이루기' 위해서는 몇 가지의 '전제적 조건'이 있다고 여겨진다. 여기에서는 단순히 사역의 다양성 개념을 인식하는 것만이 중요한 것이 아니라, 지체들이 이 다양성 속에서 그리스도의 몸을 세우기 위하여 자신이 해야 할 바를 올바르게 깨닫는 것이 중요한 것이므로 이를 위한 전제적 조건들을 살펴보면 다음과 같다.

첫째, 그리스도 안에 있는 다양한 지체들 각자가 먼저 '성숙하고 성화'되어야 한다. 위에서 인용한 '우리가 다 하나님의 아들을 믿는 것과 아는 일에 하나가 되어 온전한 사람을 이루어(엡4:13)'라는 말씀과 같다. 부실한 지체는 완벽한 총체를 이루는 데에 결정적인 결함요소가 될 것이기 때문이다.

둘째, 그 다양한 사역들이 어디에 편중되거나 독점됨이 없이, 또한 소외되거나 차별되거나 배제됨이 없이 '균형 잡힌 것'이 되어야 한다. 균형이 잡히지 않으면 뒤뚱거리거나 넘어진다. 균형 잡히지 않은 그곳에서 균열이 생기고 균열이 있는 그곳에서 마찰이 빚어지는 법이다. 또 균형 잡히지 않은 몸은 온전한 몸, 아름다운 몸이 아니듯이, '유기체적 공동체'가 균형을 잃으면 그것은 곧바로 꼴불견의 모습을 드러내는 것이기 때문이다.

셋째, 그 다양성을 구성하는 요소들은 서로 조화를 이루어야 한다. 조화를 이루지 못하는 지체들은 그들이 아무리 노련하고 경건한 겉모습을 지녔다 하더라도, 실제로는 참으로 성숙한 것도 아니고, 참으로 성화된 것도 아니기 때문이다. 그것은 '하나가 되어 온전한 사람을 이루어 그리스도의 장성한 분량이 충만한 데까지 이르지(엡4:13)' 못한 것이고, 조화를 이루지 못한 몸은 병든 것이기 때문이다.

실제로 이 '다양성 속의 조화'는 '유기체적 공동체의 최대과제의 하나이자 영원한 숙제'라고 하여도 지나치지 않을 정도로 어렵고 힘든 일이다. 그러나 그래도 그것은 몸을 세우는 데에 꼭 필요한 조건이다. 그러기에 성경은 "너희가 부르심을 받은 일에 합당하게 행하여, 모든 겸손과 온유로 하고, 오래 참음으로 사랑 가운데서 서로 용납하고, 평안의 매는 줄로 성령이 하나 되게 하신 것을 힘써 지키라(엡4:1-3)."라고 당부한다. 그리고 이 일을 성령님께서 도우시고, 모든 것이 합력하여 선을 이루도록 주 하나님께서도 친히 일하고 계신다(롬8:26-28). 이렇게 '성도가 하나 되고, 사역이 하나로 엮어지는 것'은, 그러므로 사역의 다양성 개념을 살피는 과정에서 매우 중요한, 핵심적 대목이라

할 것이다.

넷째, 다양성 속의 조화는 다양한 지체들의 '연대와 협력'으로 나타나야 한다. 모든 부분요소들의 연대와 협력이 공동체를 '하나의 몸'인 유기체로 만들 수 있듯이, '그리스도의 몸 인 교회'를 구성하는 성도들과 사역들이 서로서로 연대하고 협력해야 비로소 한 분, 한 몸이신 그리스도를 세우게 될 것이기 때문이다.

다섯째, 새 심령, 새 사람, 빛의 자녀가 되는 사역자들이어야 한다(엡 4:23,17-5:21). 이것은 매우 힘들고 어렵고, 어쩌면 오랜 시일을 요구하게 되는 경우도 있다. 그래서 주님께서 이 땅에 다시 오실 때까지 성도 개개인은 물론 지상의 교회가 추구하고 도전해야 할 삶의 지표가 아닐까 생각한다. 이는 그리스도의 몸을 세우는 지체인 우리들의 철저한 각성과 쉼 없는 기도와 전투적 노력이 요망되는 대목이라 하겠지만, 성령님의 도우심이 우리와 함께하시고 친히 역사하실 때에야 비로소 가능한 것이다.

이와 같이 그리스도교회 공동체 안에는 많은 지체들이, 주님께로부터 다양한 은혜를 입어 다양한 사역을 전개한다. 이 다양함이 서로 협력하고 조화를 이루어 그리스도의 몸을 이루어나가고, 그래서 마침내 '그리스도의 사역'이 완성되는 데에 이르는 것이므로, 사역의 다양성은 참으로 중요하고 필요한 것임을 확인하게 된다.

마. 사역의 창조성

사역이 지니는 의미와 성격 그 다섯 번째로, 사역은 그 자체 속에 '창조성創造性'을 지닌다. 사역 그 자체가 '창조적 역사'를 이룬다는 말이다. 이 사역의 창조성 개념은 사역자의 자발적이며, 적극적이고, 창조적인 접근과 밀접한 관련이 있는 것이기도 하지만, 여기에서 말하는 '사역의 창조성'이란 특히 사역 그 자체가 지니는 '창조적인 능력'이다.

하나님나라의 창조 작업

사역은 하나님과 함께 하나님의 나라를 건설해가는 창조적 과정이다. 사역은 '하나님의 창조역사創造役事'[50]에 참여하는 것이고, '그리스도의 왕국(계 11:15)' 건설과 '하나님나라의 확장'에 직접적으로 기여하는 작업, 즉 '하나님(나라)의 일'이다. '하나님나라'는 그리스도께서 성육신하셔서 친히 세상에 하나의 실체로 임재하시고 역사하신 그 나라(마12:28)와, 우리들 성도의 심령에 내재하는 하나님의 나라(눅17:20-21)와, 그리스도에 기초한 성도들의 모임인 교회로서의 하나님나라(고전1:2), 그리고 그리스도께서 다스릴 천년왕국(계 20:4-6)과 새 하늘과 새 땅(계21:1-7)을 모두 일컫기 때문이다. 그러므로 성도와 교회가 실행하는 사역은 곧 '하나님나라의 일(성역)'이다.

그런데 예수님께서는 '겨자씨와 누룩의 비유(눅13:18-21)'에서, 하나님의 나라는 비록 눈에 보이지는 않지만 분명히 성장하고 확장되는 것(되어야 하는 것)임을 가르쳐주셨다. 따라서 사역은 이 하나님나라의 성장과 확장을 위하여 그리스도교회 공동체가 일하는 것이다. 즉 그리스도의 몸을 세우고 이를 성장, 성숙, 성화시키기 위해서 행해지는 사역은, 그러므로 하나님나라를 건설해가는 '창조사역創造使役'이나 마찬가지이다. '사역의 창조성'은 이를 두고 하는 말이다.

인간 고유의 특성: 창의력 발휘

그런데 이렇게 중요한 사역들은 사역자들이 사역에 임하는 태도나 그 역할 기능의 정도(그 질과 양)에 따라 그 향방이 달라 질 수 있고, 결과에도 차이가 있게 마련이다. 하나님께서 부르시고 시키신 일, 즉 '하나님의 일, 하나님나라의 일'인 '사역'은 하나님과 사람과의 사이에서 일어나는 일이므로, 사역자의

---

[50] 여기에서 하나님의 '창조역사'와 (이 문단의 끝부분에 보이는) 사람의 '창조사역'은 확실히 구별되어야 한다. 역사(役事)와 사역(使役)이 '일(work)'이라는 의미를 모두 지니고 있어서 흔히 역사와 사역이 혼용되는 경우가 있지만, 하나님께서 친히 하시는 일 즉 '역사(The Holy Work)'와, 하나님의 뜻을 받들어 섬기는 사람의 일 즉 '사역(work-service)'은 서로 구별되어 사용하는 것이 옳다.

사역하는 자세나 태도가 매우 중요하다. 그래서 소홀히 할 수 없고 결코 게을러서도 안 되며, 열심히 최선을 다해서 실행해야 한다. 그래야 우리와 함께 일하시는 하나님께서 그 믿음과 마음을 하나의 예배행위로 받으실 것이기 때문이다.

또 그 사역(자)들의 역할기능이 질적으로는 순수하고 지혜롭고, 양적으로도 풍성하고 알찬 것일 때 우리는 하나님께 많은 열매를 올려드릴 수 있다. 이것이 하나님께서 기뻐 받으시는 열매이기 때문이다. 사역자에게는 스스로 창의력을 발휘하여 힘껏 일할 것이 요구된다. 이 창의력은 곧 '자발성', '적극성', '창조성'을 말하는데, 이는 하나님께서 사람을 일꾼으로 쓰시기 위하여 인간을 창조하실 때부터 이미 사람에게 불어넣으신 '인간 고유의 특성'이다.

하나님나라의 창조사역에 부르심을 받아 참여하며 섬기는 사람들은, 누구나 하나님께서 주신 이 인간 고유의 특성인 창의력을 살려내야 할 것이다. 그래서 하나님께서는 사역자들에게 이렇게 말씀하신다. "여호와가 이르노라. 스룹바벨아, 스스로 굳세게 할지어다. 여호사닥의 아들 대제사장 여호수아야, 스스로 굳세게 할지어다. 여호와의 말이니라. 이 땅 모든 백성아, 스스로 굳세게 하여 일할지어다. 내가 너희와 함께하노라. 만군의 여호와의 말이니라(학 2:4)." 예수님께서도 '달란트의 비유(마25:14-30)'로 사역자들에게 말씀하신다. 즉 자기에게 맡겨진 달란트를 창조적으로 관리하여 확대재생산적인 결과를 거둔 종들은 주인에게 칭찬을 받았지만, 맡겨진 한 달란트를 땅에 묻어두었다가 그대로 주인에게 되돌려준 종은 '악하고 게으른 종'이라는 꾸지람을 들었고, 주인은 그의 달란트를 빼앗아 열 달란트를 가진 종에게 주었다고 말이다. 이 달란트의 비유는 게으르거나 용기가 없어서 도전을 못하거나, 적극적이지 못하거나, 구태의연한 방식으로 사역에 접근하는 것을 '잘못된 것', '악하고 게으른 것'이라고 지적하신 것이다. 그 창조적이지 못한 태도와 아무런 가치도 창출하지 못하고 겨우 '본전치기'에 그친 단순재생산적인 결과에 대해서 질타하신 것이다. 단순재생산은 결국 마이너스 경영이기 때문이다. 하나님의 나라는 비록 더러는 그 자라남이 미미하거나 더딜 때가 있을지라도 반드시 확장되어져야 할 것이다.

이스라엘 백성이 애굽을 벗어나서 홍해를 건넌 후 뒤쫓아 오던 바로의 병력이 홍해에서 모두 물에 빠져죽자, 이를 보고 소고를 들고 여인들과 함께 춤을 추며 여호와를 찬양한 미리암의 창의적인 순발력을 생각하자(출15:19-21). 여호수아의 두 정탐꾼을 지붕 위 삼대 속에 숨기고 여리고 왕의 부하들을 재치있게 따돌린 기생 라합의 용기와 지혜(수2:1-21)를 기리자. 예수님께서 가버나움의 집에서 가르치실 때에, 거기 모인 수많은 무리를 헤치고 주님 곁으로 들어갈 수 없게 되자, 지붕을 뜯고 중풍병자를 예수님 앞에 달아 내린 적극적이고 지혜로운 네 사람을 기억하자(막2:1-12, 눅5:17-26). 몇 사람만이라도 더 많이 구원하려고 '유대인들에게는 유대인과 같이, 율법 아래에 있는 자들에게는 율법 아래에 있는 자와 같이, 율법 없는 자에게는 율법 없는 자와 같이, 약한 자들에게는 약한 자와 같이' 자신을 상황에 맞게 창조적으로 변용變容하고, 스스로 자유를 억누르고 절제하며, 자신을 쳐 복종케 하던 사도 바울의 창의적 접근을 바라보자(고전9:19-27). 외진 곳을 지나가다가 강도를 만나 거의 죽게 된 사람을 불쌍히 여겨 그에게 응급처치뿐만 아니라 뒷수습까지도 넉넉히 감당해주었던 '선한 사마리아 사람'의 자발성과, 그 자상한 상황대처능력을 본받아 이와 같이 행하라 하시던 예수님의 말씀(눅10:25-37)을 떠올리자.

하나님께 영광을 돌려드리고 하나님의 의를 이루며(고후5:21), 영혼을 구원하는 사역에 참여하고 사랑을 실천하는 이 모든 사역에 어찌 자발성과 적극성과 창조성, 창의력이 요구되지 않을 수 있겠는가.

자기 십자가를 지고 순종하고 충성하는 종이 되어

그러므로 하나님나라의 일에는 사역자가 자발적이고 적극적이며 창조적일 것이 요구되며, 사역자의 철두철미한 순종(받듦)과 봉사(섬김), 그리고 충성이 필요하다. 주님께서는 '좁은 문으로 들어가기를 힘쓰라'고 당부하신다. 남들이다 가는 멸망의 길(문)로 가지 말고, 비록 좁고 외롭고 험난한 길(문)일지라도 옳은 길, 생명의 문으로 들어가라(마7:13-14)고 하신다.

그렇게 말씀하신 예수님께서는 하나님나라의 일을 아무렇게나 여기고 겉돌기만 하는 '악하고 게으른 자들'에게 경고하신다. 마지막 때에 너희가, '우리는 주님 앞에서 먹고 마셨으며, 주는 또한 우리를 길거리에서 가르쳤나이다' 하면서 주님을 아는체 해봤자 '나는 너희가 어디에서 왔는지 알지 못 한다'고 말할 것이라고. 그들은 밖에 쫓겨나 거기서 슬피 울며 이를 갈 것(눅13:24-28)이라고. 주 예수님께서는 "무릇 내게 오는 자가 자기 부모와 처자와 형제와 자매와 더욱이 자기 목숨까지 미워하지 아니하면 능히 내 제자가 되지 못하고, 누구든지 자기 십자가를 지고 나를 따르지 않는 자도 능히 내 제자가 되지 못하리라……. 이와 같이 너희 중의 누구든지 자기 모든 소유를 버리지 아니하면 능히 내 제자가 되지 못하리라(눅14:26-27,33)."고 엄히 경계하신다.

그뿐만 아니라 그리스도의 제자요, 종인 하나님나라의 사역자는 "명령받은 것을 다 행한 후에 이르기를 우리는 무익한 종이라. 우리가 하여야 할 일을 한 것뿐이라 할지니라(눅17:10)."라고 제자인 우리들에게 오늘도 말씀하신다. 이토록 주 예수님께서 사역(자)의 길을 매우 까다롭고 험난한 것으로 거듭 강조하신 것은, 하나님나라를 건설하는 사역 그 자체가 '하나의 창조적 과정'이기 때문이며, 이 '창조성'을 지니는 작업과정인 사역은 또한 치열한 '영적 전투'이기 때문이다.

이렇게 사역은 사역자의 자발적이며 적극적이고 창조적인 접근과 밀접한 관련이 있다. 그러나 이것이 사역의 전부는 아니다. 사역은 하나님께서 친히 간여하시는 하나님(나라)의 일이기 때문에, 이러한 '사람의 노력'만으로 창조적 효과가 나타나지 않는다. 우리들 사람(사역자)는 주님의 뜻에 순종하고 봉사할 뿐이고, 우리가 받들어 섬기는 그 과정 거기에 '하나님의 뜻을 이루시는 성령하나님'께서 친히 역사하셔서 창조적 열매를 맺게 하신다. 그러므로 우리는 자랑할 것이 아무 것도 없다. 충성하고 헌신할 뿐이다. 그래야 그 위에 주님의 '친히 역사하심'이, 그 '창조적 역사'가 이루어진다.

바. 사역의 전투성

사역이 지니는 의미와 성격, 그 여섯 번째는 사역의 '전투성戰鬪性'이다. 성경에는 예수님께서 아버지 하나님을 기쁘시게 해드린 사례들이 참 많다. 아니, 사람으로 오신 예수님의 삶 전체가 아버지 하나님을 기쁘시게 해드린 것 그 자체였다. 그러니까 예수님께서 하나님을 기쁘시게 해드릴 때마다 예수님도 기뻐하셨다는 기록이 남아 있어야 할 것 아닌가.

그런데, 정작 '예수님께서 기뻐하셨다'는 기록은 딱 한곳밖에 없는 것으로 기억된다. 그것은 예수님께서 파송하신 70인의 사역자들이 사역을 마치고 돌아와서 그 결과를 주님께 보고할 때였다. 파송되었던 사람들이 주님의 이름으로 귀신을 복종시킨 보고를 드리자 예수님께서는 '사탄이 하늘로부터 번개 같이 떨어지는 것을 내가 보았노라' 말씀하시고, '귀신이 너희에게 항복하는 것으로 기뻐하지 말고 너희 이름이 하늘에 기록된 것으로 기뻐하라'고 말씀하셨다. 성경은 바로 '그때에 예수께서 성령으로 기뻐하시며' 아버지 하나님께 감사하셨다(눅10:17-24)고 기록하고 있다.

이 말씀은 영적 전쟁이 실제로 존재한다는 것을 예수님께서 직접 상기시켜 주신 것이며, 사역은 단순한 일거리가 아니라 놀랍게도 영적 전쟁이라는 것과 하나님의 나라에 도전하고 훼방하는 사악한 영적세력들은 그리스도와 그의 '영적 군사(사역자)'들에 의해서 넉넉히 제어될 수 있음을 말씀하신다. 이 영적 전쟁의 궁극적 종말은 '그리스도의 승리'와 '하나님나라의 완성'으로 끝나게 될 것이라는 것과, 이 영적 전쟁에 참여한 군사(사역자)들은 이 승리의 나라, 그리스도의 왕국이요 거룩하고 영광스런 하나님의 나라에서 영원히 살게 될 것임을 압축해서 일러주신다.

사역은 성전聖戰

이와 같이 하나님의 일, 하나님나라의 일인 사역은 그리스도와 함께 전개하는 '영적 전투'요, 성전聖戰이다. 그리스도의 승리와 하나님나라의 완성을 위한 싸움에는 말로 다 표현할 수 없을 만큼 엄청난 고난과 시련과 손실과, 심지어는 자기희생이 따른다. 그래서 우리는 여러 위험과 고통들 때문에 사역에 선뜻 뛰어들지 못하고 망설인다. 더러는 참여했다가 금방 뛰쳐나오기도 한다. 사역을 계속하면서도 의심과 불평 속에서 번민하기도 한다. 사역은 그리도 힘들고 어려운 싸움이기에, 주 예수님께서 "자기 십자가를 지고 나를 따르라" 하시고, "쟁기를 잡고 뒤를 돌아보는 자는 하나님나라에 합당하지 않다(눅9:62)"라고 강조하신다. 사도 바울은 "오직 너 하나님의 사람아, 이것들을 피하고 의와 경건과 믿음과 사랑과 인내와 온유를 따르며 믿음의 선한 싸움을 싸우라. 영생을 취하라(딤전6:11-12)."고 격려한다.

이렇게 그리스도와 함께하는 사역은 '죽으면 죽으리라(스4:16)'는 생명을 내던진 싸움이어야 한다. '죽으면 살리라(요12:24)'는 역설적인 성경말씀이 억지나 과장이 아니다. 그것은 실제적으로 입증되는 매우 '역설적인 전쟁'이기도 하다. 이것이 바로 '사역의 전투성' 개념이다. 실제로 사역은 전투적인 성격을 지닌다. 사역은 전쟁, 특히 전투와 마찬가지로 주님의 사역명령에 절대복종하고 즉시 행동해야 하는 즉각성卽刻性과, 사역이 실행되는 그 전장(사역현장)에서 싸움이 벌어지는 현장성現場性과 현시성現時性이 있고, 사역에 필요한 지혜(전9:18)와 전략과 전술(잠20:18)과 군사력(왕하18:20, 사36:5)과 전쟁무기(잠21:31, 겔 39:9, 느4:17,23, 고후6:7, 롬6:19, 엡6:13)와 군사들의 용기(수1:7, 삼하10:12, 대상19:13, 요16:33, 행23:11) 등이 필요하다는 실전성實戰性을 모두 지니고 있기 때문이다. 그러므로 하나님의 일, 하나님나라의 일인 사역은, 가상전이나 모의전이 아니다. 오늘 여기 이 땅에서 전개되는 실전이고, 하나님께서 직접 개입하시는 성전이다. 그런 의미에서 '전쟁은 여호와께 속한 것(삼상17:47)'이고, 이 땅위에 있는 모든 그리스도교회 공동체는 '전투적 교회(엡6:10-13)'이다.

자신과의, 사악한 영적 세력들과의 싸움

이 사역의 전투성 개념에서 기억할 두 가지 전투(싸움)는 우선 사역자의 '사역자 자신과의 싸움'이고, 거역하고 훼방하는 '사악한 영적 세력들과의 싸움'이다. 사역자는 이 두 가지 싸움에서 반드시 모두 이겨야 비로소 완전히 승리할 수 있기 때문이다.

첫째, 자신과의 싸움에서 진 사람은 적과 싸워보기도 전에 싸움에 진 것이다. 승리의 면류관(약1:12, 계2:10)은 꿈도 꿀 수 없다. 오히려 적그리스도들에게 포로가 되어 그들의 앞잡이 노릇이나 하게 된다. 그것은 영원한 치욕이요, 파멸이다. 그러기에 사역, '믿음의 선한 싸움'을 싸울 때에는 차라리 싸우다가 장렬하게 전사를 할지언정, 싸움터에서 겁쟁이처럼 덜덜 떨기만 하다가 포로로 잡히는 치욕을 당하지 말아야 한다. 우리를 포로로 삼는 적은 사악하고 어둡고 더러운 영적 세력들이기 때문이다. 믿음의 선한 싸움을 싸우다가 죽더라도 그 의로운 죽음은 주님 안에서 다시 살아날 것이므로, 영생을 확보하는 쪽을 용사답게 택하라는 뜻으로, 사도 바울은 디모데에게 '영생을 취하라'고 권고한 것 아니겠는가(딤전6:12).

둘째, 거역하고 훼방하는 사악한 영적 세력들, 적그리스도(요일2:18, 4:3, 요이1:7)와의 싸움은 본질적이고 궁극적인 영적 전쟁이다. 그것은 '사탄이 하늘로부터 번개 같이 떨어지는 것을 내가 보았다'고 하시면서 참으로 모처럼 기뻐하시던 '주 예수님의 나라'와 직접적 관련이 있는 싸움이다. 교회의 머리가 되시는 그리스도 우리 주 예수님을 직접 시험했을 정도로 사악하고 참람한 마귀들의 재도전이다. 적그리스도 즉 귀신의 영들과 그들에게 이끌림 받는 인간들의 연합세력과의 전쟁이다(계11:7, 16:14, 막13:22).

그렇지만 이 전쟁은 '승패의 향방이 미리 예정된 전투'이다(계12:7, 19:19-21). "내가 너로 여자와 원수가 되게 하고 네 후손도 여자의 후손과 원수가 되게 하리니, 여자의 후손은 네 머리를 상하게 할 것이요 너는 그의 발꿈치를 상하게 할 것이니라(창3:15)."라는 말씀 그대로 그리스도께서 승리하시도록 하나님께서 미리 예정해 놓으신 전쟁이다. 다만 정해진 '때가 이를 때까지' 적을 완전히 섬멸할, 본격적이고 전면적인 '마지막 전투'가 일정기간 동안 유보되고 있을 뿐이다.

전면전(심판)이 유보된 이유를 기억하면서

그 싸움이 유보된 이유는, 첫째로 '이방인의 충만한 수가 들어오기까지(롬11:25)' 하나님께서 오래 참고 기다리시기 때문이다. 그리스도의 복음이 땅 끝까지 전파되어 어두움 속에서 살던 '아직도 믿지 않고 있는 이들'이 그리스도의 품으로 돌아오기까지 유보된 것이다. 잃은 양 한 마리를 찾은 목자의 기쁨(눅15:3-7)에 관한 비유에서 보여주신 '예수님의 또 하나의 기쁨' 그것은 바로 사악한 영적세력들이 빼앗아 간 영혼을 되찾아 아버지 하나님의 품안에 있도록 하는 것이고, '그리스도의 사역'의 목적이기 때문이다.

둘째로 '하나님의 말씀과 그들이 가진 증거로 말미암아 죽임을 당한 영혼들의 수가 차기까지(계6:9-11) 전투가 유보되고 있기 때문이다. 복음을 전파하고 예수님을 증거하다가 죽임을 당한 순교자들이 하늘나라에서 하나님께 여쭙는다, 언제쯤 세상을 심판하셔서 순교자들이 억울하게 흘린 피를 씻어 주시겠습니까(계6:10)라고. 이에 대하여 하나님께서는, "아직 잠시 동안 쉬되 그들의 동무 종들과 형제들도 자기처럼 죽임을 당하여 그 수가 차기까지 하라(계6:11)."라고 말씀하신다. 성도들을 통하여 이루시고자 하는 사역(영적 전투)들이 아직 끝나지 않았기 때문에 그 때까지 그리스도의 재림과 심판을 유보하신다고 하신 것이다. 그러니까 아직은 이 땅에서 전개되어야 할 우리의 사역(싸움)이 남아있다는 말씀이고, 더 많은 순교의 피가 흘러야 할 영적전쟁이 우리를 기다리고 있다는 말씀이다.

이 두 가지 이유들로부터 얻게 된 '우리의 할 일'이란, 복음이 먼저 만국에 전파되어야(막13:10) 한다는 것과, 순교를 각오한 영적 전쟁은 더 계속되어야 한다는 점이다. "이 천국 복음이 모든 민족에게 증언되기 위하여 온 세상에 전파되리니 그제야 끝이 오리라(마24:14)."라고 말씀하신 것처럼, 우리 주님, 그 '인자가 구름을 타고 큰 권능과 영광으로 오는 그 때까지(막13:26)', 그리고 모든 원수 마귀를 물리치고 영원한 하나님의 나라, 그리스도의 왕국이며 완전한 '승리의 교회(계21:3-7, 22)'가 이루어지기까지, 그리고 '최후심판'이 있기까지, 이 두 가지 사역은 꾸준히 전개해야 할 것이다. "성안에 성전을 내가 보지 못하였으니, 이는 주 하나님 곧 전능하신 이와 및 어린양이 그 성전이심이라. 그 성은 해나 달의 비침이 쓸 데 없으니, 이는 하나님의 영광이 비치고 어린양이 그 등불이 되심이라……. 무엇이든지 속된 것이나 가증한 일 또는 거짓말 하는 자는 결코 그리로 들어가지 못하되, 오직 어린양의 생명책에 기록된 자들만 들어가리라(계21:22-23, 27)."

그러나 주님은 '그 날과 그 때는 하나님 아버지 외에는 아무도 모른다(막13:32)'고 하시고, "너희가 내 이름으로 말미암아 모든 사람에게 미움을 받을 것이나, 끝까지 견디는 자는 구원을 받으리라(막13:13)."고 하시다. 그러므로 주 예수님께서는 이 영적 전투인 사역을 위하여 '항상 기도하며 깨어 있으라(눅21:36)'고 당부하신다. 따라서 우리의 사역은 주님 다시 오실 때까지 영속적으로 전개되어야 할 것이다.

사. 사역의 영속성

사역이 지니는 의미와 성격, 그 일곱째는 사역의 '영속성永續性'이다. '하나님의 일, 하나님나라의 일인 사역'은 간단한 일, 그래서 금방 끝낼 수 있는 일이 아니다. 물론 사역의 속성에 따라서는 한시적인 것도 있을 수 있다. 그러나 본질적으로 사역은 영원 전부터 영원토록 사시며 역사하시는 하나님께 속한 일이므로, 하나님께서 우리를 부르시고 일을 시키시는 한, 그 사역은 영원히 계속될 수도 있다.

또 이미 태초에 하나님께서 목적을 가지시고 인간을 창조하실 때부터 우리에게 부여하신 '사람의 임무'가 있고, 또 그리스도 우리 주 예수님의 십자가 희생을 통한 '구속의 역사' 즉 '그리스도의 사역'에 힘입어 구원 받아 이미 '새 사람'이 된 우리들에게 주 예수님께서 맡기신 '그리스도인의 사명'도 있다. 그러므로 이 임무와 사명은 주 예수님께서 다시 오실 그 '세상 끝 날'이 되어 새 하늘과 새 땅이 임하고, 거룩한 성 새 예루살렘이 하나님께로부터 내려와야(계21:1-2) 종료될 사역들이다. 그리고 그 새 예루살렘의 생명수 강가에서(계22:1) 세세토록 우리는 '하나님을 경배하고 찬양하고 감사하는 사역'을 기쁨과 감격 속에서 계속하게 될 것이다(계22:5,9).

사역의 지속성과 계대성을 염두에 두고

하나님의 자녀요, 하나님나라의 백성이요, 그리스도의 일꾼인 우리가 아버지 하나님을 받들어 섬기는 사역은 영속성을 지닌다. 따라서 우리는, 주님의 뜻이 받들어 섬겨지는 사역의 모든 현장들에서 '사역의 지속성持續性'과 '계대성繼代性'을 항상 염두에 두고, 이것이 모든 그리스도교회 공동체 사역에서 관철되도록 힘써야 할 것이다.

먼저 여기에서 말하는 사역의 '지속성'이란, 어떤 사역이 한번 시행되면 모든 어려움을 무릅쓰고 줄기차게 그 처음 목적과 목표가 달성될 때까지 추진하는 것을 말한다. "우리가 선을 행하되 낙심하지 말지니, 포기하지 아니하면 때가 이르매 거두리라(갈6:9)."라는 말씀처럼 말이다. 그것은 사역을 중간에 하다말다 하는 식으로 추진하거나, 조금 해보다가 아니다 싶으면 별다른 노력도 기울여보지도 않고 금방 집어치워버리는 식으로 변덕을 부린다거나, 사역을 하기는 하는데 이따금씩 여유 있을 때나 간헐적으로 사역을 전개하는 그런 모습들이 아니다. 사역의 지속성은 사역이 중간에 멈추거나 끊어지지 않고 꾸준히 계속되어야 하며, 사역이 추진되는 과정에서 만나게 되는 모든 난관을 인내심을 가지고, 포기하지 말고 처음의 뜻과 방향을 그대로 유지해나가야 하고, 한번 결단하고 시작한 사역은 온 힘과 뜻과 정성을 다하여 끝까지 추진하여, 반드시 이루고야 말겠다는 의지를 필요로 한다.

그런데 안타깝게도 교회들 가운데에는 사역을 마치 교회를 관리운영하기 위한 프로그램으로 착각하거나, 자기만족 또는 자기과시를 위한 행사로 삼는 경우가 없지 않다. 그래서 사역을 지속적으로 하지 않는다. 따라서 성도들 사이에는 불평이, 사역에 참여하던 성도에게는 만회하기 어려운 실망이, 사역을 추진하던 관계자들 사이에는 갈등이, 그래서 그런 교회에는 더러 '사역후유증'이나 혼란이 뒤따르게 된다. 그러므로 사역의 지속성을 확보하기 위해서는 많은 기도와 충분한 심사숙고와, 그리고 철저한 준비 끝에 사역에 착수하는 성숙함과 지혜가 필요하다.

다음으로, 사역의 '계대성'이란 사역이 이 세대에서 다음세대로 대代를 이어 추진되는 것을 말한다. 성경에는 여러 곳에 계보系譜, 즉 족보가 기록되어 있다. 그것은 조상과 후손의 관계를 밝혀주는 계도系圖일뿐만 아니라, 정통성이나 역사성들을 일깨워주기도 한다. 그 계보들을 곰곰이 헤아려보면 퍽 은혜롭다. 특히 예수 그리스도의 계보(<개역> 세계世系, 마1:1-6)는 얼마나 경이롭고 감사한 역사인가. 이처럼 대를 이어서 아버지 하나님의 예정하심과 섭리가 우리의 사역을 통하여 성취된다는 것은 아름답고 복된 '대 이음(계대)'의 역사가 아닐 수 없다.

그런데, 사역이 영속성을 지니기 위해서는 첫째로 '오늘, 여기'의 사역에 최선을 다하고, 둘째로 그와 동시에 '내일'의 사역을 위한 '다음세대의 육성'에 힘을 기울일 것이 요망된다. 사역은 우선 '오늘, 여기' 즉 이 시대 이 땅에서 현재적이고 실체적으로 온 힘을 다하여 추진되어야 한다. 그리고 사역은 그 역사가 끊어지거나 끝나버리지 않도록 '어제'를 '오늘, 여기'에 이어 붙이고, '내일'을 '오늘, 여기' 속에 포함시켜나가야 한다. 역사란 '오늘, 여기'가 연속적으로 누적되어 기억되는 것이기 때문이다. 특히 '내일'을 '오늘, 여기'에 포함시키는 사역들 가운데는 사역의 영속성을 확보하기 위한 '다음세대의 육성'이 큰 과제로 떠오른다.

'오늘, 여기'서부터 다음세대를 육성해야

자식이 없으면 대를 이을 수 없고, 대가 이어지지 않으면 계보는 거기서 멈추는 것처럼, 사역의 영속성을 확보하기 위한 '다음세대의 육성'이라는 과제는 사역에서 참으로 중요하고도 시급한 과제이다. 이것을 그냥 인간적이고 세상적인 관점에서 예를 들어보면, 모세는 후계자 여호수아를 두었기에 그의 사역은 계속될 수 있었다. 그렇지만 여호수아는 확실한 후계자가 없었다. 그러기에 "백성이 여호수아가 사는 날 동안과, 여호수아 뒤에 생존한 장로들 곧 여호와께서 이스라엘을 위하여 행하신 모든 큰 일great things을 본 자들이 사는 날 동안에 여호와를 섬겼더라. ……여호수아가 백세에 죽으매…… 그 세대의 사람도 다 그 조상들에게로 돌아갔고, 그 후에 일어난 다른 세대는 여호와를 알지 못하며…… 이스라엘 자손이 여호와의 목전에서 악을 행하여…… 그들의 조상들의 하나님 여호와를 버리고……(삿2:7-12)."라는 결과에 이르고 만다.

여기에서 보는 것과 같이 확고하고 유능한 리더십을 갖춘 후계자가 없으면 역사적 과업은 제대로 계승되기 어렵고, 그 과업을 추진하던 집단의 동질성도 유지되기 어렵다는 것이 역사의 교훈이다.[51] 이런 의미에서, 다음세대를 사역의 계승자로 양성하는 일은 오늘 우리에게 맡겨진 임무를 충실히 수행하는 것 못지않게 중요한 일일뿐만 아니라, 매우 엄숙하고 진지한 과제라는 것을 깨닫게 된다.

그런데 여기에서 반드시 짚고 넘어가야 할 것이 있다. 그것은 다음세대를 유능한 사역의 계승자로 세우려면 그들은 '오늘, 여기'에서부터 사역자로 세워져야 한다는 점이다. 어느 훗날 필요한 시기에 갑자기 사역자를 세워서 뒤를 잇

---

51 물론 이러한 인간적인 요인 외에도, 여기에는 여호수아 이후의 세대들인 이스라엘 백성들이 불순종과 타락으로 하나님의 진노하심을 촉발시켰고, 그리고 이에 대한 하나님의 보응(수23:12-13)이 그들에게 임했다는, 더 본질적인 요인이 있었음을 간과해서는 안 될 것이다.

게 하면 되는 것이 아니라는 말이다. 사도 바울이 고민했던 것처럼, 사역후계자들에게 '그리스도의 형상이 이루기까지(갈4:19)' 사역자 한 사람을 양성하려면 오랜 기간을 필요로 한다. 그러므로 '후계자 세우기'는 미리미리 착수되어야 한다. 여호수아가 모세의 후계자로 되기까지 오랜 시간 동안 많은 실전적 훈련을 경험했던 것처럼 말이다. 그러므로 사역을 이어갈 '다음세대'는 '오늘' 그리스도교회 공동체들이 추진하는 '실제사역' 속에 투입되고 있어야 하고, '여기'에서 펼쳐지고 있는 사역들 속에서 그들이 사역자의 기량을 '경험적으로 또한 실천적으로 확보하고 있어야' 한다. 교회와 사회의 '내일'을 걸머질 '다음세대 사역의 중심'인 '청소년'은 그러므로 '오늘, 여기의 사역자'이어야 한다.

그럼에도 불구하고 오늘 우리의 청소년들은 과연 교회 안팎에서, 사역의 현장에서 어떤 상태, 어떤 모습으로 살고 있는지 우리 주변을 돌아보며 냉철히 생각해볼 필요가 있지 않을까. 청소년이 지금 이 상태대로라면 '사역의 미래'가 보장될 수 있을 것인지, 지금 이 모습이라면 '교회의 장래'를 안심해도 될 만큼 충분한 것인지, 지금처럼만 하면 위에서 살펴 본 '사역의 7가지 의미와 성격'들이 청소년의 가슴 속에도 뜨겁게 살아있게 될 것인지를 점검해봐야 하지 않을까.

3. 그리스도교회 공동체 사역의 정의

가. 그리스도교회 공동체 사역의 정의

우리는 앞에서 성경을 통하여 사역의 개념과 그 역사적 뿌리, 그리고 사역의 의미와 성격 등을 살펴보았으므로, 이를 바탕으로 이제야 우리는 그리스도교회 공동체 사역이란 무엇인가를 간추려 정의[52] 해볼 수 있는 단계에 이르

---

52 여기에서 사역의 정의(定義, definition)라 함은, 언제 어디서나 통용될 수 있는 사역의

렸다고 여겨진다.

그런데 그리스도교회 공동체 사역은 창조주 하나님께서 친히 사람에게 명령하신 '하나님과 사람의 관계에서 형성된 사역'이라는 측면이 있고, 그리스도 우리 주 예수님께서 우리 성도들에게 친히 명령하신 '그리스도의 사역과 관련된 사역'이라는 측면도 있으므로, 이 두 가지 측면을 각각 나누어서 살펴보고자 한다.

1) 하나님과 사람의 관계에서 형성된 사역

사역의 정의 (1)

먼저, '하나님과 사람의 관계에서 형성된 사역'이라는 관점으로 그리스도교회 공동체의 사역을 보면, '그리스도교회 공동체의 사역'이란 다음과 같이 정의해볼 수 있다.

- (왜) 하나님께서 목적을 두고 작정하신 바를 위하여,
- (무엇을) 친히 사람을 부르셔서 명령하신 일을,
- (누가) 일꾼으로 세우심의 은혜를 입은 사람(사역자)들이 이를 받아,
- (언제) 분부를 받은 때부터 우리 주님이 다시 오실 때까지(그 명령을 완수할 때까지),
- (어디서) 이 땅에서 그리고 하나님 앞에서,
- (누구를 위해) 하나님의 뜻을 이루고, 하나님께 영광을 올려드리기 위하여,
- (어떻게) 예배행위로서 주님 안에서 주님의 뜻을 받들어 섬기며 이를 실행하는 것이다.

정의라기보다는, 이 글에서 강조하고자 하는 바를 드러내기 위한. 즉 '특정한 관점과 시각에서 본, 그리스도교회 공동체 사역의 정의'라고 그 의미를 한정적으로 이해하기 바란다.

하나님께서 목적을 두고 계획하신 일

'하나님께서' 사역이라는 인간행위를 창안하셨고, 그 사역의 이유와 목적도 제시하셨다. 그러므로 첫째 (왜), 사역의 '궁극적인 원천(궁극인窮極人)'은 우리 주 하나님이고, '주(主, 주관자)'도 우리 주 하나님이다. 그리스도교회 공동체의 사역은 사람의 선택이나 결단에 의한 것이 아니라 하나님으로부터 비롯된 것이므로, 하나님께서 '목적을 두고 작정하신 바'를 위해서만 존재한다. 즉 이 '목적을 두고 작정하신 바'를 이루기 위하여 하나님께서 스스로 '사역'이라는 수단을 창안하셨으므로, 사역은 사람이 자신의 필요에 따라 행동하는 것이 아니며, 사람이 사역의 목적이나 목표를 임의로 설정하는 것도 아니다.

하나님께서 사람을 부르셔서 명령하신 일

둘째 (무엇을), 사역은 하나님께서 친히 사람을 부르셔서 명령하신 일을 사람이 하는 것이므로, 사역은 하나님의 부르심(소명)의 은혜를 입은 자만이 감당할 수 있다. 아무나 자원해서 투신하는 것은 사역이 아니다. 하나님의 부르심이 없이는 누구든지 하나님 앞에 자기 마음대로 나갈 수도, 설 수도 없다. 그러므로 우리는 하나님의 은혜를 사모해야 하는 것이다. 그리고 사역은 하나님께서 명령하신 일을 실행하는 것이다. 사역은 사람이 아무 일이나 만들어서 하는 것이 아니라, '하나님께서 명령하신 일만을' 충성스럽게 실행하는 것이다. 우리는 항상 하나님의 말씀을 들여다보고, 그 말씀에 귀를 기울이고 그 명령을 실행할 준비를 갖추고 있어야 한다.

또한 사역은 '일'을 하는 것이다. 행동하는 것, 몸으로 보여드리는 예배행위가 사역이다. 생각이나 말만하고 행동이 없는 것은 사역이라 할 수 없다. '소산이 있도록 끝까지 힘써 일하는 것'이 사역이다. 하나님께서 원하시는 사역은 하나님께서 목적을 두고 작정하신 바를 사람이 이루어드리는 데에 있기 때문이다.

일꾼(사역자)이 하나님의 일을 받들어 섬기는 것

셋째 (누가), 사역은 '하나님의 일꾼'으로 부르시고 세우심의 은혜를 입은 사람(사역자)들이 하나님께서 명하신 일을 받들어 섬기는 것이다. 사역은 '하나님의 일꾼'이라는 영광스럽고 자랑스러운 신분으로 일하는 것이므로, 사역자는 '기쁘고 감사함으로 온전히' 자기가 맡은 바 일에 충성하고 헌신해야 한다. 또한 사역은 하나님께서 명하신 일을 받들어 섬기는 것, 즉 '거룩하신 하나님의 일'에 쓰임 받는 것이다. 사역은 개인적인 또는 직업적인 일을 하는 것도, 사회적인 공무를 집행하는 정도의 일도 아니다. 사역은 '하나님께서 보고 계시는 앞에서 하나님(나라)의 일을 행하는 것'이므로, 사역자는 '두렵고 떨림으로 거룩하게' 이 일을 '받들어 섬겨야'한다. 우리 주 하나님은 '거룩하시고 온전하신 하나님'이시기 때문이다.

그리고 사역은 '하나님의 뜻을 이어받아' 사람이 사역자(일꾼)로서 일하는 것, 즉 창조주 하나님께서 뜻하신 바를 피조물인 사람이 이어받아(계승)하고 대행하는 것이다. 소유주이신 하나님께서 사람에게 관리의 직무를 위탁하시고 이를 대행하도록 하신 것이 사역이다. 사역의 막중한 책임과 의무가 일꾼(사역자)에게 부여되어 있다. 그러므로 사역은 해도 그만, 안 해도 그만이 아니다. '달란트 비유(마25:14-30, 눅19:11-27)'에서 보듯이 반드시 해야 하고, 철저히 창의적으로 최선을 다해서 해야 하고, 끝까지 책임지고 해야 하는 것이 사역이다.

지금부터 주님 다시 오실 때까지 해야 할 일

넷째 (언제), 사역은 분부를 받은 때부터 주님께서 다시 오실 때까지 계속되어야 할 영속성을 지닌 사명(과업)이다. 사역은 주님의 부르시고 명하심을 받은 때부터 곧바로 착수되어야 한다. 가라시면 곧바로 가고, 멈추라시면 곧바로 멈추고, 접으라시면 곧바로 접어야 한다. 망설임이나 지체함이 없이 명령에 '지금' 곧 복종함이 있어야 한다.

그리고 사역은 우리 주님이 다시 오실 때까지(그 명령을 완수할 때까지) 지속되어야 할 일이다. 사역은 조금 하다가 그만두어도 되는 일이 아니다. 금방 그 결과(열매)를 볼 수 있는 일만도 아니다. 주님께서 명하신 때부터 곧바로 시작해서 끊임없이, 변질되거나 왜곡됨이 없이 시행되어야 한다. 그만두어라 하실 때까지 한결같이 꾸준히 해야 하는 일이 사역이다. 무엇보다도 하나님의 뜻이 이루어지기까지, 그러니까 우리 주님이 다시 오실 때까지(그 명령을 완수할 때까지), '하나님의 일, 하나님나라의 일인 사역'은 계속되어야 한다.

이 땅에서, 그리고 하나님 앞에서 이루어지는 일

다섯째 (어디서), 사역은 이 땅에서, 그리고 하나님 앞에서 이루어지는 일이다. 사역은 '여기' 우리가 사는 세상에서 이루어져야 할 일이다. 하나님께서 지정하시는 곳이면 그곳이 바로 사역의 현장인 '여기'이다. 그러므로 사역은 그리스도교회 공동체 안에서 이루어져야 하고, 동시에 교회 밖의 세상 속에서도 드넓게 펼쳐져야 한다. 그리고 사역은 '하나님 앞에서', 즉 '하나님께서 친히 보고 계시는 앞에서<라>Coram Deo' 하나님의 뜻을 받들어 섬기는 일이다. 그러므로 결코 소홀히 해서도, 게으름을 피워서도 안 되는 것이 사역이다. 그저 사역자는 '기쁘고 감사함으로, 온전히 두렵고 떨림으로, 거룩하게' 우리의 온 마음과 뜻과 정성을 다해서, 몸(행동)으로 주님의 뜻을 받들어 섬겨야 한다.

그런데 이와 같은 사역을 감당함에 있어서, 그 일이 힘들고 어렵더라도, 이를 회피하거나 두려워할 필요가 전혀 없다. 왜냐하면, 사역은 하나님의 일이고, 하나님께서 우리가 일하는 것을 지켜보고 계실뿐만 아니라, 우리와 친히 함께 일하고 계시기 때문이다.

하나님의 뜻을 이루어 영광을 올려드리는 일

여섯째 (누구를 위해), 사역은 하나님의 뜻을 이루고 하나님께 영광을 올려드리기 위해서 존재한다. 사역의 궁극적인 목적이나 목표는 우리의 사역을 통하여 '하나님의 뜻'이 이루어져서 '오직 하나님께서만 영광을<라>Soli Deo

Gloria' 세세무궁토록 홀로 받으시게 되는 데에 있다. 사역은 하나님을 위한 것, 하나님을 기쁘시게 해드리는 것, 하나님의 영광을 위한 것이다. 그러므로 사역은 사람의 뜻을 이루기 위한 일이 아니다. 사람의 영예나 유익을 위한 것이어서는 안 된다. 사람의 뜻을 이루기 위한 일은 교회 안에서 다룰 일이 아니므로, 결코 이를 교회 안에 끌고 들어오지도, 다루지도 말아야 한다.

예배행위로서, 주님의 뜻을 받들어 섬기는 것

일곱째 (어떻게), 사역은 하나의 예배행위로서 주님 안에서 주님의 뜻을 받들어 섬기며 이를 실행하는 것이다. 사역은 주님께 우리의 몸과 마음과 정성을 봉헌하는 '산제사', 즉 예배이므로 '세상 일'을 하듯이 예사롭게 사역하는 것은 하나님 앞에서 큰 잘못을 저지르는 것이다. 그리고 예배에서 제물 또는 예물은 흠 없이 온전한 것, 정성껏 마련된 최상의 것이어야 한다면, 그 제물(예물)인 '나'는 온전히, 최선을 다해 봉헌되어야 한다.

이와 함께 사역은 주님 안에서 주님의 뜻을 따라 실행되어야 한다. 사역이 나에게 맡겨졌다고 내 마음대로 판단하거나 좌우할 수 있는 것이 아니다. 사역은 반드시 하나님의 뜻을 받들어 주님의 뜻에 합치되게 수행되어야 하며, 하나님의 말씀과 성령님의 이끄심과 교회의 올바른 가르침에 따라 무릎으로(기도로) 섬겨야 한다. 이렇게 주님 안에서 주님의 뜻을 온전히 받들어 섬기는 것이 참 사역이다.

2) '그리스도의 사역'과 밀접하게 관련된 사역

사역의 정의 (2)

그리스도교회 공동체의 사역은 '하나님과 사람의 관계' 속에서뿐만 아니라, '그리스도의 사역과 관련'해서도 조명될 필요가 있다. 그리스도교회 공동체가 지상에 존재하게 된 것도, 그리스도교회 공동체가 사역을 하게 된 것도 그리스도 우리 주 예수님의 구속의 은혜로부터 비롯된 것이다. 그리스도 우리 주 예수님께서 우리를 살리시고, 그리스도의 일꾼으로 삼아주셨기에 교회가 있고 성도(그리스도인)가 있는 것이다. 그리고 이 모든 것은 '그리스도의 사역'과 밀접하게 관련되어 있다.

그런데 사역은 그 구조를 보면 명령자(지시자)와 명령을 받아 실행하는 자(사역자), 명령된 일거리 그리고 명령을 실행하는 행위 등으로 엮어져 있음을 '사역의 일반적 이해'에서 보았다. 그래서 정의(2)에서는 이 사역의 일반적인 틀을 사용하고자 한다. '그리스도의 사역'과 밀접하게 관련된 사역이라는 관점에서 그리스도교회 공동체 사역을 다음과 같이 정의해볼 수 있다.

- (명령자) 그리스도 우리 주 예수님께서
- (사역자) 구속의 은혜에 힘입어 구원 받아 새 사람이 된 성도와 그리스도 교회 공동체에게
- (일거리) '그리스도의 사역'을 지속하고 완수하기 위하여 친히 분부하신 '그리스도인(그리스도교회 공동체)의 사명'을 다 하기 위하여
- (사역형태) 성령님의 역사하심에 따라 그리스도의 일꾼으로서 받들어 섬기는 것이다.

명령자: 예수 그리스도

첫째 (명령자), 그리스도교회 공동체 사역의 명령자는 하나님이시며 그리스도이신 우리 주 예수님이시다. 그리스도교회 공동체 사역의 또 다른 국면은 바로 그리스도 우리 주 예수님께서도 사역을 명령하고 계신다는 점이다. 사역을 명령하시는 이는 아버지(성부) 하나님뿐만 아니라, 성자 하나님께서도 우리에게 사역을 명하신다는 사실이다. 주님은 '아버지 하나님의 뜻', 즉 하나님께서 목적을 두고 작정하신 바를 이루기 위하여 '사람으로 세상에 오신 하나님'이시기에 당연히 우리에게 사역을 명하실 수 있다.

성부하나님께서 '목적'하신 것은 전적으로 타락한 인간의 구원이고, '작정' 하신 것은 '성자하나님을 그리스도로Savior/Messiah서 세상에 보내어 그를 구속을 위한 희생의 제물로 삼기로 하신 것'이었다. 그래서 그리스도 우리 주 예수님은 인자Son of Man로 세상에 오셔서 스스로 희생의 제물이 되시고, 그의 거룩하신 피로써 전적으로 타락한 인간의 죄 값을 치러 주심으로 사람을 구원하여 주셨다. 이 놀라운 '그리스도의 사역'을 통하여 그의 피로 값을 치르고 우리를 사셨으므로, 주님은 당연히 '우리의 새 주인'이시다. 또한 주님은 우리에게 죄에서 자유를, 사망에서 영원한 생명을 주신 분이시므로 '우리의 왕'이시다. 그러므로 이 주님께서, 왕이신 주님께서 우리에게 사역을 명령하시는 것은 당연하다.

더군다나 주님께서는 우리를 구원해주시기로 작정하신 아버지 하나님의 뜻을 따라, 사람이 영원토록 하나님의 사랑을 받으며 살아갈 '그리스도의 왕국'이요 '하나님나라'를 건설하기 위한 '그리스도의 사역'을 완성하시기 위하여, '주님의 사람(그리스도인)'들에게 함께 일하자고 하시니, 우리는 참으로 감사, 감격할 따름이다. 따라서 그리스도 우리 주 예수님의 명령은 곧 하나님의 명령이요, 이렇게도 크신 사랑의 말씀이시므로, 우리는 주님의 명령에 대하여 절대복종의 의무를 지닐 뿐만 아니라 마음으로부터 우러나는 '순종의 기쁨'도 함께 누리게 된다.

사역자(일꾼): 그리스도교회 공동체와 성도

둘째 (사역자), 그리스도 우리 주 예수님께서는 교회의 머리이시며, 주님의 은혜로 구원 받아 새 사람이 된 우리 성도들은 그리스도와 연합한 그의 몸(그리스도교회 공동체)이요 몸의 지체(성도)들이다. 그 머리이신 주님께서 몸이요 지체인 우리들을 그리스도의 성역에 쓰임 받는 일꾼(사역자)로 삼아주셨다. 아버지 하나님께서 지극히 높여 모든 이름 위에 뛰어난 이름을 주신 바로 그 '예수 그리스도(빌2:9-11)의 사랑받는 일꾼'이 된 것이므로 이는 그리스도교회 공동체의 영예요 성도의 자랑거리다. 그러므로 그리스도의 일꾼(사역자)된 그리스도교회 공동체와 성도들은 그리스도와 함께 영광을 받기 위하여 고난도 함께 받아야 할 것임을 명심하고, 겸손히 주님의 뜻을 받들어 섬기기에 전심전력해야 한다.

일거리(사명): '그리스도의 사역'의 지속과 완수

셋째 (일거리), 그리스도 우리 주 예수님께서 이 땅의 교회와 성도들에게 분부하신 사명은, 그리스도의 몸이요 지체들이 한 몸을 이루어 '그리스도의 사역'을 지속하고 완수하는 일에 서로 유기체적으로 참여하고 협력하는 것이다. 이 일을 위하여 주 성령 하나님께서도 친히 우리와 함께하시고 도우신다. 그러므로 그리스도의 일꾼들은 주님 안에서 한 몸, 즉 '하나의 그리스도교회 공동체'를 이루어 '그리스도인의 사명'을 다 하기 위하여 각자의 역할과 기능을 유감없이 발휘해야 할 것이다. 특히 그리스도 우리 주 예수님께서는 이 땅에 제사장이시며, 선지자요, 왕이시며, 구세주로 오셨고, '아버지 하나님으로부터 받은 그리스도의 사역(성역)'을 다 이루셨다. 그리고 아버지 하나님의 보좌 옆에서 일하시며, 오늘도 제자요 일꾼인 우리들에게 '하나님나라의 완성'을 위한 '그리스도의 사역'에 참여하라고 당부하신다. 그러므로 그리스도교회 공동체와 성도들은 이 사명을 감당하는 데 모두가 협력하고 힘써야 한다. 그리고 이 사명을 완수하는 그날까지 지속적으로 이를 감당하기 위하여 '일꾼을 양성'하는 일에도 노력해야 할 것이다.

사역형태: 성령님의 역사와 성도의 받들어 섬김

넷째 (사역형태), 그리스도교회 공동체와 성도들의 사역에는 언제나 성령님의 역사하심이 함께하신다(롬8:9). 그래야만 그리스도교회 공동체 사역이라고 말할 수 있다. 신약시대, 특히 우리 주님께서 부활, 승천하신 이후의 그리스도교회 공동체의 사역은 주 성령님과 함께하는 사역이다. 주님께서 약속하신 대로 우리에게 보내주신 '또 다른 보혜사(요14:16)'이신 주 성령하나님께서 친히 임재하시고, 우리와 항상 함께하시고, 친히 역사하시면서 우리의 사역을 친히 주관하시고 지도하여 주신다(요14:26, 15:26, 16:7,13). 그러므로 그리스도의 사역에 참여하는 그리스도교회 공동체와 성도는 두려워할 것이 전혀 없다. 오직 우리는 주 성령하나님의 역사하심에 따라 그리스도의 일꾼(사역자)으로서, 주님께서 분부하신 사명을 '두렵고 떨림으로, 거룩하게, 기쁘고 감사함으로 온전히' 받들어 섬길 뿐이다.

나. 그리스도교회 공동체 사역의 의의

위의 두 가지 정의에서 본 바와 같이 그리스도교회 공동체의 사역은 하나님께서 우리에게 맡기신 일, 그래서 우리가 반드시 받들어 섬겨야 할 일이다. 이 중요하고 엄숙한, 그러면서도 기쁘고 감사한 사역의 의미와 가치를 더욱 강조하는 뜻에서, 여기에서는 그리스도교회 공동체 사역의 의의를 재음미해보고자 한다. 이렇게 사역의 의미와 가치를 되새겨보는 이유는, 사역자의 사명감과 자긍심을 드높이고 곧바로 뒤이어질 '청소년사역'을 이해하는 데에도 도움이 될 것이기 때문이다.

창조주 하나님을 받들어 섬기는 사역

우리가 A. D.(<라>Anno Domini, 그리스도 기원) 2000년대에 살면서 '하나님의 일, 하나님나라의 일인 사역'을 하고 있다는 것은 참으로 경이로운 일이다. 최초의 사람 아담과 하와의 범죄 이후로 모든 사람은 전적으로 타락한 존재들이 되어 죄와 사망의 구렁텅이 속에서 절망적인 나날을 보내야 했다. 하나님께로부터 쫓겨나 그 품을 벗어난 인간은 끊임없이 하나님과 버성기며 살았고, 그래서 하나님의 원수(롬5:10)였다. 그러던 것을 하나님과 사람 사이의 화목을 회복하기 위하여 하나님의 아들Son of God이 사람의 아들Son of Man

로 세상에 오셔서 화목제물로 자신을 내어주어 희생되셨다. 이로써 인간은 죄와 사망의 굴레를 벗고 다시 하나님의 품 안에 살면서 사람구실을 하게 되었다. 그것은 하나님의 독생성자께서 그리스도로 세상에 오시기 이전(B.C., Before Christ)에는 상상조차 할 수 없었던 일이다.

그런데 지금 그리스도 이후의 시대(A. D.)에 살고 있는 우리는 사역을 한다고, 해야 한다고 목청을 높이고 있다. 사역, 그러니까 '하나님의 일, 하나님나라의 일'을 '사람'이 해야 한다고 말이다. 그것도 자기 자신을 '하나님의 자녀'라고 내세우면서 말이다. 이와 같이 우리가 이렇게 '사역하고 있다는 것', 즉 '하나님의 일, 하나님나라의 일'을 하고 있다는 것은, 인간이 본질적인 상태로 하나님께서 사람을 창조하시고 에덴동산에서 사람과 함께 지내시던 그 맨 처음의 본래상태로 회복되었음을 확증하는 것이다. 아니, 최초의 사람은 하나님을 '아빠, 아버지'라고 감히 부르지 못하였으니까, 우리는 그 최초의 상태보다 더 '업그레이드upgrade'된 상태에 있는 것이다. 그렇지 않다면 이런 말을 입 밖엔들 내놓을 수 있겠는가. '내가 사역하고 있다는 것'은 참으로 경이롭고 감격적인 사실이 아닐 수 없다. 그래서 이런 말을 할 수 있을 것 같다. "나는 사역한다. 그러므로 나는 존재한다."

율법의 완성자이신 그리스도의 뜻을 계승하는 사역

이렇게 우리를 죄와 사망에서 구원하여주시고 우리를 일꾼으로 삼으신 그리스도 우리 주 예수님께서는 또한 율법을 완성하신 주님(마5:17)이시다. 주님께서는 "천지가 없어지기 전에는 율법의 일점일획도 결코 없어지지 아니 하고 다 이루리라."고 말씀하시고, "누구든지 이(율법과 계명)을 행하며 가르치는 자는 천국에서 크다 일컬음을 받으리라."고 힘주어 말씀하셨다(마5:18-19).

여기에서 율법이나 계명을 지키는 것은 넓은 의미에서 하나님의 뜻과 명령, 그리고 주 예수 그리스도의 명령과 가르침 등을 다 '행하고 가르치는 것'을 말한다. "온 율법은 네 이웃 사랑하기를 네 몸과 같이 하라하신 한 말씀에서 이루어졌나니(갈514)"라는 말씀처럼, 그러므로 우리는 율법을 완성하신 그리스도 우리 주 예수님의 뜻을 받들어 이를 계승해야 한다. 그것은 내가 의롭다함을 받기 위해서가 아니라 오히려 '그리스도의 십자가 희생의 은혜를 믿음으로 의롭다함을 입어 이미 구원 받은 백성이요, 성도'로서, '율법의 완성 즉 하나님의 뜻의 성취'라는 보다 더 큰 목표를 이루기 위해서 일(사역)해야 한다. 그런 의미에서 '사역은 그리스도의 뜻을 계승하여 하나님의 뜻을 완성하는 것'이라 할 수 있고, 우리는 이를 위해서 행하고 가르치는 이 시대의 '천국의 제자된 서기관(마13:52)'이요, '예수 그리스도의 제자들'이라고 자부할 수 있는 것이다.

구원의 은혜를 감사하는 예배로서의 사역

하나님의 일꾼이요 그리스도의 제자가 된 우리는 구약시대에 제사로서 하나님을 섬기던 것처럼, '마음을 다하고 뜻을 다하고 힘을 다하여(신6:5)' 주님을 받들어 섬긴다.[53] 이 받들어 섬기는 행위, 즉 사역은 구약시대의 제사에 그 뿌리를 두고 있고, 그 제사는 '그리스도의 사역', 즉 '전적으로 타락한 인간을 구속하시기 위해서 하나님의 아드님이 십자가 위에서 제물로 희생되는 것'을 예표豫表[54]하는 것이었다. 그런데 이 놀라운 '그리스도의 사역', 즉 '아버지 하나님의 뜻을 이루어드리기 위해서 죽기까지 복종하신 그리스도의 순종(받듦)과 봉사(섬김)'는 인간을 죄와 사망에서 구원하여 자유와 영원한 생명을 안겨주었다. 인간이 죄 때문에 제사를 하나님께 드려야 하는 비참한 상태를 종식시켜주신 것이다. 더 이상 제사드릴 필요가 없는 해방과 평화를 사람들에게 주신 것이다.

그래서 이 그리스도의 복음을 듣고 믿어 구원 받고 주님 안에서 새 사람이 된 성도들은, 이 기쁘고 감사한 구원의 은혜를 감사하는 예배를 드리게 되었

---

[53] 마음, 뜻, 힘을 다한다함은 우리의 지정의(知情意)와 몸과 재물 등 전인격적으로 온전히 하나님만을 순종하고 봉사함(받들어 섬김)을 말한다.

[54] 예표는, 우리 그리스도교에서 주로 사용하는 어휘인데, 앞으로 있을 일을 미리 보여주는 어떤 사례(example)나 조짐(sign/symptom)을 말한다.

다. 우리도 하나님의 뜻을 완벽하게 성취하신 그리스도 우리 주 예수님 안에서 영과 진리로 주 우리 하나님을 예배하게 된 것이다. '제사'가 '예배'로 바뀐 것이다. 그리고 이 예배는 다시 한 걸음 더 나아가서 그리스도를 본받아 행동으로 주님의 뜻을 받들어 섬기려는 '사역'으로 발전한다. 오늘날 그리스도교회 공동체의 사역이 그것이다.

이와 같이 사역은 곧 하나님의 뜻을 받들어 섬기는 예배행위이고, 우리가 '사역한다는 것'은 곧 삶 속에서 하나님께 '예배하는 것'이나 마찬가지라는 사실을 확인하게 된다.

'그리스도의 사역'을 완성하기 위한 사역

사역, 그것은 직업적 선택도, 나의 지식이나 경험을 바탕으로 작성한 사업구상도, 나중에 하늘나라에서 상을 받겠다는 이기적인 계산속이나 보상심리에서 비롯된 것도, 나의 믿음과 열정과 능력이 이토록 대단하다고 으스대기 위한 자기과시행위도, 내가 안달을 부려서 하나님과 어떤 계약을 맺고 이를 이행하는 상업적인 거래관계도 아니다. 하나님과 사람사이에 어떤 계약이 있다면, 그것은 하나님께서 일방적으로 베풀어주신 '은혜의 언약'일 뿐이다. 오직 우리는 지금 여기에서 하나님의 은혜에 감사하는 '예배행위의 하나'로서, 그리고 부르시고 명하신 바에 대한 '순종(받듦)과 봉사(섬김)'로서 하나님 앞에 서 있다. 또한 그리스도와 함께 십자가에서 죽고 그리스도의 부활과 함께 새로운 피조물로 거듭나서, '그리스도와 연합한 그리스도교회 공동체의 한 지체'로서 그리스도 우리 주 예수님 앞에 서있다. 그리고 우리 안에서 역사하고 계시는 주 성령님께 이끌려 충성하는 '주님의 일꾼'으로서, '두렵고 떨림으로, 기쁘고 감사한 마음으로' 주 예수님 앞에 서있다.

그 사역(자)의 목표는 뚜렷하다. 그것은 죄와 사망의 뿌리를 송두리째 뽑아버리고 진리와 정의와 자유의 터전 위에, 사랑과 평화와 기쁨의 하나님나라를 완성하여, 마침내 아버지 하나님의 영광을 세세무궁토록 드러내려는 '그리스도의 사역'에 참여하여, 그리스도의 병사요, 일꾼으로 쓰임 받는 것이다. 그래서 우리는 그 예배자의 자세와 열정으로, 구원받은 성도의 감사와 감격으로 '하나님의 동역자'요 또한 '하나님의 일, 하나님나라의 일의 대행자'로서 헌신할 각오를 새롭게 하고 하나님 앞에 선다. '그리스도의 사역'을 완성하기 위한 '그리스도의 일꾼의 사명'을 다 하기 위해서 충성할 것을 결단하고, 주님 곁에 서있다. 여기에서 우리는 '그리스도의 성역에 참여하는 사역(자)의 참 모습' 속에, 나와 교회의 모습을 투영해 볼 수 있는 기회를 만난다.

그리스도의 고난과 영광에 동참하는 사역

그런데 '그리스도의 사역'은 십자가를 빼놓고 생각할 수 없다. 그리스도에게서 왕관을 빼앗아버려도 그리스도는 그대로 그리스도로 계시고, 이적과 기사를 가려버려도 그리스도는 그대로 계신다. 그러나 그리스도에게서 십자가를 벗겨버리면 그리스도는 계시지 않는다. 거기에는 '30대 초반의 황당한 청년, 예수'만 덩그렇게 골고다(마27:33) 언덕에 서있을 뿐이다. 그리스도는 고난의 십자가 위에서 그리스도의 사역을 성취하셨기 때문이다. 그러므로 우리가 그리스도의 사역에 참여한다는 것은 곧 그리스도의 고난에 참여하는 것과도 같다. 이것은 그럴 가능성을 말하는 것도, 다른 길을 선택할 여지가 우리에게 있다는 것도 아니다. 그리스도의 사역에 참여하는 사역자라면 필연적으로 겪어야 할 과정이다. 왜냐하면 그리스도의 고난에 참여하는 것은, 하나님께 도전한 사악하고 어둡고 훼방하는 세력들과의 영적 전투에, 그리스도의 병사로서 참전하는 것이기 때문이다. 그리고 이 전투는 그리스도의 승리가 예정된 전쟁이므로, 결국 승리의 그리스도와 영광도 함께 누릴 전쟁이다.

주님께서는 "누구든지 나를 따라오려거든 자기를 부인하고, 자기 십자가를 지고 나를 따를 것이니라(마16:24)."라고 하셨다. 그리고 "너희가 그리스도의 고난에 참여하는 것으로 즐거워하라. 이는 그의 영광을 나타내실 때에 너희로 즐거워하고 기쁘게 하려 함이라. 너희가 그리스도의 이름으로 치욕을 당하면 복 있는 자로다. 영광의 영 곧 하나님의 영이 너희 위에 계심이라(벧전4:13-14).”고 하시면서 '고난과 영광의 길'을 일러주신다. 마치 크고 화려한 무대에 서기까지 거기에는 말할 수 없는 아픔과 견딤과 기다림이 있어야 하는 것처럼, 그리스도의 영광에 참여하려면 그리스도와 함께 고난도 받아야 한다(롬8:17)고 말이다.

따라서 사역자인 내가 사역을 하고 있는데 나는 아무런 장해나 도전이나 핍박이나 고통을 받고 있지 않다면, 그런 자신을 한번쯤 냉철하게 돌아보아야 할 것 같다. 혹시 나는 전쟁에 나가서 전투는 하지 않고, 전장에서 저만치 떨어진 곳에 바싹 엎드려 덜덜 떨면서, '전진하라, 전진하라! 싸워라, 싸워라!' 입으로 되뇌고만 있는 '나'는 아닌지, 그런 내가 '나는 사역하고 있다'고 착각하고 있는 것은 아닌지 말이다. '나는 사역자로서 많은 고난을 받고 있다. 그러므로 나는 내가 사역하고 있다는 것을 확인할 수 있다. 그래서 나는 그리스도와 함께 승리의 영광을 누릴 것이다'라고 말할 수 있어야 할 것이다.

'참 자아실현에 이르는 문'으로서의 사역

이렇게 우리가 창조주이신 아버지 하나님의 일을 일꾼으로서 받들어 섬기고, 성자하나님이신 그리스도 우리 주 예수님의 일을 제자로서 받들어 섬기고, 그리고 이 일을 성령하나님께서 친히 우리와 함께하시며 주관하시고 지도하시는 것은, 이 놀라운 자비와 은혜와 은총을 베푸신 '주 하나님의 사랑을 사람에게 알리고, 베푸는 일'에 집중된다. 그것이 하나님의 뜻이요, 주님의 명령이시기 때문이다. 그래서 구원받아 하나님의 자녀요 그리스도의 일꾼이 된 내가, 사람을 향하신 주 하나님의 그 크신 사랑과 그리스도의 구원의 복음을 전한다. 감사하고 감격한 나머지 이 기쁜 소식을 듣지 못한 이들에게 전달한다. 이 복음을 듣는 이들도 나와 같이 되도록 하게 하려는 것이다. 그것은 주님의 명령이기도 하다.

그러니까 구원받은 나는 어느덧 주님의 명령을 자발적으로 따르는 지경에 이른다. '명령과 사역이 일치'되고 '믿음과 행동'이 하나된 것이다. 그것은 나의 노력이나 결단에 의한 것이라기보다는, 주 성령님께서 그렇게 나를 감화, 감동시키신 것이다. 그래서 나는 그리스도와 연합하여 한 방향으로 나아간다. 또한 나는 하나님의 은혜와 사랑이 너무나도 감사하여 나도 사랑을 베푸는 일에 스스로 나선다. 이웃에게 주님의 이름으로 사랑을 베풀고, 이웃을 받들어 섬긴다. 그래서 하나님께서 사람을 사랑하신다는 것을 깨닫게 해주려고 힘쓴다. 이것은 주님의 명령이기도 하다.

여기에서도 주 성령님의 이끄심에 따라, 주님의 명령을 자발적으로 따르는 '나'를 본다. 그렇게 거룩한 길을 주님과 함께 가는, 성화된 '나'를 발견한다. 주님 안에서 주님의 뜻을 따라, 주님과 함께 일하는 동안에, 나는 그렇게 새로운 모습으로 변화되어 간 것이다. 내가 일부러 그러려고 노력한 것이라기보다는 성령님의 이끄심에 따라 일(사역)하는 동안에 그렇게 성화되어 있는 '나'를 보는 것이다.

그래서 사역은 주님의 명령을 스스로 받들어 섬기는 것일 뿐만 아니라 나를 '참 나'되게 하는 길이기도 하다는 것을 깨닫는다. '청소년의 자아실현'에서도 말했던 것처럼, '그리스도 안에서 발견되는 나, 그리스도와 하나 된 나'라는 '참 자아실현의 길로 들어서는 문으로서의 사역'이라는 좁은 문(마7:13-14)을 여기에서 발견한다. 그리고 이와 함께, 사역이 참 자아실현의 길로 들어서는 문이라면, 참 자아실현의 과제를 안고 있는 청소년들도 이 좁은 문으로 들어가게 해야 한다는 강한 충동을 느낄 수밖에 없다.

제2절 청소년사역이란 무엇인가

청소년사역에서도 구현되어야 할 하나님의 뜻

우리는 그리스도교회 공동체 사역의 개념과 그 의미나 성격이 어떤 것인지를 살펴보았다. 그것은 사역의 본질을 파악하기 위한 것이기도 하였지만, 다른 한편으로는 이 글에서 다루고자 하는 '청소년사역'이란 무엇인가를 명확하게 규명하기 위한 기초적 작업이기도 하였다. '하나님의 일, 하나님나라의 일인 청소년사역'을 살펴보기 위해서는, 청소년사역의 모체가 되는 그리스도교회 공동체 사역을 먼저 이해할 필요가 있었기 때문이다. 그래야 사역자는 하나님의 뜻에 합치되는 목적의식을 지니고 사역(자)의 본래 모습을 지향하여 주 하나님 아버지께서 기뻐 받으실 만한 사역을 전개하고, 이로써 하나님께 영광을 돌릴 수 있게 될 것이기 때문이다.

이제까지 이러한 과정을 거치는 동안에 우리는 사역의 당위성과 중요성, 그리고 그 필요성과 시급성도 절감하게 되었고, 우리의 책임이 얼마나 막중하고 엄숙한 것인가를 다시금 확인하게 되었다. 이와 함께 하나님의 뜻이 우리의 사역을 통하여서도 이루어지는 것이라면, '청소년사역을 통해서도 하나님의 뜻이 구현되어야 할 것 아닌가'하는 당위론적인 생각이 들게 된다. 그것은 청소년사역도 그리스도교회 공동체 사역의 하나이기 때문이다.

그러함에도 불구하고, 청소년사역은 아직 하나님의 뜻을 이루고 그리스도의 사역을 완성하기 위한 사역의 길에 제대로 진입하지 못하고 있거나, 제구실을 온전히 감당하지 못하고 있는 상황이며, 심지어는 '청소년사역의 정체성'마저도 확보되지 않은 상태에서 맴돌고 있는 실정이다. 그래서 '사역'에 대한 이해를 기초로 하여 이 글의 주제어인 '청소년사역' 속으로 들어간다.

제2장에서 청소년을 살펴본 바와 같이, '그리스도의 사람인 청소년', 즉 그리스도인 청소년은 어른 성도들과 마찬가지로 구원 받아 새 사람이 된 성도들이다. 따라서 그리스도인 청소년은 그리스도교회 공동체를 구성하는 지체들이다. 그리고 어른들이 아무리 고개를 절레절레 흔들며 부정하려 해도, 그리스도인 청소년은 하나님께서 그리고 그리스도 우리 주 예수님께서 친히 부르시고 '그리스도의 성역에 쓰임 받는 일꾼'으로 세워놓으신 청소년들이다. 그래서 청소년들은 어른 성도들과 마찬가지로 사역(자)의 사명을 짊어진 사람들이다.

그러므로 '청소년이 어떻게, 지금 여기에서, 하나님의 일꾼으로 제몫을 다할 수 있겠느냐'에 대한 확실한 해답을 시급히 찾아내야 한다. '그리스도의 사람인 청소년'들 자신도 이 문제에 대해서 진지하게 고민하고 성경을 들여다보며 기도로 하나님께 여쭈어야 한다.

이를 위하여 여기 제2절에서는 청소년사역의 개념과 그 특성을 먼저 살펴보고, 청소년사역의 개념을 더욱 명료화하기 위하여 이와 밀접한 관련이 있는 교회교육에 관해서도 잠시 언급하려고 한다.

1. 청소년사역의 개념과 특성

가. 청소년사역의 개념

1) 청소년사역과 관련된 개념들

개념조차 모호한 청소년사역

이 글을 쓰기 시작할 무렵부터 청소년사역이란 무엇인가를 정의한 문건이나 일반화된 개념을 찾아보았으나, 인용하거나 참고할 만한 그 무엇을 발견하기 어려웠다. 청소년사역 프로그램에는 이러이러한 것들이 있고, 이럴 땐 어떻게 하는 것이 옳다, 좋다는 식의 문건은 많았다. 그런데 정작 그 첫머리에 나와 있음직한 청소년사역 개념을 일반화하여 정의한 것을 아직도 손에 넣지 못했다.

그것은 아마 꼭 정의내리지 않아도 청소년사역에 관여하는 사람들 사이에 이미 암묵적으로 다 알고 있는 사실로 상식화되어 있거나 또는 기정사실화 되어있기 때문일는지도 모른다. 아니면, 정의 내리는 일이 뭐 그리도 중요한 것이냐, 실천이 중요한 것이지 하는 생각이 더 강했기 때문에 생략해버렸는지도 모를 일이다. 또는 청소년목회(신)학이나 목회사역의 입장에서는 이미 개념의 정의나 일반화를 위한 논의를 훌쩍 뛰어넘어 행동으로 실천되고 있기 때문인지도 모를 일이다.[55]

잘 알고 있는 바와 같이, 대상이 되는 사물이나 현상을 어떻게 인식하느냐에 따라 사람의 태도와 행동의 방향이 달라진다. 인식의 차이에 따라 경우에 따라서는 전혀 다른 반응이 나타나고, 그래서 결과도 다르게 나타날 수 있다. 정확한 인식이 올바르고 효과적인 행동방향을 제시할 수 있는 것이다. 청소년사역의 경우도 마찬가지다. 그런데 청소년사역의 현장에서 두루 인정받아 모두가 참고하거나 인용하면서 활용해야 할 그 '개념'이 모호하다. 적어도 청소년사역에 관한 인식과 판단의 근거가 될 만한 개념이 아직 잡혀있지 않거나, 있더라도 그것이 보편적인 것으로 통용되지 않고 있는 것으로 보인다. 이런 상황 속에서는 청소년사역의 현주소나 그 향방이 모호할 것은 자명한 노릇이다. 따

---

55 간혹 청소년사역은 이러이러한 것이라고 말하는 경우를 보기는 했다. 그런데 그것은 일반화된 개념정의라기 보다는, 단편적(斷片的)인 표현에 불과한 것들이 대부분이었다. 아마도 필자의 불민한 탓이거나 게으른 탓이라 생각한다. 그래서 문헌자료를 찾아 인용 또는 참고하려는 노력은 여기서 멈추려고 한다.

라서 '하나님의 일, 하나님나라의 일'인 '청소년사역'이란 무엇인지, 무엇이어야 하는지부터 먼저 명확히 규명되어야 할 필요가 절실해졌다.

일반적으로 상식화된 청소년사역

"청소년사역이란 무엇이라고 생각하는가?"라고 묻는다. 그러면 평소에 우리가 흔히 듣고 쓰던 이런 말들을 생각해낸다. "청소년사역이란 목사나 교육담당목사 또는 전도사들이 청소년을 위하여 하는 일이다.", "청소년사역이란 교회(주일)학교를 중심으로 교회의 기관들과 관련사역자(교사)들이 청소년을 위하여 그 직임을 수행하거나 봉사하는 것이다.", "청소년사역이란 교회가 주님의 뜻을 따라 청소년을 향하여(위하여) 전개하는 일련의 사업이나 활동이다." 등으로 말이다.

어떤가? 위에서 나열한 내용들이 청소년사역인가? 그렇다. 첫 번째 경우는, 목회자(교역자)를 중심으로 전개되는 '청소년 목회사역'을 말한다. 두 번째 경우는, 교회(주일)학교를 중심으로 교역자뿐만 아니라 일반성도인 교사들까지 참여하는 '청소년 교육사역'을 표현한 것이다. 세 번째 경우는, 그리스도교회 공동체 사역의 일환으로 전개되는 '청소년을 위한 사역프로그램과 활동(사업)' 등을 일컫는 것이다. 위의 세 가지 모습은 그러므로 청소년사역의 범주에 들어간다. 그래서 청소년사역이라고 말할 수 있다.

그런데 청소년사역을 이 정도로 이해하는 선에서 멈추어도 되겠는가. 혹시 이것으로 부족하다면, 몇 가지 사역을 여기에다가 더 추가하는 수준에서 개념정의 작업을 마무리하고, 이것이 청소년사역의 개념이라면서 사용해도 되겠는가. 위의 세 가지 개념들은 종래의 일반적으로 상식화된 청소년사역에 관한 '부분개념들'이다. 그 내용에는 아무런 문제될 것도 이상할 것도 없다. 그래서 교회 안에서는 대체로 청소년사역은 이런 것들이라고 여기고 그런 생각으로 일하는 경우가 많다. 아마도 많은 분들의 인식 속에 청소년사역은 그런 것이라고 자리 잡고 있는지도 모르겠다. 그래서 '일반화된 개념정의' 없이도 청소년사역은 교회 안에 그렇게 남아있는지도 모를 일이다.

너무나 성인중심적인 청소년사역 개념

청소년사역, 하나님의 교회가 하는 일, 주님의 뜻을 따라 직임을 받은 이들이 이 사역을 받들어 섬기는 일, 그리고 청소년을 하나님의 일꾼이요 그리스도의 제자로 양성하는 일 등이라는 생각은 옳다. 당연히 그래야 한다. 그런데 이런 개념들을 눈여겨보면, 이것은 하나같이 성인중심의 개념이라는 점을 발견하게 된다. 여기에서 성인중심이란 말은, 교역자(목회자)들이건 평신도사역자(교사, 지도자)들이건 간에 관련사역자들이 모두가 '어른'들로 구성되어 있고, 이 분들이 '사역의 주체'가 되고 있다는 말이다. 그래서 성인들이 사역의 주체가 되고, 청소년은 사역의 객체 또는 대상이 된다. 문장으로 말하자면, 어른들이 주어가 되고, 청소년이 목적어가 되는 셈이다. 그러니까 이것은 '청소년을 위한 사역, 또는 청소년과 관련된 사역 ministry for(on) youth, 어른 또는 목회자(교역자)들의 사역'이다.

이러한 사역은 성경 여러 곳에서 명령하신 '자녀들에 대한 양육과 지도의 의무'를 어른들이 실천하는 매우 중요한 사역 형태이다. 그래서 교회는 이런 형태의 사역에 온 힘을 기울여왔다. 실제로 개별교회들 중에는 이런 유형의 청소년사역을 활발히 전개하고 있는 경우가 많다. 국내의 유수한 형제 교회들이나 관련기관(단체)들, 그리고 외국의 형제 교회들이나 신앙운동단체들도, 이런 유형의 청소년사역에서 훌륭한 발자취를 남기며 주님의 뜻을 받들어 섬기고 있음은 하나님께 감사할 일이다. 그리고 이는 좋은 본보기가 될 만하기에, 이런 형태의 사역은 앞으로도 더 많이, 더 알차게 전개되어야 할 것이다. 한국 교회는 이것조차도 제대로 추진하지 못하고 있는 실정이라고 한탄하는 경우도 많으니까 말이다.

따라서 이런 청소년사역은, '어른사역자'중심으로 개념정의를 했다고 전제할 때, '그렇다'고 받아들일 수 있는 청소년사역의 하나이다. 그러나 이러한 성인중심의 개념은, 당연한 결과이기도 하지만 사역의 주체가 어른(사역자)에게 집중 또는 편중되는 경향을 드러낼 수밖에 없다. 이 글에서 '핵심'이 되는 청소년계층은 아예 '주체'에서 쏘옥 빠져있는 개념이다. 교회에서 청소년은 사역의 대상(객체)이지 무슨 주체냐, 어린 청소년들이 어찌 어른들이나 하는 사역에 끼어들어서 주체적 역할을 담당할 수 있다는 말이냐, 청소년사역을 청소년들이 한다면 이게 말이나 되는 일이냐 등등, 이런 생각을 하는 이들이 있을 것이다. 어른들이 하는 사역에 아이들이 끼어드는 것은 주제넘은 일이다. 아이들이 제 분수를 알아야지 운운 하면서 말이다.

그런데 만약에 어떤 탐색과정을 거쳐서 청소년이 사역의 주체가 되어야 할 당위성과 중요성이나 필요성과 그 시급성 등이 증명되었다고 가정해보자. 그렇게 된다면 그때에는 이런 '성인중심적인 개념정의'만이 유일한 정의인양 그대로 통용되지 않아야 할 것이다. 이 '성인중심적인 개념정의'에다가 '청소년도 사역의 주체임'을 포함하는 '새롭고 보편성이 있는 개념정의'가 마련되어야 옳다. 그래야 누구나 인정하고 활용할 수 있는 '청소년사역의 정의'라고 할 수 있을 것 아니겠는가.

일반적 개념: youth ministry, student ministry

대체로 청소년사역을 영어로 표현할 때는 'youth ministry'라 쓴다. 미국의 새들백교회Saddleback Valley Community Church'에서 사용하는 방식이 이와 같다. 그러나 윌로우크릭교회Willow Creek Community Church에서처럼, 'student ministry'라고도 쓴다. 이것은 윌로우크릭교회의 고등부를 'Student Impact'라고 부르고 있는 것에서도 알 수 있듯이, 이 교회는 청소년사역 중에서도 특히 학생을 대상으로 하는 사역을 강조한 것이다.[56]

표현이야 어떻든지 간에, 국내외에서 청소년 또는 학생층 청소년을 향한 청

---

[56] 여기 미국 교회들은 이미 국내에 출간된 『새들백교회 청소년사역 이야기』와 『윌로우크릭 교회 청소년사역』을 통해서도 쉽게 접근할 수 있다.

만약에 있다면, 그는 청소년을 사역에 동참시키기를 주저하지 않을 것이다.

이렇게 청소년에 대한 인식과 그에 따른 사역자의 태도나 행동의 차이에 따라 청소년사역의 내용과 결과도 차이를 드러낼 수 있다. '이게 무슨 아이들 장난도 아니고, 어떻게 하나님의 일에 청소년들을 투입시킬 수 있느냐. 아이들은 절대 안 된다.' 그렇게 생각하는 이들은 청소년을 사역의 대열에서 아예 배제시켜버린다. 청소년을 어른과 차별한다. 그리고 그들에게 치킨과 피자와 콜라나 안겨주며 교회에 잘 다니라고 다독거린다면, 청소년들은 병아리처럼 때가 되면 모여서 주는 걸 받아먹고 집으로 돌아가기를 반복하게 될 것이다.

'아이들이 세상에 물들지 않고, 교회에 잘 남아있도록 하려면, 요즈음 아이들이 좋아하는 화끈한 맛도 좀 보여줘야 한다, 믿지 않는 아이들에게 전도도 할 겸.' 그렇게 생각하는 이들은 일반청소년들이 선호하는 '대중문화적인 성향'이 짙은, 그래서 '세상 것'과 잘 구별되지 않는 '애매모호하고 아슬아슬한 프로그램들'도 과감히 도입해서 '무대'에 올린다. 교회라는 '청량지대' 안에서, 안전한 '온실' 속에서 청소년을 잘 보호해두려고 그런다는 명목으로 말이다. 그러면 아이들은 열광한다. '괜찮은 교회'라고 금방 입소문이 난다. 청소년의 숫자가, 일시적이기는 하지만, 늘어난다. 청소년이 어른들과 함께 '무대'에 오르기도 한다. 사역이 성공적이라고들 입을 모은다. 그러다가 '약발'이 떨어지면 청소년들은 '교회프로그램'에 식상한다. 결과적으로 그런 청소년은 '교회에 다니는 청소년'으로 지내다가, 발걸음이 점차 뜸해지다가 어느 날 교회를 등지고 교회 밖에 머문다. 그리고 교회에 다시 돌아오기 어려운 청소년으로 바뀐다. 그들 중에는 그래도 '교회에 남아 있는 청소년'이 더러 있기는 해도, 그들이 이 교회에서 먹고 자랄 '영적 양식'은 이미 바닥을 드러내고 있다.

'아이들에게는 어려서부터 실전경험을 시켜야 해. 그래야 인물이 되는 거야. 하나님나라의 일에 어른, 아이가 따로 있나.' 그렇게 생각하는 이들은, 청소년을 '일꾼'으로 삼아 실전을 경험하게 하고, 이를 위해서 스스로 기도하게 하고, 그 일 가운데에서 믿음으로 홀로 서게 하려고 노력한다. 그러려면 청소년도 어른사역자도 모두 힘이 든다. 부모들이 걱정한다. 덩달아 교회의 어른들도 우려 섞인 말씀들을 하신다. 그래서 여기, 일꾼으로 참여하는 청소년은 치킨이나 피자 대신에 욕을 먹고, 콜라 대신에 땀과 눈물을 마셔야 할 때도 많다. 하지만 결과적으로 그 청소년은 그리스도교회 공동체의 매우 유능한 사역자로 교회에 살아남아 하나님 아버지께 영광을 돌리는 '아버지의 자녀, 그리스도의 일꾼'이 된다. 홀로서서 제구실하는 '행동하는 신앙인'으로 주님 곁에 우뚝 서있다.

이처럼 청소년과 청소년사역에 대한 사역자의 인식이 어떤 것이냐에 따라 사역의 향방과 그 결과는 달라질 수 있다. 그리고 청소년사역에 관한 정확한 인식이 사역을 올바른 방향으로 이끌고, 결과적으로는 효과적인 사역효과를 창출할 수 있다. 그러므로 '하나님의 일, 하나님나라의 일인 청소년사역'이 무엇인지, 무엇이어야 하는지가 명확히 규명되어야 한다.

청소년사역의 세 가지 유형

우선 '평신도사역이란 무엇인가'를 생각해보자. '평신도사역' 하면 아마도 목회자(교역자)들이 하는 사역과 구별되는 사역, 즉 '평신도들이 사역에 참여하여 일하는 것'이거나, 아니면 목회자들이 하는 사역 중에서 '목회자들이 평신도를 위해서 일하는 것'이 생각날 것이다. 앞의 생각은 평신도가 주체가 된 사역이고, 뒤의 생각은 목회자가 주체가 되고 평신도가 객체가 되는 사역이다. 이렇게 '평신도사역'이라는 어휘는 같아도, 그 뜻은 정반대의 두 가지 사역으로 나뉘는 것을 보게 된다.

이것을 '청소년사역'에 적용해 생각해보자. '청소년사역'하면, 무엇보다도 먼저 교회의 어른(사역자)들이, 특히 목회자나 교사들이 '청소년을 위해서' 일하는 것이 떠오를 것이다. 그 다음에 또 무엇이 떠오르는가? 위의 평신도사역의 경우처럼, 이번에는 '청소년사역은 청소년이 하는 사역이다.'라고 대답하면 될 경우가 떠오를 수 있다. "그런데 도대체 청소년이 무슨 사역을 하지? 어른 평신

만약에 있다면, 그는 청소년을 사역에 동참시키기를 주저하지 않을 것이다.

　이렇게 청소년에 대한 인식과 그에 따른 사역자의 태도나 행동의 차이에 따라 청소년사역의 내용과 결과도 차이를 드러낼 수 있다. '이게 무슨 아이들 장난도 아니고, 어떻게 하나님의 일에 청소년들을 투입시킬 수 있느냐. 아이들은 절대 안 된다.' 그렇게 생각하는 이들은 청소년을 사역의 대열에서 아예 배제시켜버린다. 청소년을 어른과 차별한다. 그리고 그들에게 치킨과 피자와 콜라나 안겨주며 교회에 잘 다니라고 다독거린다면, 청소년들은 병아리처럼 때가 되면 모여서 주는 걸 받아먹고 집으로 돌아가기를 반복하게 될 것이다.

　'아이들이 세상에 물들지 않고, 교회에 잘 남아있도록 하려면, 요즈음 아이들이 좋아하는 화끈한 맛도 좀 보여줘야 한다, 믿지 않는 아이들에게 전도도 할 겸.' 그렇게 생각하는 이들은 일반청소년들이 선호하는 '대중문화적인 성향'이 짙은, 그래서 '세상 것'과 잘 구별되지 않는 '애매모호하고 아슬아슬한 프로그램들'도 과감히 도입해서 '무대'에 올린다. 교회라는 '청량지대' 안에서, 안전한 '온실' 속에서 청소년을 잘 보호해두려고 그런다는 명목으로 말이다. 그러면 아이들은 열광한다. '괜찮은 교회'라고 금방 입소문이 난다. 청소년의 숫자가, 일시적이기는 하지만, 늘어난다. 청소년이 어른들과 함께 '무대'에 오르기도 한다. 사역이 성공적이라고들 입을 모은다. 그러다가 '약발'이 떨어지면 청소년들은 '교회프로그램'에 식상한다. 결과적으로 그런 청소년은 '교회에 다니는 청소년'으로 지내다가, 발걸음이 점차 뜸해지다가 어느 날 교회를 등지고 교회 밖에 머문다. 그리고 교회에 다시 돌아오기 어려운 청소년으로 바뀐다. 그들 중에는 그래도 '교회에 남아 있는 청소년'이 더러 있기는 해도, 그들이 이 교회에서 먹고 자랄 '영적 양식'은 이미 바닥을 드러내고 있다.

　'아이들에게는 어려서부터 실전경험을 시켜야 해. 그래야 인물이 되는 거야. 하나님나라의 일에 어른, 아이가 따로 있나.' 그렇게 생각하는 이들은, 청소년을 '일꾼'으로 삼아 실전을 경험하게 하고, 이를 위해서 스스로 기도하게 하고, 그 일 가운데에서 믿음으로 홀로 서게 하려고 노력한다. 그러려면 청소년도 어도들이야 사역을 한다지만, 아이들이 사역은 무슨 사역? 말장난 같지 않아?" 이렇게 생각하는 분들이 우리 주변에는 많을 것으로 짐작된다. 그러나 이 글을 앞에서부터 차분히 읽어 오신 분들은 청소년도 사역을 할 수 있을 것 아니냐는 생각을 하고 있을 것으로 기대한다. 그것은 이미 앞에서 '하나님의 일꾼, 청소년' 그리고 '그리스도의 사람, 청소년'을 여러 번 언급했기 때문이다. 그래서 '청소년이 사역을 한다면, 과연 어떤 일들을 할 수 있겠느냐'라는 의문을 뺀다면, 청소년이 사역을 한다는 말이 잘못된 것은 아니라는 생각을 갖고 있으리라 믿고 싶다.

다음으로, 이번에는 청소년사역의 개념과 관련된 구문론構文論적인 개념들을 생각해보자. 여기에서 구문론적 개념이란 '청소년사역은 누가 누구를 위해서 하는 사역이다'라는 식으로, 즉 문장(구문)형태로 청소년사역을 나타낸 것을 말한다. 이렇게 문장형태로 표현하자면 자연히 주어, 술어, 목적어(보어) 등이 등장하게 되는데 그래서 구문론적 개념이라고 하는 것이다.

우선 수학에서 말하는 '경우의 수'를 생각해보자.

첫째, 청소년사역에서 주체로 등장할 수 있는 사람들은 어른(사역자)들이다. 이분들이 주체가 되어 청소년이라는 대상을 위해서 일한다.

둘째, 청소년이 주체로 등장할 수 있다. 실제로 청소년이 사역을 할 수 있건 없건, 청소년이 주어로 등장해서 청소년을 위해서거나 누군가를 위해서 일한다는 '문장'은 생각해볼 수 있을 터이니까.

셋째, 어른(사역자)와 청소년이 함께 주어로 등장하는 문장도 생각해볼 수 있다. 어른과 청소년이 함께 손잡고, 청소년이나 또 누군가를 위해서 일하는 모습 말이다.

이것을 편의상 둘째와 셋째의 순서를 바꿔서 <표>로 엮어보면, <표 6> '청소년사역의 개념 탐색을 위한 사역유형 비교'와 같게 된다.

표 6 청소년사역의 개념 탐색을 위한 사역유형 비교

구분	사역의 주체 (subject, S)	사역행위 (verb, V)	사역의 대상(객체) (object, O)
#1	성인사역자	사역하다	청소년에게(을 위하여)
#2	성인 + 청소년	함께 사역하다	청소년 또는 다른 이에게(를 위하여)
#3	청소년	사역하다	청소년 또는 다른 이에게(를 위하여)

갈릴리공방 / 청소년사역연구개발원

<표 6>에서와 같이, 청소년사역과 관련하여 구문론적으로 상정해볼 수 있는 개념은 크게 세 가지로 그려볼 수 있다. 그리고 그 속(#2, 3)에서 '주어로 등장하는 청소년'을 본다. 즉 청소년이 청소년사역의 주체로 참여하는 모습을 문장 속에서나마 볼 수 있다. 그런데 이 글은 이 '주어로 등장하는 청소년'이 문장 속에서만 볼 수 있는 '가상개념'에 불과한 것이 아니라 사실이라는 점을, 실제여야 한다는 점을 밝히고, 강조하기 위해서 쓰고 있는 것이다. '청소년사역의 새 지평'을 열기 위한 이 글은, 바로 위의 <표 6>속에 갇혀있는 청소년을 <표>밖으로 이끌어내어 우리의 청소년들도 사역의 대열에 '주어(주체)'로 참여할 수 있도록 해야 한다는 것을 알리고, 구현하고자 하는 데에 목적이 있는 것이다.

과연 그럴 수 있을까? 이를 답하기 위해 이 세 가지 청소년사역의 유형을 좀 더 자세하게 살펴보고자 한다.

가) '청소년을 위한 사역': 청소년을 위(향)하여 행하시는 하나님의 일

한국 교회 청소년사역의 전통적 기본형
여기에서, 첫 번째 개념(#1)은 성인사역자중심적인 사역이다. 성인사역자가

(S) + 청소년을 대상으로(위하여)(O) + 사역을 전개한다(V)는 개념이다. 이것은 '청소년을 위한(청소년관련) 사역' 유형으로서, 매우 중요한 청소년사역 중의 하나이다. 이 '청소년을 위한 사역'은 '청소년을 위(향)하여 행하시는 하나님의 일'을 그리스도교회 공동체가 그 뜻을 받들어 섬기는 행위이다. 하나님께서 그리스도교회 공동체에게 맡기신 '청소년을 섬기는 사역'이기에 매우 섬세하고 신중한 사역이므로, 이 사역에는 하나님께서 깊은 관심을 두시고 항상 곁에서 지켜보고 계시는 사역영역이다.

이 유형은 한국 교회에서 가장 일반적이고 전통적으로 전개되어 온 '청소년사역의 기본형'과도 같을 정도여서, 지금도 청소년사역의 거의 모든 역량이 여기에 집중되고 있는 실정이다. 그리고 이 유형을 통하여 많은 열매를 맺어 하나님을 기쁘시게 해드렸음은 한국 교회의 자랑거리이기도 하다. 그러므로 일차적으로, 현재 주류를 이루고 있는 이 '청소년을 위한 사역'의 성패가 곧 한국 교회 청소년사역의 성패를 좌우한다고 할 정도로 그 비중과 중요성이 높다.

그런데 이렇게 '어른들이 아이들을 위해서 일하는 모습'은 어제 오늘의 일이 아니다. 교회에서만 진행되고 있는 유형도 아니다. 역사 속에서 성인과 미성년자 사이에 형성된 관계는 거의 예외 없이 '어른이 주체이고 아이들은 객체나 대상'으로 보편화되어왔다. 그것은 일면 매우 자연스럽고도 당연한 모습이기도하다. 가정과 사회 속에서 기성세대(어른)들이 새로운 후계세대(청소년)을 '위하여', 그들을 '대상'으로 그들에게 관심과 지원을 보낸다는 것은 매우 중요한 의무의 하나이기 때문이다. 그리스도교회 공동체의 차원에서도 마찬가지다. 가부장적 권위와 부모의 위상이 성경적으로 인정받는 질서 속에서 부모는 자식들에게, 어른은 아이들에게, 교회는 다음세대에게 무한한 애정과 책임감을 가지고 '청소년 자녀들을 위하여' 힘써 기도하고 그들을 하나님의 일꾼으로 양육하기에 힘써 왔다. 더군다나 '청소년을 위한 사역'은 '청소년을 향하신 하나님의 뜻'을 성도와 교회가 받들어 섬기는 일이기에, '청소년섬기기'는 이만저만 중요한 일이 아니다. 청소년과 관련된 일반사회의 접근들도 그랬다. 학교교육도, 사회적 노력과 정책과 프로그램들도 '청소년을 지도, 육성, 지원하기 위하여' 지혜와 역량을 기울인다. 이러한 교회적, 범사회적 차원의 노력은 앞으로도 청소년들을 위하여 지속되어야 하고, 오히려 지금보다 훨씬 더 강화되어야 할 것이다.

어른 중심적으로만 고착화된 사역

그런데 이러한 어른들의 관심과 지원이 청소년을 위하여 제공되는 동안에 우리들의 생각 속에는 언제부터인가 '어른 주체, 아이들 객체(대상)'라는 인식이 자리를 굳게 잡았다. 그래서 이러한 '인식의 틀'이 그리스도교회 공동체의 청소년사역에서도 그대로 나타난다. 청소년사역은 '당연히 오직 청소년을 위한 사역'으로 고착화되고 일반화되어버린 것이다. '어른 중심적'으로만 사역이 틀을 갖춰버리고, 그러다가 '청소년을 위한 사역' 그것만이 청소년사역의 유일한 유형인 것으로 판단하고 고집하는 경향으로까지 바뀌어버렸다. 그래서 다른 형태의 청소년사역 영역은 없는지, 시야를 넓히려는 노력이 거의 눈에 뜨이지 않는다. 심지어 새로운 청소년사역 형태를 들먹거리면, 무슨 쓸데없는 소리라도 듣는 듯 아예 거들떠보지도 않으려는 경직성마저 나타낸다.

그렇게 오랜 관행에 젖어 고착화되어 있다. 생각이 경직되거나 고착화되는 것은 많은 경우에 부작용을 낳는다. 사역의 경우에서도 마찬가지다. 사역의 발전적인 전개를 가로막는 경직이나 고착화라면 당장 버려야 할 것이다. 만약에 청소년과 관련된 사역의 유형이 이것 하나밖에 없다면 우리는 고집스러울 정도로 이 일에만 전심전력을 기울이면 될 것이다. 그런데 만약에 또 다른 유형이 있을 수 있다면, 이것은 '하나님의 일, 하나님나라의 일인 사역'이므로, 사람의 생각은 바뀌어야 하고, 사람의 고집은 당장 버려야 하는 것이 사역(자)의 올바른 모습이다.

나) '청소년과 함께하는 사역': 청소년과 함께 이루시는 하나님의 일

새로운 개념, 새로운 형태

두 번째 개념(#2)은, 흔히 교회교육이나 제자(화)훈련 등의 수준에서, 하나의 '프로그램 형태'로 전개되고 있는 경우의 유형이다. 즉 성인사역자와 청소년이(S) + 청소년이나 이웃을 대상으로(O) + 함께 사역한다(V)는 개념이다. 가령, 주일학교 전도사님이나 선생님들과 함께 청소년들이 독거노인을 방문하여 봉사활동을 했다면, 그것은 여기에서 말하는 '청소년과 함께하는 사역'의 유형이 될 것이다.

이 유형은 대체로 지금까지 진행되어 온 성인사역자(목회자)중심적인 사역(#1)에 '약간의 변화를 가미한 형태의 프로그램'으로 시도되고 있다. 이런 유형의 프로그램 속에서 청소년이 맡아서 하게 되는 역할기능의 수준이나 정도가 어떻든지 간에, 그래도 청소년이 '사역의 한 주체(주어)'로서 프로그램 속에 등장한다는 것은 의미 있는 일이다. 교회교육의 효과적 측면에서도 그렇고, 청소년사역 영역의 확대라는 관점에서도 그렇다. 그런 의미에서 이것은 새로운 개념이고 사역의 새로운 형태라고 말할 수 있다.

그런데 어른과 청소년이 함께하는 이러한 유형의 사역이, 교회교육이나 사역의 차원에서 자주 전개되고 있는 것은 아니다. 그것은 이따금씩 일회성 행사 정도로 전개되는 경우가 더 많다. 더러는 반복되는 교육프로그램에 식상한 아이들의 흥미를 유발하기 위하여, 더러는 청소년들에게 새로운 행동의 동기를 부여하는 효과를 높이기 위하여, 더러는 교육적 효과를 높이기 위하여 이런 프로그램들을 실시한다. 이러한 청소년과 함께하는 프로그램은 한국사회의 전반적인 교육행태나 수준에 비추어 볼 때 전개하기란 그리 쉽지 않다. 아직은 어른도 청소년도 모두 생소하기도 하고, 준비할 것이나 신경 쓸 것도 많고, 위험요소나 '프로그램의 실패' 요소도 많고, 더더군다나 이런 프로그램을 도맡아 할 만한 일꾼도 그다지 많지 않기 때문이다. 그래서 이러한 프로그램

은 아직 일반화되거나 체질화되지 못하고 실험적 단계에 있다고 말하는 것이 적절할 것이다. 그러므로 이러한 '프로그램'은 이 글에서 말하고자 하는 '청소년과 함께하는 사역'과는 어느 정도 거리가 있다.

'프로그램'과 '사역'은 밀접한 관련이 있는 것이지만 같은 개념은 아니다. 청소년이 사역에 참여하는 수준에서 서로의 질적인 차이가 나타나기 때문이다. 즉 청소년이 '피교육자'의 입장에서 '프로그램'에 참여하는 것과 청소년이 '사역자'의 입장에서 '사역'에 참여하는 것과는 질적으로 차이가 있다. 프로그램은 교육훈련을 위한 수단이고, 사역은 하나님의 뜻을 받들어 섬기는 '목적이 담긴 실제행위'이다.

보다 더 적극적으로 개발되어야 할 사역영역

이렇게 청소년이 프로그램에 참여하여 경험이나 지식을 넓히는 것을 사역의 차원에서 보면, 그것은 '이유식'의 수준이다. 그러므로 이러한 유형의 프로그램은 청소년을 사역자로 육성하기 위한 과정에서 매우 유익하고도 필요한 '초기단계 프로그램'임에는 틀림없다. 그러나 여기에서 말하고자 하는 '청소년과 함께하는 사역'은 보다 더 적극적 개념의 참여요, 실질적인 사역 그 자체이다. 이것은 청소년이 사역의 새로운 주역으로서, 한 사역자로서, 성인사역자와 함께, '하나님의 일, 하나님나라의 일인 사역'에 능동적이고 주체적으로 참여하는 것을 말한다. 이것은 이미 '청소년은 누구인가'에서, 청소년을 '인간자원'또는 '인간자본'으로 소개한 바와 같다. 즉 '청소년과 함께하는 사역'은 청소년이 하나님의 자원이요, 그리스도교회 공동체 사역의 주요한 인간자원 또는 인간자본으로, 사역의 '새로운 초점'으로 사역(자)의 대열에 통합되는 것을 의미한다.

이런 사역개념(영역)은 선뜻 받아들이기 어려운 유형일 수도 있다. 그런 경험도 자료도 별로 없거니와, 그와 관련된 참 꿈을 세워본 적도 별로 없기 때문이다. 그리고 아무리 생각해봐도 '저 어린 아이들'이 감당해낼 수 있을 것 같지 않은 그런 선입관(편견) 때문에 그렇게 느껴질 수도 있다. 그러나 지금 세계적 추세가, 한국 교회와 사회의 현실이 청소년과 손잡고 함께 일해야 할 상황으로 뒤바뀌고 있다는 사실에 눈을 돌린다면 그 필요성은 그리 오래지 않아서 수긍될 것이다. 더군다나 성경 속에서 '하나님께서 청소년과 함께 이루신 하나님의 일들'을 기억해낸다면 한국 교회가 언제까지나 '청소년을 위하여'만을 외치고 있어서는 안 된다는 점을 확인하게 되리라 믿는다.

그리스도교회 공동체가 추진할 청소년사역의 새로운 유형의 하나로서, 이러한 '청소년과 함께하는 사역, 청소년과 함께 이루는 하나님의 일'이 한시 바삐 우리 교회들 속에서 개척되고 확장되고 구체적이고 적극적으로 체계화될 필요가 있음을 한 번 더 강조한다.

다) '청소년에 의한, 청소년의 사역': 청소년을 통해서 이루시는 하나님의 일

감추어진 새 영역

세 번째 개념(#3)은 청소년이(S) + 청소년(이웃)을 대상으로(O) + 사역한다(V)는 사역유형이다. 청소년중심적인 사역유형이고, 새로운 사역개념이다. 청소년이 주체적이고 능동적으로 사역에 참여하는 '청소년에 의한 사역 ministry by youth'이고, 그런 의미에서 '청소년의 사역 ministry of youth'이며, '청소년을 통해서 through youth 이루시는 하나님의 일'이다. 이 '청소년에 의한, 청소년의 사역' 유형은 대부분의 교회들에서 시행하지 않았거나 생각조차도 하지 않았던 다소 생소한 개념일 것이다. 그래서 이러한 형태의 사역을 시도하는 교회는 국내외를 막론하고 극히 적다. 물론 뜻있는 개인과 교회들에 의해서 추진되어 온 것도 사실이지만, 거의 없다는 표현이 더 사실적이다. 이러한 유형의 사역은 한국 교회와 사회의 현실, 그리고 청소년의 상황 등을 고려해볼 때 매우 비현실적이고 그래서 '관념상의(이론적인) 개념'으로 들릴 수도 있다.

그러나 성경말씀 속에서 보면, 우리 주 하나님께서는 '청소년에 의한, 청소년

의 사역'을 역사 속에서 이미 친히 전개해오셨다. 하나님께서는 목적하신 바에 따라 청소년을 부르시고 일거리(사역)을 맡겨주셨다. 그리고 그 일거리는 '하나님의 일, 하나님나라의 일'이기에, 이러한 '청소년을 통한 사역'은 하나님의 은혜와 섭리 가운데에서 언제나 성공적으로 추진되고 마무리되었다. 그렇게 우리 주 하나님께서는 청소년과 함께 일하시고, 청소년을 통해서도 아버지의 뜻을 이루셨다. 우리 주 하나님 아버지께서는 이런 유형의 사역을 통하여 아버지의 영광을 드러내셨다.

예레미야가 선지자로 세움을 받을 때의 일이다. "여호와의 말씀이 내게 임하니라. 이르시되 내가 너를 모태에 짓기 전에 너를 알았고, 네가 배에서 나오기 전에 너를 성별하였고, 너를 여러 나라의 선지자로 세웠노라하시기로, 내가 이르되 슬프도소이다. 주 여호와여, 보소서. 나는 아이라, 말할 줄을 알지 못하나이다하니, 여호와께서 내게 이르시되 너는 아이라 말하지 말고 내가 너를 누구에게 보내든지 너는 가며, 내가 네게 무엇을 명령하든지 너는 말할지니라. 너는 그들 때문에 두려워하지 말라. 내가 너와 함께하여 너를 구원하리라. 나 여호와의 말이니라 하시고, 여호와께서 그의 손을 내밀어 내 입에 대시며 여호와께서 내게 이르시되 보라, 내가 내 말을 네 입에 두었노라. 보라, 내가 오늘 너를 여러 나라와 여러 왕국 위에 세워 네가 그것들을 뽑고 파괴하며, 파멸하고 넘어뜨리며, 건설하고 심게 하였느니라 하시니라(렘1:4-10)." 예레미야는 그의 나이 20세(요시아왕 13년, B. C. 627년)에 선지자로 소명을 받았다고 한다.[57]

하나님께서 계획하시고 친히 추진하시면 까마귀를 통해서라도 먹이신다(왕상17:1-7). 보리떡 다섯 덩이와 물고기 두 마리를 '어린아이' 손에 들려서 예수님 앞에 서게 하신다. 예레미야와 같은 청소년이건, 모세와 같은 노인이건, 하나님께는 전혀 문제될 것이 없다. 그야말로 나이는 숫자에 불과하다. 하나님께

---

[57] 예레미야가 소명을 받을 때의 나이에 관하여는 성경학자들에 따라 다른 견해들도 있다. 즉 여기에서 '아이'는 '젊은이(청년)'를 뜻하기도 하는 말로서, 예레미야가 하나님 앞에서 자신을 아이와 같은 존재로 낮춘 표현이라는 견해가 그것이다.

서는 이미 청소년들을 그렇게 쓰셨다. 앞서 '청소년의 이해'에서도 하나님께서 청소년을 들어 쓰시는 몇 가지 예를 제시한 바와 같이, 청소년은 우리의 선입관(편견)이나 판단과는 아무 상관없이 '이미 하나님께서 들어 쓰고 계시는 하나님의 일꾼들'이다. 이것은 하나님께서 선택하신 일이고 친히 주관하시는 일이다. 성경말씀에 근거한 이 사실을 감히 누가 어떤 논리로 부정할 수 있겠는가.

청소년을 향하신 하나님의 사역방식을 받들어

'그래도 그렇지. 한국사회의 특수한 정황, 특히 치열한 입시경쟁과 취업난 등으로 뒤범벅이 된 교육현실 속에서, 교회가 청소년을 하나님의 일꾼으로 세우려고 하다니, 그게 말이나 되느냐. 사역에 참여시켰다가 혹시라도 우리의 청소년들이 경쟁에서 뒤지기라도 한다면, 그래서 성적이 내려가고 입시에 실패라도 하는 날이면, 교회의 입장이 어떻게 될 것이냐. 학부모들이 얼마나 교회를 원망할 것이며, 주위에서 쏟아지는 비난을 어떻게 교회가 감당하려고 이러느냐.' 하는 식의 판단 때문에 주저해야 하겠는가. 이것이 어느 분께서 행하시는 일이기에, 누가 감히 된다, 안 된다고 말 할 수 있겠는가. 도대체 교회는 누구 눈치를 살펴야 하는가? 하나님인가 사람(사회)인가. 아니면 '청소년은 아직은 어리다'는 고집스런 사람의 생각과 판단 때문에 끝까지 부정하려는가.

혹시 우리는 '청소년은 아직 안 된다'고 미리 선을 그어놓고 청소년을 그리스도교회 공동체의 사역에서 차별하거나 배제한 것은 아닐까. 혹시 하나님의 일에 부르심을 받은 청소년들이 아버지의 일에 참여할 기회를 박탈당하고, 사역의 대열에서 소외당하는 것은 아닐까. 혹시 청소년에 대한 어른들의 그 잘못된 선입관, 편견, 그리고 어른중심적인 오만한 사고방식이 청소년을 향하신 하나님의 뜻을 가로막고 있는 것은 아닐까. 그리스도교회 공동체의 사역에 관한 우리의 판단기준이 하나님중심, 성경중심이어야 하는지, 아니면 사람의 현실적, 경험적 판단에 근거해야 하는지 '너희가 섬길 자를 오늘 택하라(수 24:15)'는 여호수아의 외침을 깊이 새겨보아야 한다.

여기에서 우리는 청소년사역의 세 번째 유형, '청소년에 의한, 청소년의 사역 ministry by and of youth', '청소년을 통해서 이루시는 하나님의 일'이라는 새 지평을 발굴하게 된다. '청소년을 통해서 이루시는 하나님의 일인 청소년사역'이라는 이 새 지평은 지금까지 교회 어른들의 편견과 오만이라는 잡초 속에 묻혀있었다. 이 새로운 지평인 하나님의 사역방식을 온전히 발굴하고 개척하고, 확장하자는 것이 이 글의 핵심적 취지와 목적이다. 이 글의 큰 제목을 『청소년사역의 새로운 지평』이라고 걸어놓은 연유도 바로 여기에 있다.

라) 세 가지 유형의 상호관계

상호보완, 상호협력, 상호의존적인 세 유형

위에서 청소년사역은 그 사역의 주체와 객체(대상)을 중심으로 세 가지의 사역유형으로 나뉠 수 있음을 보았다. 그런데 이 유형들은 각각 그 유형만이 지니는 특유한 형태가 있다거나, 다른 사역유형들과 명확히 구별되는 어떤 경계가 줄긋듯이 정해져있다는 뜻은 아니다. 그것은 여기까지는 청소년을 위한 것이고, 여기서부터는 청소년과 함께하는 것이라는 그런 모습이 아니다. 실제로 교회 안팎에서 이러한 유형들은 서로의 영역이 겹쳐있거나, 서로의 영역을 넘나들면서 전개될 수 있다. 가령, 전도사님과 청소년들이 함께 어떤 사역프로그램을 만들어서, 전도사님은 이 프로그램을 다른 선생님들과 함께 가지고 가서 다른 청소년들을 위해서 실행했고, 또 한편으로는 이 프로그램을 청소년들이 저희들끼리 가지고 나가서 또 다른 청소년들을 위해서 사역했다고 해보자. 이 경우 세 가지 유형의 울타리는 없다. 주님 안에서 교회를 중심으로, 교회 안팎에서 이 유형들은 서로의 경계를 넘나들면서 실행될 수 있는 것이다. 따라서 청소년사역의 유형을 세 가지로 구분해보았다고 해서 이것이 곧 상호배타적인 고유개념(영역)을 나열한 것은 아니다. 이 유형들은 오히려 상호보완, 상호협력, 상호의존적으로 전개될 수 있다.

동시적이고, 등가적 다양성을 지니는 세 유형

그리고 이 세 가지 사역유형들은 단계적 발전과정을 의미하는 것도 아니다. '청소년을 위한 사역for'이 초기단계이고, '청소년과 함께하는 사역with'이 그 다음단계이고, '청소년에 의한, 청소년의 사역by and of'이 가장 발전된 사역단계라고 말하고 있는 것이 아니다. 위의 예시에서와 같이, '함께with'가 앞서고, '위한for'과 '의한, 의by and of'가 뒤따를 수도 있다. 그 반대의 경우들도 얼마든지 더 생각할 수 있다.

물론 경우에 따라서는 이런 단계적, 발전적 전개도 고려해볼만하다. 한국 교회의 현실을 감안할 때, 아무래도 '청소년을 위한'이 앞서고, 그 다음에 '청소년과 함께'가 뒤따르고, 그리고 '청소년에 의한, 청소년의'는 좀 더 분위기나 여건이 성숙한 다음에 시행되는 것이 순서일 것 같다고 여길 수도 있을 것이다. 지금 여기에서 말하고 있는 것은 이 세 가지 유형의 사역들이 시간적으로 어떤 단계를 거치면서 차례로 전개된다(되어야 한다)는 것이기보다는, '동시적으로, 다양하게, 동등한 가치와 무게를 지니면서' 상호보완, 상호협력, 상호의존적으로, 추진되는 것이 바람직하다는 점을 강조하고 있다. 그런 의미에서 청소년사역의 세 가지 유형들은 각각 동시적이고, 등가적 다양성等價的 多樣性[58]을 지닌다고 말 할 수 있다.

아무쪼록 이 세 가지 청소년사역의 유형들이 고루, 튼튼하고 알차게 개발되고 성장하고 성숙해서 청소년사역이 그리스도교회 공동체 사역의 큰 기둥이요 초점으로 자리 잡게 되기를 바라는 마음 간절하다.

나. 청소년사역의 정의와 그 의의

1) 청소년사역의 정의

---

[58] 여기에서 '등가적 다양성'이라 함은, 바로 위에서 말한 바와 같이, 청소년사역의 세 가지 유형들이 어느 것 하나도 소홀하거나 가볍게 취급할 수 없는, 서로 '대등한 값어치'(등가)를 지니면서도 그 모습은 for, with, by & of 등으로 다양하게 전개될 수 있음을 말한다.

새롭게 정립되어야 할 청소년사역의 의미

위에서 살펴본 바와 같이 청소년사역은 새로운 개념이나 영역들도 포괄하고 있다. 다만 그것이 묻혀 있었을 뿐이다. 청소년사역의 개념은 이제 지금까지 일반적으로 상식화되어 온 개념이나 어른중심적인 개념만으로 이해되지 않아야 한다. 청소년사역은 새롭게, 올바르게 이해되어야 한다. 그래서 여기에서는 위에서 본 청소년사역의 세 가지 유형과, 제1절 '사역이란 무엇인가'에서 탐색했던 '사역의 개념' 등을 종합적으로 고려하면서, 청소년사역의 개념을 '새롭게' 정립해보려고 한다.

본래 '새롭다'는 말은 이전에 있던 것 또는 오래된 것에 대하여 새 것이며(新), 전에 없었던 것이기에 처음이며(初), 낡지 않아서 신선하고(鮮), 온전하지 못한 것을 고쳐서 바르고 온전히 하였다(革)는 의미를 갖는다. 그리고 보면 청소년사역의 '새로운' 개념을 '새롭게 재정립해보겠다'는 생각은 좀 당돌한 도전이 아닐까 하는 염려도 앞선다. 하지만 청소년사역은 성인중심적인 개념만을 의미하는 것이 결코 아니라는 점이 분명해진 이상, 그리고 새로운 유형의 청소년사역이 존재할 수 있는 근거가 성경 속에서 발견된 이상, 어떤 형태로든 그 개념은 새롭게 재정립되어야 마땅하다. 그렇지 않으면 우리는 '하나님의 일, 하나님나라의 일인 청소년사역'을 편협하게 또는 편중되게 정의해 놓은 채로 사역한다고 법석을 떠는 것과 별로 다르지 않은 상태에 있게 될 것이기 때문이다. 또 그러는 한 청소년사역에 대한 잘못된 인식은 잘못된 태도와 행동을, 그리고 잘못된 태도와 행동은 결국 잘못된 결과를 초래할 것이기 때문이다. 그리고 그 잘못된 결과란 '하나님께서 목적하신 바를 벗어나는 것'이 되기 때문이다.

그러면 지금까지 탐색해왔던 '그리스도교회 공동체의 사역 개념'에다가 '청소년사역의 세 가지 유형'을 조합하여 '청소년사역'이란 무엇인가를 요약, 정리해보자. 이를 위하여 여기에서는 '청소년사역의 주체와 객체(대상)를 중심으

로' 청소년사역을 정의해본다:[59]

 '청소년사역이란 그리스도교회 공동체 사역의 하나로서, 그 사역의 성격이 '청소년과 관련된 사역'이거나 '청소년을 위한 사역', 그리고 청소년이 사역에 참여하는 사역, 즉 '청소년과 관련사역자가 함께하는 사역' 또는 '청소년에 의한, 청소년의 사역' 등의 사역유형을 모두 일컫는 것이다'라고 그 의미를 정리할 수 있을 것 같다. 여기에서 청소년사역은 그리스도교회 공동체 사역의 하나이므로, 당연히 앞의 제1절(3. 가)에서 정의한 '그리스도교회 공동체 사역의 정의(1, 2)'를 그대로 적용받게 된다.

2) 청소년사역의 개념정의가 지니는 의의

청소년사역의 정의에 대한 기대

 이렇게 청소년사역의 개념과 의미를 정리하고, 이 정의定義에 따라 청소년사역의 개념정의가 지니는 의의를 살펴보면, 첫째로 그리스도교회 공동체 사역의 기본개념에서 파생된 하위개념 또는 부분요소로서의 청소년사역의 '위상'이 분명해진다. 그와 동시에 다른 사역들과 마찬가지로 청소년사역도 '그리스도교회 공동체 사역의 본래적 의미와 성격'을 그대로 계승하여 이를 엄숙히 준수해야 할 '근거'를 확보한다. 이 정의에 따라, 청소년사역의 당위성과 필요성, 그 존재이유가 분명해지며, 청소년사역은 '해도 그만, 안 해도 그만'인 사역이 아니라, 반드시 해야 하는 '하나님의 분부'이심을 밝혀준다.

 둘째, 청소년사역의 종류, 즉 사역의 성격이나 형태에 따른 분류가 가능해져서 개념상의 혼란을 피할 수 있다. 특히 종래의 성인중심적인 성향이 짙었던 개념상의 혼돈, 그 편협성 또는 편중성을 극복하고, 새로운 유형 분류에 따른 새롭고 다양한 청소년사역 정책과 프로그램의 전개를 시도할 수 있는 계

---

[59] 청소년사역의 정의는, 이를 정의하고자 하는 사람의 의도와 관점에 따라 달라질 수 있는 것이므로, 이 글에서는 '청소년사역의 주체와 객체(대상)를 중심으로'하여 사역의 개념을 요약, 정리한다.

기[60]를 마련하게 된다.

셋째, 이와 관련하여 청소년사역의 합리화와 효율화, 조직화와 체계화에 기여하게 된다. 즉 교회 내에서 청소년사역에 관한 정책결정자나 연구자 그리고 관련 당사자들이, 청소년사역의 총체적인 틀 속에서 각 유형별 사역이 차지하는 비중, 예산, 프로그램의 성향 등을 비교, 분석, 조정하는 데에 이 청소년사역의 개념과 의미가 중요한 '길잡이 노릇'을 하게 될 것이다. 실제로 이러한 분류방식 조차도 이제껏 없었고, 그에 따른 객관적이고 체계적인 청소년사역 정책과 프로그램의 연구개발을 위한 노력은 태부족한 실정이었기 때문에, 이러한 개념정립은 이 분야에서도 기여하는 바가 크리라 기대해본다.

넷째, 그리스도교회 공동체 안에서 청소년사역의 서로 다른 사역영역들이 상호보완, 상호협력, 상호의존의 유기체적인 관련성을 유지하고 발전시킨다면, 앞으로 청소년사역의 폭과 수준이 획기적으로 확장되고 향상되는 효과도 가져올 수 있으리라 믿어 의심치 않는다.

청소년사역의 정착과 발전을 저해하는 요인들

그런데 이러한 청소년사역의 새로운 의미나 사역유형들이 한국 교회에서 제대로 이해되고 적용(실천)되려면 앞으로 적잖은 난관이 있을 것으로 예견된다.

그것은 첫째, 청소년사역의 새로운 개념 자체를 쉽게 동의조차 하지 않는 분들이 계실지도 모르기 때문이다. 그것은 청소년사역을 마치 '한정된 특정인(성인, 또는 사역자)들에 의한, 특수한 사역영역이나 직무'인 것처럼 사역개념을 잘못 이해하고 있거나, 그렇게 지금껏 사용해왔기 때문일 것이다. 만약에 이러한 우려가 사실이라면 그것은 한국 교회가 그만큼 어른중심으로 사역에

---

60 지금까지는 어른중심적인 청소년사역만을 생각해왔으므로, 청소년사역 정책이나 프로그램을 개발하게 되더라도 '청소년을 위한'(for) 것들만 만들어 질 수밖에 없었지만, 이제는 사역의 세 가지 유형이 밝혀졌으므로, 앞으로는 이 세 가지 유형의 각각에 대한 정책이나 프로그램이 다양하게 개발될 수 있게 되었다.

대한 인식이 굳어져있었다는 것을 반증하는 현상이라 할 수 있다.

둘째, 청소년이나 청소년사역 자체를 '대수롭지 않은 사람이나 일들' 또는 그리스도교회 공동체 사역의 '부차적(부수적)인 사역'으로 여기는 분들도 계실 것이기 때문이다. 그래서 그런 분들은 '많고 많은 교회의 일들을 제쳐놓고 하필이면 왜 새로 청소년사역이라는 것에 착수하려고 하느냐'며, 선뜻 사역의 길로, 그 '받듦과 섬김'의 길로 나서려고 하지 않을 수도 있다. 그래서 청소년사역이 제자리를 찾으려면 앞으로 많은 우여곡절을 겪어야 할는지도 모른다고 말한 것이다.

셋째, 그런가 하면 청소년사역의 당위성, 중요성, 필요성, 시급성 등은 충분히 이해하지만, 그러나 이를 실행하기 위해서는 많은 '투자' 즉 인력, 재정, 시설, 유지관리 등이 필요한데, '이를 감당할 능력이 없다'는 이유로 아예 손쓸 엄두도 못내는 교회들도 있을 것이기 때문이다. 참으로 안타까운 일이 아닐 수 없지만 실제로 한국 교회들 가운데 이러한 실정에 놓인 교회들이 너무나 많지 않은가.

넷째, 청소년사역을 정작 실천하려고 하면 그 사역의 현장인 '사회(세상)의 장벽'이 여리고 성(수6:1)과 같이 굳게 닫혀있기 때문이다. 청소년사역을 향한 '거역과 도전의 물살'은 이집트의 바로와 그의 신하들과 요술사들보다 더 집요하고 강력하다(출7-14장). 심지어는 뱀같이 간교하게(창3:1-15) 청소년사역을 훼방한다. 경쟁과 입시지옥으로 요약되는 교육적 분위기가 그것이요, 금전만능주의를 비롯한 비인간화 현상들이 그것이다.

이렇게 많은 난관들이 청소년사역의 정착과 발전을 가로 막고 있다. 이 난관들을 어떻게 극복하고 영적 전투에서 승리하여 '하나님의 일, 하나님나라의 일인 청소년사역'의 '새 지평'을 열어갈 수 있을까. 이 글도 그런 고민을 안고, 해결의 실마리라도 찾아보려고 이끄시는 대로 뜻을 받들어 쓰기가 시작되었던 것이다.

다. 청소년사역의 특성

청소년사역은 '청소년이 직간접적으로 관련된 사역'이다. 그리고 사역의 성격이나 유형들은 청소년을 주체로, 또는 대상으로 삼고 있기도 하다. 청소년사역은 다양한 모습을 지니고 있으며 다양한 접근이 필요한 사역이기도 하다. 우리 한국 교회의 경우 청소년사역은 '말로 강조되는 것만큼 그 실제가 활성화되어 있지 못한 허약한 상태'이고, '그 의미나 의의'조차도 제대로 교회 안에 확립되지 않은 실정이다. 그래서 이곳에서는 '청소년사역의 특성' 또는 '사역의 특성적 정황'들을 살펴봄으로써, 청소년사역이 보다 더 다양하고 폭넓고 실속있게 그 모습을 갖추어 실천에 옮겨질 수 있도록 하는 데에 필요한, 우리의 인식을 더욱 새롭게 하고자 한다.

여기에서 살펴 볼 '청소년사역의 특성'은 개념부터 교회 안에 확립시켜야 할 사역, 청소년이 '사역자'이며 '사역대상'인 사역, 결과보다 과정이 중요시되는 사역, '창조적 실험'요소가 강한 사역, '투입-산출'의 계측이 모호한 사역, 장기적 거시적 안목과 정책적 배려가 필요한 사역, 그리고 교회들의 연대와 협력이 필요한 사역 등이다.

1) 개념부터 교회 안에 확립시켜야 할 사역

위에서와 같이 한국 교회에서 청소년사역의 개념은 '확립이 필요한 상태', 즉 아직 교회 안에서 그 의미나 의의가 충분히 확고하게 인식되지 않은 상태에 있다.

하위개념 또는 부분요소만이 아닌 사역

그리스도교회 공동체 사역을 기본개념이라고 할 때, 청소년사역은 그의 하위개념 또는 파생(지류)개념으로 이해할 수 있고, 총체적 사역의 한 부분요소로 파악할 수도 있다. 이 하위개념(지류개념)이라든지 부분요소라는 용어는 기본개념(총체적 개념)의 틀 속에, 즉 '위계적 구조와 질서[61] 속에 포함되어 있는 개념이라는 뜻으로 쓰이는 낱말이다. 그러니까 총체적 사역이라는 큰 틀 속에서 볼 때, 청소년사역도 그리스도교회 공동체 사역의 동질적인 맥락, 즉 '정통성을 그대로 계승하고 있는, 거기에 포함된 사역'이라는 말이 된다. 이것이 그리스도교회 공동체 내에서 청소년사역의 좌표이다.

그런데 여기에서 한 가지 유념해야 할 것은, '위계적 구조와 질서' 상으로는 그렇더라도 그것이 가치위계상으로도 상하 또는 주종관계에 있다는 말은 아니다. 가치라는 척도를 가지고 사역을 바라보면 사역에는 높낮이가 따라 없고 주종이 따로 있을 수 없기 때문이다. 다시 말해서, '하나님의 일인 사역'은 어느 것 하나 소홀히 할 수 없고, 어느 것 하나 지고의 가치와 절대성을 지니지 않은 것이 없기 때문이다. 청소년사역도 사역의 위계적 구조와 질서라는 관점에서 보든지, 가치위계적인 관점에서 보든지 분명히 그 존재의의를 확고히 지니고 있는 사역이다. 청소년사역은 '하나님의 일, 하나님나라의 일(성역)'이라는 지고의 가치와 절대성을 지니고 있다. 그러므로 청소년사역의 이 존재의의와 가치, 그리고 절대성이 우리 교회들 속에 확실하게 인식되어 있어야 한다는 것은 당연한 논리이다.

그러함에도 불구하고, 청소년사역이 '별것도 아닌, 자투리사역'처럼 여겨지는 것은 무엇 때문인가. 왜, 누군가가 청소년사역에 관해서 열심히 말하면, '겨우 한다는 얘기가 청소년사역이냐, 교회가 지금 할 일들이 얼마나 많이 쌓여 있는데!' 하면서 업신여김을 당해야 하는가. 그것은 '성경적으로' 청소년과 청소년사역에 대한 이해가 잘 되어 있지 않다는 반증이 아닐까. 성인중심적인 사고방식이 청소년을 피상적으로, 그것도 특히 '청소년들의 골치 아픈 현상'들만

---

[61] '위계적 구조와 질서'란 그리스도교회 공동체의 사역체계를 구성하는 여러 부분요소들이 서로 유기체적인 하나의 구조나 질서를 형성하게 될 때, 거기에는 그리스도를 머리로 하는 '기본적이며 총체적인 큰 틀로서의 사역'이 있고, 이 틀 안에서 각각 사역의 동질성과 정통성을 이어받아, '다양한 부분요소 또는 하위개념의 사역들'이 파생된다. 이때 큰 틀로부터 하위개념의 사역들이 파생되어 지류를 형성하는 모습이 마치 상하관계 즉 위계적인 모습으로 보이게 되는 것을 말한다.

을 근거로 해서 청소년을 파악하거나, '청소년은 어려서 안 된다'고 나이나 경험만으로 판단해버린 것은 아닐까. 그리고 혹시 청소년사역은 돈만 많이 드는, 까다롭고 성과도 눈에 잘 뜨이지 않는 일이라고 세속적으로, 인간중심적으로 속단해버린 것은 아닐까. 교회들 중에 청소년과 청소년사역을 하찮은 것으로 여기는 풍조가 있다면 이것은 무엇을 의미하는 것인가. 사람이 하나님의 뜻(말씀)을 앞서가거나 버성기거나 거역하는 것 아닐까.

이렇게 청소년사역은 그 '개념부터 한국 교회 속에 확립시키는 일이 시급한 사역'이라는 매우 갑갑하고 안타까운 특성을 지니고 있다. 따라서 이 편견과 고정관념과 세속적(인간적) 판단기준들이 먼저 무너져야 청소년(사역)은 제자리에 설 수 있을 것이다.

2) 청소년이 '사역자'이며 '사역대상'인 사역

청소년사역에서 가장 초점이 되는 것은 하나님께서 눈여겨보고 계시는 '청소년 그들'이다. 청소년은 청소년사역의 '가장 중요한 관련자'이다. 청소년사역도 근원적으로는 청소년 때문에 생겨난 사역이다. 그것이 청소년을 위한 사역이건, 청소년과 함께하는 사역이건, 청소년에 의한 청소년의 사역이건, 이 모든 사역들은 청소년들과 직접 간접적인 관련 속에서 비롯된 것이다. 그리고 청소년은 '청소년사역의 동반자요 참여자'이다. 즉 어엿한 한 사람의 '사역자'이기도 하다. 그래서 청소년사역은, 청소년이 사역의 대상(객체)이기도 하고, 사역의 어엿한 주체(사역자)이기도 하다는 특성을 지닌다.

가) 어설프고 서투르고 부족하게만 보이는 사역

이것은 '평신도사역' 즉 일반 성도들의 사역에서도 마찬가지로, 성도들이 사역의 대상이 되기도 하고 사역의 주체(사역자)가 되기도 한다. 청소년사역이나 평신도사역이나 모두 '교역자가 아닌 성도들과 관련된 사역'이라는 범주 속에 들어가기 때문이다. 그런데 성인사역과 청소년사역은 같은 범주에 속하면서도 약간의 차이가 있다. 특히 사역의 주체로 사역에 참여할 때의 모습이 그렇다. 성인사역의 경우, 사역자들은 대체로 사역을 위해서 이미 '준비된 성도들' 가운데에서 선정되고, 그런 분들이 사역에 참여하여 헌신하는 것이 일반적인 경향이다. 그러나 청소년은 대체로 경험도, 훈련도 거의 없는 상태에서 하나님 앞에 선다. 그도 그럴 것이, 청소년은 그 자체가 '짧은 과거 밖에 지닌 것이 없는 세대'이기 때문이다.

그래서 사역에 청소년이 사역자로 서게 되면 어설프고 서투르고 부족하고, 그래서 이를 지켜보는 이들이 조마조마하고, 그러다가 '청소년은 아직 안 된다'는 생각이 우선 앞서게 될 때가 많다. 어른들의 입장과 관점에서는 그럴 수 있다. 평소에 보아 온 청소년, 그들은 충분히 그러고도 남음이 있다고 여길 수 있는 경우가 많다. 이 점은 필자도 오랫동안 현장에서 청소년과 함께 생활해오고 있기 때문에 비교적 소상히 그 실정을 파악하고 있다. 그래서 이런 국면조차도 전적으로 부정하는 것은 아니다.

하나님의 관점에서 재조명해야 할 사역

그러나 청소년이 연소하고 경험도 부족하다는 사실에 대해서 공감하는 것과, 청소년이 어리고 미숙할 것이 우려되어 사역에서 청소년을 아예 배제해버리는 그런 졸속한 행동에 공감하지 못하는 것과는 분명히 구별되어야 한다. 사실을 사실대로 공감하는 것과 잘못된 처사를 틀렸다고 부정하는 것은 다른 것이기 때문이다.

인간적인 판단만으로 청소년을 사역자의 대열에서 배제해버리는 이런 졸속한 행동은 비성경적이거나 반성경적일 수 있다. 그것은 성인중심적인 발상법 즉 어른들의 편견과 선입관과 오만이 빚어낸 오류일 수 있다. 그것은 하나님의 뜻보다 사람의 판단이 앞서가는 망동妄動일 수 있고, 결국 청소년사역의 불씨마저 짓이겨버리는 일종의 훼방행위로 변질될 수도 있고, '성령님을 훼방하는 것(마12:31)'이 될 수도 있다.

청소년들이 운동장에서 공을 찬다. 그들은 국가대표 축구선수들이고, 이 경기는 전 세계에 TV로 생중계되는 빅 매치이다. 마침내 우리 청소년이 상대방 골 망을 흔드는 통렬한 슈팅으로 득점한다. 관중은 물론 시청자들도 일제히 환호한다. '대~한, 민, 국!'을 외쳐댄다. 그 엄청난 흥분의 도가니 속에서, 선수 몇 명이 운동장 한 가운데서 머리를 맞대고 무릎을 꿇고 하나님께 감사의 기도를 드린다. 그리고 유니폼 상의를 벗어들고 운동장을 마구 뛰면서 관중들의 환호에 답한다. 그들의 속옷에는 이런 글이 쓰여 있다. 'Jesus ♡ You !!!'라고.

아마 이런 종류의 장면들을 기억할 것이다. 이 얼마나 감동적인 설교인가. 얼마나 효과적인 신앙고백인가. 얼마나 재치 있는 선교사들인가. 이것을 단지 일회성이고 돌발적인 쇼에 불과하다고 하겠는가. 그렇게 쉽게, 하찮은 것쯤으로 취급해버릴 성질의 것인가. 만약에 이것이 청소년선수들에 의해서 사전에 의도되고 기도로 준비된 '사역행위'였다고 한다면, 이들의 '순진한 쇼'는 과연 어떤 평가를 받아야 마땅할 것인가. 만약에 이것이 '전도의 미련한 것으로 믿는 자들을 구원하시기(고전1:21)' 위한 하나님의 뜻이었다면, 그래도 이 '쇼'를 향해 혀를 차야 할 것인가.

청소년이 참여하는 사역의 순진성과 성인사역의 전문성과의 차이라고나 할까. 이렇게 청소년과 성인의 사역 사이에는 '조화로운 차이'가 있다. 그러므로 순진성이 전문성을 배제할 수 없고, 그렇다고 전문성이 순진성을 무시해서도 안 된다. 만약 청소년이 사역에서 차별을 받는다면 이 차이, 즉 순진성이 전문성에게 차별을 받고, 배제당하는 것일 수도 있다.

순진성과 전문성이 조화를 이루시는 사역

이 '순진성'은 예수님께서 말씀하셨던 '어린아이와 같은(마18:3)' 그 겸손함과 순수함을 의미하는 것이고, 사역자의 '일꾼다운 속사람'의 상태 즉 '일꾼다움'을 나타낸다. 이 순진성을 '청소년사역이 갖는 매력'의 하나라고 해도 좋을 것 같다. 이 순진성의 관점에서 청소년의 사역을 주의 깊게 재조명하고 그 맥락 속에서 청소년사역의 길을 탐색해보면, 거기에는 '시온의 대로(시84:5)'를 보듯 무궁무진한 '사역의 고속도로'가 펼쳐져있음을 확인하게 될 것이고, 그 순진성과 전문성이 조화를 이루는 '청소년사역의 새 지평'을 바라볼 수도 있을 것이다.

이 순진성을 바탕으로 청소년이 사역의 주체(사역자)로서 참여할 수 있다고 강조하였는데, 그렇다고 청소년이 이 순진성 하나만으로 사역에 참여하는 것은 아니다. 또한 청소년에게는 전문성이 없다거나, 청소년사역에는 전문성이 필요 없다는 뜻도 아니다. 어찌 하나님의 일, 하나님나라의 일인 청소년사역에서 전문성을 배제해버릴 수 있겠는가. 청소년사역을 전개함에 있어서 전문성은, 오히려 늦은 감이 없지 않지만 사역의 효과를 높이기 위하여 시급히 그리고 온 힘을 다하여 꾸준히 개발되어야 할 과업이다. 그것은 사역에 참여하는 청소년이건 성인이건 모든 사역자들에게 요구되는 '갖출수록 유익한 요건'[62]이다.

이와 아울러 우리가 기억해야 할 것은, 청소년들 가운데에는 '사역에 유효한 전문성' 즉 '일꾼으로서의 그릇'을 이미 지닌 청소년들이 많다는 사실이다. 그것도 어른을 능가하는 전문성을 갖춘 청소년들도 많다. 특히 현대사회의 과학과 기술이 동원되는 분야와 국제화시대의 사회문화적 활동능력 등에서 청소년세대의 전문성이 기성세대를 압도하는 분야가 많아졌다. 다만 이들이 사역의 대열에서 지금껏 배제되어왔기 때문에 전문성을 발휘할 기회가 없었을 뿐이다. 하나님께서는 청소년에게 부여하신, 그리고 청소년에게 배양되어 있는, 전문성을 무시하거나 배제해버리신 일이 없으시다. 오히려 청소년을 사역자로 불러 쓰실 때 청소년에게 형성되어 있는 '일꾼다움'과 '일꾼으로서의 그릇'을 고려하셨다. 그런데도, 청소년의 전문성은 어른들에 의해서 일방적으로 묵살

---

62 여기에서 '갖출수록 유익한 요건'이란, 하나님께 쓰임 받는 일에 전문성이 없다고 사역을 할 수 없는 것은 아니지만, 전문성을 갖출수록 더욱 더 효과적으로, 그 전문성을 활용하여 유익을 가져올 수 있을 것이라는 뜻이다.

되거나 차단당하거나 파묻혀있는 것이다.

적장 골리앗 앞에 소년 다윗은 하나님사랑, 겨레사랑의 순진성 하나만으로 섰다. 그래서 다윗은 "나는 만군의 여호와의 이름 곧 네가 모욕하는 이스라엘 군대의 하나님의 이름으로 네게 가노라. ……여호와의 구원하심이 칼과 창에 있지 아니함을 이 무리로 알게 하리라(삼상17:45,47)."라고 외친다. 그의 손에는 막대기 하나와 돌멩이 다섯 개가 달랑 쥐어져 있을 뿐이다. 그 모습은 누가 봐도 거인(키가 9피트가 넘는)인 적장 골리앗과 맞설 모습은 아니다. 초라하다 못해 우스꽝스런 모습이다. 오죽 했으면 "네가 나를 개로 여기고, 막대기를 가지고 내게 나왔느냐(삼상17:43)."라고 골리앗이 어이없다는 듯 비웃었겠는가. 결과는 보나마나한 것이었다. 결과는 한판승으로 끝났다. 다윗이 이겼다, 상식과 예상을 뒤엎었다. 청소년 다윗의 손에는 어른들이 놀라 벌벌 떨던 골리앗의 머리가 들려 있었다. 하나님께서 이기게 하신 것이다(삼상17:11,57).

다윗이 그 '순진성' 하나만으로 이긴 것인가. 하나님께서 다윗의 순진성만 보셨을까. 사람을 외모로 보시지 않고 그 '중심(삼상16:7)'을 보시는 하나님께서는 다윗의 이 순진한 믿음을 아름답게 보셨을 것임에 틀림없다. 그리고 그가 목동으로 생활하는 동안에 그에게 형성된 담력과 능력(삼상17:34-37), 즉 그의 '전문성'도 보셨다. 사울왕은 다윗의 '연소함(삼상17:33)'을 근거로 그를 말렸고, 골리앗도 그의 연소한 '외모'를 얕잡아보았지만(삼상17:42), 주 우리 하나님께서는 다윗의 순진성, 즉 그의 '일꾼다움'과 그의 전문성, 즉 '일꾼으로서의 그릇'을 동시에 모두 고려하셨다.

나) 개발, 지원, 참여가 동시에 고려되어야 하는 사역

또 다른 한편에서 청소년은 사역의 주체(사역자)일 뿐만 아니라 '사역의 대상(객체)'이기도 하다는 점에 주목할 필요가 있다. 청소년이 사역의 대상(객체)이 된다는 것은 한국 교회의 경우 전혀 새로운 사실이 아니다. 지금껏 청소

년은 사역의 대상(객체)으로 여겨져 왔고 그런 취급을 받아왔기 때문이다. 그런데 청소년이 사역의 '주체(사역자)'요, 동시에 사역의 '대상(객체)'이라는 사실을 한꺼번에 고려하면서 청소년을 새롭게 바라보게 된다는 것은 흥미로운 일이다. 이제껏 청소년은 사역의 대상(객체)이라는 한 가지 모습만으로 인식되었기 때문에 청소년의 '두 모습'에 대한 '동시적 관심'은 새로운 관심거리가 될 만하다.

이 '두 모습'은 따로따로 존재하는 것이 아니라, 청소년의 안팎에 함께 동시에, 그것도 매우 중요한 의미를 지닌 채로 공존하고 있다. 이 '두 모습'에 대해서 여기에서 특히 강조하고자 하는 것은 첫째, 사역의 대상(객체)가 되는 청소년을 사역의 대상답게 개발, 지원해야 한다는 점이며, 둘째, 사역의 주체(사역자)가 되는 청소년을 일꾼(사역자)답게 일할 수 있도록 그 참여를 보장하는 일에 새로운 관심과 노력을 기울여야 한다는 점이다.

이 '개발, 지원, 참여'의 조화가 요구되는 사역이 곧 청소년사역이 지니는 특성 중의 하나이기 때문이다. 다시 말해서, 청소년을 하나님의 일꾼으로 '양성'하는 사역인 '개발사역'과, 청소년을 사역현장에 '투입'하여 그 현장사역을 통해 더욱 일꾼이 되도록 '지원'하는 사역인 '지원사역'과, 양성된 청소년일꾼이 현장에 '참여'하는 사역인 '참여사역'이 하나의 연결고리처럼 순환되면서 발전되어 나가는 것이 청소년사역의 바람직한 모습이다. 이것을 <표>로 정리해보면, <표 7> '청소년사역의 발전적 전개과정'과 같이 될 것이다.

따라서 청소년, 그리고 청소년사역은 교회와 성인사역자의 개입, 지원, 협력이 지속적으로 필요한 대상임을 강조해둔다. 특히 청소년을 하나님의 일꾼으로 '양성'하는 사역인 '개발사역'은 '청소년을 위한(청소년 관련) 사역', 즉 '청소년을 위하여 행하시는 하나님의 일'이라는 차원에서 교회와 성인사역자의 개입이 필요한 사역영역이다.

표 7 청소년사역의 발전적 전개과정

	청소년의 위상		
	사역의 대상(객체)		사역의 주체
사역의 형태	청소년개발사역 (youth development)	청소년지원사역 (support to ministry)	청소년참여사역 (participation of youth)
사역의 내용	'하나님의 일꾼'으로 청소년'양성' ⇒	현장에 청소년 '투입': 사역을 통한 역량강화 ⇒	청소년 일꾼의 주체적 사역 '참여'

갈릴리공방/청소년사역연구개발원

청소년을 사역현장에 투입하여 '사역을 통해 더욱 일꾼이 되도록 지원하는 사역'인 '지원사역'은 '청소년과 함께하는 사역', 즉 '청소년과 함께 이루시는 하나님의 일'의 차원에서 교회와 성인사역자들의 적극적인 지원이 반드시 있어야 한다.

양성된 청소년일꾼이 현장에 참여하는 사역인 '참여사역'은 '청소년에 의한, 청소년의 사역', 즉 '청소년을 통해서 이루시는 하나님의 일'의 차원에서 교회와 성인사역자의 협력이 절실히 요망된다.

교회가 믿음이 약한, 또는 믿지 않던 청소년을 양육하여 하나님과 하나님 나라의 일꾼으로 세워나가는 이 일련의 사역과정은 청소년이 더러는 객체(대상)로, 더러는 주체(사역자)로 등장하는 징검다리 위를 건너간다. 그리고 이 과정은 그 단계들 하나하나가 모두 다 주 우리 하나님 아버지의 뜻(마22:37-40)을 따르는 것이요, 주 예수님의 명령(마28:19-20)에 대한 순종적 반응을 보이는 일이기에 어느 것 하나 중요하지 않은 대목이 없다.

3) 결과보다 과정이 중요시되는 사역

청소년사역에서 위의 세 가지 사역과정은 어느 것 하나 소홀히 할 수 없는 매우 섬세하고 민감한 과정들로 가득 차있다. 첫 번째 단계인 '청소년을 하나님의 일꾼으로 양성하는 사역'인 '개발사역'단계는 한 청소년을 가르치고 지도하여 우여곡절 끝에 그를 일꾼으로 만들어냈다는 결과도 매우 중요하지만, 그보다는 그를 일꾼으로 세워가는 그 과정 하나하나가 오히려 더 중요시된다. 하나님의 일꾼을 양성(양육)하는 일은 그 자체가 하나의 과정일 뿐만 아니라 그 과정들에 투입된 모든 요소들의 총화가 '일꾼'이라는 결과로 열매를 맺게 되기 때문이다.

더군다나 이 양성(개발)사역은 사람의 힘만으로 되는 것이 아니다. 하나님께서 주관하시는 일이다. "나는 심고 아볼로는 물을 주었으되 오직 하나님께서 자라게 하셨나니, 그런즉 심는 이와 물을 주는 이는 아무 것도 아니로되, 오직 자라게 하시는 이는 하나님뿐이니라(고전3:6-7)."라고 하시는 말씀처럼, 우리는 하나님의 동역자요 그 보조자로서 우리의 할 바를 성실히 이행할 뿐, 청소년을 일꾼이 되게 하시는 이는 하나님이시다. 따라서 하나님의 일꾼을 양성하는 일에서 우리는 '주관하시는 하나님의 뜻'을 따라 예배하는 자세로, 한 순간, 한 과정을 중요시하면서 우리의 최선을 다해야 한다.

두 번째 단계인 청소년을 사역현장에 투입하여 '사역을 통해 더욱 일꾼이 되도록 지원하는 사역'인 '지원사역'은 사역행위를 통해서 청소년이 일꾼으로 성장, 성숙, 성화되어가는 '학습효과'를 얻을 뿐만 아니라, 사역참여에서 오는 '사역효과'도 동시에 거둘 수 있는 매우 중요한 사역단계이다. 그런데 학습효과는 어떤 의도된 작업(행동)을 반복하는 과정을 통해서 획득(학습)되는 효과이므로, 이 또한 그 '과정'이 매우 중요하다. 또 다른 한편으로 사역효과는 '하나님의 일, 하나님나라의 일인 사역'이라는 특수한 행동을 통해서 나타나는 결과이므로, 그 동기와 목적에서부터 과정 하나하나에 이르기까지 매우 섬세하고 민감한 과업이다. 따라서 학습효과와 사역효과를 동시에 거둘 수 있는 이 '지원사역'단계는 과정 그 자체가 특히 중요시된다. 양성되어야 할 '대상'이요 참여해야 할 '주체'라는 두 얼굴을 가진 청소년을 향한 이 두 가지 목표, 즉 학습효과와 사역효과를 한꺼번에 이룩할 수 있는 길이 여기에 있기 때문이다.

세 번째 단계인 '양성된 청소년일꾼이 현장에 참여하는 사역'인 '참여사역'은 그 자체가 청소년사역의 백미白眉이다. 하나님의 자녀요, 하나님나라의 백성이요, 그리스도의 제자들이면 누구나 그 위치에 우뚝 서고 싶고, 또 그렇게 서야만 하는 소망스런 상태이기 때문이다. 그러나 거기 섰다고 누가 자랑할 수 있겠는가. "누구든지 자랑하려거든 주님을 자랑하십시오(<공동> I고린토1:18-31)."라는 말씀처럼, 우리를 일꾼으로 자라게도 하시고 일꾼으로 삼으신 이도 하나님이시므로 우리는 겸손하게 두렵고 떨림으로 받들고 섬길 뿐이다. '그리스도의 사역을 완성하기 위한 일꾼(동역자)'로서 충성하고 헌신해야 한다. 청소년사역도 마찬가지로, 사역자로 부르심을 받고 세워진 청소년은 사역의 결과나 그 어떤 보상이나 명예, 실패에 대한 부담감 등을 버리고, 그저 기쁘고 감사함으로 모든 과정마다 겸손히 그리고 담대하게 자신의 과업을 감당해야 한다. 청소년사역은 이렇게 모든 사역들이 그러하듯이 그 결과 못지않게 특히 과정이 중요시되는 사역이라는 특성을 지닌다.

4) '창조적 실험' 요소가 강한 사역

청소년사역이 결과보다는 과정을 더 중요시하는 특성을 지닌다고 해서 그렇다고 결과를 소홀히 여기는 '연습'일 수는 없다. 사역은 연습이 아니며 연습을 사역이라고 일컬을 수도 없다. 사역은 하나님(나라)의 일이고, 연습은 학습활동의 일환일 뿐이다. 이런 전제 아래서 청소년사역은 '창조적 실험'이라는 요소가 강한 사역이다.

'창조적 실험creative experiment' 요소가 강하다는 말은, 주님 안에서 더 좋은 결과를 창출하기 위하여서라면 오히려 그 결과여하에 연연하지 않고, 결과는 오직 사역을 주관하시고 또 직접 행하시는 주님께 맡기고, 믿음으로 사역에 투입하거나 투신해서 전심전력 최선을 다하는 것을 의미한다. 그것은 더러는 모험일 수도 있고 실패할 수도 있다. 그러나 그럼에도 불구하고, 주님 안에서 믿음으로 하나님의 일꾼답게 '실패할 수 있는 용기'를 가지고 사역에 투입(투신)하는 것이다. 그것은 맹목이 아니다. 만용을 부리는 것도 아니다. 강한 믿음 위에서만 할 수 있는 참 용기 있는 행위이다. 그것은 느부갓네살왕의 위협 앞에서 차라리 죽음(순교)를 각오했던 사드락, 메삭, 아벳느고의 '그리 아니하실지라도(<개역> 단3:16-18)'의 믿음과 용기와도 같다. 그것은 '결과보다는 과정이 더 중요시 되는'이라는 표현 속에서도 느낄 수 있는 것처럼, 결과나 실적에 얽매어 정작 해야 할 행동마저 위축되거나 실행하지 못하는 그런 불신앙과 나약함을 과감히 떨쳐버리는 것이다.

바로 청소년사역이 그런 '창조적 실험' 요소가 강한 특성을 지닌다. 실제로, 청소년사역과정에서 교회나 성인사역자들이 청소년을 '개발, 지원'하는 일도 웬만한 믿음과 결단 없이는 쉽사리 해낼 수 없다. 청소년을 사역에 '참여'하도록 그 길을 열어놓는 것도 어지간한 용기로는 엄두도 못 낼 일이다. 또한 청소년기를 보내고 있는 청소년이 자신의 여러 가지 여건과 환경과 상황을 무릅쓰고 스스로 사역에 투신한다는 것도 결코 간단한 일이 아니고, 쉬운 결단도 아니다. 그만큼 창조적 실험 요소가 강하기 때문이다.

이렇게 청소년사역 과정의 '개발과 지원, 참여'가 모두 '창조적 실험'이라는 요소가 강할 수밖에 없는 현실적 이유는 첫째로, 이 '개발, 지원, 참여'는 '사람'과 관련되는 사역과정이기 때문이다. 이들 사역과정 모두가 그 속을 알 수 없고 그 장래를 알 수 없는 '사람'에게 투입하는 것이다. 또 한편으로 청소년 자신의 경우 그가 사역에 참여하는 것은, '청소년기에 처한 사람'이 자신을 '미지의 사역'에 투신하는 것과도 같다. 언제 어디로 튈지 모르는 럭비공처럼 자유분방하고 종잡기 힘든 청소년기의 사람들을 개발, 지원하는 일이 청소년사역이다. 또 청소년이 사역에 투신하는 경우도 짧은 경험과 기능만으로 과연 하나님의 일, 하나님나라의 일인 사역을 감당해낼 수 있을지 스스로도 의문스러운 것이 청소년사역이다. 그러므로 '투입'을 하건 '투신'을 결단하건 간에, 거기에는 '창조적 실험'이라는 요소가 포함되기 마련이다.

둘째로, 사역은 장기간에 걸친 과정을 필요로 할 수도 있으며, 그래서 막중한 자원과 노력이 소요될 수도 있고, 또한 그것은 현재와 미래를 엮는 작업이기에 지금과 같이 변동이 심한 사회 속에서는 많은 불확실성을 내포하고 있다. 그런데도 그 불확실한 미래를 향해 '개발, 지원, 참여'를 감행한다는 것은 그 자체가 대단한 창조적 실험이 아닐 수 없다. 특히 첫 번째 이유와 관련하여 청소년기의 사람들에게, 그것도 오랜 기간일 수도 있는 투입기간과 많은 자원과 노력의 투입을 감수하면서까지 청소년을 '개발, 지원'하는 것은 낭비나 부담으로 여겨질 수도 있다. 청소년 그가 사역의 울타리를 벗어나버리면 그 동안의 노력은 허사일 수도 있기 때문이다. 청소년사역은 이렇게 창조적 실험이라는 요소가 강한 특성을 지니며, 그럴수록 더 많은 관심과 기도와 지원이 필요한 사역이다.

강한 믿음으로 투입하고 투신해야 할 사역

그러나 청소년사역이 창조적 실험 요소가 강하다고 해서 두려워하거나 주저할 필요는 없다. 그것은 '사람 생각'일 뿐, 사역은 하나님의 일, 하나님나라의 일이며, 하나님께서 주관하시고 우리는 아버지 하나님을 거들어드리는 것뿐이다. 그래서 하나님께서는 "너는 두려워 말라, 내가 너를 구속하였고 내가 너를 지명하여 불렀나니 너는 내 것이라"라고 하시고, 또 "너희는 나의 증인, 나의 종으로 택함을 입었나니(사43:1, 10)", "두려워 말라, 내가 너와 함께함이니라……. 참으로 너를 도와주리라. 참으로 나의 의로운 오른손으로 너를 붙들리라(사41:10)"라고 하신다. 그리고 "내가 말하였은즉 정녕 이룰 것이요, 내가 경영하였은즉 정녕 행하리라(사46:11)"라고 말씀하신다. 부활하신 우리 주 예수님께서도 "내가 세상 끝 날까지 너희와 항상 함께 있으리라(마28:20)."라고 하시고, "내 이름으로 무엇이든지 내게 구하면 내가 행하리라(요14:14)."라고 확인하신다.

그러므로 우리는 주님 안에서 확신을 가지고 이 '창조적 실험인 청소년사역'에 투입하거나 투신할 수 있다. '믿음은 바라는 것들의 실상이요, 보이지 않는 것들의 증거(히11:1)'이기 때문이다. "믿음이 없이는 기쁘시게 못하나니 하나님께 나아가는 자는 반드시 그가 계신 것과 또한 그가 자기를 찾는 자들에게 상주시는 이심을 믿어야 할지니라(히11:6)."라는 말씀과 같이, 주님께서 우리를 도우시고 친히 행하실 것이라는 믿음 바로 이것이 그리스도교회 공동체 사역의 힘의 원천 아니겠는가.

5) '투입-산출'의 계측이 모호한 사역

청소년사역은 실제로 많은 자원과 노력이 투입되어야 하는 사역이기도 하다. 거기에는 인적, 물적 자원은 물론이고, 시간과 인내심까지도 요구되는 경우가 많다. 교회의 사역들이 손쉽고 간단하게 열매를 맺을 수야 있을까마는, 특히 청소년사역은 더러는 대규모의 장기적 투입에 비해서 그 효과가 미미하거나, 심지어 효과가 눈에 뵈지도 않거나, 투입에 대한 산출을 계측하기조차도 모호한 사역이라는 특징도 지닌다.

투입효과가 미미한 사역

한국 교회의 청소년사역이 대체로 '청소년을 위한 사역'이기에 이런 유형의 사역을 중심으로 우리 주변을 잠시 둘러보자. 교회가 청소년사역을 전개하면 그 사역의 효과가 청소년들에게서, 특히 그들이 어른이 되기 전인 청소년기에 그 투입효과가 나타난다면 얼마나 좋을까. 하지만 실제로 그렇게 되지 않는 경우가 더 많다. 잔뜩 투입했다고 여겨지는데 효과는 눈에 보이지도 않는다. 심지어 청소년의 '숫자'마저 줄어들기도 한다. 그래서 몹시 당황하게 되고, 확신도 용기도 없어지고, 그만 둬버릴까 하는 마음까지도 생겨난다. 그래도 인내심을 가지고 계속해보려면, 이번에는 주변에서 '쓸데없는 짓 그만하라'고 말리기까지 한다.

분석, 평가도구도 갖춰지지 않은 사역

그래서 청소년사역을 좀 더 객관화하고 과학적으로 추진해보려고 사역의 현황을 분석하거나 평가를 시도한다. 그러나 그게 그리 간단하거나 쉽지 않다. 차라리 막막하다는 표현이 더 현실적이다. 그래서 일반 학교교육에서 활용되고 있는 갖가지 교육평가이론과 기법들을 빌어다가 써보려고 해도, 그게 청소년사역에서는 제대로 적용되지도 않는다. 왜냐하면 청소년사역은 기독교교육Christian education이나 교회교육church education과 밀접한 관계에 있는 것이 사실이지만, 청소년사역이 곧 교회교육 그 자체만을 의미하는 것이 아니기 때문이다. 그리고 더 실제적인 이유는 아직 교회교육 또는 교회학교(주일학교Sunday school) 교육에서 이러한 교육평가체계가 제대로 확립되거나 실용화되어 있지도 않기 때문이다.

지금껏 청소년사역은 그 막대한 투입에도 불구하고 그냥 사역자의 감각적인 분석이나 주관적 평가에 그쳐왔다.[63] 그러다보니 청소년사역의 존재의의나 교회적 가치에 대한 의심이나 불만이 발생하게 된다. 그래서 교회의 사역 우선순위에서 뒤로 밀리거나 배제되기 일쑤다. 누군가가 '효과도 없는 청소년사역 제발 그만 좀 하라'고 목청을 높이면, 이에 대하여 무슨 객관적 논거를 제시할만한 것이 없는 사역자들로서는 암초에 부딪치고 만다. 사역자가 암초에 부딪치면 사역이 좌초되거나 파쇄되고 마침내 침몰하는 것은 자명한 노릇이다.

경영논리만으로는 설명되지 않는 사역

교육이건 사역이건 그 반응이나 효과가 즉시 나타나는 경우도 더러 있겠지

---

[63] 따라서 이 분야는 앞으로, 교회(주일)학교교육 차원에서뿐만 아니라, 청소년사역의 영역에서도 사역의 효과분석을 위한 도구개발에 관하여, 진지한 논의와 노력이 요망된다.

만, 대체로 이들은 천천히 또는 오랜 뒤에야 나타날 수 있다. 그 반응이나 효과는, 물리적 자극에 대한 반응과는 달라서, 사람 속에서 변화가 일어나고, 행동이나 태도로 형성되어 그것이 마침내 겉으로 나타나는 현상이기 때문이다. 그러므로 교육이나 사역을 실행할 때는 느긋한 마음이 필요하다. 제발, 아침에 씨를 뿌리고 저녁에 낫을 들고 추수하러 가는 짓은 하지 말아야 한다. 재정이 얼마가 투입되었으니 아이들이 얼마쯤 교회로 몰려왔어야 하고, 지금쯤 아이들은 무엇, 무엇 정도는 하고 있어야한다는 '계산'에 너무 마음 쓰지 말아야 한다. 사역은 세상에서 말하는 장사가 아니잖은가. 우리는 씨를 뿌리고 물도 주지만, 기르시는 이는 하나님이시지 않는가. 결산하실 하나님께서 어련히 기르시고 쓰시겠는가.

우리 주 하나님께서는 예정하신 때를 따라, 더러는 느지막하게, 더러는 일찌감치 불러 쓰셨다. 노아를 460세에야 부르시고(창6:3, 7:11), 모세가 80세 되던 해에야 부르신 하나님이시지만, 사울(사도 바울)은 청년시절에 불러 세우셨고, 예레미야는 이제 막 청년시절로 접어드는 때에, 다윗은 청소년시절에, 사무엘은 아직 아이인데도 부르셨다. 기르시고 쓰시는 이는 하나님이시므로, 한국 교회는 오직 주님의 뜻을 따라 열심히 인내심을 가지고 맡겨진 '청소년 양육'에만 전념해야 한다.

이와 아울러, 청소년사역은 '투입-산출'의 계측이 모호한 사역이라는 특성을 지니는 것인 만큼, 교회가 참으로 청소년사역을 사역답게 추진하려면, 특별한 관심과 노력을 기울여야 한다. 특히 청소년사역을 준비하고, 실행하며, 이를 분석(평가)하는 모든 과정(단계)을 좀 더 합목적적이고 합리적으로 체계화하기에 힘써야 한다. 이것은 '투입-산출'의 계측이 모호하던 것을 명료하게 하자는 의미만이 아니라, '모호할 수밖에 없는 사역'임에도 불구하고 그럴수록 더 더욱 청소년사역을 효과적으로 추진할 수 있는 터전을 확보하기에 힘쓰자는 말이다. 따라서 지금은 세상의 경영 논리를 훨씬 능가하는, 보다 더 능률적이고 효과적인 사역으로 정착되도록 교회(성도)의 역량을 한 데 모아야 할 때라고 믿는다.

6) 장기적 거시적 안목과 정책적 배려가 필요한 사역

영적 전쟁의 후계자를 양성하는 사역

교회가 청소년사역을 사역답고 하나님(나라)의 일답게 전개하려면, 세상의 경영을 능가하는 탁월한 지략과 치밀한 준비가 필요하다. 사역은 영적 전쟁이고, 그 전투상대는 하나님의 자리까지도 넘봤던 사악하고 간교한 영적 세력들이기 때문이며, 사역은 영속성을 지녀야 하고, '대 이음(계대)'까지 염두에 두어야 할 사역이기 때문이다. 그리스도교회 공동체 사역 중에서 특히 청소년사역은 '사역후계자'를 양성한다는 차원에서도 그 의미가 돋보이는 사역이다. '사람 만들기, 일꾼 만들기'가 필요한 사역이라는 의미에서 청소년사역은 장기적이며 거시적인 안목을 가지고, 정책적 배려를 해야 할 필요가 있는 사역이라는 특징을 지닌다.

교회의 일꾼을 개발하고 충원하는 사역

청소년은 개인적인 차원에서 자아를 발견하고 자아정체감을 확보하며, 그 안에 소명적 자아가 형성되어야 할 시기의 사람들이다. 그리고 그들은 일꾼이기 이전에 하나님께서 기뻐하실만한 '사람다움'을 먼저 이루어야 할 과제가 있는 사람들, 즉 '인간다운 인간개발'이 강조되는 시기의 사람들이다. 그와 함께 '하나님의 인간자원개발'이라는 차원에서도 청소년은 매우 중요한 개발대상이다.

그런데 교회는 주님께서 세상에 남겨 두신 제자들(요17:11, 15, 18)의 공동체이다. 그 공동체는 '세상(사회) 속의 교회'로서의 역할기능도 감당해야 할 교회이다. 그래서 교회는 하나님과의 관계가 끊어지고 비인간화된 모습 그대로 살고 있는 이 암담하고 절망감이 가득한 세상 속에서, 인간회복과 사회개량

(갱신)의 주도권을 확보해야 한다. 교회는 세상을 이끌고 이를 변화시키는 '힘(능력)'이 되어서 독립변수다운 역할기능을 감당할 수 있어야 한다. 이러한 역할기능을 감당한다는 것은 그 자체가 세상과 싸우는 일이고, 이를 위한 사역은 곧 반드시 싸워 이겨야 하는 전투나 마찬가지다. 뿐만 아니라 교회 내부적으로는 '교회다움'의 유지와 존속, 그리고 교회(성도)의 성장, 성숙, 성화를 위한 과업도 충실히 감당해야 한다. 그것은 교회 안에서 끊임없이 지속되어야 할 거룩한 작업(성역)이고, 엄숙한 과제이기도 하다.

이렇게 교회가 세상 속에서, 그리고 교회 내부적으로, 교회다운 역할기능을 제대로 감당하려면 그리스도의 제자요 일꾼이 될 사람들을 끊임없이 개발하고 충원해야 할 필요가 있다. 그리고 이를 위해서는, 청소년사역의 중요한 목표의 하나로서, 그리스도인 청소년 인간자원개발이 절실하고도 시급히 요구된다.

열방을 품을 역량개발 사역

특히 지금 지구촌에서는 UN을 비롯한 지역과 국가들이 '청소년들에 의한, 청소년들의'를 위한 정책을 적극적으로 촉진하고 있는 추세라고 말했었다. 이런 추세 속에서 '누가 새 시대의 주도권을 확보하여 세상을 이끌어갈 것이냐' 하는 점은 교회의 미래와 관련하여서도 매우 중요한 관심사가 아닐 수 없다. 그런데 지구촌의 내일은 '오늘, 여기, 우리의 청소년들' 어깨에 짊어져있기 때문에, '오늘의 일꾼'일 뿐만 아니라 '미래사회의 주역'이기도 한 '그리스도의 청소년들'에게 지구촌의 오늘과 내일을 이끌어 갈 '청소년리더십youth-leadership'을 함양하는 일은 교회의 인간자원개발 부문에서도 시급히 눈을 돌려야 할 영역임을 잊지 말아야 할 것이다. 그래서 '땅의 모든 끝이 여호와를 기억하고 돌아오며, 열방의 모든 족속이 주의 앞에 경배'하고(시22:27), 열방이 그리스도에게로 돌아와, 그에게 소망을 두도록(사11:10, 롬15:12)하는 일에 청소년들이 하나님의 일꾼으로 우뚝 설 수 있도록, 교회는 지금 청소년인간자원개발에 박차를 가하고 있어야 한다. 이를 위해서 필요한 것은 교회가 장기적이고 거시적인 안목을 가지고 청소년개발에 힘쓰기 위한 '정책적 배려'를 아끼지 말아야 한다는 점이다.

할 일 많은 교회, 급한 일도 많은 교회, 넉넉잖은 자원으로 많은 사역효과를 창출해야 하는 교회에서 효과도 눈에 잘 뜨이지 않는 청소년사역에 교회의 자원과 노력을 투입한다는 것은 실제로 그리 쉬운 결단이 아니다. 그래도 그런 상황을 극복하고 교회의 앞날을 내다보며 과감히 투입을 결단할 때, 우리는 그것을 '정책적 배려'라고 말한다. 그것은 한 움큼 뚝 떼어 '선심 한번 쓰는 것'이 아니다. 인간적 경험이나 안목으로 정책적 판단을 내리는 것도 아니다. 청소년사역을 위한 '정책적 배려'는 하나님의 뜻을 순종하는 결단이어야 한다. 청소년사역에 대한 장기적이고 거시적인 통찰의 안목 속에서 이루어지는 그런 결단이다. 그것은 치밀하고 체계적이며, 지속가능한 정책의 기획과 결단을 바탕으로 한 투입이어야 한다. 거듭 말하지만 청소년사역은 교회의 미래가 걸려 있는 중요한 사역이며, 우리 주님 다시 오실 때까지 대를 이어 하나님나라의 일에 헌신할 일꾼을 양성하고 배출해야 할 임무를 지닌 특수사역이기 때문이다.

7) 교회들의 연대와 협력이 필요한 사역

청소년사역이 지니는 특성 중에서 마지막으로 지적하고자 하는 것은, 그것이 교회들의 연대와 협력을 필요로 하는 사역이라는 점이다. 이에 관하여는 앞으로도 더 강조해서 말하게 될 것이지만, 청소년사역은 다른 어떤 사역 못지않게 교회들의 연대와 협력이 필요한 사역이다. 적어도 청소년사역이 사역의 본래 모습을 찾아 교회와 사회 속에서 제대로 실행되려면 반드시 그래야 한다.

다양하고 방대한 영역을 지닌 사역이므로

그 이유는 첫째로 청소년사역은 독자적인 사역영역을 지니고 있고, 그 사역의 내용들이 매우 다양하며 그 영역이 방대하기 때문에 교회들의 연대와 협력이 반드시 필요하기 때문이다. 청소년사역의 다양하고 방대한 내용들에 관해서는 제2편 제2장 '청소년사역의 내용은 어떤 것들인가'에서 상세히 다룰 것인데, 실제로 그 내용은 '교회의 다양한 기능'에 버금갈 만큼 다양성을 지닌다. 청소년사역은 청소년을 사역의 대상으로 삼기도 하고, 사역의 동반자로, 또는 사역의 주체로 삼기도 하는 사역이기 때문에 더욱 그렇다. 청소년이 사역에서 대상이냐, 동반자냐, 주체냐에 따라 사역의 내용도 달라진다. 청소년이 사역의 대상으로만 여겨지던 지금까지의 청소년사역에서도 가짓수가 꽤 많았는데, 청소년이 사역의 동반자나 주체가 되면, 그 내용이 더욱 다양해지는 것은 당연하다. 그래서 어느 한 개별교회가 혼자서 이 많은 다양성을 수용하여 청소년사역다운 사역을 감당하기란 실제로 너무 힘들거나, 거의 불가능한 경우가 많다. 실제로 이걸 혼자하려니 잘 안되고, 그러다가 지쳐 쓰러지고 마침내 포기하고 말게 된다. '청소년사역의 다양성'을 혼자 힘으로 수용하여 그 방대한 사역영역을 제대로 감당해낼 수 있는 개별교회는 세계 어디에도 사실상 존재하지 않는다고 감히 말하고 싶다. 왜냐하면 청소년사역의 내용 중에는 개별교회 수준에서 단독으로 할 수 있는 일도 있지만, 특히 '사회를 향한 청소년사역들'의 경우는 모든 교회들이 연대하고 협력해도 이루어내기 힘든 사역들이 많기 때문이다.

목적과 내용이 복합적인 사역이므로

둘째로 청소년사역은 복합적인 성격을 지니고 있기 때문이다. 여기에서 '복합적'이라함은 사역의 목적(목표)이 그러하고 그에 따른 사역의 내용이 또한 복합적이라는 뜻이다. 사역의 '목적(목표)'이나 '내용'은 제2편에서 살필 것이지만, 우선 청소년사역의 목적이나 목표만 하더라도 단일한 것이 아니다. 그 단일하지 않은 목적(목표)에 따라 마련된 사역의 내용들은 당연히 다양해진다. 거기에다가 '청소년이 교회와 사회 속에 놓여있는 모습'도 가지가지이고, '청소년과 관련된 상황'도 이만저만 다양한 것이 아니다. 이런 갖가지 경우들마다에 대하여 하나 또는 그 이상의 사역내용들이 뒤따르게 되므로 사역은 그 내용이 다양할 수밖에 없다. 그리고 이 다양한 사역내용들이 서로 얽혀있다. 그래서 복합적이다. 즉 청소년사역은 이렇게 청소년을 중심으로 다양한 것들이 서로 뒤엉켜있는 다양성과 복합성을 띠고 있다. 그러므로 웬만한 규모와 역량을 지닌 개별교회라 하더라도 이 복합적인 사역을 다 수용할 수 없고, 이 방대한 사역을 온전히 감당할 수도 없다. 그래서 결국 '교회 형편에 따라', 그리고 '정책적 판단에 따라' 교회들은 자체의 특성(특색)이 있는 사역을 '선택적'으로 전개한다.

그러다보면 어떤 사역내용은 개별교회가 능히 감당할 만한 것임에도 불구하고 이 교회에서도, 저 교회에서도 아무도 손대지 않는 경우가 생겨날 수 있고, 개별교회 단독으로는 도저히 감당할 수 없는 일들은 결국 아무도 손대지 않은(못한) 채로 방치된다. 이 사역들이 모두 교회와 성도들에 의해서 해결되거나 달성되어야 할 '하나님의 뜻'인데도 말이다. 따라서 목적과 내용이 복합적인 청소년사역은 너 나 없이 온 교회들이 서로 연대하고 협력함으로써 이를 성취해야 하는 것이다.

사회적 장애(해)요인을 극복해야 하는 사역이므로

셋째로 청소년사역은 사역 그 자체를 가로막는 여러 장애(장해)요인들이 있는데, 이를 극복(해결)하여 사역을 원활히 추진하기 위해서는 교회들의 연대와 협력이 필수적인 요건이 되기 때문이다. 특히 이 장애(장해)요인들의 상당 부분은 교회 안에 있기보다는 교회 밖 사회 속에 있다. 그래서 단순히 교회들의 역량을 한데 모으는 정도가 아니라, 공간적으로 산재해있는 장애(장해)요인들을 척결하기 위해서는 '전방위全方位 전지역全地域에 걸친 사역'이 불가피하게 된다. 따라서 사역의 규모나 범위에 따라 교회들의 협력과 참여의 정도가 결정될 것이지만, 여기에는 그 '현장을 중심으로' 교회들의 지역적 협력地域的 協力, 즉 지역사회 수준의 협력이 우선 중요한 과제로 등장한다.

또한 이 장애(장해)요인들 중에는 역사적인 것, 전통적 또는 인습적인 것, 사회적 조류潮流나 제도와 관련된 것 등이 있다. 따라서 여기에는 '뿌리째 흔들어놓는 대대적인 작업'이 없이는 해결(극복, 성취)될 수 없는 '세상의 벽'들이 있다. 그래서 뜻은 있어도 누군가가 감히 선뜻 나서지 못한다. 용기가 없어서라기보다는 혼자서는 덤벼보아도 소용이 없을 것이기에 아예 처음서부터 포기해버리는 것이다. 사회 속에서 청소년사역을 가로막고 있는 '여리고성'(수 2:1)이 바로 이런 것들이다. 그러므로 그리스도교회 공동체의 모든 지체들은 성도나 교회를 막론하고 연대와 협력의 띠를 함께 둘러야 한다.

청소년관련문제를 해결해야 하는 사역이므로

넷째로, 청소년사역의 실천과정에서 반드시 만나게 되는 이른바 '청소년문제'[64] 의 해결을 위해서는 대사회적對社會的인 노력을 전개해야할 필요가 있게 된다. 이 청소년문제의 범위가 또 매우 광범위하고 문제들 하나하나가 쉽게 접근할 수 없는 경직성이나 까다로움, 그리고 심지어는 위험요소까지도 지니고 있어서, 교회들이 힘을 모아야 할 때가 많기 때문이다.

실제로 청소년들의 안팎에는 여러 가지 해결을 필요로 하는 문제들이 많다. 작게는 '개인적인 고충이나 고민'에서부터 크게는 청소년들이 일으키는 '사회적 골칫거리'로 등장한 문제들에 이르기까지 그 폭이 넓다. 그뿐만 아니라 청소년의 권리나 복지를 보장해주고 청소년을 육성, 지원해줘야 할 '사회적 과제(관심사)'도 한두 가지가 아니다. 여기 이 문제의 한 복판에 청소년들, '우리 교

---

[64] 여기에서 청소년문제란, '청소년과 관련된 사회적 문제(관심사)(social problems (issues) concerned with youth)' 즉 '청소년관련문제'를 모두 일컫는 것이다. 여기에는 긍정적, 부정적 의미의 청소년관련 사회적 관심사가 모두 포함된다. 그런데 일반적으로 '청소년문제'하면 곧바로 '청소년이 일으키는 사회적인 골칫거리'만을 생각하는 잘못된 경향이 우리들 속에 있다. 그래서 이를 바로잡기 위하여, 일부러 이곳에서 '청소년문제'라는 용어를 본문에서 써놓고, 여기에 각주를 달아놓는다.

회 청소년들'이 거기 들어있고, 우리 교회가 인도해내려고 기도하며 힘을 기울이는 '우리 동네 청소년들'이 포함되어 있다. 그러므로 교회가 청소년사역을 전개하면서 이 문제를 나 몰라라 하고 지나쳐버릴 수는 없다.

그런데 이 문제가 어느 것 하나도 만만찮다. 청소년 하나를 만나는 데에도 전문적인 상담기술이나 사회사업적인 식견이 요구된다. 경찰에게 붙잡혀간 아이들을 어떻게 도와줄 수 있는지 그에 관한 법률지식도 있어야 한다. 학교폭력을 해결해보려고 해도 워낙 그 범위가 넓어서 접근조차도 못한다. 사회정책적인 식견이 있어야 제도를 고치자고 주장도 할 수 있다. 그렇다. 어느 개별 교회 혼자의 힘만으로는 감당하기 어렵다. 그러니까 처음서부터 손댈 엄두도 못 낸다. 그래서 결국 침묵하는 교회, 그저 바라만 보는 교회, 말로만 하는 교회가 되고 만다. 청소년들은 이런 교회를 신뢰하지 않는다. 이런 교회가 아무리 유익한 말을 해도 귀담아들으려하지 않게 된다.

교회는 청소년관련문제의 현장으로 다가가야 한다. 구체적으로 문제해결을 위해서 행동해야 하고, 결과도 시원시원하게 이끌어내야 한다. 적어도 청소년사역을 하려면 반드시 그래야 한다. 그런데 이 일을 혼자하기 힘들기 때문에 교회들이 힘을 모아야 한다. '그리스도의 지체된 교회들'이 하나로 힘을 모아야 한다고 말하는 것 자체가 이상한 느낌을 주지만, 교회들이 서로 연대와 협력의 손을 내밀어서 '세 겹줄(전4:12)'을 마련해야 청소년사역이 살아나고 교회가 살아남는다.

연대와 협력은 주님의 뜻이므로

이와 같이 청소년사역은 교회들의 연대와 협력이 필요하다. 이것은 우리의 경험적 판단에 의한 필요이기도 하지만, 이것이 바로 '주님의 뜻이고 분부'이시기 때문이다. "하나가 되게 하옵소서. 다 하나가 되어 우리 안에 있게 하옵소서(요17:11,20)."라고, 주님께서는 세상에 남겨두신 '제자들의 사역공동체—교회'를 위하여 아버지 하나님께 거듭 간구하셨음을 기억해야 한다.

'하나가 되게 하옵소서.'라고 간구하심은 그리스도의 몸을 구성하는 모든 지체(성도 개개인과 개별교회들)가 하나로 되기를 간구하심이다. '하나가 되어 우리 안에 있게 하옵소서.'라고 간구하심은 '주님 안에' 있기를 간구하심이시다. 그것은 하나님 품 안에 있을 뿐만 아니라 '하나님의 뜻과 그분의 통치 안에' 있기를 간구하심이시다. 그것도 '모두가 하나가 되어 주님 안에서 함께 힘을 모아 사역에 전념할 수 있게' 되기를 바라시는 간구이다. 그리고 그 간구는 우리를 향하신 간곡하고도 지엄한 분부이시다. 그런 주님의 간절하신 바람을 저버린 사역이 있다면, 그것이 어찌 '그리스도의 몸'된 교회들의 '공동체사역'이겠으며 누구를 기쁘게 하기 위한 사역이겠는가.

부디 청소년사역에서만이라도

적어도 '무색무취하고 순수한 청소년사역'을 위해서만은 이른바 '초교파(교단)적' 연대와 협력이 이루어져야 하지 않겠는가 묻고 싶다. 우리 아이들을 양육하는 일이고 그 아이들을 주님께서 '쓰시겠다(마21:3)'고 하시는데, 어찌 '주님의 종'된 성도와 교회들이 이를 거역할 수 있겠는가. 아무짝에도 쓸데없는 '교회들 사이의 경쟁심'이나 '개별교회 이기주의'가 만약에 아직도 우리들 가운데 남아있다면, 이제는 미련 없이 내려놓아야 할 때라고 믿는다. 그리고 교회가 이윤추구를 위한 경제공동체가 아닌 이상, 하나님께서 허락하셔서 맡겨두신 '교회의 자원들', 즉 그것이 재정이건 시설이건 인력이건, 이 자원들을 '내 것'인양 독점하지 말아야 한다. 오히려 형제 교회들끼리 '서로 통용하고, 나눠주는(행2:44,45)' 새 질서가 확립되어야 한다. 그것은 표현이 '새 질서'이지, 교회 '본래의 모습'으로 돌아가서 하나님 앞에 바로서서 자기 본분을 다하는 것이기 때문이다.

한국 교회는 1907년에 임하셨던 성령님의 놀라운 역사를 다시 회복하기 위하여 교계지도자들을 중심으로 교파(교단)를 초월하여 연대와 협력의 모습을 보이기 시작하는 듯했는데, 그래서 매우 고무적인 현상이라고 기대도 컸었고, 이 연대와 협력의 새 기운이 '일시적인 행사'로 마감되지 않기를 간절히 바랐었는데, 그것이 '교회 바로서기'의 큰 회개운동과 함께, '청소년사역을 위한 교회일치(연대와 협력)의 새 바람'으로 연결되기를 바랐었는데, 부디 청소년사역에서만이라도 하나 되기를 간절히 바랐었는데, 그런데 지금 한국 교회의 일치는 어디쯤 와 있는 것일까.

2. 청소년사역과 교회교육

청소년사역의 이해를 더욱 확실히 하기 위한 이 장의 마지막 작업으로, 여기에서는 청소년사역과 교회교육에 관하여 살펴본다.

서로 구별될 필요가 있는 개념

청소년사역에 관해서 함께 의견을 교환하노라면 상당히 많은 사람들이 청소년사역과 교회(학교)교육을 같은 개념으로 여기고 있다는 것을 알게 된다. 이제 막 청소년사역에 투신한 사람들의 경우만 그런 것이 아니라, 제법 오랜 기간 동안 '청소년사역을 해왔다'는 전문가 수준의 사람들도 마찬가지다. 그도 그럴 수밖에 없는 것이, 한국 교회에서 청소년사역은 거의 교회(학교)교육의 범주 속에 머물러있었거나, 그 수준을 유지해왔기 때문이다. 그래서 교회(학교)교육에서 섬기는 것이 곧 청소년사역의 전부인 것으로 간주될 정도에까지 이르러 있다.

그러나 청소년사역과 교회(학교)교육은 엄연히 서로 구별되는 '체계와 영역'을 지닌다. 그런데 이 두 가지 사역개념을 같은 것으로 여기거나 서로 구별하지 않음으로써, '그리스도교회 공동체 사역'의 하나인 '청소년사역'의 폭이 좁아지고 그 발전적인 전개가 장애를 받는 경우가 발생할 수도 있다. 실제로 많은 신학생들 또는 교육전도사나 청소년사역자들이 이 혼란을 겪는 모습을 주변에서 많이 보고 있다. 심지어 교회교육이나 교육행정을 담당하는 분들조차도 이런 개념상의 혼란과 오해가 많은 것 같다. 이것은 어느 모로 보나 제대로 된 모습이 아니다. 왜냐하면 개념상의 혼란이나 오해는 청소년사역의 목적과 방향 자체를 처음부터 모호하게 하거나 오도할 수도 있기 때문이며, 청소년사역을 교회(학교)교육의 틀 속에 묶어두게 되면 사역의 발전적인 전개를 가로막는 결과를 초래할 수도 있고, 청소년사역의 체계와 그 내용을 확보해나가는 데에도 혼선을 빚을 수 있기 때문이다.

그러므로 청소년사역과 교회(학교)교육의 차이점은 무엇이고, 이 두 가지 사역들 사이의 연관성 또는 공통적인 영역은 무엇인지 등에 관한 명확한 이해가 있어야 한다. 아울러 이 장에서 살펴보고 있는 '청소년사역의 개념과 특성'을 좀 더 명확히 이해하기 위해서라도, 여기에서는 청소년사역과 거의 동일한 개념으로 사용되고 있는, '교회교육' 또는 '교회(주일)학교교육'에 대해서 잠시 살펴보고자 한다.

가. 교회교육, 그리고 교회(주일)학교교육

1) 교회교육, 그리고 교회(주일)학교교육 등의 개념

분명한 차이가 있는 개념들

교회교육, 그리고 교회(주일)학교교육 등과 관련하여 우리가 일상적으로 쓰고 있는 표현들을 모아보면, 기독교 종교교육, 기독교교육, 교회교육, 교회학교교육, 주일학교교육, 교육사역, 교회교육행정 등이 있다. 평소에 우리는 이 용어들을 특별히 구별하지 않고 '비슷한 말' 또는 '동의어'처럼 사용할 때가 많았는데, 그래도 별 문제없이 의사소통은 되어왔다. 이 용어들은 지금도 사용하는 사람들에 따라 그 용도가 다르고 표현방식도 서로 다르다. 그러니까 특별한 구분 없이 뒤섞여 쓰이는 것은 어찌 보면 당연한 노릇인지도 모른다.

그러나 유사한 용어들을 한 곳에 이렇게 나열해놓고 보면 뭔가 조금씩 다른 느낌을 갖게 된다. 그렇다. 여기에는 분명한 차이가 있다. 그렇다고 해서 이 용어들이 관련논자들 사이에서 어떤 합의를 이루어 일반적 개념으로 체계화 되어있다는 말은 아니고, 일반화, 체계화되어 있음에도 불구하고 이를 잘못 쓰고 있다는 뜻도 아니다. 이런 전제 아래에서 유사한 용어들의 대체적인 의미와 차이점 등을 살펴봄으로써 청소년사역의 개념을 더욱 명료화하고, 교회교육과 청소년사역의 차이점과 연관성도 함께 살펴보고자 한다.

가) 기독교 종교교육

먼저, '기독교[65] 종교교육'은 문자 그대로 '그리스도교가 실시하는 종교교육Christian Religious Education' 또는 '그리스도(교)에 관한 교육education on Christianity'을 말한다. 이것은 여러 교육 형태나 내용 중에서도 특히 종교교육의 범주에 속한다. 그리고 이것은, 여러 가지 종교들이 제 각각 실시하는 고유의 종교교육들 중에서 특히 '그리스도교의 종교교육'을 의미하거나, 또는 교회 안팎의 어느 곳에서 누군가가 '그리스도(교)에 관한 종교적인 교육'을 실시할 때도 쓰인다. 대체로 이 '기독교 종교교육'은 교회나 학교, 가정에서 이루어지는 모든 종교적(그리스도교적)인 교육이나 지도를 통틀어 일컬을 때 쓰는 경우가 많다. 이 종교교육이라는 말 앞에 어떤 종교의 이름을 붙이면 그 종교가 실시하는 교육이라고 인식되는 것과 마찬가지다.

그러므로 '기독교 종교교육'은 교회 안에서 자주 쓰이는 표현이기 보다는 대체로 일반사회학문을 영역별로 분류할 때, 또는 다른 종교의 종교교육과 구분

---

[65] 이 글은 원칙적으로, '그리스도교'를 '기독교'(基督敎)라고 표현하는 것을 삼가려고 노력하고 있다. 어원(語源)의 발음으로 보든지, 세계적으로 통용되는 실태로 볼 때, 기독(교)(Jidu(Jiao))보다는 '그리스도(교)'로 사용하는 것이 바람직하다고 여겨지기 때문이다. 다만, 여기에서는 일반적으로 통용되고 있는 용어들이기에 잠시 사용할 뿐이다. (실제로 우리가 사용하는 성경 속에서 Christ는 모두 '그리스도'로 번역되어 있고, '기독'이라는 단어는 성경 속 그 어디에도 없다. 우리는 그 '그리스도'를 믿는다. 그런데 '그리스도'를 중국식으로 음역(音譯)한 것이 '기독'(基督(Jidu))이다. 아무리 음역이라고는 하더라도, 우리는 'Jidu'를 믿지 않고, 'Christ'를 믿고 있다.)

할 때 쓰이는 용어로 파악되기도 한다.

청소년사역의 '교육(사역) 영역'과 구별해야

그런데 '교육'<헬>didache은 '교회의 기능' 즉 '그리스도교회 공동체 사역'의 하나이다. 그래서 '기독교 종교교육'은 '청소년사역 영역' 중의 하나이기도 한 '교육영역'과 흡사한 개념으로 받아들여질 수 있다. 기독교에 관하여 누군가에게 가르친다는 점에서 서로 비슷한 점을 지니고 있기 때문이다. 더러는 그 내용이 일치할 경우도 있기 때문에 이들은 서로 동일시될 수도 있다. 그러나 청소년교육사역은 더러 '기독교 종교교육'의 성격을 지닐 때도 있지만, 그것뿐만 아니라 청소년을 향하여 매우 다양한 교육모형과 교육내용이 전개되는 경우가 더 많다. 제2편 제2장 '청소년사역의 내용'에서 상세히 다룰 것이지만, 청소년사역은 교회 안에 있는 청소년뿐만 아니라 교회 밖에 있는 청소년을 향한 포괄적 의미의 '교육활동'까지도 포함되기 때문에, 청소년사역의 '교육영역'은 '기독교 종교교육'보다 훨씬 더 다양하다. 따라서 두 개념 사이에는 분명한 차이가 있다.

나) 기독교교육

둘째, 우리 그리스도교가 실시하는 종교교육을 교회의 입장에서 표현하게 되면 '기독교교육'이 된다. 물론 교회 밖에서도 이렇게 부를 수 있고, 우리나라를 포함하여 그리스도교가 널리 전파된 사회 속에서는 교회 밖에서도 자연스럽게 이 용어를 사용하기도 한다. 이 기독교교육Christion Education은 대학을 포함한 학교들이나 기타 교육기관, 그리고 때로는 개인 등이, 성경과 신학에 근거하여 체계와 내용을 갖추어 실시하는 교육을 말하며, 이때 실시되는 그 과목 자체를 의미하기도 한다.

기독교교육은 하나님의 사랑과 그리스도의 복음과 성령님의 역사하심을 전하고 가르쳐서 그리스도교의 진리를 학습하게 하는 교육과정과, 이 진리 안에서 주님을 영접한 신도에게 그리스도인다운 생활을 지도하는 단계가 합해진다. 그래서 그가 그리스도의 품성을 닮아 마침내 '하나님의 자녀다움', '그리스도의 일꾼다움', '성령님께 이끌리는 사람다움'을 이루게 된다. 이 교육과 지도를 통틀어 기독교교육이라고 말할 수 있다. 기독교교육은 따라서 다른 학문영역들이 그러하듯이 온전한 신학과 완벽한 교육과정, 그리고 인접학문들의 효과적 교육경험(기법)들이 충실히 반영될 필요가 있는 전문분야이기도 하다.

사역의 대상, 형태, 모형 등이 서로 달라

기독교교육의 대상은 반드시 어린아이나 청소년에게 국한되는 것이 아니라, 어른도 포함된다. 교회 안에 있는 사람만이 아니라 교회 밖을 향하여서도 실행되어야 할 과업이다. 주님께서는 '가서 제자를 삼고, 가르쳐 지키게(행하게) 하라(마28:19-20)'고 분부하시기 때문이다. 그런 의미에서 기독교교육은 '세상을 향한 교육'이기도 하고, 그 교육기간으로 보면 일종의 평생교육이라는 범주에 들어갈 수 있는 것으로 이해할 수도 있다. 이런 의미에서 기독교교육은 뒤에서 말할 '교육사역ministry of Christian education'과 흡사한 개념이기도 하다. 그러다 보니 이 개념은 청소년사역, 특히 '청소년을 위한(향한) 사역' 개념과 매우 근접하는 경우도 있게 된다. 그러나 기독교교육의 사역대상이 전 연령층에 해당되는 것이라면, 청소년사역의 '교육영역'은 '청소년기에 처한 사람'으로 그 대상의 폭이 한정된다는 점에서 서로 구별된다. 그리고 청소년사역은 '교육영역'뿐만 아니라, 봉사영역, 선교영역, 교류협력영역 등과 같이 더 다양한 형태나 모형을 지닌 '사역영역들'이 포함되어 있다는 점에서도 기독교교육과 확실히 구별된다.

다) 교회교육

기독교교육과 구별되는 교회교육

셋째, '교회교육Church Education'은 이 기독교교육을 교회가 실시할 때, 즉 교육을 실시하는 주체가 교회이고 그 공간(장소)도 교회임이 강조될 때 쓰이는 용어이다. 특히 교회 밖에 설치된 그리스도교 교육기관은 그리스도교적인 '지식'을 전수하는 기능을 담당하는 특성이 강하다면, 교회교육은 하나님께서 교회로 부르신 사람들에게 교회가 직접 교회 안에서 '지식(진리)과 삶(신앙생활)'에 관하여 체계적인 교육과 지도를 실행한다는 점에서 차이를 느낄 수 있다. 무릇 교육은 인간의 '변화change와 형성shape'을 추구하는 행위이다. 기독교교육이나 교회교육도, '그리스도 안에서' 개개인이 교회의 교육과 지도를 통하여 '하나님의 형상을 회복하는 변화'가 일어나게 하고, '그리스도의 성품과 그의 장성한 분량을 형성'하기에 이르도록 하려는 기본적인 목적은 서로 같다. 다만 교회교육은, 그것이 '교회 안에서'(공간), '교회가'(교육주체), '교육과 지도'(기능)를 담당한다는 점에서, 기독교교육과 구별되는 특성을 지닌다고 하겠다.

유사성은 곧 동일성이 아님을 기억해야

그런데 '교육을 통한 변화와 형성'으로 압축될 수 있는 교회교육의 목적(목표)는 '청소년사역의 목적(목표) 중의 하나'이기도 하며, 또한 교회교육의 주요한 대상의 하나가 곧 청소년이기도 하다. 그래서 이 경우 교회교육은 청소년사역과 유사하거나 동일한 개념으로 여겨지는 이유의 하나가 된다. 아마도 한국교회도 교회교육을 청소년사역과 동일한 것으로 간주하고 오늘날에까지 이른 것이 아닐까 짐작된다.

이렇게 교회교육은 청소년의 성장과 성숙, 그리고 성화에 '결정적'인 역할을 하기 때문에, 그것은 매우 중요한 기능이자 그리스도교회 공동체의 기본적 사역(사명)이다. 따라서 교회교육은 청소년에게 '지식(진리)와 삶(신앙생활)'에 관하여 체계적인 교육과 지도를 잘 감당할 수 있도록 그 역할기능의 강화와 개혁에 끊임없는 노력을 기울여야 한다.

그러나 교회교육과 청소년사역 사이에서 공통점이 발견되는 부분이 있다는 이유만으로 교회교육과 청소년사역을 언제나 동일시하는 것은 잘못된 판단이다. 그리고 교회교육이 청소년사역의 일부를 담당하고 있다는 이유로 교회가 '그 밖의 청소년사역영역들'을 외면하거나 소홀히 해서는 안 되며, 교회교육이 청소년사역을 위축시키는 결과를 초래하는 경우가 발생해서도 안 된다. 왜냐하면 청소년은 교회교육의 '대상'만이 아니라 사역의 한 '주체'로서 그들이 참여하는 사역 즉 '청소년에 의한, 청소년의 사역'이라는 역할기능이 그들의 어깨에 짊어져있는 '하나님의 일꾼'들이기도 하기 때문이다. 그리고 청소년사역은 얼마든지 그 자체의 사역영역들, 즉 '청소년사역의 더 많은 고유영역들'을 지니고 있는 것이므로, 청소년사역을 교회교육의 영역 속에 붙들어두는 것은 큰 오류요, 손실이라는 점을 거듭 강조해둔다.

라) 교회학교교육

사회일반적인 학교(교육)과 구별되어야

넷째, '교회학교교육Church School Education'은 교회가 기독교교육 또는 교회교육을 실시하기 위하여 교육체계와 교육환경 등을 조성하고 '학교'의 모습을 갖추어 이를 실시하는 것을 말한다. 교회학교교육은 교회교육과 마찬가지로 '교육을 통한 변화와 형성'이 그 목적이므로, 넓은 의미의 '학교교육'과 같은 틀 속에 있는 것으로 여길 수도 있다.

그러나 교회학교교육은 사회일반적인 '학교'에서 실시하는 교육과 구별되는 부분이 있다. 교회학교교육은 교회 안에 '교회적 목적'을 두고 설치한 교육기관, 즉 '교회학교'를 통하여 '교회'라는 특수영역의 교육주체가 실시하는 '특수영역의 교육'이다. 따라서 교회학교교육은 사회일반적인 교육과 구별되는 교육체계와 교육환경을 갖는다. 교회학교교육은 국가기관의 통제나 관리 아래 있지도 않다. 오직 말씀 안에서 교회학교교육은 기독교교육 또는 교회교육의 한 지류이거나 하위(부분, 파생)개념으로서 존재한다.

이 교회학교교육은 본래 '일요학교교육Sunday School Education'에 뿌리를 두고 있다. 그러나 오늘날 교회교육이 발전하여 체계화되고 교회 안에서 여러 모양으로 교육이 실시되면서, '주일主日학교' 개념보다는 '교회학교'라는 특성이 더 두드러지게 나타나고, 또 그렇게들 부르고 있는 추세가 더 강한 듯하다.

교육이 곧 청소년사역의 전부는 아닌데

교회학교교육 가운데에서, 특히 청소년을 대상으로 하는 교육은 곧 '청소년사역'이라고 할 정도로 한국 교회에서 그 인식이 보편화된 듯한 인상을 준다. 그런데 그나마 이 교회학교교육조차도 제대로 감당할 수 없는 영세한 교회들이 많다. 또 실시하고는 있지만 질적으로 만족할 만한 상태에 있지 못한 교회들도 많다는 것이 우리의 안타까운 현실이다. 이와 함께 어떤 교회들은 교회학교교육에만 몰두한 나머지 '청소년사역의 새 지평'을 열어가려는 노력들이 이렇다하게 눈에 띄지 않는다는 점이 갑갑하다. 교회학교교육이 청소년사역의 큰 몫을 담당하고 있는 것은 그나마 다행스런 일이지만, '교육이 곧 청소년사역의 전부'인양 착각하는 경향이 대세를 이루고 있어서 마음이 무겁다.

마) 주일학교교육

지금은 교회학교교육과 같은 개념이지만

다섯째, 교회학교교육과 매우 흡사한 '주일학교교육'은 본래 '일요학교 교육'에서 유래된 것이다. 그것은 공휴일인 '주일(일요일)에 문을 여는 학교' 또는 '주일(일요일)에 실시하는 교육'을 의미하는 것이었다. 이 주일학교는, 이견이 있기는 하지만 대체로 1780년 영국의 로버트 레이크스Robert Raikes[66] 가 설치한

---

66 로버트 레이크스(Robert Raikes, 1736-1811)는 영국 Gloucester지방의 인쇄출판업자이면서

일요학교가 그 효시라고 한다. 그는 영국 성공회聖公會의 지원 아래, 어려운 청소년들의 범죄를 예방하기 위하여 그들에게 (일반)학교교육의 기초교육은 물론 종교교육을 휴일인 주일에 실시하였다고 한다.

이 일요학교는 곧 교회로 옮겨져서 교회가 어린이나 청소년에게 주일마다 성경을 가르치고 교회교육을 베푸는 '주일학교主日學校'로 발전한다. 그리고 그 주일학교 체계는 다시 미국으로 건너가서 1791년에는 범교파적 주일학교 연합체로 결성되기에 이른다. 마침내 주일학교는 교회가 교회학교교육을 체계화함에 발맞추어 그 체계 안에서 '교회학교Church School'라고도 불리기 시작한다. 특히 교회교육 체계 속에 성인교육이 구체화되면서, 교회학교는 '교회의 교육기능'을 담당하는 중심기구(기능)로 자리 잡는다.

한편 우리나라는 1888년 이화학당梨花學堂에서 성경공부를 시작한 것이 주일학교의 효시라고 보는 이들도 있다. 1905년에 '선교사연합공의회' 내에 '주일학교위원회'가 구성되고, 이 위원회를 통하여 주일학교운동이 활발히 전개된 기록들로 미루어보아, 1800년대 말에서 1900년대 초에 우리나라는 주일학교교육을 시작한 것으로 짐작할 수 있다.

이와 같이 지금의 주일학교교육은 교회교육과는 약간의 차이가 있는 '일요학교교육'이라는 역사적 배경에서 시작되고 발전된 것이다. 그러나 오늘날의 주일학교교육은 교회학교교육과의 사이에 어떤 담도 없다. 특히 교회학교교육이 주일에만 이루어지는 것이 아니라, 주중에도 다양한 계층에게 다양한 내용으로 교회교육이 실시되고 있는 요즈음은, 주일학교보다는 '교회학교(교육)'으로 불리고 있는 것이 보편적인 추세이다. 따라서 주일학교교육은 교회교육의 일환으로 실시되는 교회학교교육과 동일한 것으로 간주되어도 무방할 것이다.

바) 교육사역

신문발행인이었다.

여섯째, '교육사역Ministry of Christian Education'은, 교회 또는 사역자가 '사역'의 일환으로 '교육'을 실시하는 것을 말한다. 이 교육사역은 두 가지 관점에서 이해가 필요하다.

첫째, 그 교육 내용이 기독교교육 또는 교회교육과 별로 다를 것이 없다면, 이 경우 '교육사역'과 '교회교육'은 동일한 개념처럼 혼용되는 경우도 있다. 실제로 이런 의미의 교육사역은 가장 보편화되고 흔한 일이다. 그래서 이 두 개념을 동일시하는 경향도 두드러진다.

그런데 엄밀한 의미에서 교육사역은 교회교육뿐만 아니라 그 밖의 여러 '교육적 행위들'을 통해서 사역의 목적(목표)을 이루려는 것이므로, 그런 점에서 이 두 가지 개념은 분명한 차이가 있다. 예를 들면 사역의 일환으로 실시되는 저개발국의 농업기술을 개발하기 위한 교육사역, 보건위생상태의 개선을 위한 교육(계몽)사역, 어린이 잠재능력의 개발을 위한 교육사역, 청소년인권 보장을 위한 교육사역, 약물오남용예방을 위한 교육사역 등이 그런 것들이다. 다시 말해서, 교육사역에서 '교육'(내용)은 사역의 목표를 달성하기 위한 '수단'이다. 그리고 교육사역은 선교, 교육, 봉사 등과 같이 다양한 사역형태 가운데에서 특히 '교육을 통한 사역'에 중심을 둘 때, 또는 '교육에 역점을 두는 사역'일 때 이를 일컫는 용어이다.

둘째, 교육사역은 교육목회와도 유사한 개념인데, 이는 목회자의 '사역'의 일환으로 '교육'이 강조되는 경우이다. 가령, 목회자가 목회사역의 일환으로 위에서 예를 든 사역들을 전개했다고 하면, 이것은 '목회행위'이기도 하지만 동시에 '교육적 행위'이기도 하다. 보는 각도에 따라 다를 뿐이지, 이런 경우는 '목회'와 '교육'이 구별되지 않고, 구별할 필요도 없다.

그러나 이 두 개념 사이에는 '사역에 참여하는 주체를 중심으로' 그 의미를 생각해보면 차이가 있다는 것을 바로 알게 된다. 교육사역에는 목회자를 중심으로 다수의 일반 성도들도 교사 또는 전문가로서 참여한다. 그러나 교육목회의 경우, 목회사역은 목회자 고유의 영역이다. 그 고유영역인 목회활동 가운데 특히 '교육'사역이 강조될 때 일컫는 용어가 교육목회이다. 이 경우 교육사역은 교육목회의 영역 안에 들어온다. 그러나 반면에, 위에서 예를 들었는데, 교육사역의 내용을 살펴보면 교육사역은 꼭 기독교교육이나 교회교육의 틀 안에만 있지 않고 그 영역은 매우 광범위하고 다양하다. 이런 경우에는 교육사역이라는 다양하고 거대한 '내용의 틀'속에 교육목회라는 '기능'이 포함되는 것으로 이해할 수도 있다.

청소년사역이 교육사역의 제약을 받지 않아야

이 교육사역이나 교육목회의 주요대상의 하나로 청소년이 있다. 그래서 청소년사역과 교육사역은 유사한 개념으로 파악될 때가 많다. 심지어 동일시될 때도 많다. 그러나 여러 차례 반복하면서 여기에 이르렀지만, 교육사역은 청소년사역의 분류방식에서 보면 '다양한 청소년사역의 한 영역'이다. 물론 그 역逆도 성립할 수 있다. 즉 방대한 교육사역의 분류체계 속에서 청소년사역을 바라보면, 그것은 '교육사역의 한 부분'으로 보이기도 한다. 문제는 두 개념의 동일시 현상이라든지 누가 누구에게 속하느냐에 있지 않다. 누가 무엇 때문에 본래의 사역영역을 제한받게 되는지가 문제이다. 어떤 사역이 어느 사역 때문에 그 발전적인 전개가 가로막히고 있는지에 우리의 관심을 새롭게 집중해야 할 것이다.

사) 교회교육행정

교회교육에 봉사하는 사역

일곱째, 청소년사역과 유사한 개념으로 혼용되는 '교회교육행정Church Administration for Christian Education'은 교회가 교회교육을 효과적으로 수행할 수 있도록 이를 지원하는 행위이다. 그러므로 교회교육행정은 교육활동을 지원하는 수단적, 봉사적 행위(활동)이다.

모든 교육행정이 그러하듯, 교회교육행정도 일반사회의 공공행정에서와 같이 일련의 '행정행위'가 이루어진다. 따라서 여기에는 기획plan, 시행do, 평가see라는 순환과정이 반복적으로 전개된다. 이 행정행위에는 집단적(조직적)인 협동행위가 강조되고, 엄격한 원칙과 규범이 적용되는 관리와 운영이 뒤따른다. 그래서 여기에는 리더십이라는 요소가 부각되고 특수한 전문적 기술이 요구되기도 한다. 그러나 교회교육행정은 사회의 공공행정과는 상당한 차이가 있다. 사회의 공공행정은 사람들의 필요에 따라 사람들이 행하는 '인간의 사회적 행위'이지만, 교회교육행정은 '하나님께서 가르치시고 기르시는 하나님의 일인 교육'에 대하여 교회가 이를 '받들어 섬기는 행위'이다. 즉 교회교육행정은 교회교육을 '예배하는 자세로 섬기는 행위'이다. 교회가 하나님의 일, '하나님의 교육하심'을 섬기는 행위가 교회교육이고, 이 '교회교육에 봉사하는 것'이 교회교육행정의 본질이자 속성이다. 그러므로 교회교육행정은 교회교육이 그러하듯이 성경말씀에 근거한 '순종(받듦)과 봉사(섬김)' 즉 '사역' 그 자체라는 인식이 분명해야 한다.

　교회교육행정은 교육의 목적을 달성하기 위하여 인적, 물적 지원은 물론, 교회의 궁극적인 목적을 이루기 위해서는 '영적 지원'도 포함되어야 한다. 모든 것을 '하나님의 영광을 위해서(롬11:36, 고전 10:31)' 행해야 하는 것이 교회교육이고 교회교육행정이다. 그래야 사역다운 받들어 섬김이 되는 것이기 때문이다.

인접학문들도 활용하면서

　교회교육행정은 사회일반에서 통용되는 교육행정의 논리나 기업경영이론, 그리고 군대식 통솔방식 등에 의존하지 않는다.[67] 오히려 이들의 세속적이고

---

[67] 교회교육행정을 담당하는 이들 가운데에는, 자신이 교육행정을 잘 안다고 모든 것을 사회일반의 교육의 틀에 맞추려는 이들도 있고, 기업경영에 경험이나 지식이 있다는 사람들은 사회적 경영논리에 교회교육행정을 맞춰나가려는 경향을 보이고, 특히 남성들의 경우, 군대문화에 익숙한 분들은 '나를 따르라'는 식의 리더십을 교육행정에 드러내는 때가 많지만, 이것들은 어느 것 하나도 교회교육행정에 어울리지 않는 모습들이다.

인위적인 행태가 교회행정을 좌우해버리는 사례가 발생하지 못하도록 엄중히 경계해야 한다. 오직 성경에 기초한 교회 특유의 교회행정의 범주 안에서 봉사적 수단을 동원하고 신앙적 노력을 기울여야 한다.

그러나 그렇다고 해서, 교회행정 또는 교회교육행정이 인접학문들이 이룩한 '효과적이고 유익한 경험과 이론'들을 무조건 무시하거나 배척해야 한다는 의미는 아니다. 이미 교회가 암묵적으로 자연스럽게 그래 왔듯이, 교회행정의 비과학적이고 비논리적인 부분을 개선하기 위해서, 또는 받들어 섬기는 행위로서의 교회행정을 보다 더 효과적으로 수행하기 위해서 인접학문들의 효과적이고 유익한 경험과 이론들을 활용하는 일은 앞으로도 필요할 것이다. '과학적'이라든지 '논리적'이라는 말만 들어도 마치 무슨 못들을 말이라도 들은 듯이 고개를 절레절레 흔들 일이 아니다. 교회행정이 사회의 그 어느 곳보다 더 과학적이며 논리적으로 수행될 수 있도록 하기 위하여, 그리고 우리에게 맡기신 '하나님의 작업장인 교회'의 일을 받들어 섬길 때에, 우리의 행위를 보다 더 온전히, 체계적이고 효과적으로 수행할 수 있도록 하기 위하여 교회가 이 부분에도 관심을 돌릴 필요가 있음을 지적해두고 싶다.

청소년사역을 위해서도 힘쓰는 행정이어야

이 교회교육행정의 '섬김의 대상' 중의 하나로 청소년사역이 있다. 그래서 청소년사역이 효과적으로 전개되도록 하기 위하여 교회행정 또는 교회교육행정이 봉사적, 신앙적 노력을 열심히 전개한다. 그러다보니 교회교육행정이 곧 청소년사역 그 자체인 것처럼 동일시될 때도 있지만, 그래도 무슨 문제될 것은 없다. 서로 너, 나 구별하지 않고 주님 안에서 하나가 되어 일하는 것은 바람직한 것이니까. 다만, 교회교육행정과 청소년사역은 각각 그 고유한 영역과 내용을 지닌다는 점만은 분명히 구별해둘 필요가 있다.

이것은 '무엇이 무엇을 위하여 일하는 것인지' 그 선후관계를 살펴보면 이들의 차이는 곧 구별될 수 있다. 교회교육행정은 청소년사역을 위해서 시행되지만, 청소년사역이 교회교육행정을 위해서 실행되는 것은 아니라는 점에서 분명한 차이가 있다. 더러 교회 안에서는 이 선후가 뒤바뀐 듯한 상황이 벌어져서 사역자와 행정에 관련되는 직분자들 사이에 불편한 관계나 분위기가 형성될 때도 있기 때문이다.

2) 교회(주일)학교교육의 실상

필수불가결한 사역, 교회교육

교회교육 또는 교회(주일)학교교육은 교회의 여러 사역들 가운데에서 특히 필수불가결한 사역의 하나이다. 그리스도교회 공동체의 사역 중에 어떤 것 하나라도 중요하지 않은 것은 없다. 그렇지만 '너희는 가서, 제자를 삼아, 가르쳐, 지키게 하라(마28:19-20)'는 주님의 명령을 받들어 섬기는 사역인 '교육'은 결코 게을리 할 수도 없고 반드시 실행해야 하며, 그리고 현실적으로 매우 긴요한 그리스도교회 공동체의 기능이자 사명 중의 하나이다. '하나님의 작업장인 교회'가 대를 이어 하나님의 뜻을 따라 일할 '하나님의 일꾼'을 양성한다는 것은 교회의 큰 역할기능임은 물론 교회의 존속과도 직결되는 과업이다. 더군다나 주님께서 택하시고 부르신 영혼들을 그리스도의 품성을 지닌 성숙하고 성화된 그리스도의 사람으로 교육한다는 것은, 그리스도의 십자가의 의미를 우리 속에서 되살리는 '지고의 과제'이다. 이 필수불가결한 사역인 교회교육 또는 교회(주일)학교교육은 그러므로 청소년사역의 핵심이며, 기초이기도 하다. 청소년도 그렇게 양육해야 하기 때문이다.

그래서 한국 교회의 교회교육 또는 교회(주일)학교교육도 복음이 이 땅에 들어 온 때부터 오늘날까지 이를 위한 청소년사역을 그 영역 속에 포용해왔다. 특히 '청소년을 위한 사역' 부문에서 그것은 큰 역할기능을 담당해왔고, 그와 관련하여 크나큰 업적과 효과도 남겼다. 따라서 이 역할기능은 앞으로도 교회 안팎에서 더 발전적으로 전개되어, 청소년을 그리스도의 품으로 이끌고 그리스도의 일꾼으로 만드는 데에 더 더욱 크게 기여해야 할 것이다.

그런데 이렇게 교회교육 또는 교회(주일)학교교육이 청소년사역의 영역에서도 그 역할기능을 크게 발휘하다보니, 그것은 언제부터인가 청소년사역과 동일시되는 경향을 나타내고 있었다. 그것은 교회교육 또는 교회(주일)학교교육이 청소년사역을 대표할 만하였고, 또 그것이 한국 교회 안에서는 청소년사역의 전부라고 할 정도로 유일무이한 것이었기 때문이다. 그래서 그 전통과 여세는 지금까지도 이어진다. 그 결과 청소년사역과 교회교육 또는 교회(주일)학교교육의 차이점을 말하는 것 자체가 의아스러울 정도, 우리의 의식은 이 두 가지 사역을 거의 동일시하고 있다. 이것은 그 만큼 교회교육 또는 교회(주일)학교교육의 영향력이 청소년사역 분야에서 막강했었음을 반증해주는 대목이어서 한편으로는 참 다행스럽다는 생각도 든다. 그렇기 때문에 교회교육 또는 교회(주일)학교교육이라는 이 분야는 그럴수록 더 잘 엮어지고, 잘 추진되고, 그 실효를 지속적으로 발휘하고 있어야 할 것이다.

교회교육이 청소년사역과 동일시된 상황 속에서

그런데 청소년사역의 핵심이며 기초요, 가장 중요한 보루인 교회교육 또는 교회(주일)학교교육이 흔들리고 있다니 안타깝기 그지없다. 어떤 이유에서든지 교회교육이 그 실효를 거두지 못하고, 오히려 '하나님의 일꾼인 청소년'이 '하나님의 작업장인 교회'와 그의 교회(주일)학교에서 줄어들고 있다면 이것은 크게 우려할 사태가 아닐 수 없다.

실제로 이 분야에서 섬기시는 전문가들의 글을 읽어보아도 그러하고, 현장에서 사역을 실천하는 담당교역자나 교사들의 이야기를 들어봐도 그러하고, 교계에서 내놓는 자료들을 열람해보아도 그렇다. 그래서 누군가는 교회지도자를 탓하기도 하고, 누군가는 현장에서 섬기는 이들에게 책임이 있다고 주장하기도 하고, 또 누군가는 점점 더 악화되어가는 바깥세상의 세태를 원망하기도 한다.

그러나 누가 누구를 탓할 수 있겠는가. 누군들 이런 현실 앞에서 '나에게는 아무 잘못도, 짊어질 책임도 없다'고 자유로울 수 있겠는가. 이것은 내 탓, 우리들 모두의 탓 아닌가. 지금은 깊은 회개와 철저한 각성과 새로운 분발이 필요한 때가 아닐까. 그 누군들 주님의 몸 된 교회의 지체로서 섬기면서, 이 사역에 헌신하면서 어찌 이런 결과를 바라기야 했겠는가. 지금 우리는 이 현실을 직시하면서 명령자이신 주님 앞에서 우리 모두가 그저 죄송할 따름이고 민망할 뿐임을 솔직히 고백해야 하지 않겠는가.

교회교육과 청소년사역이 동시에 맞이한 위기

지금 우리는 '청소년사역이란 무엇인가'를 살피는 가운데, 특히 청소년사역과 유사한 개념 또는 동일시되는 개념으로까지 인식되고 있는 교회교육 또는 교회(주일)학교교육과의 관련성이나 차이점 등을 명확히 하여, 그 이해의 폭을 넓히려는 작업을 진행하고 있었다. 그런데 이들의 실상을 들여다보다가, 이것이 만족할만한 상태에 있지 못하고 오히려 '사역의 위기'를 맞고 있다는 현실 앞에 서게 되었다. 교회교육 또는 교회(주일)학교교육과 청소년사역이 동일시되는 바로 그 대목에서 '사역이 위기를 맞고 있다'는 사실을 확인하게 된 것이다. 그것은 교육과 청소년사역이 공통의 위기를 맞고 있다는 것과 같다. 왜냐하면 교회교육의 위기는 이것과 동일시되고 있는 청소년사역의 '교육영역'이 위기를 맞고 있는 것을 의미하기 때문이다. 따라서 이 두 사역은 위기를 탈출하고, 극복할 수 있는 길을 시급히 찾아야 한다.

그래서 교회교육과 청소년사역이 어떻게 그리스도교회 공동체 사역의 큰 틀 안에서 서로 공존과 공조의 체제를 이룰 수 있을 것인가를 동시에 고려해야 할 필요성을 절실히 느낀다. 어떻게 하면 교회교육 또는 교회(주일)학교교육도 살리고, '청소년사역의 새 지평'도 함께 열어 나갈 수 있을까 하는 그런 과제에 접근할 필요성 말이다.

나. 교회교육과 청소년사역의 관계

　우리는 위에서 청소년사역과 유사한 교육개념들을 살펴보았다. 이 개념들은 각각 청소년사역 그 자체와 동일시될 수 있는 경우들도 있었지만, 분명히 그 차이점이 드러나는 대목들이 있었다. 우리는 이 차이를 분명히 밝히는 과정에서 청소년사역이란 무엇인지 그 특성을 보다 깊이 있게 파악할 수 있는 기회를 가졌다. 아울러 이 과정을 통하여 이 용어들 사이의 상호관련성 또는 유사성을 잘 이해할 뿐만 아니라, 용어의 혼용에서 오는 혼란과 오해가 없도록 유념할 필요도 있다는 점을 알게 되었다.

　여기에서는 기독교교육 또는 교회교육, 그리고 교회(주일)학교교육 그 자체에 관해서 새삼스럽게 어떤 이론을 소개하고 이에 관한 설명을 하지는 않겠다. 이 영역에 관한 한 많은 연구자들이 있고, 이론과 경험적 자료들이 얼마든지 교회 안팎에 이미 존재하고 있기 때문이다. 또 이 글은 그런 목적에서 작성되고 있는 것이 아니라 청소년사역에 관한 이해를 확고히 하는 단계를 진행하고 있기 때문이다. 다만, 여기에서는 우선 이 두 사역의 관계성을 규명함으로써 청소년사역에 대한 이해를 더욱 확실히 하고자 한다. 그리고 이를 위하여 이 두 사역의 차이점과 공통점을 살펴보고, 그런 다음에 '교육과 사역'의 공존과 공조의 필요성(가능성)을 잠시 논의하고자 한다.

1) 교회교육과 청소년사역의 동질성과 차이점

교회교육과 청소년사역의 동질성
　기독교교육이나 교회교육은 하나님의 사랑과 그리스도의 십자가 희생과 부활과 재림에 관한 복음과 성령님의 임재와 역사하심을 전하고 가르쳐서, 배우는 사람들이 그리스도교의 진리를 깨달아 알고 이를 믿게 하는 교육과정의 하나이며, 이 진리 안에서 주님을 영접하기로 결단(결신)한 사람들에게 그리스도인다운 삶이 생활 속에서 구체적으로 이루어지도록 지도하여, 그가 그리스도의 품성을 닮아 마침내 '하나님의 자녀다움', '그리스도의 제자요 일꾼다움', '성령님께 이끌리는 사람다움'을 이루도록 하려는 것이다.

따라서 이 교육과 지도를 통하여 그리스도의 사람들에게서 '하나님의 형상을 회복하는 변화'가 일어나게 하고 '그리스도의 성품과 장성한 분량을 형성'하도록 함으로써, 하나님과 인격적으로 연합하여 살면서 그리스도교회 공동체의 한 지체가 되어, 교회와 삶의 현장 속에서 하나님의 일꾼으로 쓰임 받도록 양육하려는 것이 교회교육의 기본적인 목적이자 목표일 것이다(엡4:11-16). 이것은 청소년사역의 여러 사역형태 가운데에서 특히 '청소년을 위한 사역'의 '교육사역 영역'이 지향하는 목적과 목표에 정확히 일치한다. 목적과 목표뿐만 아니라 교육과 지도의 내용이나 방법도 같다. 다만 그 대상이 교회교육은 모든 연령층을 대상으로 삼는 것이라면, 청소년사역은 청소년에게 집중(국한)되고 있다는 점만이 서로 구별될 뿐이다.

그러므로 교회교육이건 청소년사역이건, 청소년을 그리스도의 사람으로 양육하기 위한 '교육사역'은 그리스도교회 공동체 사역 중에서 매우 필요하고도 중요하며 또한 시급한 과업이다. 그런 의미에서 교회교육과 청소년사역은 동일한 또는 동질적인 사역영역을 공유한다. 이것은 이 두 사역이 공존과 공조의 터전을 확보하는 데에 매우 결정적인 역할을 하게 된다.

교회교육과 청소년사역의 차이점

이렇게 지향하는 바가 같고 내용이나 방법이 같은 교회교육과 청소년사역은, 그러나 다음과 같은 점들에서는 차이가 있다.

첫째 (대상과 기간), 교회교육의 대상은 교회 안에 있는 모든 연령층의 사람들(아이에서부터 어른까지)이고, 그 기간도 평생에 걸쳐 실시된다. 그러나 청소년사역 중에서 '교육사역 영역'의 대상은 대체로 교회 안팎의 모든 청소년으로 한정되는 것이 보통이고, 그 사역기간도 한 청소년이 '청소년이라는 특성을 지니는 그 기간' 즉 그의 '청소년기' 안에서 이루어진다. 더러는 청소년기 이전과 이후의 어린이들이나 청년들을 청소년기와 직결된다는 점에서 사역대상에 포함시키는 경우도 있다.

둘째 (공간), 특히 교회교육은 교회 안에서 이루어지는 특성이 있는 것이라면, 청소년사역은 교회 안에서 뿐만 아니라 교회 밖으로도 그 영역과 대상이 확산되는 속성을 지닌다는 점에서 차이를 드러낸다. 청소년사역은 공간적으로 교회는 물론 가정, 또래집단, 학교, 지역사회 등으로 그 활동범위를 넓혀가면서 '청소년의 삶의 현장'이면 그 어느 곳이든지 '찾아나서는 사역'이기 때문이다.

셋째 (기능), 교회교육은 '교육'이라는 한 가지 기능을 수행하는 사역인 반면에, 청소년사역은 '교육' 이외에도 청소년과 관련된 여러 다른 영역들에 대해서도 필요한 기능들을 수행해야 하는 사역이라는 점에서 차이가 있다. 위의 유사개념들에서와 같이 청소년사역은 교육사역 영역 외에도 선교사역, 봉사사역 등 다양한 사역영역들이 있다.

넷째 (내용), 이와 관련하여 청소년사역은 교회교육처럼 교회생활 또는 신앙생활과 관련된 문제뿐만 아니라, '청소년관련문제의 해결'이라는 매우 특징적이고 포괄적인 과제도 사역의 영역 속에 포함한다는 점에서 큰 차이를 보인다. 청소년사역이 감당해야 할 사역은 교회 울타리를 벗어나서 '사회와 맞닿아 있는 사역', '사회 속에서도 추진되어야 할 사역'이라는 특성이 있다. 그것은 제2장 제2절에서 본 바와 같이, 청소년기라는 시기를 사는 청소년들의 특징적인 생활환경(여건)과 그들의 삶의 현장에서 일어나는 여러 가지 정황들 때문에 더욱 그렇다.

특히 학교교육이나 청소년의 근로와 복지문제 등과 관련하여 표출되어 있는 갖가지 '청소년관련 사회문제들'은 청소년사역이 교회 안에만 안주하고 있을 수 없는(있어서는 아니 될) 이유를 분명히 제공해주고 있다. 또 청소년이 '인간다운 삶을 살 권리'를 향유하기 위해서도 해결해줘야 할 과제가 한 둘이 아니기 때문이다. 그래서 '교육'만으로는 청소년의 고충과 욕구를 비롯하여 청소년과 관련된 문제들을 다 해결할 수도 없는 상황 속에서 청소년사역은 필연적으로 '현장에서, 행동으로, 참여하고, 해결해야 하는 사역'이라는 특성을 지니게 되는 것이다.

다섯째 (범주와 영역), 교회교육의 교육사역은 '청소년을 위한 사역'의 범주 안에서 파악될 수도 있지만, 청소년사역은 이것 외에도 '청소년과 함께하는 사역' 영역이 있고, 특히 '청소년에 의한, 청소년의 사역'이라는 또 다른 차원의 사역영역이 있다는 점에서 현저한 차이가 드러난다. 교회교육에서 청소년은 교육이나 지도의 객체이거나 대상이지만, 청소년사역에서는 청소년이 주체로 등장하는 영역도 엄연히 존재한다는 특성 때문에 그렇다.

이와 같이 교회교육과 청소년사역은 매우 유사한 개념처럼 보이지만, 서로를 확실하게 구분해서 파악해야 할 사역영역이다. 이러한 사실을 확인하는 것은, 청소년사역의 개념을 더욱 확실히 차별화하여 이해하는 것과 같고, 그 이해는 청소년사역의 발전적 전개를 가능하게 하는 징검다리가 될 것이다.

사역용어 혼용의 역기능

이렇게 교회교육과 청소년사역은 분명한 차이점들이 있음에도 불구하고, 한국 교회에서 교회교육과 청소년사역이 거의 동일시되어 오면서 청소년사역은 그 본래의 영역이 한정되고 활동분야도 축소되거나 제한되었다. 말하자면 본의 아니게 청소년사역은 교회교육의 울타리 안에 갇혀있었다. 그러니까 지금까지 청소년사역의 본래 모습은 다 드러나지 못했던 것이다. 그것은 '교육'의 그늘 속에 가려져 왔거나 교육사역의 '한 부분' 정도로 그 속에만 포함되어 있었거나, 그래서 그 고유영역이 제대로 분류조차 되지 못하고, 따라서 청소년사역의 본령本領이 온전히 펼쳐지지 못하는 역효과를 낳고 말았다. 그 누구도 의도적으로 그러지는 않았지만, 결과적으로 교육영역을 제외한 그 나머지의 청소년사역영역들은—청소년사역의 매우 중요한 또 다른 부분들은—사장되

다시피 하고 있었던 것이다. 우리는 이 사실을 확실히 짚고 넘어가야 한다. 청소년사역은 그리스도교회 공동체 사역의 하나로서, 해도 그만, 안 해도 그만인 사역이 아니라 '반드시 받들어 섬겨야할 하나님의 일, 하나님나라의 일'이기 때문이다.

그러므로 이제는 사람의 무지나 실수, 편견이나 고집이 '청소년사역의 온전하고도 창조적인 진로'를 가로막는 일이 더 이상 있어서는 안 된다. 청소년사역의 발전적 전개를 가로막는 성인중심적인 사고방식, 청소년에 대한 편견과 선입관 등도, 사역용어들을 무분별하게 혼용해왔던 과거를 청산하는 일과 함께 반드시 해소되어야 한다. 교회교육이나 교육사역이 매우 중요한 사역의 하나이지만, 그렇다고 청소년사역을 그 영역 속에 가두어두고 새로운 영역확산을 가로막는 '뜻밖의 역기능'이 더 이상 지속되지 말아야 한다는 말이다.

이를 위하여 우리는 사역관련 용어를 명확히 구별하지 않은 채로 교회 내에서 이를 적당히 혼용함으로써 전혀 생각지도 못했던 부작용이 더 이상 발생하지 않도록 각별한 주의와 성찰이 필요하다. 이와 관련하여 적절한 교육이 사역참여자나 관련자들에게 실시되는 것도 바람직한 일이 될 것이다. 또한 교회 안에서 유사한 용어들이 혼용됨으로써 빚어져온 역기능적 현상들을 철저히 발굴해서 이러한 사례들을 시급히 해소하려는 노력도 있어야 한다.

2) 교육과 사역의 공존, 그리고 공조

우리는 위에서 교회교육과 청소년사역의 동질성과 차이점들을 살펴봄으로써 이 두 가지 사역의 관계와 특성을 이해하였고, 또 이런 과정을 통하여 청소년사역의 개념에 대한 이해를 더욱 두텁게 하였다. 그러므로 이제는 '교육'이라는 사역의 동질성을 중심으로, 이 두 사역기능간의 공존과 공조(협력)가 필요하고도 중요하며, 또한 시급한 일이라는 점에 대해서도 이해의 폭을 넓혀야 하고, 이를 바탕으로 그 공존과 공조의 방안에 대한 진지한 탐색도 시작되어야 할 것이다.

교회교육과 청소년사역의 공존

사전적인 의미에서 교육은 가르쳐 지능을 기르거나, 지식, 교양, 품성 등을 바르게 갖게 하기 위하여 이끌어서 선량하게 하는 일, 개인 또는 특정한 기관이 일정한 이상理想 또는 가치를 지향하여 사람들을 지도함으로써 사회의 유지와 전진을 도모하고자 행하는 의식적인 활동, 개인의 전인적 인간형성을 위한 사회적 과정, 등을 모두 일컫는 말이다. 그러므로 넓은 의미에서 교육은 교수敎授와 지도指導 행위를 통틀어 일컫는 개념이다. 여기에서 교수는 일반적으로 가르치는 행위를 일컫고, 지도는 사람을 이끄는 행위이다. 한문자전漢文字典에 나타난 지도의 의미를 요약, 정리해보면, 지도의 '지(指)'는 무엇이 참되고 아름다운 것(美)인지를 가리켜서(示), 사람을 그 본래로 돌아가게 하는 것이고(歸趣), 지도의 '도(導)'는 사람을 올바른 길로 앞서서 이끌고(引), 잘잘못을 가려 다스리고(治), 몽매한 부분을 깨우쳐주고(啓), 행하다가 막히는 것이 있으면 도와주는 것(通)이라는 다양한 뜻이 담겨 있다.

교회교육도 이와 마찬가지로 가르치고 이끄는 복합적인 역할기능을 담당한다. 그런 의미에서 '교회교육'과, '청소년을 위한 사역'이라는 의미의 '청소년교육사역'과는 유사한 개념이라는 점은 위에서도 말했다. 따라서 이 동질적 사역 행위인 '교육'의 틀 안에서 교회교육과 청소년사역은 공존할 수 있는 터전을 공유한다.

청소년과 관련하여 볼 때 청소년은 가르치는 것(교육/교수)만으로는 충분하지 않다. 이끌어줘야 하고, 개발해야 하는 일(지도)도 반드시 함께 해야 한다. 청소년이 교육의 대상이라는 관점에서 청소년을 '부지런히 가르치고 강론해야(신6:7)' 한다. 이것은 아버지 하나님께서 모세를 통하여 이스라엘 백성에게 주신 명령이시고, 오늘 여기 우리들, 그리스도교회 공동체에게 당부하시는 말씀이기도 하다. 그러므로 주님의 교회와 가르치는 사람들은 '집에 앉았을 때에든지, 길을 갈 때에든지, 누워있을 때에든지, 일어날 때에든지(신6:7)' 무시無時로 자녀들을 부지런히 가르쳐야 한다. 예수님의 분부말씀대로 '가르쳐 지키게(<공동> '지키도록 가르쳐야' 마28:20)' 한다.

다른 한편에서 청소년은 아직 자립적인 생활을 유지하기 어려운 세대들인데, 그들을 안팎에서 '억누르고 휘젓고' 있는 갖가지 어려운 환경과 여건들이 청소년을 괴롭히고 있다. 이 청소년들은 배워야 할 사람들이면서 안타깝게도 동시에 그들이 당면한 '문제의 상황'들을 극복해야 할 실존들이기도 하다. 그런데 문제는 이들 청소년에게 그 '문제해결의 열쇠'가 쥐어져 있는 것이 아니라는 점이다. 청소년의 밖에 그 문제의 요인들이 존재하는 경우가 더 많고, 또 청소년의 속에 그 문제의 요인이 있는 경우라고 할지라도 청소년은 스스로 이를 극복하고 일어설만한 힘, 즉 '문제해결능력'이 부족하다. 그러므로 그럴수록 청소년을 더 열심히 가르쳐야 한다. 그래서 '홀로서기'할 수 있도록 힘을 길러줘야 한다. 그러나 "지금, 여기'에서 어렵고 힘든 청소년기를 보내고 있는 이들에게 가르치는 것만으로는 충분하지 않다. 그것은 마치 '형제나 자매가 헐벗고 일용할 양식이 없는데, 평안히 가라, 덥게 하라, 배부르게 하라 하며, 그 몸에 쓸 것을 주지 아니하면 무슨 유익이 있으리요(약2:15-16)"라고 지적하신 성경말씀과 같다. 그렇다. '가르침'과 동시에 그들의 삶의 현장 속에서 문제해결에 필요한 '도움<독>Hilfe'[68]이 투입되어야 한다. 바로 여기에서 '청소년의 삶의 현장에서 청소년과 함께하는 청소년사역'은, '청소년을 가르치는 교회교육'을 기능적으로 보완하는 데에 유효한 역할을 담당할 수 있다. 사역과 교육이 공존하고 공조共助(협력)하는 것이다.

교회교육과 청소년사역의 공조

이와 같이 교육과 사역이 공존하고 공조함으로써 교육사역의 효과는 상승

---

[68] 여기 독일어 'Hilfe'는 '도움' 즉 조력(助力), 원조(援助), 부조(扶助), 그리고 위기로부터의 구조(救助)나 구원(救援), 구호(救護), 구제(救濟) 등을 의미하는 낱말인데, 이는 독일청소년정책의 중심개념에 해당하는 용어이기도 하다.

작용을 일으킬 수 있다. 이 두 가지 사역은 처음부터 그 영역과 내용이 명확히 구별되었던 따로따로의 관계라기보다는, 그것은 주님의 몸 된 교회 안에서 두 사역이 서로의 경계를 넘나들면서 공존하고 공조하던 동질적 사역이었다. 이 '가르침'과 '도움'이라는 두 기능은 청소년을 향해서 작용하는 밀접하고도 불가분의 관계에 있는 기능들이다.

그러므로 교회교육과 청소년사역은 상호교류, 상호의존, 상호보완, 상호지원의 유기체적인 '공존과 공조의 한 체계'가 이루어져야 한다. 여기에는 구체적으로 지식, 정보, 기술, 수단 등의 교류는 물론이고, 인적 및 물적 자원의 공조(공유)체계도 필요하다. 특히 교회 안에서만 펼쳐지던 교회교육의 영역을 확장하고, 그 내용을 확충, 강화하며, 그 방향과 방법을 교회 안팎으로 확산하기 위해서 교회교육은 청소년사역과 공조하기 위한 채비를 갖추어야 한다.

이를 위하여 '청소년과 함께하는 사역'이나, 청소년에 의한, 청소년의 사역'과 같은 새로운 영역에 깊은 관심을 갖고, 교회교육 프로그램이나 교육사역 프로젝트에 이 뜻을 반영하는 등의 노력이 필요하다. 또한 청소년사역의 또 다른 사역영역인 '선교'나 '봉사' 등의 부문과도 '교육'이 어떻게 연결되어 더 많은 효과를 창출할 수 있을지에 관해서도 진지한 탐색이 필요하다. 왜냐하면 지금 한국 교회에서 교회교육 또는 교회(주일)학교교육은 '청소년사역의 전부'라고 해도 지나치지 않을 정도로 한국 '청소년사역의 대명사代名詞'와도 같은 상태이기 때문이다. 그래서 '하나님의 일, 하나님나라의 일인 청소년사역'이 발전적으로 전개될 수 있는 가능성도, 그 기초도, 그 기능들도 교회교육 안에 잠재되어 있기 때문이다. 그리고 다른 한편에서 청소년사역은 그의 '교육사역'이 교회 안팎에서 보다 충실히, 효과적으로 수행되도록 노력해야 한다. 특히 '교회교육의 강화'라는 과제에 더 깊이, 그리고 더 적극적으로 참여하여 교회교육 관련자들과 함께 지혜와 힘을 기울여야 할 것이다.

그래서 이 두 사역이 공존과 공조를 통하여 창조적이고 효과적인 사역을 전개함으로써, 우리의 청소년들이 '하나님의 일꾼'으로 성장, 성숙하고, '그리스도를 닮은 지체'로 성화되어, '그리스도의 몸인 교회'를 세워나가도록 해야 한다. 그러므로 지금은 교회교육과 청소년사역의 공존과 공조의 필요성과 중요성 그리고 그 시급성에 대한 우리의 인식전환과, 그에 따른 각성과 분발이 요망되는 시점이다.

제3장을 마치면서

'청소년사역의 새로운 지평'을 열기 위한 가능성
이와 함께, 지금까지 교회교육중심적인 분위기 속에서 거의 인식조차 되지 않았던 '청소년과 함께하는 사역'이라든지 '청소년에 의한, 청소년의 사역' 등과 같은 새로운 영역에 깊은 관심을 가져야 할 것이라는 점을 거듭 강조하고자 한다. 바로 여기에 '청소년사역의 새로운 지평'을 열기 위한 가능성이 들어있기 때문이다.

이를 위하여서는 지금껏 교회의 여러 분야에서 소외되고, 차별받고, 배제되었던 '청소년의 역할기능'에 대한 새로운 이해와 관심이 절실히 요망되는 것임도 아울러 강조해두고자 한다. 청소년사역은 '청소년을 위하여 행하시는 하나님의 일'이며, '청소년과 함께 이루시는 하나님나라의 일'이고, '청소년을 통하여 이루시는 하나님의 일'이기 때문이다.

제4장 왜 청소년사역을 해야 하는가

제1절 청소년사역의 이유를 찾아 나서면서

1. 청소년사역의 이유를 찾는 까닭
2. 모든 이유가 완벽해야 할 청소년사역
3. 청소년사역의 당위성, 중요성, 필요성, 시급성 차원에서

제2절 청소년사역을 해야 하는 이유들

1. 당위성 차원에서
2. 중요성, 필요성, 시급성 차원에서
3. '청소년사역을 해야 할 35가지 이유들'에 관하여

제1절 청소년사역의 이유를 찾아 나서면서

우리는 제2장에서 청소년이 누군지를 살폈고, 제3장에서는 청소년사역이 무엇인지도 생각해보았다. '청소년사역의 새 지평'을 열려면 무엇보다도 먼저 '청소년'과 '청소년사역'에 관한 실체와 본질을 파악해야 할 것이기 때문이었다. 우리는 이 과정에서 '우리와 함께 일하시는 하나님'을 뵈었고, 그 '하나님의 자녀, 그리스도의 제자요 일꾼, 성령님께 이끌리는 하나님의 사람인 청소년'을 새로운 시각으로 만나보았으며, '하나님의 작업장인 그리스도교회 공동체'와 '하나님의 일, 하나님나라의 일인 사역'에 관해서도 우리의 생각을 정리해보았다.

그러는 동안에 우리는 청소년사역 이란 '청소년을 위한 사역'일뿐만 아니라, '청소년을 통하여 이루시는 하나님의 일', 즉 '청소년과 함께하는 사역'과 '청소년에 의한, 청소년의 사역'이라는 새 영역이 있다는 사실도 발굴해냈다. 그리고 '하나님의 뜻을 받들어(순종) 섬기는(봉사) 행위'인 '사역'은 사람의 선택사항이 아니라 '하나님께서 친히 부르시고 명하신' 엄숙하고도 절대적인 과업이라는 소명의식도 갖게 되었다.

1. 청소년사역의 이유를 찾는 까닭

여기 제4장에서는 청소년사역을 왜 해야 하는가를 살피려고 한다. 그 '왜 Why'는 앞에서 청소년, 청소년사역의 실체와 본질을 살피는 동안에 여기저기에서 이미 조금씩 드러났다. 그런데도 여기에서 다시금 이 질문 앞에 서고자 하는 이유는 다음과 같다.

첫째, 청소년사역자는 사역에 투신하고 충성하는 이유가 무엇 인지를 명확하게 인식하고 있어야 하기 때문이다. 그래야 그렇잖아도 '참고 견디기 힘든 청소년사역'을 하면서 자신을 지켜나갈 수 있고, 다른 이들에게도 알려서 힘을 모으고 사역을 확장해나갈 수 있다.

둘째, 수많은 사역 중에서, 하필이면 왜 청소년사역을 해야 하는지에 대한 명확한 이해와 동의가 그리스도교회 공동체 안에서 이루어져야 청소년사역이 사역답게 전개될 수 있기 때문이며, 이 이해와 동의를 확보하기 위해서는 청소년사역을 해야 할 이유가 먼저 정립되어야 할 것이기 때문이다. 새삼스런 말처럼 들릴지 모르지만, '청소년사역, 그거 왜 해야 하느냐'는 볼멘 질문 앞에 서서 진땀을 흘려야 했던 기억이 아직도 생생한 이들과, 그 반대로 '할 일 많은 교회에서 하필이면 왜 청소년사역을 지금 해야 하느냐'고 청소년사역자들에게 질문해본 경험이 있는 이들, 그리고 정작 청소년사역에 헌신하고 있으면서도 '왜 해야 하는지'를 아직도 스스로 되묻고 있거나 그 해답이 막연하신 이들 등과 함께, 이 공간을 그 해답으로 채우기 위해서 주님 앞에 선다.

청소년사역은 그리스도교회 공동체 사역의 하나이다. 그래서 교회는 청소년사역을 하는 것이다. 그것은 너무나 당연한 논리이고, 당위적 사실임인데, '왜 청소년사역을 해야 하는가'라는 물음이 자주 튀어나오는 이유는 무엇인가?

만약에 청소년사역의 이유를 명확하게 정리해보려는 실천적인 의도에서 던져진 질문이라면 그것은 '생산적인 물음'이 되겠지만, 그러나 이 물음의 배경에 '왜 여러 사역 중에서 하필이면'이라든지, '왜 형편도 어려운데 꾸역꾸역'이라든지, 또는 '왜 별 효과도 눈에 띄지 않은 것을 자꾸만'이라는 식의 볼멘 투정이 담긴 것이라면, 이는 청소년사역을 위하여서는 '경계해야 할 물음들'이다. 그런 경우라면 성경말씀을 중심으로 충실히 자료를 잘 정리해서 이해와 동의를 구해야 할 것이다. 그러나 말이 쉽지, '무게 있으신 분들'의 질문과 불만 앞에서 이해와 동의를 구해내고 한걸음 더 나아가서 지지와 협력의 터전까지를 교회 안팎에 구축하려면, 그 일이 어디 그리 쉽던가! 청소년사역의 이유를 찾아야 하는 세 번째 이유는, 바로 이러한 질문들에 대하여 낱낱이 충분한 납득이 이루어질 수 있는 근거와 자료를 제시하기 위함이다.

일은 이유가 타당해야

우리는 무슨 일을 할 때, '왜 하느냐'를 먼저 생각하게 된다. 그 '왜'에 대한 해답이 그럴듯하면 일을 한다. 그 일이 응당 해야 할 일이라면 그 당위성當爲性 때문에, 그 일이 워낙 값어치 있는 일이라면 그 일의 중요성重要性을 살리기 위해서, 그 일은 꼭 해야만 할 일이라면 그 필요성必要性 때문에, 그 일을 지금 하지 않으면 안 될 만큼 급한 것이라면 그 시급성時急性 때문에 그 일을 한다. 적어도 이 중에 어느 것 하나라도 그 '이유'[69]가 타당해야 시작한다. 실제로 이유의 타당성을 검증하려면 여러 차원(관점)의 접근이 이루어지는데, 여기에는 대체로 그 일의 당위성, 중요성, 필요성, 시급성 등의 검증이 이루어는 것이 일반적인 사례이다.[70]

만일 일하는 사람이 그 이유의 타당성을 잃게 되면, 거기에는 자발성도 만족도 없고, 감사할 것도 없는 일이 되고 만다. 또 누군가에게 내가 하고자 하는 일을 설명할 때, 적어도 하나라도 타당한 이유를 밝혀야 듣는 이가 이해하고 동의하고 협력도 한다. 그럴 만한 이유를 댈 수 없다면, 혼자서 하든지 아니

---

[69] 일반적으로 '이유'란, 어떤 일이나 행동을 하려하거나 하게 된, 그 근거나 까닭, 구실이나 변명, 동기나 배려 등을 두루 일컫는 낱말이다. 그러니까 '이유 있다'고 인정받으려면, 그 근거, 구실, 동기 등이 타당성을 인정받아야 한다.

[70] 어떤 일의 타당성을 검증하는 방법이나 과정 등은 그 일의 성격에 따라 여러 가지일 수 있고, 더 다양한 분석도구와 평가기법 등이 동원될 수도 있다. 다만, 여기에서는 이 글의 목적과 성격상, 청소년사역의 당위성, 중요성, 필요성, 시급성 등을 중심으로 그 타당성을 살핀다.

면 아예 일을 포기해야 할 것이다.

그런데 이유 있게 시작한 일도, 더러는 벽에 부딪칠 때가 있다. 당위성, 중요성, 필요성, 시급성 등의 이유 가운데 어떤 것 한두 가지 때문에 시작하게 된 일은 더러 심각한 시비나 논쟁에 빠져드는 경우가 있음을 볼 수도 있다. 당위성 때문에 시작하려는 일은 '그 당위성의 근거 자체가 타당한 것인가'라는 시비에 휘말리는 경우가 있고, 중요성 때문에 시작하는 일은 그 일(것)이 '과연 그만한 값어치가 있는 것인가'라는 가치나 유용성을 저울질하는 논쟁에 빠져들 수도 있고, 필요성 때문에 시작하는 일은 '그럴 필요가 꼭 있느냐'는 판단의 적절성 시비가 따를 수 있으며, 시급성 때문에 시작한 일은 그 일을 '꼭 지금 당장 해야 하느냐'는 상황판단의 타당성여부가 논란의 대상이 될 수도 있다. 이렇게 어떤 일의 이유가 그 타당성의 근거를 완벽하게 확보하거나 입증하지 못하면 그 일 자체가 설자리를 잃을 수도 있다. 그러므로 무슨 일을 하려면 이러한 시비나 논쟁으로부터 자유로워야 한다. 일이 일답게 원활하게 추진되려면, 나는 물론이고 다른 이들도 그 일을 해야 할 타당한 이유에 대해서 명확한 확신이 있어야 하기 때문이다.

그러려면 시비나 논쟁을 '완전히' 극복할 수 있는 터전을 확보해야 한다. 그렇지 못하면 일을 시작도 못해보고 그 일을 접어버리고 말거나, 하던 일도 중단해야 하거나, 일을 하더라도 계속 혼란 속을 헤매야하는 경우도 있게 된다. 따라서 일의 타당성의 근거를 먼저 확보해야 하는데, 그것은 '완벽한 이유'이어야 한다. 그 '완벽한 이유'란 바로 '당위성, 중요성, 필요성, 시급성의 근거를 모두 동시에 완벽하게' 확보하는 데에 있다. 가령, 당위성은 이해되는데 시기적으로 '지금 당장은 아니라'고 한다면 그 일은 시급성 차원의 근거에 걸려 뒤로 미루어지고 만다. 중요하기는 한데 '꼭 필요한 것은 아니지 않은가'라는 반론 앞에 서면 그 일은 필요성 차원에 걸려서 멈춰서고 만다. 아무리 시급한들 그것을 '해야 할 이유가 뭐냐'고 한다면 시급성은 당위성이나 필요성 앞에 무릎을 꿇게 된다. 필요하기는 한 것 같은데 그것이 '그리 중요하지는 않은 것 같다'

면 필요성은 중요성 때문에 좌절을 맛봐야 한다.

그러므로 '모든' 차원의 이유들이 각각 그 타당성을 동시에 완벽하게 확보할 필요가 있다. 일의 완벽한 이유를 확보하는 것은 매우 중요한 '정지작업단계'이자 '추진력'그 자체가 되기 때문이다.

2. 모든 이유가 완벽해야 할 청소년사역

하나님의 일, 하나님나라의 일이기에

그리스도교회 공동체의 사역도 마찬가지로, 사역을 왜 하는지에 관한 명확하고 완벽한 근거를 확보해야 한다. 그것은 첫째로, 사역은 하나님의 일, 하나님나라의 일이기에 더욱 그렇다. 그것은 해도 그만, 안 해도 그만인 일이 아니다. 반드시 해야 하고, '두렵고 떨림으로 거룩하게' 받들어 섬겨야 하는 일이며, 동시에 하나님의 부르심과 들어 쓰심과 친히 함께하심의 은혜에 감사, 감격하여 '기쁘고 감사함으로 온전히' 헌신하고 충성해야 할 일이다. 그러므로 나에게 맡기신 이 일을 왜 해야 하는지에 대한 명확한 답을 지니고 일하는 것이 아름답고 복된 모습이다. 그래야 '믿음의 역사와 사랑의 수고와 우리 주 예수 그리스도에 대한 소망의 인내(살전1:3)'를 가지고 일할 수 있을 것이기 때문이다.

치열한 영적 전투이기에

둘째로, 사역은 곧 치열한 영적 전쟁이기 때문이다. 사악하고 어두운 영적세력들은 하나님의 일이라면 누구를 통해서든지, 어떤 방법이나 수단을 동원해서라도 이를 저지하거나 훼방하려든다. 그들은 예외 없이 사역에 정면으로 도전한다. 사역이 하나님께로부터 비롯된 것이라는 사실 자체를 부정하려든다. 어떤 때는 성경책을 들이대면서까지 부정하려든다. 그래서 청소년사역도 '하나님의 일, 하나님나라의 일'이 아니라고 부정하려들 수 있을지도 모를 일이다. 그러므로 하나님의 살아있는 말씀인 성경을 근거로 하여 사역의 당위성을 입증할 수 있는 확실한 이유를 확보해야 한다.

실제로 그리스도교회 공동체 사역의 존재이유와 가치, 그 목적과 목표, 방향과 수단, 전략과 전술 등의 가장 중요하고도 유일한 기초요 기본은 하나님의 말씀인 성경이다. 사역의 이유, 즉 '왜 해야 하는가'라는 질문에 대한 유일하고도 필요충분한 해답(타당성)의 근거는 성경말씀 속에 있으므로, 이를 근거로 삼고 함께 '기도'하며 일해 나아가야 우리에게 닥치는 숱한 도전과 훼방 속에서, 그 영적 전쟁에서 '성령님의 도우심'으로 넉넉히 승리할 수 있다. '말씀과 기도와 성령님의 도우심'은 사역에서 항상 필요한 조건들이기 때문이다.

'인간적인 판단'도 극복할 수 있어야

셋째, 당위성과 함께 청소년사역의 중요성, 필요성, 시급성의 근거도 확보되어야 한다. '당위성 차원'은 오직 성경말씀에 의해서 청소년사역의 타당성의 근거를 확보할 수 있다. 누군가가 물으면 우리는 "성경에 그렇게 쓰여 있다."라고 대답하는 것만으로도 충분히 그 당위성을 입증할 수 있기 때문이다. 그런데 이들 나머지 세 가지 차원들, 즉 청소년사역의 중요성, 필요성, 시급성은 성경말씀뿐만 아니라 '세상' 속에서도 그 근거를 확보해내야 하는 속성을 지니고 있다. 그래서 여기에는 '인간적 판단'도 강하게 작용하는 대목이 있다. 가령, 누군가가 청소년사역이 얼마나 '중요'한지, 그 '필요성'이 어느 정도인지, 당장하지 않으면 안 될 '시급'한 근거가 무엇인지를 물으면, 이를 설명하기 위해서는 성경말씀뿐만 아니라 '인간적 판단', 즉 사람의 경험, 지식, 자료 등의 근거도 함께 제시해야 한다. 이 '인간적 판단'이라는 것은 성경말씀처럼 절대적인 것이 아니라 상대적이다. 또 가치판단의 기준이나 관점이 사람마다 다를 수 있기 때문에 서로의 견해가 맞설 수도 있다. 더군다나 이 '인간적 판단'은 '세상적인 논리'도 끼어들 틈이 있기 때문에, 여기에는 심지어 사악하고 어두운 영적 세력들의 침투가 가능할 수도 있다.

그래서 이 세 가지 차원의 근거는 교회 안팎으로부터 더욱 교묘하고도 심각한 도전을 받을 수도 있다. 실제로 교회 안에서 청소년사역이 도전을 받는다면 그것은 당위성이 도전 받는 것이 아니라 이 세 가지 차원이 도전을 받는다. 청소년사역의 중요성, 필요성, 시급성 차원들에 대한 인간적, 세상적인 도전들은 놀랍게도 그 '거부와 부정의 논리'들을 쉽사리 찾아낸다. 그런 논리가 설자리도 쉽게 얻는다. 그리고 빠른 속도로, 거침없이, 교회의 여기저기로, 왜곡되고, 와전되고, 확산되기도 한다. 그래서 결과적으로 '하나님의 일인 청소년사역'은 심각하게 훼방당하거나, 크게 힘을 잃게 되는 경우가 적지 않다.

이런 식의 도전을 받는다면, 그것도 교회 안에서조차 사역이 도전을 받는다면, 이것은 철저히 준비하지 못한 사역자에게도 어느 정도 그 책임의 일부가 있다고 말할 수 있다. 철저히 준비(대비)하지 않고 불쑥 뛰어들기부터 했다는 이유 때문이다. 만약 그렇게 된다면 이는 하나님 앞에 죄송하기 이를 데 없는 일이 될 것이다. 그러므로 온 교회가 수긍하고, '아멘'하고 한 마음 한 뜻으로 원만하게, 힘차게, 적극적으로 청소년사역을 함께 전개하도록 해야 한다(고전 1:10). 그래서 많은 열매를 아버지 하나님께 올려드릴 수 있도록 사역의 이유를 명확하고 완벽하게 확보하고 이를 알리는 일에 힘써야 하겠다.

교회 밖, 세상을 향하여 사역하기 위해서도

넷째, 청소년사역을 '교회 밖에서' 펼쳐나가기 위해서도 청소년사역의 타당성을 입증할 수 있는 이유가 확보되어야 한다. 아마도 이 책의 독자들 중에서 청소년사역을 사회 속에서 펼쳐본 경험이 있는 사람들이라면 곧바로 이해가 될 것이다. 청소년사역을 사회 속에서 전개한다는 것은 이만저만한 장벽과 훼방 앞에 서는 것이 아니다. 일회성의 비종교적인 행사라면 모를까, 그것마저도 '교회가 하는 일'이라고 알려지면 이내 엄청난 도전이 날아든다. 학부모들이 혀를 차고 지역주민들이 삿대질을 한다. 학교나 관공서가 우려를 표명하고, 심지어 청소년들까지도 훼방하려든다. 교회 안에서도 만만찮은데, 하물며 어두운 세상 속에서야 오죽 하겠는가.

그러나 그럼에도 불구하고 우리는 '가서, 제자를 삼아야' 한다. 그것은 그리스도의 몸 된 교회와 그리스도의 제자 된 우리들 모두에게 부여된 엄숙한 의무, 소명The Calling이다. 그러므로 '외부지향적인 사역'의 일환으로 전개되는 청소년사역은 특단의 준비가 있어야 한다. 전략과 전술도 만반의 준비를 갖춰야 한다. 이를 위한 사역의 타당성의 근거를 먼저 확립해야 한다. 사악하고 어두운 세력들조차 혀를 내두르며 포기하고 돌아 갈 수밖에 없는 그런 '이유'를 반드시 확보해야 한다.

3. 청소년사역의 당위성, 중요성, 필요성, 시급성 차원에서

가. 네 가지 '차원'과 다섯 가지 '관점'과의 만남

하나의 '체계적으로 구조화된 틀'을 이루어

청소년사역을 해야 할 타당성의 근거를 확보하기 위하여, 여기에서는 약간의 기술적인 측면을 고려하는 것이 도움 될 것 같다. 청소년사역의 당위성, 중요성, 필요성, 시급성 등을 '체계적'으로 살펴보려면, 이 네 가지 차원들은 또 다른 관점들과 만나야 효과적일 것 같다는 판단 때문이다.

여기에서 말하는 '관점'들이란 제2장에서 '청소년은 누구인가'를 살필 때 보았던 그 관점들, 즉 인간적 관점, 개인적 관점, 사회문화적 관점, 세계(사)적 관점, 그리스도교회 공동체 사역의 관점 등이다. 이 네 가지 '차원'들과 다섯 가지 '관점'들이 한곳에서 서로 만나도록 하자는 것이다. '차원'과 '관점'이 만난다는 말은, 네 가지 '차원'에서 청소년사역의 이유를 각각 살필 때 이 다섯 가지 '관점'들도 하나씩 등장시켜서, '차원'과 '관점'이 동시에 함께 고려되면서 사역의 이유가 탐색될 수 있도록 한다는 뜻이다.

이해를 돕기 위하여 차원과 관점이 만난 그 실제적인 모습을 보면 아래와 같다.

1) 당위성 차원에서
① 그리스도교회 공동체 사역의 관점
② 인간적 관점
③ 개인적 관점
④ 사회문화적 관점
⑤ 세계(사)적 관점을 함께 고려하면서

2) 중요성 차원에서
① 그리스도교회 공동체 사역의 관점
② 인간적 관점
③ 개인적 관점
④ 사회문화적 관점
⑤ 세계사적 관점을 함께 고려하면서

3) 필요성 차원에서
① 그리스도교회 공동체 사역의 관점
② 인간적 관점
③ 개인적 관점
④ 사회문화적 관점
⑤ 세계사적 관점을 함께 고려하면서

4) 시급성 차원에서
① 그리스도교회 공동체 사역의 관점

② 인간적 관점

③ 개인적 관점

④ 사회문화적 관점

⑤ 세계사적 관점을 함께 고려하면서

이렇게 하면, 청소년사역의 이유를 보다 더 입체적이고 구체적(실제적)으로 살필 수 있게 된다. 즉 '다각적, 포괄적, 체계적으로' 이해하기 쉬운 하나의 '틀'을 형성하게 되는 것이다.

만약에 청소년사역의 이유를 그냥 한 차원씩, 한 관점씩 따로 따로 다룬다면 서로의 연관성도 잘 나타나지 않을 뿐더러 내용만 아주 복잡해질 것이다. 그러나 위에서와 같이 차원과 관점이 서로 만나서 이를 함께, 동시에 다루어 나가면 청소년사역의 타당성을 입증하는 하나의 '틀'을 체계적으로 형성하게 되어, 청소년사역의 이유들이 하나의 '입체적이고 실제적인 틀' 안에서 구조화될 수 있을 것이라는 말이다.

이렇게 체계적으로 구조화된 틀을 염두에 두고 그 틀 속에서 청소년사역의 이유를 '다각'으로 규명해놓으면 누구든지 쉽게 '포괄적'으로 이해하고, 또 이것을 '체계적'으로 활용할 수도 있게 될 것이다. 그리고 이러한 '이유'들은 단순히 '타당성의 근거'로만 쓰이는 것이 아니라, 제2편에서 다루게 될 청소년사역의 목적과 목표, 그 내용과 방향 등을 탐색하고 그와 관련된 사역영역들이나 단위사역내용들을 개발하는 데에도 훌륭한 기초자료로 활용될 수 있을 것이다.

틀에 얽매인 논리전개를 지양하고

그런데 여기에서 당위성 차원은 그 자체가 하나의 독자적 영역으로 존재할 수 있지만, 중요성, 필요성, 시급성 차원은 사실상 그 경계가 서로 불분명한 경우가 많다. 물론 이들 각 차원은 서로 다른 의미와 특성이 있으므로 서로 구분이 안 되는 것은 아니지만, 그러나 어의적語義的으로도 어느 지점에서는 서

로의 경계가 무너지고 말 정도로 이들은 밀접한 관계에 있는 것이 현실이다:

실제로 중요(성)은 '귀중하고 종요로움'을 말한다. 종요롭다는 말은 이 글에서 몇 차례 '필수불가결'이라고 표현했던, '없어서는 아니 될 만큼 매우 긴요하다'는 뜻이며, 긴요하다는 말은 '매우 필요하고 중요하다'는 뜻이다. 따라서 중요성은 가치비중을 따지는 것과 관련이 있다. 필요(성)은 '꼭 요구되는 바가 있음'을 말한다. 어떤 때는 인간의지가 작용한 필요(소용)도 있고, 의지와 상관없이 객관적으로 필요한 경우도 있다. 그리고 시급(성)은 '긴요하고 급함'을 나타내는데, 즉각적인 대처가 필요할 때 쓰인다. 이렇게 세 낱말 본래의 뜻을 밝혀놓고 보면 서로의 차이가 분명히 구별된다.

그러나 실제적인 우리말 쓰임새를 중심으로 보면, 중요성과 필요성은 거의 경계가 없는 대목이 많다. 중요한 것은 필요한 것이기도 하기에 중요하다는 말과 필요하다는 말이 거의 같은 뜻으로 사용된다. 또한 그런 중요하고 필요한 일은 매우 긴요하거나 꼭 해결해야 하기 때문에 시급성을 지니게 마련이다. 그리고 시급하다는 판단도 결국은 그 사안의 중요성이나 필요성을 감안한 결과로서 나타나는 것이다. 이와 같이 중요성, 필요성, 시급성은 마치 하나의 다면체처럼, 한 몸(사역) 속에 여러 모습(차원)을 지니고 있는 것 같은 매우 밀접한 상관관계에 있다.

그러므로 위에서 말한 '체계적으로 구조화된 틀'에 맞추기 위해서 이 세 가지 중요성, 필요성, 시급성 차원을 서로 분리해놓은 채로 청소년사역의 이유를 찾아 나서는 것은 현명한 선택이 아니다. 만약에 그렇게 나선다면 그리 많이 나가지도 않아서 이내 '논리전개의 혼선'이라는 벽에 부딪치고 말게 될 것이다. 이것이 중요성 차원인지, 필요성 차원인지, 시급성 차원인지, 아니면 세 차원 모두에 다 해당되는지 분간하기 어려워진다. 이렇게 틀에 얽매어 논리를 전개하다보면 '틀을 유지하기 위한 논리', 또는 '논리를 위한 논리의 전개'라는 미련한 짓을 하게 될 수도 있다.

따라서 여기에서는 이러한 틀에 얽매인 논리전개를 지양하고자 한다. 그 대신, 크게 '당위성 차원'과 '중요성, 필요성, 시급성 차원'이라는 두 차원으로 나누어서, 청소년사역의 이유를 살피려고 한다.

나. 왜 다섯 가지 관점인가

인간적, 세상적인 관점에 대한 의문

청소년사역의 타당성의 근거를 찾기 위하여, 이곳에서는 '청소년은 누구인가'를 탐색할 때에 사용했던 다섯 가지 '관점'을 다시 동원하고자 한다. 그런데 여기에는 한 가지 문제제기가 있음직한 대목이 있다. 그것은 청소년사역을 '그리스도교회 공동체의 사역'이라는 관점에서만 탐색하면 되지, 왜 인간적, 개인적, 사회문화적, 세계(사)적 관점이라는 이른바 '인간적, 세상적인 것'까지 '관점'에 포함시키느냐, 라는 문제제기가 그것이다.

그것은 당연히 의문점으로 제기될 수 있다. 그리스도교회 공동체 사역의 관점에서만 청소년사역의 이유를 다루면 될 것을, 여기에 인간적, 세상적인 관점까지 동원해가면서 그것으로 사역의 이유를 확보하려한다면 '저의가 좀 불순한 것 아니냐'는 의문이 제기될 만도 하다. 거룩하신 '하나님의 사업장인 교회'의 사역에 세상적인 관점이 포함된다는 것은 어딘가 좀 마음 내키지 않는 일면이 있음직도 하기 때문이리라.

그러나 성경말씀을 통하여 우리의 교회관과 사회관, 그리고 사역관을 바로 세워놓고 보면, 이것은 신경과민적인 반응이거나 근시안적 착각이었음을 곧바로 알게 된다. 이를 위하여 여기에서 잠시 과연 교회와 사회의 관계는 어떤 것인지, 그리고 교회가 왜 사회 속에서도 사역을 전개해야 하는지를 먼저 살펴보고 난 다음에 다시 가던 길을 가도록 하자. 이렇게 잠시 곁길로 들어서는 것은 '인간적, 세상적인 관점'이 과연 사역의 타당성을 확보하려는 작업과정에 동원되어도 될 것인지의 여부를 판별해줄 것이고, 한 걸음 더 나아가서는 우리의 교회관, 사회관, 사역관을 더욱 튼실하게 세워줄 것이기 때문이기도 하다.

1) 하나님의 백성과 사회

하나님의 사랑과 공의

이스라엘 백성이 가나안 땅에 들어가서 살게 될 때, 그들이 지켜야 할 율법은 모세5경 가운데에서도 특히 신명기를 중심으로 나타난다. 모세를 통하여 백성들에게 전하신 말씀들(신16:18~26:19)은 백성들이 지켜야 할 그들 사이의 수평적인 사회관계법령들, 즉 '하나님의 거룩한 백성'인 이스라엘의 사회생활에 관한 법이었다.[71]

이 백성들은 광야에서 '새롭게, 한 세대를 이룬 백성들'이다. 그들의 부모세대들, 즉 이집트에서 구출되어 나온 세대들은 가데스 바네아에서 하나님을 믿지 않고 불순종함으로써 38년간에 걸친 광야생활에서 모두 죽었다. 그래서 그들은 결국 약속의 땅을 밟지도 못하였다(민13:1-14:38, 신2:14). 그러나 이 '새로운 세대들'은 하나님께서 친히 만나를 먹여주시고 불기둥과 구름기둥으로 인도하시며, 그들을 천하 만민이 무서워하는 군대로 만드신 백성들이다(신2:25). 이 새로운 세대들이 약속하신 광활한 가나안 땅에 들어가서 흩어져 살게 될 때, 그들이 하나님께서 친히 다스리시는 신정국가의 백성답게, 거룩하게 구별된 이스라엘공동체의 구성원답게 잘 살아갈 수 있도록 '생활의 지침'을 율법으로 주신 것이다.

이 율법 속에 흐르고 있는 근본적인 '법의 정신'은 '하나님의 사랑과 정의로 요약할 수 있다. 하나님께서는 택하신 모든 백성이 죄악으로부터 깨끗하게 자신을 유지할 수 있게 되기를 바라셨다. 그 백성들을 사랑하셨기 때문이다. 하나님께서는 또한 이스라엘 백성들이 '하나님 여호와의 성민聖民(신26:19)', 즉 거룩하신 '하나님 여호와의 백성(신27:9)'으로서 그 '거룩성'을 유지하기를 바라셨다. 그래서 어떠한 죄악도 엄단하실 것임을 선포하셨다. 하나님은 정의의

---

[71] 성경학자들은 대체로 시민법(신16:18~20:20)과 사회법(21:1~26:19)으로 나누어 이를 설명하기도 한다.

하나님(사30:18)이시기 때문이다.

하나님사랑, 이웃사랑

이를 위하여 하나님께서는 아주 구체적이고 실제적인 규례와 법도<KJB> statutes and judgments(레18:5, 신4:1)들을 주셨다. 하나님을 사랑한다면, 그 증거로서 이웃을 사랑하라고 하신다. 생활의 모든 영역에서 순결과 자비의 정신으로 살라 하시고, 도덕적으로 순결을 지키라고 명하신다. '하나님사랑'을 '이웃사랑'이라는 구체적인 행위로서 나타내라(입증하라)고 하신 것이다.

그래서 신명기뿐만 아니라 구약 전체를 통하여 이 '이웃사랑'을 강조하시며 실천하라고 명령하신다. 특히 과부와 고아와 나그네(타국인)와 같은 가난하고 소외된 사람들에게 자비와 은혜를 베풀 것을 거듭 명령하시고 당부하신다. 이 자비와 은혜를 베푸는 행위는 곧, '하나님의 크신 은혜와 긍휼히 여기심'에 힘입어 이집트로부터 해방된 백성들의 당연한 '은혜갚음'이기도 하기 때문이다. 하나님께서는 이렇게 '하나님의 백성다움'을 모든 이스라엘백성들이 유지함으로써 이를 바탕으로 이스라엘공동체의 연대와 결속이 강화되기를 바라셨다.

구약시대와 다를 바 없는 신약교회

구약시대와 똑같이 신약시대의 그리스도교회 공동체도 하나의 '영적 이스라엘공동체'이다. 하나님께서는 오순절 성령님의 강림을 계기로 선택된 성도들이 그리스도 안에서 그리스도를 머리로 하는 신약新約교회를 이루게 하셨다. 그것은 주 예수님께서 예고하신 그대로였다(마16:18-19, 행1:4-8). 이렇게 신약교회는 성령님의 '하나 되게 하심(엡4:3)'에 따라 이룩된 '한 생명체'요, 생명력 있는 유형무형의 단일공동체 즉 '영적 이스라엘 공동체'이다.

따라서 그리스도교회 공동체는 구약시대와 다를 바 없이 '하나님의 성전(고전3:16)'이요 '하나님의 처소(엡2:21-22)'이며, '살아계신 하나님의 교회요, 진리의 기둥과 터(딤전3:15)'이다. 사도 베드로의 표현처럼, 우리는 '신령한 집(벧전2:5)'이요 '택하신 족속이요, 왕 같은 제사장들이요, 거룩한 나라요, 그의 소유가 된 백성(벧전2:9)'이다. 그러므로 그리스도교회 공동체는 '하나님의 사랑과 공의'를 '오늘, 이 땅'에서도 받들어 섬겨야 한다.

사랑의 실천, 정의의 구현

우리 주 예수님께서도 친히 이 '하나님사랑'의 실천과 '하나님의 정의'의 구현을 강조하셨다(막12:29-31, 눅11:42). 또한 주님께서는 잡히시던 날 밤에 '우리와 같이 하나가 되게 하옵소서.'라고 아버지 하나님께 간구하시며, 주님 안에서 우리가 한 생명체요, 단일한 공동체를 이루기를 간절히 기도하셨다(요17:11, 21). 그리고 주님께서 우리를 '세상에 남겨두신 이유'도 우리를 '세상에 보내어(요17:18)', 우리를 통하여 사람들이 주님을 믿게 되고, 그래서 그들도 거룩하게 되도록 하기 위함이셨다(요17:19-20). 선한 목자이신 주님께서는 고귀한 주님의 목숨을 '내 양'을 위해서 뿐만 아니라 '우리 속에 들지 아니한 다른 양들'을 구원으로 인도하시기 위해서도 내놓으셨다(요10:11-18). "인자가 온 것은 잃어버린 자를 찾아 구원하려 함이니라(눅19:10)."라는 말씀 그대로, '그리스도의 사역' 내용도 '세상을 향한' 것이었고, '세상 속에 버려진 사람들'에 대한 사랑이셨다. 그러므로 그리스도의 교회 즉 그리스도교회 공동체가 그가 몸담고 있는 세상 속의 개개인(이웃)과 그 세상(사회)에 대하여 관심을 갖는 것은 당연한 일이다. 당연할 뿐만 아니라 '세상을 향한 사역'은 성도와 교회의 의무이다. 그것이 '하나님에 대한 사랑의 증거'요, 하나님의 자비와 긍휼히 여기심에 대한 '은혜갚음'의 표현이기 때문이다.

흔히 세상 사람들은 그리스도교가 인간의 자유를 무시하고 오직 하나님과의 수직적 관계만을 강조한다고 오해하고 있다. 그것은 그리스도교의 진리를 제대로 알지 못한 사람들의 오판에 지나지 않는다. 먼저 '하나님과의 올바른 관계'를 형성해야 주님 안에서 거룩하고 온전한 인격을 형성하게 되고, 이러한 관계와 인격을 바탕으로 인격과 인격이 서로 만나야 비로소 '참다운 인간관계' 즉 '대등한 인격적 관계'요 '수평적 인간관계'를 형성하고, 유지하며, 발전하게 된다는 그 선후관계先後關係를 잘 이해하지 못한 데에서 비롯된 오판일 뿐이다. 하나님께서는 이 수평적 인간관계를 매우 중요시하신다. 하나님의 '사랑의 대상'으로 창조된 사람들이 오순도순 서로 아끼고 사랑하며, 함께 더불어 살아가기를 누구보다 바라신다. 그러셔서 이 아름다운 관계가 잘 유지되도록 하기 위해서도 '사회관련 법령들'을 자상하게 일러주시고, 엄명하셨음을 기억할 필요가 있다.

2) '세상을 향한 사역'은 교회의 의무

그러므로 교회가 세상 속으로 고통의 현장으로 흩어져 들어가서, 이웃의 삶에 관심과 자비와 긍휼을 베풀고 사회정의社會正義의 구현을 위해서 힘쓰는 것 등은 이른바 '세상적인 것'이거나, 그래서 '하나님의 일과는 관계가 먼 일'이 결코 아니다. 그것은 교회의 의무요 하나님사랑을 실천하는 행위 그 자체나 마찬가지다. 따라서 그리스도교회 공동체의 사역은 '교회 안에서의 사역'도 매우 중요하지만 '교회 밖 세상을 향한 사역'도 마찬가지로 중요하고 필요하다.

우리 주 예수님께서는 회당에서 가르치셨을 뿐만 아니라, 오히려 더 많은 시간을 회당 밖에서도 가르치시고, 천국 복음을 전하시고, 어려움에 처한 사람들을 돌보셨다. 심지어 친히 창녀와 세리들과도 함께 계시면서 '그리스도의 사역'을 전개하셨다. 이러한 주님의 모습은, 오늘날의 지상地上교회가 현실을 외면하거나 사회로부터 고립될 것이 아니라, 세상 속으로, 고통의 현장으로 흩어져 들어가서 거기서 빛도 되고, 소금도 되라는 가르치심을 몸소 보여주신 것이라고 이해해야 할 것이다. 소금은 덩어리째로 그 진가를 발휘하는 것이 아니라 깨어지고 흩어져서 녹을 때에야 비로소 참 값어치를 드러내는 것처럼, 교회도 사랑의 실천을 위해서 세상 속으로 흩어져 들어가서 자신을 내어줌에 인색하지 말아야 할 것이다. 특히 정의를 구현하기 위해, 필요하다면 한판 싸움도 주저하지 말아야 할 것이다. 그런 의미에서 지상에 존재하는 교회, 즉 그리스도교회 공동체는 어둡고 사악한 세력들과 영적 전쟁을 벌여야 하는 '전투적 교회'일 수밖에 없다. '우리의 싸움은 혈과 육을 상대하는 것이 아니요, 통치자들과 권세들과 이 어둠의 세상 주관자들과 하늘에 있는 악의 영들을 상대함(엡6:12)'에 있기 때문이다. 그러므로 이 그리스도교회 공동체의 '사역', 즉 영적 전쟁은 계속되어야 한다. 회피하지 말아야 한다. '새 하늘과 새 땅'에 내려온 거룩한 성 '새 예루살렘(계21:1-2)', 모든 악의 세력들을 처부순 '승리의 교회', '천상天上의 교회'가 우뚝 설 그날까지 영적 전투는 계속되어야 한다는 각오를 새롭게 해야 한다.

거룩함과 경건을 핑계로 현장을 회피하지 말고

그런데 우리의 현실은 어떤가. 교회는 세상 속에 세워져있는데, 참여는 고사하고 현실도피와 고립을 자초하고 있는 경우들이 많다. 심지어는 '거룩함'과 '경건'을 앞세워 교회가 세상 속에 있다는 사실조차도 눈감아버리려는 안타까운 모습들도 없지 않다. "너희는 거룩하라. 이는 나 여호와 너희 하나님이 거룩함이니라(레19:2)."라고 명령하시는데, 우리가 어찌 거룩하신 하나님 앞에서 거룩하지 않을 수 있겠는가. 우리가 어찌 경건의 모양만 지니고 경건의 능력을 부인할 수 있겠는가(딤후3:5). 그러나 그렇다고 해서 거룩함과 경건을 빙자하여 성도와 교회의 사명을 등한시하거나 회피해서야 되겠는가.

과연 무엇을 어떻게 하는 것이 거룩함이고 경건인가. 구약시대의 율법은 스스로 깨끗하게 하고(레20:7, 21:7, 대상23:13), 규례를 지켜 행하고(레20:8, 민5:12), 하나님의 이름을 욕되게 하지 말아야 하고(레21:6, 민22:32), 계명을 기억하고 행하며(민15:40), 기름부음을 받아야(민3:3, 18:8) 거룩하게 된다고 일러주었다. 그러나 이 '율법'에 따라 '거룩하게 되려고 노력하던 인간'은 결국 스스로의 힘이나 노력으로는 아무도 거룩함이나 의로움에 이르지 못하였다.

그것은 오늘 우리에게도 마찬가지다.

그러나 하나님의 사랑과, 그리스도 우리 주 예수님의 십자가 은혜와, 성령님의 역사하심으로 우리가 '거룩하게 되었다'고 말씀하신다. "하나님 아버지의 처음부터 미리 아심과 택하심에 따라 성령이 거룩하게 하셨다(살후2:13, 벧전1:2 종합)."라고 가르쳐주신다. 이 '거룩한 역사'에 그리스도 우리 주 예수님은 '자기 피로써 백성을 거룩하게 하려고 성문 밖에서 고난을 받으셨다'고 기록하고 있다(히13:12). 이렇게 '예수 그리스도의 몸을 단번에 드리심으로' 우리가 '거룩함을 얻었고(히10:10)', 또한 '그가 거룩하게 된 자들을 한 번의 제사로 영원히 온전하게 하셨다'고 일러주신다(히10:14). 우리는 이와 같이 '주 예수 그리스도의 이름과 우리 하나님의 성령 안에서 씻음과 거룩함과 의롭다 하심을 받았다'(고전6:11). 그것은 우리의 힘이나 노력으로 '이루어 낸 것'이 아니다. 성삼위일체이신 우리 주 하나님의 은혜로, 우리가 '현재완료형으로' 이미 '거룩하게 된 것'이고, 영원히 온전하게 만드셨다.

거룩함과 온전함을 입은 자들답게

주 우리 하나님께서 왜 우리를 거룩하게 하셨는가. 그것은 "이제는 그의 육체의 죽음으로 말미암아 화목하게 하사, 너희를 거룩하고, 흠 없고, 책망할 것이 없는 자로 그 앞에 세우고자 하셨으니(골1:22)"라는 말씀처럼, 우리를 '거룩하신 하나님 앞에 세우기 위해서' 우리를 거룩하게 하셨다.

그러면 왜 우리를 하나님 앞에 세우시는가? "오직 너희는 택하신 족속이요, 왕 같은 제사장들이요, 거룩한 나라요, 그의 소유된 백성이니, 이는 너희를 어두운 데서 불러내어 그의 기이한 빛에 들어가게 하신 이의 아름다운 덕을 선포하게 하려 하심이라(벧전2:9)."는 말씀처럼 우리를 '하나님의 일꾼으로 쓰시기 위함'이다.

그렇다면 거룩함과 온전함과 구원함을 입은 우리는 어떻게 살아야 하는가? 그 '거룩함'과 '경건'을 핑계 삼아, 교회 예배당 안에 칩거하면서 엎드려 '거룩하게 하옵소서, 경건케 하옵소서' 빌기만 하면 그것이 거룩하고 경건한 것인가. 복만 빌고 엎드려 있으면 되는 것인가. '내 교회, 우리 식구'만 다독거리고 있으면 될 것인가. '내가 너희를 사랑한 것 같이'라고 말씀하시며 '가서 행하라' 명령하시던 주 예수님께서, 이 핑계 저 핑계 교회주변만 맴돌면서 사역을 외면하거나 회피하는 우리의 이런 모습들을 보시면 과연 무슨 말씀을 하실까?

누구든지 하늘에 계신 내 아버지의 뜻대로 (행)하는 자(마12:50)가 내 형제요, 자매요, 모친이라고 단언하시던 주님이시다. "나더러 주여, 주여 하는 자마다 다 천국에 들어갈 것이 아니요, 다만 하늘에 계신 내 아버지의 뜻대로 행하는 자라야 들어가리라(마7:21)."고 선언하신 주님이시다. 주님께서, 이런 모습을 향하여 '너희는 나를 불러 주여, 주여 하면서도 어찌하여 내가 말하는 것을 행하지 아니하느냐' 꾸짖지 않으시겠는가. "화 있을진저, 회칠한 무덤 같으니, 겉으로는 아름답게 보이나, 그 안에는 죽은 사람의 뼈와 모든 더러운 것이 가득하도다(마23:27)."라고 질타하지 않으시겠는가. '악하고 게으른 종아(마25:26)'하시지 않겠는가. 그래서 성경은 "의의 도를 안 후에 받은 거룩한 명령을 저버리는 것보다, 알지 못하는 것이 도리어 그들에게 나으니라(벧후2:21)."고 경고하신다.

거룩한 행실과 경건의 능력을 나타내야

그러므로 우리는 어떻게 살아야 마땅한가. "너희가 어떤 사람이 되어야 마땅하냐. 거룩한 행실과 경건함으로 하나님의 날이 임하기까지(벧후3:11-12)" 주님 뜻을 따라 행하여야 할 것이다. 그렇다. 지금은 "내가 기뻐하는 금식은 흉악의 결박을 풀어주며, 멍에의 줄을 끌러주며, 압제 당하는 자를 자유하게 하며, 모든 멍에를 꺾는 것이 아니겠느냐. 또 주린 자에게 네 양식을 나누어주며, 유리流離하는 빈민을 집에 들이며, 헐벗은 자를 보면 입히며, 또 네 골육(<홍콩>친척)을 피하여 스스로 숨지 아니하는 것이 아니겠느냐(사58:6-7)."라는 하나님의 음성을 들어야 할 때다. "하나님 아버지 앞에서 정결하고 더러움이 없는 경건敬虔은 곧 고아와 과부를 그 환난 중에 돌보고, 또 자기를 지켜 세속에 물들지 아니 하는 그것이니라(약1:27)."라는 성경말씀을 삶 속에서 관철해야 할 때다. "사람아, 주께서 선한 것이 무엇임을 네게 보이셨나니, 여호와께서 구하시는 것은 오직 정의를 행하며, 인자를 사랑하며, 겸손하게 네 하나님과 함께 행하는 것이 아니냐(미6:8)."라고 하시는 주 아버지 하나님의 음성을 청종해야 할 때다. 선한 사마리아 사람의 비유에서 "누가 강도 만난 자의 이웃이 되겠느냐." 하시며, "가서 너도 이와 같이 하라(눅10:25-37)."고 하시던 주님의 말씀을 받들어 세상 속으로 흩어져 들어가서 이웃을 섬길 때다.

통회하는 심정으로 세상에 나가서 섬겨야

지금은 이 말씀들 앞에 서서 회개할 때라고 믿는다. 세례(침례)자 요한도, 우리 주 예수님께서도 그 사역의 제1성第一聲으로 '회개하라, 천국이 가까이 왔다'라고 하셨다(마3:2, 4:17). 천국이 가까이 왔으니 그러므로 회개하라는 말씀이시다. 거룩하신 하나님 앞에 서려면 먼저 회개하라는 외침이시다.

다윗은 "하나님께서 구하시는 제사는 상한 심령이라. 하나님이여, 상하고 통회하는 마음을 주께서 멸시하지 아니 하시리이다(시51:17)."라고 하였다. 그러므로 그 회개는 '뉘우침'정도로 끝나는 것이 아니라, 죄악과 허물을 철저히 뉘우치고 고백하고 끊고 돌아서는 그런 '통회痛悔'이어야 한다. 한국 교회도 이와 같이 철저히 회개해야 할 때가 아닐까. 철저한 회개 속에 성령님이 임하시고, 그 성령님의 역사하심 속에서 교회가 부흥했었다는 100여 년 전의 역사를 교훈으로 삼아야 하지 않겠는가. '한국 교회가 받은 은혜'를 나가서 나누고 베풀지 못하고, 이웃을 '하나님사랑의 증거'로서 섬기고 돕지 못한 그 잘못들을 회개해야 하지 않겠는가. '교회부흥'만을 외치기 전에, 하나님께서 인정하실 만한 '온전한 회개'가, 그런 결단이 먼저 있어야 하지 않겠는가.

사무엘은 "여호와께서 번제와 다른 제사를 그의 목소리를 청종하는 것을 좋아하심 같이 좋아하시겠나이까. 순종이 제사보다 낫고 듣는 것이 숫양의 기름보다 나으니(삼상15:22)."라고 말했다. 주 아버지 하나님께서도 이 말을 확인하신다, "나는 인애仁愛를 원하고 제사를 원치 아니하며, 번제보다 하나님을 아는 것을 원하노라(호6:6)."라고. 그러므로 '부흥'보다 세상으로 '나섬'이, 이웃을 '섬김'이, 그런 인애가 앞서야 한다. "너희 빛이 사람 앞에 비치게 하여 그들로 너희 착한 행실을 보고 하늘에 계신 너희 아버지께 영광을 돌리게 하라(마5:16)."라는 주님의 명령을 '실행'할 때다.

3) 세상을 향하여서도 열려있어야 할 청소년사역

위에서 잠시 곁길로 들어서서, 하나님의 교회와 세상의 관계를 살펴보았다. 세상은 교회와 별개의 곳이 아니라, 하나님의 뜻을 따라 나가서 일해야 할 '교회의 일터'였다. 거기도 '하나님의 작업장'이었다. 이제 의심스럽던 부분이 말끔하게 밝혀졌으므로, 다시 가던 길로 돌아와서 청소년사역을 바라보자.

청소년사역도 성문 밖으로 나가야

청소년사역의 경우도 마찬가지다. 청소년사역도 세상을 향하여 반드시 열 있어야 한다. 비록 그것이 힘들고 어렵고 위험부담이 따르는 것일지라도, 우리 주 예수님의 발자취를 따라 청소년사역도 '성문 밖(히13:2)'으로 나가야 한다.

청소년사역을 '그리스도교회 공동체 내부의 사역'이라는 '관점'에서만 탐색하려는 경향은 어느 면에서 이해되고도 남음이 있다. 그렇지만, 이른바 '인간적, 세상적인 것'으로 오해하기 쉬운 이 관점들의 참 의미와 가치들도 이제 성경 속에서 확연히 규명되었으므로, 인간적, 개인적, 사회문화적, 세계(사)적 관점들을 사역에서 배제하려던 경향들은 이제 접어야 한다. 이런 폐쇄적 발상들이야 말로 우리의 교회관, 사회관, 사역관에서 배제되어야한다. 이 폐쇄적 발상들은 알게 모르게 사역의 폭과 방향을 축소시키거나 왜곡하는 결과를 초래함으로써, 결국 하나님의 뜻에 불순종하게 되는 것임을 꼭 기억해야 한다.

'성경적인 것'으로 확인된 관점들

그러므로 청소년사역의 이유와 그 타당성의 근거를 확보하려는 이 대목에서, 이른바 '인간적 세상적인 것'으로 오해받았던 이 '관점'들의 의미와 가치가 오히려 '성경적인 것'으로 판명되었으므로, 이제는 이 관점들을 사역의 이유탐색에 오히려 더 적극적으로 활용하는 것이 바람직하다고 하겠다.

첫째, 특히 '사역의 폭과 방향'이 교회 안으로만 '축소지향'되거나 '한정적 개념'으로 잘못 적용되고 있는 한국 교회의 현실 속에서, 하나님의 막중한 관심과 사랑과 배려의 대상이 되는 청소년의 '여기, 오늘'이 가려지지 않도록 하기 위하여 이 관점들은 더욱 의도적으로 활용되어야 한다. 그래야 청소년들의 '여기, 오늘'이 사역 속에 제대로 반영될 수 있을 것이기 때문이다.

둘째, 청소년사역을 '외부지향적인 사역'으로 확장하여 전개하기 위해서도, 이 관점들은 결코 등한시 할 수 없는 필수영역들이요 고려사항들이므로 이들을 이유탐색에 포함하여야 한다. 청소년사역이 '밖으로' 나가지 않는 한, '하나님께서 교회에게 맡기신 청소년의 여기, 오늘'이 보장되기 어려운 곳이 바로 한국사회이기 때문이다. 그리고 무엇보다도 청소년을 그리스도의 품으로 불러와서 우리와 함께 주님의 은혜를 만끽하게 하려면, 이 외부지향적인 사역은 시급히 살아나야 하기 때문이다.

셋째, 실제로 이 관점들과 관련된 청소년의 '사회적 문제'들은 '사역의 사각지대'나 마찬가지였다. 그것은 사회적으로 문제시 되고 청소년이 고통을 겪게 되기까지의 동안에, 교회는 어쩌면 이를 방관하거나 무관심하고 있었다는 뜻으로 받아들여질 수도 있다. 그렇다면 그것은 교회의 직무유기이거나 태만이다.

그러므로 지금은 '청소년사역의 새 지평'을 세상을 향하여 활짝 열어야 할 필요성과 시급성이 부각되었으므로 이 '관점'들은 사역의 이유를 구명하는 데에 충분히 활용되어야 마땅하다.

두 가지 '차원'과 다섯 가지 '관점'의 만남으로

이렇게 하여 위에서 제시한 '다섯 가지 관점'을 '사역의 이유' 탐색과정에 당당하게, 적극적으로 반영한다. 이 '관점'들을 '당위성 차원'과 '중요성, 필요성, 시급성 차원'에 접목시켜서 하나의 틀을 형성한다. 즉 청소년사역의 이유를 규명하기 위하여 체계적으로 구조화된 틀은 실제로 다음과 같이 압축된다.

첫째, 당위성 차원은 ① 그리스도교회 공동체 사역의 관점, ② 인간적 관점, ③ 개인적 관점, ④ 사회문화적 관점, ⑤ 세계사적 관점에서 구조화될 것이다.

둘째, 중요성, 필요성, 시급성 차원도 ① 그리스도교회 공동체 사역의 관점, ② 인간적 관점, ③ 개인적 관점, ④ 사회문화적 관점, ⑤ 세계사적 관점에서 함께 고려될 수 있을 것이다.

이제 우리는 이 틀 속에서, 청소년사역을 왜 해야 하는지를 탐색해 나갈 것이다.

제2절 청소년사역을 해야 하는 이유들

이 글은 제2, 3장에서 청소년, 청소년사역을 살펴보면서 이미 '청소년사역을 왜 해야 하는지'에 관하여 여기저기에서 직간접적으로 말해왔다. 그 이유들이 산발적으로 기록되어 있었기 때문에 일목요연하게 머릿속에 정리가 되지는 않지만, 그래도 옥토에 뿌려진 씨앗들처럼 이 글을 읽고 계시는 분들의 마음 밭에서는 그 이유들이 쑥쑥 자라고 있으리라 믿는다. 그리고 은연중에 청소년사역을 왜 해야 하는지에 대한 그 '해답'들이 이미 가슴 속에서 하나의 '힘 있는 확신'으로 자리 잡아가고 있기를 기대한다.

따라서 여기에서는 이미 앞서 설명한 내용의 반복을 피하기 위하여 기초적이고 원론적인 이론이나 배경에 관한 지루한 설명은 대폭 생략하고, 핵심적인 내용만을 간추려서 '청소년사역을 해야 하는 이유들'을 간략히 요약, 정리하여 제시하고자 한다.

1. 당위성 차원에서

규범적 역할기능을 하는 당위성

당위성이란 주로 윤리학이나 철학에서 많이 쓰는 용어이다. '당위當爲'는 마땅히 있어야 하는 것 또는 마땅히 행해야 하는 것을 말하고, 당위성은 그러한 당위적인 성질을 일컬을 때 쓴다. 이 당위(성)는 '꼭 있어야 할' 요소로서 존재하면서 사람의 의지나 행위에 하나의 규범처럼 작용한다. 그것은 '어떠어떠한 생각을 하는 것이 마땅하다'하는 식으로 구속력이나 영향력을 발휘하기도 한다. 특히 당위(성)는 어떤 가치를 추구하거나 이상을 실현하도록 '촉구'하기도 한다. 예를 들면, 우리가 진선미眞善美를 추구하는 것을 당연한 것으로 여기는 것과도 같다. '진선미를 추구하는 것은, 인간이면 누구에게나 당연한 것이다. 그러니까 마땅히 이를 추구하라'는 식으로, '당위(성)'가 이를 촉구한다.

또한 당위(성)는 그 자체가 '목적'이 되기도 하고, 더러는 다른 어떤 목적을 이루기 위한 '수단'이 되기도 한다. 가령 '하나님사랑, 이웃사랑'은 우리 '그리스도교의 진선미(당위)'이다. 그래서 이 '하나님사랑, 이웃사랑'은 곧 모든 믿는 이들의 삶의 '목적(목표)'이 되는 것과 같다. 또 우리는 '하나님사랑의 증거'로서 하나님의 뜻을 따라 '이웃사랑'을 실천한다. 이때 '이웃사랑(당위)'은 '하나님사랑'이라는 인류 최대최상의 목적을 구현하는 '수단'이 되기도 한다는 말이다. 이와 같이 당위성은 인간의 의지와 행위에 '규범적 역할기능'을 담당하므로, 무슨 생각을 하거나 일을 하려고 할 때 그 당위성을 먼저 발견한다는 것은 매우 중요하다.

하나님의 말씀 속에서 확보되는 당위성

청소년사역도 마찬가지다. 청소년사역을 하기 전에 그 당위성을 먼저 찾아야 한다. 그래야 사역의 목적이나 이유, 사역의 수단 등이 '규범적 정당성'을 확보하게 되고, 그 당위성을 근거로 사역을 펼쳐나가야 힘도 얻는다. 그래서 마침내 '우리가 하여야할 일을 한 것뿐이라(눅17:10)'는 승리의 간증도 할 수 있게 되는 것이다.

'하나님의 일, 하나님나라의 일인 청소년사역'의 당위성의 근거는 어디에서 찾아볼 수 있을까. 그 당위성의 근거는 당위적으로 '하나님의 말씀인 성경' 속에서 찾아내야 한다. 하나님의 말씀은 그 자체가 진리요, 절대적인 규범이요,

법칙이기 때문이다. 그 말씀 속에서 나오는 당위성은 그러므로 '규범적 정당성'을 지니고 있어서, 그 누구도 거역하거나 부정하거나 만홀히 여기거나 도전할 수 없다. 그래서 그 당위성은 곧 청소년사역의 목적이나 목표도 명확히 결정 지을 수 있게 해주며, 그 수단의 정당성까지도 확보할 수 있게 해주고, 사역의 역동성도 강화시켜 준다. 그리고 뭐니 뭐니 해도 하나님의 말씀인 성경에 입각한 당위성 그 자체가 '모든 이유'나 정당성을 포괄한다.

그러면 이제 청소년사역의 당위성 차원에서 성경말씀에 근거한 '사역을 해야 할 이유'들을 살펴본다.

가. 그리스도교회 공동체 사역의 관점에서

청소년은 하나님의 일꾼이므로

첫째, 청소년사역은 청소년이 '하나님의 일꾼'이므로 이들 청소년을 위하여, 이들 청소년과 함께, 그리고 일꾼인 청소년 스스로가 '하나님의 일, 하나님나라의 일인 사역'에 힘쓰는 것이 마땅하기 때문에 전개해야 한다.

청소년은 하나님께서 오늘도 그들을 기뻐하시고 손수 소중히 들어 쓰시는 '하나님의 일꾼들'이다. 청소년사역은 하나님께서 이미 이 '하나님의 일꾼인 청소년'을 통하여 청소년과 함께하신 '하나님의 일, 하나님나라의 일'이다. 아울러 청소년사역은 하나님의 백성이나 교회들도 이 사역에 참여하여 힘쓰도록 하나님께서 친히 '부르시고 명령하신 일인 사역'이다.

청소년은 하나님의 자녀이다. 어른들이 주 하나님을 '아버지'라고 부른다고 해서 우리의 청소년들이 하나님의 '손자나 손녀'인 것은 아니다. 청소년도 하나님을 '아버지'라고 부르지, '할아버지'라고 부르지 않는다. 청소년도 하나님의 자녀이고, 하나님나라의 백성이다. 그리스도 안에서 우리 모두는 하나님의 자녀요, 그의 백성이며, '그리스도의 일꾼'이다. 가냘픈 아이 같을 때도 많지만, 청소년은 하나님께서 들어 쓰시면 엄청난 일을 해낼 수 있는 하나님의 일꾼이다. '내일 어디에선가' 그럴 것이라는 말이 아니라, 청소년은 '오늘, 여기'에서도 하나님께서 손잡고 함께 일하시는 하나님의 일꾼이다.

그러므로 청소년이 '그리스도의 사역(고난)'에 함께 참여하는 것이 마땅하다. 주님의 뜻을 따라 성도 개개인과 그리스도교회 공동체도 '그리스도의 사람인 청소년'을 위하여 힘써 일하는 것이 마땅하며, 아울러 '하나님의 일꾼인 청소년'과 함께 손잡고 일하는 것도 마땅한 일이다.

'그리스도의 사역'에 참여하는 청소년이 되도록

둘째, 청소년이 '그리스도의 사람다움'을 내면화, 생활화, 체질화하고, '소명적 자아'를 형성한 '그리스도의 사람(그리스도인)'이 되어, '그리스도의 사역'에 참여할 수 있도록 청소년자신과 교회가 힘쓰는 것이 마땅하기 때문이다.

그리스도인 청소년은 표현 그대로 '그리스도의 청소년(사람)'이므로, 그리스도인 청소년은 일반청소년의 범주에 들면서도 그들과 구별되는 청소년이다. 따라서 그리스도인 청소년은 일반청소년들에게 주어진 청소년기의 발달과제를 안고 있으면서도, 이와는 별도로 '그리스도인다운 자아정체감'을 확립(내면화)해야 하고, '하나님사랑'의 신앙을 고백할 수 있어야 할뿐만 아니라 그 역량까지도 강화(생활화)해야 하며, '이웃사랑'의 실천과 '정의구현'을 위한 능력까지도 확보(체질화)해야 할 매우 중요한 시기에 서있다. 그래서 그리스도인 청소년은 스스로 그의 청소년기에 말씀과 기도와 성령으로 무장된 '소명적 자아'가 충실히 형성될 수 있도록 힘써야 한다.

그리스도인 청소년은 신앙적으로도 '물과 성령으로 거듭나야 하는' 매우 중요한 시기의 사람이다. '하나님의 뜻을 잉태하는' 청소년, '하나님의 나라를 잉태하는' 청소년이 될 수 있도록 끊임없는 성장과 개발과 자아형성이 촉진되어야 하는 시기에 살고 있다. 따라서 '그리스도의 사람', 그리고 그리스도교회 공동체의 매우 중요한 '인간자원'인 청소년의 역할기능을 성경적 관점에서 재해석하여, 그들이 그리스도의 사람답게, 제자답게, 일꾼답게 성장, 성숙, 성화되도록 그들을 지도하고 지원하는 것은, 성도 개개인과 가정과 그리스도교회 공동체가 마땅히 해야 할 일이다. 이와 함께, 청소년 스스로도 주님 안에서 주님의 뜻을 따라 성도로서, 그리스도교회 공동체의 한 지체로서 '청소년에 의한, 청소년의 사역'을 힘써 전개할 수 있도록 '나'의 발견과 개발에 힘쓰는 것은 마땅한 일이다.

청소년을 그리스도의 품안으로 인도하기 위하여

셋째, 아직 믿지 않는 청소년(비그리스도인 청소년)을 그리스도의 품으로 인도하기 위한 '선교(전도)사역'에 교회가 힘쓰는 것은 마땅한 일이기 때문이다.

아직 믿지 않는 청소년(비그리스도인 청소년)은 아직도 그리스도의 복음을 전해 듣지 못했거나 구원받을 믿음에 이를 만큼 충분한 전도나 교육을 받지 못한 청소년들이다. 그래서 그의 삶의 과정 중에서 매우 소중한 청소년기를 '그리스도의 울타리인 교회' 밖에서 방황하고 있다. 비그리스도인 청소년, 그들도 우리 주 하나님의 사랑과 그리스도의 십자가 은혜에 힘입어, 믿음으로 구원받을 백성들이다. 그들 중에는 하나님의 큰 일꾼들이 얼마든지 많이 들어 있을 것이다. 이렇게 비그리스도인 청소년이 세상 속에 많이 남아있다는 것은, 먼저 믿어 구원 받은 우리들의 선교(전도)사역이 아직 해야 할 일을 다 하지 못했음을 의미한다.

청소년을 그리스도의 품안으로 인도하기 위한 사역(선교, 전도)[72]에 그리스도교회 공동체와 그리스도인 청소년이 온 힘을 쏟는 것은 마땅한 일이다. 이것은 그리스도 우리 주 예수님의 '지상명령'이기 때문이다.

---

[72] 여기에서 선교(宣敎)는 그리스도의 복음을 전파(傳播)하는 행위, 즉 복음을 다른 사람이나 지역으로 퍼뜨리기 위한 외부지향적 행위를 말하고, 주님의 지상명령(the greatest commission)을 복종하기 위한 '사명' 또는 '파견'이라는 의미에서 영어로는 mission이라고 하며, 전도(傳道)는 특히 믿지 않는 사람들에게 복음을 전달함으로써, 회개하고 그리스도 안에서 '새 사람'이 되게 하려는, 인간의 내면을 향한 노력이나 활동(proclaiming the good news, 행5:42, 골4:3/ preaching, 고후2:4, 딤1:3)들을 말하고, 그 전해지는 '내용'이 복음(Evangel)임을 강조하는 의미에서 영어로는 evangelism이라고 한다. 그러나 이 두 가지는 대체로 혼용되고 있다.

청소년을 가르쳐 일꾼으로 세우기 위하여

넷째, 모든 그리스도인, 비그리스도인 청소년을 가르쳐서 '하나님의 일꾼'으로 세우는 '교육사역'은 교회가 마땅히 실행해야 일이기 때문이다.

무릇 교육은 인간의 '변화와 형성'을 추구하는 행위이다. 교회교육도 그리스도 안에서 개개인이 교회의 교육과 지도를 통하여 '하나님의 형상을 회복'하는 '변화'가 일어나게 하고, '그리스도의 성품과 그의 장성한 분량'을 '형성'하기에 이르도록 하려는 목적(목표)을 갖는다. 이렇게 '교육을 통한 변화와 형성'으로 압축될 수 있는 교회교육의 목적(목표)은 곧 '청소년사역의 목적(목표) 중의 하나'이기도 하다. 특히 '하나님의 작업장인 교회'가 代를 이어 하나님의 뜻을 따라 일할 '하나님의 일꾼'을 양성한다는 것은 교회의 존속과도 직결되는 과업이다. 더군다나 주님께서 택하시고 부르신 영혼들을 그리스도의 품성을 지닌 성숙하고 성화된 그리스도의 사람으로 양육한다는 것은 교회에게 맡겨진 매우 중요한 과업이기도 하다.

그런데 청소년은 교회교육의 '대상'만이 아니다. 청소년은 그리스도교회 공동체 사역의 한 '주체'이기도 하다. 그래서 그들에게도 '청소년에 의한, 청소년의 사역'이라는 역할기능이 그들의 어깨에 짊어져있는 '하나님의 일꾼'들이다. 따라서 '대상'이건 '주체'건 어느 모로 보나 교회가 그리스도인 또는 비그리스도인 청소년을 가르쳐 일꾼으로 세우는 일은, 교회의 사역들 가운데에서도 특히 필수불가결한 사역이므로 이를 힘써 행하는 것이 마땅하다.

삶의 현장에서 청소년을 섬기는 것이 마땅하므로

다섯째, 교회 안팎에서, 그리고 청소년의 삶의 현장에서 청소년이 '인간답게, 청소년답게' 살 수 있도록 '청소년을 섬기는 사역'은 교회가 앞장서서 담당해야 할 일이기 때문이다.

청소년사역은 교회는 물론 가정, 또래집단, 학교, 지역사회, 지구촌 등으로 그 사역활동범위를 넓혀가면서 '청소년의 삶의 현장'이면 그 어느 곳이든지

'찾아나서야 하는 사역'이다. 청소년사역은 그러므로 교회 울타리를 벗어나서 '사회와 맞닿아 있는 사역' 또는 '사회 속에서도 추진되어야 할 사역'이라는 특성이 있다. 그래서 교회생활 또는 신앙생활과 관련된 문제뿐만 아니라 청소년의 '일상적인 삶'과 직결되는 '청소년관련문제의 해결'이라는 과제도 사역 속에 포함해야 한다.

실제로 청소년은 많은 문제를 안고 살아간다. 학교교육과 관련된 갖가지 사회문제들을 포함하여, 수많은 청소년관련문제들은 청소년사역이 교회 안에만 안주하고 있을 수 없는(있어서는 아니 될) 이유를 분명히 제공해주고 있는 것이 현실이다. 또 청소년이 '인간다운 삶, 청소년다운 삶을 살 권리'를 향유하기 위해서도 해결해줘야 할 과제가 한 둘이 아니다. 그러므로 청소년의 고충과 욕구를 비롯하여 '청소년과 관련된 개인적, 사회적인 문제들'을 해결하기 위하여, 교회가 사회(세상) 속으로 들어가서 '청소년을 섬기는 사역'을 전개하는 것은 마땅한 일이다.

나. 인간적 관점에서

인간답게, 청소년답게 살 수 있도록 하기 위하여

여섯째, 청소년의 '천부적인 인권과 하나님의 자녀다운 복지'를 위해서 그리스도교회 공동체가 그 역량을 투입하는 것이 마땅하기 때문에 청소년사역을 전개해야 한다.

청소년은 인간이다. 인간으로서의 보편적 존엄성과 가치를 지닌, 그래서 '인간다운 삶을 살 권리'를 지닌 사람이다. 이 권리는 하나님께서 부여하신 '천부적 권리'이므로 청소년의 권리는 절대적 가치가 있는 권리이고, 불변의 권리이며, 불가침의 권리일 뿐만 아니라 반드시 보장되어야 할 의무가 수반되는 권리이다. 이 권리는 예수님께서도 이를 확인하심으로써 더욱 명확하게 되었다. 그러므로 이러한 권리를 지닌 청소년은 그 자체로서 목적인, 결코 수단으로 전락해서는 안 될 매우 소중한 인간이다.

한편 '여기, 오늘'을 사는 청소년들에게는 '청소년답게 살 권리'도 하나님께로부터 주어져있다. 청소년이 하나님의 자녀답게, 청소년답게, 청순하고 발랄하고 순진하게, 푸른 꿈을 지니고 살 권리가 있다. 이 권리는 청소년도 누릴 수 있는 '시민적 권리'로서, 그리고 '청소년의 생존과 생활의 권리'로서 국내법과 국제협약 등을 통하여서도 보장되고 있다. 그런데 이 청소년의 인권과 복지가 세상의 도처에서 침해당하는 경우가 너무나 많고 그 상태도 매우 심각하다. 그래서 청소년의 인권과 복지는 국제적 관심사로 등장해있는 실정이다. 이러한 사례는 심지어 교회 안에서조차도 종종 나타나는 현상이다. 하나님께서 손수 만드시고 천부적 권리를 주시고, 하나님의 자녀로 삼으신 청소년들이 '인간답게, 청소년답게' 사는 것은 하나님의 뜻이다. 그러므로 '하나님께서 교회에 맡기신 청소년'이 인간답게, 청소년답게 살 수 있도록 청소년의 인권과 복지를 위하여 성도와 교회가 앞장서서 일하는 것은 마땅한 일이다.

다. 개인적 관점에서

청소년기의 발달과제를 완수하도록 돕기 위하여

일곱째, 모든 청소년이 그들의 발달과제인 사회화와 자기실현을 온전히 이루도록 교회가 '개입'하여 이를 돕는 것은 마땅한 일이기 때문에 청소년사역이 펼쳐져야 한다.

청소년은 그들의 청소년기를 보내는 동안에 그들에게 부여된 청소년기의 발달과제를 완수해야 할 처지에 놓인 사람들이다. 하나님의 자녀요 일꾼인 그리스도인 청소년도 여기에서는 예외가 아니다.

청소년기의 사회화는 '사람 되고(인간화)', '어른 되고(문화화)', '일꾼 되는(주체적 역할기능화)' 것을 목표로 진행되고, 그래서 사회 속에서 '홀로서서 제구실하기'에 이르도록 촉진된다. 한편 청소년의 자기실현은 '자아정체성의 확보'

나 '잠재력의 개발과 그 능력의 최대한 발휘'를 위하여 촉진된다. 이렇게 비그리스도인은 물론 그리스도인 청소년도 사회의 구성원들이기 때문에 사회화되어야 하고 자기실현을 이루기에 힘써야 한다. 이 청소년기의 발달과제는 사람이 사람 속에서 사람답게 살기 위해서 필요한 최소한의 조건을 갖추는 준비 과업이므로 결코 소홀히 할 수 없는 개인적 과제이다.

그런데 청소년의 사회화나 자기실현은 스스로의 노력이나 힘만으로 이루어지는 것이 아니다. 그것은 함께 더불어 사는 '또 다른 나(타인)'들, 그리고 사회적 '환경'과의 상호작용을 통하여 이룩되는 것이므로, 청소년에게 누군가가 '개입'하여 그들의 발달과제가 온전히 성취되도록 돕는 것은 마땅한 도리이다. 이 과정에 성도와 교회가 앞장서서 청소년을 지원하는 것은, 특히 그리스도인 청소년을 위해서, 그리고 '잠재적 그리스도인인 비그리스도인 청소년'을 위해서도 마땅한 일이다.

소명적 자아가 형성되도록

여덟째, 그리스도인 청소년에게 '소명적 자아'가 형성되어, 주님 안에서 '참 자아실현'을 이룩하도록, 교회가 '청소년 형제자매'들을 이끄는 것이 마땅하기 때문이다. '그리스도인 청소년의 발달과제'는 사회의 일반청소년에게 요구되는 수준에서 멈추거나 끝나는 것이 결코 아니다. 그리스도교회 공동체 안에서 추구되어야 할 청소년의 사회화나 자아실현은 이 정도의 수준에서 그쳐서는 안 된다. 주님 안에서, 그리고 그리스도교회 공동체 안에서 이루어야 할 발달과제가 따로 있다. 하나님의 자녀요, 일꾼이요, 그리스도인다움이 내면화, 생활화, 체질화되어야 한다. 그래서 그리스도인 청소년은 그의 청소년기에 '소명적 자아'가 충실히 형성될 수 있어야 한다. 그 투철한 자아의식을 바탕으로, '그리스도와 연합한, 그래서 그리스도 안에서 발견되는 나'의 참 자아실현이 이루어져야 한다.

이것은 하나님나라의 백성이 되기 위하여 주님 안에서 '나'를 세우는 과정이므로, 그리스도인 청소년 모두에게 개인적으로도 매우 중요한 과업일 뿐만 아니라 교회의 크나 큰 과업이다. 따라서 '하나님의 뜻을 잉태하는 청소년', '하나님의 나라를 잉태하는 청소년'이 될 수 있도록 성장과 개발이 촉진되어야 한다. 그리스도교회 공동체의 '인간자원'으로서 주님 안에서, '그리스도의 성역에 쓰임 받는 청소년'으로 손색이 없도록 청소년을 육성하는 것이 마땅하다.

그리스도의 형상을 이루기까지 양육함이 마땅하므로

아홉째, 모든 청소년이 '작은 예수'가 되어 교회와 세상을 섬길 수 있도록 그리스도의 형상을 이루기까지 교회가 그들을 품어 양육하는 것은 마땅한 일이기 때문이다.

청소년이 그리스도교회 공동체 안에서 성장하면서 '그리스도의 사람다움'을 지니게 되는 것은, 본질적이고 궁극적인 의미에서 '하나님의 형상과 모양'을, 즉 그 '본래의 모습'을 '나'안에 이루거나 그것을 회복하는 것이다. 이것은 인간이라면 그 누구에게나 예외 없이 적용되는(되어야 할) 인류의 보편적인 과제이며, 하나님과 사람이 온전한 관계를 유지하기 위한 전제조건이고, 주님의 '혼인예복'과 '열 처녀', 그리고 '달란트' 비유 등에서 보는 바와 같이 주님의 '식탁'(마22:1:14, 25:1-13, 14-30)에 앉고, 주님의 기쁨에 참예할 수 있는 자격 조건이다.

그러므로 이 과제는 그리스도인, 비그리스도인을 가릴 일이 아니다. 특히 인간성이 말살되고 있는 비인간화 추세 속에서 우리의 청소년 모두가 그리스도의 형상을 이루시는 것, 그래서 '작은 예수'가 되어 교회와 세상을 섬기는 것은 하나님의 뜻이요, 그리스도교회 공동체의 소망이다. 따라서 모든 청소년이 '그리스도의 사람다움'을 이룰 수 있도록, 그 참 모습을 형성(회복)할 수 있도록, '작은 예수'다운 힘과 능력을 간직할 수 있도록 그들을 지도하며 양육하는 일을 그리스도교회 공동체가 담당하는 것이 마땅하다.

라. 사회문화적 관점에서

역사의 탁류를 거슬러 올라가도록

열 번째, 현대사회의 사회문화적 변동의 탁류에 휩쓸리거나 오염되지 않고 이를 넉넉히 거슬러 올라가도록 교회가 올바른 방향과 길을 제시하고 청소년을 지도, 지원하는 것은 마땅한 일이기 때문이다.

우리가 살고 있는 현대사회 속의 청소년은 예전과 달라서, 어느 한 가지 관점만으로는 그들을 제대로 파악할 수 없을 정도로 다채롭고 복잡한 면모를 지니고 있다. 사회와 문화가 그만큼 다원화多元化추세를 보이면서 다양하게 변동하고 있고, 그 영향을 받아 사회 속에 살고 있는 청소년의 모습도 현저히 변모되고 있기 때문이다. 그래서 이 글에서는 청소년을 '새롭고 폭넓은 사회문화적 존재(범주)'라 요약정리하기도 했고, '새로운 관점에서 새롭게 대처해야 할 세대'라고 부르기도 하였다.

청소년이 사회와 문화의 변동 때문에 변모한다는 것은 자연스런 일이고 불가피한 현상이기도 하다. 한 '사람'인 청소년은 사회적 존재이며, 동시에 문화적 존재로 이 땅에 태어났고 그 영향을 받으면서 살기 때문이다. 그런데 청소년의 입장에서 이 변동은 '적응하거나 극복하기 힘든 환경'일 수도 있다. 그래서 청소년이 이를 잘 수용하지 못하면 청소년의 의식과 삶에 치명적인 장해요인이 된다. 그리스도인이건 비그리스도인 청소년이건 가릴 것 없이 이런 위험 앞에 방치될 수 있다.

그러나 청소년 스스로는 이 지경을 벗어날 수 없다. 누군가가 청소년을 도와야 한다. 하나님의 자녀가 사회의 탁류에 휩쓸려가거나 오염되지 않게 지켜줘야 한다. 이 '역사의 탁류'를 유유히 거슬러 올라갈 수 있도록 청소년을 도와야 한다. 그러려면 사회와 문화의 변동에 의연히 대처할 수 있는 그 누군가가 이 일을 감당해야 할 것이다. 사회와 문화의 창조자이시고 역사의 주관자이신 하나님, 그 하나님의 동역자인 교회가 이 과업을 앞장서서 감당해야 한다. 세상을 이기신 그리스도의 교회가 그 유일한 대안이기 때문이다. 따라서 그리스도교회 공동체가 주님 안에서 사회문화적 변동의 주도권을 거머쥐고, 올바른 방향과 따라야 할 길을 청소년에게 제시하여, 잘 적응하고, 극복하고, 승리하도록 청소년을 지도하고 지원하는 것이 마땅하다.

'그리스도(그리스도교, 교회)의 문화'에 문화화 되도록

열한 번째, 청소년이 '그리스도교회 공동체의 규범과 질서와 문화'를 제대로 수용하여 하나님의 일꾼이요, 그리스도의 제자답게 '문화화' 되도록 교회가 '문화사역'에 힘쓰는 것은 마땅한 일이기 때문이다.

다원화되고 이질적으로 분화된 사회와 문화들, 그리고 그 이질적인 것들의 무분별한 혼합과 융화로 빚어진 가치관과 질서의 혼란, 그 속에서 살고 있는 그리스도인 청소년이 그의 신앙과 삶을 제대로 유지하기란 그리 쉬운 일이 아니다. 이를 위해서는 나를 이기고, 세상을 이기고, '그리스도 안에서 완전한 자'로 나를 세우기 위한 특단의 훈련이 필요하다. 그리스도의 복음으로 자신의 의식과 가치관을 확립하고, 그리스도의 사람답게 행동할 수 있도록 적응능력을 가꿔야 한다. '하나님의 일꾼'이요 '그리스도의 제자'로서, 그리고 그리스도교회 공동체의 한 지체로서 성경이 가르치시는 진리 안에서 발견된 자신의 정체를 세상 속에서도 스스럼없이 드러낼 수 있도록, 세상을 이기고 나를 이길 수 있는 극기력이 강화되어야 한다. 하나님의 일꾼이요 그리스도의 사람답게, 자신의 소명을 감당할 수 있는 능력과 영성靈性도 개발되어야 한다.

청소년은 '그리스도의 장성한 분량(엡4:13)'에 이를 만큼 성숙해져야 한다. '어른답게' 성숙도를 높여야 한다. 그래서 주님의 몸 된 교회를 위하여 헌신하기 시작해야 한다. 영적 전쟁에서 진리와 교회를 수호하고, 그리스도교회 공동체의 일치에 기여하며, 사회를 변화시키는 일에 투신할 태세를 갖춰야 할 뿐만 아니라, 실제로 '오늘, 여기'에서 이 일에 참여하고 있어야 한다.

이 모든 것은 '그리스도교회 공동체의 규범과 질서와 문화'를 제대로 수용

하여, 이를 내면화, 생활화, 체질화하는 데에서부터 비롯된다. 따라서 교회가 '그리스도(그리스도교, 교회)의 문화'[73]를 세우기에 힘쓰고, 이 문화가 그리스도인 청소년에게는 물론이거니와 비그리스도인 청소년도 '그리스도 안에서 문화화'되도록, 문화사역에 혼신의 힘을 기울이는 것이 마땅하다.

마. 세계(사)적 관점에서

'마지막 때'에 하나님 앞에 서야 할 청소년이므로

열두 번째, '마지막 때'에 교회는 '그리스도의 좋은 병사'인 청소년들과 손잡고 함께 영적 전쟁을 치르는 것이 마땅한 일이기 때문에 청소년사역은 더욱 힘차게 전개되어야 한다.

우리는 종말론적으로 '마지막 때'에 살고 있다. 그것은 '끝장'을 넘기면 아무 것도 없는 허무한 마지막 때가 아니다. 지금보다 더 아름답고 복된 '새 하늘과 새 땅'이 열리는 희망찬 마지막 때를 살고 있다. 그러므로 이 '막판'은, '파장'이 되기 전에 '마무리'와 대비를 철저히 잘 해야 할, 이른바 '유종의 미'를 거둬야 할 막판이다. 우리 주 하나님께 아름다운 많은 열매들로써 '결산보고'를 해야 하기 때문이다.

그런데 이 마무리작업은 성도와 그리스도교회 공동체가 반드시 치러야 할 '영적 전쟁'이기도 하다. 마땅히 정리하고 청산해야 할 것들을 척결하는 마무리작업, 그것은 '죄와 악을 징벌하고 파쇄하는 영적 전쟁'이다. 우리 주 하나님의 공의(公義)가 승리의 깃발로 드높이 세워져야 할 전투이다.

이와 관련하여, 청소년사역은 우선 비그리스도인 청소년을 포함하여, 주님의 품 안으로 돌아오지 못한 영혼들을 어둡고 사악한 세력들에게서 남김없이 빼앗아서 찾아와야 한다. 다시는 참람한 망동을 부리지 못하도록 진리로 적

---

[73] 여기에서 '그리스도(그리스도교, 교회)의 문화'란, 이 글의 첫 부분 '참고삼아 드리는 말씀' 3.에서와 같이, 그리스도의 문화(Christly culture), 그리스도교의 문화(culture of 그리스도인ity), 그리스도교회 공동체의 문화(culture of 그리스도인 community church)를 모두 일컫는 것이다.

그리스도를 궤멸시켜야 한다. 그리고 주님 앞에 서기 위하여 우리 모두는 자신을 성결하게 해야 한다. 이 전투에는 그리스도인 청소년도 참전해야 한다. 그리스도인 청소년은 그리스도의 좋은 병사들(딤후2:3)이기 때문이다. 청소년도 예외 없이 마지막 때에 심판주이신 하나님 앞에 서야하므로 교회가 청소년과 손잡고 함께 힘을 모아 이 영적전투에 참전하는 것이 마땅하다.

미래사회의 열쇠를 거머쥔 세대들이기에

열세 번째, 청소년의 주체적인 역할기능이 증대되고 있는 지구촌의 추세를 직시하면서, 그리스도교회 공동체가 미래사회의 열쇠를 거머쥔 청소년을 육성, 지원하는 것이 마땅하기 때문이다.

지금 지구촌은 청소년을 '발전과 평화를 위한 동반자', 또는 '발전의 주역'이자 평화와 번영을 위한 '인간자원'으로 여기고 청소년과 손잡으려는 적극적인 동향을 보이고 있다. 그래서 지구촌 다른 한쪽에서는 청소년들이 커다란 '변화의 물결'을 주체적, 자발적, 창조적으로 활발히 일으키고 있다. 그것도 정치, 경제, 사회, 문화 등의 전반적인 영역에 걸쳐서 어른들과 어깨를 나란히 하면서, 어엿한 '동반자'요 '주역'으로서 말이다.

이것은 어쩌면 하나님께서 '마지막 때'에 쓰시려고 일꾼으로 예비해두셨던 청소년들을, 하나님의 강한 손과 편 팔로 붙잡아 일으키셔서 역사의 대열에 투입하신 것이 아닐까 여겨지는 정황이기도 하다. 그러므로 그리스도교회 공동체가 '다음세대'를 떠맡게 될 청소년을 미래사회와 관련하여 이해하고 그들에게 미래사회를 열어 갈 열쇠를 쥐어주어서, 청소년 그들의 을 개발하게 하며, 그들로 하여금 주님 안에서, 아름답고 복된 미래를 꿈꾸고, 가꿔나갈 수 있도록 청소년을 일깨우고 지원하는 일에 힘쓰는 것은 마땅한 일이다.

2. 중요성, 필요성, 시급성 차원에서

당위성을 보장할 중요성, 필요성, 시급성

위에서 우리는 '청소년사역을 해야 할 이유'를 당위성 차원에서 살펴보았는데, 이 당위(성)은 역사적, 사회적인 제약을 받기도 한다. 가령 '남의 물건을 도둑질하면 안 된다'는 규범은 당위이지만, '임꺽정님'이나 '홍길동님'의 '도둑질'은 상황논리狀況論理에 따라 '괜찮은 짓' 또는 '잘하신 일'로 인정을 받기도 한다. '그 시대, 그 사회에서는 어쩔 수 없는 행위였다'고 말이다. 또 당위(성)을 실현하는 데에서도 그것은 방법적, 기술적인 영향을 받는다. 마땅히 해야 할 일이지만, 이를 실현하는 데에는 여러 가지 방법이나 기술이 동원될 수 있고, 더러는 이 방법이나 기술이 원활하게 지원되지 않을 수도 있기 때문이다.

이렇게 당위(성)은 실제상황 속에서 제약이나 영향을 받을 수 있다. 당위(성)이 현실성에 도전을 받는 셈이다. 따라서 당위(성)이 그 본래의 구실을 다 하려면 '중요성, 필요성, 시급성'이라는 현실적 상황요소들의 뒷받침이 요망된다. 즉 '그 당위성은 현실적으로 이만큼한 중요성을 지니며, 이러이러한 필요성도 있으며, 이 정도의 시급성도 지니고 있다'는 사역의 타당성을 이들로부터 뒷받침 받아야 한다. 그럴 때 당위성은 현실적 제약이나 영향을 덜 받게 되고 값어치를 다 할 수 있다.

이는 청소년사역에서도 마찬가지다. 하나님의 말씀인 성경에 기초한 사역의 당위성이 현실적인 상황논리의 도전을 받지 않으려면, 그리고 그 상황논리 앞에서 당위성이 퇴색되지 않으려면, 그래서 사역 그 자체가 좌초되지 않으려면, 청소년사역의 당위성은 중요성, 필요성, 시급성에 의하여 사역의 타당성을 뒷받침을 받아야 한다.

가. 그리스도교회 공동체 사역의 관점에서

'청소년을 향하신 하나님의 뜻 바로알기 사역'부터

열네 번째, '하나님의 작업장인 교회'가 '하나님의 일, 하나님(나라)의 일, 청소년사역'을 사역답게 전개하려면 먼저 '청소년을 향하신 하나님의 뜻'을 알기 위한 일, 즉 '하나님의 사람인 청소년 바로알기 사역'부터 시작해야 할 필요가 있기 때문이다.

사역의 시작은 사역대상에 대한 이해에서부터 출발한다. 사역대상에 대한 올바른 이해가 사역의 목적(목표)을 분명히 해주고 사역의 효과를 높여줄 수 있기 때문이기도 하지만, 그 보다 더 중요하고도 필요한 이유는 '사역대상을 향하신 하나님의 뜻'을 온전히 받들려는 데에 있기 때문이다. 그러니까 사역대상을 이해하는 일은 단순한 사전준비 정도의 수준에 머무는 것이 아니라 그 자체가 사역이다. 그러므로 교회나 사역자는 사역의 대상을 올바르고 정확히 이해하기 위해 먼저 힘써야 한다.

여기에서 '사역의 대상을 올바르고 정확히 이해'한다는 것은, '사역대상 그 자체'에 대한 이해는 물론이고 '사역대상을 향하신 하나님의 뜻'을 올바르고 정확히 이해하는 것을 말한다. 청소년사역도 마찬가지로, 그 사역대상인 '청소년'을 제대로 이해하는 작업과 함께 '청소년을 향하신 하나님의 뜻'을 파악하는 일에서부터 출발해, 온전히 받들어 섬기는 '참 사역'이 되기 때문이다.

청소년사역의 대상 중에는 그리스도인 청소년과 비그리스도인 청소년이 있다. 그러므로 사역을 사역답게 감당하려면 그 사역대상인 '모든 청소년'을 철저히 이해해야 하며, 성경적 관점에서 파악되는 '그리스도의 사람인 청소년'도 온전히 이해해야 한다. 이러한 이해는 단순한 탐색이나 앎에 그치는 정도가 아니라 '믿음'이 될 정도로 철저히 파악되어야 한다. 믿음이 될 정도라는 말은, 나를 투신하고 내맡길 수 있을 만큼 '신뢰감'을 가질 만하고, 하나의 '신념'처럼 각오가 새로워져서 '확신' 가운데 실행에 옮길 수 있을 정도의 그런 믿음을 말한다. 사역에는 이러한 '믿음'이 있어야 한다. 그렇지 않으면 사역이 사역다울 수 없게 되기 때문이다. 사역의 동기가 불확실하면 사역의 본질적 목적(목표)

이 흐려지기 쉽고, 사역의 방향이 잘못된 방향으로 나갈 수도 있으며 그 내용이나 방식이 수준이하로 떨어질 수도 있기 때문이다. 그래서 사역은 자칫 잘못하면 사역(성역)이 아닌 '인간의 수고'로 변질될 수도 있기 때문이다.

이렇게 사역의 대상인 청소년과, 청소년을 향하신 하나님의 뜻을 온전히 이해하는 것은, 청소년사역에서 최우선적으로 확보해야 할 과업의 하나라는 중요성과 필요성을 지닌다. 따라서 교회나 사역자가 청소년을 양육, 지도, 지원하려면 반드시 '청소년 바로 알기 사역'과 '청소년을 향하신 하나님의 뜻 바로 알기 사역'부터 착수해야 할 필요성과 시급성이 있음을 거듭 강조하지 않을 수 없다.

이와 함께, 청소년들도 사역에 주체적으로 참여하려면 하나님의 일꾼인 나 자신을 먼저 온전히 파악하기에 힘써야 한다. '나'를 향하신 아버지 하나님의 뜻이 무엇인가를 진지하게 여쭙는 그 '무릎으로의 탐색'이 청소년의 삶 속에 담겨야 한다. 이 '사역자인 나 바로알기 사역'은 그리스도인 청소년 모두에게서 시급히, 그리고 끊임없이 전개되어야 할 필요가 있음을 꼭 기억해야 한다.

사역의 새로운 '틀과 판'부터 짜야

열다섯 번째, 청소년사역이 '열심히 준비하여, 하나님께 온전히, 새롭게 드리는 예물'이 되게 하려면, 사역의 초기 단계인 '사역화를 위한 준비사역' 과정에서부터 '새로운 틀과 판'을 짜는 노력이 반드시 필요하기 때문에, 청소년사역은 늘 새롭게 전개되어야 한다.

청소년을 기르시고 일꾼으로 들어 쓰시는 이는 하나님이시다. 그들을 택하시고 그 부르신 청소년일꾼과 친히 함께 일하시고 이루시는 이도 우리 주 하나님 아버지이시다. 그러므로 교회나 사역자 그리고 사역에 참여하는 청소년은 오직 주님의 뜻을 따라 인내심을 가지고 '열심히' 주님께서 명령하신 사역에 전념해야 한다. 맡기신 일에 최선을 다 하는 것은 '사람 몫'이기 때문이다.

그런데 주 '하나님을 향한 열심'이나 '사역에 대한 열심(롬10:2)'은 곧 '하나님의 열심(왕하19:31)에 접속되는 매우 고귀하고도 거룩한 것이다. 주 하나님께서는 교회와 사역자의 이러한 '열심'을 '향내 나는 예물'로 여기시고 이를 기쁘게 받으신다. 그래서 아버지 하나님께서는 이러한 열심에 하나님의 손을 친히 펼치셔서 맞잡으시고, 이끄시고 도우시고, 마침내 '하나님의 열심'이 그 일을 이루신다. 그러므로 '열심'은 교회와 사역자에게 필수적인 모습이다. '열심'은 하나님과 그의 일꾼을 연합하게 하는 매체이기 때문이다.

교회와 사역자가 청소년사역을 사역답게 감당하기 위하여 열심을 다 하려면, 여기에는 여러 가지 해야 할 일들이 많다. 그 중에서도 특히 청소년사역을 준비하고 실행하며, 이를 분석, 평가하는 모든 과정(단계)을 합목적적이고, 합리적이며, 효과적으로 이를 조직화하고 체계화하는 데에 먼저 힘을 기울여야 할 필요성이 있다. 다시 말하면, 하나님의 목적에 부합되는 사역의 '새로운 틀과 판'부터 다시 짜야한다. 사역이 합리적, 효과적으로 전개되도록 조직화하고 체계화도 해야 한다. 그래서 세상의 경영논리를 훨씬 능가하는 보다 더 능률적이고 창조적인 사역이 추진되도록 교회와 사역자의 역량을 한데 모아야 한다.

여기에서 특히 강조하고자 하는 것은 사역 '초기'의 준비과정이다. 이 사역 초기의 '사역화를 위한 준비사역'과정이 특히 강조되는 이유는, 이 '준비사역'도 엄연히 하나님의 뜻을 받들어 섬기려는 사역, 즉 '예배행위로서의 사역' 그 자체이기 때문이다. 그것은 마치 구약시대의 제사가 하나님께서 '기쁘게 받으심이 되도록 아무 흠이 없는 온전한 것으로(레22:21)' 제물을 정성껏 준비했던 것과 같다. 그런데도 이 '사역화를 위한 준비사역' 과정이 소홀히 여겨짐으로, 청소년사역이 '열심히 준비하여, 하나님께 온전히, 새롭게 드리는 예물'이 되지 못하는 경우가 사역의 현장에서 더러 생기고 있다. 실제로 사역의 현장에서는 '사역의 기초를 확립하는 사역단계'인 이 '사역화를 위한 준비사역' 과정이 생략되어버리거나, 과거 경험에만 의존하여 이를 습관적으로 되풀이하거나, '일을 저질러놓고 보자'는 식으로 일부터 맹목적으로 벌여놓는 경향들이 자주 나타난다. 사역자들의 이러한 잘못된 태도와 행실들은 시급히 척결되어야 할 악습들이다. 이 '열심 없는 사역', 즉 게으른 사역, 구태의연한 사역, 맹목적인 사역 태도들은 결국 하나님께 대한 불순종이나 불경不敬과 마찬가지이기 때문이다.

그러므로 누구든지 '하나님의 일, 하나님나라의 일'을 그렇게 무모하게 준비성 없이 '해치우려' 하지 말아야 한다. 그것은 '두렵고 떨림으로' 섬기는 사역자의 모습도, 하나님의 열심에 맞닿을 만한 '열심'도 결코 아니다. 하나님께서 요구하시는 사역의 참 모습은 '열심히 준비하여 온전히 새롭게 드림'이라는 그 '예물다움'에 있다.

청소년이 직접 주체적으로 참여하는 사역의 경우에서도 이는 마찬가지다. 연소함이나 그 어떤 이유로도 하나님께서 부르시고 명하신 바를 받들어 섬기는 일에 '최선을 다 하지 않아도 될 핑계거리'란 있을 수도, 찾을 수도 없다. 사역에는 순종하고 봉사하고 충성하는 것 밖에 다른 아무런 최선책이 있을 수 없다. '청소년에 의한, 청소년의' 사역도 '연습'이 아니라 '실전'이기 때문이다. 그러므로 청소년사역은 이제 모든 사역의 첫 단계 즉 '사역화를 위한 준비사역' 단계에서부터 새로운 결단, 새로운 시각, 새로운 접근, 그리고 '새로운 틀과 판을 짜려는 새로운 도전'이 우리 속에서 전개되도록 시급히 그 태세를 갖출 필요가 있다.

'실패할 수 있는 용기'가 필요해

열여섯 번째, 청소년사역은 그 자체가 '창조적 실험' 요소가 강한 사역으로서, '실패할 수 있는 용기'를 가지고 그런 믿음으로 사역을 전개하는 것이 하나님께서 받으실 만한 신앙고백이요 예배가 될 것이기 때문에, 주저함이 없이 힘차게 전개될 필요가 있다.

청소년사역은 '창조적 실험' 요소가 강한 사역이다. 이 말은, 사역의 결과를 주님께 맡겨버리고 사역에 과감히 투신하는 것을 뜻한다. 사역은 주님 안에서 하나님의 자녀로서 또는 그리스도의 제자요 일꾼으로서 부르심을 받아 행하는 것이므로, 그 사역의 '결과여하'에 연연하지 않는 것이 옳다. 그렇게 하는 것이 성경적이다. 일단 최선을 다해서 '준비사역'을 다 마쳤으면, 그 결과는 오직 사역을 주관하시고 직접 행하시는 주님께 맡겨버리고, 오직 믿음으로, 무릎으로 과감히 사역에 투입하거나 투신해서 열심과 최선을 다하는 것뿐이다. 그것은 더러는 모험일 수도 있고, 인간적 시각에서 볼 때 '실패'할 수도 있다. 그러나 그럼에도 불구하고 주님 안에서 믿음으로 하나님의 일꾼답게 '실패할 수 있는 용기'를 가지고 사역에 투입(투신)하는 것은 매우 중요하고도 필요한 일이다. 그것은 맹목이 아니며 만용을 부리는 것도 아니다. 강한 믿음 위에서만 할 수 있는 '믿음의 선한 싸움(딤전6:11-12)'이며 진정한 용기이다. 하나님을 향한 믿음에서 비롯된 용기, 그것이 진정한 사역자의 용기이다.

이 믿음과 용기가 없으면, 결과나 실적에 얽매어, 정작 해야 할 행동마저 위축되고 만다. 결국 아무것도 실행하지 못하고 마는 경우도 얼마든지 있다. 불신앙과 나약함을 과감히 떨쳐버리는 것, 실패할 수도 있다는 용기를 지니는 것, 그것은 거꾸로 하나님을 향한 우리의 '신앙고백'이다. 하나님께서는 이 신앙고백을 기쁘게 받으신다. "나는 주님만 믿습니다. 오직 주님의 뜻대로 이루어지이다."라는 고백을 더 많이, 더 자주 하나님께 드리기 위해서라도 '창조적 실험요소'가 강한 청소년사역에 투신할 필요가 있다. 거기서 우리의 믿음은 장성함에 이르고, 하나님의 기뻐하심이 가득하게 될 것이다.

실제로 '청소년을 위한 사역'은 불확실한 미래를 향해 나아가는 모험과도 같다. 오직 말씀에 의지하여 청소년이라는 미지의 대상에게 '개발, 지원, 협력'을 아끼지 않고 투입(투자)한다는 것은 그 자체가 대단한 '창조적 실험'이다. 또 한편 청소년의 경우 청소년으로서 자신의 연소함을 무릅쓰고, 이런저런 장애요소를 무릅쓰고 사역에 투신(참여)한다는 것은 어쩌면 '때 이른 도전'일 수도 있기에, 이 또한 창조적 실험이 아닐 수 없다.

'실험은 실패의 가능성을 열어놓은 도전'이다. 이때의 실패는 곧 패망敗亡이 아니며, 좌절과 포기의 이유도 아니다. 오히려 실패는 재도전의 명분이요, 계기일 뿐이다. 이 도전과 재도전 없이 창조적 역사는 이루어지지 않는다. 사역은 이 실패의 가능성을 하나님께 맡겨버리고 시작하는 창조적 실험과도 같다. 그리고 위험요소나 실패의 가능성이 있음에도 불구하고, 오직 믿음으로 실패할 수 있는 용기를 가지고 사역에 투신(참여)하는 것은 '하나님께서 받으실 만한 예배' 그 자체이다. 그래서 이는 하나님께서 인정하시는 사역, 기뻐하시는 사역, 함께하시고 이루시는 '하나님중심의 사역'이 되는 것이다.

하나님께서 우리가 실패할 수 있는 가능성을 제하여 버리시고 친히 이루시면 우리는 감사할 수 있다. 만약 실패하도록 방임하시더라도 거기에는 더 깊은 뜻이 계실 것이므로, '그리 아니하실지라도'의 믿음(단3:18)으로 감사하면서 재도전할 수 있다. 그러므로 청소년사역은 모든 성도와 교회들과 청소년 자신들도 겁먹지 말고 주저하지도 말고, 오직 믿음으로 열심히 참여할 필요가 있는 사역이다.

만약에 이런 도전정신(믿음)이 없이 우리가 청소년사역을 전개한다면 그것은 매우 힘든 '강제노역'이 되고 말든지, 아니면 일상적으로 반복에 반복만을 거듭하는 지루하고 무미건조한 '단순노동'에 불과하게 될 것이다. 그러다가 어느 날 사악하고 어두운 세력들이 사역을 훼방하려들면 사역자와 사역은 함께 무너져버릴 것이다. 변동하는 세상, 변모하는 청소년을 향하여 실패할 수 있는 용기를 가지고 다가서야 할 청소년사역은 이런 의미에서도 시급히 그리고 반드시 한국 교회의 안팎에서 부활되어야 한다.

길 잃은 어린양을 찾아서

열일곱 번째, 교회가 잃어버린 청소년, 교회 밖에서 방황하는 청소년을 그리스도의 품으로 인도해야 하는 일이 필요하고 시급하기 때문에 청소년사역을 해야 한다.

청소년사역은 청소년이 있기 때문에 비롯된 사역이다. 그 청소년과 관련하여 하나님께서 뜻하신 바를 이루기 위하여 그리스도교회 공동체가 '청소년과 관련된 사역'을 하는 것이다. 교회와 사회와 가정에 청소년이 없다면 청소년사역이라는 말을 할 필요조차 없어진다. 그런데 실제로 교회에서 청소년이 감소하고 있는 추세가 우리의 현실이다. 이러한 현상은 '그러면 언젠가는 청소년사역이 없어지겠구먼.'하면서 강 건너 불 보듯 대수롭지 않게 여기고 태연자약할 일이 아니다. 교회청소년의 감소는 '하나님의 일꾼인 그리스도인 청소년'의 감소와도 맥락을 같이하기 때문이다. 그러므로 '교회청소년'의 감소는 '엄중한 현안懸案'으로 받아들여야 할 시급성이 있다. 수효의 많고 적음이라는 숫자놀음에서가 아니라, 교회가 '주님의 어린양'들을 잃고 있다는 위기의식 때문이다.

주님의 어린양을 잃어버린다는 것은 목자가 제 일을 제대로 감당하지 못한 것, 그래서 하나님의 뜻에 어긋나는 잘못되고 위태로운 상황이다. 여기에는 사회적 요인도 크게 작용하고 있다고 보인다. 청소년인구의 감소, 입시나 성적 위주의 교육적 상황, 퇴폐한 사회적 문화적 유혹 등이 그것이다. 그러나 전반적인 교회청소년 감소추세에도 불구하고 다른 한쪽에서는 양적으로도 성장을 거듭하고 있는 교회가 있다. 그것은 우리들에게 시사해주는 바가 크다. 이유가 어디에 있든지 간에 '교회가 청소년을 잃고 있다'면, 청소년이 교회를 등지고 세상으로 나가고 있다면, 이것은 이만저만 심각한 사태가 아니다. 시급히 대처해야 할 필요가 있는 위기상황이다. 교회의 울타리 안에 남아있는 청소년을 잘 보양保養하는 것은 그러므로 매우 중요하다. 이를 위해서 더 적극적인 정책적 배려와 개선노력이 필요하다.

이에 못지않게 시급하고 중요한 일은 '교회가 잃어버린 주님의 어린양'들을 찾아 예수님처럼 교회 밖으로 나서는 것이다. 그리고 그들뿐만 아니라 교회에 들어와 본 경험조차도 없이 교회 밖에서 방황하는 또 다른 청소년들도 그리스도의 품으로 인도해 와야 한다. 특히 '교회가 잃어버린 주님의 어린양'을 다시 우리 안에 모아놓도록 눈물과 기도와 땀을 흘려야 한다. 그리스도인 청소년들도 '잃어버린 친구 찾기 사역'에 함께 뛰어들어야 한다. 한번 교회를 벗어난 청소년이 다시 교회에 돌아오기란 결코 쉬운 일이 아니기 때문이다. 바로 이 '잃은 양 찾기 사역'의 일환으로 청소년사역은 시급히 펼쳐져야 한다.

그리고 이를 위해서는 근본적으로 교회가 양들을 잃어버리는 사례가 발생하지 않도록, '교회다운 기능'을 온전히 회복하고 수행하기 위해서 힘써야 한다. 지금은 다각적이고 철저한 자기 성찰과 적극적인 개선 노력을 펼쳐나가야 할 그런 시급성과 필요성이 너무나 절실한 때임을 기억해야 할 것이다.

그리스도교회 공동체의 인간자원개발을 위하여

열여덟 번째, 청소년이 '하나님의 일꾼'이요 '그리스도 사역의 계승자'가 될 수 있도록, 그들을 그리스도교회 공동체의 인간자원으로 양성하고 충원하는 일은 매우 중요하고도 필요한 사역이기 때문에, 청소년사역은 전개되어야 한다.

청소년은 '오늘의 일꾼이며, 또 내일의 일꾼'이라는 점에서 교회와 사회의 매우 중요한 인간자원 또는 인간자본들이다. 특히 교회는 '그리스도의 사역'의 동역자요 계승자로서, 그의 기본적 역할기능을 지속적으로 실행하고, 발전시켜야 할 의무가 있다. 그렇기 때문에 그리스도 주 예수님께서 당부하신 사역, '하나님사랑, 이웃사랑, 교회사랑, 영혼사랑, 일꾼사랑'을 온전히 수행하기 위해서는 '하나님의 일꾼', 곧 '그리스도의 제자'를 지속적으로 양성하고 충원할 중요성과 필요성이 있다.

이를 위해서는 일반성도들은 물론 하나님께서 일꾼으로 삼으신 청소년 개개인 속에서도 이미 부여해주신 잠재력(능력)을 시급히 개발해야 할 필요가 있다. 특히 사역자에게는 창의력, 즉 '자발성'과 '적극성'과 '창조성'을 발휘할 것이 요망된다. 그런데 이 창의력은 하나님께서 사람을 일꾼으로 쓰시기 위하여 창조하실 때부터 이미 사람에게 불어넣으신 인간 고유의 특성이다. 그러므로 하나님나라의 창조사역에 부르심을 받아 참여하며 섬기는 사람들은 누구나 하나님께서 주신 이 인간적 특성(창의력)을 잠재된 상태에서부터 끌어내어서 사역추진의 에너지로 활성화시킬 필요가 있다. 이것은 사역에서 매우 중요한 인간자원개발 과정이다.

그런데 청소년사역의 경우 청소년은 사역의 대상(객체)이기도 하고 사역의 어엿한 주체(사역자)이기도 하다. 따라서 사역의 대상(객체)이 되는 청소년을 사역의 주체(사역자)로 개발하고develop 이를 지원하는support 사역이 교회에 필요하다. 이와 함께 사역의 주체(사역자)가 되는 청소년들이 사역자답게 일할 수 있도록 청소년의 참여기회를 보장하고, '청소년과 협력하는 사역모형'에 교회가 새로운 관심과 노력을 기울여야 할 때이다. 이러한 사역 없이는 대를 이어 주님 오실 때까지 교회의 본분을 다 수행할 수도 없고, 아울러서 '사역의 영속성'도 확보될 수 없기 때문에, 교회의 존립조차도 유지할 수 없게 되는 것이다.

적어도 이러한 '개발사역'에 포함되지 못한 청소년은 일꾼으로 하나님 앞에 서지 못한 채로 성인이 되고 만다. 성인이 되도록 '나'를 세우지 못한 사람이 교회에 얼마나 남아있게 될 것이며, 또 그런 사람이 교회에 남아서 무슨 역할 기능을 담당하게 될 것인지를 깊이 생각해보아야 한다. 지금은 눈앞에 보이는 성도들이나 바라보면서 자만에 빠지거나 방심할 때가 결코 아니다. 지금 교회는 생존이 걸려있는 영적 전투 중이다. 만약에 전투 중이 아니라면, 교회가 '누구'하고 언제부터 휴전休戰이라도 한 것인가. 이 시급히 힘써야 할 과제를 수행하기 위하여 그리스도교회 공동체의 인간자원(자본)을 개발하기 위한 청소년사역과 그리스도인 청소년이 자신의 사역능력을 개발하려는 자발적 노력이, 동시에 시급히 전개될 필요가 있다.

'교육, 선교, 봉사'사역을 통하여

열아홉 번째, 청소년 교육사역, 청소년 선교사역, 청소년 봉사사역 등을 통하여 하나님의 뜻을 이루시는 한편, 청소년의 '사역참여를 통한 인간자원개발'이라는 성과도 동시에 달성할 수 있는 사역이 필요하기 때문에, 청소년사역은 더욱 활발히 전개되어야 한다.

청소년을 향한 그리스도교회 공동체의 노력 중에는 하나님의 사랑과 그리스도의 복음과 성령님의 역사하심을 전하고 가르쳐서 그리스도교의 진리를 '학습'하게 하는 일(교육과정)과, 이 진리 안에서 주님을 영접하기로 결단(결신)한 청소년에게 그가 결신한 때부터 그리스도인다운 삶을 살아 갈 수 있도록 '지도'하는 일(신앙생활지도)도 포함된다. 이 교육과정과 생활지도과정을 통하여 그는 그리스도의 품성을 닮아 마침내 '하나님의 자녀다움', '그리스도의 제자요 일꾼다움', '성령님께 이끌리는 하나님의 사람다움'을 이루게 된다. 이것은 교회의 핵심적인 사역으로서 매우 중요한 의미와 비중을 차지한다.

이 교육과 지도를 통틀어 '교육사역'이라고 말할 수 있는데, '청소년교육사역'도 이 테두리 안에서 교회 안팎의 어린이나 청소년을 향해서 실행되고 있다. 그런 의미에서 교육사역은 '세상을 향한 교육'이기도 하고, 그 교육기간으로 보면 일종의 '평생교육'사역이기도 하다. 그것은 '모든 청소년의 그리스도인화'에 그 목적이 있다. '모든 청소년'이 아버지 하나님의 품으로 돌아와 하나님의 자녀, 그리스도의 사람으로 다시 태어나게 되는 것이 최우선적인 목표이므로 이 일은 매우 중요하고도 필요한 사역이다. 이를 위해서는, 우선 '모든 청소년'을 그리스도인 청소년이 되게 하려는 '청소년 선교사역'이 필요하며, 동시에 이미 교회 안에 들어와서 신앙생활을 하고 있는 그리스도인 청소년을 '일꾼(사역자)화'하기 위한 '제자화 사역'도 필요하다. (여기에서 그리스도교회 공동체의 '청소년 교육사역'과 '청소년 선교사역'의 근거를 발견하게 된다.)

그 다음단계로는 일꾼(사역자)으로 양육(개발)된 청소년이 사역현장에 투신하여, 청소년에 의한 참여활동 등을 전개할 것이 요망된다. 이 참여는 주로 '받들어 섬김'을 몸(행동)으로 드러내는 '봉사사역' 형태가 적절할 듯하다. 왜냐하면 청소년의 참여가 발전되어가는 단계를 감안해 볼 때, '참여의 초기단계'에 해당하는 청소년에게는 봉사사역 형태가 그 수준에 적절할 것으로 보이기 때문이다. 그렇다고 해서 꼭 봉사사역 형태만을 고집해야 할 어떤 이유가 있는 것은 아니다. 이 봉사사역을 통하여 한편으로는 하나님의 뜻을 이루게 되며, 이와 함께 '사역을 통한 사역자의 양성', 즉 하나님 나라의 확장에 기여(참여)할 청소년인간자원을 사역을 통하여 개발하는, 이른바 '행동을 통한 학습 learning by doing'이라는 일석이조의 효과까지도 얻게 된다. (여기에서 그리스도교회 공동체의 '청소년 봉사사역'의 근거를 발견하게 된다)

이와 같이 청소년사역에는 '청소년 선교사역, 청소년 교육사역, 청소년 봉사(참여)사역'이라는 '청소년사역의 새 지평'이 열려있다. 따라서 지금은 이 '청소년사역의 새 지평'을 향하여 나아갈 때이다.

그런데 '하나님의 일, 하나님나라의 일인 사역'은 그리스도와 함께 전개하는 영적 전쟁이다. 그리스도의 승리와 하나님나라의 완성을 위한 싸움에는 이루 말로 다 표현할 수 없을 만큼 엄청난 고난과, 시련과, 손실과, 심지어는 자기희생이 따른다. 다음세대들이 사역의 유능한 계승자가 되어 영적 전투에 참여할 수 있게 되려면, 그들은 '오늘, 여기'에서부터 사역자로 세워져야 한다. 어느 훗날, 필요한 시기에 갑자기 사역자를 세워서 뒤를 잇게 하면 되는 것이 아니다. 사역의 계승자들이 '그리스도의 형상을 이루기까지' 그들을 양성하려면 거기에는 오랜 기간과 많은 훈련을 필요로 하는 것이므로, '계승자 세우기'는 미리미리 착수되어야 할 시급성이 있다. 따라서 사역을 이어갈 다음세대는 오늘 교회가 추진하고 있는 '실제사역' 속에 투입되고 있어야 한다. '교육, 선교, 봉사사역'에 '청소년이 사역자로' 투입되어야 할 필요성과 중요성이 여기에 있다. 이 과정을 통하여 청소년들이 사역자의 기량을 '경험적으로 또한 실천적으로 확보'할 것이 요망되기 때문에, 교회와 사회의 '내일'도 걸머져야 할 '다음세대의 사역자인 청소년'은, 그러므로 '오늘, 여기의 사역자'로서 성장하고 있어야 할 필요가 있다.

'개입, 개발, 지원, 참여, 협력'사역의 조화 속에서

스무 번째, 하나님의 뜻을 받들어 섬기는 청소년사역은 사역의 모든 단계와

과정들이 원만하고 온전히 전개될 수 있도록 하기 위하여, '개입, 개발, 지원, 참여, 협력' 등의 사역방식들을 필요로 하기 때문에, 체계적이고 다각적으로 전개되어야 한다.

청소년사역은 그 전개과정에 따라, 또는 사역 목표에 따라 각각 그 단계나 수준에 걸맞은 '사역방식'을 투입해야 효과적이다. 그것은 마치 사역의 초기단계에서 사역대상에 '접근'할 때는 '개입사역' 방식이, 청소년을 하나님의 일꾼으로 '양성'하는 단계에서는 '교육사역' 또는 '개발사역' 방식이, 청소년을 사역현장에 '투입'하여 '사역을 통한 일꾼 양성'을 추진하기 위해서는 '지원사역'이, 양성(교육, 훈련)된 청소년일꾼이 현장에 '참여'할 때는 '참여사역'이, 사역에 투신한 역량(사람 또는 기능)들이 현장에서 그 '기능'을 발휘하고 있을 때는 '협력사역' 등이 필요한 것과 같다.

이 다양한 사역방식들이 한 틀 속의 톱니바퀴들처럼 체계적으로 맞물려 작동되는 것이 청소년사역의 바람직한 모습이다. 청소년사역에서는 이러한 모습, '개입, 개발, 지원, 참여, 협력' 등의 사역방식들이 '청소년을 위한 사역'이나 '청소년과 함께하는 사역', 그리고 '청소년의, 청소년에 의한 사역' 등의 모든 영역에서 단계적이고 체계적으로 서로 합력하여 사역의 효과를 높일 필요가 있다.

개입사역: 실제로 청소년들에게는 그들의 고충과 욕구를 포함하여 수많은 '문제들'이 쌓여있다. 그래서 '문제'가 너무 급해서 '사역'은 뒷전에 두고 우선 '청소년문제'의 해결을 위한 작업에 먼저 투신해야 하는 경우도 없지 않다. 그러나 그것을 문제시할 필요는 전혀 없다. 그것 자체가 매우 중요한 '사역'이기 때문이다. '개입사역介入使役', 즉 청소년과의 만남 또는 청소년의 삶의 현장에 투입하는 것, 그리고 고충과 장해요인의 처리, 상담과 치유 등이 바로 '청소년을 위한 사역'의 모습이기도 하기 때문이다.

개발사역: 그런 다음에 청소년을 교회와 사회의 인간자원으로 개발하기 위한 '개발사역開發使役(교육사역)'이 전개된다.

지원사역: 그와 함께, 청소년의 다양한 활동을 지원하고, 청소년의 인권과

복지를 신장하며, 청소년의 학업과 자기개발을 촉진하기 위한 장학獎學 지원 등에 힘써야 할 '지원사역支援使役'이 병행되어야 한다.

　참여사역: 이러한 '청소년을 위한 사역for youth'과 병행하여(또는 그 다음 단계로) 전개되는 '청소년과 함께하는 사역with youth'이나 '청소년의, 청소년에 의한 사역by & of youth'은 보다 적극적으로 청소년이 '참여'하는 사역이다. 이 '참여사역參與使役'은 청소년이 사역의 '새로운 주체(사역자)'로서 성인사역자와 함께(또는 청소년들이 스스로) '사역'에 자발적이며 주체적이고 창의적으로 참여하는 것이다.

　이 단계는 사역에서 매우 중요한 의미와 가치를 지닌다. 그러므로 이 '참여사역'을 향한 교회의 각별한 관심과 지원과, 그리고 그에 따른 정책적 배려가 절실히 필요하게 된다.

　협력사역: 이런 모든 과정에서 필요한 것이 바로 그리스도교회 공동체의 모든 역량과 기능들의 연대와 협력이다. 물론 여기에는 그리스도인 청소년들 나름대로의 연대와 결속과 협력도 주님 안에서 이루어질 필요가 있다. 이것이 '협력사역協力使役' 방식이다.

　위에서와 같이, 청소년사역은 교회와 성인사역자의 개입, 개발과 지원, 청소년의 참여, 그리고 모든 역량과 기능들의 협력을 필요로 한다. 거꾸로 표현하면, 이런 모든 사역방식들이 총동원되어야 청소년이 제자리에, 제 모습으로 서게 되는 길이 열린다. 그러므로 교회가 장기적이고 거시적인 안목으로 청소년 개발과 지원과 협력에 힘써야 하며, 특히 이를 위한 '정책적 배려'를 아끼지 말아야 한다. 청소년사역은 교회가 '때를 따라 양식을 나눠주는 충성되고 지혜 있는 종(마24:45)'의 역할기능을 다할 필요와 의무가 있는 성역이기 때문이다.

나. 인간적 관점에서

청소년을 보는 시각부터 바뀌어야

스물한 번째, 청소년은 하나님께서 그 양육을 부모, 가정, 교회에 위탁하신 '하나님의 소유'이므로, 어렵고 위태로운 상황 속에서 살고 있는 청소년을 향한 사역이 시급히 전개될 필요가 있다.

청소년(자녀)은 부모의 기쁨(잠23:24)이요 가정의 귀한 보배이며, 교회와 민족의 기둥이 될 재목材木들이다. 그래서 부모와 가정, 교회와 사회는 청소년을 아끼고 사랑하며, 깊은 관심과 배려 속에서 그들을 양육한다.

그러다보니 어느덧 청소년을 '자신의 것(소유)'으로 여기게 되는 착각에 빠지기도 한다. 그러나 청소년은 우리 주 하나님의 예정하심과 섭리하심에 따라 부모와 가정, 교회와 사회에 '맡겨진' 은총의 선물이며, 하나님의 목적이 담겨 있는 선물이다. 그러므로 선물로 우리에게 주셨지만 우리가 맘대로 소유권을 행사할 수 있는 것이 아니라, 청지기의 마음으로 하나님의 목적하신 바에 따라 소중하게 양육하도록 맡기신 선물이다. 우리는 오직 그 맡겨주신 선물을 양육할 수 있는 기회(은총)를 입은 자들에 불과하다. 그러므로 내 자식, 네 자식, 우리 청소년, 남의 청소년이 따로 있지 않다. '하나님께서 우리에게 양육하도록 맡기신 자녀(청소년)들'이 있을 뿐이다.

하나님의 은총으로 아브라함과 사라가 퍽 어렵사리 자녀를 갖게 되었다. 그 '기쁨'의 아들 '이삭'은 그러나 그들의 소유가 아니었다. 하나님께서 제물로 바치라시면 드릴 수밖에 없는 하나님의 소유였다(창15:1-22:19장). 이처럼 우리의 청소년 개개인에게는 하나님의 목적하심(창17:19)이 따로 있으시므로, 청소년양육은 주님께서 우리에게 위탁하신 거룩한 임무이다. 우리가 선택한 내 소유물이 아니라 책임지고 양육해야 할 사역대상들이다.

그런데 그 청소년들이 현대사회 변동의 소용돌이 속에서 여러 가지 힘들고 어려운 상황을 경험하면서 살고 있다. 위기 속에서 살고 있다고 해도 결코 지나친 표현이 아니다. 정녕 그것은 기우나 조바심에서 하는 말이 아니라, '지금 곧 생명줄을 던져야 할(찬500/258장) 절박한 위기' 속에 우리의 청소년이 살고 있다. 그런 청소년을 향하여 "너희들은 내일이 있으니까, 그냥 참고 살아라."라고 말할 때가 아니다. 이 삶의 현장 속에서 나타나는 청소년의 실체와 현상을 제대로 똑똑히 바라보는 것이 중요하다. 그 어떤 영역의 사역 이전에, 하나님께서 교회에 맡기신 위기 속의 청소년을 인간적 관점에서 바라보는 '시각'부터 먼저 확보하려는 사역의 전개가 절실히 요망된다.

청소년이 문제로 느끼는 정황들 속에서

스물두 번째, 청소년기 특유의 고충을 겪고 있는 청소년들에게 다가가서 그들과 함께하며 격려하고 돕는 일이 시급히 요망되기 때문에 청소년사역이 앞에 나서야 한다.

청소년사역과 관련하여 청소년을 만난다는 것은 주님 안에서 청소년의 삶에 개입하는 것과도 같다. 그것은 누군가의 삶에 끼어드는 것이므로 매우 조심스럽고, 섬세해야 한다. 더군다나 '사역'과 관련하여 청소년을 만나는 일은, 그들의 삶뿐만 아니라 청소년의 영혼을 만나는 일이므로 매우 중요하고 진지한 것이다. 더욱이 '힘들어, 짜증나, 참견 마!'를 입버릇처럼 내뱉는 우리의 청소년들에게 접근하여 그들이 절박한 문제로 느끼고 있는 정황들을 청소년과 함께 풀어나가려는 '만남'이나 '개입'은, '생명을 건지는 만남'과도 같은 중요성과 시급성을 지닌다.

위기의 상황에 놓여있지는 않다고 하더라도, 청소년기는 그 자체가 힘든 과도기이다. 의존적인 아동기를 벗어나서 '홀로서기'와 '제구실하기'의 성인기를 향해가는 그 사이의 어정쩡한 상태는, 그것만으로도 과도기적 혼란과, 갈등과, 불안과, 불만이 가득한 시기이기이다. 그런가 하면 청소년은 자신에게 주어진 개인적, 사회적 본분本分을 다 하려고 힘이 겹도록 많은 노력을 하고 있다. 이렇게 청소년은 이중고二重苦를 겪고 있는 것이다.

이 청소년들이 '심리적 이유기'를 원만하게 앞당겨 마무리하고 사회가 요구하는 자신의 역할기능을 감당할 수 있도록, 그 힘을 배양하는 일에 청소년사역이 다가서야 한다. 주변인, 역할유예 등으로 아파하는 그들을 품어주고 격려해야 한다. 이것은 매우 중요하고도 시급한 청소년사역의 주제이다.

그런데 청소년은 그들을 에워싸고 있는 '환경'으로부터 많은 제약과 유혹을 받는다. 그래서 청소년 스스로가 문제로 느끼는 정황들이 따로 존재하게 된다. 어른들은 이렇게 청소년이 느끼는 고충을 대수롭지 않게 여기고 그들의 걱정을 쓸데없는 것으로 여기기 쉽다. 그러나 청소년에게는 잠을 이루지 못하는 고충이며, 생명을 건 절절한 고민일 수도 있다. 그래서 더러는 욕구불만, 욕구좌절감으로 가득한 삶을 산다. 그렇게 안으로 안으로만 접히고 눌리고 쌓였던 감정의 응어리가 어느 날 마치 활화산처럼, 울부짖는 맹수처럼 걷잡을 수 없는 모습으로 폭발한다. 일을 저지른다. 그러면 어른들은 '또 청소년이!' 하면서 혀를 차며 손가락질한다. 또 더러는 스스로 문제해결의 희망이 완전히 차단되었다고 판단될 때 그들은 옥상에서 뛰어내린다. 그것은 호기로운 '자유낙하비행'이 아니다. 미련 없이 '절망적인 지구에서 뛰어내려버리는 것'이다. 그래서 한국은 '자살 세계 1위'라는 정상에 우뚝 선다.

우리는 청소년의 '불안의 몸짓, 거부의 몸짓, 창조의 몸짓'들에 대해서 깊은 이해와 동정과 관심을 가져야 한다. '청소년을 돕는 사역'이 필요하다. 시급히 현장으로 달려가 그들을 도와야 한다. 그런 사역이 교회들에서 일어나야 한다. 하나님께서 우리에게 맡기신 생명들이 지금, 많은 문제를 몸소 느끼며, 고통스러워하고 있기 때문이다.

청소년이 빚어내는 골칫거리들과 함께

스물세 번째, 교회가 자책과 회개하는 마음으로 청소년들의 아픔의 현장으로 달려가서 청소년이 빚어내는 사회적 골칫거리들을 시급히 해결해야 할 때이므로, 청소년사역은 시급히 전개되어야 한다.

청소년들이 보여주는 그 한심한 행동과 안타까운 소행(겔14:23)은 여기에서 나열하기조차 힘들 정도로 다양하고 심각하다. 다 잘 아는 일이기 때문에 여기에서는 '우리의 부끄러움'을 다 드러내지 않으려고 한다. 그런데 이것이 왜

'우리의 부끄러움'인가. 그들은 바로 우리들의 청소년이기 때문이다. 누구누구 할 것 없이 바로 우리가 하나님으로부터 청소년양육을 위탁받았기 때문이다. 우리(어른/가정/학교/사회/교회)가 잘 '가르쳐 지키게'(마28:20) 했으면, '부지런히 가르치며 강론'(신6:7)했으면 이토록 부끄럽지 않아도 되었을 것이기 때문이다.

청소년이 가정과 학교, 교회와 사회 속에서 일으키는 골칫거리의 배후에는 청소년으로 하여금 문제를 일으키도록 충동하는 사회적 환경(사람과 상황)이 있다. 그래서 청소년이 그 영향을 받아 문제를 일으킨다. 그러므로 청소년에게만 그 책임을 묻거나 그들 탓으로 돌려버리면 안 된다. 청소년이 문제의 중심에서 '가해자'로 낙인찍히지 않아야 한다. 청소년은 오히려 '피해자'임이 선언되어야 한다. 혼탁한 사회와 환경을 정죄하고, 질타하고, 척결해야 한다.

그와 함께 우리의 청소년을 이토록 골칫거리로 만들어놓은 환경 앞에서 아무런 역할도 하지 못한 '무기력한 우리'를 부끄러워해야 한다. 경우에 따라서는 우리가 우리 자신을 공동정범共同正犯이나 종범從犯까지는 아니더라도 방조자나 방관자로 고발[74]해야 할 노릇이다. 비록 우리가 청소년을 직접 망쳐놓지는 않았다고 항변할 수 있을는지는 몰라도, 바로 '오늘, 여기' 우리 눈앞에서 우리의 청소년들이 저토록 무참히 다치고 상하고 망가지는데도 그저 바라만 보고 있(었)다면, 어찌 그것이 '우리(그리스도인)의 책임'과 무관하겠는가. 혹시 그것이 우리의 게으름이나, 무지나, 방심이나, 무관심의 결과라면 채찍을 우리들에게로 돌려야 마땅하지 않는가. 응당 온몸으로 청소년의 위기를 막아야 할 우리가 할 바를 다하지 않고 방관하고 있었다면, 이 상황을 부채질(방조)한 것과 무슨 차이가 있겠는가. 도대체 우리들 그리스도인은 '오늘, 여기, 청소년' 앞에서 누구이어야 하는가.

---

[74] '공동정범'은 두 사람이상이 공동으로 그들의 의사에 따라 범죄를 실제로 저지른 경우, 그 행위자 즉 정범(正犯)을 말하고(형법 제30조), '종범'은 그 공범(공동정범)자 중에서 실질적 역할이 비교적 적은 자를 말하고, '방조자'는 범죄에 직접 가담하지는 않았더라도 이를 부추긴 교사자나 선동자(an abettor, accessories to a crime)를 말하고, '방관자'는 어떤 일에 직접 나서지는 않(았)고, 남의 일 바라보듯 곁에서 지켜보는(본) 사람을 말한다.

우리에게는 '내 큰 탓이로소이다'하는 철저한 자책과 회개가 있어야 한다. 울며, 청소년의 그 아픔의 현장으로 달려가야 한다. 진정한 참회는, 바로 이러한 '아픔의 현장으로 달려가는 사역에의 결단과 실천'에서부터 이루어져야 할 것 아닌가.

치유와 회복을 위하여

스물네 번째, 위기상황으로부터 청소년을 건져내어, 상처받은 그들을 치유하고 회복시켜서 하나님의 일꾼으로 세워야 할 것이기 때문에, 청소년사역을 해야 한다.

우리는 청소년의 아픔의 현장으로 달려가서 그들을 감싸 안아야 한다. 지금은 '어쩌다가 이 모양 이 꼴이 되었느냐'고 따져 물을 때가 아니다. '하나님도, 교회도 알지 못하고, 제 마음대로 세상을 떠돌던 아이들이니 이 모양이 당연하다'는 듯이 손가락질만 하고 지나쳐버릴 일이 아니다. '아이들 좀 잘 챙겨라'라고 부모나 교사들에게 훈계의 말씀만 하고 돌아설 일도 아니다. 강도만난 사람(눅10:30-36)같은 이 처참한 모습의 청소년에게 당장 필요한 것은 응급처치 사역이요, 치유와 회복을 위한 '위기개입 사역'이다.

이 청소년이 바로 나에게 맡기신 '하나님의 선물'이며, 내 자식, 우리들의 청소년이다. 누구에게 떠맡길 일이 아니라 '가서 너도 이와 같이 하라(눅10:37)'는 주님의 말씀을 우리가 그들을 위하여 실행해야 한다. 강도 만난 사람의 아픔을 보듬어 안고 치유하는, 저 '선한 사마리아 사람'의 위기개입사역을 우리가 실행해야 한다. 그것은 하나님께로부터 받은 의무를 이행하는 것이므로, 주저하거나 지체하지 말아야 한다. 그리고 잘 치유해서 회복시켜 놓고 보면, 그는 하늘의 별처럼 영롱하고 보석보다 더 값진 '우리의 청소년일꾼'으로 교회 앞에 우뚝 서는 모습을 보게 될 것이다.

이 사역이 그리스도교회 공동체에서 일어나지 않는다면 그것은 이상한 일이다. 무엇인가가 잘못된 것이다. 성도나 교회가 행동하지 못할 만한 무슨 큰 병에 걸린 것이다. 교회가 청소년의 위기와 아픔을 외면하지 않고 그들을 찾아가서 만나고, 그들의 고충을 해결하기 위하여 개입과 상담, 치유와 회복을 위한 사역을 전개하는 것은 당연하고도 필요하며 시급히 뛰어들어야 할 과업이다.

그런데 '위기개입 사역'은 간단한 응급처치만으로는 부족하다. 여기에는 철저한 예방작업과 문제의 현장을 찾아내고 그 속에서 청소년을 꺼내는 적극적인 구출작업이 필요하다. '잃어버린 자를 찾아 구원하러 오신(눅19:10) 우리 주님의 그 적극적인 사역을 본받아 행해야 한다. 그들에 대한 응급처치는 물론이고, 위기의 현장으로부터 안전지대로 옮겨놓는 작업도 필요하다. 그리고 제대로 된 진단과 상담도 필요하다. 그러면서 한편으로는 청소년을 치유하여 회복시키고, 다른 한편에서는 재발방지를 위해서 위해한 환경(사람과 상황)을 순화하고 척결하는 일에도 힘써야 한다. 그래서 하나님께서 우리에게 맡기신 청소년을 '하나님의 자녀요, 일꾼'으로 회복시켜야 한다. 이제는 거꾸로 그 '아픔의 현장으로 달려가는 그리스도의 사람'으로 우리의 청소년을 변모시켜놓아야 한다.

청소년의 인간화를 위하여

스물다섯 번째, 자아형성이나 인간화의 결정적 시기에 놓인 청소년들이 '참 사람다움', '그리스도의 사람다움', 그래서 본래의 모습을 형성할 수 있도록 교회가 이들을 도와야 할 것이기 때문에 청소년사역은 전개될 필요가 있다.

청소년기는 인간화의 결정적 시기이다. 이 인간화 과제는 일반적인 표현으로 '사람이 사람과 함께 살면서 사람다워짐', 즉 사람이 사람들과 함께 더불어 살면서 인간성과 인간애를 지니게 되고, 이성과 양심에 따라 사는 그런 '참 사람다움'을 함양하게 되는 것을 말한다. 사람이 그리스도교회 공동체 안에서 성장하면서 '그리스도의 사람다움'을 지니게 되는 것과 맥락을 같이한다. 그러므로 보다 더 본질적이고 궁극적인 의미에서 인간화는 사람이 '하나님의 형상과 모양'을 닮은 그 본래의 모습을 '나'안에 '형성'하거나 또는 그것을 '회복'하는 것을 말한다. 그러므로 인간화라는 이 목표는 인류보편적인 과제이다. 특히 '인간성 말살' 또는 '비인간화 추세' 속에서 살고 있는 우리들에게는 매우 중요하고 필요하며 시급한 인간적 과제이다.

그런데 사람은 대체로 십대 후반에서 20대 초반에 이르면 어느 정도 고정적인 틀을 가진 자아를 형성하게 된다고 한다. 그러니까 그 이전부터 자아는 형성되고 있었을 것이고, 바로 이런 시기 모두가 청소년기에 해당하는 것이므로, 청소년기는 자아형성이나 인간화의 결정적 시기라고 말하는 것이다. 이 자아형성 과정이나 인간화과정에서 청소년들이 만나는 '사람'이나 '환경'과의 관계가 매우 중요한 관심사로 등장한다. 청소년기에 만나는 사람들이 누구이며 사회적 환경이 어떤 것이냐에 따라 그의 동기나, 욕구와 가치관이나 그의 태도가 달라질 것이기 때문이다. 그리고 그 결과로서 형성된 '그의 그 됨'의 내용도 그 수준도 달라질 것이기 때문이다. 따라서 하나님께서 맡기신 청소년이 참사람다움, 그리스도의 사람다움, 그래서 하나님의 형상과 모양을 닮은 본래의 모습을 형성(회복)하게 하려는 청소년사역은 절실히 그리고 시급히 요망된다. 이 시기에 자칫 잘못되면 '전혀 다른 사람'을 형성하게 될 수도 있기 때문이다. 그러므로 인간형성 또는 인간회복의 '유일한 기준이시며 희망인 그리스도'의 그 '몸 된 교회'가 이 사역에 투신할 필요성이 더욱 강조되는 것이다.

청소년의 인권과 복지를 위하여

스물여섯 번째, 하나님께서 맡기신 청소년들이 여기 오늘을 인간답게, 청소년답게 살 수 있도록 삶의 현장에서 유린당하고 있는 그들의 인권과 복지를 개선하고 보장하는 일에 교회가 나서야 할 때이기 때문에 청소년사역은 전개되어야 한다.

인간적인 관점에서 볼 때, '사람이 사람답게, 여기 오늘을 살 수 있어야' 한다는 것은 그의 사회적 능력이나 책임이나 유용성을 따지기 이전의 기본적인 명제이다. 이는 하나님께서 뜻하신 바요, 우리에게 당부하신 바요, 친히 개입하시는 사안이다. 그래서 우리는 이것을 기본적 인권이라 부르며 인류의 보편적 과제(목표)로 삼는다.

마찬가지로 하나님께서 우리에게 맡기신 청소년 개개인의 역량을 개발하고 그들의 삶을 지원함으로써 청소년들이 자신의 능력을 최대한 발휘하여 교회와 이웃과 사회에 기여하는 한편, 한 인간으로서 그의 삶을 사람답게 살아갈 수 있게 하는 일은 이제 우리들 모두의 진지하고도 시급한 과제로 등장해 있다. 청소년들이 인간답게, 청소년답게 여기 오늘을 산다는 것은 매우 중요한 일이다. 그리고 그렇게 개인적인 삶을 누릴 뿐만 아니라, 사회적으로는 '사람구실'을 하면서 우리의 청소년들이 사람과 더불어 살 수 있기를 바라는 것은 가정이나 사회 그리고 교회의 한결같은 염원이다. 이러한 청소년의 권리는 국내 법적으로나 국제법적 관점에서나, 또는 성경말씀으로 보나 어느 모로 보든지 그 권리를 인정받을 만한 근거를 확보하고 있다. 그래서 청소년이 자발적·주체적·창의적으로 살아 갈 수 있도록 청소년의 권리가 당연히 보장되고 있을 것으로 여기기 쉽다. 그러나 우리의 현실은 그렇지 못하다. 청소년의 권리는 겨우 선언적 수준에 머무는 경우가 많고, 그래서 유보되거나 묵살되는 경우가 더 많다. 더러는 제한되거나 차별되고, 심지어는 배제되거나 박탈당하는 경우들도 우리 사회 속에는 얼마든지 있다. 여기에 문제의 심각성과 그 문제해결의 시급성이 있다.

청소년의 권리는 내일, 그가 성장, 성숙한 어느 시점에서나 보장될 그런 미래적 상황을 말하는 것이 아니다. 청소년의 권리는 바로 '오늘, 여기'에서부터 보장되어야 할 현재적 요구이다. 그런데 청소년들은 자신의 권리를 제대로 찾아 누릴 줄을 모른다. 자신에게 무슨 권리가 주어져 있는지조차도 모르는 청소년이 많다. 알아도 어찌할 힘을 지니지 못한 것이 청소년의 현실이다. 그러므로 청소년의 권리는 이미 '주어진 권리'이지만, 그것은 누군가에 의해서 반드시 '보장되어져야 할 권리', 즉 '주어지는 권리'라고 이해할 수 있다. 따라서 누군가의 개입과 도움이 절실히 그리고 시급히 요망된다.

바로 이 청소년의 권리를 보장할 책임당사자는 포괄적 의미에서 어른들이고, 국가사회이고, 그리고 교회이다. 그 중에서도 청소년의 권리를 지속적으로 보장할 최후의 보루는 하나님의 교회인 그리스도교회 공동체이다. 청소년의 권리는 청소년(자녀)을 맡기신 하나님께서 직접 챙기시는 하나님의 지대한 관심사이기 때문이다.

그러함에도 만약에 교회에서조차 하나님께서 주신 청소년의 권리가 소홀히 여겨지는 경우가 있다면 심각한 현상으로 볼 수밖에 없다. 청소년이 인간답게, 청소년답게 여기 오늘을 살지 못하는데 그들이 어찌 사회 속에서 '사람구실'을 제대로 하기를 바라겠으며, 하나님의 일꾼으로 우뚝 서기를 바랄 수 있겠는가. 교회는 청소년의 인권과 복지를 앞장서서 대변(代辯)해주고 이를 보장하는 일에 솔선수범함으로써, 청소년들이 원만하고 행복한 삶을 살면서 온전히 성장, 성숙, 성화되어, 하나님의 일꾼으로 하나님 앞에 설 수 있도록, 하나님께서 교회에 맡기신 청소년을 향한 '지원사역'을 시급히 전개할 필요가 있다.

다. 개인적 관점에서

청소년 개개인이 발달과제를 잘 수행할 수 있도록

스물일곱 번째, 청소년 개개인이 청소년기의 힘든 발달과제(사회화와 자기실현)를 온전히 이루어서 개인적으로도 감사와, 보람과, 기쁨을 누릴 수 있도록 그들을 돕는 사역이 필요하기 때문에, 청소년사역은 모든 청소년을 향하여 전개되어야 한다.

청소년기에 주어진 발달과제는 청소년이 사회구성원으로서 '홀로서기와 제 구실하기' 할 수 있도록, 이 시기에 그러한 품성과 기량을 확보할 것을 사회가 요구하는 것이다. 그러므로 이는 청소년 개개인에게 매우 중요하고도 필요한 과업이다. 청소년기의 발달과제는 결코 피할 수도 없고 적절히 얼버무릴 수도 없다. 그것은 반드시 '사회적 검증과정'을 거치게 되므로 이 과제는 청소년기에 반드시 이루어내야 하는 과업이요, 시간에 쫓기는 과제이기도 하다.

그런데 이 발달과제는 현대사회에 접어들면서 더욱 까다로워졌다. 그리고 그것은 '날이 가면 갈수록 감당하기 어려워지는 짐'으로 청소년들에게 다가오고 있다. 교육이 보편화되면서 '배움'과 '훈련'이라는 것은 하나의 의무요, 필수 과정이 되었다. 그것은 경쟁도 심하고 가시적인 성과(성적)에도 마음을 써야 한다. 과학과 기술이 발달하고 문화가 다양해지면서 배워야할 것(학습량)도 많아졌다. 그래서 청소년은 '사회적으로 강제된 요구'에 걸맞게 자신을 변화(형성)시키기 위해서 더 무거워진 짐을 지고 힘든 청소년기를 보낸다.

청소년의 발달과제를 이 글에서는 '사회화'와 '자아실현'으로 압축해서 설명한 바 있다. 이 사회화와 자아실현은 반드시 사회적 검증과정을 거치기 때문에서만이 아니라, 청소년 개개인의 삶에도 직접적인 영향을 미치는 것이기 때문에 개인적 관점에서도 매우 중요한 과업이다. 청소년기의 발달과제를 잘 수행한 사람은 사회구성원으로서 사회에 진입하기가 쉬워질 뿐만 아니라 '사람다움, 어른다움, 일꾼다움'을 지니게 되고, '홀로서기'와 '제구실하기'가 가능해진다. 그래서 그 청소년은 개인적으로 '감사와 보람과 기쁨'이라는 '행복요소'를 얻는다. 그러나 발달과제를 제대로 수행하지 못한(아니한) 청소년은 사회진입도 못한 채로 여전히 '주변인'으로 남게 되고, 자신의 삶도 커다란 타격을 받는 이중고를 겪게 된다. 그러므로 청소년기 발달과제의 완수는 청소년 개개인에게 중요하고도 필요하며, 시급한 과업이 된다.

그런데 청소년기의 발달과제 즉 청소년의 사회화나 자아실현은 청소년 혼자서 이루어낼 수 있는 성질의 것이 아니라는 사실에 주목할 필요가 있다. 사회화는 반드시 다른 사람이나 환경과의 상호작용에 의해서 이루어진다. 자기실현 또는 자아정체성의 확보도 누군가의 개입과 지원이 반드시 필요하다. 그리고 이 과정에 누가 어떻게 작용하고 무슨 영향을 주느냐에 따라 그 결과도 크게 달라지는 것이므로, 여기에는 '건전한 개입과 지원'이 요구된다. 여기에 교회와 사회의 과제가 있다.

사회는 청소년에게 사회화와 자아실현을 강제(강요)하고 있지만 실제로 사회 그 자체가 이미 비인간화 추세 속에 빠져들었고, 무규범의 아노미anomie상태가 악화일로를 치닫고 있다. 따라서 이런 상태의 사회에게 우리의 청소년(자녀)을 내맡겨놓을 수는 없다. 청소년들은 하나님께서 맡기신 하나님의 일꾼들이기 때문이다. 당연한 귀결이지만, 그리스도교회 공동체는 청소년의 사회화와 자아실현에 개입하고 청소년 개개인을 지원해야 한다. 교회가 일반화된 타인으로서 뿐만 아니라 주요한 타인으로서 청소년 개개인에게 시급히 다가서야 한다. 이 '개입'과 '지원'사역에 교회가 한시바삐 나서야 한다. 자애로운 부모처럼, 훌륭하신 선생님의 모습으로, 친절한 이웃 아저씨 아줌마로, 허물없는 형 언니로, 친구로, 거기 그렇게 청소년 한사람, 한사람 곁에 교회가 있어야 한다. 하나님의 교회만이 유일한 대안이기 때문이다.

사회적 관문을 통과할 수 있도록

스물여덟 번째, 청소년이 주체적인 역할기능을 확보하여 사회적 관문을 넉넉히 통과할 뿐만 아니라, 하나님의 유능한 일꾼으로도 우뚝 설 수 있도록 교회가 청소년을 지원해야 할 필요가 있기 때문에 청소년사역은 펼쳐져야 한다.

청소년기의 사회화 과정인 인간화(사람됨), 문화화(어른 됨), 주체적 역할기능화(일꾼 됨) 중에서 특히 현대사회의 '구조적 변동' 때문에 그 중요성이 더욱 부각된 과제는 '주체적 역할기능화'이다. 이 과제가 워낙 현실적으로 크게 부각되고 있기 때문에 다른 사회화의 과제들, 즉 인간화와 문화화가 뒤로 밀리는 듯한 인상을 줄 정도이다. 이 주체적 역할기능화는 한 사람이 사회구성원으로 살아가기 위하여 사회의 여러 역할기능들 중에서 자신의 역할기능을 주체적으로 선택하고, 그것을 제대로 수행할 수 있도록 능력을 개발하거나 함양하는 것이다. 이는 청소년의 사회화 과정 중에서도 특히 일(직업)과 밀접한 관련이 있기 때문에, 매우 현실적인 중요성이 부각된다.

이 주체적 역할기능화는 과거의 전통적인 농경사회나 전근대적인 초기산업사회에서는 그것이 '결정적 요인'으로 작용할 만큼 중요시되지는 않았다. 그러다가 산업화가 본격적으로 확산되고 구조화되면서 그 산업구조는 점점 전문화, 분업화, 조직화되었고, 사람들의 경제활동은 '직장'(일터)을 중심으로 직업화, 직장화 되어 갔다. 그것은 경제적으로나 사회적으로 '기존하던 구조를 흔들어놓을 만한 커다란 변동', 그래서 '구조적 변동'이라는 말을 낳기도 했다. 이 크나큰 구조적인 변동을 겪고 출현한 현대사회 속에서 사회구성원으로 그의 삶을 영위하기 위해서는 '전문성을 지닌 일꾼'으로 자신을 세워야 할 필요성이 커졌다. 이 전문성이 요구되는 사회 속에서 청소년도 사회가 요구하는 역할기능들 가운데에서 자신의 진로(역할기능)를 주체적으로 선택해야 하고, 그 분야에서 치열한 경쟁을 이겨낼 뿐만 아니라 자신의 역할기능을 충분히 발휘할 만한 능력(지식과 기술)도 청소년기의 사회화 과정 동안에 반드시 이루어내야 한다.

그러므로 이 주체적 역할기능화라는 과업은 한 사람이 사회구성원으로 진출할 수 있느냐의 여부를 결정짓는 중요한 '기준'이 된다. 사회구성원이 되는 '조건'이고, 사회진출의 '열쇠'이기도 하다. 이 기준은 오늘을 사는 청소년들의 앞을 가로막고 서있는 하나의 커다란 사회적 관문이다. 이 관문을 통과한 청소년은, 마치 옛날에 어른이 되기 위한 통과의례를 치른 것처럼 드디어 한 사람의 사회인으로 그의 모습을 사회 속에 드러낼 수 있게 된다. 그러나 그렇지 못한 사람은 여전히 '산업예비군'으로서 사회의 주변을 맴돌아야 하는 처지에 머물게 된다. 따라서 이 관문은 청소년이면 누구나 반드시 통과해야 한다. 그래서 정규교육과정 이외에도 여러 가지 형태의 보충학습을 통해서라도 관문을 통과할 별도의 준비를 한다. '과외열풍'이 그것이다. 심지어는 부정한 방법을 통해서라도 관문을 통과하려고 발버둥치는 안타까운 모습도 보인다.

그러므로 그 중요성과 필요성이 강조되고 있는 이 중요한 과제, '청소년의 주체적 역할기능화'에 대해서 교회가 방관만 하고 있을 수는 없다. 사람이 일하면서 사람답게 사는 것은 하나님의 뜻이기 때문이다. 따라서 교회는 그리스도인, 비그리스도인 청소년을 가릴 일이 아니다. 교회는 청소년의 원만한 주체적 역할기능화가 이루어지도록, 그래서 사회적 관문을 무난히 통과할 수 있도록 도와야 하고, 사회적 관문을 통과하되 그것이 단순히 경쟁에서의 승리(합격, 진학, 취업, 승진) 정도에 그치는 것이 아니라 '하나님의 일꾼'으로서의 능력까지도 갖추고 '넉넉히' '한 차원 높게' 사회적 관문을 통과하여 사회 속에 우뚝 설 수 있도록 지원해야 하며, 궁극적으로는 그리스도교회 공동체 사역의 관점에서 주체적으로 세상을 이끌고 변화시킬 수 있는 일꾼의 양성과 지원을 위한 사역에 착수해야 한다. 교회의 한 지체인 청소년이 하나님의 뜻을 이 땅위에서 이루고 하나님의 나라를 확장하기 위한 작업에 투입되려면 그 청소년의 역할기능은 당연하고도 필연적으로 시급히 강화되어야 할 것이기 때문이다.

이러한 관점에서 보면 그리스도인 청소년은 이중적으로(사회로부터, 교회로부터) 주체적 역할기능화를 요구받고 있고, 다른 일반청소년들보다 더 무거운 짐을 지고 있다. 그러므로 교회는 이 무거운 과제를 안고 있는 그리스도인 청소년을 지원하기 위한 사역에 더욱 새로운 관심을 가지고, 교회의 역량을 투입해야 한다.

'소명적 자아'가 형성될 수 있도록

스물아홉 번째, 청소년에게 '참 자아의 실상'인 '소명적 자아'가 형성되어 '참 사람다움'을 이루고, 이를 바탕으로 '나'다운 나의 삶을 주님 안에서 누릴 수 있도록 도와야 할 필요가 있기 때문에 청소년사역을 해야 한다.

청소년은 개인적인 차원에서 참 자아를 발견하고 자아정체감을 확보해야 할 매우 중요한 시기에 놓인 사람들이다. 사람이면 누구나 '나(자아)'를 의식한다. 이 의식이 어떤 내용, 어느 수준(차원)이냐 하는 것은 개인적으로도 매우 중요하다. 이 자아의식이나 자아정체감이 올바르고 명확하게 형성된 사람은 그것을 바탕으로 '나'다운 나의 삶을 누릴 수 있게 되지만, 내(자아)가 있기는 있는데 그것이 올바른 모습이 아니거나 명확하지 못하면, 그것은 상당히 혼란스럽고 불행한 삶으로 이어질 수밖에 없다. 그러므로 이러한 자아의식이나 자아정체감이 확실히 자리 잡는 시기인 청소년기에 바람직한 자아가 형성되도록 누군가가 개입하거나 지원하는 일은 개인적으로도 매우 중요하고 필요한 일이다.

특히 사회적 통념상으로 보았을 때는 제법 그럴싸한 자아상이라고 여겨졌을지라도, 언젠가 그것이 허상이나 오류에 불과했다는 결론에 이르게 되면 그는 인생을 그만큼 헛되게 산거나 마찬가지가 되고 만다. 그러므로 어떤 형태로든 형성되고야 말 '나'라면 기왕이면, 아니 반드시 '참 자아의 실상'인 '소명적 자아'가 형성되도록 힘을 다한다는 것은 개인적으로 참으로 중요하고도 필요한 일이다. 이는 자아정체감이 확립되는 시기의 청소년들에게는 그러므로 시급한 일이다.

청소년이 이 '소명적 자아의식', 즉 '하나님께서 나를 택하시고, 부르시고, 일하라고 명령하셨다'는 의식을 바탕으로 바람직한 사회화와 자아실현을 이룩하는 것은, 개인적인 과제임은 물론 아버지 하나님의 뜻이다. 이러한 소명적 자아를 바탕으로 바르고 참된 나를 형성한다는 것은, 곧 아버지 하나님의 뜻을 받들어 섬기며 사는 인간 본래의 모습을 '발견'하고 '회복'하는 것을 의미하기 때문이다. 아버지의 뜻을 버성기며 '원수'처럼 살던 죄인의 모습을 버리고 주님의 품으로 돌아와, 죄사하심의 은총을 입고 아버지 하나님과 화목한 인격적 관계를 회복하는 것은 그리스도 우리 주 예수님께서 친히 성육신The Incarnation하신 이유이다. 그러므로 성령님께서도 '말할 수 없는 탄식으로 친히 간구하시며' 우리가 아버지의 품으로 돌아가는 길을 인도하시고 도우신다(롬8:26).

그러므로 하나님의 교회인 그리스도교회 공동체도 하나님께서 맡기신 하나님의 자녀(청소년)들이 하나님의 사람답게 형성(회복)될 수 있도록 도와야 한다. 이 과정에서 우리가 특별히 주목하고 유의해야 할 것은, 청소년이 '일꾼'이기 이전에 하나님께서 기뻐하실만한 '사람다움'을 먼저 이루어야 한다는 점이다. 거룩하시고 온전하시며 전능하신 하나님께서 사람에게 바라시는 것은 '그의 그 됨Being'이지, '그의 해냄Doing'이나 '그의 지님Having'이 아니다(신 10:7, 16:7). 따라서 청소년의 성장과정에서 '어른'되고 '일꾼'되는 것도 물론 중요하고 필요한 일이지만, 우리 주님이시고 하나님이신 아버지께서 요구하시는 것은 '어른'이나 '일꾼'보다 '사람'이다. 따라서 하나님께서 기뻐하실 만한 '참 사람다움'을, 그런 자아를 형성하기 위해서는 실제로 청소년 자신의 노력도 필요하지만, 여기 '하나님의 작업장인 교회'가 개입하여 '참 사람 만들기'를 위한 청소년사역에 힘쓸 것이 시급히 요망된다.

라. 사회문화적 관점에서

주체적 인간, 유능한 시민의 양성을 위하여

서른 번째, 청소년들이 '하나님의 일, 하나님나라의 일인 사역'에 유용한 일꾼이 되며, 사회에도 유익을 줄 수 있는 '주체적 인간, 유능한 시민'이 될 수 있도록 청소년을 지도하고 지원하는 일이 필요하기 때문에 청소년사역은 활발히 전개되어야 한다.

사회화를 개인적 관점에서 보면, 그것은 청소년이 사회구성원으로서 '홀로 서기와 제구실하기'가 가능하도록 그 품성과 기량을 확보해나가는 과정이며, 인간이 인간답게 살아가기 위한 '힘'을 얻어가는 '창조적 과정'이고, 사회문화적 관점에서 이를 보면 '사회문화적 재생산 과정' 즉 청소년이 새로운 사회구성원으로 사회에 투입되는 것을 말한다. 이러한 '사회적 충원'이 이루어짐으로써 그 사회나 문화가 확대재생산적으로 유지, 발전될 수 있는 것이고, 이런 의미에서 청소년의 사회화는 하나의 '재생산과정' 또는 '창조적 과정'이라고 말할 수 있다. 그러므로 사회화는 개인적 관점에서건 사회문화적 관점에서건 매우 중요한 과업이다. 특히 사회문화적 관점에서, '다음세대'인 청소년이 '주체적 인간, 유능한 시민'이 되어 끊임없이 사회 속에 충원되어야 사회와 문화가 지탱될 수 있기 때문에, 사회는 이러한 조건을 갖춘 사람들을 '사회적 유용성(능력)을 지닌 사람'이라고 평가하고, 이들을 '사람'으로, '어른'으로, '일꾼'으로 대접하기에 이르렀다.

그래서 이 '사회적 유용성'이 일꾼평가의 척도로, 심지어는 인간평가의 기준으로까지 등장해버린 것이다. 청소년도 바로 이러한 '잣대' 앞에 서게 된다. 어찌 그 자체가 목적인 인간을, 본질적(천부적)으로 고귀하고 존엄한 인간을 한낱 '유용성'이라는 잣대만으로 평가해버려서야 되겠는가. 그러나 사회적 실상은 유용하고 유능한 사람만을 요구하고 그렇지 못하면 배제(무시)해버리는 것이다. 그리스도교회 공동체는 이 '잘못 이해된 실용주의'의 폐단을 시급히 극복하고, 사회가 올바른 인간관, 일꾼관을 지니게 되도록 힘써야 한다.

이런 전제 아래에서, 교회는 하나님께서 우리에게 맡기신 청소년들이 '하나님의 일에 유용한 일꾼, 사회에 유익을 줄 청소년'이 될 수 있도록 도와야 한다. 그래서 청소년들 모두가 교회와 사회의 '창조적 확대재생산의 새로운 힘'으로 기여할 수 있게 육성해야 한다.

공동체적 자아의 형성을 위하여

서른한 번째, 이기심으로 가득한 세상 속에서 청소년에게 '사회적 자아'요, '공동체적 자아'가 형성되어 우리의 청소년들이 이타적이고 공동체지향적인 삶을 살며, 또 그런 사회를 건설해나갈 수 있는 그리스도의 일꾼으로 세울 필요가 있기 때문에 청소년사역은 시급히 전개되어야 한다.

청소년기는 자아상이나, 자아정체성이 형성되는 결정적 시기이다. 그런데 자아상이나 정체성의 형성에는 '인간과 환경'이 크게 영향을 미치는 것이므로, 이에 대한 우리의 관심을 모으는 것은 매우 중요하고도 필요한 일이다. 오염되고 타락한 인간군상 속에서, 혼란하기 이를 데 없는 사회적 환경 속에서 우리의 청소년(자녀)들이 어떤 근거나 기준도 없이 자기를 찾고 설정한다는 것은 또 하나의 혼란이요 무거운 짐이 아닐 수 없다. 더군다나 퇴폐하고 오염된 가치관 속에서, 혼돈과 무질서와 무규범의 사회 속에서, 도처에 비인간화의 악취가 가득한 이 세상 속에서 청소년 스스로의 힘만으로 '참 나'를 찾아 세운다는 것은 거의 불가능하다. 따라서 개인적인 관점에서 바르고 참된 나를 세우기 위해서 어렵고 힘든 청소년기를 보내고 있는 청소년을 지원하는 일은 매우 중요하고 시급한 과제이다.

또한 사회문화적인 관점에서도 청소년이 올바른 자아를 형성하게 될 것이 요망된다. 왜냐하면 청소년이 사회적 유용성을 지니는 것도 중요한 과제이지만, 그보다 더 중요하고 시급한 것은 바로 '사회적으로도 올바른 나'를 세우는 것이 더 절실하게 요망되는 상황이기 때문이다. 지금 우리 사회는 전반적으로 이기의 열풍에 휩싸여 있다. 개인은 물론이고, 사회가 온통 자기네 유익을 쟁취하기에 혈안이 되어 있다. 집단이기주의가 거리를 가득 메우고 있다. 님비 NIMBY(Not in my back yard)가 그렇고, 핌피PIMFY(Please in my front yard)가 그것이다. 어떤 학자들은 청소년도 예외가 아니라고 한다. 그래서 '나밖에 모르는 아이들me generation'이라고 부르기도 한다.

사회가 구심력求心力과 응집력凝集力을 잃으면 붕괴된다. 망하는 것이다. '욕심이 죄를, 죄가 사망을(약1:15)'이라는 철칙이 현실화된다. 그런데 지금 이 사회가 그 구심력과 응집력을 모두 잃어가고 있다. 진리와 원칙이 보이지 않는다. 그래서 지향할 만하고 하나로 뭉칠 만한 구심력과 응집력이 힘을 잃는다. 오직 자기 이익을 추구하기 위한 경우를 제외하면 모두 뿔뿔이 흩어지고 있을 뿐이다. 이기심이 공동체를 무너뜨리고 있는 것이다. 이 상태대로라면 청소년이 이룰 미래사회도 마찬가지일 것 같다. 소돔 속에서는 롯의 가정(창19:1-38)도 어쩔 수 없었듯이, 이런 상태가 지속된다면 미래사회 속에서 교회의 모습도 암담할 수밖에 없을 전망이다.

이 비극적 현상의 근원에는 '나'가 있다. 잘못 형성된 '나', 나밖에 모르는 '나' 때문이다. 그러므로 문제해결의 실마리도 '나'에서부터 비롯되어야 한다. 이것은 매우 시급하고도 절실한 요구이다. 이와 관련하여, 앞에서 '소명적 자아의 형성'을 여러 차례 강조한 바 있다. 이 '소명적 자아'는 개인적 관점뿐만 아니라 사회문화적 관점에서도 '사회적 자아'요, '공동체적 자아'로 그 참 모습을 드러낸다. 이 소명적 자아는 '나'만이 아니라 '또 다른 나'들과 함께 더불어 사는 공동체적 삶을 지향한다. 이타적이고 공동체지향적인 삶을 그 근본이요, 목표로 여긴다.

그러므로 청소년의 사회화나 자아실현의 본질적 의미와 목표도 결코 이기적 또는 자기중심적 차원에 머물러 있어서는 안 된다. 또 사회적 자아형성이라든지 주체적 역할기능의 확보 등의 발달과제가, 고작 이기적이고 자기중심적인 목표만을 지향하는 개념으로 상식화되거나 그 쪽으로 역행하지 말아야 한다. 이 무너져가는 사회는 이타적, 공동체적 사회로 반드시 그리고 시급히 환원되어야 한다. 그러려면 우리들 속에, 우리의 청소년 속에, '사회적 자아요, 공동체적 자아'의 속성을 지닌 '소명적 자아'가 형성되도록, 그런 '나'를 세우도록 모두가 노력해야 한다.

이 과업은 개인의 힘만으로는 달성하기 어렵다. 불가능하다. 이 과업을 감당할 힘(기능과 능력)을 주님께서는 그리스도교회 공동체에게 주셨다(마16:18-19, 28:18-20, 막16:15-18). 그러므로 교회가 이 사역을 시급히 감당하고 나서야 한다. 청소년의 사회화 과정을 돕는 사역에서도 이러한 점을 반드시 관철시켜야 한다. 특히 공교육과 가정교육을 비롯한 전반적인 청소년생활지도나 가치관함양 훈련 프로그램 등에서 이는 매우 중요한 관심의 대상이 되어야할 필요가 있다. 그래서 하나님께서 맡기신 우리의 청소년들이 그들 속에 사회적 자아요, 공동체적 자아인 소명적 자아를 굳건히 형성하도록 해야 한다. 단순히 이타적이고 공동체지향적인 삶을 살아 갈 뿐만 아니라, '그런 사회를 새롭게 건설하는 그리스도의 일꾼'이 되도록 지도해야 할 것이다.

Christian문화의 일꾼을 양성하기 위하여

서른두 번째, 퇴폐하고 가증스런 세속문화를 물리치고 모든 청소년이 '그리스도의 문화, 그리스도교의 문화, 그리스도교회 공동체의 문화'에 적응하며, 그리스도의 계절을 꽃피울 'Christian문화의 일꾼'으로 쓰임 받게 하기 위한 노력이 시급히 필요하기 때문에 청소년사역은 힘차게 펼쳐져야 한다. 무너져가는 사회, 다원화되고 이질적으로 분화分化된 사회와 문화들 속에서 살고 있는 청소년, 그의 신앙과 삶을 제대로 유지하는 한편, 자신에게 주어진 소명을 온전히 구현하기 위해서는, 무엇보다도 하나님의 말씀 위에 굳건히 서서 그 '믿음'을 강화하는 일이 앞서야 한다. 그리고 이 믿음 위에 특단의 '훈련'도 필요하다. 이러한 훈련은 그리스도교회 공동체의 규범과 질서와 문화에 제대로 순응할 수 있는 적응능력을 배양하는 데에서부터 출발한다. 그리고 세상(것)을 이기고 나를 이길 수 있는 극기력도 강화해야 한다. '그리스도의 문화, 그리스도교의 문화, 그리스도교회 공동체의 문화'에 '문화화'되는 것이다. 이는 '믿음이 하늘을 향하여 처음 열리는 시기'인 청소년기에 매우 중요하고도 필요한 과정이다.

그리고 하나님의 일꾼이요, 그리스도의 사람답게 자신의 소명을 감당할 수 있는 능력과 영성도 개발해야 한다. 그래서 이 '믿음과 힘'을 청소년 자신이 내면화, 생활화, 체질화해야 한다. 이는 '하나님의 동역자로 쓰임받기 위한 준비과정'이기도하다. 이런 훈련과 준비과정들을 통하여 얻은 그 믿음과 힘을 가지고, 청소년은 자신을 향한 하나님의 뜻을 이루기 위하여, 주님의 몸 된 교회를 중심으로 '오늘, 여기'에서 실질적인 사역에 참여해야 한다. 청소년이 참여할 사역은 얼마든지 많다. 다양하게 분류될 수도 있다. (이와 관련하여서는 제2편 '청소년사역의 내용'에서 다루게 될 것이다)

그 중에서도 특히 사회문화적 관점에서 청소년은 '그리스도(그리스도교, 교회)의 문화'를 세우는 일에 앞장설 것이 요망된다. 청소년이 단순히 '문화화'되는 수준에 그치는 것이 아니라, '그리스도의 계절을 꽃피우는 일꾼'으로 우뚝 서야 할 것이라는 말이다. 그것은 지금 세상 가득히, 안방 깊숙이, 청소년의 머릿속까지, 심지어는 교회 안으로까지 스며들고 있는 퇴폐하고 가증스런 세속문화世俗文化가 인간과 사회를 병들게 하고 있기 때문이다. 교회를 향해서도 사악하고 어두운 침투를 꾀하고 있거나, 이미 어느 정도의 침투흔적이 보이기 시작하고 있기 때문이다. 그러므로 이 퇴폐문화를 짓밟아 퇴척하고, 생명과 소망이 있는 '그리스도의 계절'로 온 세상을 새롭게 바꿔놓을 필요가 있다. 그것은 환원이고 부활이어야 하며, 귀정歸正이며 회복이어야 한다.

이 '그리스도(그리스도교, 교회)의 문화'를 창달하는 사역에 청소년이 '일꾼'으로서 참여할 것이 절실하고도 시급히 요망된다. 이 퇴폐하고 가증스런 세속문화와의 영적 전쟁에는 청소년은 물론 모든 그리스도교회 공동체의 연대와 협력이 필요하다. 이미 적그리스도의 무리들은 광범위하게 세상을 점령하였고(요일2:18, 4:3), 교회와 성도를 향하여서도 선제공격을 가하고 있다. 그 전선은 실로 넓고 길게 펼쳐져있을 뿐만 아니라, 그들의 전술과 무력은 막강하다. 적들은 승승장구하는 듯이 보이며, 그럼에도 그들은 아직도 굶주려있다. 아무래도 전면전이 불가피할 것 같고, 이 전투는 하루 이틀에 끝날성싶지 않다. 우리는 지금 죽느냐 사느냐하는 싸움터에 서있다.

그러나 이 전쟁은 승부가 미리 예정되어 있는 게임과도 같다. 적들은 전혀 아무런 낌새조차 알아채지 못하고 있지만, 그리스도교회 공동체 연합군이 마침내 이기도록 마련된 전투이다. 이 전쟁은 반란군을 토벌하기 위한 전투와 같고, 토벌군 대장은 그리스도 우리 주 예수님이시기 때문이다. 그래도 적과의 전투는 불가피하다. 적을 소탕하고 섬멸해야 하는 과정은 남아있다. 그리고 전투가 완전히 종료될 때까지, 적의 포로가 되거나 죽지 않고 끝까지 주님의 병사로 살아남아 있어야 한다.

잔혹한 표현들을 글로 남기기에는 적절치 못할듯하여 비록 은유적으로 설명하였지만, 사회문화적으로 볼 때 지금 우리는 심각한 영적 전쟁을 치러야 할 상황에 놓여있다. 이를 위해서는 온 교회와 성도가 말씀과, 기도와, 성령님의 도우심으로 무장하고 시급히 싸움터에 나서야 한다. 거기 우리의 청소년들도 '막대기와 돌멩이와 물매를 가지고(삼상17:40)' 앞서나가야 할 것이다.

그러므로 교회는 우선 '그리스도의 문화'를 올바르고 굳건히 세우기에 힘써야 한다. 이 문화가 그리스도인, 비그리스도인 청소년모두에게 문화화 되도록 이 분야의 사역에 혼신의 힘을 기울일 필요가 절실히 요망되며, 청소년을 '그리스도의 계절'을 꽃피울 'Christian문화의 일꾼'으로 세우기 위한 사역에도 시급히 착수하여, 이 분야에서 섬길 청소년일꾼들을 양성하고 지원하기에 적극적으로 힘써야 한다.

마. 세계(사)적 관점에서

사회적 소용돌이와 '마지막 때'의 탁류가 만나는 여울목에서

서른셋째, 세계사적 변동의 소용돌이와 '마지막 때'의 탁류가 합류되어 범람하는 위기 속에서 피해를 입고 있는 청소년을 구출해내고, 그들이 주님 오실 때까지 말씀과 믿음을 지켜서 마침내 승리할 수 있도록 '청소년 보호사역'에 힘써야 할 때이기 때문에, 청소년사역을 힘차게 전개해야 한다.

지금 우리의 청소년들은 '마지막 때'의 상황들을 지구촌 곳곳에서 몸소 겪으면서 살고 있다. 그것은 현대사회의 구조적 변동과정에서 일어난 사회, 경제, 문화적 소용돌이를 청소년들이 겪고 있다는 정도의 표현이 아니다. 그런 정도의 혼란과 어려움이라면, 그것은 '변동의 파장'이라는 일시적 또는 과도기적 현상에 부딪치는 것이므로 그나마 견뎌낼 수도 있는 틈이 보인다. 그리고 그것은 사람을 잘 살게 해보려는 인간의 노력이 어느 정도라도 묻어있는 현상이므로, 상황은 매우 어렵고 힘들더라도 참고 견뎌내야 할 한 가닥 이유라도 찾을 수 있다.

그러나 지금 지구촌 전체를 휩쓸고 있는, 그래서 우리의 청소년들도 피할 수 없어서 겪고 있는 '마지막 때'의 상황들은 근본적으로 그 모습이 다르다. 그것

은 인간과 사회를 진보, 발전시키려는 것이 아니라, 사악하고 어두운 세력들이 인간과 사회를 파멸의 구렁텅이로 몰아넣으려는 비인간화현상과 무규범의 사회해체현상들이다. 우리의 청소년도 예외 없이 이 '마지막 때'의 상황들, 파멸과 거역의 물결을 타고 있다. 많은 청소년들이 퇴폐와 방종과 불법과 불의를 받아 마시고 흉내 내면서 오늘을 살아가고 있다. 그래서 더러는 동물적 야성을 드러내고, 더러는 물질의 노예가 되어 재물을 하나님처럼 섬기고, 더러는 기계의 부품처럼 조직에 예속되어 종살이를 한다.

　우리의 청소년들이 이런 상황에 놓이게 된 것을 청소년의 탓으로 돌려버릴 일이 아니다. 청소년들은 이런 상황을 스스로 조장하지도 않았고 요청하지도 않았다. 전혀 청소년의 의지와는 무관하게 일방적으로 이런 상황 속에 떠밀려 들어와 있을 뿐이다. 우리의 청소년들은 이렇게 '주어진'환경과 상황 속에 놓여있다. 청소년이 이러한 상태에 놓여있다는 것만으로도 청소년은 큰 '피해자'이다. 더군다나 청소년이 이들의 영향을 받아서 덩달아 비인간화와 사회해체의 탁류에 휩쓸려 청소년다움을 상실하고 있거나 그럴 위기를 맞고 있다. 이들 청소년들을 시급히 구출해내야 한다. 세계(사)적 변동의 소용돌이와 '마지막 때'의 탁류가 합하여 범람하는 이 '위기의 여울목'에서 일방적으로 피해를 입고 사는 '위기의 청소년' 그들 모두는 하나님께서 우리에게 맡기신, 그래서 교회가 책임지고 구출해내야 할 하나님의 사람들이다.

　그러므로 세계(사)적 관점에서 인간에 의해서 빚어지고 확산된 사회적 퇴폐를 척결하고, 청소년을 이로부터 보호하며, 마지막 때에 적그리스도의 꾐에 빠지지 않도록 청소년을 잘 지도해야 한다. 그래서 '하나님의 계명과 주 예수님에 대한 믿음'을 성도의 인내로 지키게 함으로써, 끝까지 그리스도의 품 안에 살아남아 승리하는 자가 되도록(계14:9-12) 교회는 청소년을 위한 '보호사역'에 힘써야 할 필요가 있다.

지구촌 새 시대를 이끌 청소년리더십의 함양을 위하여

서른네 번째, 객체에서 주체로, 주변인에서 주역으로, 사회의 중심에 이동한 현대사회의 신세대들이 새 시대 지구촌을 움직일 리더십global youth-leadership을 확보할 수 있도록 청소년을 개발하고 지도하는 사역이 절실히 요망되기 때문에, 청소년사역을 보다 더 적극적으로 전개해야 한다.

지금 지구촌 곳곳에서는 청소년의 개발 및 참여를 위한 정책을 적극적으로 촉진하고 있다. 청소년을 '발전과 평화를 위한 동반자'로서, 또는 '발전의 주역이자 인간자원'으로 여기고 손을 맞잡으려는 세계적 동향이 그것이다. 이것은 인류의 역사에 그런 전례가 없었던 새롭고도 중요한 변화이다. 예전에는 상상조차 할 수 없었던 '청소년의, 청소년에 의한 참여'라는 새로운 개념이 더욱 활발하게 강화되고 있는 추세이다.

이러한 추세에 발맞추어 청소년들도 변화의 물결을 주체적, 자발적, 창조적으로 일으키고 있다. 'Net 세대'로, 그런 의미에서 '새로운 세대New generation'로 등장한 N세대와, 그리고 '2000년대의 주역'으로 기대를 한 몸에 받고 있는 'Y세대'가 그들이다. 이들은 정보화시대의 서막과 함께 태어나서 디지털 커뮤니케이션체계의 질서와 기술에 충분히 숙달되어 있다. 이들은 정보기술IT, information technique,의 중심에 우뚝 서서 스스로 하나의 'C세대Contents Generation'를 일궈냈다. 어른도 흉내 내지 못할 일들을 청소년들이, 어른들을 앞서서 어른다운 일을 해내고 있는 것이다. 이렇게 청소년은 객체에서 주체로, 주변인에서 주역으로 사회의 중심에 이동한 새로운 청소년이 되었다. 이러한 추세는 더욱 가속화되고 증폭되어서 그리 머잖은 장래에는 청소년의 참여 수준과 폭이 훨씬 더 확대될 전망이다.

우리는 '이 변화의 새 바람 속에서' 하나님의 음성을 듣기를 원한다. 하나님께서 '마지막 때'에 쓰시고자 하여 일꾼으로 예정해두셨던 청소년들을 이제 친히 붙들어 일으키셔서 역사의 대열에 투입하신 것이 아닐까, 하고.

그런데 이런 추세 속에서 '누가' 지구촌 새 시대의 이니셔티브initiative(리더십)를 확보하여 세상을 이끌어갈 것이냐 하는 점은 교회의 미래와 관련하여서도 매우 중요한 관심사이다. 지구촌에는 수많은 민족과 종족과 백성들이 있고, 다양한 종교와 문화권도 분포하고 있다. 이들은 이념(종교, 사상)과 이익관계 등을 중심으로 서로 연대하여 세력권bloc을 형성한다. 어떤 세력권들 간에는 치열한 경쟁, 첨예한 대립이나 분쟁도 있다. 그래서 심지어는 처참한 테러가 자행되고, 그에 따른 무자비한 피의 보복도 뒤따른다. 이 다양성의 지구촌 속에서 질서와 안정과 평화와 공동번영을 조성하고 이를 정착시킬 만한 '힘'이 건재하지 못하면, 사회는 혼란의 소용돌이에 휩쓸릴 수밖에 없다. 그런 현상은 지금도 얼마든지 찾아 볼 수 있다. '마지막 때'는 더욱 그 정도가 극심해질 것이라는 점을 우리는 성경을 통하여 알고 있다.

이런 관점에서 지구촌 새 시대의 이니셔티브(리더십)를 확보할 힘이 '하나님의 자녀들'에게 있게 될 것인가, '어두움의 자녀들'에게 있게 될 것인가는, '마지막 때' 지구촌의 형국을 좌우하게 될 중요한 관건이다. 그러므로 미래사회의 주역이기도 한 그리스도의 청소년들에게 성경말씀이 예언해두신 그리스도교의 역사관, 미래관, 세계관을 명확하고 자상하게 가르칠 것이 시급히 요망된다. 그리고 이를 바탕으로 우리의 청소년들 속에 '지구촌의 오늘과 내일을 이끌어 갈 청소년리더십'을 배양하기 위한 '개발사역'도 장기적이고 거시적이며, 전략적인 관점에서 시급히 전개될 필요가 있다.

주님 오실 때까지 사역의 계승자로 세우기 위하여

서른다섯 번째, '사역의 영속성'이라는 차원에서, 그리고 '마지막 때'라는 시대의식 속에서, 우리 주님 다시 오실 때까지 청소년을 그리스도교회 공동체 사역의 계승자로 세우기 위한 준비가 필요하기 때문에 청소년사역은 반드시 지속되어야 한다.

청소년사역을 통하여 하나님께서 우리에게 맡기신 청소년들이 바람직한 미래사회를 조성할 수 있도록 그들에게 올바른 역사관, 미래관, 세계관을 심어주며, 그들의 소양과 경륜과 주체적 참여역량을 개발하는 일은, 그리스도교회 공동체 사역의 관점에서나 세계(사)적 관점에서 매우 중요하고도 필요한 것임을 앞에서 확인하였다.

청소년은 그리스도교회 공동체의 인간자원으로, 그리고 주님 다시 오실 때까지 하나님의 뜻을 받들어 섬길 사역의 계승자로서 일해야 할 역할기능도 지니고 있다. 그것은 우리에게는 하나님께서 사람을 창조하실 때 맡겨주셨던 '사람의 임무'가 있기 때문이다. 창조주 하나님의 문화명령Cultural Mandate(창1:26-28)이 그것이다. 그리고 그리스도의 십자가 구속 사역에 힘입어 '새 사람'을 입은 우리들에게 맡기신 '그리스도인의 사명'도 있기 때문이다. 특히 주 예수 그리스도 안에서 새 사람이 된 우리들 모두에게는 '그리스도의 몸을 세우고, 하나님의 나라를 확장하는 영적전투'에 참전해야 할 의무가 있으며, 여기에는 그리스도인 청소년도 예외가 아니다.

이 영적전투에 참전한 우리들에게 주어진 임무의 하나는 복음을 전하는 일이다. 이 선교(전도)사역은 단순히 복음을 '전하는 것'만이 아니라, 이 복음을 듣고 믿게 된 영혼들을 사악하고 어두운 세력들에게서부터 '되찾아 오는' 탈환작전이나 마찬가지다. 이와 함께 주님 안에서, 주님의 뜻을 따라, 주님의 이름으로 나누고 베풀고 섬기고 돕는 봉사사역들도 우리들에게 맡기셨다. 이 봉사사역은 하나님의 사랑하심과, 주 예수님의 십자가 은혜와, 성령님의 역사하심을 행동으로 알려주는 '또 다른 형태의 선교사역'이다. 또한 봉사사역은 우리가 주님께 받은 은혜를 감사하고 주님을 향한 우리의 사랑을 행동으로 입증하는 '예배사역'이기도 하다. 하나님께서는 주님의 '은혜에 보답할 수 있는 복된 기회'까지 우리에게 허락하신 것이다. 또 하나님께서는 우리에게 가족(자녀)와 이웃과 세상을 가르쳐 하나님과 하나님의 뜻을 깨우치도록, 교육사역의 임무도 주셨다. 이 교육사역은 매우 섬세하고 정교한 전개가 요구되는 사역이다. 이것은 사악하고 어두운 세력들의 허상을 낱낱이 진리의 빛으로 들춰내고 묶인 영혼들을 몽매蒙昧에서 이끌어내어, 참 빛, 참 생명 안으로 인도하는 '구령救靈사역'이기도 하다.

이러한 임무와 사명들은 우리 주 예수님께서 다시 오실 그 '세상 끝날'까지 계속되어야 할 성질의 사역들이다. 그러므로 이 사역들은 영속성을 유지해야 한다. 사역이 영속성을 지니기 위해서 요구되는 것은, '오늘, 여기'의 사역에 최선을 다하면서 그것을 '내일'과 연결하는 것이고, 그와 함께 '내'>의 사역을 위한 '다음세대 사역자의 양성'에 힘을 기울이는 일이다. 청소년들이 바로 그들이다. 역사적인 안목에서 볼 때 청소년사역은 그래서 중요하고 필요하며 시급을 요하는 사역이다.

그런데 여기에서 청소년을 '다음세대 사역자'로 양성할 필요가 있다고 말했다는 이유 때문에, 청소년이 '오늘 여기'에서 할 일이 없다는 식으로 생각해버리는 것은 한참 잘못된 생각이다. 청소년도 '오늘, 여기' 현재적이고 실체적인 사역에 온 힘을 다하여 참여해야 한다. 거듭 강조하지만 사역의 영속성이라는 차원에서, 그리고 '지금은 마지막 때'라는 관점에서 오늘 우리에게 맡겨진 임무를 충실히 수행하는 것 못지않게, 다음세대의 사역계승자를 양성하는 일은 중요한 일이고 시급한 일임을 잊지 말아야 한다.

3. '청소년사역을 해야 할 35가지 이유들'에 관하여

여기 제4장 '왜 청소년사역을 해야 하는가'를 내세운 까닭은, 그 무엇보다도 청소년사역을 향한 한국 교회의 안타까운 현실 때문이었다. 그렇다. 그 이유는 청소년, 청소년사역에 대한 몰이해와 편견들 때문이었다. 이것이 청소년사역의 크나 큰 암초요 장애물이라고 여겨졌기 때문이었다. 그래서 '청소년사역의 이유'를 명확히 인식하는 일이 무엇보다도 시급하고 필요하다는 확신에 따라 그 타당한 이유들을 발굴해내는 작업을 별도로 진행했던 것이다.

이런 이유와 배경 속에서 '왜 청소년사역을 해야 하는가'라는 질문에 대한 해답(이유)을 찾아보았더니, '청소년사역을 해야 할 35가지의 이유들'이 도출되었다. 입가에서 맴돌기만 하던 '사역의 이유'를 다각적이고 체계적으로, 누구든지, 누구에게나, 진술할 수 있게 되었다. 그래서 '청소년사역을 해야 할 이유가 불명확(불충분)하다'는 장벽을 극복할 수 있는 가능성을 열어놓게 되었다. '꼭 해야만 할까'하던 의구심도 사라지게 되었으면 한다. 그리고 '무엇을 어떻게 해야 할 것인가' 갈피조차 잡지 못하던 청소년사역에 '청소년사역의 새로운 지평'이 어렴풋이나마 떠오르기 시작했으리라 믿고 싶다. 실제로 여기 발굴된 '35가지 이유들'이 그런 효과를 발생하게 되기를 간절히 기도한다.

35가지의 이유들: 중복이 아닌 다각적 실체

그런데 이 '35가지 이유들'을 자세히 살펴보면, 그 이유들 가운데 어떤 것은 서로 그 내용이 겹치는 듯한 부분이 있다는 것을 느낄 수 있을 것이다. 그것은 전혀 이상한 일이 아니다. 이것은 마치 '이유가 많다'는 것을 강조하려고 억지로 주절주절 이유들을 늘어놓다 보니 엇비슷한 이유들만 잔뜩 나열되어 있는 것과는 전혀 다르다. 이 '겹침 현상'은 제4장의 서두에서 미리 말한 바와 같이, 이 '35가지 이유들'은 '당위성, 중요성, 필요성, 시급성'이라는 네 가지 '차원'과, '그리스도교회 공동체 사역'을 비롯한 '인간적, 개인적, 사회문화적, 세계(사)적 관점'이라는 다섯 가지 '관점'을 서로 한 곳에서 만나도록 그 '탐색의 틀'을 마련하고 그 틀 속에서 도출해낸 결과들이기 때문이다. 그러니까 보다 더 다각적, 포괄적, 체계적인 탐색의 틀을 통하여 그 틀 속에서 다양한 이유들을 발굴해낸 것이다.

특히 여기에서는 '당위성차원'과, '중요성, 필요성, 시급성'을 한데 묶은 차원, 이렇게 두 차원으로 나누어서 청소년사역을 해야 할 이유를 찾아보았다. 청소년사역이라는 하나의 대상을 적어도 두 가지 이상(네 가지)의 차원에서 살핀 것이다. 그리고 각 차원들은 또 각각 다섯 가지 관점에서 청소년사역의 이유를 탐색한 것이다. 그러니까 적어도 열 가지, 많게는 스무 가지 이상의 '시각'

(차원과 관점)에서 청소년사역 한 가지를 조명한 셈이다. 그러므로 대상을 살핀 '시각'만 다를 뿐, 대상은 '청소년, 청소년사역' 하나이기 때문에 내용이 중복된 듯한 인상을 주는 것은 너무나 당연하다. 그것은 마치 '한 피사체를 여러 시각에서 촬영하여 얻은 결과'와도 같은 것이다. 이 파노라마와도 같은 여러 장의 사진들을 주의 깊게 바라보노라면 그 피사체의 실체는 더욱 확실해지는 것과 같다.

'이유들'이 생명력을 지니는 것이 관건

이 '35가지 이유들'은 그 내용을 압축, 정리를 해보면, 그것은 훨씬 가짓수가 줄어들 수도 있을 것이다. 물론 그와는 정반대로 더 많은 사역의 이유들을 파생시켜 낼 수도 있을 것이다. 따라서 '청소년사역의 이유들'의 '가짓수'가 많고 적음은 논의거리조차 되지 못한다. 지금 여기에서 중요한 것은, 이 '이유'들이 '이유'로 여겨져서 '사역의 이유로서의 생명력'을 지니는 것이다. 교회와 사역자들이 이 '35가지 이유들' 때문에 청소년, 그리고 청소년사역을 새롭게 인식하고, 각성하고 분발하여 청소년사역을 향한 새 출발을 결단하느냐, 마느냐 하는 것이 관건일 뿐이다.

'이유들'의 배경에 담긴 뜻도 읽어야

그런데 앞서 발굴된 청소년사역의 이유들을 유심히 살펴보면, 그 이유의 '배경' 속에는 청소년사역이 '현재로서는' 온전하게 수행되고 있지 못하다는 안타까움이 깔려있다. 청소년사역의 무엇이 만족한 상태가 아닌지, 어떠한 점들이 제대로 추진되지 않고 있는지, 그리고 이러이러한 방향이나 방식으로 새롭게 전개되어야 하지 않겠느냐 하는 논리가 은연중에 그 바탕에 깔려있음을 볼 수 있을 것이다.

그렇다. 제1편 전체를 통하여 이곳저곳에서 지적했던 바와 같이, 지금 청소년사역은 '사역답게, 일답게' 전개되지 못하고 있다. 사역이 제대로 전개(추진)

되고 있(었)다면 꼭 사역을 해야 할 '이유'를 찾을 필요조차도 없었을 것이고, 부족한 필자가 뜻을 받들어 옮겨 쓰기를 감히 하고 있지 않아도 될 일이었다. 앞에서 본 그 '이유들'에서와 같이 청소년사역의 '실상'은 그리 바람직하지 못한 상태에 있다. 청소년사역은 대체로 이제 막 걸음마를 시작한 모습이거나, 걷되 절룩거리거나, 걷다가 주저앉아 있는 모습이다. 더러는 뜀박질도 하는 듯이 보이지만, 큰 눈으로 보면 울타리 안에서만 맴도는 연습뜀박질에 불과하다. 그래서 그 바람직하지 못하거나 부족한 대목들이 '이유'를 이유되게 만들어준 배경이 되었다.

이 '청소년사역의 실상' 즉 '청소년사역의 현장과 실제' 속에는 당위적으로 실행되어야 할 것들이 멈추어 있었거나, 중요한 것인데도 소홀히 다루어지고 있었거나, 필요한 것인데도 간과해버리는 경우가 있었거나, 시급한 것인데도 늑장을 부리고 있었다는 등의, 안타까운 내용들이 자리 잡고 있었다. 이것은 청소년과 청소년사역을 향하신 주님의 뜻이 지엄하신데 교회가 이를 제대로 받들어 섬기지 못하고 있었다는 것과도 같은 뜻으로 읽힐 수 있다. 사역이 제대로 온전히, 성실하게 올곧게 실행되지 않고 있었다는 반증일 수도 있다.

문제는 여기에 있다. 하나님의 뜻하신 일이 하나님의 작업장인 교회와 하나님의 일꾼인 성도들에 의해서 그 뜻하신 바대로 실행되고 있지 않다는 것은 이만저만한 문제가 아니다. 주 예수님께서 '내 교회(마16:18)'라고 지칭하신 교회가, 하나님께서 택하시고 부르셔서 일꾼 삼으신 성도가, 주님께서 명하신 사역을 제대로 깨닫지도 못하고 실행하지도 못하고 있다면 이는 매우 심각한 사태가 아닐 수 없다. 그리스도교회 공동체와 성도가 하나님으로부터 부여받은 존재의미와 가치를, 그 역할기능을 다 감당하지 못한다면, 이는 아버지 하나님께 대한 불효요 주 하나님께 대한 불충이며, 생명을 내주신 그리스도 우리 주 예수님께 대한 배은망덕이 될 것이기 때문이다. 어찌 이것이 작은 일이겠는가. 그리고도 어찌 우리가 온전하기를 바라겠는가. 굵은 베옷을 걸치고 재를 뒤집어써야(에4:1, 사58:5) 마땅하지 않겠는가. 무엇이, 왜, 어디에서부터 잘못된 것인지 그 문제점을 찾아야 하지 않겠는가. 반성과 자책, 회개와 각성, 분발과 분투가 우리들 속에서 '청소년사역의 새 바람'으로 일어나야 하지 않겠는가.

이 '35가지 이유'가 그대로 수용되든지, 좀 가짓수가 많은듯하면 가짓수를 줄여서 그 압축된 내용을 이유로 삼든지, 또는 더 확산해서 더 많은 이유들을 이유로 제시하든지, 그것은 전혀 문제될 것이 없다. 이 '이유'들이 행동의 배경, 실천을 위한 확실하고도 온전한 근거만 된다면 가짓수는 전혀 문제가 아니다. 가짓수가 문제가 아니라 하나님의 뜻을 받들어 섬김이 핵심과제이다. 사역은 '하나님의 뜻을 받들어 섬기는 거룩한 행동'이기 때문이다.

그래서 바라고 또 간절히 기대한다. 이 이유들이 '청소년사역의 새 바람'을 불러일으키는 살아있는 이유들이 되기를, 다시는 청소년사역이 '이유'를 제대로 말할 수 없어서 진땀을 흘리며 서있게 되지 않기를, 사역의 이유가 불명확(불충분)하다는 이유로 더 이상 청소년사역자들이 방황하거나 좌절하지 않게 되기를, 오히려 그 확실한 이유들 때문에 활기를 되찾아 청소년사역이 '성령님의 새 바람'으로 깨어 일어나기를 바란다.

제 2편

청소년사역의 새 불길

오, 생명의 바람이시여
구름을 부르시고,
그 구름
큰 비구름 되어 메마른 땅을 적시고 흘러

에스겔의 성전에서 흘러나오는 물처럼
청소년사역의 빈 들판으로
온 누리로
스미고 넘쳐서

청소년사역의 현장들이 물댄 동산처럼 되살아나게 하시고
거기 생명의 씨알들이
힘 곧은 새싹으로 솟구쳐 올라 자라게 하소서

주님,
이 싹들이 마침내 온 들판에 번져

거기
성령의 바람이 새 불씨를 우리에게 주시면
그 불씨 우리 마음에 점화되어
'청소년사역의 새 지평'을 여는 들불을 지피게 하소서
'청소년사역의 새 불길'이
활활 타오르게 하소서

아멘

노인은 물때에 맞춰 낚싯대를 메고 서둘러 바다로 나갔다. 비바람과 파도가 너무 심해서 이틀을 집안에만 틀어박혀 있었기 때문이다.

노인은 오늘도 그 갯바위 끝 걸상바위에 자리를 잡고 앉았다. 바닷물은 발끝에 닿을 듯 잔잔하게 일렁이고, 물빛은 하늘을 닮아 맑디맑았다. 갈매기 떼가 수면까지 내려와 부지런히 날갯짓을 하는 걸로 보아 오늘은 고기를 많이 낚을 것 같다. 그러면 벌써 수년간 몸져누워 고생하는 아내의 약값을 오늘은 좀 마련할 수도 있을 것이다.

노인은 멀리 수평선 쪽을 바라보면서 깊은 시름에 젖어 들었다. 살아 온 나날들을 뒤돌아보는 노인의 어깨 위에는 늦가을 볕살이 가만히 내려앉아 그를 포근히 감싸고 있었다.

'할아버지, 왜 이러고 계세요?'

갯것들을 하나 가득히 이고 가는 이웃 아낙의 목소리에 소스라쳐 정신을 차리고 보니, 눈앞에는 어느덧 갯벌이 황량하게 드러나 있는 게 아닌가. 시름 속에서 그만 잠이 들어버린 것이었다.

오늘은 낚시고 뭐고 이젠 다 틀렸다.

힘없이 집으로 돌아가는 노인의 등 뒤로 낚싯대만 길게 그림자를 드리우고 있었다.

***

노인이 바다로 나간 것은 고기를 잡기 위함이었고, 그것도 아내의 약값을 마련할 만큼의 많은 고기를 잡으려는 것이었다. 그런데 노인은 고기잡이는커녕 갯바위에 앉아 그만 잠이 들고 말았다. 사랑하는 아내를 위해서 꼭 필요한 일이었는데도 이렇게 어처구니없이 썰물이 다 빠져나가도록 시간만 보내버린 것이다.

　우리는 더러 이 노인과 같이 '목적과 목표'를 잊어먹거나 잃어버린 채로 살 때가 있다. 그래서 아무 유익이나 소득도 없이 시간만 버릴 때가 있다. 사역에서도 그렇다. 사역을 '해야 한다'는 생각도 갖고 있고, '왜 해야 하는가'도 알고 있고, 그것이 '얼마나 중요한 일인가'도 알고 있고, 그래서 사역의 현장에 나가 있기도 하고, 심지어는 땀을 흘리면서 무엇인가 열심히 일을 하기도 하는데, 정작 어느 순간에 사역의 목적과 목표를 잊거나 잃은 나머지 헛수고만 하고 말 때가 있다. 여기에다가 사역의 '내용이나 방향'마저도 잘 모른 채로 일한답시고 이리 뛰고 저리 뛴다면, 그것은 더 더욱 우리의 수고를 헛되게 만들고 말 것이다.

　사역을 한 그루의 나무로 비유한다면 '왜 사역을 해야 하는가'는 뿌리에 해당하고, '무엇을 해야 할 것인가'는 줄기에 해당한다고 할 수 있다. 그러므로 이 '왜'와 '무엇'은 사역의 '뿌리와 줄기', 즉 근간根幹이다.

　나무는 뿌리가 깊고 튼튼해야 하고, 줄기가 굵고 곧아야 나무다운 구실을 제대로 할 수 있다. 튼실한 뿌리와 줄기가 없는 거목은 상상할 수조차도 없다. 사역이라는 나무도 그렇다. 그래서 우리는 제1편에서 청소년이 누군지, 청소년사역이 어떤 것인지, 왜 해야 하는지에 관하여 그 '뿌리'인 '왜'를 살펴본 것이다. 그러는 가운데 청소년사역을 왜 해야 하는지에 관한 확신도 가지게 되었다. 그래서 생명의 성령님의 바람이 교회와 성도를 일깨워 청소년사역에도 '새 바람'이 일게 되기를 기도하면서 제1편을 마무리하였다.

　이렇게 이 글의 서론과도 같은 제1편은 '왜Why'를 주로 다루었다. 그러므로 이제부터는 이 '뿌리'인 '왜'로부터 파생되는 '줄기'인 '무엇What'을 살펴볼 차례다. 그래서 여기 제2편 「청소년사역의 새 불길」에서는 '무엇', 즉 청소년사역이 지향해야 할 일들은 어떤 것이며 무엇을 해야 할 것인지 그 '목적과 목표'를 먼저 분명히 밝혀나가고자 한다. 그런 다음에 끝으로 '굵은 가지들'에 해당하는 '누가Who, 어떻게How', 즉 청소년사역의 내용과 방향 등을 탐색하려고 한다.

그러므로 여기 제2편은 「청소년사역의 새로운 지평」을 열기 위한 이 글의 '줄기'인 본론과, '굵은 가지들'인 결론에 해당한다. 제1편 '청소년사역의 새 바람'을 통해서 얻게 된 확신을 바탕으로, 여기 제2편 「청소년사역의 새 불길」에서는 청소년사역의 목적과 목표를 확실히 세우고, 그 내용과 방향도 분명히 밝혀놓음으로써, 우리의 기도제목을 구체화(체계화, 실체화)하려는 것이다. 그래야 열매를 맺는 '잔가지'에 해당하는 '사역프로그램', 즉 사역의 '행동프로그램action programme'들이 사역의 현장에서 창조적으로 마련되고 실천될 수 있을 것이기 때문이다. (사역의 행동프로그램은 「서문」에서 밝힌 바와 같이 사역자들의 몫이므로, 이 글에서는 다루지 않으려고 한다.)

제1장 청소년사역의 목적과 목표는 무엇인가

제1절 청소년사역의 목적과 목표에 대한 이해
1. 사역의 목적과 목표에 대한 일반적 이해
2. 사역의 목적과 목표를 확인해야 할 필요성과 중요성

제2절 청소년사역의 목적
1. 그리스도교회공동체 사역의 목적
2. 청소년사역의 목적

제3절 청소년사역의 목표
1. 청소년사역의 목표가 지니는 의의
2. 그리스도교회공동체 사역의 목표
3. 청소년사역의 목표들

제1절 청소년사역의 목적과 목표에 대한 이해

1. 사역의 목적과 목표에 대한 일반적 이해

<u>가. 목적과 목표의 개념</u>

소망과 믿음 속에서 싹트는 목적

사전에서 목적purpose/aim은 실현하거나 획득하기 위하여 의도하는 어떤 일(것) 그 자체, 또는 그 의도하는 방향을 말한다. 그리고 그 이루고자하는 일 또는 이루어지기를 바라는 그것의 최종적인 상태를 목적이라고도 한다. 그러므로 목적은 이루어지기를 바라는 소망과 이루어질 수 있으리라는 믿음의 터전 위에서 비롯된다. 예를 들면 행복, 평화, 자유, 번영, 통일 등과 같이 '장차 그렇게 되기를 바라는 것'들이 목적이다. 또는 지금까지는 그렇지 못하였더라도, 앞으로 노력하면 그렇게 되리라는 믿음을 가지고 이를 '이루려고 맘먹은 것'이 목적이다. 이렇게 맘먹은 것을 행동으로 옮기게 되는 그 어떤 이유나 동기가 마침내 도달하게 될 그 맨 끄트머리를 목적이라고 말하기도 한다.

목적은 우연히 또는 돌발적으로 불쑥 나타나는 것이 아니다. 목적은 사람의 마음속에 있다. 목적은 지금 눈에 보이거나 손으로 만져지는 현실이 아니다. 지금은 아니지만 미래 속에서는 그것을 이루거나 얻을 수도 있다. 그래서 어떤 목적을 지닌 사람은 마음속으로 바라는 그 일(그것)을 향한 꿈과 열망을 지니게 된다. 그 꿈과 열망 가운데에서 의도되고 지향하는 바가 뚜렷해진 그 것, 그 바람직한 미래desirable future에 대한 청사진이 곧 목적이다. 그래서 목적은 이 꿈을 이루기 위하여 필연적으로 '행동'을 촉발하게 한다.

목적에 따라 설정된 목표

한편 목표goal는 이 목적을 이루려고 세운 '행동(계획)'의 도달지점이나 실제적이고 구체적인 대상을 말한다. 또는 행동을 통하여 달성(도달)하려는 어떤 일(것)의 최종적인 결과나 수준을 말한다. 가령 '현재보다 50%이상의 청소년사역자 확보'라든지, '5,000명이 먹고 배부를 만한 음식준비'라는 표현에서 보는 것처럼 구체적이고 가시적인 표적이나 표지標識를 설정해놓은 것을 목표라고 한다.

그러니까 목표는 목적을 구현하기 위하여 그 목적에 따라 '미리 설정된(되는) 것(일)'이다. 그래서 목표는 경우에 따라서는 '가시적'일 수도 있다. 예를 들면, 목표를 수치화한 경우라면 우리는 그 목표를 숫자로 읽어볼 수 있다. 도표화한 것이라면 그 목표를 도면으로 본다. 형상화한 것이라면 그 조형물을 통하여 우리는 그 목표를 만져볼 수도 있다. 그러나 목표가 가시적인 요소를 지닌다고 해서, 그 목표가 곧 현실 그 자체는 아니다. 또 모든 목표가 가시적인 것도 아니다. 목표의 실체는 목적과 마찬가지로 미래 속에 있고 우리의 마음 속에 있다.

나. 목적과 목표의 상호관련성

1) 목적과 목표의 공통성과 유사성

사람은 생각하는 존재요, 욕구와 기대를 지니고 사는 실존이다. 그래서 사람이면 누구나 그 무엇인가를 하고자 하고 이루고자 한다. 그 실현하고자 하는 것 또는 획득하고자하는 그 동기나 이유가 구체적으로 추진되어서 마침내 최종적으로 도달할 '그 곳, 그 상태'가 목적이다. 그래서 목적을 지닌 사람은 목적을 구현하려고 행동을 하게 마련인데, 이때 이 행동에 도움이 될 '수단'을 동원하기도 한다. 앞에서 든 예화에서 노인이 바다로 나간 목적은 약값 마련을 위해서, 또는 아내의 병간호를 위해서 '고기를 잡으러' 간 것이었고, 그 목표는 아내의 약값을 마련할 만큼의 '많은 고기'를 잡는 것이었으며, '낚싯대'는 목적이나 목표를 달성하기 위한 수단이었던 것처럼 말이다.

이렇게 목적이나 목표는 현실이 아닌 비현실의 실체들이면서, 둘 다 미래지향, 가치지향, 행동지향이라는 '공통성'을 지닌다. 따라서 목적이나 목표는 '무엇인가 그 의도한 바를 지향한다'는 구체적인 '내용'과 '방향성'을 모두 지니고 있다. 그래서 영어의 object는 목적이나 목표라는 의미로 같이 사용되기도 한다. 왜냐하면, 철학적으로 표현하면 '나<독>Subjekt'의 사고와 행위가 지향하는 그 대상(표상表象)을 객체<독>Objekt라고 하는데, 이 목적과 목표는 사람이 지향하는 바로 그 '대상'인 객체에 해당되기 때문이다. 목적과 목표가 잘 구별되지 않고 혼용되는 이유는 이런 '유사성' 때문이기도 하다.

2) 목적과 목표의 차이점

목적이 목표를 낳고

그렇지만 목적이나 목표 사이의 공통성이나 유사성에도 불구하고 이들은 같은 뜻이 아니다. 서로 그 의미나 내용에 분명한 차이가 있다. 사역의 현장에서도 이 목적과 목표를 정확히 구별하지 못함으로써 사역에 심각한 혼동을 일으키는 때가 많다. 그래서 여기에서는 목적과 목표의 차이점을 자세히 살펴보고자 한다.

목적과 목표의 차이점은 첫째로, 목적은 목표에 앞서서 존재한다. 목적은 의식이나 관념으로 존재한다. 그래서 목적은 대체로 추상적이고 비가시적이다. 이 목적은 '마땅히 필요한 것(본질)'에 대한 소망과, '미래의 어떤 상태(장래)'에 대한 믿음을 바탕으로 다져진 생각이다. 그러므로 목적 안에는 열망이 있다. 생명력이 있고 운동력이 있다. 그래서 목적은 그것을 실현하기 위한 목표를 잉태하고, 그것을 분만한다. 그리고 그 목표를 달성하기 위하여 노력하는 과정에서 목적은 끊임없이 힘을 공급하는 원동력이나 추진력과 같은 역할을 하기도 한다.

예를 들면, '하나님나라의 확장'이라는 목적은 '하나님의 뜻'이다. 그러므로 그것은 마땅히 해야 할 일이다. 그래서 이 목적을 우리에게 안겨주신 주님 안에서, 그 믿음과 열망 안에서 우리는 '세계복음화'라는 꿈을 지니게 된다. 이 꿈이 목표이다.

이 목표는 그 목적에 따라 더 구체적이고 실천적으로 표현된다. 예를 들어서, '세계복음화'는 하루아침에 단번에 이룩되는 것이 아니기 때문에, 우선 여기에는 여러 가지 실천적인 목표가 설정된다. 즉 세계복음화를 위한 베이스캠프base camp를 언제까지, 어디에, 어떤 규모로 설립할 것인지를 계획한다. 이 선교사역에 참여할 역량(인간자원과 기구들)들을 어느 정도 규모로 조직할 것인지를 정한다. 그들을 어느 수준까지 양성하여, 언제, 어디에, 얼마나 파송할 것인지를 계획한다. 선교지out post를 어디에, 어느 정도로 설치할 것인지를 조사하고 선택한다. 현지에서 사용될 성경을 비롯한 문서자료와 선교에 필요한 도구들은 얼마나, 언제까지 준비할 것인지를 결정한다. 사역자와 그 가족들을 어떤 방식, 어느 수준으로 지원할 것인지 등등을 결정한다.

이 모든 것들이 목표설정에 관계되는 일들이다. 그래서 목표는 가시적일 때가 많다. 어떤 때는 구체적인 숫자나 형태 등으로 그 목표가 제시되기도 한다.

목적은 목표에게 의미와 가치를 부여하고

둘째, 목표는 오직 목적에 의해서만 그 존재의 근거를 확보한다. 목적이 목표를 잉태하고 분만하였기 때문이다. 그러므로 목적에 의해서 목표는 의미와 가치도 지니게 된다. '목적이 없는 목표', '목적에서 일탈한 목표'는 참 목표가 아니다. 그것은 뭔가 꿍꿍이속이 있는 목표이거나 허황된 목표일 것이다. 이런 목표는 존재해서는 안 된다. 그렇다고 이런 목표를 정당화하기 위해서 목적을 적절히 꾸며대서도 안 된다. 만약에 그런 목표가 있다면 그것은 맹목이거나 모방에 불과하고, 사이비似而非이거나 허구에 불과할 것이다.

그런데 목적(의식)이 약해지거나 흐려지면 덩달아 목표도 도중에 혼란을 겪게 된다. 더러는 목표를 수정해야 하게 되고, 심지어는 목표 그 자체를 포기하게 될 수도 있다. 어떤 경우에는 그 약해지거나 흐려진 목적의 자리에 목표가 올라서서 '목적노릇'을 하는 경우도 있다. 목적은 간 데 없고 목표만 덩실하게 홀로 서서, '오직 목표달성을 위한 전진!'이라는 저돌적인 모습을 드러내기도 한다. 그렇게 되면 목적지향적인 순수성은 사라지고, 실적위주의 경쟁과 과욕이 대세를 이룬다.

그러므로 확고한 목적이 건재해야 하고, 그 목적에 의한 목표가 견실堅實하게 세워지고, 추진되는 것이 바람직한 일이다. 이런 의미에서, 목적은 목표의 독립변수라고도 이해할 수 있다. 목적에 따라 목표가 그의 영향을 받아 변동하게 되기 때문이다. 그러므로 이 종속변수인 목표가 일관되고 지속적으로 추진되려면, 그의 독립변수인 목적이 확고부동한 것이어야 한다. 목적이 자꾸만 오락가락 변하면 목표도 걷잡을 수 없이 흔들리게 될 것이기 때문이다. 먼저 '목적이 무엇인가'를 분명히 밝혀서 흔들림 없는 목적을 드높이 세워놓아야 할 이유가 여기 있다.

이렇게 목적과 목표는 내용과 수준이 서로 다르면서도 매우 밀접한 관련성이 있다. 목표는 목적에서부터 비롯되어, 그 목적을 구현하기 위한 표적이나 표지 노릇을 한다. 거꾸로 이 목표를 향하여 힘쓰고 애써서 도달하거나 이룩한 그 궁극적인 도달점이나 상태가 곧 목적인 것이다. 그러므로 목적과 목표는 한 계단(사닥다리)의 각 층층다리들과 그 꼭대기(정점)과의 관계와도 같다. 그 정점에 목적이 있고 그 아래에 목표라는 계단이 있어서, 한 체계(구조) 속에서 상호관련성을 지니며 밀접하게 연결되어 있다.

상위의 목적을 위한 하위의 목표

셋째, 목적은 목표에 우선한다. 목적은 목표의 상위개념上位槪念으로서 목표를 잉태하고 이끈다. 목표는 그 목적을 중심으로 그 안에서 전개되고 발전한다. 목표는 끊임없이 목적을 지향하여 나아간다. 그래서 목적의 차원이나 수준이 높으면 높을수록 목표의 수준도 덩달아 높아진다. 목적이 지향하는 바 그 내용이 포괄적이면 포괄적일 수록 그 하위개념下位槪念 목표도 덩달아 훨씬 더 다양한 '내용'과 '구조'를 지니게 된다. 예를 들면 '하나님나라의 확장'이라는 목적은 그 차원이나 수준, 그리고 내용이 모두 매우 고차원적이고 포괄적이다. 따라서 이를 구현하기 위한 목표도 매우 다양해지고, 차원이나 수준도 높아진다. '하나님나라의 확장'을 위해서는 '세계복음화'뿐만 아니라 '정의로운 사회의 구현'이나 '구휼과 이웃사랑의 실천' 등과 같은 수준 높은 과제들도 각각 또 하나의 '목표'들로서 등장할 수 있다. 실제로 세계복음화나 정의구현, 사랑의 실천 등은 그리스도교회 공동체의 사역에서 '목적'이라고 일컬어질 정도의 '수준 높은 목표'들이다.

이때, '세계복음화'를 '목적'으로 일하는 선교단체를 생각해보자. 이 '세계복음화'가 이 단체의 '목적'으로 불리는 것이 뭐 그리 이상할 것 없다. 이는 워낙 '수준 높은 목표'에 해당하는 목표이기 때문에 목표가 '목적'으로 불려도 자연스러울 정도이다. 실제로 이를 위하여 설립된 선교기구(단체)도 얼마든지 많다. 이 선교단체는 '세계복음화라는 목적'을 구현하기 위하여, '목적이 목표를 낳고'에서 예를 들어 설명한 바와 같이 여러 '하위목표'를 설정하고 이를 추진해나갈 것이다. 그런데 여기에서 유의하여 살펴보면, 세계복음화는 '본래의 목적'이 아니다. 세계복음화는 궁극적 목적이 아니라, 그 상위에는 '하나님나라의 확장'이라는 목적이 따로 있다. 이 단체가 내건 '세계복음화'라는 목적은 '하나님나라의 확장'이라는 목적에 비견하면 하나의 '목표'에 불과하다. 그러니까 엄밀한 의미에서 세계복음화는 목적이 아니라 목표이다. 자신에게서 파생된 하위목표들보다는 상위목표이지만, 그의 상위목적(하나님나라의 확장)에 대해서는 여전히 하위개념인 '목표'일뿐이다. 그 상위목적이 하도 높아서 잠시 가려져 있을 뿐, '본래의 목적'은 '하나님나라의 확장'이다.

그리고 여기에서 지금껏 최상위의 목적처럼 여겨졌던 이 '하나님나라의 확장'이라는 크고 높은 목적도, 궁극적으로는 '하나님의 영광, 하나님의 뜻을 이루기 위하여'라는 '궁극목적窮極目的'의 하위목적, 즉 '하나의 목표'에 지나지 않는다. 그러므로 '이것이 궁극목적이다'라고 확신할 만한 최상최고(지고至高)의 목적이 규명되지 않는 한, 마치 '최상위 목적'처럼 여겨지는 그 어떤 목적은 아직 그 위상이 확정된 것이 아니다. 궁극적인 목적이 발견(확정)되어야 그 아래의 하위목적들이 제 위상을 찾게 되는 것이다. '하나님의 영광, 하나님의 뜻을 이루기 위하여'라는 '궁극목적' 앞에서는 '하나님나라의 확장'이라는 수준 높은 목적도 '하나의 목표'에 불과한 것처럼, 목적과 목표 사이에는 확실히 구별되는, 그래서 목표가 목적을 침범할 수 없는 상하개념과 계층(계급)적인 관계가 뚜렷이 존재한다. 이것을 '목적과 목표의 위계적 구조와 질서'[75]라고 한다. 사역에서는 이 위계적 구조와 질서가 엄연히 세워져 있는 것이다.

2. 사역의 목적과 목표를 확인해야 할 필요성과 중요성

사역이 사역답게 되려면 그러므로, 이 사역의 목적과 목표를 '위계적 구조와 질서' 속에서 먼저 확인하고 출발해야 할 필요성과 중요성이 있다. 그것은 사역은 '사역의 위계적 구조와 질서' 속에 있어야 할 사역이기 때문에 이 구조와 질서를 따라 그 목적과 목표가 먼저 확인(확립)되어야 할 것이고, 그 '사역의 목적'은 '하나님께서 이미 정해 놓으신 것'이기 때문에 사역자는 이를 먼저 확인하고 사역에 투신해야 할 것이며, '사역의 목표'도 '하나님의 뜻에 따르는

---

[75] 여기에서 '위계적(位階的) 구조와 질서'라 함은, 위계, 즉 지위나 신분, 계층, 기능 따위의 상하(上下), 서열관계를 나타내는 등급이나 계통을 말하는데, 사역에서도 목적과 목표 사이에는 이런 위계적인 관계(구조와 질서), 즉 상하의 서열관계가 있음을 나타낸다.

목표'이어야 할 것이므로, 이것도 미리 확인하고 사역에 착수해야 할 필요가 있기 때문이다. 이러한 필요성과 중요성을 좀 더 자세히 살펴보자.

가. '사역의 위계적 구조와 질서' 속에 있어야 할 사역이므로

무릇 어떤 일의 목적이나 목표는 그 안에 위계적 구조와 질서가 있다. 그 구조와 질서의 맨 위에는 '궁극목적(최상위목적)'이 있고, 그 궁극목적에서 파생된 '목표'들이 상위목적인 궁극목적을 위하여, 또는 그 아래에서 목적을 떠받든다. '하나님의 영광, 하나님의 뜻을 이루기 위하여'라는 궁극목적을 향하여 그 아래로 '하나님나라의 확장'이라는 목표가 떠받들고 있듯이 말이다.

그리고 그 파생된 목표들은 각각 그의 상위목적에 대한 '차하위次下位(한 단계 아래) 개념의 목적'이 된다. 그 목표가 자신보다 한 단계 더 아래의 목표에 대해서는 '목적'노릇을 하게 된다는 뜻이다. 목표이었던 '하나님나라의 확장'이 한 단계 아래의 목표에 대해서는 차하위 '목적'이 되고, 이 '하나님나라의 확장'이라는 '목적'을 위하여 '세계복음화'라는 '목표'가 떠받들고 있듯이 말이다. 그래서 이 '차하위 목적'들은 또다시 자신 보다 더 구체적이고 실천적인 '차차하위목표次次下位目標'들을 낳는다. '세계복음화' → '청소년선교사역의 강화' → '청소년 일꾼 만들기'와 같이 확장되는 것이다.

이렇게 목적이 목표를 낳고, 그 목표가 '차하위 목적'처럼 되어 그 보다 낮은 단계의 목표들을 낳고, 또 낳으면서 아래로 내려간다. 그러면서 목적과 목표들 사이에는 궁극목적을 정점으로 그의 틀(구조와 질서) 안에서 사닥다리처럼, 피라미드처럼 하나의 유기적인 상하관계가 형성된다. 이 위계적 구조와 질서에 따라 하위목표는 상위목적의 구현을 위하여 힘을 다해 나아가야 한다. '하나의 궁극목적'을 향하여 한 방향의 목표를 세우고 상위목적을 향하여 나아가야 한다. 이것이 순리順理이다.

그리스도교회 공동체 사역의 경우는 더욱 그렇다. '하나님의 영광, 하나님의 뜻을 이루기 위하여'라는 궁극목적을 향하여, 소망과 믿음 가운데 질서정연하게 그 '받들어 섬김으로서의 사역'이 전개되어야 한다. '하나님의 영광, 하나님의 뜻을 이루기 위하여'라는 궁극목적을 향하여 '하나님나라의 확장' ← '세계복음화' ← '청소년선교사역의 강화' ← '청소년 일꾼 만들기'와 같은 하위목표들이, 위계적 구조와 질서에 따라 하나의 '연결고리'를 이루어 최상위의 목적인 궁극목적을 향하여 나아가야 한다.

사역의 현장에서 목적을 잊지 말아야

그런데 사역의 '현장'에서 더러는 목적과 목표의 위계적 상하관계는 아래로 내려갈수록 뒤섞여버리는 경우가 있다. 그래서 상위목적과 하위목표들 사이의 상하관계에 혼선이 빚어지고, 어느 것이 목적이고 목표인지 구별이 잘 되지 않는 문제를 일으키기도 한다.

예를 들어서, 국가가 '가난을 물리치고 모두가 부유하게 잘 사는 나라를 건설'하기 위하여 경제개발계획을 추진한다고 하자. 정부는 물론, 기업과 개인도 모두 이 목적을 달성하기 위하여 힘과 뜻을 한데 모은다. 그래서 경제개발계획은 순조롭게 진행되고, 부富의 창출이 가시화되고, 국민소득이 향상되고, 그래서 통계상으로 국가는 부유하게 되었다고 하자.

그런데 그 개발과 발전의 한쪽에는 빈익빈 부익부현상이 날로 심화되고 있었다. 그러함에도 국가는 국가대로 '경제성장이 이 정도인데 '빈익빈'이라니 그게 무슨 소리냐'라면서 나 몰라라 하고, 기업이나 개인들도 저마다 자기에게 돌아오는 소득에 눈이 어두워 나 몰라라 한다. 결국 모두가 자기 유익에만 관심을 쏟다보니 '가난의 퇴치'와 '모두가 잘 사는 사회의 구현'이라는 본래의 목적을 망각하고 만다.

이러한 현상은 목적과 목표가 그의 '현장'에서 제대로 그 위계적 질서와 구조를 확보하지 못한 데에서 비롯된 것이다. 목적을 망각한 채로 오로지 목표만 바라보고 그것을 추구하였기 때문이다. 그러므로 목적과 목표를 분명히 하는 것, 그리고 '목적에 부합되는 목표의 설정과 추진'이라는 과제는 매우 중요하고 필요한 일인 것이다.

그래서 성경은 여기저기에서 일꾼들이 현장에서 궁극목적(상위목적)을 잊지 말라고 당부하신다. '너희가 이것을 기록하라', '부지런히 가르치라'고 말씀하시면서 사역의 목적과 목표를 확인해야 할 필요성과 중요성을 강조하신다. 사역의 목표가 목적을 받들어 섬기지 않고 목표 그 자체만을 위해서 나아가면 '하나님의 뜻' 즉 목적에서 벗어날 수 있고, 그렇게 되면 그것은 사역이라는 영역을 벗어난 '사람의 뜻, 사람의 일'로 변질될 수 있기 때문에 사역은 반드시 '하나님의 뜻에 합치되는 위계적 구조와 질서 속에 있어야 한다.

나. 이미 정해져 있는 '사역의 목적'이기에

'사역의 목적'은 절대적인 불가항력이므로

그리스도교회 공동체 '사역의 목적'은 하나님으로부터 이미 주어진 것, 즉 하나님께서 이미 표명해놓으신 것이다. 그것은 누군가에 의해서 오래도록 탐색되고, 사변적思辨的 논리에 따라 검토에 검증을 거듭한 끝에 세워진 그런 인위적 결과물이 아니다. '하나님의 뜻(막3:35, 요7:17, 롬8:27, 히10:36)'이 곧 사역의 이유와 동기요, 사역의 에너지요, 궁극적 목적이다. 이 '하나님의 뜻'은 창조주이시며 역사의 주관자이시고 심판하실 주님이신 우리 주 아버지 하나님의 뜻이다. 또한 성자 하나님이신 그리스도 우리 주 예수님의 뜻이다. 그리고 오늘, 여기, 우리 안에서 역사役事하시는 주 성령 하나님의 뜻이다. 그러므로 그리스도교회 공동체의 '사역의 목적'은 절대적인absolute 것이고, 사람이 마음대로 바꿀 수 없는 불가항력적인inevitability 것이다.

우리는 성삼위일체이신 '하나님의 뜻' 때문에 사역(성역)에 부르심을 받아 쓰이는 것이고, 이 '하나님의 뜻'을 따라 일하게 되는 것이고, 그 뜻 안에서 힘을 얻어 헌신과 인내와 충성으로써 주신 목적과 목표를 위하여(향하여) 앞으로 나아가는 것이다.

'하나님의 뜻'이 '사람의 뜻'으로 전승되었으므로

주 성령님의 역사하심에 따라 우리가 이 '하나님의 뜻'을 올바로 깨닫고(발견하고), 이를 '나(우리)의 목적'으로 받아들이고(설정하고), 이를 구현하고자 결단한 그곳에 '사역의 목적'이 있다. '하나님의 뜻'이 하나님의 자녀요 동역자인 '사람의 뜻'으로 전이되고 계승된 것이 곧 '사역의 목적'이다. 이렇게 사역의 목적은 인위적인 것이 아니라 천부적인 것이다. 그 목적은 다름 아닌 '하나님의 목적(눅7:30, 행13:36)' 그 자체이다. 그래서 하나님께서도 이 목적을 이루시기 위해서 손수 일하시고, 천사나 지으신 만물을, 그리고 사람을 들어 쓰신다.

바로 이렇게 하나님께서 사람을 통해서 그 뜻을 이루기 위하여 부르시고 명하시는 것이 '사역'이고, 하나님께서 명하신 바가 곧 '사역의 목적'이다. 따라서 '하나님의 목적'에서 비롯된 사역은 사람의 의지에 의한 것이 아니다. 하나님의 뜻이 사람의 의지를 좌우하셔서 '사람의 뜻'으로 자리 잡도록 하신 것이 바로 '사역의 목적'이다. 그래서 성경은 "사람의 마음에는 많은 계획이 있어도 오직 여호와의 뜻만이 완전히 서리라(잠19:21)."라고 강조하신다.

그러니까 우리가 '하나님의 일, 하나님나라의 일인 사역'에 헌신하고 있다는 사실에 대하여 으스대거나 우쭐댈 만한 아무런 이유가 없다. 그것은 나의 의지, 나의 결단에 의한 것이 아니기 때문이다. 나의 힘이나 능력으로 되는 것이 아니고, 우리를 쓰시는 성령님의 역사하심에 좌우되고 있을 뿐이기 때문이다(슥4:6). 그래서 '우리가 주 우리 하나님께 쓰임을 받고 있다'는 사실에 한없이 기쁘고, 감사하고, 감격하고, '하나님 앞에 서있다'는 사실 때문에 두렵고 떨리는 것이다.

우리의 헌신과 인내와, 충성과 자기부정self-denial과 희생은 이런 상황에서부터 저절로 우러나올 수밖에 없다. 내가 뭐 그리 대단한 것이 결코 아니다. 사역에 대한 나의 결단이나 의지나 행위도, 애당초 성령님께서 우리를 그렇게 이끄신 것에 불과하다. 그러므로 권두성구에도 밝혀두었듯이, 주님 앞에서 아무 자랑할 것 없는 우리들이다. 자랑하려면 우리 주님을 높여야 한다. 오직 우리는 '주님의 뜻' 앞에 허리를 동여매고 서있을 뿐(눅17:7-10)이고, 그 '주님의 뜻' 즉 '사역의 목적'을 제대로 헤아리기 위하여 무릎을 꿇어야 한다.

다. '하나님의 뜻'에 따른 '사역의 목표'이므로

하나님께서 일러주신 목표이므로

'하나님의 뜻(목적)'에 따라 이 목적을 구현하기 위하여 그 하위개념인 '사역의 목표'가 설정되는데, 이는 당연히 하나님의 궁극목적을 향하여 나아가는 그 길 위에 설정되어야 한다. 그런데 엄밀한 의미에서 이 '사역의 목표'도 사람(일꾼)이 설정하는 것이 아니다. '사역의 목표' 중에는 첫째, 하나님께서 직접 말씀하셔서 성경에 기록되어 있는 목표도 있다. 즉, '이것이 나의 뜻인즉…….' '내가 명하노니…….' '너희는 이렇게 하라.'는 등의 말씀들과 같이, 하나님께서 친히 구체적으로 말씀하신(해놓으신) 목표가 있다. 둘째, 하나님의 뜻, 즉 '궁극목적' 속에 담겨있는 하나님의 뜻을 우리가 성경말씀과 성령님의 역사하심에 따라 헤아려서, 이를 당위적인 지향점으로 삼아 '사역의 목표'로 구체화한 것도 있다.

이렇게 하나님께서는 우리가 지향할 사역의 목표까지도 우리에게 미리 자상히 일러주셨다. 그러므로 본질적으로 사역의 목표는 사람이 세운 것이 아니다. 하나님으로부터 비롯된 목표이다. 이 목표 중에는 사람이 지향할 수 없는 것도 있다. 가령 '그리스도의 십자가 희생을 통한 인류구원'이라는, 그 상상조차도 할 수 없는 원대하고도 경이로운 '초인간적 목표'를 생각해보라. 어찌 인간이 감히 이런 엄청난 '계획'을 꿈이라도 꿀 수 있겠는가. 이는 하나님께서만 세우실 수 있는 목표로서, 인간이 감히 접근할 수 없는, '사랑과 공의의 하나님만의 거룩한 목표'이다.

그런가 하면 하나님의 자녀요 동역자인 사람에게 위임하셔서 사람이 목표를 설정하는 경우도 있다. 그러나 그렇다고 해서 '목적은 하나님께로부터 왔지만, 목표는 우리가 설정하는 것'이라고 단정해버린다면 이는 방자하고 오만한 태도이다. 목적이 하나님께로부터 나왔으므로, 목표도 '목적하신 하나님의 뜻'에 합치되게 세움이 당연하고도 마땅한 일이다. 하나님께서 미리 말씀을 통하여 그 목표를 지정하시거나 지침을 주셨기 때문이다. 그것을 우리가 위임받아 주님의 뜻을 받들어 목표를 설정하는 것일 뿐이다. 그리고 어찌 하나님께서 이 중요한 일을 우리에게만 맡겨두시겠는가. 친히 함께하시지 않으시겠는가. 하나님께서 우리를 통하여(우리를 들어 쓰셔서) 목표를 설정하셨다면, 이것을 어찌 '우리가 한 일'이라고 말할 수 있겠는가. 우리는 '도구'에 불과할 뿐이다.

그러므로 사역의 목표는 하나님의 목적에 근거한 것이어야 하고, 그 목적과 '동질성의 맥락'을 고스란히 유지해야 하는 것이 마땅하다. 이렇게 '하나님께서 미리 세우신 목표'를 그대로 받들어 섬기는 것이 '사역'이고, 그 목표가 우리들의 '사역의 목표'이어야 한다.

하나님의 성역에 쓰임 받는 일꾼으로서

이렇게 사역의 목적과 목표는 하나님께서 세우시고 하나님께로부터 사람에게 주어진 것이다. 그것은 사역 그 자체가 '하나님의 부르심과 명하심'에 대한 '받들어 섬기는 행위', 즉 '하나님의 뜻'에 대한 순종과 봉사라는 것과도 맥락을 같이한다. 이렇게 하나님께서 세우시고 사람에게 가르쳐 주신 목적과 목표를 인간의 언어와 문자로 명료화하고 구체화하는 것은 사람의 몫이다. 그래서 하나님께서는 사람에게 '기록하라'하시고 '가르쳐 지키게 하라'고 분부하셨다.

목적과 목표를 비전vision화(가시화/실체화)하는 것을 사람의 몫으로 돌리신 것은 하나님께서 우리를 하나님의 일꾼으로 쓰시겠다는 높으신 뜻이 담겨 있음을 알 수 있다. 인간에게 최초로 율법과 계명을 주실 때 하나님께서는 손수 만드신 돌판 위에 이 계명들을 친히 기록하셨다(출24:12, 32:15-16). 그런데 모세가 산 아래로 내려와서 부패한 백성들을 향하여 그 판들을 던져 깨뜨려버렸다(출32:19). 하나님께서 다시 이 언약의 말씀 곧 십계명을 주실 때에는 모세로 하여금 그 돌판을 깎아 만들게 하시고, 거기에 하나님께서 처음 것과 같은 말씀을 친히 기록하셨다(출34:1, 28). 하나님의 성역聖役The Holy Work에 사람을 '일꾼(동역자)'으로 참여시키신 것이다.

이처럼 하나님께서는 애당초 우리를 '하나님의 동역자coworker'로 지으셨다. 그리고 죄와 사망 가운데에서부터 그리스도의 십자가 희생을 통하여 구원하심의 은혜를 입어 새 사람이 된 후에도, 여전히 우리를 '그리스도의 일꾼(고전 4:1)'으로 쓰고 계신다.

목적과 목표의 동질성을 유지하면서

이와 같이 '사역의 목표'를 설정하는 대목에서는 '하나님의 뜻' 안에서 사람의 의지와 판단이 작용하는 부분이 있게 된다. 바로 여기에서 특히 유념해야 할 점은, 이 목적과 목표가 하나님께로부터 주어진 것이므로, 사역의 목표를 설정하는 과정에서 사람이 임의로 그 목적과 목표를 변질시키거나 훼손시켜서는 안 된다는 것이다. 사역의 목표를 설정한다는 것은 엄밀한 의미에서 하나님께서 미리 세우신 목표를 인간의 언어나 문자로 '옮겨 쓰는 일'에 지나지 않기 때문이다. 필사자筆寫者가 원본의 내용이나 뜻을 임의로 변경(변질)시켜서는 안 되는 것과 같다. 그러므로 하나님의 뜻을 전승(계승)하는 과정에서 그 뜻하신 바를 그대로 전해 받아야 하는 것은 너무도 당연하다.

그런데도 사람은 더러 실수로, 심지어는 고의로 하나님의 뜻을 거스르거나 왜곡하는 경우가 있다. 이와 같이 우리는 목적을 망각해버리고 목표도 임의로 수정해버릴 수 있는 존재들임을 각별히 유념하고 경계해야 할 것이다. 그리고 그럴수록 우리는 상위목적과 하위목표 사이에 위계적 구조와 질서뿐만 아니라 '내용의 동질성'이 확보되도록 살피고, 지키고, 힘써야 한다. 이스라엘 백성들은 하나님의 선민選民이었다. 하나님께서는 그들을 '하나님의 백성(신 27:9)'으로 삼으시고 그들을 통하여 '하나님의 뜻'을 이루려 하셨다. 그래서 노예생활을 하던 그들을 이집트에서 이끌어내시고, 광야에서 단련을 시키신 후 약속의 땅 가나안을 허락하시고 거기 들어가 살도록 이끄셨다. 처음에 그들은 여호수아를 중심으로 일치단결하여 하나님의 뜻을 따라 가나안을 승승장구 점령해들어 갔다. 하나님께서 함께하셨기 때문이다(수10:42). 그러나 가나안정복을 이룬 후에(수22:45), 이스라엘 백성들은 점차 '하나님의 뜻'을 벗어나기 시작했다. 가나안정복이라는 목적과 목표도 변질되어 갔다. 여호수아가 죽은 후에 태어난 세대들은 여호와를 알지도 못하고, 그 뜻하신 바도 몰랐다. 그러니 '하나님의 뜻'을 따라 살기는커녕, 오히려 여호와의 목전에서 악을 행하고 하나님 여호와를 버리고 다른 신들을 좇아 그들에게 절하였다. 그리하여 결국 여호와를 진노하시게 하였다(삿2:10-15). 이것은 "그러므로 스스로 조심하여 너희 하나님 여호와를 사랑하라(수23:11)."라고 하시는 당부의 말씀을 잊은 때문이다.

그렇다. 이렇게 사람의 의지는 허약할 뿐 아니라, 우리는 사악하고 어두운 세력들로부터 언제든지 하나님을 배반하도록 꼬드김을 당할 수도 있는 나약한 존재들임을 기억해야 한다. 따라서 '하나님중심, 성경말씀중심, 그리스도의 몸인 교회중심의 사역'에 초점을 맞춰서 사역의 목적과 목표를 항상 확인하고 이를 따라 실행하는 것은, 사역의 기본적인 전제요 원칙임을 잊지 말아야 할 것이다.

제2절 청소년사역의 목적

1. 그리스도교회 공동체 사역의 목적

여기에서는 제1절에서 살펴 본 사역의 목적과 목표에 대한 일반적 이해를 바탕으로 청소년사역의 '목적'부터 명확히 규명하고자 한다. 그런데 청소년사역의 목적을 규명하기 위해서는 그 상위의 사역인 '그리스도교회 공동체 사역의 목적과 목표'를 먼저 살펴야 한다. 그것은 다음의 <표 8> '청소년사역의 목적 탐색'에서와 같이, 사역의 위계적 구조와 질서에 따라 상위개념인 '그리스도교회 공동체 사역의 목적이나 목표'를 먼저 살피고, 그 다음에 그 하위개념인 '청소년사역의 목적과 목표'를 살피는 것이 옳은 순서이기 때문이다.

표 8 청소년사역의 목적 탐색

하나님의 목적하심 ↓↑	사역의 궁극적 원인 ↓↓ 사역의 궁극적 목적 ↓↑ 사역의 실천적 목적 ↓↑
하나님의 뜻이 지상교회로 계승	그리스도의 사역 ↓↓

```
           ↓↑              <그리스도교회 공동체 사역의 목적>
                                      ↓↑
     그리스도교회             (그리스도교회 공동체 사역의 목표)
      공동체와                          ↓↑
     청소년사역               <청소년사역의 목적>
                                      ↓↑
                           (청소년사역의 목표)
                           (괄호 속의 목표들은 제3절에서 파악할
                                    것들임)
```

갈릴리공방/청소년사역연구개발원

가. 하나님에 의해서 비롯된 사역

하나님이 궁극적 원인

사람은 자기 나름대로 어떤 것을 목적으로 삼기도 하고, 그 목적에 따라 목표를 설정해가면서 살아가기 마련이다. 그러다 보니 일의 목적이나 목표를 설정하는 것은 당연히 그 일을 하고자 하는 사람의 몫으로 여겨지게 된다. 그래서 하나님의 뜻을 받들어 섬기는 사역에서조차도 별다른 생각 없이 사역의 목적과 목표를 사람들이 '창안'하거나 '설정'하려든다. 만약에 이 사역의 목적과 목표를 사람이 그의 지혜나 경험이나 지식으로 창안하거나, 자기(들)의 필요에 따라 설정해내려고 한다면, 그것은 한갓 헛된 인간사人間事에 지나지 않게 된다. 그것은 하나님의 뜻을 거스르는 짓이다. '사역의 목적과 목표는 그 본질적 연원origin이 하나님 안에, 그 말씀 안에 이미 정해져있는 것'이기 때문에, 결코 사람이 지어내는 인조물일 수 없다.

사역은 그 자체가 하나님에 의해서 비롯된 일이다. 사람은 물론, 천지와 만물은 태초에 '하나님의 작정作定'하심에 따라 창조되었다. 하나님께서는 '하나님의 뜻'에 따라 '하나님의 영광'을 위하여 '영원한 목적'을 가지시고 이 모든 것들을 지으셨다. 그리고 그 목적하신 바를 이루시는 데에 쓰시기 위하여 특별히 사람(아담)을 지으셔서 '하나님의 일꾼'으로 삼고자 하셨다(창1:26-28).

이렇게 사람과 사역은 하나님으로부터 비롯된 것이다. 그러므로 '주 하나님(창2:4)'께서 사역의 궁극인窮極因,[76] 즉 궁극적 원인(이유)이 되신다.

그러니까 사역은 하나님 안에서만(하나님과의 관계 속에서만) 존재한다. 하나님의 뜻하신 바, 그 뜻 안에서만 사역일 수 있다. 더군다나 이 사역은 하나님께서 사람과 함께하시는 일이고 친히 주관하시는 일이므로, 그 자체가 거룩하신 하나님의 일인 성역聖役이다. 세상사와는 확연히 구별되어야 하는 하나님 나라의 일이다. 그리스도교회 공동체 사역의 목적과 목표도 오직 '사역의 궁극인'이신 하나님께로부터 비롯되고, 그 안에서만 존재하고, 하나님에게서 완성될 뿐이다. 청소년사역도 마찬가지로, 그 목적도 하나님의 뜻이 담긴 말씀 안에서 발견되고 그 말씀에 따라 실체화되어야 한다. 그것은 성령님의 인도하심으로 기도하는 가운데 확신으로 다가오는 '말씀 속의 목적이고 목표'이어야 한다. 그 말씀은 곧 성경이다.

'하나님의 뜻'이 사역의 동인

하나님께서는 하나님의 형상과 모양대로 손수 사람을 빚어 만드시고, 생령이 되게 하시고 이 사람을 하나님의 일꾼으로 삼으셨다(창1:26-28, 2:7). 그리고 사람을 향하신 '하나님의 뜻'을 사람의 귀에 들려주셔서. 이 '뜻'이 곧 사람의 사는 이유(목적)가 되게 하셨다. 그러니까 사람이 스스로 하나님을 섬기기로 작정하거나, 그 받들어 섬김(사역)의 이유를 스스로 창안하거나 설정한 것이 아니다. 오히려 사람 그 자체가 처음부터 하나님에 의해서 비롯되었고, 그 '하나님의 뜻' 안에서 삶(사역)의 이유(목적과 목표)도 미리 정해져있었다. 이렇게 사역의 목적과 목표가 '하나님의 뜻'에 따라 미리 정해진 것이므로, 사역의 동인動因도 '하나님의 뜻'에 의한 것이다.

여기에는 하나님의 일꾼인 사람이 그 부르시고 명령하신 뜻에 대하여 온전

---

[76] '궁극인'(窮極因)이란 어떤 과정의 마지막이나 끝에 해당하는 원인(final cause) 즉 가장 본질적이며 핵심적인 원인이나 그 근본을 말하는데, 여기에서는 태초에 하나님께서 지니셨던 그 '작정'하심이 곧 인간과 사역의 궁극적 원인(이유)가 된다는 뜻이다.

히 순종(받듦)하고 봉사(섬김)하려는 각성과 분발과 결단도 필요하다. 그러나 그렇다고 인간적 의지나 결단이 곧 사역의 동인이 되는 것이 아니라, '주 하나님the Lord God의 뜻'이 사역의 근본원인이 되어야 한다는 것을 잊지 말아야 한다.

이집트의 왕궁에서 성장한 모세는 나이 40세가 되어 그곳에서 종살이하고 있는 그의 형제 이스라엘 자손을 돌아볼 마음을 품게 되었다. 그럴 즈음에 어떤 이집트사람이 동족 히브리사람을 치는 것을 보았다. 모세는 그 이집트사람을 죽였다. 그는 그 보복을 당연한 것으로 여겼다. 모세는 이 사건을 바라본 동족들이 '하나님께서 모세의 손을 빌어 우리를 구원해주시려나 보다'라고 생각했을 것으로 판단했는지도 모른다. 그러나 그것은 '모세의 생각'일 뿐이었다. 오히려 그는 바로의 징벌을 피하기 위하여 미디안으로 피신하는 신세가 되었다(출2:11-15, 행7:22-29). 모세는 '하나님께서 부르시고 들어 쓰실 때까지' 40년 동안을 그곳 미디안에서 나그네처럼 지내야 했다(출3:4-10, 행7:30-38).

청년 사울은 스데반집사가 그리스도 우리 주 예수님의 복음을 전하다가 성 밖에서 돌에 맞아 순교하는 것을 마땅한 것으로 여겼다. 그는 '예수의 복음'을 전하는 교회를 진멸하기 위하여 앞장섰다. 그는 성도들을 잡아다가 감옥에 넘겼다. 그런데도 예루살렘에서 핍박을 피해 '흩어진 사람들Diaspora'은 각 지역을 두루 다니며 복음을 전파하였다(행7:54-8:8). 그는 이들을 체포하려고 예루살렘에서 240km나 떨어진 다메섹으로 뒤쫓아 갔다. 그는 이렇게 하는 것이 '하나님사랑'이라고 믿었다. 그러나 사울은 다메섹 가까운 곳에서 '그가 핍박하던 예수'를 만나 엎드려지고 만다(행9:1-9). '주님을 만난 사울'은 마침내 '성령이 충만한 바울'이 되어(행13:9) 주 예수의 이름을 전하는 주님의 '택한 그릇'이 된다(행9:15).

이와 같이 사역은 인간의 의지나 판단에 의한 것이 아니다. 성자 하나님이신 그리스도 우리 주 예수님께서도 "내가 스스로 온 것이 아니니라. 나를 보내신 이는 참되시니, 너희는 그를 알지 못하나 나는 그를 아노니, 이는 내가 그에게서 났고, 그가 나를 보내셨음이라."라고 외쳐 이르셨다(요7:28-29). 그런데 하물며 피조물인 사람들이 '하나님의 일인 사역'을 스스로 '결단'한다고 말할 수 있겠는가.

그러므로 여기에서 우리가 사역의 목적을 탐색하는 일도 인간의 창작활동이 아니라 하나님의 말씀 안에서 발견되는 것, 하나님의 음성을 듣는 것이어야 한다. '나는 선한 목자라. ……내 양은 내 음성을 들으며(요10:14, 27)'라고 말씀하시던 그 주님의 음성을 듣고 한 무리가 되어 한 목자에게 있는 것(요10:16)이 올바른 모습이다. 이렇게 사역은 내가 스스로 알아서 하는 것이 아니라, 주님의 말씀(뜻)을 순종하고 봉사하는 것, 즉 '하나님께 쓰임 받는 것'일 뿐이다.

나. 사역의 궁극적 목적

그러면 그 '사역의 목적'이란 것은 구체적으로 무엇일까. 이를 위해서는 먼저 '하나님의 뜻하심'이 무엇인지를 살피는 것이 가장 앞서야 한다. 그래서 하나님의 절대적이고 불가항력적인 최상위 목적인 궁극목적Ultimate Purpose과, '그 궁극목적에 이어지는 목적들the Practical Aims'을 각각 '궁극적 목적'과 '실천적 목적'으로 나누어 살펴보려고 한다. 그래야 그 하위 목적과 목표들을 단계적으로 파악해 내려갈 수 있을 것이기 때문이다.

1) 궁극적 목적1: '하나님의 영광을 위하여'

창조주 하나님의 예정과 선택과 섭리에 따라

사람은 하나님의 예정과 선택과 섭리에 따라 창조된 존재이다. 사람이 존재하게 된 경위와 그 이유는 '하나님의 뜻하심' 그 안에서 비롯된 것이므로, 사람은 하나님에 의해서 '삶의 목적이 주어진 실존'이다. 하나님께서는 '미리 정하신 목적(예정predestination)'에 따라 하나님께서 원하시는 모습과 용도로 사람을 지으셨다. 그리고 하나님의 뜻에 따라 우리를 일꾼으로 선택choice하셨고, 그의 섭리providence하심에 따라 오늘도 주님께서 필요하신 곳에서 사람을 '일꾼'이나 '도구'로 들어 쓰신다. 하나님께서는 이렇게 사람을 매우 값어치 있는 존재로 삼아주셨다. 전능하시고 거룩하신 하나님의 은혜와 영적인 복을 우리가 일방적으로 받아 누리게 된 것이다.

"우리 주 예수 그리스도의 아버지 되시는 하나님께 한없는 찬양을 드립니다. 하나님께서는 하늘의 온갖 영적인 복을 그리스도께 속한 우리에게 베풀어주셨습니다. 하나님께서는 이 세상을 창조하시기 전에 이미 '그리스도를 통해 이룰 일'을 정하시고, 우리를 하나님의 것으로 택하셨습니다. 그리고 우리를 친히 보시기에 한 점 흠이 없는 거룩한 사람으로 만들려고 작정하셨습니다. 하나님 앞에 서있는 우리는 그분의 사랑 속에 싸여 있는 것입니다. 하나님의 뜻은, 예수 그리스도를 보내, 우리 대신 죽게 하시어, 우리를 하나님의 가족 his sons으로 삼아주시는 일이었습니다. 그리고 하나님께서는 원하시는 대로 이 계획을 실천하셨습니다(<현대> 엡1:3-5)."

이렇게 우리는 하나님의 뜻하신 바대로, 하나님의 은혜로 '목적이 있는 존재'로 태어났을 뿐만 아니라 하나님의 '은혜를 입은 존재'들로 하나님 앞에 서 있다. 그러므로 사람이 사는 이유도 하나님의 뜻 안에서 찾아야 마땅하고, 그 목적도 하나님을 향하여 있어야 옳다. 그것은 마치 어떤 제품이 생산자가 의도한대로 만들어지고 사용되는 것과도 같다. 그 제품은 스스로 자신의 용도나 기능을 선택하거나 변경할 수 없다. "이 사람아, 네가 누구이기에 감히 하나님께 반문하느냐. 지음을 받은 물건이 지은 자에게 어찌 나를 이같이 만들었느냐 말하겠느냐(롬9:20)."라는 말씀처럼 불평할 수도 없다. 더더군다나 거부할 수도 없다. 만약 제품이 생산자의 의도대로 작동을 하지 않거나 엉뚱하게 움직여버린다면, 그것은 고장이 난 것이다. 고장 난 제품은 수리를 당하거나 폐기되고 만다. '토기장이가 진흙을 밟음같이(사41:25)' 짓이겨 질 수도 있다.

그러므로 "여호와여, 이제 주는 우리 아버지시니이다. 우리는 진흙이요, 주는 토기장이시니, 우리는 다 주의 손으로 지으신 것이니이다(사64:8)."라는 말씀처럼 우리는 하나님께서 창조하신 사람이다. 이 피조물이 스스로의 존재 목적이나 이유를 인간(자기)중심적으로 파악하려한다면, 그것은 자신의 본질과 실체를 잘못 파악한 것, 또는 자신을 제대로 알지도 못한 데에서 비롯된 것이다. 그것은 창조주(생산자)의 권능과 의지(제작의도)로부터, 그 창조질서(제품의 용도)로부터 한참 벗어난 것, 그래서 고장이 난 것이다.

오직 하나님께서 미리 정하신 목적과 선택과 섭리 안에서, 그 은혜 안에서 사람은 사람다움의 참 모습을 지니게 되고, 사람구실도 제대로 하게 된다. 이 '섭리攝理'는 '하나님께서 항상 지니고 계신 전능하신 능력'으로서, 하나님께서는 그것으로 하늘과 땅과 모든 만물을 붙드시고 다스리시기 때문이다「하이델베르크 교리문답Heidelberg Catechism」 제10주 27). 그러므로 사람은 하나님께서 작정하신 바대로 그의 뜻을 바로 깨닫고, 그 뜻을 따라 살기에 힘써야 옳다.

인간의 목적

그렇다면 '하나님께서 뜻하신 것'은 무엇인가. "하나님께서는 모든 지혜와 총명을 갖게 하는 풍성한 은혜를 주셨습니다. 그리스도를 보내신 심오한 뜻을 우리에게 알리셨습니다. 하나님이 은혜로 오래 전에 정하신 그 계획은, 때가 차면 하나님께서 우리를 하늘에 있든지 땅에 있든지 사방에서 모아, 영원히 그리스도 안에서 하나님과 함께 있게(<공동> 모든 것이 그리스도를 머리로 하고 하나가 되게, <개역> 다 그리스도 안에서 통일되게) 하시려는 것입니다. 이처럼 모든 일을 뜻대로 이루시는 하나님의 그 계획에 따라, 우리는 처음부터 하나님의 것으로 선택되었습니다. 하나님께서 이런 계획을 세우신 것은 우리가 하나님을 찬양하고, 우리를 위해 이와 같이 위대한 일을 하신 분이 하나님임을 깨달아 하나님께 영광을 돌리게 하시려는 것입니다(<현대> 엡1:8-12)."

이와 같이 하나님께서는 '하나님의 영광을 위하여' 사람을 지으셨고 일꾼으로도 쓰신다. 그래서 "하늘을 창조하여 펴시고 땅과 그 소산을 내시며, 땅 위의 백성에게 호흡을 주시며, 땅에 행하는 자에게 영을 주시는 하나님 여호와께서 이같이 말씀하시되……. 나는 여호와이니, 이는 내 이름이라. 나는 내 영광을 다른 자에게, 내 찬송을 우상에게 주지 아니하리라(사42:5, 8)."라고 하셨다. 그리고 "내 이름으로 불리는 모든 자 곧 내가 내 영광을 위하여 창조한 자를 오게 하라. 그를 내가 지었고, 그를 내가 만들었느니라(사43:7)."라고 말씀하신다. 하나님께서 친히 우리가 '하나님의 영광을 위하여 만들어진 존재'임을 확인하신다. 그래서 「웨스트민스터 신앙고백*Westminster Confession of Faith*」(1647)의 교리문답 중에서 대교리문답이나 소교리문답(1648)은 그 첫 번째 문답에서, '사람의 제일 되며 가장 중요하고 고귀한 목적은 하나님을 영화롭게 하는 것과, 그 분을 영원히 마음을 다하여 즐거워하는 것이다'라고 가르친다.

주 하나님께서는 "너는 나 외에는 다른 신들을 네게 두지 말라(출20:3)."라고 십계명의 첫 계명으로 명령하셨다. 그리고 "사람아, 주께서 선한 것이 무엇임을 네게 보이셨나니, 여호와께서 네게 구하시는 것은 오직 정의를 행하며 인자仁慈를 사랑하며 겸손하게 네 하나님과 함께 행하는 것이 아니냐(미6:8)."라고 말씀하시고, "너희가 먹든지 마시든지 무엇을 하든지, 다 하나님의 영광을 위하여 하라(고전10:31)."라고 당부하신다.

이렇게 우리를 향하신 '하나님의 뜻'은 우리가 '유일하신 참 하나님만을 올바르게 인정하고 오직 그 하나님만을 신뢰하며, 겸손과 인내심을 가지고 그 하나님을 복종하고, 오직 그 하나님으로부터 오는 모든 선을 기대하며, 그 하나님을 전심으로 사랑하고 경외하고 영광을 돌리는 데'에 있다(하이델베르크 교리문답 제34주 94). 그러므로 사람의 존재이유나 삶의 근본적인 목적은 '창조주 하나님을 영화롭게' 하는 데에 있다. 사람은 창조주 하나님의 뜻으로 말미암아 존재하게 되었고, '그분을 위하여 살기(고전8:6)' 때문이다.

그리스도와 성령을 통하여 확인된 궁극적 목적

그런데 하나님께서는 이 은혜로우신 계획이 그대로 우리에게서 이루어질 것임을 실증적으로 보여주시고, 보증도 해주셨다. 그리스도 우리 주 예수님과 보혜사 주 성령님을 우리에게 허락하신 것이다. "하나님의 사랑은 너무도 커서 우리의 죄를 없애시려고 아들의 피를 흘리게까지 하셨습니다. 그리하여 우리는 이 아들을 통해서 구원을 얻은 것입니다. ……그리스도께서 구원의 성업을 이루어놓으셨기 때문에, 여러분은 구원을 얻는 복음을 듣고 그리스도를 믿게 되었으며, 그리스도의 사람이라는 표로 하나님께서는 여러분에게 약속하신 성령을 주셨습니다. 이 성령은 이미 오래전에 우리 모든 그리스도인에게 오시기로 약속된 분입니다. 우리 속에 성령께서 임재하시는 것은 하나님께서 우리에게 약속한 모든 것을 실제로 주신다는 보증입니다. 그리고 우리에게 인 印쳐 주신 성령의 인은, 하나님께서 이미 우리를 값을 치르고 사서 하나님의 것으로 만드셨음을 보증하는 것입니다. 이것이 바로 영광스러운 하나님을 찬양하는 또 하나의 이유입니다(<현대> 엡1:7, 13-14)." 그래서 우리는 하나님께서 우리를 극진히 사랑하시고 일꾼으로 부르시고 쓰심을 항상 감사하고, 기뻐하고, 그 은혜를 찬양하면서, 주 하나님의 뜻에 순종하고 봉사하며 하나님께 영광을 돌리는 삶을 사는(살아야 하는) 것이다. 이렇게 사는 것이 '사람답게 사는 것'이고, '참 삶'이고, '하나님께서 기뻐하시는 삶'이다.

그런데 여기에서 인용한 에베소서의 이 말씀들은 사도 바울이 감옥에서 에베소교회의 성도들에게 보낸 옥중서신 속에 기록되어 있는 것이다. 이 말씀들은 성도 개개인에게 뿐만 아니라 보편교회, 즉 그리스도교회 공동체를 위하여 주신 말씀이기도 하다. 그러므로 이 말씀 속에서 듣게 된 '인간의 목적'은 곧 '그리스도교회 공동체의 목적'과 같다고도 볼 수 있다. 그리고 이 말씀은 사도 바울 당시의 교회뿐만 아니라 오늘, 여기, 주님의 교회들을 향하신 말씀이기도 한 것이다.

그리스도께서도 받들어 섬기신 '하나님의 영광'

이렇게 '하나님의 영광을 위하여 존재하며 산다'는 것은, 택정擇定하심을 받은 사람이면 그 누구에게도 예외가 될 수 없는 거룩한 의무(성역)이다. 그래서 그리스도 우리 주 예수님께서도 친히 세상에 '사람(인자人子)'로 오셨고, 하나님의 영광을 위하여 몸소 일하셨다. 이에 관하여 주님은 "아버지께서 내게 하라고 주신 일을 내가 이루어 아버지를 이 세상에서 영화롭게 하였사오니(요17:4)"라고 성부하나님께 고하셨다. '창조주이신 그리스도(요1:3, 고전8:6, 골1,16)'시요, '교회의 머리(엡1:22)'가 되시는 그리스도 우리 주 예수님께서도 '하나님의 뜻'을 이루기 위하여 '하나님과 동등됨을 취할 것으로 여기지 아니하시고, 오히려 자기를 비워 종의 형체를 가지사 사람들과 같이 되셨고, 사람의 모습으로 나타나사 자기를 낮추시고 죽기까지 복종하셨으니 곧 십자가에 죽으심'도 바로 '하나님 아버지께 영광을' 돌리기 위한(빌2:6-11) '그리스도의 사역'이었다. 성부하나님의 영광을 위하여 성자하나님께서 아버지의 뜻을 받들어 섬기신 것(사역하신 것)이다.

그러므로 그리스도께서 친히 죽으시기까지 복종하시며 그 모범을 보이신, '하나님의 영광을 위하여' 살고 죽는 삶에 대하여 누가 감히 '나는 아니라고' 그 거룩한 의무를 부정하거나 거절할 수 있겠는가. 그러므로 하나님의 일꾼으로 부르심을 받은 우리(성도 개개인과 교회)는 '사역의 궁극적인 첫째목적'을 '하나님의 영광을 위하여'에 두고 온전히 받들어 섬겨야함이 마땅하고 옳다.

2) 궁극적 목적2: '하나님의 뜻'을 이루기 위하여

'사역의 두 번째 궁극적 목적'은 '하나님의 뜻'을 이루기 위함에 있다. 이것은 첫 번째 궁극목적이었던 '하나님의 영광'을 드러내기 위한 '하나님의 계획(엡 1:11)'이다.

'하나님의 영광'을 위한 '하나님의 뜻'

그 자체가 영광으로 가득하신 하나님(출24:17, 사6:1-4, 계4:2-11)께서는 스스로 존재하시는 하나님(출3:14)이시다. 이 영광의 하나님께서 태초에 하나님 자신의 영광을 위하여 친히 창조역사[77]를 일으키셨다. 이 창조역사를 통하여 하나님께서는 피조세계와 '관계'를 조성하시고, 그 관계 속에서(관계를 통하여서도) 하나님의 뜻하신 바를 이루어 하나님께서 영광을 받으시기로 작정하셨다. 하나님께서 하나님 자신의 영광을 드러내기 위하여 스스로 뜻을 세우시고 그 뜻을 펼치시는 것이다. 따라서 이것은 오직 하나님께서만 하실 수 있는 '하나님의 일(역사)'이다.

이렇게 하나님의 뜻은 하나님 자신의 영광을 위하여 세워졌고, 그 뜻은 예정과 선택과 섭리하심에 따라 '사람을 통해서도' 이루어진다. 이것이 바로 사람이 존재하는 중요한 이유 중의 하나이다. 사역은 바로 이 하나님의 영광을 위하여, 하나님께서 이루고자 하시는 하나님의 일에 사람이 택하시고 부르심의 은혜를 입어서, 하나님과 함께 '하나님의 뜻'을 이루시는 데에 쓰임 받는 것이다. 그러니까 사역은 인간의 의지나 판단에서 비롯된 것이 아니라고 여러 차례 강조했던 것이다. 사역은 오직 하나님의 계획 속에서 이루어지는 하나님의 역사God's Work에 인간이 쓰임 받는 것이다. 하나님의 이 은혜로운 부르심과 명하심에 대한 인간의 '받들어 섬김(순종과 봉사)'이 곧 사역이다. 그러므로 이런 의미에서 '하나님의 뜻'은 '사역의 근본적이며 궁극적인 목적'이 되는 것이다.

---

[77] 흔히들 역사(役事)와 사역(使役)을 같은 개념으로 혼동하여, '창조사역' 등과 같이 표현하는 경우를 보게 되는데, 이것은 의미상 맞지 않다. 하나님께서는 스스로 '역사'(일)하시는 분이시지, 누군가의 시킴에 따라 '사역'하시지 않기 때문이다. 그래서 이 글에서는, '일(事)'이라는 뜻의 '역사'와, 명령에 대한 순종과 봉사라는 의미가 들어있는 '사역'을 구별하여 사용하고 있다.

그리스도께서 확증하신 '하나님의 뜻'

사역의 궁극적인 목적이 '하나님의 뜻'을 이루시는 데에 있다는 것은 '그리스도의 사역'에서도 확증된다. 그리스도요 교회의 머리가 되시는 우리 주 예수님께서 친히 그렇게 말씀하셨다. 예수님께서는 제자들과 함께 유대를 떠나 북쪽에 있는 갈릴리로 가시는 길에, 당시의 관례를 깨고[78] 그 중간에 위치한 사마리아 땅을 통과하고 계셨다. 수가라고 하는 동네에 이르러 그곳 야곱의 우물 가에서, 주님은 여섯 번째 남편과 동거하고 있는 사마리아 여인을 만나 그리스도(메시아)의 복음을 전하고 계셨다. 그때 양식을 구하러 마을에서 돌아온 제자들이 "랍비여, 잡수소서(요4:1-33)"하였더니, 주님은 제자들에게 "나의 양식은 나를 보내신 이의 뜻을 행하며 그의 일을 온전히 이루시는 이것이니라(요4:34).”라고 말씀하신다. '참 양식' 즉 '그리스도의 사역[79]의 동인動因이자 목적'은 '아버지(성부하나님)의 뜻'을 행하고 이루시는 것임을 분명히 밝히신 것이다. 주님께서는 "내가 하늘에서 내려온 것은 내 뜻을 행하려 함이 아니요 '나를 보내신 이의 뜻'을 행하려함이니라. 나를 보내신 이의 뜻은, 내게 주신 자 중에 내가 하나도 잃어버리지 아니하고 마지막 날에 다시 살리는 이것이니라. 내 아버지의 뜻은 아들을 보고 믿는 자마다 영생을 얻는 이것이니, 마지막 날에 내가 이를 다시 살리리라(요6:38-40).”라고 말씀하셨다.

그 '하나님의 뜻'이란 구체적으로 '그리스도를 믿는 자마다 영생을 얻는 것', 즉 '그리스도를 통한 인류구원'에 있음을 확실하게 일러주셨다. 그리고 이러한 '하나님의 뜻'을 이루기 위하여 그리스도께서는 십자가 희생을 통하여 구속救

---

[78] 앗수르에게 북이스라엘이 멸망한 이후 사마리아인들은 혈통과 신앙의 순수성을 상실하였기 때문에. 유대인들과는 반목과 불화가 계속되고 있었다. 그래서 유대인들은 사마리아지역을 통과하면 사흘밖에 걸리지 않을 것을, 일부러 요단 동편을 돌아서 6일 정도 걸리는 길을 택해서 다녔다. 우리 주 예수님께서는 이러한 관례를 깨고 금기시 되던 사마리아지역으로 친히 들어가신 것이다.

[79] 위의 각주 79)에서 언급한 '역사(役事)'와 '사역(使役)'의 차이를 여기에서 분명히 볼 수 있다. 하나님께서는 스스로 창조의 '역사'를 일으키셨고, 그리스도는 '보내신 이(하나님)의 뜻을 행하고, 이루기 위하여' 즉 '그리스도의 사역'을 감당하기 위하여 세상에 오셔서 '사역'하셨다. 그러므로 하나님의 '창조사역'과 같은 표현은 의미상 성경적으로 어울리지 않다. 하나님의 '창조역사', '그리스도의 사역'으로 쓰는 것이 옳다.

贖의 은혜를 베푸시고, 이 놀랍도록 망극하신 은혜를 사람들이 믿음으로 말미암아 구원에 이르도록 '그리스도의 사역'을 담당하셨다(요3:14-16). 그러므로 그리스도의 사역의 궁극적인 목적은 "아버지로 하여금 아들로 말미암아 영광을 받으시게 하려 함(요14:13)", 즉 '아들이 아버지의 뜻을 이루어드림으로써, 아버지 하나님께서 영광을 받으시는 것'에 있음을 주님께서 친히 확증해주셨다.

주님께서는 이것을 말씀으로만 하신 것이 아니라 몸소 이를 실행하심으로써 우리에게 본을 보이셨다. "아버지께서 내게 하라고 주신 일을 내가 이루어 아버지를 이 세상에서 영화롭게 하였사오니(요17:4)"라고 친히 성자하나님께서 성부하나님께 그의 '사역'을 보고하셨고, 마침내 십자가 위에서 "다 이루었다(요19:30)."라고 말씀하심으로써 '그리스도의 사역의 진실함과 온전함'을 선언하셨다.

이렇게 우리 주 예수님께서는 사람으로 오셔서 '하나님의 뜻'을 이루심으로써 '하나님께 영광'을 돌리셨고, 그렇게 하는 것이 사역의 참 목적이고 참 모습임을 우리에게 친히 보여주셨다. 그러므로 '사역의 궁극적인 목적'은 '하나님의 영광을 위하여, 하나님의 뜻을 이루기 위하여'에 있다.

다. 사역의 실천적 목적

1) 실천적 목적의 개념

궁극적 목적에 이어지는 목적들

사역의 궁극적 목적the Ultimate Purpose에 이어, 여기에서는 사역의 '실천적 목적the Practical Aims'을 살펴보고자 한다. 사역의 '실천적 목적'이라 함은 사역의 '궁극적 목적에 이어지는 목적들'이다. '하나님의 영광을 위하여, 하나님의 뜻을 이루기 위하여'라는 이 궁극적 목적과 '동질적 맥락(동일성과 동질성)⁸⁰을 유지하면서 '이어지는(불가분의 관계로 연결된) 목적'이다.

위에서 살펴본 사역의 궁극적 목적은 그 누구도 움직일 수 없는 '부동不動의 목적'으로, 누구도 바꿀 수 없는 '불변不變의 목적'으로 하나님 안에 확정(고정)되어 있다. 그 '하나님의 영광'과 '하나님의 뜻'은 오직 '하나님 안에' 있고, 그것은 본질적으로 하나님 자신으로부터 나온 '하나님 자신의 목적', 즉 '나(하나님)의 영광을 위하여'와 '나(하나님)의 뜻을 이루기 위하여'이기 때문이다.

그런데 이 부동의 목적이요 불변의 목적인 하나님의 궁극적 목적이 달성(완수)되려면, 그에 앞서서 '무엇인가' 목적을 이뤄낼 만한 '행동'이나 '과정'이 반드시 있어야 할 것이다. 그래야 그런 행동이나 과정을 통하여 비로소 궁극적 목적에 도달할 수 있을 것이기 때문이다. 전능하신 하나님께서도 '하나님의 뜻'에 따라 목적을 세우셨으므로, 그 궁극적 목적에 도달하는 경로, 즉 행동이나 과정도 미리 정하셨을 것이고, 그 모든 행동이나 과정들이 하나님의 뜻하신 바대로 전개되도록 설계하셨을 것이다. 더러는 하나님께서 친히 행하시기도 하고, 더러는 필요한 수단을 통해서 목적하신 바를 이루실 것이다.

그러므로 궁극적 목적의 달성을 위해서 '미리 정하시고 설계하신 그 무엇'은 부동의 궁극적 목적과는 달리 행동(실천)지향적인 성격을 지닐 것이고, 그것은 '하나님의 목적'을 구현하기 위한 '하나님의 목표'이기 때문에, '궁극적 목적이나 다를 바 없는 최고차원'의 실천적인 목표를 설정하셨을 것이다. 이 목표를 성취하시면 하나님께서 영광을 받으시고 하나님의 뜻이 이루어지는 그런 최종단계의 목표를 구상하셨을 것이란 말이다. 이와 같이 '하나님께서 궁극적 목적을 달성하시기 위하여 실천적으로 설정하신 목표'를, 여기에서는 '실천적 목적'이라고 일컫고자 하는 것이다. 워낙 지극히 높으신 하나님의 영역에 속한 개념이기에 적절한 설명이 되는지 모르겠지만, 노인이 바다에 나간 이유(목적)를 거슬러 올라가고 또 올라가보면, 결국 맨 나중에는 '살기 위해서'라는

---

80 여기에서 궁극적 목적과 '동질적 맥락' 즉 동일성과 동질성을 유지한다는 말은, 그 '이어지는 목적'들의 내용이나 수준이 하나님의 뜻 안에서 궁극적 목적과 본질적으로 전혀 다르지 않음을 의미한다.

데에 도달하지 않을까? 노인이 바다에 나간 이유는 '아내를 (병으로부터 살려내서 편히) 살게 하기 위해서' 또는 그래서 '그 아내와 함께 (여생을 오순도순 행복하게) 잘 살기 위해서'일 것이다.

여기에서, '살기 위해서'라는 이유를 '궁극적 목적'이라 하고, 표현만 조금 다를 뿐이지 내용은 그게 그것인 나중의 두 가지 이유, 곧 '아내를 살게 하기 위해서' 또는 '그 아내와 함께 잘 살기 위해서'를 '실천적 목적'이라고 해보자. 그러고 보면 궁극적 목적이나 실천적 목적이나 그 내용이 서로 다를 게 별로 없다. 서로 같으면 같았지, 별로 구별되지 않는 동질적 맥락(동일성과 동질성)을 유지하고 있다.

그러나 한 가지 분명한 사실은, 뒤의 두 가지 상태, 즉 '아내가 치료되고, 그래서 함께 잘 살 수 있어야' 비로소 '살기 위해서'라는 조건이 온전히 충족되었다고 말할 수 있다는 점이다. '실천적 목적이 먼저 달성되어야 궁극적 목적이 이루어졌다'고 할 수 있다는 말이다. 물론 이 실천적 목적, 즉 아내가 치료되어 함께 잘 살 수 있는 상태가 이루어지려면 그에 앞서서 아내에게 약을 사서 먹여야 하고, 그러려면 치료비를 마련해야 하고, 그러려면 고기를 많이 잡아 팔아야 하고, 그러려면 고기를 잡으러 바다에 나가야 한다. 이렇게 실천적 목적에 도달하기 위해서는 그 이전에 많은 행동과 과정이 더 많이 있게 마련이다. 이 모든 행동과 과정들이 궁극적 목적인 '살기 위해서'를 지향하면서 실천되는 것이다.

이렇게 궁극적 목적이나 실천적 목적은 서로 다를 게 별로 없는 것 같으면서도, '완성에 이르는 선후관계先後關係'는 분명하다. 바로 이 최고최상의 속성을 지니면서도 궁극적 목적을 이룩해내기 위해서 '일(행동)하는 목적'이 곧 '실천적 목적'이다. 그러니까 사역의 실천적 목적은 부동(불변)의 궁극적 목적을 달성(완수)하려면 '반드시 그 이전에 성취되어야 할 최종목표final goal'와도 같은 것이다.

그런데 이 최종적인 '목표'를 '실천적 목표'라 하지 않고 '실천적 목적'이라고 하는 이유는, 이 지극히 높으신 하나님의 '목표aim'를 우리가 일반적으로 사용하는 '목표goal'라는 낱말로 표현하기에는 적절하지 못한 듯하기 때문에서다. '하나님의 목표'는 본질적으로 너무나도 최고최상의 위치에 있는 것이고, 그 자체가 '하나님의 목적에 필적하는' 것이기 때문이다. '하나님 자신이 지니신 뜻인 목표'는 그 자체가 '불변의 목표요, 절대적 목표'나 다름없으시다. 그러므로 '목표'라 하지 않고 이 글에서는 하나님의 그 '궁극적 목적에 필적하는 목적'이라는 뜻에서 '목적'이라 높여 부르고자 하며, 이를 '일(행동)하는 목적'이라는 뜻으로 '실천적 목적'이라 하는 것이다.

곧 이어서 말할 것이지만, 이 '실천적 목적'에 해당하는 핵심은 '하나님의 사랑, 하나님의 공의, 그리고 그리스도의 사역'이다. '하나님의 영광, 하나님의 뜻'은 바로 이 '하나님의 사랑, 하나님의 공의, 그리고 그리스도의 사역'에 의해서 이룩되고 드러나는 것이기 때문이다. 이 '하나님의 사랑, 하나님의 공의, 그리고 그리스도의 사역'은 '하나님에게만 존재할 수 있는 속성'들이다. 그것은 우리 인간이 도달할 수 없는 차원이므로, 이러한 '하나님의 속성에 속한 영역'을 '목표'라고 표현하지 않고, 실천적 '목적'이라고 부르려는 것이다.

이 실천적 목적은, '사역의 위계적 구조와 질서'에 입각해서 볼 때, 궁극적 목적을 달성하기 위하여(향하여) 설정된 '목표'의 성격을 지니는 것으로 보일 수 있다. 그러나 사역의 궁극적 목적과 실천적 목적의 위계적 관계는 상하개념이 아니라 선후관계일 뿐이다. 실천적 목적은 차하위목적이 아니라, 궁극적 목적과 '불가분의 관계로 연결된(이어지는) 목적', 그리고 궁극적 목적 중에서 '행동지향적인 속성을 지니는 목적'일 뿐이다. 그러니까 궁극적 목적과 그 차원이나 수준이 동일하고 동등한, '동위同位의 목적'이다.

앞에서도 말한 바와 같이, 사역의 궁극적 목적이나 실천적 목적은 하나님께 속한 영역이고, 하나님 안에서는 상하개념이 존재할 수 없다. 가치비중에서도 전혀 아무런 차이가 있을 수 없다. 어느 것이 더 귀중하고 덜하고의 차별도 있을 수 없다. 오직 이 두 목적들 사이에는 하나님께서 뜻하시고 이루시는 그 '하나님의 일(역사)'의 순서(선후관계), 또는 뜻이나 일이 하나님 안에서 이루어지는 경로(상호관계)만 서로 질서 있게 배열되고 이어져있을 뿐이다.

이렇게 궁극적 목적과 실천적 목적은 한 분 하나님 안에서 세워지고 이루어지는 하나님의 거룩한 영역(성역sactuary)이다. 이 '하나님의 궁극적 목적과 실천적 목적'으로부터 받들어 섬겨야 할 사역이 비롯되는 것이고, 이를 이루시는 데에 쓰임 받기 위하여 우리가 존재한다.

사람이 본받아, 받들어 섬겨야 할 실천적 목적

이렇게 실천적 목적은 하나님의 지극히 거룩하고 높은 목적이므로, 모든 피조세계가 흠모하고, 받들어 섬겨야 할 목적이기도 하다. 특히 '하나님의 뜻'이 '사람'에게 집중되어 있고, 그 뜻을 이루시기 위하여 사람을 일꾼으로 만드신 하나님이시기에, 사람은 더 더욱 하나님의 뜻이 담긴 '하나님의 실천적 목적들'을 흠모하고 받들어 섬기기에 힘써야 한다. 이 실천적 목적이야말로 '하나님의 영광을 위하여, 하나님의 뜻을 이루기 위한 목적'이니까.

그런데 인간을 비롯한 모든 피조세계는 하나님의 영광과 그 뜻에 함부로 다가설 수도 없고, 다가서도 안 된다. 그렇다고 하나님의 뜻을 나와 무관한 것으로 여겨서도 안 된다. 그러므로 우리는 하나님의 뜻을, 특히 '사람을 향하신 하나님의 뜻'을 올바르게 온전히 깨달아 알기 위해서 힘써야 한다. 그래야 하나님의 뜻에 합당한 '일꾼'으로서의 삶을 살 수 있고, 또한 그것이 '목적에 따라 지어진 사람'이 해야 할, 최우선의 과업이기 때문이다.

그러나 우리는 지극히 거룩하신 하나님의 뜻을 온전히 알 수 없다. 그래서 하나님께서는 친히 우리에게 말씀해주시고, 그것을 사람의 언어(기록)로 남겨주셨다. 그리고 그 뜻이 담긴 말씀들을 더욱 올바르게 온전히 깨달아 알 수 있도록 하기 위하여 주 성령님께서 친히 우리와 함께하신다. 성령님께서 우리를 깨우쳐주시면, 하나님의 실천적 목적의 핵심인 '하나님의 사랑'과, '하나님의 공의'와, '그리스도의 사역'을 깨달아 알 수 있게 되고, 우리는 이 크고 놀라운 하나님의 뜻을 받들어 섬길 수 있게 된다.

이 실천적 목적은 하나님의 영역임과 동시에 사람에게도 이를 '본받아 받들어 섬겨야 할 일거리'로 주어졌으므로, 이는 우리가 힘써 탐색하고, 배우고(가르치고), 본받아 받들어 섬겨야할 영역이다. 우리의 받들어 섬김은 비록 미숙하고 불완전하겠지만, 이 실천적 목적 속에 담긴 '사람을 향하신 하나님의 뜻'은 사람인 우리들이 '두렵고 떨림으로 거룩하게, 기쁘고 감사함으로 온전히' 그 뜻을 받들어 섬길 수도 있게 하신 영역'이다. 거룩하시고 온전하신 하나님께서는 우리가 하나님의 뜻을 이루어드리기 위하여 그 뜻을 받들어 섬기는 과정 중에 발생할 수도 있는 우리의 부족함을, 주님의 자비와 은혜와 은총으로 보완하여주실 것이기 때문이다. 그런 의미에서 이 실천적 목적은 '하나님과 사람이 함께 일하는 영역', 즉 하나님의 목적하심을 이루시는 데에 '사람이 하나님께 일꾼으로 쓰임 받는 영역'이다. '하나님의 뜻이 사람에게 심겨지고 계승된 성역'이며, 그래서 '주님 안에서 사람의 행동(실천)이 수반되는 영역'이다. 이런 의미에서도 우리는 '실천적 목적'이라고 부를 수 있다.

2) 실천적 목적의 핵심: 사랑, 공의, 그리스도

우리는 위에서 사역의 실천적 목적이 지니는 의미들을 살펴보았다. 그리고 그것은 '하나님의 뜻이 사람에게 심겨지고, 계승된 성역'이라는 놀랍고 은혜로운 사실도 확인할 수 있었다.

그렇다면 이 실천적 목적 속에 담긴 '하나님의 뜻'은 무엇일까. 이를 위하여, 지금부터는 이 사역의 실천적 목적의 핵심인 '하나님의 사랑, 하나님의 공의, 그리고 그리스도의 사역'을 중심으로 우리 주 하나님의 뜻을 살펴보고자 한다.

사랑이신 하나님

하나님은 사랑이시다(요일4:16). 하나님은 영광으로 가득하신 하나님이실 뿐만 아니라, 사랑으로도 가득하신 하나님이시다. '우리We'로서 계시는 성부, 성자, 성령의 삼위일체이신 하나님께서는 서로 사랑으로 가득하시고, 사랑으로 하나 되어 계신다. 이 사랑의 하나님께서 태초에 하나님의 영광을 위하여, 그리고 그의 '사랑의 대상'으로 천지를 창조하시고 만물도 만드셨다. 그 가운데 사람 지으셨다. 그 사람은 특별히 하나님의 형상과 모양을 따라 생령으로 지으시고, 영원히 하나님과 함께 있도록 하셨다.

이렇게 하나님께서 사람을 지으신 것은 하나님께서 지으시고 기뻐하신 만물을 다스리게 하시려는 목적도 있으셨지만(창1:26-28), 마침내는 그리스도를 통하여, 그리스도 안에서 사람을 그의 아들들로 삼으시려는 놀라운 계획도 있으셨다. 그래서 이 놀라운 하나님의 은혜를 입은 사람들로 하여금 '하나님의 사랑'을 찬양하며, 하나님께 영광을 돌리게 하려 하셨다(엡1:5-6). 인간은 상상도 할 수 없는 사랑을 처음부터 하나님으로부터 받은 것이다.

그런데 이렇게 놀라운 은혜를 입어 선택된 사람은 하나님의 뜻을 그대로 따르지 못하고 불순종하는 죄를 범함으로써, 에덴에서의 짧막한 삶[81]을 뒤로하고 추방당하였다. 하나님과 동행하던 사람이 '하나님 곁에서 쫓겨나게 된 것 separated from God'이다. 영원한 존재로 지으심을 받은 인간이, 그의 범죄 때문에 육신(창6:3), 즉 '죽을 수밖에 없는 존재mortal'로 추락한 것이다. 그래서 인간은 고통과 불안과 절망 가운데서 살다가 죽어 흙으로 돌아가게 되었다.

이 범죄한 인간 때문에 하나님께서는 '한탄하사 마음에 근심'하셨다(창6:6). 그러나 사랑이신 하나님, 사람을 사랑하시기로 처음부터 작정하신 하나님, 사람을 통하여 영광을 받으시기로 예정하신 하나님, 그 뜻하신 바를 반드시 이루시는 하나님께서는 사람을 끝까지 사랑하셨다. 인간의 죄를 용서해주

---

[81] 아담과 이브가 에덴에서 살았던 기간은 길어봐야 100년도 못될 것 같다. 에덴에서 쫓겨난 후에 아담은 가인과 아벨을 낳았고, 세월이 지난 후에 (장성한) 가인이 아벨을 죽였고(창4:1-15), 그 후에 아담이 셋을 낳은 것이 그의 나이 일백 삼십 세 때이기 때문이다.

고 그들을 죄와 사망에서 건져내어 살려서, 다시 하나님과 화목한 관계를 맺어 하나님과 함께 살도록 하려고 결정하신 것이다. 사랑이신 하나님은 사람을 그리도 지극히 사랑하셨다.

공의로우신 하나님

그런데 하나님께서 사람을 죄와 사망에서 구원하여 내시는 데에는 결정적인 장애가 있었다. 그것은 일찍이 하나님께서 아담에게 "선악을 알게 하는 나무의 열매는 먹지 말라. 네가 먹는 날에는 반드시 죽으리라(창2:17)."라고 명령하신 바 있으셨다. 그럼에도 불구하고 아담은 이 명령을 불순종하고 아내와 함께 그 열매를 먹었다. 그리고 하나님께서 '먹으면 반드시 죽으리라'고 하셨으므로 반드시 죽을 수밖에 없게 되었다. 하나님은 변함없으신 하나님이시다. 변함이 없으시기에 그 말씀도 변개(삼상15:29)치 못할 불변의 말씀, 절대적인 명령이시다. 따라서 '먹었으니 죽게 내버려둬야 할 일'이었다. 이 불변의 말씀, 절대적 명령 앞에서 불순종한 인간에게 '용서'나 '구원'을 베푸신다는 것은 인간으로서는 상상할 수조차 없는 일이다.

그래서 하나님의 사랑하심과 하나님의 공의로우심 사이에는 어느 쪽도 양보할 수 없는 긴장이 형성되었다. 하나님은 사랑의 하나님God of Love이시면서 또한 공의로우신 하나님God of Righteousness이시다. '절대적 사랑'과 '절대적 공의'를 지니신 하나님이시다. 그러시니, 죄를 범한 인간을 살리시기로 결정하신 '사랑의 하나님'과, 그러면서도 한번 말씀하신 것을 바꾸지 않으시는 '공의로우신 하나님' 사이에는 아마도 큰 갈등을 느끼셨을 것 같다. 사랑을 베풀자니 공의가 흔들리고, 공의를 관철시키자니 사랑이 베풀어질 수 없을 터였기에.

그런데 "여호와께서는 그 모든 행위에 의로우시며, 그 모든 일에 은혜로우시도다(시145:17)."라는 말씀처럼, 하나님께서는 이 두 가지 일을 한꺼번에, 하나님의 경륜에 아무런 변경도 없이 하나님의 사랑과 공의를 모두 이루어내셨다. 하나님께서 한번 말씀하신 '반드시 죽으리라'시던 그 '죽음'을 하나님께서 친히 책임지시는 한편, '사람을 살리기로 하신 그 사랑'도 친히 이루시기로 하신 것이다.

그리스도를 통한 사랑과 공의의 완성

그것은 바로 하나님께서 친히 사람의 죄를 대신 짊어지시고, 죄지은 사람 대신 고통과 죽임을 당하셔서 사람의 죄를 사하시고, 죽을 운명에서 사람을 구원하시는 것이었다. 이로써 하나님의 공의는 공의대로 이루시고, 사람을 향하신 그 크신 하나님의 사랑도 확증하신 것이다. 예수Jesus, 바로 그 분이 우리 죄를 대신 짊어지시고 십자가 사형틀 위에서 '죽임 당하신 어린양', '그리스도, 우리 주, 하나님'이시다. 이를 가리켜 그리스도 우리 주 예수님께서 친히 이렇게 가르쳐주신다. "모세가 광야에서 뱀을 든 것 같이 인자도 들려야 하리니, 이는 그를 믿는 자마다 영생을 얻게 하려 하심이니라. 하나님이 세상을 이처럼 사랑하사 독생자를 주셨으니, 이는 그를 믿는 자마다 멸망하지 않고 영생을 얻게 하려 하심이라(요3:14-16)."라고.

하나님께서 사람이 되어, 인간의 역사 속으로 오셔서, 우리를 죄와 사망으로부터 구원하여 주시고, 우리를 하나님의 자녀가 될 수 있는 새 사람으로 거듭나게 하시고, 참 자유와 영원한 삶을 주님 안에서 허락해주신 것이다. 그래서 우리는 십자가 위의 예수 그리스도, 우리의 유일한 소망을 찬양한다.

'사랑, 공의, 그리스도'는 하나님 자신의 실천적 목적

여기에서 '하나님의 뜻'이 이루어지고, 이로써 '하나님의 영광'이 드러남을 본다. 그것은 하나님의 사랑과 공의, 그리고 '그리스도의 사역'이 함께 있었기에 가능한 일이었다. 그런데 만약에 '그리스도의 사역', 즉 그리스도의 십자가 희생이 없었다면, 사람을 향하신 하나님의 그 극진하신 사랑이나 공의는 드러날 수 없는 것이었다. 그리스도께서 친히 하나님의 사랑과 공의를 행동으로 구현하시고 입증하셨기 때문에 그 사랑과 공의가 드러났고, 그래서 '하나님의 영광'을 드러내고 '하나님의 뜻'을 이루어드린 것이다.

　이렇게 그리스도는 자기희생을 통하여 이 사역을 감당하시고 완성하심으로써, 사역의 모범이시며 완성자가 되셨다. 그래서 "이러므로 하나님이 그를 지극히 높여 모든 이름 위에 뛰어난 이름을 주사, 하늘에 있는 자들과 땅에 있는 자들과 땅 아래에 있는 자들로 모든 무릎을 예수의 이름에 꿇게 하시고, 모든 입으로 예수 그리스도를 주라 시인하여, 하나님 아버지께 영광을 돌리게 하셨느니라(빌2:9-11)."라고 일러주신다.

　이와 같이 '하나님의 사랑과 공의'가 하나님의 영광과 하나님의 뜻을 위하여 열심히 작용하였고, 그 '사랑과 공의'를 구현하여 '하나님의 영광'과 '하나님의 뜻'을 이룬 것은 '그리스도의 사역'이었다. 그리고 바로 이 '하나님의 사랑, 하나님의 공의, 그리고 그리스도의 사역'은 궁극적 목적인 '하나님의 영광'과 '하나님의 뜻'을 이루시는 '실천적 요인'들이었다. 따라서 '사랑, 공의, 그리스도'는 하나님의 일, 하나님나라의 일인 사역의 근간이며, '하나님의 영광과 하나님의 뜻을 구현하는 핵심'이라 할 수 있다.

　이렇게 '하나님의 사랑의 실천과, 공의의 구현, 그리고 그리스도의 사역'은 '하나님 자신의 실천적 목적'이며, 그 뜻이 우리에게 심겨지고 계승되어 우리가 이 땅에서 흠모하고 힘써 받들어 섬겨야 할 '사역의 실천적 목적'도 되는 것이다.

　'사랑, 공의, 그리스도'는 사람에게는 복음

　그런데, 이 '하나님 자신의 실천적 목적'은 사람과 직접적으로 관련된 것들이다. 하나님의 사랑의 대상이 곧 사람이(었)고, 공의를 구현하셔야 할 이유(원인)도 사람 때문이었고, 그리스도의 사역도 또한 죄를 범한 인간을 구원하시기 위한 것이다. 그러므로 하나님의 크고 놀라운 사랑과 은혜를 입은 우리에게는 이 '하나님의 사랑, 하나님의 공의, 그리고 그리스도의 사역'은 '크고 놀라운 기쁜 소식', 즉 복음이 아닐 수 없다. 그것은 실로 '하나님의 그 은혜의 경륜의 비밀(엡3:2-3)'이라는 사도 바울의 표현처럼, 신비하고 놀랍고 감사한 복음이다.

  따라서 우리는 이 '하나님의 사랑, 하나님의 공의, 그리고 그리스도의 사역'을 감사하며, 이를 본받아 그 뜻을 우리들의 삶에 적용하고 받들어 섬겨야 마땅하다. 또한 이를 우리의 행동기준이요, 사역의 지표로 삼아서, 이 복음을 널리 전파하기 위한 사역의 길에 나섬이 옳고 마땅하다. 더군다나 하나님께서는 '사랑, 공의, 그리스도'의 뜻을 우리에게 심으시고 '너희도 이렇게 하라'고 분부하심으로써 그 뜻은 우리에게 계승되었고, 우리가 흠모하고 힘써 받들어 섬겨야 할 '사역의 실천적 목적'이 되었다. 그러므로 이를 위하여 성도 개개인과 그리스도교회 공동체는 이 '하나님의 궁극적 목적과 실천적 목적'을 우리들의 삶 속에, 사역에 어떻게 행동지향적으로 적용시켜야 할 것인지를 구체적이고 실천적으로 찾아내야 할 것이다.

라. 사역의 실천적 목적들의 탐색

  우리는 위에서 '하나님의 뜻'이 어떻게 사람에게 심겨지고 계승되어 우리가 흠모하고 받들어 섬겨야 할 '사역의 실천적 목적'으로 되었는지를 살펴보았다. 그러므로 이제는 이 '그리스도교회 공동체 사역의 실천적 목적'을 구체적으로 밝히기 위하여 '우리를 향하신 하나님의 뜻', 즉 성도 개개인과 그리스도교회 공동체가 이 땅에서 실천하기를 바라시는 '주님의 뜻'을 보다 더 자세히 살펴야 할 필요가 있다. 왜냐하면 이제까지 '하나님의 뜻', 즉 하나님의 목적하심만을 겨우 살폈을 뿐이지, 이 하나님의 뜻이 사역 속에서 어떻게 실천되어야 할 것인가는 아직 규명되지 않았기 때문이다.

  '그리스도교회 공동체 사역의 실천적 목적'을 구체화하기 위해서는 '교회의 머리'시며, '사역의 모범'이시며, '사역의 완성자'이신 그리스도 그분의 사역에서부터 착실히 접근해가는 것이 올바른 길이라 여겨지므로, 이제 우리의 관심을 그리스도 우리 주 예수님에게로 집중한다.

아직도 진행 중인 그리스도의 사역

그리스도 우리 주 예수님께서는 이 땅에서 공생애公生涯 동안 하실 일을 '완수'하셨다. 그러나 그리스도의 사역을 '종결'하신 것은 아니다. 그리스도는 지금도 일하고 계신다. 그리스도 우리 주 예수님께서는 사망권세를 깨뜨리시고 부활復活하심으로써 그리스도의 구속사역이, 그 십자가 희생이 결코 허무한 실패나 좌절로 끝난 것이 아니었음을 확실히 보여주셨다. 죽음의 권세를 깨뜨리신 주님의 '부활'은, 죄로부터의 자유와 사망으로부터의 영원한 생명과 단절되었던 하나님과의 관계로부터 화해와 화목이 성취되었음을 확증해주셨다. 하나님과 우리 사이에 막힌 담을 허물어버리시고, 하나님과 다시 함께 할 수 있는 길을 열어주셨다(롬3:23-24, 5:8-11, 6:4-11, 엡2:13-19).

그리고 주님은 승천昇天하셔서 하나님의 우편에서 일하고 계신다. 지금도 성령님을 통하여 친히 우리를 도우시고(롬8:26-27), 세상나라가 '우리 주님과 그 분이 세우신 그리스도의 나라(<공동> 계11:15)'로 될 때까지, 즉 우리 주님이 재림再臨하셔서 최후 심판을 통하여 '새 하늘과 새 땅(계21:1)'을 성취하실 때까지 그렇게 일하시고, 그리고 세세무궁토록 다스리실 것이다. 그 나라는 '그리스도와 하나님의 나라(엡5:5)'이다. 이 하나님의 나라는 주님 안에서 이미 우리의 마음속에 이루어졌고, 복음전파를 통하여 주님의 나라는 지금도 확장되고 있으며, 마침내 그리스도로 말미암아 그리스도의 왕국이 새 하늘과 새 땅에서 완성될 것임을 믿는다. 아멘.

사역은 구원받은 새 사람들의 거룩한 의무

그러므로 우리들, 주님이 다시 오실 때까지 이 땅에 사는 성도들과 그리스도교회 공동체는, 그리스도 우리 주 예수님께서 지금도 일하고 계시는 그 사역에 지체요, 몸으로서 참여하는 것이 마땅하다. 왜냐하면 우리는 하나님과 다시 화목하게 되어 하나님과 함께하는 사람들이고 그리스도와 연합한 자들일 뿐만 아니라, 성령님께서 친히 역사하시는 '그리스도 사역의 일꾼들'이 되었기 때문이다.

따라서 하나님의 부르심의 은혜를 입은 사역자들에게는 하나님께서 우리와 함께, 우리를 통하여 이루고자 하시는 하나님의 뜻이 무엇인지를 아는 것이, 그래서 하나님의 뜻을 온전히 계승하여 받들어 섬기는 것이 매우 중요하고도 필요하다. '나(하나님)의 영광을 위하여, 나(하나님)의 뜻을 이루기 위하여'라는 하나님의 궁극적 목적이 '우리의 사역의 궁극적 목적'으로 되었듯이, '하나님의 사랑, 하나님의 공의, 그리고 그리스도의 사역'이라는 하나님의 실천적 목적도 또한 우리들에게 온전히 계승되어, 그것이 '우리들의 사역의 실천적 목적'으로 어떻게 세워져야할 것인지를 진지하게 탐색해야 할 것이라는 말이다. 그래야 시대적으로 그리스도의 '부활과 재림 사이'에 살게 된 우리들은 그리스도의 일꾼답게 그리스도의 고난에 참여하면서(벧전4:13), 믿음의 선한 싸움(딤전6:12)을 싸워나갈 수 있을 것이기 때문이다.

1) '사람을 향하신 하나님의 뜻'은 무엇인가
-'그리스도의 사역, 성령님의 역사, 하나님의 말씀' 속에서

본받아, 받들어 섬겨야 할 하나님의 뜻

하나님께서는 '하나님의 영광'을 위하여, '하나님의 뜻'을 이루시기 위하여 '하나님의 사랑과 공의'를 몸소 실천하셨다. 그리고 '그리스도의 사역'을 통하여 그 뜻을 이루셨다. 그런데, 위에서와 같이 이 놀라우신 하나님의 섭리와 은총의 대상은 바로 우리들 사람이었다. 하나님의 뜻은 바로 우리들 사람에게 집중되어 있으셨다. 하나님의 사랑도, 공의도, 그리고 그리스도의 희생사역까지도 사람을 향한 것, 사람을 위한 것이었다.

왜 하필이면 '사람'을, 하나님을 배반하고 불순종하고 죄와 악으로 뒤범벅이 된 전적으로 타락한 사람들을, 예수 그리스도의 희생을 통해서 구원하시기까지 이토록 사랑하신 것일까. 그리고 하나님께서는 사람(사역자)들이 하나님의 실천적 목적을 어떻게 '우리들의 삶(사역)의 실천적 목적'으로 계승하기를 바라고 계실까.[82] 사람을 향하신 하나님의 뜻은 과연 무엇일까. 이 물음에 대한 해답이 분명해져야, 오늘 우리가 여기에서 해야 할 일들이 무엇인지가 밝히 드러날 것이다.

이미 이 글의 여기저기에서 반복적으로 이에 관해서 말해왔기 때문에, 어느 정도 그 윤곽이 드러나 있다고는 여겨진다. 그러나 그 내용들이 산발적으로 나타나 있기 때문에, 여기에서는 이를 종합적으로 한곳에 정리해보려고 한다. 그래야 이를 토대로 하나님의 뜻이 확연히 드러나고 그 뜻하신 바가 우리들에게 온전히 심겨지고 계승되어, 사역의 실천적 목적과 목표들을 정립할 수 있게 될 것이기 때문이다.

그런데 우리는 남의 속도, 나 자신조차도 제대로 파악하지 못하는 인생이다. 그러니 하물며 지극히 높으신 하나님의 뜻을, '우리를 향하신 하나님의 뜻'을 인간 스스로의 힘으로 깨달을 수가 있겠는가. 그래서 우리는 성경 속으로 들어간다. 성경 속에는 하나님의 뜻과, 사람에게 분부하신 말씀들이 들어 있기 때문이다.

성경 말씀 속에서 '하나님의 뜻' 즉 우리가 받들어 섬겨야 할 '사역의 목적'을 찾기 위하여, 여기에서는 '그리스도의 사역'을 통해서 본 하나님의 뜻, '성령님의 역사하심'을 통해서 본 하나님의 뜻, '사람을 향하신 하나님의 말씀들'을 통해서 본 하나님의 뜻 등으로 나누어 살펴보고자 한다. 왜냐하면 그리스도께서는 성부하나님의 뜻을 이루기 위하여 이 땅에 오셔서 섬기신 분이시므로, 그리스도의 사역 속에는 사람을 향하신 하나님의 뜻이 나타나 있을 것이기 때문이며, 성부하나님과 성자하나님께로부터 나오신(요15:26, 16:7) 성령하나

---

[82] 하나님의 궁극적 목적인 '하나님의 영광을 위하여, 하나님의 뜻을 이루기 위하여'는 그것을 그대로 우리들의 사역의 궁극적 목적으로 받들어 섬기면 된다. 그런데 하나님의 실천적 목적인 '하나님의 사랑, 하나님의 공의, 그리스도의 사역'은 우리가 그것을 그대로 계승할 수 없는 차원의 목적들이다. 이들은 모두가 하나님만의 속성(영역)에 속한 것들, 그래서 우리가 감히 행할 수 없는 '하나님 자신의 일'에 속한 것이기 때문이다. 따라서 하나님의 실천적 목적을 계승하기 위해서는, 이 목적들이 사람에게 어떻게 적용되어야 할 것인지가 먼저 탐색되어야 할 것이다.

님께서는 우리와 함께, 우리 속에 영원토록 계시면서 오직 '하나님께서만 하실 수 있는 일'들을 하시는 분(요14:16-17, 롬8:14-16)이시므로, 성령님의 역사하심 속에서 우리를 향하신 하나님의 뜻을 살펴볼 수 있을 것이기 때문이고, 또한 하나님께서는 친히 사람들이 알아듣기 쉽게 인간의 언어로 말씀하셨고 그 말씀들이 성경 속에 기록되어 있으므로, 그 속에서 우리를 향하신 하나님의 뜻을 찾을 수도 있을 것이기 때문이다.

가) 그리스도의 사역을 통해서 본 하나님의 뜻

사람을 향하신 하나님의 사랑: 속죄, 구원, 새 생명, 영생

'사람을 향하신 하나님의 뜻'을 알기 위하여 먼저, 그리스도의 사역 속에 나타난 하나님의 뜻을 살펴보자. 예수님께서는 주님께서 세상에서 하시는 일은 곧 '하나님의 뜻'을 받들어 행하는 그리스도의 사역임을 분명히 밝히시고(요6:38), 이어서 "나를 보내신 이의 뜻은 내게 주신 자 중에 내가 하나도 잃어버리지 아니하고, 마지막 날에 다시 살리는 이것이니라. 내 아버지의 뜻은 아들을 보고 믿는 자마다 영생을 얻는 이것이니, 마지막 날에 내가 이를 다시 살리리라(요6:38-40)."라고 사역의 목적도 분명히 말씀하셨다.

이를 위하여 "내가 온 것은 섬김을 받으려 함이 아니라 도리어 섬기려 하고, 자기 목숨을 많은 사람의 대속물代贖物로 주려함(마20:28)"이며, 이렇게 함으로써 "잃어버린 자를 찾아 구원하여(눅19:10)" 죄로 죽었던 사람들이 "생명을 얻게 하고 더 풍성히 얻게 하려는 것이라(요10:10)"라고 친히 그 사역의 방법과 과정과 결과도 말씀하셨다.

이로써 그리스도께서 성육신하신 일차적 목적은, 죄를 범하여 전적으로 타락한 '죽을 수밖에 없는 인간'이 '속죄'와 '구원', 그리고 '새 생명'을 얻고 마침내 '영생'에 이르는 데에 있음을 분명히 밝히셨다. 그것은 아담이후로 죄 때문에 죽을 운명에 빠져있던 인간들이, 죄와 사망으로부터 해방(롬8:2)되어, 하나님

의 의의 종(롬6:18), 즉 하나님의 종(롬6:22)이 되는 것을 의미한다. 그것은 또한 전적으로 타락하여 절망적인 상태에 있던 인간이, 그리스도의 피로 그리스도 안에서 새로운 피조물, 즉 새 것(고후5:17)이 되었음을 뜻한다.

이렇게 새 사람(엡4:24, 골3:10)을 입은 우리는 거룩함에 이르는 열매를 맺어 영생에도 이르게 되었다. 사람이 지은 죄의 삯은 사망이었지만, 하나님께서 사람에게 베푸신 은사(선물)는 그리스도 예수 우리 주 안에 있는 영생이 된 것이다(롬6:22-23). 우리는 이 놀라운 사실을 마음으로 믿고, 입으로 시인(<공동> 고백)하여 구원에 이르렀다(롬10:10). 이 모든 것은 장차 이루어질 미래상황이나 희망사항이 아니다. 하나님의 뜻을 따라, 그리스도 안에서 이미 이루어진(현재 완료된) 현실이다.

그리스도의 희생의 공로는 개개인의 '속죄, 구원, 새 생명, 영생'에 머무르지 않는다. 우리는 그리스도의 대속의 피로 말미암아 하나님으로부터 의롭다 하심을 받았고, 하나님과 화목하게 되었다. 그래서 하나님 안에서 즐거워하는 우리가 되었다(롬5:9-11, 고후5:20, 엡2:16). 이로써 하나님께서는 우리에게 하나님의 자녀가 되는 권세(요1:12)를 주셔서, 우리가 지금은 '하나님의 자녀요, 상속자'가 되었다(롬8:16-17, 요일3:2).

그러므로 그리스도의 사역 속에 나타난 사람을 향하신 하나님의 뜻은 첫째, '속죄, 구원, 새 생명, 영생'의 은혜, 그리고 사람을 '하나님의 자녀요, 상속자'로 삼으시려 하심에 있음을 알 수 있다.

하나님의 영광을 위한 자녀들: 거룩하고 온전한 예배자요, 일꾼들

그런데 이렇게 우리에게 크신 사랑과 놀라운 은혜를 베푸셔서 허물과 죄로 죽었던 우리를 살리신 것은, 궁극적으로 '하나님의 영광'을 위하여 우리가 하나님의 자녀가 되었고, '하나님의 뜻'을 행하는 하나님의 일꾼이 된 것임을 기억해야 한다. "하느님께서는 당신의 은총이 얼마나 풍성한지를 앞으로 올 모든 세대에 보여주시려고 그리스도 예수를 통하여 이렇게 우리에게 자비를 베

풀어주셨습니다. 여러분이 구원을 받은 것은 하느님의 은총을 입고 그리스도를 믿어서 된 것이지, 여러분 자신의 힘으로 된 것이 아닙니다. 이 구원이야말로 하느님께서 주신 선물입니다. 이렇게 구원은 사람의 공로로 이루어진 것이 아니기 때문에, 아무도 자기 자랑을 할 수 없을 것입니다. 우리는 하느님의 작품입니다. 곧 하느님께서 미리 마련하신 대로 선한 생활을 하도록(<현대> 우리가 서로 남을 도우면서 살도록) 그리스도 예수를 통해서 창조하신 작품입니다(<공동> 엡2:7-10)."라고 성경은 가르쳐주고 있다.

하나님께서는 이를 위하여 창세전에 그리스도 안에서 우리를 택하셨다. 그리고 우리를 하나님 앞에 거룩하고 흠이 없게 하시려고, 그 기쁘신 뜻대로 우리를 사랑으로 예정하신 것이다. 그래서 '예수 그리스도의 사역을 통하여' 우리를 하나님의 아들들이 되게 하신 것이다(엡1:4-5). 이렇게 사람에게 은혜를 베푸시는 하나님의 궁극적인 뜻은, 우리가 '우리에게 거저 주시는 바 그의 은혜의 영광을 찬송하게 하려는 것(엡1:6)'이다. "이처럼 모든 일을 뜻대로 이루시는 하나님의 그 계획에 따라, 우리는 처음부터 하나님의 것으로 선택되었습니다. 하나님께서 이런 계획을 세우신 것은, 우리가 하나님을 찬양하고 우리를 위해 이와 같이 위대한 일을 하신 분이 하나님임을 깨달아 하나님께 영광을 돌리게 하시려는 것입니다(<현대> 엡1:11-12)."

그리고 인간의 죄 때문에 고통 받던 피조물들까지도 그리스도의 구원사역에 힘입어 '썩어짐의 종노릇한 데서 해방되어(<공동> 멸망의 사슬에서 풀려나서)' 하나님의 자녀들인 우리가 누리는 영광스런 자유에 이르게 되도록 하실 것이다(롬8:21). 그래서 하늘에 있는 것이나 땅에 있는 것이 다 그리스도 안에서 통일되게(<현대> 하나님과 함께 있게, 엡1:10)하심으로써 주님의 말씀처럼 '그날에는 내가 아버지 안에, 너희가 내 안에, 내가 너희 안에(요14:20)' 있게 되어, 한 성령 안에서 창조주 하나님 아버지께로 나아가(엡2:18) 하나님의 영광을 찬송하게 하실 것이다(엡1:14). 그러므로 그리스도의 사역 속에 나타난 사람을 향하신 하나님의 뜻은 둘째, 우리가 '하나님의 은혜와 영광을 찬송할 거룩하고 온전한 예배자요, 일꾼들'이 되는 것임을 알 수 있다.

하나님의 공의의 구현: 죄악의 청산, 인간회복, 관계의 회복

또 한편으로 그리스도의 사역 속에 담긴 하나님의 뜻은, '하나님의 공의公 義'와 관련된 것임을 볼 수 있다. 하나님은 정의의 하나님(사30:18)이시며, 하나님 자신의 공의를 이루시는 하나님이시다. 정의를 굽게 하지 않으시는 하나님(욥8:3, 34:12)이며, 공의로 판단(렘11:2)하시고 정의로 세상을 심판(창18:25, 시9:8)하시는 하나님이시다. 이러하신 하나님이시기에, 하나님께서는 하나님의 공의(뜻)에 위배되는 모든 개개인의 죄와 악을 미워하신다. 그래서 사람들이 자신의 '죄와 악을 청산'하고, 사람들 사이에는 '정의가 구현'되기를 바라신다. 하나님께서는 "오직 정의를 물(<공동> 강물)같이, 공의를 마르지 않는 강(<공동> 개울)같이 흐르게 할지어다(암5:24)."라고 친히 말씀하신다.

그리스도 우리 주 예수님께서도 "화 있을진저, 외식하는 서기관들과 바리새인들이여, 너희가 박하와 회향과 근채의 십일조는 드리되, 율법의 더 중한 바 정의와 긍휼과 믿음은 버렸도다. 그러나 이것도 행하고, 저것도 버리지 말아야 할 것이니라(마23:23)."라고 말씀하셨고, 같은 뜻으로 누가복음에서는 "공의와 하나님께 대한 사랑은 버리는도다(눅11:42)."라고 질타하셨다.

정의正義란, 한 공동체의 구성원들이 깨어진 관계를 복원하기에 힘쓰고 서로 올바른 관계를 유지해나가는 것이라고 말할 수 있다. 주님께서는 바로 이 깨어진 관계, 올바르지 못한 인간관계를 질타하신다. "너희가 정의와 공의를 행하여 탈취 당한 자를 압박하는 자의 손에서 건지고, 이방인과 고아와 과부를 압제하거나 학대하지 말며, 이곳에서 무죄한 피를 흘리지 말라(렘22:3)."고 이르신다. 그리고 인간관계뿐만 아니라 하나님과의 관계, 특히 하나님의 뜻을 벗어난 인간들의 그릇된 모습에 대해서도 책망하신다. "내 백성은 나를 알지 못하는 어리석은 자요, 지각이 없는 미련한 자식이라. 악을 행하기에는 지각이 있으나 선을 행하기에는 무지하도다(렘4:22)."라는 말씀은, 하나님과의 올바른 관계에서부터 일탈하고 역행하는 인간의 모습을 지적하신 것이다.

이렇게 하나님께서는 개개인 모두가 본래의 모습으로 '인간회복'되는 것과, 동시에 아담 이후로 단절되고 손상된 '하나님과 사람의 관계, 그리고 인간과 인간의 관계가 회복되기를', 즉 '관계의 회복'을 원하신다. 이를 이루시기 위한 그 결정적인 증거가 바로 '그리스도의 십자가 희생과 대속'이었음은 앞에서도 살펴 본 바와 같다.

그리스도의 사역은 이렇게 개개인 모두의 인간회복과 관계의 회복, 즉 인간관계는 물론 하나님과 사람의 관계 회복을 위한 것이기도 하였다. 그것은 허물어지고 왜곡된 관계들을, 심지어 모든 피조세계와의 관계들까지도(롬8:19-22) 모두 그리스도 안에서 올바른 관계로 되돌려놓기 위해서, '성자하나님'께서 친히 인간의 역사 속으로, 피조세계 속으로 들어오셔서 행하신 일이기도 하였다. 하나님나라의 기초는 정의와 공의이기 때문에, 만군의 여호와의 열심이 그리스도의 사역을 통하여 이를 이루시고자 하신 것이다(사9:7). 그러므로 그리스도의 사역 속에 나타난 사람을 향하신 하나님의 뜻은 셋째, '하나님의 공의를 구현하기 위한 죄악의 청산, 인간회복, 관계의 회복'에 있음을 알 수 있다.

하나님의 궁극적인 공의: 죄악의 멸절, 그리스도의 왕국 건설

주 예수님께서는 이 땅에서 하실 일을 '완수'하셨지만, 그리스도의 사역이 '종결'된 것은 아니므로 그리스도는 지금도 일하고 계신다. '하나님의 사랑'을 이 땅에서 몸소 실천하신 그리스도께서는 하늘에 오르셔서, 지금은 '하나님의 공의'를 온 세상에 드러내시고 완수하시기 위한 '마지막 작업'에 힘써 일하고 계신다. 그것은 정의와 공의를 기초로 하는 하나님나라의 질서를 교란하고 하나님의 뜻을 거역하고 훼방하며, 우리들 인간을 하나님의 품으로부터 탈취하여 죄와 사망으로 몰고 갔던 그 '원초적인 악과 그의 세력들'을 완전히 구축驅逐(섬멸하고 처단)하는 일이다. '잃어버린 자를 찾아 구원(눅19:10)'하려고 오

셨다는 말씀은, 이 사악한 세력이 탈취해가서 그들의 노예로 삼고 있는 사람들을 구해내서 그리스도의 품안으로 불러들여, 하나님 아버지의 자녀요 백성이 되게 하시겠다는 것과 같은 뜻이다.

또한 이와 함께 그리스도는 이 사악하고, 어둡고, 거역하는 세력들과 맞싸워 이겨서 이들을 완전히 섬멸하고 처단하기 위해서 일하고 계신다. "사단은 처음부터 계속 죄를 저질러 왔습니다. 그래서 이러한 악마의 소행을 파멸시키려고 하나님의 아들이 오신 것입니다(<현대> 요일3:8)."라는 말씀과, 또 "하나님의 자녀들인 우리는 피와 살을 가진 인간입니다. 예수께서도 피와 살을 가진 인간의 모습으로 나셨습니다. 그것은 자신의 죽음을 통해서 죽음의 권세를 가진 악마의 세력을 쳐부수기 위한 것입니다. 이것만이, 죽음을 두려워하여 평생토록 공포의 노예가 되어 있는 인간을 구원해낼 수 있기 때문입니다(<현대> 히2:14-15)."라는 말씀에서 보는 바와 같이, 그리스도는 이렇게 마귀를 멸하시러 오셨고, 그래서 '하나님의 공의'를 이루고, 마침내 '세상을 구원하러(요12:47)' 이 땅에 오셨고, 이를 위하여 지금도 일하신다.

주님께서 일하심은 "내가 너로 여자와 원수가 되게 하고, 네 후손도 여자의 후손과 원수가 되게 하리니, 여자의 후손은 네 머리를 상하게 할 것이요, 너는 그의 발꿈치를 상하게 할 것이니라(창3:15)."라고 하시던 하나님의 말씀대로, 하나님의 뜻을 거역하고 그리스도의 사역을 훼방한 원흉들과 그의 추종세력들을 처단하시기 위함이며(계20:1-15), 그래서 '하나님의 궁극적인 공의'를 이루시기 위함이다. 그러면 죄와 악은 모두 사라지게 되고, 그리스도의 왕국이 온전히 이루어져서 오직 새 하늘과 새 땅이 임하게 된다. 그래서 우리는 하나님나라에서 하나님과 함께 살면서, 영원한 복락을 누리며, 하나님께 세세무궁토록 영광을 돌리게 된다(계21:1-22:5). 이렇게 그리스도 안에서 지으신 모든 것들이 통일되게 하시는 것이 하나님의 궁극적인 뜻(엡1:10)이기 때문이다.

이 '원초적인 악과 그의 세력들'을 완전히 구축하는 과업이 그렇게도 막중한 것이기에, 예수님께서는 70인 전도대가 돌아와서 그들의 사역을 보고할 때 '사단이 하늘로부터 번개같이 떨어지는 것을 내가 보았노라'고 말씀하시고, '성령으로 기뻐하시면서' 하나님께 감사의 기도를 드리실 정도였다(눅10:17-22).

그래서 하나님께서는 이러한 그리스도의 사역에, '그리스도와 연합한 성도들, 즉 그리스도교회 공동체'가 참여하기를 원하신다. 그래서 우리 자신을 하나님께 드리고, 우리 지체를 의의 무기(<개역> 병기)로 하나님께 드리라(롬6:13)고 당부하신다. 왜냐하면 우리는 하나님의 자녀요, 그리스도와 함께 상속자가 되었으니, 우리가 그리스도와 함께 영광을 받기 위해서는 고난도 함께 받는 것이 마땅하기 때문이다(롬8:12-17).

따라서 그리스도의 사역 속에 나타난 사람을 향하신 하나님의 뜻은 넷째, 우리가 '하나님의 궁극적인 공의를 성취하기 위하여, 죄악의 멸절과 그리스도의 왕국 건설에 쓰일 일꾼'이 되는 것임을 알 수 있다.

나) 성령님의 역사하심을 통해서 본 하나님의 뜻

그리스도의 사역에 이어, 여기에서는 성령님의 역사하심 속에 나타난 하나님의 뜻을 살펴보자.

이끄시고 도우시는 성령님의 역사: 그리스도의 영광에 참여

친히 하나님의 창조역사에 참여하셔서 우리 인간에게 생명을 부여하신 성령하나님(창1:2, 2:7)께서는, 우리와 함께 영원토록 계시면서(요14:16) 오직 하나님께서만 하실 수 있는 일들을 하시는 분이시다. '하나님의 뜻'을 이루어, '하나님의 영광'을 나타내는 데에 힘쓰고 계시는 주 성령님께서는 그리스도의 성육신을 예비하시고(눅1:35), 그 아기 예수의 탄생으로 하나님께 영광을 돌리시고 사람에게는 평화를 누리게 하셨다(눅2:14).

주 성령님께서는 세례자 요한에게 세례(침례)를 받으신 예수님께 하늘을 열어 그 위에 강림하셔서 하나님의 기쁨을 땅위에 선포하셨다(눅3:22). 또한 그

리스도의 사역을 도우셔서 하나님의 말씀을 능력 있게 전하실 수 있도록 역사하심으로써, 아들을 믿는 자에게 영생이 있도록 하신다(요3:31-36). 주 성령님께서는 친히 우리에게 장래 일을 알리시고 그리스도의 영광을 나타내시며 (요16:13-14), 그리스도를 증언하신다(요15:26, 행5:32). 그래서 우리로 하여금 '예수는 주'라 믿고 시인하게 하여 구원을 받게 하신다(고전12:3, 롬10:9).

이렇게 성령님께서는 하나님께서만 하실 수 있는 일들을 행하시면서, '사람을 향하신 하나님의 사랑'을 이루어 사람들이 새 생명을 얻게 하시기 위하여 그리스도의 사역에 참여하신다. 즉 구주 하나님의 자비와 사람사랑하심이 우리에게 나타나 우리를 구원하실 때에, 성령님께서는 우리의 죄를 씻어주시고 새롭게 하심으로써, 우리가 의롭다 하심을 얻어 영생의 소망을 따라 하나님나라의 상속자가 되게 하신다(딛3:4-7).

우리가 이렇게 될 수 있는 것은 첫째, 심판하는 영이요 소멸하는 영이신 성령하나님께서 우리의 더러움을 씻기시고 청결케 하시고(사4:4), 우리를 거룩하게 해주셨기 때문이다(살후2:13). 둘째, 그리고 그리스도 안에 있는 생명의 성령의 법은 우리를 죄와 사망의 법에서 해방하여 자유를 주시기 때문이다(롬8:2, 고후3:17). 셋째, 그리하여 마침내 우리에게 아들의 명분을 얻게 하시고, 하나님의 자녀요 상속자가 되게 하셔서(갈4:4-7), 우리 주 예수 그리스도의 영광에 참여하게 하시기 때문이다(살후2:14). 넷째, 또한 성령하나님께서는 성자하나님께서 성취하신 구속사역이 끝까지 사람에게 유효하게 적용되어, 우리가 성부하나님의 나라에 들어가 영생하게 될 때까지 '예수를 주라' 시인하며, 구원의 여정을 걸어가게 도우신다(요3:5, 고전12:3). 그래서 마침내 우리가 하나님을 찬양하며, 영광을 아버지 하나님께 올려드리도록 일하신다. 그러므로 하나님께서 성도들에게 주신 가장 고귀한 선물은 '주 성령님'이시다(요16:7).

이와 같이 우리를 이끄시고 도우시는 성령하나님의 역사 속에서 읽을 수 있는 '사람을 향하신 하나님의 뜻'은 첫째, 우리를 '그리스도의 영광에 참여할 하나님의 자녀'로 삼으시려는 것이라는 놀랍도록 감격스런 사실을 확인할 수 있다.

하나님의 뜻을 이루시는 성령님의 역사: 그리스도교회 공동체를 통한 하나님 나라의 완성

오직 한 분이신 성령하나님(엡4:4)께서는 영원히 존재하시는 하나님이시며, 하나님의 뜻을 이루시기 위하여 역사하신다. 그래서 그리스도께서도 이 영원하신 성령님을 통하여 흠 없는 그의 자신을 하나님께 드려 피 흘리심으로써, 우리가 살아계신 하나님을 섬길 수 있게 하셨다(히9:14).

또한 진리의 성령님께서는, 오순절 성령강림으로 교회가 실체화實體化된 이후로부터 지금까지도, 그리스도교회 공동체와 늘 함께하시면서 지속적으로 역사하신다. 그래서 우리가 살고 있는 이 시대를 '주 성령님의 시대'라고 표현하기도 한다. 그리고 이 성령님의 역사하심은 '새 하늘과 새 땅'이 임할 때까지 계속될 것이고, 영원토록 우리와 함께 계시면서 그리스도의 몸인 그리스도교회 공동체를 보존하시고 도우실 것이다(고전3:16, 요14:6).

실제로 주 성령님께서는 구원받은 백성들인 우리를 진리 가운데로 인도하시고(요16:13), 지혜와 지식을 주시며, 그의 뜻대로 각 사람에게 은사를 나누어 주셔서(고전12:8-11) 우리로 하여금 '예수 그리스도의 증인'이 되게 하신다(행1:8). 이렇게 우리에게 일할 은사를 주신 성령님은 또한 우리를 가르치시고, 말씀을 생각나게 하시며, 위로해주시며(요14:16-26), 우리의 연약함을 도우시고, 친히 우리를 위하여 간구하심으로써 모든 것이 합력하여 선을 이루게 하신다(롬8:26-28). 이렇게 성령하나님께서는 '하나님의 뜻'을 이루시는 일에 우리를 참여시키셔서, 그리스도 안에서 주 하나님을 받들어 섬기게도 하신다.

성령님께서는 우리에게 일만 시키실 뿐만 아니라, 우리가 성령님의 인도하심을 따라 사는 동안에 그리스도의 사람인 우리들이 삶속에서 '성령의 열매'를 맺을 수 있도록 도우신다. 그것은 '사랑과 희락과 화평과 오래 참음과 자비

와 양선과 충성과, 그리고 온유와 절제'이다. 이렇게 우리로 하여금 성령의 열매를 맺게 하심으로써, 성령님의 능력으로 살게 하시고, 우리의 모든 삶도 성령님의 인도하심을 따라 살도록 역사하신다(갈5:22-23, 25). 그리고 이와 함께 우리를 '그리스도의 고난에 참여'하게도 하신다. 그것은 주님께서 영광을 나타내실 때에 우리도 함께 즐거워하고 기뻐하게 하려 하심이다(벧전4:13).

이러한 성령님의 역사하심에 힘입어, 그리스도의 몸인 교회는 성령님 안에서 하나님이 거하실 처소가 되기 위하여 그리스도 예수 안에서 함께 지어져 간다(엡2:22). 이렇게 우리를 이끄시는 동안에 우리는 성령님 안에서 자유를 누리며, "우리는 모두 얼굴의 너울을 벗어버리고 거울처럼 주님의 영광을 비추어줍니다. 동시에 우리는 주님과 같은 모습으로 변화하여, 영광스러운 상태에서 더욱 영광스러운 상태로 옮아갑니다(<공동>고후3:18)."라고 고백하게 된다. 그래서 우리 개개인은 '그리스도를 닮은 그리스도의 일꾼', 즉 '작은 예수'가 되어가고, 그리스도의 몸인 그리스도교회 공동체는 굳건히 세워져간다. 성령님은 이렇게 그리스도와 함께 성도 개개인과 그리스도교회 공동체를 영화롭게 하신다. 그리하여 마침내 주권主權을 교회의 머리이신 우리 주 예수 그리스도께 귀속시키신다.

이러한 성령님의 자상하시고 오묘하신 이끄심과 도우심은, 궁극적으로 성자 하나님이신 예수 그리스도의 영광을 나타내신다(요16:14). 이로써 아들이 아버지이신 성부 하나님을 영화롭게 하며(요17:1), 아버지와 아들이 함께 영화롭게 되시어(요17:4-5) 우리도 그 영광을 보게 하신다(요17:24). 그래서 아버지와 아들과 사람이 사랑으로 하나가 되고, 또한 그리스도 안에서 믿는 우리가 다 하나가 되어, 마침내 우리를 향하신 '하나님의 사랑'을 세상이 다 알게 하시고, 또한 우리를 그 사랑 안에 있게 하시려는 그 태초부터의 '하나님의 뜻'을 이루려 하심이다(요17:22-26).

그러므로 그리스도교회 공동체를 이끄시고 도우시는 성령님의 역사 속에 나타난 '사람을 향하신 하나님의 뜻'은 둘째, 그리스도 안에서 '그리스도교회 공동체를 통하여, 하나님의 나라를 완성하는 것'임을 보여주신다.

다) 사람을 향하신 하나님의 말씀들을 통해서 본 하나님의 뜻

여기에서는 그리스도의 사역과 성령님의 역사하심에 이어서, 하나님께서 친히 사람들이 알아들을 수 있게 말씀하신 성경 속에서 '사람을 향하신 하나님의 뜻'을 찾아보자.

오직 하나님만 섬기기를 원하시고
하나님께서는 '하나님의 뜻'을 이루기 위하여 하나님의 목적하심에 따라 사람을 지으셨음을 밝히 말씀하신다. "나는 하나님이라. 나 외에 다른 이가 없느니라. 나는 하나님이라. 나 같은 이가 없느니라. 내가 시초부터 종말을 알리며, 아직 이루지 아니한 일을 옛적부터 보이고, 이르기를, 나의 뜻이 설 것이니 내가 나의 모든 기뻐하는 것을 이루리라. ……나의 뜻을 이룰 사람을 부를 것이라. 내가 말하였은즉 반드시 이룰 것이요, 계획하였은즉 반드시 시행하리라(사46:9-11)."고 말씀하신다.

하나님의 뜻이 이러하시기 때문에 "너는 다른 신에게 절하지 말라. 여호와는 질투라 이름하는 질투의 하나님임이니라(출34:14)."고 엄히 이르시고, "여호와만 섬기라(수24:14)."라고 강조하셨다. 그리고 하나님께서는 스스로 '사랑과 공의의 하나님'이심을 선포하신다. "여호와라, 여호와라, 자비롭고, 은혜롭고, 노하기를 더디 하고, 인자와 진실이 많은 하나님이라. 인자를 천대까지 베풀며, 악과 과실과 죄를 용서하리라. 그러나 벌을 면제하지는 아니하고 아버지의 악행을 자손 삼사 대까지 보응하리라(출34:6-7)."고 하셨다. 또한 "자랑하는 자는 이것으로 자랑할지니, 곧 명철하여 나를 아는 것과, 나 여호와는 사랑과 정의와 공의를 땅에 행하는 자인 줄 깨닫는 것이라. 나는 이 일을 기뻐하노라(렘9:24)."고 분명히 밝히셨다. 그래서 엘리 제사장의 집안이 망한 것처럼,

죄악은 제물로나 예물로나 영원히 속죄함을 받지 못하리라고 단언하셨다(삼상3:14). 이렇게 하나님께서는, 사랑의 하나님이시며 공의의 하나님이신 주 하나님을 깨달아 알고, 그 주님만을 받들어 섬기기를 바라신다.

하나님의 뜻에 순종하고 봉사하기를 바라셨으나

그러나 인간은 하나님을 불순종하고 거듭거듭 죄악을 범하여, 완전히 타락한 상태에 빠졌다. 그래서 하나님께서는 "여호와를 배반하고 따르지 아니한 자들과, 여호와를 찾지도 아니하며 구하지도 아니한 자들을 멸절하리라(습1:6)."하신 말씀대로 행하셨다. 그리고 "너희가 내 길을 지키지 아니하고, 율법을 행할 때에 사람에게 치우치게 하였으므로, 나도 너희로 하여금 모든 백성 앞에서 멸시와 천대를 당하게 하였느니라(말2:9)."고 설명까지 해주셨다.

그러나 그럼에도 불구하시고 하나님께서는 하나님의 이름을 위하여, 그 거룩하신 이름을 더럽히지 아니하시려고, 죄악을 범한 인간을 오래 참으시고 구원하셨다. 하나님께서는 친히 자기 백성으로 택하신 이스라엘 백성을 이집트 땅에서 인도해내어, 젖과 꿀이 흐르는 아름다운 곳에 이르게 하리라 약속하셨다. 그리고 그들에게 규례와 법도를 주셔서, 가증한 것을 버리고 우상을 섬기지 말며, 하나님의 안식일을 지키게 하셨다.

그러나 그러하심에도 불구하고, 백성들은 가는 곳마다 하나님의 뜻을 거역하고 또 반역하였다. 그래서 하나님께서는 "무릇 마음이 가난하고 심령에 통회하며 내 말을 듣고 떠는 자 그 사람은 내가 돌보려니와, 소를 잡아드리는 것은 살인함과 다름이 없이 하고, 어린 양으로 제사 드리는 것은 개의 목을 꺾음과 다름이 없이 하며, 드리는 예물(소제)은 돼지의 피와 다름이 없이 하고, 분향하는 것은 우상을 찬송함과 다름이 없이 행하는 그들은 자기의 길을 택하며, 그들의 마음은 가증한 것을 기뻐한즉 나 또한 유혹을 그들에게 택하여 주며 그들이 무서워하는 것을 그들에게 임하게 하리니, 이는 내가 불러도 대답하는 자가 없으며 내가 말하여도 그들이 듣지 않고, 오직 나의 목전에서 악을 행하며 내가 기뻐하지 아니하는 것을 택하였음이라(사66:3-4).".고 그들의 죄상을 낱낱이 지적하셨다. 그러므로 그들이 즉각 징벌 받음이 마땅하였다.

하지만, 하나님께서는 뜻을 돌이키셔서(출32:14) '하나님의 이름을 위하여, 그 거룩하신 이름을 더럽히지 않으시려고(겔20:9,14,22)', 그들을 완전히 멸절시키지는 않으시고 여러 방식으로 그들을 이 땅에 남겨두셨다. 하나님께서는 이토록 오래 참으시면서 '하나님의 영광', 즉 하나님의 이름을 위하여, 그 거룩하신 이름을 더럽히지 않으시려고 이방인들이 보는 앞에서 그들을 친히 이끄셔서 마침내 이스라엘 땅으로 인도하신 것을 볼 수 있다(겔20:4-44).

그러나 그래도 하나님의 뜻을 이루시기 위하여

하나님께서는 "내가 생각한 것이 반드시 되며, 내가 경영한 것을 반드시 이루리라(사14:24)."고 말씀하셨다. 그러나 이 말씀은 징벌을 강조하신 것이기보다는, 차라리 사랑으로 다시 품어 안으시는 놀라우신 은혜였다. "내가 나의 공의를 가깝게 할 것인즉 그것이 멀지 아니하나니, 나의 구원이 지체하지 아니할 것이라(사46:13)."고 말씀 하신 하나님은 사람을 끝까지 사랑하셔서, 인간을 근본적으로 구원하시기 위한 조치를 취하셨다. 인간으로서는 전혀 상상할 수 없는 방식으로 사람을 다시 품어 안으시는 사랑을 베푸신 것이다.

"하나님이 세상을 이처럼 사랑하사 독생자를 주셨으니, 이는 그를 믿는 자마다 멸망하지 않고, 영생을 얻게 하려 하심이라(요3:16)."는 말씀처럼, 하나님의 아들이, 그러니까 성자하나님이 사람의 아들로 세상에 오시고, 스스로 사람의 죄를 대신해서 피 흘려 죽임을 당하심으로써 성부하나님의 공의를 이루어 드리신 것이다. "여호와께서 그에게 상함을 받게 하시기를 원하사 질고를 당하게 하셨은즉, 그의 영혼을 속건제물로 드리기에 이르면……여호와께서 기뻐하시는 뜻을 성취하리로다(사53:10)."는 예언의 말씀을 이루신 것이다. 이로써 하나님께서는 '하나님의 공의'를 이루셨을 뿐만 아니라, 이루다 표현할 수 없는 '하나님의 사랑'을 우리에게 선물로 베푸신 것이다. 이것이 바로 '태초부터 계획하신, 사람을 향하신 하나님의 뜻'이었다.

그 하나님께서 "야곱아, 이스라엘아, 이 일을 기억하라. 너는 내 종이니라. 내가 너를 지었으니 너는 내 종이라……너는 내게로 돌아오라 내가 너를 구속하였음이니라(사44:21-22)."고 사람을 부르신다. 우리를 지으신 창조주 하나님께서 그의 소유된 사람을 부르신다. 반역하고 버성겨 멀리 떠나 방황하며 만신창이가 된 죄인을 부르신다. 이렇게까지 놀라운 사랑을 베푸시면서 우리를 구속하시는 이유는, 하나님께서 처음 작정하신대로 사람을 온전히 '하나님의 교제의 대상'으로 삼으시기 위함이다. 우리를 '하나님의 자녀'로 삼으시려는(계 21:7) 놀라운 '사랑의 계획' 때문이셨다.

그리스도를 통하여 거룩함과 온전함을 이루어

그런데 하나님께서는 '거룩하신 하나님'이시고(레11:45, 20:7, 벧전1:16), 또한 '온전하신 하나님(마5:48, 히13:21)'이시다. 그러므로 우리가 하나님께 가까이 가려면 우리가 거룩하고 온전해야 한다. "하나님의 뜻은 너희의 거룩함이라(살전4:3)."고 말씀하고 계시기 때문이다. 그렇지만 하나님께서 사랑하시고 자녀로 삼고자하시는 사람은 오히려 죄악에 빠져있었다. 그런 상태로는 사람이 하나님께 가까이 나갈 수 없었다. 그러므로 먼저 사람이 거룩하고 온전해져야 하는 과정이 필요하게 되었다. 그러나 사람은 스스로 거룩해지거나 온전해질 수 없다. 더군다나 사람들은 만회할 수 없는 만신창이 상태로 추락해있었다. 따라서 하나님과 같은 절대적 권능을 지닌 거룩하고 온전한 존재가 우리를 죄와 사망의 길에서 건져내주지 않는다면, 도저히 그 상태를 벗어날 수 없는 절망의 구렁텅이 속에 빠져있었다. 이렇게 첫 사람 아담의 범죄이후, 인간은 그 '원형原形을 상실한 상태'에 있었다.

하나님께로 다시 가까이 가려면 이 상태를 벗어나서 다시 참 인간의 원형으로 회복되어야 했다. 우리가 '자기를 창조하신 이의 형상을 따라 새롭게 하심을 입고(골3:10)', 그래서 '하느님의 형상대로 창조된 새 사람(<공동> 엡4:24)'

이 되어야 했던 것이다. 따라서 '하느님의 사랑을 받는 자녀(<공동>엡5:1)'가 되려면, 누군가의 구원의 손길이 필요했다. 이 절실한, 그리고 절망적인 상태의 사람에게 구원의 빛 곧 생명의 빛(요1:4)이 임하셨다. 그리스도 우리 주 예수 그분이시다. 사람을 아버지 하나님의 사귐의 대상으로, 사랑하시는 자녀로 삼아주시려고 그리스도 우리 주 예수님을 세상에 보내주신 것이다. '자비로우시고, 은혜가 풍성하신 아버지 하나님'께서는 그래서 그렇게 우리들 인간을 구원하시고 아버지 품으로 불러주셨다.

그런데 왜 하필이면 '그리스도를 통하여, 그리스도 안에서' 우리가 거룩하고, 온전해져야 하는가. 그것은 그리스도 우리 주 예수님은 '보이지 않는 하느님의 형상이시며……만물은 그분을 통해서, 그리고 그분을 위해서 창조되었고……만물은 그분으로 말미암아 존속하며, 그리스도는 또한 당신의 몸인 교회의 머리(<공동>골1:15-16,18)'이시기 때문이다. 그래서 아버지 하나님께서는 "당신의 완전한 본질을(모든 충만으로) 그리스도에게 기꺼이 주시고, 그리스도를 내세워 하늘과 땅의 만물을 당신과 화해시켜주셨습니다. 곧 십자가에서 흘리신 예수의 피로써 평화를 이룩하셨습니다(<공동> 골1:19-20)." 이렇게, "하느님께서는 당신의 아들의 몸을 희생시키시어 여러분과 화해하시고, 여러분을 거룩하고, 흠 없고, 탓할 데 없는 사람으로서 당신 앞에 서게 하여 주셨습니다(<공동> 골1:22)."

그래야만 "마침내 우리 모두가 하느님의 아드님에 대한 믿음과 지식에 있어서 하나가 되어, 성숙한 인간으로서 그리스도의 완전성에(그리스도의 장성한 분량이 충만한 데까지) 도달하게 되는 것(<공동> 엡4:13)"이기 때문이다. 이렇게 하심으로써 우리들 성도 개개인과 그리스도교회 공동체는 성령 안에서 거룩하고 온전한 '하나님이 거하실 처소가 되기 위하여 그리스도 예수 안에서 함께 지어져 가는 것(엡2:22)'이다. 이것이 사람과 교회를 향하신 하나님의 뜻이다.

그리스도교회 공동체를 통한 하나님의 영광

하나님께서 그리스도를 통하여 우리를 구원하시고 가까이 하게 하신 또 나의 중요한 이유는, 그리스도교회 공동체의 각 지체들에게 직임職任을 주셔서 일하게 하심으로써 '성도를 준비시켜서 봉사활동을 하게 하여, 그리스도의 몸을 자라게 하시려는 것'이다(<공동> 엡4:12). 그리고 그리스도의 몸인 성도 개개인과 그리스도교회 공동체를 통하여 하나님 아버지께서 영광을 받으시려는 데에 있다. "너희 빛이 사람 앞에 비치게 하여, 그들로 너희 착한 행실을 보고, 하늘에 계신 너희 아버지께 영광을 돌리게 하라(마5:16)."고 하시는 예수님의 말씀이 바로 그것이다. 그래서 주님께서는 우리를 진리로 거룩하게 하시고, 그리스도 안에서 온전함을 이루게 하셨고(요17:17,23), 그래서 우리를 세상에 남겨두셨고, 세상 속으로 보내셨다(요17:11,18).

성자하나님이신 주 예수 그리스도께서 우리에게 가르쳐주신 기도 속에 바로 이러한 하나님의 뜻이 담겨있다. "하늘에 계신 우리 아버지여, 이름이 거룩히 여김을 받으시오며, 나라가 임하시오며, 뜻이 하늘에서 이루어진 것같이 땅에서도 이루어지이다." (왜냐하면) '나라와 권세와 영광이' 영원히 하나님 아버지의 것이기 때문이다(마6:9-10,13). 절대적이시며, 무한광대하시며, 거룩하신 아버지 하나님께서 그의 피조물들로부터–특히 하나님의 예정하신 바대로, 그리스도의 피로 구원함을 받아, 하나님의 자녀가 된 사람으로부터–온전히(신령과 진정으로) 높임(감사와 경배와 찬송)을 받으시는 것은 당연한 것이다. 그리고 바로 그것이 '하나님의 뜻'이셨다.

또한 아버지 하나님의 영원하시고 전우주적이며 절대적인 나라(주권과 통치)가, 그리스도의 사역과 성령님의 역사하심으로 인간의 역사 속에서도 친히 이루어지고 확장되어 가며, 우리 모든 사람들이 그 다스리심에 온전히 복종하고 충성하게 하시며, 그리스도께서 다스릴 영원하고 궁극적인 하나님의 나라가 속히 이 땅에 임하시기를 바라는 것이 우리의 간절한 바람이다. 바로 그것이 '하나님의 뜻'이다.

그리고 창세이전부터 작정하신 하나님의 '선하시고 기뻐하시고 온전하신 뜻(롬12:2)'이 이미 하늘에서 이루어진 것처럼, 그 뜻하신 바와 그리고 자녀로 택정하신 '사람을 향하신 하나님의 뜻(마7:21, 12:50)'이 사람 사는 이 땅에서도 관철되고 구현되어서, 하나님 아버지께서 기뻐하시게 되며 마침내 영광을 세세무궁토록 홀로 받으시게 되기를 믿고 바라는 것이 우리의 소망이다. 그리고 바로 그것이 '하나님의 뜻'이다. 그렇다. 이들 모두는 '하나님 자신의 뜻(목적하심)'일 뿐만 아니라 '사람을 향하신 하나님의 뜻'이요, 또한 아버지 하나님의 자녀들인 우리들의 간절한 소망이다.

구원받은 백성이 올려드릴 영광과 감사와 찬송

하늘에 계신 우리 아버지 하나님께서는 이렇게 사람을 사랑하셔서, 하나님의 그 절대적인 주권으, 죄와 사망의 절망적인 상태에 빠져있던 우리를 그리스도의 십자가를 통하여 구원해주셨다. 만약에 하나님께서 우리를 방치해두셨거나 '우리에게 씨를 남겨두지 아니하셨더라면, 소돔과 고모라와 같았을' 우리들이다(롬9:29). 그런데 구원의 은혜를 입을 만한 아무런 조건이나 자격을 갖추지 못한 우리를 선하시고 인자하신 하나님께서는 아무런 조건 없이 구원해주신 것이다.

토기장이와 같으신 하나님께서는 질그릇 같은 우리를 향하여 그 진노를 오래 참으심으로 관용하시고, 하나님의 영광을 드러내시기 위하여 차라리 긍휼을 베푸셨다(롬9:22-23). "주께서 땅 위에서 그 말씀을 이루시고 속히 시행하리라(롬9:28)."라고 말씀하신대로, '하나님의 사랑과 정의, 그리고 그리스도'를 통한 구원을 우리에게 일방적으로 베풀어주신 것이다. 그래서 우리를 '내 백성이 아닌 자를 내 백성이라, 사랑하지 아니한 자를 사랑한 자라' 부르시고, '너희는 내 백성이 아니라 한 그곳에서⋯⋯살아계신 하나님의 아들이라 일컬음을 받게' 해주셨다(롬9:25-26).

이 놀라우신 자비와 은혜와 은총은 전적으로 절대적이고 일방적인 하나님의 뜻에 의한 것이었다. 우리는 무슨 노력을 했거나 기여한 바가 아무 것도 없었다. 우리는 전적으로 타락한 존재들일뿐이었다. 오히려 '오직 주님의 은혜로' 구원을 얻었을 뿐이다. 하나님께서 이렇게 하신 이유는, '누구든지 자랑할 것이 아무것도 없게' 하셔서 우리를 그리스도 예수 안에서 충성된 일꾼으로 일하게 하시려는 계획에 따른 것이다(엡2:8-10). 이는 또한 구원받은 백성들이 그리스도를 통하여 베풀어주신 하나님의 자비와 은혜와 은총에 대하여, 영광과 감사와 찬송을 올려드리도록 처음부터 작정하셨기 때문이다(롬15:8-9).

그래서 소망의 하나님께서 모든 기쁨과 평강을 믿음 안에서 충만하게 하시고, 우리로 하여금 성령의 능력으로 소망이 넘치게 하심으로써(롬15:13), 우리들 성도 개개인과 그리스도교회 공동체는 오늘도 주님께 영광과 감사와 찬송을 올려드리고, 또 한편으로 '주님의 뜻하신 바가 이 땅에서 모두 속히 이루어지이다'하고 기도하게 되는 것이다.

2) '하나님의 뜻'이 '사람의 과업'으로 계승되어

이렇게 '태초에 작정하신 하나님의 그 크신 뜻'은 '하나님의 사랑과 공의, 그리고 그리스도'를 통하여 우리들에게는 산 소망이 되었고, 동시에 우리가 거룩하고 온전히 받들어 섬겨야 할 과업으로 계승succession/inheritance되었다.

여기에서 계승되었다함은, 하나님께서 그리스도를 통하여 자녀로 삼으신 우리에게 그 뜻을 '물려주셨다'는 것이요, 또한 그리스도 안에서 하나님의 자녀가 된 우리들이 그 뜻을 기꺼이 '받들어 섬겨야 할 일로 삼게 되었다'는 뜻이다. 이는 마치 상속을 받은 자가 자신의 권리와 의무를 확인하듯이, 하나님의 뜻이 사람인 '나'에게 심겨지고, 그 뜻이 '나'의 뜻으로 계승되었고, 그래서 그 뜻하신 바가 '나'의 할 일이 되었음을 스스로 인식하고 이를 실천하게 되는 것과도 같다. 이 계승은 하늘에 계신 우리 아버지 하나님의 뜻이 땅에 있는 우리에게 임하셔서, 그 뜻이 우리의 뜻으로 변환되도록 역사하신 결과이다. 그것도 일방적이고 강압적으로 하신 것이 아니라, 우리에게 이루 다 표현할 수 없는 크고 놀라운 구원의 은총을 베푸시고, 거기에다가 하나님의 자녀, 즉 '하나님나라의 상속자'라는 권리까지도 승계시켜주신 '은혜의 선물'인 것이다.

그러므로 이제까지 그리스도의 사역을 통하여, 성령님의 역사하심을 통하여, 성경 속에 기록된 하나님의 말씀을 통하여, 성령님께서 깨닫게 해주신 '사람을 향하신 하나님의 뜻'은 우리가 '기쁘고 감사함으로 온전히, 두렵고 떨림으로 거룩하게' 받들어 섬겨야 할 그리스도교회 공동체의 '순종과 봉사의 실천적 과제들', 즉 '그리스도교회 공동체 사역의 실천적 목적'과 같은 것으로 이해할 수 있게 되는 것이다.

그리스도의 사역을 지속하고 발전시켜야

이 오묘한 상속관계相續關係는 '그리스도의 사역'에 의해서 이루어진 것이다. 그리스도는 그러므로 하나님과 사람 사이를 잇는 다리와도 같고, 그 관계를 회복시키고 유지시켜주는 사랑의 띠와 같으며, 성도 개개인과 그리스도교회 공동체 사역의 중심이요 머리이다.

따라서 성도와 그리스도교회 공동체는 첫째, 부활하신 우리 주 예수님께서 친히 교회의 머리로서 성령을 통하여 지금도 활동하시는 그의 지체나 몸(롬12:4-8)답게 그리스도를 온전히, 거룩하게 받들어 섬겨야 한다. 둘째, 하나님의 뜻을 사람에게 계승시켜 놓으신 이는 그리스도 우리 주 예수님이시므로, 그리스도교회 공동체의 사역도 당연히 '그리스도(사역)의 뜻'에 복종하는 것이어야 마땅하며, 그 '사역의 실천적 목적들'도 그리스도를 중심으로, 그분 안에서, 그분과 함께 추구되어야 한다. 셋째, 이와 함께 성도와 그리스도교회 공동체는 사역에 활력을 불어넣으시는 성령님의 인도하심에 따라, 하나님으로부터 받은 모든 영적 은사를 활용하여 '그리스도의 사역'을 지속적으로 발전시키는 역할을 담당하기에 전심전력을 다 기울여야 한다. 우리는 '그리스도의 사역을 계승한 자들'이요, '그리스도의 성역聖役에 쓰임 받는 일꾼'들이기 때문이다.

하나님의 절대주권이 선포되고 관철되는 사역이어야

한편 사역은 오직 하나님의 주권(욥25:2, 단7:27, 시103:19)이 선포되고 관철되는 것이어야 할 것이다. 하나님의 은총을 입어 구원받은 백성들이 하나님의 뜻을 따라 사역에 헌신하고 충성하는 궁극적 목적은 곧 '하나님의 절대적 주권을 선포하고, 하나님의 뜻이 이루어져서, 하나님께서 홀로 영광을 받으시도록' 하려는 데에 있기 때문이다. 바로 이것이 우리가 하나님께 드릴 온전한 경배와, 순종과 봉사와, 충성의 모습이다. 이것이 하나님의 자녀, 그리스도의 제자요 일꾼, 성령님이 이끄시는 사람들인 우리가 이 시대 이 땅에서 사는 동안에 해야 할 참되고 바람직한 모습이다. 그리고 이것이 '우리를 향하신 하나님의 뜻'이며, '그리스도의 사역의 궁극적인 목표'이다.

사역을 통하여 하나님의 주권이 선포되고 관철되는 것은 그리스도교회 공동체 사역의 관점에서 보면 너무나 당연한 일이다. 그런데 실제로 사역의 현장들에서 나타나는 현상은 그렇지 않은 경우가 너무나 많다. 사람, 그리고 사람의 주장이 선포되고, 사람의 의지가 관철되는 경향이 두드러지게 나타날 때가 많다. 나, 그리고 나의 유익이 하나님의 영광보다 앞세워질 때가 많다. 재물, 권력, 명예, 지위 등 사람의 욕심을 채우기 위한 경우도 많다. 내 교회, 우리 교단의 건재와 위용을 드러내고자 하는 집단이기주의적인 안타까운 모습이 보일 때도 있다. 모양만 사역의 형태를 지녔을 뿐, 실제로는 하나님과 사람 사이의 주종관계가 뒤바뀌고, 목적과 수단이 도치倒置된 경우들도 적지 않다. 이것은 과거 어느 시절의 옛이야기(단5:18-24)를 말하고 있는 것이 아니다. 오늘 우리가 사역의 현장에서 현실적으로 접하고 있는 부끄러움이요, 안타까움이기도 하다. 이것은 교회가, 사역이, 사역자들이 그 본질을 잃은 것이나 마찬가지임을 반영하는 것들이기에, 하나님 앞에서 부끄럽고 두렵고 떨릴 뿐이다.

'절대주권의 하나님 앞에서 발견된 나'는 참으로 '아무 것도 아닐 정도의 존재nothing'이다. 토기장이와 질그릇의 관계처럼 도무지 그 차이를 비교조차 할 수 없는 관계가 하나님과 사람의 관계이다. 그러므로 하나님의 일, 하나님나라의 일인 사역에는 사람을 앞세울 겨를도, 이유도 없다. 오직 주 하나님의 절대주권만이 선포되고 관철되도록 '나'를 버리고 헌신, 충성해야 할 것이다.

마. 그리스도교회 공동체 사역의 실천적 목적

우리는 위에서 그리스도의 사역과, 성령님의 역사하심과, 성경에 기록된 하나님의 말씀들을 중심으로, 사람과 교회를 향하신 '하나님의 뜻'이 무엇인지를 살펴보았다. 그래서 이제는 부르심을 받은 성도 개개인과 그리스도교회 공동체가 '하나님의 뜻을 받들어 섬길 일들', 즉 '사역의 실천적 목적'들이 무엇인지를 정리할 수 있는 단계에 이르렀다.

표 9 '하나님의 뜻이 그리스도교회 공동체로'

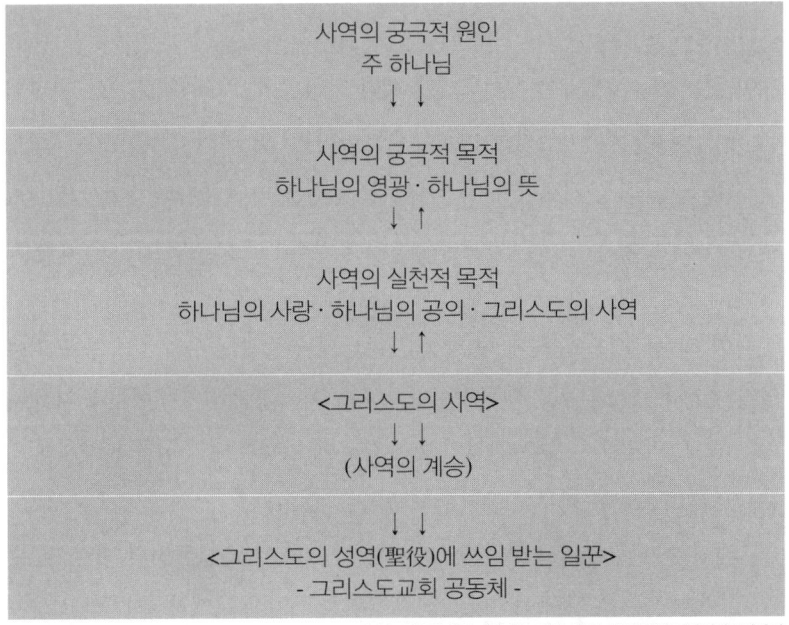

(↑,↓는 상호관계를 나타내는 것임) 갈릴리공방/청소년사역연구개발원

지금까지 탐색해왔던 바를 요약하면 <표 9> '하나님의 뜻이 그리스도교회 공동체로'와 같게 된다. 여기 <표 9>에서 우리는 사역이 '그리스도의 사역의 계승자'인 그리스도교회 공동체에게로 확실히 계승되어 있음을 본다. 그것은 이 글이 '지상교회가 할 일'을 구체적으로 명확히 해야 하는 탐색과정에 접어들어 있음을 의미한다.

그래서 이제부터는 '사역의 제일의적第一義的 목적은 예배'라는 점과, '그리스도교회 공동체 사역의 핵심적인 실천 목적들인 사랑의 실천, 정의의 구현, 그리스도 사역의 지속과 완성'을 중심으로 성도와 교회가 해야 할 일들을 살펴보려고 한다. 이 탐색과정은 곧 이어질 '청소년사역의 목적'에 직접적인 영향을 미칠 그 상위개념, 즉 '그리스도교회 공동체 사역의 목적'의 규명작업과도 같은 것이다.

1) 사역의 제일의적 목적은 예배

하나님께 영광과 감사와 찬송을

이 절chapter의 앞부분에서도 인용했던 바와 같이 우리를 향하신 '하나님의 뜻'은, 우리가 '하나님만을 인정하고 신뢰하며 복종하고, 그 하나님으로부터 오는 모든 선을 기대하며, 그 하나님을 전심으로 사랑하고 경외하고 영광을 돌리는 데에 있다.' 우리가 그리스도를 통하여 베푸신 하나님의 사랑을 전해 듣고 이 놀라우신 은혜를 참으로 믿는다면, 구원받은 백성들이 하나님을 향하여 최우선적으로 하게 될 행동은 주님께 영광과 감사와 찬송을 드리는 일일 것이다. 그것은 어떤 의무감이나 누구의 지시에 의해서가 아니라 저절로, 나 스스로, 억제할 수 없는 감격의 충동 때문에 기뻐 뛰며 주님을 찬양하게 되는 것(찬313/524)은 너무나 당연한 모습이다.

그래서 「하이델베르크 교리문답Heidelberg Catechism」(1563)의 '서언, 제1주일 첫 번째 질문은 '사나 죽으나 당신의 유일한 위안은 무엇입니까?"라고 묻는다. 그 대답도 "사나 죽으나 나는 나의 것이 아니고, 몸과 영혼이 모두 미쁘신 구주 예수 그리스도의 것입니다. 주께서 보배로운 피로 나의 모든 죄 값을 치러주셨고, 마귀의 권세로부터 나를 자유하게 하셨습니다. 또한 하늘에 계신 아버지의 뜻이 아니고서는 나의 머리털 하나라도 상하지 않듯이, 주님은 나를 지켜주십니다. 실로, 이 모든 것이 합력하여 나의 구원을 이룹니다. 내가 주의 것이기에, 주께서 성령으로 말미암아 영원한 생명을 보증하시고, 나의 온 마음을 다하여 기꺼이 주를 위하여 살게 하십니다. 이것이 나의 유일한 위안입니다."라고 고백하게 된다.

이 교리문답은 이어서 "이러한 기쁜 위안 속에서 살고 죽기 위하여, 당신이 알아야 할 것은 무엇입니까?"라고 묻는다. 이 질문에 대하여 "세 가지가 있습니다. 첫째 나의 죄와 그 비참함이 얼마나 심각하며, 둘째 어떻게 그 죄와 비참함에서 벗어나며, 셋째 구원해 주신 하나님께 어떻게 감사를 드릴 것인가 하는 일입니다."라고 일러준다. 그렇다. 구원받은 백성들이요 하나님의 자녀들이 해야 할 일은, 「웨스트민스터 신앙고백Westminster Confession of Faith」(1647)의 '교리문답'의 제1문, '사람의 제1되는 목적은 무엇인가'의 답과 같이, '하나님을 영화롭게 하는 것과, 영원토록 그를 온전히 즐거워하는 것', 즉 '삶 전체의 예배'이다.

삶 속에서 감사의 열매를 맺는 예배

여기에서 사람이 하나님을 영화롭게 하며 영원히 그를 즐거워하면서 사는 이유와 목적을 분명하게 깨닫게 된다. 그래서 하나님께서 베풀어주신 그 은혜를 감사하면서, 그 은혜에 보답하기 위하여 무엇보다도 자기의 죄를 미워하며, 그리스도를 통하여 온 마음으로 하나님을 기뻐하고, 하나님께서 원하시는 모든 선을 즐거이 행한다. 감사의 열매를 날마다 자신의 삶 속에서 맺어가는 것이다. 또한 '하나님께 가까이 함이 내게 복(시73:28)'이고, '주께 의지하는 자가 복이 있음(시84:12)'을 깨닫고, 그 믿음 위에서 '나'를 부정하고 나의 모든 것을 포기한다. 왜냐하면 '내가 나 된 것은 하나님의 은혜로 된 것(고전15:10)'이기 때문이며, 주님을 따르려면 '자기를 부인하고, 날마다 제 십자가를 지고 주님을 따라야(눅9:23)'할 것이기 때문이다.

그래서 사도 바울의 고백처럼 "무엇이든지 내게 유익하던 것을 내가 그리스도를 위하여 다 해로 여길뿐더러 또한 모든 것을 해로 여김은, 내 주 예수 그리스도를 아는 지식이 가장 고상하기 때문이라. 내가 그를 위하여 모든 것을 잃어버리고 배설물로 여김은, 그리스도를 얻고 그 안에서 발견되려함이니(빌3:7-9)."라는 고백처럼, '그리스도 안에서의 새로운 나'를 지향한다. 그럼으로써 우리는 그리스도 안에서 '참 나自我'를 발견한다. 그리스도 안에서 온전히 '참 자아실현self-realization'을 이룬다. 그리하여 '새 사람'으로 하나님 앞에 선다. 그리스도 안에서 오직 주 하나님만으로 가득한 삶, 하나님의 뜻에 합당한 모습으로 하나님을 즐거워하는 삶을 살아간다. 그래서 우리는 "세상 즐거움 다 버리고 세상 자랑 다 버렸네. 주 예수보다 더 귀한 것은 없네, 예수밖에는 없네(찬102/94장)."라고 고백할 수 있게 된다.

이렇게 성도聖徒가 된 우리는 오직 예수 그리스도에 대한 '믿음'과, 오직 하나님의 말씀인 '성경'을 중심으로 살아간다. 먹든지 마시든지 무엇을 하든지 다 하나님의 영광을 위하여(고전10:31) 살고, 우리의 몸을 하나님이 기뻐하시는 거룩한 산 제물(제사)living sacrifice로 드리는(롬12:1) 그런 영적 예배자의 삶을 살아가게 된다. 이렇게 참된 믿음으로 그리스도와 연합한 사람은 새 사람답게, 온 마음으로 하나님을 기뻐하고 예배하며, 하나님께서 원하시는 모든 선을 즐거이 행함으로써 감사의 열매를 맺게 되는 것이다. 이것이 성도 개개인과 그리스도교회 공동체 사역의 제일의적인 모습, 즉 '삶 전체를 드리는 산 제물(제사)'인 예배worship이다. 사역은 그러므로 하나님께 영광과 감사와 찬송을 올려드리는 '하나님사랑'의 예배와, 하나님의 기뻐하시는 뜻을 따라 삶 속에서 몸으로 드리는 산 제물(제사)인 '이웃사랑'의 예배를 중심으로 전개됨이 마땅하다.

2) 핵심적인 실천 목적들: 사랑의 실천, 정의의 구현, 그리스도 사역의 지속과 완성

예배행위로서의 사역(순종과 봉사)

제1편 '사역의 개념'에서도 살펴보았듯이, 구약의 제사는 신약의 예배로, 예배는 이제 사역으로 성도 개개인과 그리스도교회 공동체에 다가와 있다. 사역은 그러므로 성도와 교회가 그리스도 안에서 그리스도와 함께, 하나님께 몸으로 산 제물(제사) 올려드리는 행위와 다를 바가 없다. 사역은 곧 예배이다. 왜냐하면 그리스도 우리 주 예수님께서도 친히 성부하나님의 뜻을 받들어 죽기까지 복종하시면서 섬김으로써, '그리스도의 사역'을 통하여 아버지 하나님께서 영광을 받으시는 '예배'를 드렸기 때문이다.

이와 마찬가지로, 그리스도의 십자가 대속의 은혜로 구원을 받고 그리스도와 함께 부활하여 새 사람이 된 우리는 '그리스도의 사람'으로서 그 분을 닮아가는 것이 마땅하다(빌2:5-11). 그래서 영어성경은 "너희 안에 이 마음을 품으라, 곧 그리스도 예수의 마음이니(빌2:5)"라는 말씀을 "Your attitude should be the same as that of Christ Jesus"라고 표현하고 있다. 즉 우리가 하나님의 뜻을 받들어 섬기는 태도는 그리스도 예수님께서 몸소 행하신(보여주신) 바와 '똑같아야 한다'고 가르치신다.

그리스도 안에서 새 사람이 된 성도는 개개인의 삶을 사는 것만이 아니다(갈2:20). 오히려 그리스도와 연합하여 성도가 서로 공동체를 이루어 살아간다. 그것이 그리스도교회 공동체이다. 이렇게 그리스도 안에서 형성된 교회는 '그리스도의 몸을 세움'으로써 그리스도의 사역을 계승하고, '그리스도의 사역'의 일꾼으로 쓰임을 받는다. 그리하여 마침내 '하나님의 뜻'이 이 땅에서도 이루어져서 하나님께서 영광을 받으신다. 이것이 신약시대 그리스도교회 공동체 사역의 목표이자 방향이라고도 말할 수 있다. 그러므로 신약시대를 사는 우리는 그리스도를 본받아, 사역이라는 예배행위를 통하여 하나님께 영광을 돌리기에 전심전력을 다 기울여야할 것이다.

그리스도인의 참 모습

사역은 그리스도를 본받아 주님 안에서, 주님과 함께 그리스도인의 사명을 성경말씀대로 감당하는 것이므로, 사역자는 '그리스도의 사람Christian'다운 참 모습을 성경말씀 속에서 찾아 그대로 닮아가고, 실천할 것이 요망된다. 그렇다면 성경이 가르쳐주시는 그리스도인은 어떤 사람인가.

그리스도인은 '주 안에서 부르심을 받은 자(고전7:22)'이며, 그리스도 우리 '주 예수님 안에 있는 사람(빌3:9, 요1 3:6, 24)'이다. 그래서 '그의 편에 서있는 사람(<공동> 마12:30,눅11:23, 시118:6)'이며, '그분께 소속되어 있는' 사람(막9:41, 고전15:23, 고후10:17, 갈3:29, 5:24)'이다. 그래서 그리스도인은 그분의 말씀만을 믿고, 따르고, 그대로 행하는 사람(눅8:21)이다. 그럼으로써 그분이 '내 사람(<공동>마10:37-38)'이라고 인정해주시고, 그리스도의 영이 함께하는 사람(롬8:1,9)이라고 성경은 우리에게 가르쳐주신다.

그런데 성경 전체 속에서 '그리스도인'이라는 직설적인 표현은 단 세 번, 세 가지 서로 다른 모습으로 나타나있음을 본다. 우리가 이 세 가지 경우들에 대하여 관심과 주의를 기울여보는 것도 그리스도인의 참 모습을 이해하는 데에 도움이 될 것 같다.

첫째, 그리스도인은 '주님의 말씀을 올바르게 가르치는 자들'이다. 바나바와 바울(이때에 그의 이름은 사울)이 안디옥에서 큰 무리를 상대로 일 년여 동안 진리의 복음을 가르칠 때에 사람들은 처음으로 그들을 '그리스도인'이라 불렀다(행11:26). 그 후 바울은 에베소에 있는 두란노 서원에서도 제자들을 따로 세워 가르쳤는데(행19:9), 하나님께서는 이때 바울에게 큰 능력을 주셔서(행19:11-12) 그 지역에 거주하던 유대인과 헬라인들이 주 예수의 이름을 높이고 회개하는 역사가 일어났다(행19:16-20). 이렇게 주님께서는 '가르쳐 지키게 하는 자들(마28:20)', 즉 '천국의 제자된 서기관(마13:52)'들을 그리스도인으로 인정하신다.

둘째, 그리스도인은 '복음을 증거하는 자(받아들이는 자)'이다. 사도 바울이 아그립바 II세와 그의 누이 버니게와 총독 보르기오 베스도 앞에서 복음을 전파하였다. 그랬더니 아그립바는 "네가 적은 말로 나를 권하여 그리스도인이 되게 하려 하는도다(행26:28)."라고 말한다. 그리스도의 복음을 전하는 바울을 그리스도인으로 지칭하고, 그 복음을 받아들이는 자들을 그리스도인이라고 부르게 되는 것을 본다. 바울이 복음을 전함으로써 그는 그리스도에 속한 사람, 그리스도를 증거하는 사람, 그래서 '그리스도의 사람'임을 드러내게 된 것이다. 주 예수님께서는 이렇게 복음을 전하는 사람을 '내 증인(행1:8)'이라 부르셨고, '사람을 낚는 어부(마4:19)'라고도 하셨다. 영혼구원을 위한 '그리스도의 편지'(고후3:3), 그가 곧 그리스도인이다.

셋째, 그리스도인은 '그리스도의 고난에 동참하는 자'이다. 우리 주 예수님께서는 "나로 말미암아 너희를 욕하고 박해하고 거짓으로 너희를 거슬러 모든 악한 말을 할 때에는 너희에게 복이 있나니, 기뻐하고 즐거워하라. 하늘에서 너희의 상이 큼이라(마5:11-12)."고 하셨다. 주님은 그리스도의 고난에 동참하는 그것을 '복'이라 하시고 '8복'중의 하나로 지목하셨다. 역설적이지만, 그리스도의 고난에 동참한 자들을 주님께서는 '내 사람'으로 인정하신 것이다. 자기를 부인하고, 제 십자가를 지고(마16:24, 막8:34, 눅9:23) 죽을 각오로 그리스도의 고난의 길을 따라가는 사람들이 그리스도인이다.

그렇다면 '그리스도의 고난에 동참한다'는 것은 무엇을 의미하는가. 그것은 첫째로, 아버지 하나님과 주 예수님의 뜻에 순종하고 봉사하는 과정에서 겪게 되는 일체의 수고와 고통과 자기희생 등을 그리스도인의 고난이라고 말할 수 있고, 이것들을 통하여 그리스도의 고난에 동참하게 된다. 그러나 그리스도의 고난에 동참하는 것은 고난 그 자체로서 끝나버리는 허망한 것이 아니다. 그 고난에 동참하는 삶은, 곧 하늘에서 상을 받게 되는 조건이 된다. "의를 위하여 박해를 받은 자는 복이 있나니 천국이 그들의 것임이라(마5:11)."고 말씀하신다. 그러니까 그리스도의 고난에 동참하는 것은, 비록 힘들고 어려운 일이지만 복된 길이고 천국을 보상으로 받는 길이다.

둘째로, 그리스도의 고난에 동참하는 길은 '이웃의 고통에 동참하는 것'이다. 주 예수님께서는, '내 아버지께 복 받을 자들'은, "내가 주릴 때에 너희가 먹을 것을 주었고, 목마를 때에 마시게 하였고, 나그네 되었을 때에 영접하였고, 헐벗었을 때에 옷을 입혔고, 병들었을 때에 돌아보았고, 옥에 갇혔을 때에 와서 보았느니라(마25:34-36).".고 구체적인 사실들을 적시摘示하신다. 이 말씀은 예수님 자신이 실제로 꼭 그러그러한 처지에 놓이셨다는 말씀이라기보다는, "너희가 여기 내 형제 중에 지극히 작은 자 하나에게 한 것이 곧 내게 한 것이니라(마25:40)."는 뜻으로 말씀하셨다. 하나님사랑과 이웃사랑의 밀접한 관련성(중요성)과 필요성을 동시에 강조하신 말씀이다.

그리스도의 고난에 동참하는 길, 그래서 아버지 하나님께로부터 복 받을 수 있는 길은, 저 '선한 사마리아사람'처럼(눅10:25-37) '이웃의 고통에 동참'하는 것이다. 그런 사람이 곧 그리스도인이라고 가르치신다. 그리스도이신 예수님은 '이웃의 아픔을 곧 주님 자신의 아픔'으로 동일시하셨기 때문이다. 따라서 이웃의 아픔에 동참하는 것은 곧 그리스도의 고난에 동참하는 것과 같은 것으로 간주될 수 있다. 그래서 오늘도 주님은 "너희가 먹을 것을 주어라(마14:16, 막6:37, 눅9:13).".고 하시면서, 봉사와 구휼을 명령하신다. 그것도, '남을 섬기는 마음가짐'으로 정성껏 섬기라는 정도가 아니다. 우리가 주님을 섬기듯, "곧 내게 한 것(마25:40)" 그 자체로서, 기쁘고 감사함으로, 두렵고 떨림으로, 정성껏 이웃을 섬기라고 말씀하신다.

사도 베드로는 "만일 그리스도인으로 고난을 받으면 부끄러워하지 말고 도리어 그 이름으로 하나님께 영광을 돌리라(벧전4:16).".고 당부한다. "오히려 너희가 그리스도의 고난에 참여하는 것으로 즐거워하라. 이는 그의 영광을 나타내실 때에 너희로 즐거워하고 기뻐하게 하려 함이라(벧전4:13).".고 그 숨겨진 이유를 밝힌다.

'그리스도의 성역에 쓰임 받는 일꾼들'로서

이와 같이 그리스도의 사람은 '주님의 말씀을 올바르게 가르치는 자들'이며 '복음을 증거하는 자(받아들이는 자)들'이고, '그리스도의 고난에 동참하는 자'요, 또한 '이웃의 고통에 동참하는 자들'이다. 이것은 '그리스도의 성역에 쓰임 받는 일꾼들'인 우리 모두가 실천을 통하여 구현해야할 모습들이다. 그러므로 그리스도교회 공동체의 모든 사역자들은 그리스도를 본받아(요13:4) 사랑을 실천하되(요21:16), '하나님사랑'과 함께 '이웃사랑'도 실천하며(눅10:36-37), 남을 섬기는 생활을 성실히 수행해야 한다(막10:43-44). 그리고 이를 위하여 그리스도의 지체요 하나님의 일꾼들인 우리 모두는 서로 짐을 나누어져야 할 의무가 있다(갈6:2,10). 우리는 거룩하시고 온전하신 하나님의 '거룩한 공회의 구성원들'이기 때문이다.

하나님의 아드님이신 그리스도 주 예수님께서는 교회의 머리가 되셔서, 성령님을 통하여 지금도 그의 몸인 교회를 이끄신다. 주님은 태초부터 예정된 하나님의 뜻에 따라 선택되어 주 예수 그리스도를 믿음으로 구원함을 받은 성도를, 주님 안에서 하나가 된 '그리스도교회 공동체'로 모으신다. 그래서 마지막 때까지 지체인 성도 개개인과 그의 몸인 교회를 보호하시고 보전하시면서 성도와 교회를 그리스도의 사역에 참여시키신다. 그리스도의 왕국이 완성되는 날까지 일꾼으로 써주시는 것이다. 그렇게 우리를 쓰시는 이유는 그리스도가 힘이 약하거나 능력이 부족해서가 아니라, 우리와 함께 하나님께 영광을 돌리고, 또한 그리스도와 함께 그 기쁨과 영광을 우리도 누리게 하시기 위함이시다. 이리하여 성도들은 그리스도교회 공동체의 일원으로서 그리스도와 연합하여 그의 모든 부요와 은사들을 공유한다.

그러므로 성도 개개인은 하나님께서 성령님을 통하여 나눠주신 자신의 은사를, 다른 사람들의 유익과 덕을 위하여 감사함으로 사용할 의무를 지니게 되는 것이다. 이것은 우리가 선택하거나 자원한 일이 아니라, 주 성령님께서 친히 이끄시고 도우시는 그 은혜에 의한 것이다. 그래서 사도 바울은 하나님의 일꾼들에게 "주께서 너희 마음을 인도하여 하나님의 사랑과 그리스도의 인내에 들어가게 하시기를 원하노라(살후3:5)."고 기원하였을 것이다. 따라서 이제 우리는 이 은혜로운 사역에 일꾼으로 선발된 감격을 누린다. 우리는 '그리스도의 성역에 쓰임 받는 일꾼'들로서 하나님의 뜻이 이 땅에서도 이루어지시도록, 그리스도교회 공동체 안팎에서 기쁘고 감사함으로, 두렵고 떨림으로 자신에게 주어진 은사를 잘 사용하는 의무를 감당하며, 서로 짐을 나누어지며 주님의 뜻을 받들어 섬겨야 할 이유가 여기에 있는 것이다.

사랑의 실천, 정의의 구현, 그리스도 사역의 지속과 완성

그런데 하나님께서는 "나는 인애를 원하고 제사를 원하지 아니하며, 번제보다 하나님을 아는 것을 원하노라(호6:6)."고 친히 말씀하신다. 그래서 이스라엘의 하나님 여호와께서 사람에게 요구하시는 것은 '하나님 여호와를 경외하여 그의 모든 도를 행하고, 그를 사랑하며, 마음을 다하고 뜻을 다하여 하나님 여호와를 섬기고……여호와의 명령과 규례를 지킬 것'이라고 성경은 가르친다(신10:12-13). 그리고 여호와 하나님께서 우리에게 구하시는 것은 '오직 정의를 행하며, 인자를 사랑하며, 겸손하게 하나님과 함께 행하는 것'이라고 가르친다(미가6:8).

이렇게 '하나님을 경외하고, 그의 명령들을 지키는 것이 모든 사람의 본분(전12:13)'이다. 그러므로 이 시대, 이 땅의 그리스도교회 공동체 사역의 핵심적 목적도 하나님에 대한 사랑과, 하나님과 하나님의 뜻을 경외하고 이를 행동으로 순종하는 삶과, 이를 통하여 하나님께 영광을 돌리는 것이라고 요약할 수 있다. '하나님께서 기쁘게 받으실 만한 예배로서의 사역'이어야 한다는 말이다.

그런데 주 하나님께서 받으실 만한 예배, 즉 우리가 '주님께 돌려야 할 영광'의 실제적 모습은 무엇보다도, "범사에 감사하라. 이것이 그리스도 예수 안에서 너희를 향하신 하나님의 뜻이니라(살전5:18)."는 말씀처럼, 첫째로 하나

께 감사함에 있다. 그리고 둘째로 "여호와를 두려워하는 너희여, 그를 찬송할 지어다. 야곱의 모든 자손이여, 그에게 영광을 돌릴지어다(시22:23)."라는 다윗의 시처럼, 주님의 자비와 은혜와 은총을 찬양하는 일이다. 그리고 그 감사와 찬양은, "너희 마음을 우리 하나님 여호와께 온전히 바쳐 완전하게 하여……행하며……지킬지어다(왕상8:61)."라는 솔로몬의 당부처럼, 셋째로 우리의 온전한 헌신으로 나타나야 한다. 그리고 넷째로, "너희 착한 행실을 보고, 하늘에 계신 너희 아버지께 영광을 돌리게 하라(마5:16)."시던 주님의 말씀처럼, 선행이 삶 속에서 실천되어야 한다. 그래서 "너희가 열매를 많이 맺으면 내 아버지께서 영광을 받으실 것(요15:8)"이라는 주님의 말씀처럼, 우리의 헌신과 선행을 통한 '열매 맺는 삶'으로써 그 감사와 찬양이 구체적으로 표현되어야 할 것이다. 이를 위하여 성도 개개인과 그리스도교회 공동체가 실천해야 할 '사역의 실천적 목적'은 '사랑의 실천, 정의의 구현, 그리스도 사역의 지속과 완성'에 있다 할 것이다.

3) 그리스도교회 공동체 사역의 목적(요약)

우리는 위에서 청소년사역의 목적과 목표를 규명하기 위한 기초 작업으로서, 먼저 그리스도교회 공동체 사역의 목적을 살펴보았다. 이제 그 결과를 요약하면, 아래의 <표 10> '그리스도교회 공동체 사역의 목적'(1)과 같다.

표 10 그리스도교회 공동체 사역의 목적(1)

<그리스도의 사역>
↓ ↓
(사역의 계승)
<그리스도의 성역에 쓰임 받는 일꾼>
- 그리스도교회 공동체 -
↓ ↑

> 그리스도교회 공동체 사역의 제1의적 목적
> '삶 전체가 드려지는 예배'
> ↓ ↑
> 그리스도교회 공동체 사역의 핵심적 실천 목적들
> '사랑의 실천 · 정의의 구현 · 그리스도사역의 지속과 완성'

갈릴리공방/청소년사역연구개발원

이렇게 위의 <표 9> '하나님의 뜻이 그리스도교회 공동체로'와, 여기 <표 10> '그리스도교회 공동체 사역의 목적(1)'에서와 같이, 하나님으로부터 그리스도를 통하여 성도와 그리스도교회 공동체 사역에 이르기까지, 그 위계적 구조와 질서 속에 확연히 드러난 '사역의 목적'을 한눈에 보게 되었다. 아직 살펴야 할 내용이 좀 더 남아있기 때문에 완결된 내용은 아니지만, <표 10> '그리스도교회 공동체 사역의 목적(1)'을 문장으로 풀어보면 다음과 같이 정리할 수 있을 것이다.

그리스도교회 공동체 사역의 목적은 주 우리 하나님의 영광을 위하여 하나님의 뜻을 이루기 위하여 하나님의 사랑과 공의, 그리고 그리스도의 사역을 흠모하고 이를 본받아, 성도 개개인과 그리스도교회 공동체가 주님의 부르시고 명하심에 따라 그리스도의 성역에 참여하여 주님의 일꾼으로 쓰임 받는 데에 있다. 따라서 사역의 제1의적 목적은 우리의 삶 전체를 드리는 예배 행위로서 사랑을 실천하고 정의를 구현하며, 그리스도의 사역을 지속하고 완성하는 데에 있다, 라고.

바. 그리스도교회 공동체의 5대 사역(사명)

그런데, 위에서 '아직 살필 내용이 좀 더 남아있다'고 말한 이유는 <표 10>과 바로 위에서 풀어써 본 '그리스도교회 공동체 사역의 목적(1)'이 매우 포괄적이고, 어쩌면 추상적이기 때문에, 보다 더 '구체적이고 실천적인 목적'이 드러나야 할 것이기 때문이었다. 그래서 이를 위하여 여기에서는 그리스도교회 공동체가 말씀 안에서 전통적으로 '교회의 5대 사역(사명)'으로 삼고 있는 내용들을 살핌으로써 사역의 구체적이고 실천적인 목적을 밝히고자 한다.

흔히들 그리스도교회 공동체의 사역(사명)을 '말씀선포, 봉사, 교제'라는 '3대 사역'으로 압축하여 설명한다. 여기에서 말씀선포는 예배, 전도, 교육을, 봉사는 구제와 건덕健德, 사회개발 등을, 그리고 교제는 성도간의 화목과 친교, 공동체의식 등을 포괄한다. 그리고 일반적으로는 이 3대 사역을 조금 더 세분화하여, 하나님의 임재를 감사하며 찬양하고 삶 속에서 하나님을 영화롭게 하며(예배), 그리스도의 복음을 전파하고(선교), 거룩하고 온전히 성화된 그리스도의 일꾼을 양육하며(교육), 그리스도의 지체인 성도들의 교제에 힘쓰고(교제), 이웃을 향하여 선행을 하기(봉사)에 힘쓰는 데에 그 목적을 두는 '5대 사역'으로 분류하기도 한다.

이 3대 사역(사명)이나 5대 사역(사명)은, 그 가짓수가 많고 적을 뿐, 실제로 그들이 담고 있는 내용은 다를 바가 없고, 그것은 하나님께서 작정하신 뜻에서부터 비롯되었다는 점에서도 동일하다. 또한 그리스도 우리 주 예수님께서 친히 세상에 오셔서 본을 보여주신 '그리스도 사역의 핵심'이기도 하다는 점에서 서로 한가지이다. 그리고 이것은 사람들이 마음대로 선정한 것도 아니고 연구해낸 것도 아니며, 사람이 마음대로 변개할 수 있는 것도 아니다. 오직 하나님의 뜻이 그리스도 안에서, 그리스도를 통하여 말씀과 성령님의 역사하심으로 우리의 과업(일)로 심겨지고 계승되었을 따름이다.

이러한 3대 사역(사명)이나 5대 사역(사명)은 그러므로, 정상적인 그리스도교회라면 누구나 모두가 공통적으로 받들어 섬겨야 할 '교회를 향하신 하나님의 목적'이며, 동시에 '그리스도교회 공동체 사역의 실천적 과제'인 것이다. 따라서 그리스도교회 공동체는, 그리고 청소년사역도 그리스도의 사역을 본받아 이 '그리스도교회 공동체 사역의 실천적 과제'들을 실천하고, 또 이를 계승, 발전시켜나가야 한다. 이를 위하여 여기에서는 성경에서 말씀하시는 실천적 과제들을 편의상 '5대 사역(사명)'으로 나누어 그 내용들을 잠시 살펴본다.

1) 하나님사랑, 그리고 감사와 찬양을 드리는 '예배'

하나님사랑

하나님께서는 일찍이 모세를 통하여 그의 택하신 백성들에게, "이스라엘아, 들으라. 우리 하나님 여호와는 오직 유일한 여호와시니, 너는 마음을 다하고 뜻을 다하고 힘을 다하여 네 하나님 여호와를 사랑하라(신6:4-5)."라고 가르치셨고, 주 예수님께서는 "네 마음을 다하고 목숨을 다하고 뜻을 다하여 주 너의 하나님을 사랑하라 하셨으니, 이것이 크고 첫째 되는 계명이라(마22:37-38)."라고 말씀하셨다. 하나님사랑에 관한 구약성경의 가르치심이 진리임을 주 예수님께서 직접 확인해주신 것이다. 예수님께서는 하나님사랑이 결코 예사로운 일, 해도 그만, 안 해도 그만인 일이 아니라, 반드시 삼가 지켜야 할 '가장 큰 본분'임을 강조하셨다. 심지어 이를 이행하지 않는 이들을 질타하시면서, "화 있을진저 너희 바리새인이여, 너희가 박하와 운향과 모든 채소의 십일조는 드리되, 공의와 하나님께 대한 사랑은 버리는도다. 그러나 이것도 행하고 저것도 버리지 말아야 할지니라(눅11:42)."라고 엄히 경고하셨다.

예배는 하나님의 뜻

우리가 하나님을 사랑하고 하나님께 예배하는 것은 '하나님의 뜻'이다. 그 예를 에베소서 1장 3절부터 14절까지에 기록되어 있는 말씀들을 중심으로 살펴보자. 여기 이 대목의 말씀은, 우리를 구원하시기 위하여 일하시는 성부, 성자, 성령 하나님을 중심으로, 세 문단으로 구성되어 있다.

첫 번째 문단(엡1:3-6)에서는, 성부하나님께서 창세전에 우리를 그리스도 안에서 선택하시고, 우리를 하나님 앞에 거룩하고 흠이 없게 하시려고 사랑으로 예정하시고, 그래서 예수 그리스도의 십자가 희생으로 우리를 구원하셔서 하나님의 아들이 되게 하셨다고 기록하고, 그렇게 하신 것은 그리스도 안에서 우리에게 거저 주신 하나님의 그 크신 은혜를 우리가 찬송하게 하려는 것(엡1:6)이었음을 밝히고 있다. 둘째 문단(엡1:7-12)에서는, 성자하나님이신 그리스도께서 죄를 알지도 못하신 분이시면서 우리를 대신하여 죄인이 되어(고후5:21), 그 피로 죄를 속량하셔서 우리가 하나님나라를 상속할 기업(상속인)이 되게 하셨다고 기록하고 있고, 이렇게 하신 것도 하나님의 영광을 찬송하게 하려하심(엡1:11-12)이셨음을 밝히고 있다. 셋째 문단(엡1:13-14)에서는 성령 하나님께서 우리로 하여금 이 놀라운 구원의 복음, 그 '은혜와 진리'를 믿어 그리스도 안에서 구원에 이르게 역사하시고, 그 구원을 이미 약속하신 성령으로 인印치셔서 기업inheritance의 보증이 되게 하셨는데, 이렇게 하신 것도 하나님의 영광을 찬송하게 하려 하심(엡1:14)이라고 확실히 일러주신다.

이와 같이 성부, 성자, 성령 하나님께서 친히 베풀어주신 그 구원의 크신 은총을 입은 사람들의 '하나님사랑'과, 하나님을 감사하고 찬양하는 것, 즉 '예배'는 처음부터 '하나님의 뜻'에서 비롯된 것이었다.

예배는 인간의 마땅한 도리

이렇게 값없이 베풀어주신 하나님의 은혜를 입은 인간이 하나님을 찬양하고, 그 자비와 은혜와 은총을 감사하고 영광을 하나님께 돌리는 것, 즉 예배는 '사람이 해야 할 마땅한 도리'이기도 하다. 우리는 하나님과 다시 화합하여 동행하게 된 자, 그리스도와 연합하여 그분의 성역에 동참하는 자, 성령님께서 친히 이끄시고 도우시는 자가 된 우리들, 곧 성도와 교회이기 때문이다. 그러므로 우리는 삶 가운데에 예배의 자리에, 그리고 예배자의 마음 가운데에 임재하신 하나님을 감사하고 찬양하는 예배를 세세무궁토록 하나님께 드림이 마땅하다. 그 예배는 이 땅에서 주님께서 다시 오실 때까지 모든 성도들의 '공동체 예배'로서, 영과 진리로(요4:23-24) 하나님께 드려져야 할 것이다.

이와 함께 성경은, "하나님을 사랑하는 것은 이것이니 우리가 그의 계명들을 지키는 것이라(요일5:3)."라고 기록하여, '하나님사랑'을 구체적으로 어떻게 실천할 것인지도 명확히 가르쳐주고 있다. 그것은 '공동체예배' 못지않게 중요한, 성도들이 '한 마음 한 뜻이 되어(행4:32, <공동>빌1:27)' 삶 전체를 드리는 예배' 바로 그것이다.

2) 일꾼사랑, 그리고 하나님의 뜻과 사랑을 가르치는 '교육'

하나님의 교회에서 교육의 필요성

하나님을 향한 사랑, 그리고 하나님께 대한 감사와 찬양이 우리 삶 속에서 끊임없이 지속되려면, '하나님사랑'이나 '예배'에 대한 '참뜻과 이유'가 항상 우리 속에 살아 있어야 한다. 그것은 개개인뿐만 아니라 그리스도교회 공동체 안에 공유되고 있어야 한다.

그러므로 첫째, 하나님 사랑이나 예배의 참뜻과 이유를 가르치고 배우는 일(신6:6-7), 즉 '가르치는 사역(예배교육)'이 그리스도교회 공동체에서 필요하다. 둘째는, 그리스도교회 공동체가 하나님의 뜻을 따라 이웃사랑을 실천하고 복음을 전파하며 사회정의를 구현하기 위해서는, 이 일에 투신하여 충성할, 헌신되고 유능한 '일꾼을 양성하는 사역(제자훈련)'이 필요하다. 주님께서 공생애를 통하여 제자를 양육하신 그 방식들을 따라 교회도 그리스도의 일꾼을 세우기에 힘써야 한다. 셋째, 복음을 전파하여 이를 듣고 공동체 안에 들어 온 '주님의 어린 양(요21:15)'들을 하나님의 자녀가 되게 '양육하는 사역(새신자교육)'이 필요하다. 이것은 그리스도교회 공동체의 지속과 확대재생산적인 발전에 있어서 매우 중요한 단계이므로, 교회의 역량을 결집하여 이 일에 주력해야 한다. 넷째, 모든 성도들이 아버지 하나님의 자녀답게, 거룩하고 온전하게 되도록, 교회의 머리이신 그리스도의 지체답게 성장, 성숙, 성화되어 그리스도의 장성한 분량에 이르도록, 성령님을 거스르지 않고 이끄심에 순종하며 봉사할 수 있도록, 끊임없는 '교육훈련사역(평생교육)'이 필요하다.

교육은 모든 사역의 기초

그래서 성령님께서 이끄시고 도우시는 일꾼이요, 영적 전투에서 넉넉히 이기는 그리스도의 병사답게 세상 한복판에 우뚝 서는 성도와 교회들이 될 수 있도록, 교육은 그리스도교회 공동체 사역의 모든 영역에서 없어서는 아니 될 요소이며, 모든 사역의 기초가 된다. 이러한 교육사역이 착실하고 효과적으로 추진된다면 교회는 교회답게 그 소임을 다해나갈 수 있을 것이지만, 만약에 위의 네 가지 교육사역 중의 어느 분야에서든지 정상적인 교육이 실시되지 못한다면, 하나님의 작업장인 교회는 제 기능을 다하지 못하게 될 것이다. 그래서 '성령을 근심하게 하는(엡4:30)' 성도와 교회가 되고 만다.

그러므로 교육사역은 다른 사역영역들과 긴밀한 관계를 유지하면서, 사역의 거룩함과 효과성, 그 효율성과 지속성을 유지 발전시켜나가기 위하여 '하나님의 일꾼사랑'에 온 힘과 정성을 다 기울여야 한다.

3) 영혼사랑, 그리고 그리스도의 복음을 전파하는 '선교(전도)'

세상을 향한 사역

교육사역의 발전은 필연적으로 선교(전교, 전도)사역으로 이어진다. 그리고 이 선교사역은 봉사사역과 함께, 교회가 세상을 향하여 팔을 펼쳐서 그리스도의 사랑의 손을 내미는 것이나 마찬가지다. 그래서 교회와 세상을 이어주고, 하나의 띠로 엮어준다.

하나님께서 우리를 죄와 사망에서 구원하시고, 참 자유와 영원한 생명과 주님의 평화를 주시며 그의 자녀요 백성으로 삼으시는 이유는, 사랑의 하나님께서 우리를 지극히 사랑하시기 때문이기도 하지만, 보다 더 근본적인 목적은 거룩하신 주 하나님 자신의 영광을 위해서다. 하나님께서는 당신이 지으신 '모든 인간들'이 하나님께로 돌아와 주 아버지 하나님을 찬양하고 경배하며, 그 자비와 은혜와 은총을 감사하며, 그 말씀을 좇아 행하는 것을 기뻐하시기 때문이다. 하나님께서 교회를 세우신 것도, 먼저 믿은 그의 자녀들을 통하여 영광을 받으실 뿐만 아니라, 교회를 하나님의 도구요 일꾼으로 삼으셔서, 하나님께서 태초부터 예정하신 '나머지의 백성들(이 우리에 들지 아니한 다른 양들, 요10:16)'을 다 불러 모아, 더 많은 영광을 받으시기 위함(막1:38, 요10:14-18, 17:20-22)이다.

선교(전도)를 통한 영혼구원은 교회의 사명

그런데 이 '나머지의 백성들'이 주님 품으로 돌아오게 되는 것은, 먼저 믿는 성도들의 전도에 의한 것(요:17:20)이다. 이 나머지의 백성들에게 아버지 하나님의 뜻을 전하여 믿게 하고, 그래서 아버지 하나님의 품으로 돌아오게 하는 일은 이제 하나님께서 친히 하시지 않으신다. 그리스도 이전의 구약시대라면 모를까, 그리스도의 사역 이후로는 그리 않으셔도 된다. 그것은 그리스도 우리 주 예수님께서 세상에 오셔서 구원사역을 완수하셨고, 그러심으로써 그리스도의 교회를 세우셨고, 그래서 아버지의 자녀요 '그리스도의 성역에 쓰임받는 일꾼'들이 그리스도 안에서 세워졌기 때문이다. 그리고 이 일꾼들을 도우시기 위하여, 그리스도께서 승천하신 후에 하나님께서 그리스도의 이름으로 이 땅에 보내신(요14:26) '또 다른 보혜사(요14:16)', 즉 주 성령하나님께서 우리와 함께 일하시기 때문이다.

먼저 믿어 구원받은 성도와 그리스도교회 공동체에게 그리스도의 복음을 전할 이 막중한 임무가 주어져있는 것이다. 선교를 통한 영혼구원은 이제 '교회가 할 일(사명)'이 된 것이다. '진리의 성령님(요14:17, 15:26)'께서 친히 우리를 도우시는 가운데, 우리가 '좋은 소식을 전하는 발(롬10:15)'이 되어야 하고, 성도와 교회가 '그리스도 예수의 일꾼이 되어, 하나님의 복음의 제사장 직분(롬15:16)'을 맡게 하신 것이다.

이 '전도의 미련한 것(고전1:21)', 즉 '소위 어리석다는 복음을 통해서(<공동> 고전1:21, <현대> 세상 사람들이 어리석고 바보 같다고 말하는 그 하나님의 말씀')을 통해서 이를 믿는 사람들을 구원하시기로 하나님께서 작정하신 것이다. "여호와께 노래하여 그의 이름을 송축하며 그 구원을 날마다 선파宣播할지어다. 그 영광을 열방 중에, 그 기이한 행적을 만민 중에 선포할지어다(<개역>시96:3)."라고 하신 성경말씀처럼, 또 "이르시되 너희는 온 천하에 다니며 만민에게 복음을 전파하라(막16:15)."라고 분부하신 말씀대로, 믿는 자와 교회가 할 일은 '하나님께 대한 예배'와 함께, 이제 복음선파를 통한 영혼구원이라는 사명까지 주어져있는 것이다. '하나님사랑'에 '영혼사랑'이 교회의 사명으로 추가된 것이다.

하나님은 그러나 이기적인 하나님이 결코 아니시다. 자신의 영광만을 챙기시는 분이 아니시다. 오히려 세상을 극진히 사랑하시고, 그래서 전적으로 타락하고 붕괴된 인간을 죄와 사망에서부터 자유와 생명으로 옮겨놓으시기 위하여, 성자하나님을 희생시키기까지 우리를 사랑하신, 참으로 놀랍도록 이타적이신 사랑의 하나님이시다. 하나님께서는 이와 같이 은혜 베푸시기를 좋아하시고 복 주시기를 기뻐하시는 '영혼사랑의 주체'이시다.

그러므로 주님의 은혜로 먼저 믿어 구원함을 받은 성도의 마땅한 도리는 '하나님의 영혼사랑'에 참여하여 섬기는 것이다. 우리는 이를 위하여 부르심을 받았고, 그것이 '선교(전도)사역'이다. 우리를 사랑하신 하나님, 그 하나님의 '영혼사랑을 향하신 그 크신 뜻'을 이루어드리는 것이 우리의 사명이다. 그래서 "믿지 아니하는 이를 어찌 부르리요, 듣지도 못한 이를 어찌 믿으리요, 전파하는 자가 없이 어찌 들으리요, 보내심을 받지 아니하였으면 어찌 전파하리요(롬10:14-15)."라는 사도 바울의 지적처럼, 먼저 믿어 구원받은 그리스도의 일꾼들에게, 교회들에게 예수님께서는 구령사역救靈使役, 즉 '영혼사랑'이 참으로 중요한 사명이기에, 마지막 승천하실 때까지도 명령하고 당부하셨다.

하나님사랑, 이웃사랑이 포함된 영혼사랑

주님께서는 "아들을 믿는 자에게는 영생이 있고, 아들에게 순종하지 아니하는 자는 영생을 보지 못하고 도리어 하나님의 진노가 그 위에 머물러 있느니라(요3:36)."라고 '기회와 경고'를 동시에 우리에게 주셨다. 교회가 하나님의 뜻을 받들어 섬기는 이 <영혼사랑>이 가져올 결과, 즉 영생이냐, 진노냐 하는 중대한 갈림길을 말씀하시면서, 교회의 사명을 강조하신 것이다.

그래서 주님께서는 함께하던 제자들뿐만 아니라 여기, 오늘 우리들에게도, "그러므로 너희는 가서 모든 족속을 제자로 삼아 아버지와 아들과 성령의 이름으로 세례(침례)를 베풀고, 내가 너희에게 분부한 모든 것을 가르쳐 지키게 하라(마28:19-20)."고 명령하시고, "너희는 온 천하에 다니며 만민에게 복음을 전파하라(막16:15)."고 분부하신다.

그러므로 우리의 이러한 '영혼사랑'은 곧 '영혼사랑에 대한 하나님의 뜻'을 받들어 섬기는 것이고, 따라서 그것은 우리의 '하나님을 향한 사랑', 즉 '하나님사랑'의 순종적 표현이며, 동시에 그리스도교회 공동체의 이웃을 향한 사랑, 즉 '이웃사랑'의 적극적이고 실천적인 모습이다. 따라서 '하나님사랑'과 '이웃사랑'이 모두 함축된 사역이 곧 '영혼사랑' 즉 '선교(전도)사역'이다.

복음을 전파하는 선교사역은 곧 하나님나라를 확장하는 공사와도 같다. 그래서 이 영혼사랑, 즉 선교사역이 가져올 결과는 참으로 놀라운 것이다. 그것은 주님의 재림, 곧 우리가 그토록 열망하는 '영광스런 하나님나라의 임재'와 직결되는 사역이다. "이 천국 복음이 모든 민족에게 증언되기 위하여 온 세상에 전파되리니, 그제야 끝이 오리라(마24:14)."고 주님께서 직접 밝히 말씀하셨기 때문이다. 아멘, 주 예수여 오시옵소서(계22:20).

4) 이웃사랑, 그리고 정의구현을 실천하는 '봉사와 참여'

주 예수님께서는 하나님사랑과 함께 이웃사랑도 동시에 강조하셨다. "첫째는 이것이니, 이스라엘아 들으라. 주 곧 우리 하나님은 유일한 주시라. 네 마음을 다하고, 뜻을 다하고, 힘을 다하여 주 너의 하나님을 사랑하라 하신 것이요, 둘째는 이것이니, 네 이웃을 네 자신과 같이 사랑하라 하신 것이라. 이보다 더 큰 계명이 없느니라(막12:29-31, 신6:4, 레19:18).".라고.

이웃사랑

우리 주 예수님께서는 십자가에 달려 처형되시기 전날 밤에도 제자들에게 마지막으로 당부하셨다. "새 계명New Command을 너희에게 주노니 서로 사랑하라. 내가 너희를 사랑한 것같이 너희도 서로 사랑하라(요13:34)."라고 하셨다. 사람으로 이 땅에 오신 하나님 곧 그리스도 우리 주 예수님께서 친히 '새 계명<남경>新命令'을 우리에게 주시고 '서로 사랑하라' 하신 것이다. 나에게 호의를 보이거나 나를 사랑하는 그 사람을 내가 사랑하는 그런 정도가 아니라, 하나님께서 친히 자기 생명을 내어주시기까지 우리를 사랑하신 그 '주님의 사랑처럼', '서로 사랑해야한다'고 '명령'하신다. 그렇게 하는 것이 곧 하나님의 구원하심의 은총을 입은 자들의 마땅한 도리라고. 사람은 하나님께서 손수 생령으로 만드신 '고귀한 존재들'이요 '영존할 영적 존재들'이다. 그러므로 성경은 첫째, 하나님께서 고귀한 존재로 만드시고 사랑하시는 너희 '인간들끼리' 서로 존귀하게 여기고, 사랑하며 살라고 가르치신다.

둘째, 사람은 주님께서 창조하신 모든 것들을 다스리게 하기 위하여 하나님의 대행자로 선택된 매우 중요한 '하나님의 일꾼들'이므로, '동역자들끼리' 서로 아끼고 사랑하고 하나 되라 가르치신다. 하나님의 일꾼들이 서로 하나가 되고 사랑하는 것은 하나님 앞에서 일하는 사람들의 바른 모습이고, 그렇게 사는 것이 하나님의 뜻이기 때문이다.

그러함에도 인류의 조상 아담과 하와의 범죄와 그 후손된 모든 인간들의 타락과 죄악 때문에, 인간은 하나님과 분리되어 사망에 이르게 되었다. 이 절망적인 사람들을 구원하고 하나님과 사람의 관계를 회복시키기 위하여, 하나님께서는 그리스도 우리 주 예수님을 사람의 아들로 세상에 보내주셨다. 그래서 지극히 거룩하신 성자하나님께서는 성령에 의하여 동정녀 마리아에게서 육신을 입으셨다(마1:18, 눅1:35). 참으로 망극하게도 존귀하신 하나님께서 스스로 낮아지셔서, 그분의 피조물(요1:1-3)인 사람의 몸을 입고 인간을 구원하시려고 인간의 역사 속으로, 세상에 오셨다. 이렇게 '구원의 주'로 오신 예수님께서는 하나님께서 기뻐하실 만한 참사람의 모습들을 우리에게 몸소 보여주셔서, 우리로 하여금 예수님을 본받아 살게 하셨다. 그리고 '큰 기쁨의 좋은 소식', 즉 우리를 향하신 하나님의 사랑과 인류구원의 계획이 담긴 복음을 전해주셨다.

그리고 마침내 하나님의 아드님이신 주님은 체포되어 죄인처럼 심문과 고통을 우리 대신 받으시고, 골고다 언덕의 사형장에서 십자가에 달려(요3:14-15) 죄인의 모습으로 처참히 피 흘려 희생되셨다. 죄 없으시고 의로우신 주님이 불의한 죄인인 우리를 위하여 대속의 제물이 되어주신 것이다. 십자가 위에서 죽음을 맞으시고 운명하신 주님은, 인생의 종착점인 땅에 그 시신이 묻히시기까지 철저히 자신을 내어주셨다. 사형수와 같은 우리가 겪어야 할 그 고통과 피 흘려 처형되는 전 과정을, 우리를 대신하여, 주님이 몸소 다 당하신 것이다. 철저한 희생만이 완벽한 구원을 가능하게 할 것이기 때문에. 그리고 마침내 주 예수님은 죽은 자 가운데서 다시 살아나셨다. 십자가에서 고난 받으셨던 때와 같은 육체로, 사망의 권세를 깨뜨리시고 주님께서 부활하셨다. 주 그리스도 예수님은 죽은 자의 주님도 되시고 산 자의 주님도 되시기 위하여 죽으셨다가 다시 살아나셨다(롬14:9).

십자가에서 우리 대신 희생되시고 부활하신 주 그리스도 예수님은 이렇게 인간을 죄와 사망으로부터 완벽하게 구원하여 주셨다. 그리고 우리에게 참 자유와, 영원한 생명과, 주님의 평화를 안겨주셨다. 우리와 하나님과의 관계도 회복시켜주셨다. 이제는 그리스도와 연합한 우리를 하나님의 자녀가 되게 하셨다. 그래서 주님의 십자가는 우리의 '유일한 희망'이다. 할렐루야. 그래서 성경은 셋째로, 이처럼(요3:16) '하나님의 구원의 은총을 입은 백성(성도)들끼리' 주 예수님께서 가르쳐주신 대로, 늘 감사하면서, 서로 불쌍히 여기며, 서로 하나가 되어 사랑하라고 가르치신다.

넷째, 우리는 부활하신 주님 안에서 '한 하나님의 자녀가 된 형제자매들'이다. 부활하신 주님께서 우리를 '내 형제들'이라 부르셨다. 혹시 잘 못 알아들을까봐서 '내 아버지 곧 너희 아버지, 내 하나님 곧 너희 하나님'이라고 그 관계까지도 확인해주셨다(요20:17). '아버지 하나님의 뜻'이기 때문이다(롬3:23-24, 8:14-17). 그러므로 '아버지의 식탁에 함께하는 자녀들끼리' 아버지 하나님의 뜻을 따라 서로 사랑해야 한다. 하나님은 사랑이시며(요일4:8), 아버지의 나라는 아버지의 사랑으로 가득 채워지고(계21:3-4, 22장-23:17), 그 영광과 존귀와 능력으로 다스려지는 나라(계4:9-11)이기 때문이다. 성삼위일체이신 하나님께서도 서로 사랑하시고 하나가 되심을 우리에게 보여주셨다(요17:23-26).

이 아버지의 나라에서 살아갈 사람들은 그러므로 사랑으로 사는 데에 익숙해야 하고, 서로 하나가 되어 주님께 감사하고 찬양하며 사는 데에 능숙하도록 준비되어야 할 것이다. 그런 삶이 내면화되고, 생활화되고, 체질화되어야 할 것이다. 그래서 우리는 세상적인 것을 아무것도 아버지의 나라에 가지고 갈 수 없지만, '사랑과 감사와 찬양'만은 꼭 잘 준비해가지고 가야 하지 않을까 생각한다. 그런데 그것은 다가올 그날, 그곳을 위한 '준비'나 '연습'으로 그칠 일이 아니다. 바로 '지금, 여기에 임하신 하나님의 나라(눅11:20)' 안에서, 하나님의 자녀가 된 우리가, 온전히 이루어내야 할 엄숙하고도 시급한 과제이기도 하다.

진정한 이웃사랑은 하나님사랑의 표현

예수님께서는 '하나님사랑'이 인간의 최대최고의 본분임을 가르치시고, 그 본분을 다 하는 것, 즉 하나님사랑은 바로 하나님의 계명을 지키는 것이며, 그 계명을 지키는 '실천의 길'의 하나는 곧 '이웃사랑'으로 나타나는 것임을 일러주셨다. 이처럼 주님 안에서 '진정한 하나님사랑은 올바른 이웃사랑으로' 표현되기도 하는 것이므로, 이웃사랑은 곧 하나님사랑과 맥락을 같이 하는 것임을 분명히 일깨워주셨다.

성경은 '남을 사랑하는 자는 율법을 다 이루었다'고 전제하면서, 하나님께서 주신 계명들은 "네 이웃을 네 자신과 같이 사랑하라 하신 그 말씀 가운데 다 들었느니라."라고 가르치고, '사랑은 율법의 완성(롬13:8-10)'이라고 규정한다. 이러한 이웃사랑은 단순히 윤리적, 도덕적 차원에서 말하는 '사회적 의무로서의 사랑'이라는 수준에 머무는 것이 아니다. 진정한 이웃사랑은, 하나님의 자비와 은혜와 은총에 대한 감사와 기쁨과 사랑이 '하나님께로' 그리고 '하나님께서 사랑하시는 사람들에게로' 향하게 되는 데에서 비롯된다. 내 마음 속에서 역사하시는 성령님의 이끄심에 따라, 하나님을 향한 나의 감사와 기쁨과 사랑은 '하나님사랑의 또 다른 표현방식'으로서, 그 분이 사랑하시는 것들(이웃, 세상, 피조물)을 향한다. 그것은 나의 내면으로부터 우러나오는 자발적이며 진정한 '드림(봉헌)'이다. 선뜻 손을 내밀고 마음과 정성을 쏟게 될 수밖에 없기 때문이다. 거기에는 어떤 이해타산도 개입되지 않고, 망설이거나 미루거나 게으르지 않고, 그저 순수하고 진실한 사랑이 마치 아궁이의 장작불이 온돌방을 데우듯이 이웃으로, 세상으로, 피조물에게로 전도傳導conduction되는 것이다. 이와 같이 이웃사랑은 '하나님사랑의 또 다른 표현방식'이며, '하나님께 올려드리는 행위'나 마찬가지이기에 교회가 이 땅에서 지금 이룩해야 할 과제가 되는 것이다.

삶 속에서 구현되는 정의

이웃사랑과 함께 '공의의 하나님의 뜻'을 따라, 성도 개개인과 그리스도교회 공동체는 사회 속에 정의를 구현하기에도 힘써야 한다. "너희는 먼저 그의 나라와 그의 의를 구하라(마6:33)."라고 하시는 주님의 말씀과 같이, 우리가 구할 것 그리고 우리가 이루려고 힘써야 할 것은 '하나님의 뜻'이다. 하나님의 절대주권이, 하나님의 공의가, 주님의 명령들이, 이 땅에서, 하나님의 뜻하신 바대로 관철되고 이루어지도록 그 뜻을 받들어 섬겨야 한다. 하나님의 교회가 세상 속에서 관철시켜야 할 과제도 '공의의 하나님의 뜻에 따른 사회정의'의 구현이다.

정의는 진리에 맞는 올바른 도리를 일컫는 말이다. 정의는 옳음, 공정, 공평, 평등과 매우 밀접한 관련이 있다. 이러한 개념들은 인간의 권리와 자유, 그리고 기회와 행복 등이 보장되고 유지되는 데에 반드시 필요한 요소이다. 이 정의는 공의의 하나님께로부터 비롯된 원리(원칙)요, 질서이다. 하나님은 스스로 진리이시고 참 길이시다. '의와 공평이 그 보좌의 기초(시97:2)'가 되는 '공의의 하나님'께서는 그 모든 행위가 의로우시며, 그 모든 일에 은혜로우신(시145:17) 하나님이시다. 이 공의의 하나님께서는 '하나님사랑', 즉 하나님을 경외하고 그 뜻을 순종하고 봉사하는 행위의 하나로서 '이웃사랑'이라는 구체적인 행위를 실제적인 삶 속에서 나타내도록 자상한 규례를 주셨다. 그것은 하나님의 백성들이면 누구나 하나님을 닮은 삶, 즉 하나님의 뜻을 따라 이 규례들을 일상적인 공동체 생활 속에서 정의롭게 실천하는 삶을 살아가기를 바라셨기 때문이다.

주 예수님께서도 이 정의로운 삶을 매우 중요시하셨다. 삶 속에서 의에 주리고 목마른 자, 긍휼히 여기는 자, 마음이 청결한 자, 화평하게 하는 자, 의를 위하여 박해를 받는 자는 복이 있는 사람(~한 사람은 행복하다, <공동> 마5:5-9)이라고 가르치셨다. 하나님의 공의를 따라 정의롭게 사는 사람이 하나님 안에서 누릴 행복을 말씀하신 것이고, 그런 정의로운 삶이야말로 '하나님의 인정을 받는 삶'임을 분명히 가르쳐주신 것이다.

이와 함께, 주님은 "너희 의가 서기관과 바리새인보다 더 낫지 못하면 결코 천국에 들어가지 못하리라(마5:20)."라고 친히 강조하셨다. 그래서 성경은, "너희가 만일 성경에 기록된 대로 네 이웃 사랑하기를 네 몸과 같이 하라 하신 최고의 법을 지키면 잘 하는 것이거니와, 만일 너희가 사람을 차별하여 대하면 죄를 짓는 것이니, 율법이 너희를 범법자로 정죄하리라(약2:8-9)"고 엄중히 경고한다. 또한, "무릇 의義를 행하지 아니하는 자나 또는 그 형제를 사랑love 하지 아니하는 자는 하나님께 속하지 아니하느니라(요일3:10)."고 거듭 강조하여 경고하고 있다.

정의가 무너진 세상 속에서

하나님의 자비와 은혜와 은총을 입은 사람들이, 하나님께서 극진히 관심을 가지고 사랑하시는 '사람'과 '세상'(요3:16)에 대하여 관심도 갖지 않고 사랑하지도 않는다면, 이는 배은망덕한 태도이다. 더군다나 하나님께서 서로 사랑하고 정의롭게 살아가라고, 구체적으로 명령하셨음에도 불구하고 이를 거역한다면 이는 범법자로 정죄됨이 마땅하다.

그런데 지금 세상은 정의가 무너지고, 심지어는 그것이 송두리째 실종되어 버린 자리에 공허한 인간의 외침만 무성한 것 같은 느낌마저 주는 상황이다. 아니, 정의를 외치는 목소리조차 퇴폐와 향락과 다툼의 아우성 속에 파묻혀 버리는 안타까운 형국이 아닐까 싶다. 하나님에 대한 경외와 하나님의 공의에 대한 순종과 봉사는 찾아보기 어려운 세상이 되어버렸다. 성경은 "하나님 아버지 앞에서 정결하고 더러움이 없는 경건은 곧 고아와 과부를 그 환난 중에 돌보고, 또 자기를 지켜 세속에 물들지 아니하는 그것이니라(약1:27)."고 말씀하고 있다. 참된 경건의 모습은 그 외양보다 내면의 진실성과 경건의 능력(딤후3:5)에 있음을 가르쳐주고 있는 말씀이다.

그러나 사람들은 이 '하나님에 대한 경건'을 아랑곳하지 않는다. 교회는 이런 상황 속에서 침묵과 방관으로 시간을 보내면서 자조自嘲 섞인 푸념만 늘어놓고 있다고, 오히려 세상이 교회를 손가락질하고 있다. 이는 결국 하나님의 말씀이 사람들에게서, 교회에서조차도 무시되거나 거역된 것이나 마찬가지인 셈이다. 하나님, 그리고 하나님의 말씀조차 두려워하지 않는 상태에 이르렀다는 증거이다. '마지막 때의 징조들(마24:9-12)'이 그대로 나타나고 있다고 볼 수 있는 정황들이다.

정의가 무너졌다는 것은 하나님의 주권이 이 땅 위에 관철되고 있지 않다는 것을 의미한다. 그것은 이 세상과 이 시대를 사는 사람들이 범법자로 정죄되어 하나님의 심판을 면하기 어려운 지경에 이르렀음을 의미한다. 그것은 마치 노아 시대(창6:5-7)의 타락상이나, 소돔과 고모라의 죄악상(창18:20-21)과 다를 바 없기 때문이다. 바로 이러한 정황들은 마지막 때의 지상교회들에게 엄중한 경고가 되고 있음을 깊이 인식해야 한다. 그리고 이는 오늘 여기를 사는 성도와 교회 모두가 시급히 각성하고, 회개하고 분발해야 할 과제이기도 하다.

하나님의 주권을 이 땅 위에 관철시키는 정의구현

타락한 인간과 부패한 사회 속에서 사회정의를 구현하는 일은 그리스도교회 공동체에 맡겨진 엄중한 사명이다. 교회는 어떤 이유나 핑계로도 이 사명을 얼버무리거나 회피할 수 없다. 하나님의 절대주권이 선포되고 관철되어야 할 현장은 바로 여기, 교회가 서 있는 이 시대, 이 사회이기 때문이다.

그런데 하나님의 주권이 이 땅위에서 관철되지 않는 데에는 그럴 만한 '또 다른 이유'가 있다. 그것은 타락한 인간에게도 그 책임이 분명히 있지만, 그 보다는 '하나님과 하나님나라에 도전하는 어둡고 사악한 영적 세력들'이 끊임없이 사람들을 미혹하고, 충동질하고, 심지어는 구원받은 백성들까지도 탈취해 가서 반역을 부추기고 있기 때문(계12-14장)이다. 이들은 사회정의와 질서를 교란하며, 무질서와 무규범을 조장하고 정의를 무너뜨림으로써, 하나님의 주권에 손상을 끼치게 하려는 도발을 멈추지 않고 있기 때문이다.

따라서 하나님의 교회는 하나님의 주권적 통치를 거역하고 훼방하는 이 사악한 영적 세력들을 척결하기 위한 영적 전투에 나서야 한다. 교회와 성도는 이 전투의 대장되신 그리스도(계19:11-21)의 군대와 병사가 되기에 주저하지 말아야 한다. 이것은 '그리스도의 마지막 사역에 참여하는 길'이요, '하나님의 공의를 이 땅위에 관철시키기 위한 마지막 과정'이고, 이 영적 전투를 통하여 빼앗긴 영혼들을 되찾아 와서 주님의 품 안에 있도록 하기 위한 '마지막 구출작전'이기 때문이다.

봉사와 참여

이와 같이 교회는 '이웃사랑'과 '사회정의의 구현'에 모두 힘써야 한다. 이를 위하여 오늘 이 땅의 지상교회가 해야 할 일은 이 세상을 사랑과 정의로 가득하게 만들기 위하여 힘쓰는 것이다. 이것은 선교사역과 마찬가지로 '교회가 세상을 향하여 팔을 펼쳐서 그리스도의 사랑의 손을 내미는 사역'이다. 따라서 이웃사랑과 사회정의의 구현이라는 사역은 어떤 이론이나 슬로건으로 그칠 일이 아니라, 행동화되어야 할 일, 즉 '봉사와 참여'라는 행동을 통해서 이루어 내야 할 과업이다.

이를 위하여 교회가 사회 속에서 솔선수범하며 이웃사랑을 실행하며 섬기는 한편, 바르고 참된 사회정의의 구현을 위하여 참여의 대열에 앞장서는 행동이 필요하다. 교회가 이웃의 빛이 되고, 사회의 소금 노릇을 온전히 해내야 한다. 그래서 하나님의 사랑과 공의가 사람 앞에 드러나서 하나님께서 영광을 받으실 수 있게 해야 한다. "이같이 너희 빛이 사람 앞에 비치게 하여, 그들로 너희 착한 행실을 보고 하늘에 계신 너희 아버지께 영광을 돌리게 하라(마 5:16)."라고 하시는 주님의 분부처럼. 그래야 교회는 사랑의 샘터요, 사회정의의 보루堡壘로 세상 속에서 그 진가를 드러내게 될 것이고, 그래야 비로소 '세상도 인정하는 교회', '믿고 따름직한 교회'가 될 것이며, 그래야 이 터전 위에서 선교(전도)의 문이 열리고, 그래서 교회를 통한 영혼구원의 열매도 거두게 될 것이고, 그래야 하나님께서 함께하시고 기뻐하시는 교회로 성장, 성숙, 성화되어 갈 것이다.

이는 결국 하나님의 교회가 '봉사와 참여'라는 '행동을 통해서' 이룩해야 하는 것임을 잊지 말아야 한다. 믿음, 사랑, 소망의 산성山城같은 하나님의 교회가, 정의구현을 위하여 사회 한 복판에 우뚝 서야하는 것임을 결코 잊거나 회피하지 말아야 한다. 그렇게 하는 것이 참 믿음을 지닌 성도와 교회의 올바른 모습이고, 하나님께 대한 '온전한 순종과 봉사', 즉 '그리스도교회 공동체 사역의 참 모습'이라 할 것이다. "행함이 없는 믿음은 그 자체가 죽은 것이라. ……아하, 허탄한 사람아, 행함이 없는 믿음이 헛것인 줄을 알고자 하느냐. ……영혼 없는 몸이 죽은 것 같이, 행함이 없는 믿음은 죽은 것이니라(약 2:17,20,26)."는 말씀을, 오늘 이 시대 이 땅의 모든 성도와 그리스도교회 공동체는 깊이깊이 새겨들어야 한다.

5) 교회사랑, 그리고 성도의 '교제와 협력'

교회사랑

하나님께서는 하나님사랑을 이웃사랑과 동일한 궤도에 놓아주시고 이웃사랑의 연장선 위에 영혼사랑을 이어놓으신 것처럼, '교회사랑'도 하나님사랑과 동일한 차원 속에 두셨다. 교회는 그리스도께서 그 머리(엡1:22)가 되시며, 그리스도께서 사랑하시는 신부요(계21:9), 그의 몸(엡1:23)이기 때문이다.

아버지 하나님의 극진하신 사랑은 독생자를 희생의 제물로 사용하셔서 인간을 죄와 사망에서 구원하신 것만으로 그치지 않으셨다. 하나님께서는 거룩하고 공변된(보편적인) 교회the holy catholic(unairersal) church를 세우시기 위하여, 그리스도 예수님의 피로 값을 치르고 사시기까지(행20:28) 우리를 사랑하셨다. 그래서 그 하나님의 교회, 주 예수 그리스도를 머리로 하는 '믿음의 공동체, 사랑의 공동체, 삶의 공동체'인 교회를 이 땅에 세우셨다. 그 방주 안에서 구원받은 백성들이 함께 더불어 살면서 악과 싸워 이기고, 하나님의 나라를 미리 맛볼 수 있도록 은혜를 베풀어 주셨다. 그리고 예수님께서는 이 교회를 '내 교회(마16:18)'라 하시면서, "무엇이든지 너희가 땅에서 매면 하늘에서도 매일 것이요, 무엇이든지 땅에서 풀면 하늘에서도 풀리라. 진실로 다시 너희에게 이르노니, 너희 중의 두 사람이 땅에서 합심하여 무엇이든지 구하면 하늘에 계신 내 아버지께서 그들을 위하여 이루게 하시리라. 두세 사람이 내 이름으로 모인 곳에는 나도 그들 중에 있느니라."라고, 교회에 주어질 역할기능과 영적 권능도 확인해주셨다(마18:18-20).

이와 같이 우리를 구원하신 주님께서는 그의 지체members가 되는 우리들을 개별적으로 사랑하실 뿐만 아니라, '주 믿는 백성들의 공동체'인 주님의 교회를 극진히 사랑하신다(엡5:25). 따라서 교회를 '구원받은 백성들을 위한 구원의 방주'정도로만 단순히 생각해서는 안 된다. 교회가 구원의 방주임은 분명한 사실이지만, 거기에 머물지는 않는다. 교회는 하나님에 의해서 거룩해지고, 그리스도 안에서 성령님의 역사하심을 따라 하나님의 뜻을 이 땅에서 완성하기 위하여 하나님께서 특별한 일꾼(봉사자)로서 부르시고 세우신 사명을 지닌 '백성(성도 개개인)' 또는 그런 '일꾼들의 공동체 (모임, ecclesia)'이다. 그래서 교회는 하나님의 일터요, 하나님나라의 작업장이다. 그 교회의 최대의 사명은 하나님께 대한 예배이며, 그 예배는 넓은 의미에서 '하나님께 드려지는 우리의 삶 전체'이다.

그러므로 하나님의 교회의 과제와 사명은 '하나님께 대한 순종과 봉사'인 사역과, 하나님께서 관심과 사랑을 쏟으시는 '세상과 사람을 향한 봉사와 사랑'으로 나타나야 한다. 그래서 진정한 그리스도교회 공동체나 그리스도인은 '하나님의 나라와 그 의를 위하여(마6:33)' 세상 속에서 그의 삶 전체를 투신하고 헌신하여 섬기기에 전념하며, 하나님께 대한 하나의 예배행위로서, '하나님의 일꾼이요 하나님나라의 작업장'으로서 그 역할기능을 다 하기 위해서 충성한다.

우리가 주 우리 하나님을 진심으로 감사하고 사랑한다면, 우리도 주님처럼 주님의 마음으로(빌2:5), 이 엄숙한 과제와 사명을 수행하는 그리스도교회 공동체를 향하여 뜨거운 가슴으로 '교회사랑'에 혼신의 힘을 다하는 것이 마땅하다. 이런 의미에서 교회사랑은 하나님사랑과 '동일한 차원'에 있는 것이다. 사도 바울이, "날마다 내 속에 눌리는 일이 있으니 곧 모든 교회를 위하여 염려하는 것이라(고후11:28)."라고 고백한 것과 같은 그런 공동체적 관심과, 사랑과, 연대가 필요하다. 그 교회사랑은 내가 출석하고 섬기는 이른바 '눈에 보이는visible '개별個別교회사랑'만이 아니다. 하나님께서 세우시고 인정하시는 모든 '주님의 교회the Church of Christ'를 향한 사랑이어야 한다.

거룩함과 온전함을 위한 노력

누군가를 사랑하는 자는 그에게 합당한 모습을 갖춰야 한다. 마찬가지로, 하나님의 일꾼이요 그리스도의 사역의 동역자답게 주님의 교회를 사랑하며 일하는 사람은, 무엇보다도 하나님이시며 교회의 머리가 되시는 주 예수 그리스도를 닮아야 한다. '하나님의 사람다움'이 갖춰져야 한다.

그런데 우리 주 하나님은 거룩하시고 온전하신 하나님이시다. 그러므로 '하나님의 사람(딤전6:11)'이요 '그리스도의 지체들'인 성도 개개인과 그 공동체가 그리스도를 닮아 진리로 거룩해지고(요17:19), 그리스도 안에서 온전함을 이루어(요17:23) 하나가 되는 것은 그 무엇보다도 우선적으로 요구되는 과제이다. 이것은 주 예수님께서 올린 마지막 간절한 기도(요17장 전체)이기도 하였다. 예수 그리스도는 머리이시므로, 그리스도의 몸인 지체 하나하나가 거룩하고 온전하기를 바라시기 때문이다. 어느 작은 기능 하나라도 부족하면 그것은 그리스도의 취약점이 되고, 어느 부위 하나라도 병약하면 그것은 그리스도의 아픔이 되기 때문이다. 그것은 '하나님의 뜻'도 아니요, '하나님의 아픔'이 될 뿐이다.

따라서 교회는 성도 개개인이 그리스도 안에서 성장, 성숙, 성화되는 일에 힘써야 한다. "아기가 자라며 강하여지고(성장), 지혜가 충만하며(성숙), 하나님의 은혜가 그의 위에 있더라(성화)(눅2:40)."라는 말씀처럼, 성도 개개인도 우리 주 예수님께서 세상에 계셨을 때의 그 모습을 닮아가야 한다. 이렇게 '건강하고 유능한 일꾼들'로서, 그리고 하나님 앞에 서서 받들어 섬기는 '거룩하고 온전한 일꾼'들로서 그리스도 안에서 하나가 되어, 서로 마음과 뜻과 힘을 한데 모아야 그리스도의 몸인 교회가 온전히 설 수 있기 때문이다.

성도의 교제와 협력

이와 함께 그리스도교회의 일꾼들은 '그리스도의 사역의 동역자들'답게 서로 교제하고 협력하기에 힘써야 한다. 일꾼들이 서로 친밀하고 단합하는 것은 일의 성과와 밀접한 관련이 있다. 그러므로 초기 그리스도교회의 모습처럼(행2:43-47, 4:32-37), '성도들의 교제와 협력'은 하나님의 일터요 하나님나라의 작업장인 교회에서 매우 중요한 과제로서 항상 남아 있다. 그리스도의 지체들이 성령님의 역사하심으로 하나가 되어 각자의 믿음을 지키며, 세상에 물들지 않고 거룩하고 온전히 되며, 소임을 잘 감당할 수 있도록 서로 긴밀히 교제하고 피차 권면勸勉하고(히3:13, 살전5:11), 권계勸戒하며(살전5:14), 서로 짐을 나눠지고 돕는 삶이 교회 안에 요망된다. 하나님께서는 우리 모두가 '다 한 성령으로 세례(침례)를 받아 한 몸이 되고, 또 다 한 성령을 마시게' 하셨고(고전12:13), '오직 여러 지체가 서로 같이 돌보게' 하셨기 때문이다(고전12:25).

그리고 이러한 성도의 교제와 협력은 '교회사랑'으로 연결되어야 한다. 참된 교회사랑은 구체적으로 '일하는 교회'에 대한 충성과 헌신, 즉 '교회의 일'에 대한 참여와 봉사로 표현되어야 한다. 동시에 '교회들의 어려움'에 대한 기도와 동참과 협력으로 나타나야 한다. 성도들과 교회들이 서로의 짐을 나누어 짊어지는 것이다. 교회가 추진하는 일이나 교회들이 겪는 어려움은 바로 우리 '주님의 일'이요, '주님의 고충'일 것이기 때문이다. '만일 한 지체가 고통을 받으면 모든 지체가 함께 고통을 받고, 한 지체가 영광을 얻으면 모든 지체가 함께 즐거워하는' 것과 같이(고전12:26), 그리스도의 몸인 우리들 '지체의 각 부분(고전12:27)'들이 서로 돕고 힘을 함께하는 것은 마땅한 일이다.

교회의 일치

하나님께서는 이들 지체의 각 부분을 머리이신 그리스도 안에서 성령으로 하나가 되게 하셨다. "우리는 몸 가운데서 별로 중요하게 여기지 않는 부분을 더욱 조심스럽게 감싸고, 또 보기 흉한 부분을 더 보기 좋게 꾸밉니다. 그러나 보기 좋은 지체들에게는 그렇게 할 필요가 없습니다. 이렇게 하나님께서도 변변치 못한 부분을 더 귀중하게 여겨주셔서, 몸의 조화를 이루게 해주셨습니다. 이것은 몸 안에 분열이 생기지 않고, 모든 지체가 서로 도와 나가도록 하시려는 것입니다(<공동> 고전12:23-25)." 여기에서 몸 안에 분열이 생기지 않는 다함은 곧 머리이신 그리스도의 몸인 교회의 각 부분요소들이 일치되는 것을 의미한다. 그래서 성경은 "성령이 하나 되게 하신 것을 힘써 지키라(엡4:3)."라고 강조하신다. 모든 피조물을 포함하여 택하심을 받은 백성들이 '다 그리스도 안에서 통일되게(엡1:10)'하는 것은 처음부터 계획하신 '하나님의 뜻'이기 때문이다.

그래서 주 예수님께서는 마지막 밤까지도 "우리와 같이 그들도 하나가 되게 하옵소서(요17:11)."라고 기도하셨다. 주님께서 그리도 간곡히 하나님께 기도하신 것은 "내가 그들 안에 있고, 아버지께서 내 안에 계시어, 그들로 온전함을 이루어 하나가 되게 하려함은 아버지께서 나를 보내신 것과, 또 나를 사랑하심같이 저희도 사랑하신 것을 세상으로 알게 하려 함"이셨기 때문이다(요17:23). 그 사랑, 그 은혜를 입은 자들이 하나같이 '하나님께 영광'을 돌리게 하시려는 그 본래의 뜻을 이루시기 위함이셨다. 이렇게 머리이신 그리스도 안에서 몸인 우리가 성령으로 하나가 되는 것 즉 '교회의 일치는 하나님의 뜻'이다.

분열과 대립은 하나님의 뜻에 대한 역행

그런데 오늘 이 땅의 교회들은 나뉘고, 찢어지고, 그러고도 모자라서 서로 헐뜯고 다투는 정황들이 자주 발생하고 있다. 누군가는 누구를 이단異端이라 판단하고, 누군가는 스스로 자신들만이 정통이요 진리의 산성이라고 자칭한다. 그러다보니 오직 구원은 자기들에게만 있다고 자고自高하는 지경에까지 이르렀다. 표현이 다소 거칠고 과격하게 들릴지 모르겠지만, "인자야, 내가 너를 이스라엘 족속의 파수꾼으로 세웠으니, 너는 내 입의 말을 듣고 나를 대신하여 그들을 깨우치라(겔3:17)."라는 말씀에 힘입어 말하자면, 교회의 분열과 대립은 '하나님의 관점'에서 보면 어떤 논리나 변명으로도 합리화될 수 없는 잘못된 현상이다. 한 하나님, 한 예수 그리스도, 한 성령, 그리고 한 성경에서 비롯된 그리스도교회 공동체가 갈기갈기 찢기듯 나뉘어 서로 배타적으로 경쟁하거나, 또는 적대적으로 대립하는 양상을 보인다는 것은 '하나님의 뜻'과 '그리스도의 사역'과 '성령님의 역사하심'에 대한 명백한 역행이다. 이것은 엄밀한 의미에서 일치를 원하시는 하나님의 말씀을 무시하는 것이거나, 또는 그 뜻을 거역하면서까지 '도발적인 행위'를 꾸역꾸역 자행하는 것으로 간주될 수도 있다. 그리고 이것은 교회의 분열과 대립을 획책함으로써 교회의 역할기능을 무기력하게 만들고, 훼방하고, 마침내 교회를 무너뜨리려는 저 어둡고 사악한 세력들에게 이용당하는 것과도 같은 형국이다. 그래서 결과적으로 그들에게 동조하는 반역가담행위가 되고 말 수도 있다.

그러나 이와 같은 지적은 하나님의 말씀을 올바로 세우고 지키기 위한 그리스도교회 공동체의 정직하고 순수한 논의와 토론조차도 부정하는 것이 결코 아니다. 더더군다나 이른바 사이비집단이나 이단종파에 대한 교회의 명확하고 준엄한 대처에 대하여 반론을 제기하거나, 그릇된 저들을 은근히 옹호하려는 것도 결코 아니다. 적그리스도와 그 아류는 철저히 배격, 섬멸되어야 하는 것이 주님의 뜻이고, 교회의 사명이다. 특히 근래에 '다원주의多元主義', '다양한 문화의 평화적 공존', '종교의 보편성' 등에 관한 논의가 확산되어가는 추세에 편승하여 이런 논리와 주장들을 교묘히 변조하거나 왜곡함으로써, 이를 빌미로 하나님의 교회를 흔들고 무너뜨리려는 교활한 술책들에 대하여 교회는 항상 깨어 철저히 경계하고 차단해야 한다.

여기에서 우리가 주목해야 할 것은, 교회의 분열과 대립의 와중에서 정작 설 자리를 잃은 이는 우리 주 하나님이시라는 것이다. 또한 이 와중에서 곤혹스러움과 혼란을 겪는 것은 일반 성도들이다. 한 걸음 더 나아가서, 거룩하신 하나님의 자리에는 참람한 것들이 또아리를 틀고 앉아 자기주장을 펴고 자기세력을 확장하기에 여념이 없다. '하나가 되게 하옵소서' 간구하시던 주님의 몸인 교회는, 다시 '교회 안에 있는 사람들'에 의하여, 처참히 찢기고 있다. 손에 피를 묻힌 자들이 평화를 간구한들 하나님께서 들으시겠는가. 비방과 모함으로 더럽혀진 입술로 하나님을 찬양한들 하나님께서 귀를 기울이시겠는가. 반역의 비수를 가슴에 품은 자가 엎드려 자비를 구한들 하나님께서 어루만져주시겠는가. 오히려 "메네 메네 데겔 우바르신MENE, MENE, TEKEL, UPARSIN(단5:25-28)"[83]이라고 하시지 않겠는가. "불법을 행하는 자들아, 내게서 떠나가라(마7:23)."라고 하시지 않겠는가. 분열과 대립을 조장한 자들이 교회의 일치를 외친들 누가 귀담아 듣기나 하겠으며, 정의를 외친들 세상이 그들을 따르기나 하겠는가. 그럼에도 불구하고 어떤 이들은 그럴싸한 구실로, 어떤 이들은 얼버무림으로, 어떤 이들은 나 몰라라 하는 발뺌으로 이 두렵고 안타깝고 참담한 현실을 피해가려고만 한다.

그러므로 지금은 철저한 참회가 필요한 때다. "오라, 우리가 서로 변론하자. 너희의 죄가 주홍 같을지라도 눈과 같이 희어질 것이요, 진홍 같이 붉을지라도 양털 같이 희게 되리라(사1:18)."라고 하시는 아버지 하나님의 말씀을 믿고, 모든 교회들이 주님 앞에 엎드려 '옷을 찢고 굵은 베옷을 입으며, 재를 무릎쓰고(에4:1, 단9:3)' 회개해야 할 때다. 지금은 온 교회가 하나 되기 위하여 가슴을 열고 머리를 맞대야 할 때다. 하나님의 뜻이 이 땅에서 뜻하신 바대로 이루어지도록 그리스도의 일꾼들이 참여해야 한다. 교회에 다니는 것만이 중요한 것이 아니라, 거기 모인 성도들이 하나가 되어 '하나님의 뜻'인 '하나님사랑, 일

---

83 다니엘시대에 바빌로니아의 벨사살(Belshazzar, B.C. 550-538) 왕이 하나님께서 보시기에 가증한 잔치를 베풀 때에 사람 손가락이 나타나 벽에 쓴 글로서, 그 뜻은 '세어 보고, 세어 보고 저울로 달아보니 부족하여 나눈다'는 뜻인데, 이는 왕이 행한 신성모독에 대한 하나님의 심판과, 타락한 바빌로니아제국의 멸망을 예고한 것이다.

꾼사랑, 이웃사랑, 교회사랑, 영혼사랑'을 실행해야 한다.

참여, 연대, 협력은 교회의 사명

이를 위하여 한 마음 한 뜻으로 성도와 교회들이 연대해야 한다. 모든 역량들이 한데 모여 서로 협력해야 한다. 그래서 하나님의 나라가 확장되고 그리스도 우리 주 예수님의 복음이 땅 끝까지 전파되도록, 그래서 마침내 아버지의 나라, 그 '새 하늘과 새 땅', 그 '새 예루살렘'이 임하시도록, 그리스도교회 공동체는 그리스도 안에서 하나가 되어 그리스도의 사역의 완성에 전심전력을 다 기울여야 할 때이다. '마지막 때'에 교회가 그리스도의 사역에 참여하고, 이를 위하여 서로 연대하며 협력하는 것은 '하나님의 뜻'이다. 이를 위하여 우리가 부르심을 받았고, 주님의 피로 값을 치르고 교회가 세워졌다.

따라서 우리는 그리스도의 사역(고난)에 동참하는 일에 주저함이 없어야 할 것이다. '아사셀의 염소<KJB>scapegoat(속죄염소)'가 영문營門 밖 광야로 보내짐(레16:7-10) 같이, 그리고 예수 그리스도께서 "자기 피로써 백성을 거룩하게 하려고 성문 밖에서 고난을 받으셨느니라. 그런즉 우리도 그의 치욕을 짊어지고 영문 밖으로 그에게 나아가자(히13:12-13)."라고 하시는 말씀처럼, 교회도 성문 밖 낮은 데로, 어두운 곳으로, 저 고통의 현장을 찾아나서는 '흩어지는 교회scattering Church'가 되기를 주저하지 말아야 한다. 이 '아름답고 복된 흩어짐(파견)'을 위해서라도 우리는 그에 앞서 결속을 강화해야 한다.

사역은 하나님의 사람들이 주님의 뜻을 받들어 행하는 것이므로, 교회는 그리스도의 십자가 고난에 동참하고 거기서 '죽어야 많은 열매를 맺어 다시 사는 것(요12:24)'이므로, '죽어야 사는' 역설의 진리를 따라 그리스도교회 공동체에게 맡겨진 사명을 다하기 위해서 우리의 모든 것을 바쳐 충성해야 한다. 그리고 이를 위하여 성도와 교회는 마지막 때에 더욱 교제에 힘쓰는 한편, "한 사람이면 패하겠거니와 두 사람이면 맞설 수 있나니, 세 겹 줄은 쉽게 끊어지지 아니하느니라(전4:12)."는 말씀처럼, 참여와 연대와 협력의 세 겹 줄(전

4:12)을 엮어내는 일에 힘써야 한다.

사. 그리스도교회 공동체 사역의 목적(종합)

우리는 지금까지 그리스도교회 공동체가 감당해야 할 사역의 목적과 목표를 규명하기 위하여, '목적과 목표의 위계적 구조와 질서'에 따라 단계적으로, 순차적으로 그 본질적인 '목적들'을 성경을 통하여 살펴보았다.

<표 11> '그리스도교회 공동체 사역의 목적(2)'에서와 같이 우리는 '그리스도교회 공동체의 5대 사역(사명)'까지를 살펴봄으로써, '사역의 실천적 목적'을 보다 더 구체화하게 되었다. 그래서 이제 우리는 청소년사역의 목적과 목표를 규명하기 위한 '기초'요, '근거'를 확보하게 되었다. 그래서 그리스도교회 공동체 '사역의 궁극적 목적'과 '실천적 목적', 그리고 '그리스도교회 공동체의 5대 사역(사명)' 등을 중심으로 '청소년사역의 목적'을 규명할 수 있는 데에까지 이르렀다.

이것을 이해를 돕기 위하여, <표 10> '그리스도교회 공동체 사역의 목적(1)'과 합하여 재정리해보면 <표 11>과 같이 요약될 수 있다. (여기 <표 11> 맨 아래 칸 괄호 안에 보이는 '그리스도교회 공동체 사역의 목표들'과 '청소년사역의 목표'는, '청소년사역의 목적'을 먼저 다룬 다음에 그 위계적 구조와 질서에 따라 '목표들 끼리' 따로 다루게 될 것이다.)

표 11 그리스도교회 공동체 사역의 목적(2)

```
           <그리스도의 사역>
                ↓ ↓
             (사역의 계승)

    <그리스도의 성역(聖役)에 쓰임 받는 일꾼>
           - 그리스도교회 공동체 -
                ↓ ↑
```

```
┌─────────────────────────────────────────────┐
│      그리스도교회 공동체 사역의 제1의적 목적      │
│             '삶 전체가 드려지는 예배'            │
│                   ↓ ↑                        │
├─────────────────────────────────────────────┤
│      그리스도교회 공동체 사역의 핵심적 실천 목적들  │
│   '사랑의 실천 · 정의의 구현 · 그리스도사역의       │
│              지속과 완성'                     │
├─────────────────────────────────────────────┤
│                   ↓ ↑                        │
│              교회의 5대 사역(사명)              │
│      하나님사랑, 그리고 감사와 찬양을 드리는 '예배'  │
│      일꾼사랑, 그리고 하나님의 뜻과 사랑을 가르치는 '교육' │
│      영혼사랑, 그리고 그리스도의 복음을 전파하는 '선교(전도)' │
│      이웃사랑, 그리고 정의구현을 실천하는 '봉사와 참여' │
│        교회사랑, 그리고 성도의 '교제와 협력'       │
├─────────────────────────────────────────────┤
│           ↓ ↑          ↓ ↓                  │
│              (수행 및 계승)                    │
│   (그리스도교회 공동체 사역의 목표들) ↔ '청소년사역의 목적' │
│           ↓ ↓          ↓ ↑                  │
│              (청소년사역의 목표)                │
└─────────────────────────────────────────────┘
```

갈릴리공방 / 청소년사역연구개발원

2. 청소년사역의 목적

<u>가. 그리스도교회 공동체 사역의 하나인 청소년사역</u>

제2편에 접어들어서 지금까지 우리는 '청소년사역의 목적과 목표는 무엇인가'를 탐색하기 위하여, 먼저 그 상위개념인 그리스도교회 공동체의 '사역의 목적'에 대한 일반적인 이해를 넓히기에 힘썼다.

청소년사역은 그리스도교회 공동체에서 전개되는 총체적 사역의 하위개념 또는 부분요소에 속하기 때문에, 그 상위 개념인 그리스도교회 공동체 사역의 목적과 목표에 부합되어야 하고, 그 동질성을 유지해야 하기 때문이었다.

청소년사역이 사역으로서의 제 몫을 감당하려면 그 상위개념인 '그리스도교회 공동체 사역의 목적과 목표'가 무엇인지, 그것부터 먼저 구체적으로 명확히 밝혀져야 할 필요가 있었던 것이다. 그래서 그 첫 작업으로 '목적'은 규명되었고, <표 11>로 나타났다. 그러므로 이제는 이 '목적'을 '청소년사역의 목적'으로 삼고 앞으로 나아갈 수 있게 되었다.

위계적 구조와 질서, 그리고 그 동질적인 맥락 속에서

위의 <표 11> '그리스도교회 공동체 사역의 목적(2)'에서 본 바와 같이, 그리스도교회 공동체 사역의 실천적 목적은 하나님께로부터 나와서, 그리스도 안에서 성령님께서 역사하심으로 성도 개개인과 그리스도교회 공동체에 맡겨졌다. 이렇게 '하나님의 뜻'이 사람(교회)에게 심겨지고 계승되어, 그리스도에 의해서 재창조된 우리들의 삶의 목적, 즉 실천적 과제가 되었다. 이 사역의 목적과 실천적 과제는 그리스도교회 공동체의 청소년사역에도 그대로 적용된다. 모든 사역은 그 위계적 구조와 질서, 그리고 그 동질적인 맥락 속에서 이루어지는 것이기 때문이다. 따라서 청소년사역은 '그리스도교회 공동체 사역의 일환'이므로, '사역의 궁극적 목적과 실천적 목적'은 '청소년사역의 목적'으로 온전히(더 보태거나 빼지 않고) 그대로 계승된다. 그러므로 청소년사역은 그리스도교회 공동체 사역의 목적을 구현하기 위해서만 존재하며, 교회가 힘쓰는 모든 사역에 동참해야 하는 것이다.

위의 <표 11>의 맨 아랫부분의 오른 쪽에 보이는 '청소년사역의 목적'은 그것이 그 위에 있는 내용들을 그대로 이어받고 있음을 보여준다. 그것은 청소년사역이 그리스도교회 공동체에게 주어진 사역의 목적을 그대로 충실히 수행하고, 또한 이를 계승해나가야 할 사역이라는 점을 나타내고 있는 것이다. 그러므로 청소년사역의 목적도 그리스도교회 공동체 사역의 목적과 전적으로 동일해야 한다.

나. 청소년사역의 목적
: 그리스도교회 공동체 사역의 수행과 계승

이런 의미에서, 앞에서 잠정적으로 정리해보았던 '그리스도교회 공동체 사역의 목적(1)'과 함께, '청소년사역의 목적'을 여기에서 종합적으로 재정리하면 다음과 같다. (그런데 이것은 '청소년사역의 목적'일 뿐만 아니라, 사역의 목적은 서로 다를 수가 없기 때문에, '그리스도교회 공동체 사역의 목적' 그 자체이다.)

청소년사역의 목적

청소년사역의 목적(그리스도교회 공동체 사역의 목적)은 그리스도교회 공동체 사역의 궁극적 목적인 '하나님의 영광'과 '하나님의 뜻'을 위하여, 그리고 그 실천적인 목적인 '사랑의 실천, 정의의 구현, 그리스도사역의 지속과 완성'을 위하여, 삶 속에서 몸으로 드려지는 '예배행위'의 하나로서 그리스도의 몸인 그리스도교회 공동체를 중심으로, 교회 안팎에서 성령님의 이끄심에 따라 교회의 5대 사역(사명)인 '하나님사랑(예배), 일꾼사랑(교육), 영혼사랑(선교), 이웃사랑(봉사와 참여), 교회사랑(교제와 협력)을 힘써 받들어 섬기는 데에 있다.

여기에서 보는 바와 같이 첫째로 청소년사역의 '궁극적인 목적'은, 그리스도교회 공동체 사역의 궁극적 목적인 '하나님의 영광'과 '하나님의 뜻'을 이루기 위하여 이를 받들어 섬기는 데에 있다.

둘째, 청소년사역의 '실천적인 목적'은, 그리스도교회 공동체 사역의 실천적 목적인 '사랑의 실천, 정의의 구현, 그리스도사역의 지속과 완성'을 위하여 힘써 일하는 데에 있다. 다른 모든 사역이 그러하듯이, 청소년사역도 이를 위하여 존재하는 것이다.

셋째, 그리스도교회 공동체 사역의 참 모습은 삶 속에서 몸으로 드려지는

'예배행위'이어야 하듯이 청소년사역도 하나의 예배행위로서 '하나님께 봉헌되는 것'이어야 하고, 동시에 하나님께서 흠향歆饗하실 만한 것이어야 한다.

넷째, 청소년사역은 그리스도의 몸인 그리스도교회 공동체를 중심으로 전개되어야 한다. 그리스도교회 공동체 사역은 '하나님중심, 성경중심, 교회중심'이라는 본령을 견지해야만 '참 사역'일 수 있기 때문이다.

다섯째, 청소년사역은 교회 안에서는 물론이고, 교회 밖에서도 전개되어야 한다. 청소년은 실제로 교회 안팎에 있고, 그래서 하나님께서도 청소년사역이 교회의 안팎에서 전개되기를 바라시기 때문이다.

여섯째, 청소년사역은, 인간의 지혜나 능력만으로 그 목적을 달성할 수 있는 것이 아니라, 성령님의 이끄시고 도우시는 역사하심에 따라 이룩될 수 있다. 따라서 청소년사역은 성령하나님께서 친히 함께하시고 역사하시는 가운데 전개되어야 한다.

일곱째, 청소년사역은 교회의 5대 사역(사명)인 '하나님사랑(예배), 일꾼사랑(교육), 영혼사랑(선교), 이웃사랑(봉사와 참여), 교회사랑(교제와 협력)'을 위하여 주님의 뜻을 힘써 받들어 섬기는 데에 역점을 두는 사역이어야 한다.

'청소년사역의 목적'이 시사하는 것들

이로써 우리는 청소년사역의 '목적'이 무엇인지를 규명하게 되었다. 그리고 그 목적은 곧 그리스도교회 공동체 사역의 목적과 전적으로 동일한 것임도 확인하게 되었다. 이 '청소년사역의 목적'은 우리에게 몇 가지의 중요한 점들을 시사하고 있다.

그것은 첫째, 청소년사역도 그리스도교회 공동체 사역의 하나라는 점을 재확인해준다. 청소년사역의 목적이 그리스도교회 공동체 사역의 목적과 전적으로 동일한 것이기 때문이다.

둘째, 청소년사역이 그리스도교회 공동체 사역의 하나라는 사실은, 거꾸로 청소년사역이 '하나님의 일, 하나님나라의 일인 사역(성역)'임을 확증해준다.

그러므로 누구든지 이 사역을 '사람의 일'하듯이 임의로 처리해서는 안 된다는 점도 확인하게 된다. 해도 그만, 안 해도 그만이 아니라, 반드시 해야 하고, 하되, '두렵고 떨림으로 거룩하게, 기쁘고 감사함으로 온전히' 사역을 감당해야 한다는 점도 확인하게 된다.

셋째, '사역의 목적'에서 밝혀진 그대로, 반드시 그 길을 따라 가야 하나님의 뜻에 합치되는 사역이라는 점도 확인하게 된다. 또한 목적이 이루어져야 하나님께서 기쁘게 받으실 만한 열매가 있는 것이므로, 힘써서 이 사역을 감당해야 한다는 사실도 깨닫게 된다.

따라서 청소년사역은, 어른, 청소년 할 것 없이 누가 하든지 이것이 곧 그리스도의 성역에 쓰임 받는 것이라는 점을 기억하고, 그 목적을 이루기 위하여 무릎으로 받들어 섬겨야 할 것이다

제3절 청소년사역의 목표

1. 청소년사역의 목표가 지니는 의의

　청소년사역의 목표를 살펴보기 위하여, 여기에서는 먼저 청소년사역의 '목표'가 그리스도교회 공동체 사역, 특히 청소년사역 속에서 어떤 의미와 성격을 지니는 것인지를 정리해보고자 한다. 이것은 청소년사역의 목표가 '사역의 목표'답게 제대로 드러날 수 있도록 그 의미와 성격에 대한 이해의 틀을 보다 더 튼튼히 하고자 함이다.
　이를 위하여 여기에서는 '목표'가 지니는 개념상의 의의와, 청소년사역이 지니는 특성상의 의의, 그리고 청소년사역의 목표를 확보해야할 시급성, 필요성, 중요성의 관점에서 목표가 지니는 의의들을 살펴보고자 한다.

가. 그리스도교회 공동체 사역과 동질적인 목표

　목표는 목적을 이루기 위해서 꼭 달성(도달)할 필요가 있는 그런 최종적인 상태나 수준을 미리 설정해놓은 바로 그것이다. 그러니까 목표는 '목적과 목표의 위계적 구조와 질서' 속에서 볼 때 목적의 하위개념이다. 그래서 목표는 목적과 동질적인 맥락을 그대로 유지해야 하고, 그 목적달성을 위해서만 존재해야 하며, 그럴 때에만 목표가 '존재할 만한 의의와 가치'도 지니게 된다.

사역에서도 마찬가지로, 그 자체로서 목적이 되는 '하나님의 뜻'에서부터 비롯되어 그 뜻이 그리스도 안에서 성령님의 역사하심으로 사람에게 심겨지고 계승됨으로써, 이것이 사역의 '목적'이 되었다. 그러므로 '그리스도교회 공동체 사역의 목표'는 이 '하나님의 뜻', 즉 그 '목적'을 이루기 위한 하위개념으로서 존재하게 된다. 따라서 사역의 목표는 사역의 목적과 동질적인 맥락을 변질됨이 없이 유지 계승해야 하고, 그 목적인 '하나님의 영광'과 '하나님의 뜻'을 위해서 추진되어야 하며, 그럴 때에만 사역의 목표로서 존재할 수 있는 근거를 확보하게 된다. '청소년사역의 목표'도 마찬가지로, 그 상위목표인 그리스도교회의 총체적 사역의 목적과 목표를 달성하기 위한 하위목표로서 아무런 손색이 없도록, 그 '위계적 구조와 질서'에 따라 상위목표인 그리스도교회 공동체 사역의 목표와 동질적인 맥락을 그대로 유지하면서 제대로 정립되고 추진되어야 한다.

이러한 전제 아래에서 지금부터는 아직 규명되지 않은 '그리스도교회 공동체 사역의 목표'와 '청소년사역의 목표'를 차례로 규명해야 할 차례이다. 앞에서 '목적은 목적들끼리' 그 위계적 구조와 질서에 따라 살펴보았던 것처럼, 이제는 <표 12> '위계적 구조와 질서 속의 목표'의 왼쪽 아랫부분의 '목표는 목표들끼리' 상위 목표에 이어서 하위목표를 살펴보아야 할 단계에 이른 것이다.

'청소년사역의 목표'는 그 상위개념인 '그리스도교회 공동체 사역의 목표'를 이루기 위한, 그리고 동시에 '청소년사역의 목적'을 이루기 위한 하위개념으로서 존재한다. 그러므로 청소년사역의 목표는 이 위계적인 구조와 질서에 따라, 그리고 그 동질적인 맥락을 유지하면서 '목적'을 위한 '목표'로서 설정되어야 할 것이다.

표 12 위계적 구조와 질서 속의 목표

그리스도교회 공동체 사역의 목적
↓ ↑

```
        교회의 5대 사역(사명)
          ↓ ↑   ↓ ↓
   그리스도교회 공동체 사역의 목표 ↔ 청소년사역의 목적
          ↓ ↓   ↓ ↑
           청소년사역의 목표
```

갈릴리공방 / 청소년사역연구개발원

그래야 그리스도교회 공동체의 총체적 사역 속에서 청소년사역이 존재해야 할 '이유와 가치, 그리고 위상'을 보다 더 분명하고 정당하게 확보할 수 있을 것이기 때문이다.

나. 청소년사역의 특수성을 드러내는 목표

그런데, 청소년사역은 청소년사역 특유의 성격과 내용을 지니고 있다. 더군다나 청소년사역은 '여기, 오늘'을 사는 청소년이라는 특정 세대와 관련된 '유한有限한 사역'[84]이며, 동시에 교회의 미래를 창조적으로 계승 발전시켜나가야 할 사명과 기능도 함께 지니고 있는 것이 청소년사역이다. 이렇게 청소년사역은 '사람중심의 사역'이기도 하고, '사람과 시간의 관련성에 대해서 민감해야 할 사역'이기도 하다는 특수성을 지닌다.

이런 의미에서 청소년사역은 하위개념의 사역으로 분류되면서도, 청소년사역만이 지니는 그 특수하고 고유한 성격과 내용 때문에 하나의 독자적 영역을 담당하는 '특수(전문)분야 사역'으로 분류될 수도 있다. 따라서 그리스도교회 공동체 특수(전문)분야 사역의 하나로서, 청소년사역이 지향하는 '목표'가 갖는 의의는 교회적으로도 중요한 것이다. 그 목표 안에 교회의 오늘과 내

---

84 청소년사역이 '유한한 사역'이라 함은, 청소년기에 해당하는 특정한 시기의 사람들과 관련된 사역 즉 청소년기를 벗어난 경우에는 청소년사역이라고 불릴 이유가 없게 되는 유한성을 염두에 둔 표현이다.

일의 '일거리'(과제)가 담겨있기 때문이며, 그 안에 '여기, 오늘, 청소년'을 향한 교회적 통찰이 들어 있고, '교회의 미래'와 교회의 일꾼인 '청소년의 미래'를 위한 지침도 담겨져 있기 때문이다.

이렇게 청소년사역의 특성을 고려, 반영한 청소년사역의 목표는, 하나의 특수(전문)분야 사역으로서의 청소년사역이 지니는 특성적 면모를 확연히 드러내줄 뿐만 아니라, 청소년사역의 영역을 명확하고 공고히 해주는 계기가 될 것이다. 그렇게 되면 청소년사역에 대한 이해와 공감대가 확장되는 데에 보탬이 될 것이며, 다른 사역들과의 균형과 조화가 아름답게 이루어지는 데에도 기여하게 될 것이다.

다. 청소년사역의 정립에 기여할 목표

청소년사역에 대한 이해가 태부족한 상태에서

청소년사역의 위상과 그의 사역영역을 확보해야 할 필요성은 이 글에서 뿐만 아니라 청소년사역에 관심을 가진 분들이라면 누구나 한 목소리로 지적하는 관심사이다. 그런데 청소년사역은 그리스도교회 공동체의 어엿한 사역의 하나이며, 이는 '하나님의 일, 하나님나라의 일인 사역'의 하나임에 틀림없다고 말들은 하는데, 정작 청소년사역의 '실체와 실제'에 대해서 진지하게 탐색하려들지는 않는다. 그것은 어쩌면 어른중심적인 관점에서 처음서부터 청소년사역을 '하찮은 것' 쯤으로 여기고 있었기 때문일는지도 모를 일이고, '교육사역으로 충분하지 않느냐'는 판단인지도 모를 일이다. 그래서 청소년사역은 교회 안에서 하나의 구색을 갖추기 위한 '장식품'정도로 존재하고 교육사역 영역을 제외한다면, '청소년사역의 알맹이들'은 더 이상 찾아보기 힘든 것이 오늘의 현실인 듯하다.

그러다보니 교육사역 영역과 청소년사역은 동일한 개념인 것처럼 교회 안에서 고착화되어버린 듯한 느낌마저 들게 한다. 이러한 경향은 '청소년사역을 담당하고 있다'고 자처하는 분들조차도 '교육'이라는 울타리 안에만 머물고자 하고 한 발짝도 그 밖으로는 나가려 하지 않는 사역태도 속에서 어렵잖게 찾아볼 수 있다. '나가기는 어디로 더 나간다는 말인가'하고 이상하다는 듯이 되물을 정도이니까.

청소년사역은 제 모습, 제 기능을 다하지 못하고

그런데 그러면서도 바로 이런 분들이 '청소년사역은 교회 안에서 푸대접을 받고 있다'거나 '찬밥신세'라고 투덜댄다. 그래서 청소년사역은 '비인기종목'이라거나 심지어 '기피종목'이라고까지 푸념을 늘어놓는 경우를 어렵잖게 만날 수 있다. 사역이 푸대접을 받다니, 찬밥신세라니. 사역은 섬기는 것이었지, 대접받고 칭찬받자는 것이었던가. 비인기종목이라느니, 기피종목이라느니, 사역에 인기가 있다 없다는 식의 표현이 어찌 교회 안에서 오갈 수 있다는 말인가. 사역은 우리의 선택사항이 아니라 하나님께로부터 주어진 사명인데, 기피라니. 누가 이런 말들을 하고 있는가. 그리고 누가 이런 상황을 만들었는가.

그리스도교회 공동체 사역의 하나인 청소년사역이 하나님의 교회 안에서 제 모습, 제 기능을 다 하지 못하고 있다면 이것은 무엇이 잘못되어도 한참 잘못된 것이 아닐 수 없다. 이런 볼멘소리들은 어쩌면 '교육사역은 교회 안에서 거의 유일한 청소년분야의 대표적 사역으로 여겨지고 있는데, 이 교육사역마저도 교회 안에서 제대로 사역답게 여겨지지 않고 있다'는 말로 들리기도 한다. 또는 '청소년사역이 그 영역을 더 넓혀나가야 할 필요성은 여러 정황들 속에서 피부로 느끼고는 있는데, 이 필요성이 교회 안에서 잘 먹혀들지 않고 있다'는 말로도 들린다. 이것은 어느 쪽이건 둘 다 안타까운 현상이 아닐 수 없다.

확고부동하고 명료한 목표설정이 급선무

사역에서의 '필요성'은 사역자들의 '인간적 필요나 판단'에 좌우되는 것이 아니라, 하나님의 뜻을 따르려는 과정에서 그 필요함이 저절로 드러나는 그런 필요성이어야 할 것이다. 이런 관점에서 볼 때 청소년사역은 그리스도교회 공동체 안에서 정당하게 인정받는 위상과 청소년사역 특유의 영역을 확보해야 할 것이 요망되는 상태인 것만은 분명하다. 가령 '청소년사역의 목적과 목표는 무엇인가. 그리고 이를 위해서 해야 할 일들은 무엇인가'라고 물으면, 이 물음에 대해서 그가 사역자이거나 교회의 직분자라면, 그는 전혀 머뭇거림이 없이 진술(대답)할 수 있는 '그 무엇'이 있어야 할 것이다. 예를 들면, 우리 국군은 '군인복무규율'[85]에 명시된 '국군의 이념이나 사명'을 가장 먼저 숙지(암기)하고, 이를 지침으로 삼아 군복무를 수행해나간다. 국토방위의 책무를 다하기 위해서, 군인에게는 꼭 필요한 일이기 때문이다.

그렇다면 하나님의 부르심을 받고 그 뜻을 받들어 섬기는 사역에 충성하는 사역자들은 어떠해야 하겠는가. '하나님의 병사'는 한 나라의 국군보다 더 거침없이 그가 맡은 사역의 본분에 대해서 진술할 수 있어야 하지 않겠는가. 그런데도 아직 청소년사역의 목적과 목표 등에 관해서 일목요연하게 정리되고 보편화된 어떠한 문건도 없는 것 같고, 또 이와 관련하여 충분한 진술을 해내는 사람을 만나기도 어려운 실정이라면, 우리의 청소년사역은 아직 사역답게 그 '복무규율'을 마련조차 못했다는 말과 같은 것 아닌가.

이렇게 청소년사역의 목적이나 목표도 제대로 확립되지 못한 상태인데, 그런 청소년사역을 들여다보는 분들이 이해인들 제대로 하겠으며, 그 위상이나 영역이 다른 사역들과 구분인들 되겠는가. 이런 상태가 오늘까지도 이어지고 있는 것은, 청소년사역의 본질과 실체가 규명되지 않았고 그 목적이 강조되고 있지도 않았으며, 그 구체적 행동목표도 '성경적으로' 확보되지 않았다는 데에도 그 이유가 있을 것이다. 따라서 이를 규명하고 숙지하여 청소년사역이 제 모습, 제 기능을 다 할 수 있도록 확고부동하고 명료하게 목표를 설정하는 것이 급선무라고 말하고 있는 것이다. 이러한 사역의 목표설정은 '교회적 이해와

---

[85] 우리 국군은 군인사법(軍人事法 제47조의 2) 규정에 따라 군인복무규율을 제정(대통령령 제20282호)하여, 군인의 복무, 기타 병영생활에 관한 기본사항들을 규정하고 있는데, 이 복무규율 제2장(제4조) '복무상의 강령'에서 국군의 이념 및 사명 등을 명시하고 있다.

관심'을 드높여서, '청소년을 향하신 하나님의 뜻'을 잘 받들어 섬기는 계기를 마련하는 데에도 기여하게 될 것이다.

라. 청소년사역의 내용과 방향을 이끌 목표

우리는 앞에서 청소년사역의 본질적인 실체를 파악해보았다. 그리고 바로 위에서는 그리스도교회 공동체 사역의 궁극적, 실천적 목적도, 그리고 교회의 5대사역도 살펴보았다. 그런데 이 보편적인 목적이나 목표만으로는 '청소년사역 특유의 목표'를 구체적으로 지향하기가 어렵다. 만약에 이 보편적인 목적이나 목표만으로 청소년사역을 전개한다면, 그것은 어른들이 하는 일반적인 사역에다가 '청소년'이라는 이름만 덧붙여서 어른들 틈에 끼어드는 것이나 마찬가지가 되고 만다. 그래서 결국 청소년사역은 어른들의 사역을 흉내나 내는 '사역실습' 또는 '자투리사역'이라는 평가를 면치 못할 것이다. 그래서 또 한 번 '청소년사역 무용론無用論'에 휘말릴 수도 있고, 사역의 존재의의와 가치조차도 흐려질 수도 있게 된다.

그러므로 '청소년사역다운 특유의 목표'가 설정되어서 이것이 청소년사역의 내용과 방향을 확실히 이끌 '지침guideline' 노릇을 해야 한다. 청소년사역에 투신하여 받들어 섬기는 이들이라면, '누구나 숙지하고 지향할만한 지침'이 될 목표설정이 필요하다. 그래야 청소년사역이 '청소년사역다워 질 것'이다. 무릇 모든 일(과업)에서 목표는, 시종일관 일과 함께 있어야 할 나침반과 같은 것이다. 목표가 있어야 일이 방향을 바로 잡고 나아갈 수 있다. 우리가 일반적인 의미로 사용하는 목표는 어떤 일이 결과적으로 도달할 '상태나 수준'을 말하는 것으로서, 이는 표지, 표적, 기준 등과 같이 구체적이고 실질적인 '내용과 방향'을 제시해주기도 한다.

그러므로 이와 같이 청소년사역의 내용과 방향을 이끌 '지침'으로서의 '목표'가 조속히 규명되어야 한다. 특히 지금까지는 교육사역 영역을 제외한다면 청소년사역이 제대로 설 자리를 찾지 못하고 있었고, 청소년사역의 내용과 방향을 이끌어왔던 '지침'도 교육사역에 국한되어 있었다. 따라서 교육사역 영역을 포함하여 청소년사역의 '전체적 영역'의 내용과 방향을 이끌어줄 지침, 즉 '청소년사역의 포괄적(통합적) 목표'가 일목요연하게 규명되어야 할 필요성을 절감하는 것이다.

마. 청소년사역을 분석 평가할 기준으로서의 목표

이러한 지침으로서의 목표는 사역의 내용과 방향을 이끄는 지침이 될 뿐만 아니라, 사역을 분석, 평가할 기준으로서의 역할기능도 수행한다. 목표는 일이 시작되기 전에 설정된 것이지만, 그것은 일이 진행되는 과정이나 일이 끝난 다음에도 '분석과 평가를 위한 기준'으로서의 도구적 기능도 수행하기 때문이다. 일은 계획plan도 중요하고 추진do도 필요하지만, 그에 못지않게 과정과 결과에 대한 분석과 평가see도 필수적이다. 일에 대한 바른 분석과 평가가 그 효과를 높여줄 수 있기 때문이다. 특히 일의 확대재생산적인 추진을 기대한다면 정확한 분석과 평가가 다음 과업의 계획과 추진에도 훌륭한 길잡이가 되기 때문에, 이 평가과정은 꼭 필요한 작업과정이다.

바로 이때에 필요한 것이 '분석, 평가의 기준'이다. 그리고 그 '기준' 역할을 해줄 수 있는 것이 바로 목표이다. 이 목표는 일이 시작도 되기 전부터 결과를 염두에 두고(기대하면서) 설정했던 '최종상태에 대한 기대치' 또는 '수준'이었기 때문에, 이것이 분석 평가의 기준으로 쓰이는 것은 합리적이다. 그러므로 청소년사역이 목표를 설정한다는 것은, 사역을 추진하는 중간과정이나 사역이 일정한 단계에 도달했을 때 그 사역을 분석, 평가할 수 있는 기준을 확보하는 것과도 같은 의의를 지닌다. 이렇게 '목표'는 청소년사역에서 매우 중요한 의의를 지니고 있기 때문에 청소년사역의 목표를 확보해야할 그 시급성과, 필요성과, 중요성이 한층 더 강조되는 것이다.

2. 그리스도교회 공동체 사역의 목표

가. 청소년사역의 목표 설정을 위하여

청소년사역의 목표에 대한 이해가 확보되었으므로, 이제부터는 그 목표를 설정하기 위한 실질적인 작업에 착수하려고 한다.

청소년사역의 목표를 설정한다는 것

그런데 앞에서, 사역의 목적과 목표는 어떤 탐구나 탐색과정을 거쳐서 사람이 임의로 선택하거나 결정하는 것이 아님을 말한 바 있다. 사역은 근원적으로 하나님께로부터 비롯된 것이고, 하나님께서 친히 함께하시는 '하나님의 일, 하나님나라의 일'이므로, 사역의 목적이나 목표도 하나님께서 미리 정해놓으신 것이라는 점을 우리는 이제 잘 이해하고 있다. 따라서 여기에서 청소년사역의 목표를 설정한다는 것은, 목적과 목표의 위계적 구조와 질서에 따라 상위 목적과 동질적인 맥락을 유지하는 가운데, 성령님의 인도하시고 역사하심에 따라 성경에 기록된 '하나님의 뜻'을 청소년사역에 걸맞게 정리하고 명료화는 것'을 의미한다. 그러니까 어떤 새로운 목표를 창출해내는 것이 아니라, 이미 하나님의 뜻이 그대로 반영된 '사역의 목적'을 청소년사역의 현장에 적용할 수 있도록 구체적이며 실천적으로 목표화目標化하는 작업을 말한다.

목표화 작업과정

청소년사역의 목표를 설정하는 일은, 그러므로 사람들의 '창작활동'이나 여러 가지 할 일들 중에서 가장 그럴싸한 것들을 간추려내는 '선별작업'이 아니다. 그것은 '청소년사역의 목적'을 이루기 위하여(그런데 이 목적은 '그리스도교회 공동체 사역의 목적'과 같음이 위에서 밝혀졌으므로), 이 '공통의 목적'을 이루기 위하여 '그리스도교회 공동체 사역의 목표'를 상위 목표로 삼아, 이

'보편적 목표'로부터 '청소년사역의 특성과 수준에 맞게 조정'하는 작업, 또는 표현방식을 '청소년사역답게 특성화'하고, 그 청소년사역 특유의 목표들을 성경 말씀 안에서 명료화하는 일련의 목표화 작업과정이다. 그래야 청소년사역은 '청소년사역다움'을 지니게 되기 때문이다. 이러한 작업과정을 거치면서 청소년사역의 특성에 맞는 목표가 확연히 드러나게 될 것이다. 그래서 이 목표들이 청소년사역의 '기도제목'이 되고, 사역활동의 '지침'이요 '목표'가 될 것이다.

그런데, 그리스도교회 공동체 사역의 '목적'은 규명되었지만 아직 그 '목표'는 밝혀지지 않았다. 이 '상위목표'가 먼저 설정되어야 그 하위목표인 '청소년사역의 목표'도 조정될 수 있다. 그래서 이 작업부터 곧바로 뒤이어질 것이다.

나. 그리스도교회 공동체 사역의 목표

사역의 목적들과 교회의 5대 사역(사명)으로부터

그런데 위의 <표 12> '위계적 구조와 질서 속의 목표'를 설명하는 과정에서 말했듯이, '그리스도교회 공동체 사역의 목표'는 이미 앞에서 밝혀놓은 사역의 궁극적, 실천적 목적들과, 이로부터 파생된 그리스도교회 공동체의 5대 사역(사명)을 바탕으로 설정되어야 한다. 그래야 '목적과 목표의 위계적 구조와 질서'에도 맞고, 그 내용의 '동질적 맥락'을 유지할 수도 있기 때문이다.

특히 '교회의 5대 사역'은 지상교회地上敎會의 핵심적인 역할기능이자, 사역의 실천적 과제(사명)들이다. 이 5대 사역이 균형과 조화를 이루면서 충성스럽게 실천될 때, 교회는 '교회다움'을 지니게 된다. 그러므로 이 5대 사역(사명)이 더욱 구체적으로 목표화, 또는 명료화되어 촉진될 필요가 있다. 따라서 그리스도교회 공동체 사역의 목표는, 이 5대 사역(사명)을 근간으로 하여, 우선 목표화(명료화) 작업부터 전개하고자 한다. 여기 목표화(명료화) 작업에서 제시하고자 하는 '그리스도교회 공동체 사역의 목표'를 결론부터 말하면 다음과 같다.

1) 예배(자)의 갱신과 회복: 예배의 내면화, 생활화, 체질화

2) 하나님의 일꾼 세우기: 그리스도의 제자화

3) 제자의 사명완수: 세계복음화

4) 이웃사랑 실천과 정의사회 구현

5) 교회의 일치, 그리고 성도의 참여, 연대, 협력 등이다.

1) 예배(자)의 갱신과 회복: 예배의 내면화, 생활화, 체질화

삶 전체를 드리는 참 예배

그리스도교회 공동체 사역의 제1의적 목적은 '예배'에 있으며, 그것은 곧 하나님사랑, 그리고 하나님께 감사와 찬양을 드리는 '예배'라는 점은 앞에서도 살핀 바 있다. 그리고 그 예배는 영이신 하나님께 드리는 예배이므로, 영과 진리로(요4:24) 드리는 참 예배이어야 한다. 이 참 예배는 하나님께 드리는 예배이므로, 무엇보다도 하나님께서 받으시는 예배가 되어야 한다. 하나님께서 받으시는 예배가 되려면 하나님의 뜻에 합당한 예배이어야 하고, 예배자가 '예배자다움'을 지녀야 한다. 그래야 하나님께서 기뻐하시는 예배가 되어, 참 예배를 드리는 그 심령과 무리들을 하나님께서 받으시고 인정하시고 사랑하시게 된다.

그런데 하나님께서 원하시는 예배는 영과 진리로 드리는 예배임은 물론이고, 예배자가 그의 모든 것을 본래의 소유주이신 하나님께 올려드리는 예배이기도 하다. "너는 마음을 다하고 뜻을 다하고 힘을 다하여 네 하나님 여호와를 사랑하라(신6:5)."라고 하시는 크고 첫째 되는 계명(마22:37)에서 보는 바와 같은, 그런 '드림(봉헌)의 예배'이다. 이 드림의 예배에는 나의 것, 나의 삶 전체를 드리는 예배가 포함된다. '사나 죽으나(롬14:8)'이고, 또한 나의 삶 속에서 몸으로 드리는 예배이며, '먹든지 마시든지 무엇을 하든지(고전10:31)'이다. 즉 행동으로 드리는 예배요, 실천하는 삶을 통한 예배이다. 그래서 그리스도 우리 주 예수님께서도 "자기를 부인하고, 자기 십자가를 지고……제 목숨을 잃으

면……행한 대로 갚으리라(마16:24-27).'라고 말씀하셨고, "나더러 주여, 주여 하는 자마다 천국에 다 들어갈 것이 아니요, 다만 하늘에 계신 내 아버지의 뜻대로 행하는 자라야 들어가리라(마7:21)."라고 가르쳐주셨다.

예배(자)의 갱신과 회복

이와 같이, 하나님께 드릴 참 예배를 위하여 가장 중요시되어야 할 과제의 하나는, 예배가 예배다워지고 예배자가 예배자다워지는 일이다.

그것은 첫째, 그리스도의 십자가 은혜로 구원받아 새 사람이 되었고, 그리스도 안에서 하나님의 자녀가 된 성도들의 감격어린 '예배'가 드려져야 한다. 구약시대의 '제사'나 '제물'보다는 '예물'이 드려져야 한다. 그런 예배를 드리는 예배자로 새롭게 바뀌어야 한다. 예배와 예배자의 갱신renewal이 필요하다는 말이다.

둘째, 이와 함께 지금까지 형식적이고 습관적으로 집회에 출석하는 것만을 예배생활로 간주했거나, 맹목적으로 자신을 위하여 아무데나 정성을 드리던 '기복祈福적이고 주술적인 치성'을 예배라고 착각하였거나, 공동체예배에 나가서 생활의 지혜나 교훈을 얻어듣고 교제의 폭을 넓힘으로써 사회경제적 관계를 돈독히 유지하려는 이른바 '사교적인 활동'들도 예배행위의 하나일 것이라고 착각하였거나, 살아가기에 급급한 나머지 하나님의 일은 뒷전에 두고 오직 자기의 필요에 따라 이따금씩 하나님을 기억하는 것만으로, 그 한숨 섞인 푸념만으로도 하나님께 예배가 드려진 것으로 자위自慰했거나……. 이렇게 '하나님께서 받으실만한 참 예배'를 드리지 못했던 일체의 생각과 행위와 태도는 철저히 청산되어야 한다. 예배가 참 예배답게 회복되고 예배자가 참 예배자답게 제자리에 돌아와 바로 서야 한다. 예배와 예배자의 회복restoration이 필요하다는 말이다.

예배와 예배자는 '갱신'되고 '회복'되어야 한다. 그것이 '하나님의 뜻'이기 때문이다. 이런 예배를 받으시고 이런 예배 가운데에서 하나님의 영광을 드러내시기 위하여 성자하나님께서 그리스도로 세상에 오셨던 것이고, 우리 대신 죽임을 당하셨던 것이고, 우리를 살리기도 하셨던 것이다. 그러므로 그리스도교회 공동체 사역의 제1의적 목적이며 교회의 5대 사역의 첫 번째 사역인 예배를 위하여, 끊임없이 '예배와 예배자의 갱신과 회복을 위한 사역'에 온 힘을 기울이면서, 주님 오실 때까지 주님 앞에 온전히 서야 할 것이다.

예배의 내면화, 생활화, 체질화

예배자인 성도와 교회들은 하나님께서 받으실만한 예배를 위하여 첫째, 하나님에 대한 사랑과 믿음과 소망이 성도 개개인 속에 온전히, 그리고 굳건히 내면화內面化되어 있어야 한다. '하나님사랑'이 자신 속에 '참 사랑'으로 형성되어 있도록, 하나님에 대한 믿음이 '온전한 참 믿음'으로 견고하게 자리를 잡고 있도록, 하나님에 대한 소망이 '참 소망, 산 소망'으로 생동하도록 성도 자신과 교회 속에 이 사랑과 믿음과 소망이 먼저 정착해 있어야 한다. 그래야 그 사랑, 그 믿음, 그 소망을 하나님께서 받으실 것이기 때문이다.

둘째, 성도 개개인은 공동체예배는 물론 삶 속에서 몸으로, 행동으로 드리는 '예배의 생활화生活化' 즉 '삶 전체가 예배'로서 생활화되어 우리의 일상 속에서 실천되고 지속되도록 힘써야 한다. 만약 우리가 공동체예배만을 중요시하고 그것만을 예배로 삼는다면, 그런 예배만으로는 '온전하고, 충분한 예배'를 하나님께 드린 것이 될 수 없다. 공동체예배가 하나님께 드리는 예배 중에서 차지하는 비중은 매우 크고 또한 매우 중요하다. 그러나 그렇다고 하나님께서는 예배당 안에서 드리는 예배만을 흠향하시는 분이 아니시다. 우리의 모든 것의 소유주이신 하나님은 '우리의 삶 전체'를 기뻐 받으시는 하나님이시다. '공동체예배를 드리고 삶의 현장으로 돌아온 우리의 삶 전체'도 '하나님께 드리는 예배'이기를 바라시기 때문이다. 삶 속에서 행동으로, 그 사랑과 믿음과 소망을 하나님께 봉헌하기를 원하시기 때문이다. '행함이 없는 믿음은 그 자체가 죽은 것(약2:17)'이며 '헛것(약2:20)'이라고 성경을 통하여 가르쳐주신 하나님께서, '행함이 없는 예배', 즉 '죽은 것'과 '헛것'을 예물로 받으실 이유가 전혀 없기 때문이다.

셋째, 성도는 하나님의 뜻이라면 온전히 순종하고 봉사하는 사역자(일꾼)다운 삶이 체질화體質化되어야 한다. 하나님께서는 우리를 '하나님의 일꾼', 즉 '동역자요 대행자'로 쓰시기 위하여, 그리고 그렇게 일꾼으로 하나님과 동행하는 가운데에서 '하나님의 기쁨과 사랑의 대상'으로 삼으시기 위하여 사람을 지으셨고, 또한 구원하시기까지 사랑하셨다. 그러므로 우리는 '하나님의 영광과 기쁨을 위한 도구요, 자녀'이다. 하나님의 목적을 이루기 위한 일꾼, 즉 사역자들이다. 이 '사역자로서의 나'에 대한 투철한 '소명적召命的 자아의식(정체감)'이 확고부동하게 자리 잡혀야 한다. '나는 오직 하나님의 일꾼으로서 존재한다. 그것이 나의 참 나됨이라'는 투철한 소명의식과 사역자다움이 체질화되어야 한다. 그래야 우리는 누군가가 우리를 '앉으나 서나' 조롱하고 훼방할지라도(애3:63), 하나님의 사람답게 '믿음의 선한 싸움(딤전6:12)'을 끝까지 싸워나갈 수 있게 된다. 그렇게 함으로써 '하나님의 기쁨을 더하게 해드리는 예배'를 삶을 통하여 드릴 수 있고, 그런 하나님의 일꾼들이야말로 그리스도의 몸인 교회, 즉 '신령한 집을 짓는데 쓰일 산 돌'이 되고, '거룩한 사제(<공동> 司祭, 제사장)'가 되어 하나님께서 기쁘게 받으실 만한 신령한 제사를, 예수 그리스도를 통하여 드리게 될 수 있을 것(벧2:5)이기 때문이다.

따라서 '예배(자)의 갱신과 회복 : 예배의 내면화, 생활화, 체질화'를 '그리스도교회 공동체 사역의 목표'의 하나로 삼는 것은 당연하다.

2) 하나님의 일꾼 세우기: 그리스도의 제자화

하나님의 뜻과 사랑을 가르치는 '교육'

그런데 '예배(자)의 갱신과 회복 : 예배의 내면화, 생활화, 체질화'라는 목표가 교회와 성도 개개인의 삶 속에서 이루어지려면, '교회의 가르침'(교육)과 그에 따른 '성도의 연단'(훈련)이 필요하다. 예배자가 예배자답게 될 수 있는 것은 저절로 이루어지는 것이 아니라, 성령님의 이끄심에 따라 '준비된 교육과 훈련'이 끊임없이 거듭되어야 할 일이기 때문이다.

여기에는 그 무엇보다도 하나님의 뜻과 사랑을 가르치는 '교육'이 철저하게 실시되어야 한다. 가르치지 않으면 배움이 없고, 배움이 없으면 행할 수 없다는 것은 자명한 사실이다. 하나님께 대한 예배도 마찬가지로, 하나님의 뜻과 사랑을 온전히 배워서 알아야 '알맹이 있는 참 예배'를 드릴 수 있고, 그 뜻과 사랑을 제대로 배워야 올바르게 행할 수도 있고, 그래야 '하나님께서 받으시는, 삶을 통한 예배'가 된다. 그래서 성경은 "가르쳐서 행하게 하라(신5:31)", "부지런히 가르치고……강론하라(신6:7)."라고 이르신다. 그리스도 우리 주 예수님께서도 "가르쳐 지키게 하라(<공동> 지키도록 가르쳐라, 마28:20)."라고 마지막까지 분부하셨다. 그러므로 교회는 말씀 안에서 성령님의 인도하심을 따라 가르치는 일에 전념해야 한다.

하나님의 뜻과 사랑을 실천하기 위한 '훈련'

한편 이러한 교회의 가르침(교육)은 성도를 하나님의 '일꾼으로 세우기' 위한 작업이기도 하다. 하나님의 일꾼으로 부르심을 받은 사람을 일꾼으로 세우는 일은 교회가 할 일이다. 이것은 하나님께서 교회에게 위임하신 과업, 즉 '사명'이다. 이것을 성도의 입장에서 표현하면, 교회의 교육에 대한 성도의 훈련, 즉 하나님의 뜻과 사랑을 실천하기 위한 성도 자신의 '훈련'이다. 일꾼으로 세워지기까지는 가르침으로만 되는 것이 아니라, 교회의 가르침에 따라 스스로를 개발하고 단련하고 형성하려는 성도 개개인의 노력이 합쳐져야 한다.

그런데 실제로 성도 자신의 노력만으로 훈련을 진행해가려는 것은 그리 쉬운 일이 아니다. 아니 혼자만의 힘으로는 거의 이루기 어려운 일이다. 일꾼이 되기 위해서는, 더군다나 하나님의 일꾼이 되기 위해서는, 더러는 전문성과 숙련을 함양하는 과정을 모두 포함하고 있어야 한다. 하나님께서 일꾼을 세우실 때는 '잘 훈련된(준비된) 사람'을 들어 쓰시기 때문이다. 그러므로 우리는 하나님의 일꾼으로 쓰임 받기 위하여 스스로 '일꾼 됨'의 노력이 있어야 한다. 하나님을 올바르게 알기 위해서 노력해야 하고, 하나님의 일꾼으로 합당한 나를 만들기 위해서 나를 비우고 닦아야 하며, 완전히 헌신하고 충성할 수 있는 자세를 가다듬어야 한다.

그렇지 못하면 하나님께서는 친히 우리를 일꾼으로 쓰시기 위해서 '적절한 방법'을 쓰기도 하신다. 성경에는 많은 이들이 일꾼 되기 전에, 하나님께서 사용하시는 그 '적절한 방법', 즉 '연단의 과정'을 겪었던 것을 기록하고 있다. 모세를 바로의 궁전에서 내몰아 미디안 땅으로 보내시고 거기서 양 떼를 치게 하셨고(출2:11-15, 3:1), 사도 바울이 아직 사울일 때에 그가 다메섹으로 가는 도중에 사흘 동안 아무 것도 보지 못하게도 하셨다(행9:1-9). 또 "여러 계시를 받은 것이 지극히 크므로, 너무 자만하지 않게 하시려고 내 육체에 가시 곧 사탄의 사자를 주셨으니, 이는 나를 쳐서 너무 자만하지 않게 하려 하심이라(고후12:7)."라고 사도 바울이 실토했듯이, 하나님께서는 하나님의 뜻에 합당한 일꾼을 세우시기를 원하시고, 또 그렇게 길들여 세우신다.

그러므로 교회의 가르침(교육) 못지않게, 교회가 말씀 안에서 체계적으로 고안한 '훈련'프로그램에 참여하여 자신을 훈련하는 것이 바람직하다. 따라서 이를 위하여 교회가 앞장서서 하나님의 뜻과 사랑을 교회 안팎에서 실천할 능력을 배양할 '훈련'에 힘쓰는 것은 교회의 중요한 과업(사명)의 하나가 된다.

교육과 훈련을 통한 '하나님의 일꾼 세우기: 그리스도의 제자화'

이렇게 교회가 성도를 가르쳐서 하나님의 사랑이 담긴 그리스도의 복음을 믿게 하고, 그 믿음을 바탕으로 하나님의 뜻과 사랑을 실천할 일꾼으로 세우기 위하여 훈련시키는 일, 즉 '하나님의 일꾼 세우기: 그리스도의 제자화弟子化' 작업은 신약시대 그리스도교회 공동체의 최대과업 중의 하나이다. 이는 "너희는 가서 모든 민족을 제자로 삼아라(마28:19)."라고 말씀하신 주 예수님의 지상명령이기 때문이다.

교회가 주님을 따르도록 성도를 가르치는 일(교육)과, 이를 위하여 성도를 훈련시키고 이 훈련에 성도가 참여하여 자신을 일꾼으로 세우기 위해 노력하는 일은, 교회의 오늘과 내일을 위해서 없어서는 아니 될 과업이요 과정이다. 더군다나 지금도 살아계셔서 '산 돌(벧전2:4)'이신 그리스도께서 신령한 하나님의 교회의 초석礎石이 되셨고, 그 주님 안에서 하나님의 일꾼들로 세우심을 받은 우리들은, 하나님의 동역자요, 하나님의 밭이요, 하나님의 집(고전3:9)이 되었다.

그러므로 그리스도교회 공동체가, 모든 성도들이 그리스도의 몸을 이루시는 거룩한 일에 쓰임을 받는 '충성스럽고 능력 있는(고전4:2,20) 일꾼'들이 되도록, 교육과 훈련을 통한 '제자화'작업에 진력하는 것은 당연한 의무이다. 그리고 이 '하나님의 일꾼 세우기: 그리스도의 제자화'라는 의무는, 우리 주님께서 다시 오실 때까지 '그리스도교회 공동체 사역의 목표'로서 계속되어야 할 과업이다.

3) 제자의 사명 완수: 세계복음화

예수 그리스도의 제자들

일반적으로 제자弟子라 함은 스승으로부터 가르침을 받고 있거나, 받은 사람을 말한다. 제자는 큰 스승의 문하생disciple, 선생의 생도pupil, 장인匠人의 도제apprentice, 교사의 학생student, 지도자의 추종자follower 등을 모두 일컫는 낱말이다. 성경에서는 사四복음서에 등장하는 세례자 요한의 제자들이나 자기들을 스스로 '모세의 제자(요9:28)'라고 하던 바리세인 등과 같이, 큰 스승의 가르침을 따르는 추종자를 일컫기도 한다. 특히 예수님께서 세상에 계실 때에 주님을 따르고 믿던 무리들을 보편적 의미에서 통틀어 제자(마8:21, 요6:66)라 하기도 하고, 또는 이들과는 구별되게 주님께서 따로 세우신 열두 제자(요6:67), 즉 사도들(마10:2-4)을 제자라고도 부른다.

주 예수님과 사도들의 가르침에 의하면, 예수 그리스도의 제자들은 '주 예수를 그리스도로 믿게 된 자(마28:19)', 즉 불신자가 회개하여 예수 그리스도의 이름으로 세례(침례)를 받고, 죄 사함을 받아 성령의 선물을 받은 자들(행2:38)이다. 성령의 선물, 곧 그리스도의 영이 없으면 그리스도의 사람이 아니기 때문(롬8:9)이다. 따라서 예수 그리스도의 제자들은 주 예수를 '그리스도요, 하나님'으로 믿고 이를 시인하며, '성령으로 세례(침례)를 받고(행1:5)', '성령으로 기름 부으심을 받아(요일2:20)', 그리스도의 성역에 일꾼으로 쓰임 받게 된 사람들이라고 말할 수 있다. 그리고 '그리스도인(행11:26, 26:28, 벧전4:16)'이라고 인정받을만하게 주님의 뜻을 받들어 섬기며 충성하는 자가 주님께서 인정하시는 제자들이다. 이런 의미에서 예수님의 제자는 예수님 당시에 생존했던 이들만을 의미하는 것이 아니라, '오늘, 여기, 우리들'도 그리스도의 제자들로서 주님을 섬길 수 있는 은혜의 감격을 누린다.

그런데 우리 주님께서는 "누구든지 나를 따라오려거든 자기를 부인하고, 자기 십자가를 지고 나를 따를 것이니라(마16:24)."라고 '제자 되기 위한 전제조건'을 말씀하신다. 주님을 따르는 데에 방해가 되는 것이라면, 가족은 물론이고 단 하나, 단 한번뿐인 '자기 목숨까지도' 미워하면서, 자기 십자가를 지고(눅14:26-27), 자기의 모든 소유조차도 버려야 한다(눅14:33)고 일러주신다.

또한 "내가 곧 길이요, 진리요, 생명이다. 나를 통하지 않고는 아무도 아버지께로 오지 못한다(<현대> 요14:6)."라고 말씀하신 주님께서는, "너희가 내 가르침을 따라 산다면 너희는 참된 내 제자가 될 수 있다. 그러면 진리를 알게 될 것이고, 진리가 너희를 자유롭게 할 것이다(<현대> 요8:31-32)."라고 가르쳐주신다.

그리고 가지가 줄기에 붙어있음 같이 항상 주님 안에 거하면서, 그 가르치신 말씀을 따라 행하여 "너희가 열매를 많이 맺으면, 내 아버지께서 영광을 받으실 것이요, 너희는 내 제자가 되리라(요15:7-8)."고 '제자 되는 길'도 일러주신다.

이렇게 주님께서는 '그리스도의 사역'을 위해서는 제자들이 해야 할 일들도 매우 중요한 것이라고 여기셨다. 그래서 열두 제자들을 따로 세우시기 전날 밤에, 산에 오르셔서 밤새도록 하나님께 기도하셨다. 그러신 후에 많은 제자들 중에서 열둘을 택하시고 이들을 '사도'라 하셨다(눅6:12-13). 그리고 주님은 친히 그 제자들을 열심히 가르치셨고, 철저히 훈련도 시키셨다. 제자는 임명만 하면 되는 것이 아니라, 많은 교육과 훈련을 받아야 그 사명을 다 할 수 있을 것이기 때문이다.

그리스도의 제자가 할 일들

이렇게 교육과 훈련을 통하여 그리스도의 제자가 된 사람들에게, 주님께서는 친히 '그리스도의 제자가 할 일들'을 일러주셨다. 주 예수님께서 제자들을 세우신 후 그 제자들에게 첫 번째로 부여하신 임무는 '천국복음의 전파'였다. 주님께서 공생애를 시작하시면서 첫 번째로 '회개하라. 천국이 가까이 왔다(마4:17)'고 외치셨던 바로 그 복음전파의 임무를 제자들에게도 주셨다(마10:7). 그것은 '그리스도의 사역'의 목표가 바로 '천국복음의 전파와 영혼구원'에 집약되는 것이기 때문이었다.

우리는 그리스도 우리 주님의 사역이 제자들에게 계승되던 그 현장을 여기에서 생생히 바라본다. 그리고 그때 그 상황은 오늘, 여기, 우리에게서도 그대로 유지되고 있음을 새삼 절실히 느끼게 된다. 주님께서는 부활하신 후 제자들을 만나시고, 세상을 떠나시는 마지막 순간까지도 이 과업을 제자들에게 명령하셨다. 주님께서는 '그리스도가 고난을 받고 제 삼일에 죽은 자 가운데서 살아날 것과, 또 그의 이름으로 죄 사함을 받게 하는 회개가 예루살렘에서 시작하여 모든 족속에게 전파될 것'을 성경 기록을 통하여 일러주셨다. 그리고 "너희는 이 모든 일의 증인이라(눅24:48)."고 말씀하시면서, 제자들이 증인답게 "온 천하에 다니며 만민에게 복음을 전파하라(막16:15)."고 분부하셨다. "오직 성령이 너희에게 임하시면 너희가 권능을 받고, 예루살렘과 온 유대와 사마리아와 땅 끝까지 이르러 내 증인이 되리라."고 재차 확인하셨다(행1:8).

그리고 이 말씀대로, 성령님은 오순절 날에, 한 곳에 모였던 제자들 각 사람 위에 임하셨다. 그래서 그들은 다 성령의 충만함을 받았고, 성령님께서 말하게 하심을 따라 천하각국으로부터 와서 예루살렘에 머물러있던 큰 무리들에게 복음을 전하기 시작하였다. 그 이후로 복음은 온 세계로 전파되었다. 그 복음은 많은 박해 속에서 '땅 끝'인 이 땅에도 전해졌다. 그리고 우리는 이 복음을 믿고 구원받아 주님의 제자의 대열에 서게 되었고, 그래서 주님의 그 크신 명령은 오늘, 여기 우리들에게도 그대로 계승되어, 이 '영혼사랑과 그리스도의 복음을 전파하는 선교(전도)'는 '교회의 5대 사역(사명)'의 하나가 되고 있는 것이다. 따라서 그리스도의 제자인 우리들은 사명인 복음전파를 땅 끝까지 다니며 실행해야 한다. 그래서 '모든 족속'이 다 그리스도의 품으로 돌아오게 하는 '제자의 사명을 완수'해야 한다. 그 목표는 '세계복음화'로 압축될 수 있고, 그런 의미에서 '제자의 사명 완수: 세계복음화'는 '그리스도교회 공동체 사역의 목표' 중의 하나가 되는 것이 마땅하다.

4) 이웃사랑 실천과 정의사회 구현

제자들이 할 일

주 예수님께서 '천국복음의 전파를 통한 영혼구원의 사명'을 제자들에게 주시고, 둘씩, 둘씩 내보내시면서(막6:7), "병든 자를 고치며, 죽은 자를 살리며, 나병환자를 깨끗하게 하며, 귀신을 쫓아내되, 너희가 거저 받았으니 거저 주라(마10:5-8, 막6:7-13, 눅9:1-6)."고 아울러 분부하셨음을 우리는 유념할 필요가 있다. 예수님께서는 바로 이런 '놀라운 일들'을 친히 행하신 분이셨다. 그런 초인간적, 초자연적 능력과 권위(눅9:1)를 지니신 주님께서 이 능력과 권위를 제자들에게도 주시고, 임무를 맡겨 파송하셨다. 제자들을 파송하신 그곳은 고통 받고 냄새나고 더럽고 혼란스런 그런 어둡고 그늘진 곳, 버려진 곳, 낮고 천한 곳들이었다.

주님께서는 육체적, 정신적인 장애 때문에 고통을 받는 이들을 치유治癒하라고 하신다. 하나님께 대한 불순종으로 징계를 받아 고통 속에 있는 사람에게는 하나님의 뜻과 사랑을 전파하여 회개하게 하고, 질병으로 고통을 받는 자는 어루만져 고쳐주라고 하신다. 이렇게 고통 받는 이웃을 찾아가서 그들에게 사랑을 실천하라고 하신다. 그래서 성삼위 하나님께 감사와 영광을 돌리게 하라(요11:4)고 하신다.

주님께서는 '죽은 행실(히6:1)'들 때문에 하나님과 분리되어 그 관계를 상실한 상태(창2:17, 3:23-24)에 있는 사람들을 살려내라고 하신다. 즉, 하나님의 말씀을 불순종한 허물과 죄 때문에 도덕적(윤리적) 또는 영적으로 죽은 상태(엡2:1)에 있는 사람들을, '너희들이 가서 살려내라'고 하신다. '새 언약의 중보자이신 그리스도의 피'가, 죽은 행실들 때문에 죽은 상태에 있던 사람들을 깨끗하게 하실 것이고, 그래서 다시 하나님을 섬길 수 있도록 하시며 마침내 영원한 기업을 얻도록 살리실 것이므로(히9:14-15), '죽은 자들'에게 그리스도의 도를 온전히 가르쳐서 믿게 하여 그들을 살려내라고 하신다.

또한 예수님에 관한 소문을 듣고 찾아 온 많은 무리를 가르치시고, 천국복음을 전파하시며, 병약한 이들을 고치시고 산에서 내려오신 주님(마4:23-8:1)께서는, 이 무리에 감히 끼지도 못하고 산 아래에서 외톨이로 남아있어야 했던 한 나병환자에게 친히 손을 내미셨다. '부정한' 그 환자를 만지시며, 기꺼이 그를 깨끗하게 치유하시고 회복시켜주셨다(마8:3).

이런 주 예수님께서는 나병(마8:2, 레13:2)환자처럼 종교적 또는 사회적으로 '부정하다(레13:3)'는 이유 때문에 손가락질당하고, 갇히고, 그래서 공동체로부터 격리되고 배제되고 차별받고 소외된 상태에서 고통 받는 사람들을 찾아가서, 그들을 '깨끗하게 하라'고 명령하신다.[86] 그래서 공동체에서 배제된 그

---

[86] 구약시대에 질병은 하나님께 대한 불순종과 악한 행실들 때문에 받는 징벌로 간주되었는데(신28:20-22), 나병을 포함한 피부병들은 부정한 것으로 여겨졌고, 그래서 환자는 제사장에게 보여야 할 죄인으로 취급되었다. 그는 갇혀서 주시(관찰)당하는 자(13:4-5)가 되었고,

들도 한 우리에 들게 하여 한 무리가 되어, 한 목자이신 우리 주님 안에 있도록 (요10:16) 인도하라고 하신다. 공동체의 구성원으로 사회에 통합되어 '사람구실'을 하면서 살아가도록, 그래서 하나님의 기뻐하시는 '자녀'들이 될 수 있도록, 우리 사회의 어둡고 그늘진 곳으로부터 그들을 구해내라고 명령하신다.

우리 주 예수님께서는 귀신들려 고통 받는 이들을 여러 번 구해주셨다. 주님은 사탄(바알세블)의 대리자요 앞잡이인 더러운 귀신들을 쫓아내심으로써 (마12:24-30), 신체적 또는 정신적으로 비정상적이며, 비인격적인 상태에서 고통 받던 그들을 정상적인 사람의 모습으로 돌려놓으셨다. 그리하신 주님께서는 제자들에게도, 나가서 귀신을 쫓아내며 또한 귀신들린 사람들처럼 제 모습, 제 정신을 잃고 비인격적(비인간적)인 참담한 모습으로 고통 속에서 절규하는 사람들을 구하라 하신다. 사악하고 더럽고 어두운 영적 세력들이, 무질서와 무규범의 파멸상태 속으로 인간을 몰아넣은 그 현장으로 찾아가, 거기서 성령을 힘입어(마12:28) 사악한 영적 세력들을 대적하여 그들을 축출하라고 하신다. 그리고 그들의 영향권 아래에서 빚어진 모든 불의들, 부정과 불법과 비리, 착취와 억압과 강제, 훼방과 다툼과 속임, 불평등과 배제와 차별 등의 소용돌이 속에서 헤어 나오지 못하고 있는 사람의 영혼을 건져내라고 하신다. 그들을 치유하여 하나님께서 지으셨던 본래의 모습으로 사람들을 되돌려놓으라고 명령하신다. 그리스도 안에서 '회개의 세례'뿐만 아니라 '성령의 세례'를 받아(요1:33) 새 사람이 되어, 거룩하시고 온전하신 하나님 앞에 설 수 있도록, 그들을 사악한 영적 세력들의 영향권에서 구해내라고 명령하신다.

그리하여 하나님께서 사람들과 함께하실만한, 바르고 참된 사회를 이루라고 하신다. 주님께서는 교회를, 그리고 주님의 제자들을, 하나님을 대적하는 일체의 세력들과 맞서 싸워 이겨서 진리를 수호해야 하는 '진리의 기둥과 터(딤전3:15)'로 삼으셨기 때문이다.

만약에 그가 환자로 판정되면 스스로를 부정하다고 외쳐대야 했고, 병이 완전히 나을 때까지 그는 공동체를 떠나 진영 밖에서 격리된 채로 살아야 했다(레13:45-46).

영원한 목적과 '여기, 오늘'의 현안을 위하여

이렇게 주 예수님께서 친히 본을 보이시고 제자들에게 능력과 권위를 부여하셔서 그들을 파송하시면서 명령하신 일들은, 무엇보다도 '하나님의 영광'을 위하여 '하나님나라를 확장'하는 그 '영원한 목적'을 이루기 위한 일(교육과 선교)이었다. 그리고 그와 함께 아버지 하나님의 뜻을 따라 '오늘, 여기' 우리 이웃들의 현안을 해결하기 위한 일(봉사)도 포함되어 있다. 주 예수님의 관심은 언제나 본질적이고 영원한 목적을 위한 일에 있으셨지만, 그와 함께 인간적이고 현실적인 문제를 해결하는 일에도 항상 관심을 기울이셨다. 이 두 가지 일은 그리스도의 관점에서는 하나의 틀 속에서 이루어지는 사역의 대상들(실천과제들)이기 때문이다. 그래서 주님께서는 두 가지 사역 모두를 제자들에게도 명령하셨다.

가르치고, 전파하고, 고치는 사역 방식을 통해서 공생애 동안 그리스도의 사역을 전개하셨던 우리 주님(마4:23-24, 9:35)께서는, 이 '그리스도의 사역'의 행동양식을 제자들에게도 그대로 가서 행하라고 일러주셨다. 그러시면서 주님께서는 그 명령의 끝자락에서 이렇게 분부하신다. '너희가 거저 받았으니 거저 주라'고 말이다.

사역은 하나님의 부르시고 명하신 바를 '순종하고(받들어), 봉사하는(섬기는) 것'이므로, 주님께서 파송을 명하시면 우리는 순종하고 따라야 한다. 그런데 하나님께서는 우리를 그냥 내보내지 않으시고 사역의 현장에서 발휘할 능력도 미리, 거저 주셨다. 그러신 후에, 가서 열심히 네 이웃들을 섬기라고 하신다. 으스댈 것도 없고, 무슨 보상을 바라지도 말고 '하나님을 섬기듯' 이웃에게 봉사하고, 그들의 아픔에 동참하여 문제를 해결해주라고 명령하신다. 그것이 하나님께서 기쁘게 받으시는 '참 예배'이기 때문이다.

그러므로 '이웃사랑과 정의구현을 실천하는 봉사와 참여'라는 그리스도교회 공동체의 '5대 사역(사명)'은, 곧 '이웃사랑 실천'과 '정의사회 구현'이라는 '그리스도교회 공동체 사역의 목표'를 낳는다.

5) 교회의 일치, 그리고 성도의 참여, 연대, 협력

그리스도의 터 위에 세워진 교회

그리스도 우리 주 예수님께서는 십자가 위에서 그 보배로운 대속의 피를 흘려 희생되셨다. 그리고 미리 말씀하신 대로, 장사되신 지 사흘 만에 죽음을 이기시고 죽은 자 가운데서 다시 살아나셨다. 이렇게 "그가 죽으심은 죄에 대하여 단번에 죽으심이요, 그가 살아계심은 하나님께 대하여 살아계심이니(롬6:9-10)", 이로써 그리스도께서는 '죽었다가 살아난 첫 사람(<현대> 고전 15:20-22)'이 되시고, 그래서 아담 안에서 모든 사람이 죽은 것같이 그리스도 안에서 모든 사람이 삶을 얻게 되었다(고전15:20-22).

신약시대의 교회는 이 '그리스도의 터(고전3:11)' 위에 세워진 교회이다. 교회는 구약시대의 성막이나 성전과 같은 가시적 구조물이나 예배당이 아니라, 구약시대의 사람들이 그토록 대망待望하던 '구세주Messiah'를 통하여 구원받은 사람들의 모임이다.

그런데 이 '구세주, 즉 그리스도'를 통한 구원의 모습은 애당초 생각했던 세속적 의미의 '영광과 승리의 구세주에 의한 구원'이라는 그런 화려한 모습이 아니었다. 그것은 '십자가 위의 처참한 죽음과, 선뜻 믿기지 않는 부활을 통한 구원'의 성취였다. 그러나 하나님께서는 사람들을 부르시고 성령님을 통하여 이를 믿게 하셨다. 그들이 하나님께로부터 받은 '그리스도의 십자가 보혈과 부활사건을 통한 구원약속의 성취'라는 이 은혜가 얼마나 크고 놀라운 은혜요 사랑인지를 깨닫게 하셨다. 사람들이 스스로 탐구하여 알게 된 것이 아니라, 주 성령님께서 깨닫게 하시고 믿게 하셨다. 교회는 바로 이 경이로운 하나님의 은혜와 사랑을 '믿는 사람들의 공동체', 즉 그리스도교회 공동체이다.

그러므로 신약시대의 교회는 "하느님께서 당신 아드님의 피로 값을 치르고 얻으신 당신의 교회(<공동> 행20:28)"이며, 그리스도 우리 주 예수님께서 친히 모퉁잇돌이 되어주신 교회이다. 그 믿음 위에서, 그 모퉁잇돌에 성도가 서로 연결되어서 '성도들의 모임(고전1:2)'인 교회는 하나님께서 거하실 처소로, 성전으로, 함께 지어져가는 것이다(엡2:20-22). 그런 의미에서 '성도들의 모임'인 그리스도교회 공동체는 예수 그리스도의 터 위에 세워졌다고 말한다.

교회: 하나님의 일터, 하나님의 동역자

그런데 교회는 사람들이 스스로 모여서 일궈낸 무슨 '조직'이나 '단체'도 아니고, 누가 창안해서 세웠다는 무슨 '종교집단'도 아니다. 교회는 하나님의 뜻에 따라 이미 목적하셨던 바대로, 하나님께서 '그리스도의 구원사역'을 통하여 친히 사람들을 불러 모으시고(롬8:30), '믿음의 공동체'로서 세우신 하나님의 교회(딤전3:15)이다. 그리고 하나님께서는 이 공동체 안에 거하시면서 우리를 주님의 백성이요 자녀로 삼아주시고(고후6:16-18), 하나님의 권속(<공동>가족, household)이 되게 하심으로써(엡2:19) 우리가 하나님나라의 잔치에 참여하여(눅13:29) 아버지의 식탁에 함께 자리하는 은혜를 베푸셨다. 하나님께서 친히 교회를 '사랑의 공동체'가 되게 하신 것이다.

이렇게 세워진 믿음과 사랑의 공동체는 성령님의 역사하심으로, '사도들과 선지자들의 터(엡2:20)', 즉 교회의 가르침에 따라 삶의 모든 영역에 걸쳐서 서로 교제하고, 유무상통有無相通하는 '삶의 공동체'로 발전해간다.

초기 그리스도교회의 모습들이 바로 이 '믿음과 사랑과 삶의 공동체'의 전형이다(행1:12-14, 2:42-47, 4:32-35). 주 하나님께서는 이 공동체를 하나님의 밭이요 하나님의 집, 즉 '하나님의 일터(작업장)'로 삼으시고, 또한 이들을 하나님의 동역자로 삼으셨다(고전3:9). 그러므로 그리스도께서 온전히 하나님의 뜻을 받드시고, 그리스도의 터 위에 세워진 교회는 그리스도의 것이므로, 교회는 '하나님의 뜻'을 받들어 섬기며 충성해야 한다(고전3:23, 4:2).

지체요 일꾼에 의한 그리스도의 몸을 세우기 위하여

이 그리스도교회 공동체의 머리는 예수 그리스도이시고, 우리는 그의 지체

(고전6:15)들이다. 그리고 우리는 단순히 한 부분으로서 존재만하는 지체가 아니라, 그리스도의 사역에 동참하는 그리스도의 일꾼들(고전4:1)이다. 우리는 이러한 지체들로서, 그리고 일꾼으로서 그리스도의 몸을 세우고(엡4:12), 그리스도의 사역을 지속하고 완성하는 데에 쓰임을 받는다.

그런데 그리스도의 몸을 세운다는 것은 "우리 모두가 하느님의 아드님에 대한 믿음과 지식에 있어서 하나가 되어, 성숙한 인간으로서 그리스도의 완전성에 도달하여……사랑 가운데서 진리대로 살면서 여러 면에서 자라나, 머리이신 그리스도와 한 몸이 되어야 합니다. 우리의 몸은 각 부분이 자기 구실을 다 함으로써 각 마디로 서로 연결되고 얽혀서 영양분을 받아 자라납니다. 그리스도를 머리로 하는 교회도 이와 같이 하여 사랑으로 자체를 완성해나가는 것입니다(<공동>엡4:13-16)."

그러므로 '그리스도의 성역에 쓰임 받을 그리스도의 몸', 즉 그리스도교회 공동체를 제대로 세우려면, 하나가 되어야 하고 성숙하고 온전해야 한다. 각자가 맡은 역할기능을 잘 감당하는 한편, 교제와 협력으로 서로 잘 연결되고 사랑 안에서 자라나야 한다. 바로 여기에서 우리는 그리스도교회 공동체의 5대 사역(사명)인 교회사랑, 그리고 성도의 '교제와 협력'이라는 과제 앞에 서게 된다.

하나가 되게 하옵소서

그런데 교회의 터이시며 머리가 되시는 그리스도 우리 주 예수님께서는 마지막으로 하나님 아버지께 "우리와 같이 그들도 하나가 되게 하옵소서(요17:11)."라고 간구하셨다. "내 교회를 세우리라(마16:18)."고 하시던 주님께서는, 몸을 바치고 피를 흘려서 그리스도교회를 세우시고, 그 '교회의 일치'를 끝까지 강조하셨다. 초기 교회의 성도들은 이 말씀을 그대로 순종하여 '믿음, 사랑, 삶의 공동체'를 잘 유지하고 발전시켜나갔다. 그들은 약속하신 성령님을 기다리며 모두 다락방에 모여 마음을 같이 하여 오로지 기도에 힘썼다(행1:4,8,13-14). 오순절 날에 '그들이 다 성령의 충만함을 받고, 성령이 말하게 하심을 따라 다른 언어들로' 그리스도의 복음을 전하기 시작하였고, 그래서 많은 사람들이 회개하고 그리스도의 이름으로 세례(침례)를 받고, 성령의 선물을 받는 놀라운 역사가 일어났다. 또한 사도의 가르침을 받아 믿는 사람이 다 함께 지내면서 교제하며, 떡을 떼며[87]) 기도하기를 힘썼다. 그리고 서로의 재산과 소유를 팔아 공유할 만큼 '나눔과 사랑'으로 하나가 되었다. 믿음, 사랑, 삶의 공동체를 유지하고 있었던 것이다(행2:1-47).

그런 그들에게 약속하신 성령님은 충만히 임하여 계셨고, 그들의 사역에 큰 권능이 나타났다. 그래서 이것을 보고 모든 사람이 그들을 우러러 보게 되었다(<공동>행2:47). 주님께서는 구원받는 사람을 날마다 더하게 하셨다. 그들은 많은 박해와 고난을 받았다. 순교자들도 나왔다(행5:17-42, 7:54-60, 8:1-3, 12:1-5). 그러나 오히려 이 믿음의 시련은 인내를 만들고 인내는 성숙함과 온전함을 이루게 하여 사역에 부족함이 없게 할 것(약1:3-4)이라는 말씀처럼, 초기 교회는 이런 박해를 더욱 굳센 믿음으로 극복했다. 오히려, 성령님의 이끄시고 도우심에 힘입어 그리스도교회 공동체를 이방인의 나라들에까지 확장해나갔다. 그리고 그 교회들은 비록 서로 흩어져있었지만, 지역과 종족을 초월하여 그리스도 안에서 교회들은 한 형제자매로서 하나의 공동체가 되어 있었다(행27-30).

그렇다. 주님께서는 주님의 뜻하신 바대로 '하나가 된 무리'들과 함께하시고 그들과 함께 일하신다. 그러므로 지금 우리는 초기 그리스도교회 공동체의 모습을 깊이 상고詳考하고, 이를 본받아 '처음 사랑(계2:4)'으로 돌아가야 할 것이 절실히 요망된다. 그런 믿음과 사랑과 삶의 공동체를 복원해야 한다. 하나님의 나라가 확장되는 일, 그리스도의 사역을 지속하고 마침내 이를 완성하

---

[87] '떡을 떼기에 힘썼다(행2:42)'는 말씀은, '예수 그리스도를 구주요 하나님으로 믿는다'는 신앙고백을 하고 세례(침례)를 받은 성도들의 공동체가 주님께서 베푸신 최후의 유월절만찬을 기념(눅22:19)하여 행한 성찬예식, 또는 이와 관련된 초기교회의 애찬(love feasts, GNB: fellowship meals, 유1:12)으로 이해하는 것이 옳을 듯하다. 성도들이 그들의 집에서 식탁교제를 나눴던 것(행2:48)과는 구별되는 듯한데(*고전10:16-17, 11:20-22, 33-34). 이 두 가지는 모두 예수님께서 '떡을 떼어주시며' 이를 행하여 나를 기념하라(눅22:19)'하신 말씀과 관련된 행위로 이해할 수 있을 것이다.

기 위한 그 거룩한 사역의 대열에 우리도 함께 참여해야 한다. 그리스도의 몸인 지구촌의 모든 교회가 하나가 되고, '성도의 참여, 연대, 협력'을 통하여 충성하고 헌신할 수 있어야 한다. 이것이 그리스도교회 공동체의 참 모습이며, 오늘, 여기, 우리를 향하신 그리스도 우리 주 예수님의 간절한 바람이시기 때문이다. 따라서 '교회의 일치, 그리고 성도의 참여, 연대, 협력'은 이 시대, 이 땅의 '그리스도교회 공동체가 지향해야 할 시급한 목표'가 되는 것이다.

3. 청소년사역의 목표들

우리는 위에서 '그리스도교회 공동체 사역의 목적'과 '교회의 5대 사역(사명)'으로부터 '그리스도교회 공동체 사역의 목표들'로, '예배(자)의 갱신과 회복: 예배의 내면화, 생활화, 체질화'와 '하나님의 일꾼 세우기 : 그리스도의 제자화', '제자의 사명완수 : 세계복음화'와 '이웃사랑 실천과 정의사회 구현', '교회의 일치', 그리고 '성도의 참여, 연대, 협력'을 성경을 중심으로 도출해냈다. 따라서 <표 12> '위계적 구조와 질서 속의 목표'에서와 같이, 이 '목표들'과 '청소년사역의 목적'을 토대로 하여 '청소년사역의 목표들'을 도출하고 정리하는 작업에 착수할 수 있는 모든 준비를 마쳤다.

그러므로 이제부터는 '그리스도교회 공동체 사역의 목표들'에서부터 파생되는 '청소년사역의 목표들'과, 그리고 '청소년(사역)'이라는 특수한 정황과 여건을 반영한 '특성적 사역목표'들을 동시에 고려하면서 청소년사역의 목표를 정리해나가려고 한다.

청소년사역의 목표를 따로 탐색하는 이유

그런데 여기에서 우리는 청소년사역의 목표를 왜 '따로' 탐색해야 하는가라는 다소 엉뚱한 질문 앞에 또 다시 서봐야 할 것 같다. 청소년사역도 사역이니까 당연히 그 목적과 목표를 살펴야 할 것이고, 그러려면 먼저 그 상위개념인 그리스도교회 공동체 사역의 목적과 목표를 규명하여 그것을 그대로 사용하면 될 듯하다. 실제로 우리는 앞에서 규명된 '상위목적'을 '청소년사역의 목적'으로 그대로 적용하였다. 사역에서 '목적'은 서로 다를 수 없기 때문에. 그렇다면 이제 '상위목표'도 도출되었으므로 이를 그대로 '청소년사역의 목표'로 적용하면 될 것 아닌가. 그런데도 청소년사역의 목표를 따로 탐색한다고 소제목에 달아놓았으니, 언뜻 이해가 되지 않을 수도 있을 것이다.

청소년사역의 목표를 따로 탐색해야 할 이유는 이 절의 '1. 청소년사역의 목표가 지니는 의의'에서 언급된 바와 같기 때문에 다시 논의할 필요를 느끼지 않는다. 다만 청소년사역은 '청소년기에 놓인 청소년과 관련된 사역'이라는 특수성이 있으므로, 그 목표를 설정하는 과정에서 이 특수성, 즉 그리스도교회 공동체의 '다른 사역들과 구별되는 차이점'이 반드시 고려, 반영될 필요가 있음을 강조하고자 한다. 청소년사역은 '기능중심의 사역'이기도 하지만, 그보다는 '대상중심의 사역[88]', 즉 '사람중심의 사역'이기도한데, 그 '사람'은 바로 '청소년'이라고 하는 '새롭고 폭넓은 사회문화적 존재(범주)'들이다. 더군다나 그들은 개발되어야 할 사람들이고, 개입과 지원이 필요한 상황에 놓인 우리의 자녀들이기도 하다. 이렇게, 청소년사역은 성장과정의 청소년과 관련된 매우 섬세하고도 민감하며 복잡한 사역이다. 이런 이유에서도 청소년사역은 결코 그 목표설정이 두루뭉술하게 넘어갈 수 없는 '특수영역의 사역'이다.

더군다나 청소년사역은 하위사역으로서 사역의 '기반'과 '체계'가 연약할 뿐만 아니라, 그 '위상'과 '사역영역'조차도 확고하게 자리 잡지 못한 상태에 있기 때문에 그 목표가 더욱 확실해야 한다. 청소년사역은 '현장수준'으로 내려가면 갈수록 목적과 목표의 구별이 희미해지고, 현장으로 나아가면 갈수록 '교

---

[88] 청소년사역은 교육과 훈련, 선교와 전도, 봉사와 구제 등과 같은 '기능중심의 사역'이기도 하지만, 청소년이라는 특정부류의 '사람'과 관련된, 그런 사람들을 중심(대상)으로 하는 '대상중심의 사역'이기도 하다. 이와 같이 청소년사역은 기능중심의 사역영역들을 그 사역 속에 포함하면서, 동시에 청소년을 위한, 청소년과 함께하는, 청소년에 의한 청소년사역... 등 '사람(대상)중심의 사역'이라는 특성을 지닌다.

회와 사회의 경계'도 모호해지는 경우가 많다. 그러다보니 '사람의 뜻과 판단'이 '하나님의 뜻'을 앞서기 쉽고, 이른바 '경험과 분위기'가 사역의 목적이나 목표를 대신해버리는 경우도 없지 않게 된다. 그래서 '수단적 목표'가 '가치지향적인 목표'를 앞지르고, 임기응변적인 '처방'이 사역의 '방책'으로 등장해버리기도 한다.

예를 들면, 어느 교회가 지역사회 봉사와 청소년선교 차원에서 '방과 후 공부방'을 개설했다고 하자. 이 공부방에서는 약간의 보충학습도 곁들였다. 그래서 학생들의 실력(성적)이 눈에 띄게 좋아졌다. 학생이나 학부모들의 반응도 좋았고, 학생들도 제법 늘어났다. 뭔가 이뤄질 듯한 분위가 무르익는 것 같아서 교회는 퍽 고무된 상태였다. 그런데 한 학생이 소란을 피우고, 다른 학생들의 공부를 방해했다. 그래서 그날 수업을 담당하던 선생님이 이를 나무랐더니, 이 학생이 대들면서 욕설을 하고, 불법보충수업을 고발하겠다며 휴대전화로 사진까지 찍으면서 으름장을 놓았다. 선생님은 어이도 없고 당황하고 화도 나서, 얼결에 학생의 따귀를 '철썩'했다……. '교회와 사회의 경계가 모호한 청소년현장사역'에서, 뜻밖의 '철썩'으로 '봉사와 선교사역'은 그만 막을 내린다.

따라서 '현장성이 강한 청소년사역'은, 현장수준에서도 흔들리지 않을 목적과 목표를 새롭고 진지하게, 구체적으로 탐색해서 세우고, 이를 바탕으로 현장에 맞는 사역프로그램의 개발과 운영에 만반의 태세를 갖출 것이 절실히 요망되고 있다. 이러한 필요성은 청소년사역이 '그리스도교회 공동체 사역의 하나'로서의 위상과 영역을 제대로 확보하지 못한 상태에 있기 때문에 더 더욱 절실해진다. 교회교육영역을 제외한다면 청소년사역은 '자투리사역'처럼 외면당하거나 무시되기 일쑤인 상황에서는 더욱 그렇다.

그러므로 청소년사역은 그 목적을 온전히 달성하기 위해서 그 목적을 이룰 '목표'도 청소년사역의 특수성에 걸맞게 설정되어야 한다. 그런데 '목적'은 모든 사역에서 같을 수 있지만(같아야 하지만), '목표'는 사역의 특성에 따라 '달라져야(그 특성을 지녀야)' 마땅하다. 청소년사역도 그 특성에 맞는 목표, 즉 '청소년과 관련된 사역'이라는 그 특(수)성을 반드시 고려해서 이를 그 목표에 반영해야 청소년사역다운 사역이라 일컬어질 수 있다. 특히 청소년사역은 그 차이점이 명확히 구별되지 않는 한 다른 사역의 '부수적인 사역'으로 잘못 취급당하기 쉽다. 그렇게 되면 청소년사역은 다시금 다른 사역의 그늘에 가려져서 제 할 일을 하지 못하게 된다. 이렇게 사역의 차별성을 명확히 하는 것은 곧 '청소년사역의 고유영역'을 확보할 수 있는 길을 여는 작업과도 같다.

그리스도교회 공동체 청소년사역의 목표

이러한 점들을 염두에 두고 이제 청소년사역의 위계적 구조와 질서, 그리고 청소년, 청소년사역의 특성을 고려하면서, '청소년사역에 걸맞은 표현방식'으로 제시하고자 하는 '청소년사역의 목표'는, 결론부터 말하자면 다음과 같다.

1) 예배자다운 나의 형성: 소명적 자아정체성의 확보
2) 그리스도인 청소년의 제자화
3) 모든 청소년의 복음화
4) 사랑과 정의의 '작은 예수' 구현
5) 청소년 동역자들과 함께

여기 이 '청소년사역의 목표'들의 동질적인 맥락을 쉽게 이해하기 위하여 '교회의 5대 사역(사명)'과 '그리스도교회 공동체 사역의 목표들'과의 상호관계를 비교해보면, <표 13> '그리스도교회 공동체 사역과 청소년사역의 목표'로 정리할 수 있을 것이다.

표 13 '그리스도교회 공동체 사역과 청소년사역의 목표'

그리스도교회 공동체의 5대 사역(사명) ⇔	그리스도교회 공동체 사역의 목표들 ⇒	청소년사역의 목표

하나님사랑, 그리고 감사와 찬양을 드리는 '예배'	예배(자)의 갱신과 회복: 예배의 내면화, 생활화, 체질화	예배자다운 나의 형성: 소명적 자아정체성의 확보
일꾼사랑, 그리고 하나님의 뜻과 사랑을 가르치는 '교육'	하나님의 일꾼세우기: 그리스도의 제자화	그리스도인 청소년의 제자화
영혼사랑, 그리고 그리스도의 복음을 전파하는 '선교(전도)'	제자의 사명완수: 세계복음화	모든 청소년의 복음화
이웃사랑, 그리고 정의구현을 실천하는 '봉사와 참여'	이웃사랑 실천과 정의사회 구현	사랑과 정의의 '작은 예수' 구현
교회사랑, 그리고 성도의 '교제와 협력'	교회의 일치, 그리고 성도의 참여, 연대, 협력	청소년 동역자들과 함께

갈릴리공방/청소년사역연구개발원

가. 예배자다운 나의 형성: 소명적 자아정체성의 확보

자아정체성의 확보가 요망되는 청소년기

제1편에서 살펴 본 바와 같이, 청소년기는 '자아정체성의 확보'라는 중요한 발달과제가 주어진 시기이다. 이 시기의 청소년들은 그들의 발달과제로서 '사회화와 자아실현'이라는 무겁고 힘든 과제를 안고 있다. 청소년기는 사회화 즉 일련의 사회적 학습과정을 통해서 자아정체성이 형성되고, 그래서 자기실현의 욕구를 지니게 되는 결정적 시기이므로, 청소년기에 '참 나'를 발견하고 그 자아정체성이 안정적으로 확보되는 것은 청소년에게 매우 중요한 과업이다.

특히 그리스도인 청소년이 '하나님께서 보고 계시는 나', 즉 '하나님 안에서 발견되는 나' 또는, '하나님과의 관계 속에서 발견되는 나'를 온전히 인식하게 된다는 것은 참으로 소중한 '나의 발견'이 아닐 수 없다. 더군다나 '하나님께서 부르시고 명령하신 나'라는 자아정체성, 즉 '소명적 자아'를 형성한다는 것은, 그리스도인 청소년의 참 자아실현에 있어서 가장 기본적인 명제이며 최대 최고의 목표라 할 것이다. 청소년이 이 소명적 자아정체감을 갖고, '그리스도 주 예수님을 닮은 나'를 구현하기에 힘쓰며, '하나님의 뜻을 이루시는 데에 삶 전체를 투신하는 나'가 된다면, 이것이야말로 하나님의 뜻에 합치되는 모습이고, 하나님께서 기쁘게 받으실 예배(자)일 것이기 때문이다.

참 예배자다운 소명적 자아가 형성되어야

이를 위해서는 청소년 자신도 스스로 말씀과 기도와 성령님의 인도하심에 따라 '하나님의 뜻에 합치되는 나', 그리고 '하나님을 기쁘시게 해드릴 나의 삶'을 구현하기에 힘써야 한다. 하나님 앞에서는 청소년도 어른과 조금도 차별됨이 없는, 하나님의 관심과 사랑의 대상인 '한 사람'이기 때문이다. 그리고 청소년의 노력에 못지않게 교회의 가르침과 지도와 지원도 반드시 적극적으로 뒷받침되어야 한다.

따라서 그리스도교회 공동체 사역의 첫 번째 목표인 '예배(자)의 갱신과 회복 : 예배의 내면화, 생활화, 체질화'와 관련하여 여기에서 도출, 정리할 수 있는 청소년사역의 첫 번째 목표는, 청소년의 '예배자다운 나의 형성: 소명적 자아정체성의 확보'에 있다고 할 것이다.

나. 그리스도인 청소년의 제자화

다음세대의 육성

그리스도의 터 위에 세워진 그리스도교회 공동체는, 그리스도의 뜻을 따라 그리스도의 성역에 일꾼으로 참여하여 이를 지속적으로 전개하고 완수하여야 할 의무가 있다. 하나님의 뜻을 이루기 위하여, 우리 주님께서 다시 오실 때까지 그리스도의 사역에 그리스도교회 공동체가 지속적으로 참여하여 대代를 이어 이를 완수해나가는 것은, 교회의 존재이유와 목적이기 때문이다.

이와 관련하여 우리는 제 1편의 '사역의 의미와 성격'에서 살펴보았던 사역의 영속성, 즉 사역의 지속성이나 계대성 개념을 기억에 떠올릴 필요가 있다. 이 사역의 영속성을 유지하기 위해서 반드시 필요한 것은 일꾼을 지속적으로, 그리고 충분히 충원하는 일이다. 일꾼이 지속적으로 충원되지 않으면 일은 중단될 수밖에 없고, 충분히 충원되지 않으면 일에 차질을 빚게 될 것이기 때문이다. 따라서 사역에 필요한 일꾼을 지속적으로 충분히 확보하려면, 거기에는 우선 동원이 가능한 모든 그리스도인인간자원(성도)들을 '일꾼화'해야 할 필요가 있다. 이른바 '전교인의 일꾼화(제자화)'가 그것이다.

그러나 인생은 짧고, 한 세대는 쉽게 지나가버린다. 그래서 대를 이어야 겨우 지속적일 수 있다. 그러므로 사역의 일꾼들이 대를 이어야 한다는 것은 또 하나의 중요한 과제로 등장하게 되고, 거기에는 '다음세대의 육성'이라는 과업이 필연적으로 대두된다. 그리스도인 청소년 인간자원개발의 필요성, 즉 '그리스도인 청소년의 제자화'가 바로 그것이다.

그리스도의 사람, 그리스도의 일꾼 만들기

그런데 사역의 영속성, 즉 그 지속성과 계대성을 확보하기 위한 '다음세대의 육성', 특히 그리스도인 청소년 인간자원개발을 위해서는, 청소년을 '그리스도의 사람'으로 만드는 일과 청소년을 '그리스도의 일꾼'으로 세우는 일이 함께하고 있음을 잊지 말아야 한다. 그리고 그것은 앞뒤가 분명해야 할 과업이다. 언뜻 생각하기에 '그리스도의 사람' 만드는 일과 '그리스도의 일꾼' 세우는 일은 똑같은 일인 것처럼 여겨질 수도 있다. 그러나 엄밀한 의미에서 청소년은 먼저 '그리스도의 사람'이 되어야 하고, 그 터전 위에서 '일꾼'으로 하나님 앞에 세워져야 한다는 엄연한 선후관계가 존재한다.

만약에 청소년사역의 첫 번째 목표로 제시되었던 그 참 예배자다움이 없이, 그리스도 안에서 소명적인 자아정체성(감)이 확보됨이 없이 그냥 '일꾼'으로 서버린다면, 이것은 일반세상의 일꾼과 무엇이 다르겠는가. 그리스도인 청소년 인간자원을 개발하여 그들을 일꾼으로 세우는 일은, 단순히 수단적 의미에서 '일용잡급직' 또는 '임시고용직' 용원을 불러서 쓰는 일이 결코 아니다. 하나님 앞에 하나님의 일꾼을 세우는 엄숙한 일이다. 그러므로 '일'보다 '사람', '일 잘함'이나 '능력 있음'보다 '사람됨'이 더 중요한 과업으로 인식되는 것이 바로 그리스도인 청소년 인간자원개발, 즉 '제자화 작업'이다. 특히 청소년이 주 예수님을 닮아 '그리스도의 형상이 이루기까지(갈4:19)' 성장, 성숙, 성화되도록 하는 것은 제자화 작업의 기초와도 같다. 이렇게 '사람'부터 만들어 '일꾼'으로 세워야 하는 시급하고도 중요한 일이 '그리스도인 청소년의 제자화'이다.

청소년과 교회의 노력이 동시에 이뤄져야

이를 위해서는 청소년이 그의 투철한 소명적 자아정체성을 토대로, 청소년시절부터 스스로 '오늘, 여기'의 사역자가 되어 사역에 직접 참여함은 물론, 그런 실전적 훈련을 통하여 다음세대의 사역자로도 우뚝 설 수 있어야 할 것이다.

그리스도인 청소년은 스스로 그리스도의 제자답게 주어진 임무를 잘 감당할 수 있도록 소명의식 가운데 자신의 역량강화empowerment에도 힘써야 한다. 자신의 역량을 강화해나가는 것은 얼핏 보기에 적은 일이거나 사역과는 거리가 먼 것처럼 보일는지 몰라도, 실제로는 그렇지 않다. 소명의식 가운데 나의 실력을 쌓기 위해서 착실히, 묵묵히 노력하는 것은 하나님의 뜻을 받들어 섬기는 '충성하는 일꾼'의 자세를 청소년시절부터 체질화해나가는 과정과도 같은 것이다. 그런 노력 자체가 하나님의 뜻에 따라 '작은 일'에 충성하는 '사역자의 길'에 들어선 것이나 마찬가지이기 때문이다. 청소년은 이 과정에서 힘을 얻게 된다. 그 힘은, 주 예수님께서 "네가 적은 일에 충성하였으매, 내가 많은 것을 네게 맡기리니(마25:21)"라고 말씀하셨듯이, 하나님께서 그런 청소년에게 부어주시는 능력(슥4:6)이다. 청소년기는 '착하고 충성된 종'으로 나를 세우는 시기이기 때문이다.

그리고 그리스도인 청소년들은 특히 내 이웃인 또래친구들에게 다가가서

'그리스도의 편지요(고후3:3), 그리스도의 향기(고후2:15)를 전하는 사역'에 적극적으로 참여할 필요가 있다. 이러한 '청소년의(에 의한), 청소년을 향한 사역'을 위해서 자발적이고 창의적인 접근과 노력을 기울이는 동안에, 청소년은 그리스도의 제자로 그 잔뼈가 굵어지는 것이다.

또한 청소년사역자가 '그리스도의 완전성에 도달하기까지(<공동> 엡4:13)' '제자훈련'을 강화하는 것은 교회가 책임지고 감당해야 할 부분이다. 제자는 독학만으로 스승의 가르침을 통달하기 어렵기 때문이다. 특히 청소년을 그리스도의 사람으로 만들고, 그리스도의 일꾼으로 세우기 위해서는, 교회교육과 청소년사역이 함께 힘을 모아야 한다. 제1편의 '청소년사역과 교회교육'에서도 말했듯이 '청소년사역의 새로운 지평'을 열기 위한 '제자화 작업'은 교회교육과 청소년사역이 함께 힘을 모아 일궈내야 할 바로 그 현장이다.

이와 같이 그리스도인 청소년의 제자화 사역은 하나님나라를 위해서도 필요할 뿐만 아니라, 청소년을 바로 세우는 일이고 교회를 살리는 길이기도 하다. 그러므로 그리스도교회 공동체 사역의 두 번째 목표로 제시되었던 '하나님의 일꾼 세우기: 그리스도의 제자화'와 관련하여 여기에서 도출, 정리할 수 있는 청소년사역의 두 번째 목표는 '그리스도인 청소년의 제자화'에 있다고 말할 수 있다.

다. 모든 청소년의 복음화

청소년 인간자원의 지속적 충원

그리스도인 청소년이 제자화되어 그리스도교회 공동체 사역에 지속적으로 충원될 수 있게 하려면, 먼저 그리스도인 청소년 인간자원이 끊임없이 개발, 양육되어야 할 것임은 바로 위에서도 보았다. 그런데 청소년은 교회 안에 그리 많지 않다. 이 글의 첫머리에서도 말했지만, 어떤 이유에서건 청소년은 교회 안에서 점점 줄어들고 있는 추세이다. 말하자면 일꾼으로 세워나갈 인간자원이 점점 줄어들고 있는 것이다. 자원이 고갈되면 기업도 문을 닫아야 하듯이, 마지막 때에 추수할 것은 많은데 일꾼으로 삼을 '인간자원(청소년)'이 교회에서 줄어들고 있다면, 사역의 영속성의 측면에서 볼 때 이는 위기국면이라고 진단해도 틀리지 않다.

따라서 이 위기를 극복하고 사역의 영속성을 유지하기 위해서는 이미 교회 안에서 양육되고 있는 청소년은 물론이고, '교회 밖에 있는 청소년'을 교회 안으로 불러들여서 그들을 그리스도의 사람으로 만들어야 한다. 이 작업이 사역을 지속하기 위한 급선무로 등장한다. 실제로 이러한 작업은 교회학교를 중심으로 이미 진행되어 온 일이다. 교회가 세워지면서부터 교회에는 가르침(교육)이 있었고, 그 교육사역에는 항상 다음세대인 청소년이 포함되어 왔다. 교육은 모든 사역의 기초이기 때문이다.

하나님께서는 이 시급하고도 중요한 '청소년인간자원의 지속적 충원'사역에 친히 함께하셨다. 주님께서는 친히 교회와 함께 일하시면서 교회(주일)학교를 통한 일꾼 양성을 이루어나가심으로써, 주님의 교회가 그리스도의 사역에 지속적으로 쓰임 받도록 이끄시고 도우셨다. 그리고 주님께서는 오늘, 여기, 주님의 교회들을 향하여서도 여전히 "내가 너희에게 명한 모든 것을 지키도록 가르쳐라(<공동> 마28:20)."고 당부하고 계신다.

청소년 영혼구원의 차원에서

청소년을 교회로 이끌어 저들을 '그리스도의 사람'으로 만들고 그리스도교회 공동체 '사역에 참여할 일꾼'으로 양성한다는 것은, 청소년을 단순히 도구적 개념으로 파악하거나 수단적인 존재로 그들을 여기기 때문이 결코 아니다. 만약 청소년을 그렇게 여긴다면, 그것은 쓸 만한 젊은이들만을 골라서 이들에게 전투기술을 가르쳐 전장에 내보내는 것과 별로 다를 것이 없다.

그러나 교회가 청소년을 제자화하는 작업은, 오히려 그 과정과 결과 자체가 곧 청소년이라는 '한 사람, 한 생명, 한 영혼'의 구원과 직결되는 매우 중요하고도 엄숙한 사역이다. 그것은 청소년을 살리는 사역이고, 자유하게 하는 사역이며, 청소년의 영혼을 구원하는 차원에서 전개되는 사역이다. 우리 주 예수님께서 '가서 모든 족속을 제자로 삼으라(마28:19)'고 하셨다. 이때 '모든 족속'은 어른뿐만 아니라 아이들과 청소년들이 모두 포함된 전 연령층, 전 지역, 모든 시대의 사람들을 통틀어 하신 말씀이다. 그것은 '모든 사람'을 그리스도 안에서 구원하시는 것이 하나님의 뜻이기 때문이다. '누구든지' 예수를 나의 구주요, 하나님으로 믿는 사람이면(요3:15-16) 다 구원하시기로 처음서부터 작정하셨기 때문이다.

그러므로 하나님, 예수님, 성령님을 알지 못하는 청소년을 교회 안으로 이끌어, 그들을 '하나님의 자녀요, 그리스도의 일꾼'으로 만드는 일은 교회에 맡겨진 지상과업이다. 그 어떤 수단적 의미의 과업보다 앞서는 최우선적 목표이다. 그리스도교회 공동체는 그래서, '제자의 사명완수: 세계복음화'를 그 세 번째 목표로 삼는 것과 마찬가지로, 청소년사역도 그 세 번째 목표를 '모든 청소년의 복음화'에 두어야 하는 것이다.

청소년에 의한, 청소년의 사역의 황금어장

한편 이 '모든 청소년의 복음화' 목표는 '청소년의 참여효과'가 가장 활발히, 그리고 확실하게 나타나는 부분이다. 비그리스도인 청소년을 교회로 인도하는 데에 가장 두드러진 역할을 하는 것은 누구보다도 청소년 그들이다. 부모나 교사 등의 노력도 없지 않고 또 작지 않지만, 실제로 교회 밖의 청소년을 교회 안으로 이끌어오는 일만큼은 그 누구도 청소년을 능가하지 못한다.

그것은 청소년이 사역의 주체적 역할을 담당하는 것, 또는 담당할 수 있는 것임을 의미한다. 어른들이 감당하기 어려운 영역을 오히려 청소년이 보완할 수도 있음을 보여주는 사례이기도 하다. 특히 청소년복음화사역에서는 청소년이 그 몫을 톡톡히 해낼 수 있음을 입증하고 있는 것이다. 그러므로 청소년복음화사역에서 가장 많은 열매를 맺어 하나님께 봉헌할 사람은 바로 청소년이라는 점을 잊지 말아야 한다. '청소년에 의한, 청소년의 사역'의 황금어장은 바로 '청소년복음화 영역'이다. 여기에서 우리는 청소년이 사역의 어엿한 주체 主體로 서있음을 본다. '청소년에 의한, 청소년의 사역'이 설자리도 있음을 분명히 본다. 그리고 이러한 청소년과 함께 '청소년사역의 새로운 지평'이 활짝 열려있음도 본다.

라. 사랑과 정의의 '작은 예수' 구현

가서 행하라

가르치고, 전파하고, 고치는 사역 방식을 제자들에게도 일러주시고 가서 행하라고 말씀하신 주 예수님께서는, 이웃을 섬기는 일도 하나님을 섬기듯 가서 행하라고 명령하신다. 주님께서는 어떤 율법교사에게는 "가서 너도 이와 같이 하라(눅10:25-37)."고 당부하시고, 어떤 부자 관리에게는 그의 소유를 "다 팔아서 가난한 자들에게 나눠주라(눅18:18-23)."고 이르신다. 이렇게 주님께서는 '가서 행하라'고 우리에게 당부하신다. 그 '가서 행해야 할 우리들'에 관한 말씀은 승천하시는 순간까지도(행1:7-9) 계속된다. 그것이 하나님께 대한 바른 모습이요 참 받들어 섬김(사역)이며, 하나님께서 기쁘게 받으시는 참 예배이기 때문이다. 그래서 주 예수님께서도 친히 '가서 행하라'는 아버지 하나님의 명령을 받들어, 이 땅에 사람의 아들로 오셔서 그 명령을 완수하셨다.

그리스도교회 공동체 사역의 네 번째 목표인 '이웃사랑 실천'과 '정의사회 구현'을 위한 사역도 마찬가지로, '가서 행해야 할 사역'이다. 교회 밖으로 나가서 섬겨야 할 사역이고, 이웃과 지역사회로 찾아 나서서 섬겨야 할 사역이다. 이는 청소년사역 영역에서도 마찬가지다. 청소년을 위해서 하는 사역이건, 청소년과 함께하는 사역이건, 청소년이 주체적으로 참여하는 사역이건 간에, 주님께서 우리에게 원하시는 것은 '나가서 섬겨라'는 분부이다. '이웃사랑 실천'과 '정의사회 구현'을 위한 사역은, 말로만하는 것이 아니라, '주님의 뜻을 행동으로 받들어, 주님처럼 찾아다니면서 행해야하는 사역'이기 때문이다.

예수를 닮은 청소년

따라서 이를 위해서는 '행동해야 할 나'에 대한 각성과 확고한 믿음이 사역자에게 내면화되어 있어야 한다. 이웃에 대한 연민과 사랑, 그리고 나누고 베풀고 섬기고 돕는 일에 대한 열정과 부지런함이 생활화되어야 한다. 올바르고 참된 것을 우리 가운데 세우고, 이 정의와 진리를 반드시 지켜내려는 굳건한 의지와 행동이 체질화되어야 한다. 그래야 이러한 '믿음의 역사와 사랑의 수고'를 '우리 주 예수 그리스도에 대한 소망의 인내(살전1:3)' 가운데에서 전개할 수 있다.

그런데 이러한 사역자의 태도 형성은 말로 가르치고 귀로 들어서 배우는 것만으로는 부족하다. 몇 가지 훈련만으로도 충분하지 않다. 여기에는 확실한 '역할모델role model'이 필요하고, 그 역할모델과 함께 일해야 한다. 그 역할모델은 바로 우리 주 예수님이다. "그리스도 예수는 하느님과 본질이 같은 분이셨지만, 굳이 하느님과 동등한 존재가 되려하지 않으시고, 오히려 당신의 것을 다 내어놓고, 종의 신분을 취하셔서, 우리와 똑같은 인간이 되셨습니다. 이렇게 인간의 모습으로 나타나 당신 자신을 낮추셔서, 죽기까지, 아니, 십자가에 달려서 죽기까지 순종하신(<공동> 빌2:6-8)" 성자 하나님이시다. 이 은혜로우신 성자하나님, 곧 우리 주 예수님을 '사역의 역할모델'로 삼아야 한다.

그래서 사역자의 태도는 그리스도 우리 주 예수님의 '사역태도'와 똑같아야 한다(<현대> 그리스도 예수께서 여러분에게 보여주신 자세를 본받으십시오, 빌2:5). 그리고 한걸음 더 나아가서 사역자는 그리스도와 연합한 자(롬6:5)로서, 그리스도의 지체로서 '주님과 함께' 일해야 한다. 그리스도와 함께 일하지 않는다면 그것은 '그리스도의 사역에 동참'하는 것이 아니기 때문이다. 그리고 우리 주 성령님께서 친히 역사하셔야 비로소 참 사역이 이루어질 수 있기 때문에, 주 성령님의 이끄심을 따라, '주님의 모습'을 그대로 지니고, 가서 행하는

'작은 예수a little Jesus'가 되어야 한다.

사역현장에서 구현되는 '작은 예수'

바로 이 모습이, 청소년사역 특히 '이웃사랑 실천'과 '정의사회 구현'을 위한 사역현장에서 나타나야 한다. 따라서 청소년사역의 네 번째 목표는 바로 이 '예수를 닮은 청소년'을 사역현장에서 구현하는 일과 직결된다. 여기에서 '예수를 닮은 청소년'을 구현한다는 말을 청소년의 입장에서 보면, 이는 청소년 스스로가 말씀과 기도와 성령님의 이끄심에 따라, 자신을 '예수님을 닮은 사역자'가 되게 하려고 행동으로 힘쓴다는 뜻이다. 한편 교회의 관점에서 보면, 이는 그리스도교회 공동체가 교육, 훈련 등을 통하여 청소년을 '예수님을 닮은 사역자'로 세우려는 사역을 말한다. 그러니까 청소년의 입장에서는 '예수님을 닮은 사역자 되기'이고, 교회의 입장에서 보면 '예수님을 닮은 사역자 세우기'이다. 그래야 비로소 우리는 '그리스도의 지체'답게 될 테니까.

그리고 이 '예수를 닮은 청소년 되기(세우기)'는 '사역현장에서 구현'되는 것이어야 한다. 사역현장에서 구현된다는 말은, 무슨 설명이나 강론을 통해서 사람들에게 사역의 필요성을 전하는 것만을 의미하거나, 훈련을 통해서 사역의 '맛을 보는 것' 정도를 의미하지 않는다. '예수를 닮은 청소년 되기(세우기)'는 사역현장에 가서 실제로 주님의 명령을 실행함으로써, '예수님을 닮은 사역자(청소년)'로 하나님 앞에 서는 것이다. 연습이 아니라 실제여야 한다는 말이다. 이론이 아니라 행동이어야 한다는 것이다. 우리 주님께서 세상에 계시는 동안에 그리하셨듯이, 찾아다니면서 이웃을 실제로 사랑하고, 정의와 진리를 행동으로 지키고 세우는 것이다. '사랑과 정의의 예수님(하나님)'을 행동으로 꼭 닮은 '작은 예수'를 삶 속에서, 현장에서 구현하는 것이다.

여기에서 그리스도인 청소년의 참 자아실현의 실체를 만나게 된다. 그 실체는, 압축하여 표현하면 '사랑과 정의의 '작은 예수'의 구현'이라고 할 수 있다. 그리고 이 '사랑과 정의'의 '작은 예수' 구현은, 그리스도교회 공동체 사역의 네 번째 목표인 '이웃사랑 실천'과 '정의사회 구현'을 위한 '청소년사역의 네 번째 목표'가 된다.

마. 청소년 동역자들과 함께

그리스도교회 공동체사역의 청소년 동역자들

청소년사역의 다섯 번째 목표는 '청소년 동역자들과 함께' 일하는 것이다. 그것은 '작은 예수'가 되려는 청소년 동역자들과 교회가 함께 일하는 것이고, 교회 안팎에서 이미 청소년사역을 전개해오던 '청소년사역자'가 '청소년 사역자[89]와 함께 일하고, 청소년 사역자가 또 다른 청소년 동역자들과 일하는 것이다. 이렇게 그리스도의 몸(교회)과 지체(청소년 사역자)가 '연합'하여 함께 일하고, 지체와 지체들이 서로 '결속'하여 함께 일하는 것이다.

우리는 이렇게 그리스도교회 공동체의 지체들이요 동역자들로서, 그리스도교회 공동체 사역의 다섯 번째 목표인 '교회의 일치, 그리고 성도의 참여, 연대, 협력'에 함께해야 한다. 여기에는 어른, 아이 구별이 필요 없다. 나이나 경륜을 따지는 것은 부질없는 노릇이다. 그렇게 하는 것은 하나님 앞에서 할 만한 행동이나 태도가 결코 아니다. 오히려 하나님의 뜻에 어긋난다. 그럼에도 불구하고, 교회의 어른들은 참으로 긴 긴 세월동안 이 '청소년 동역자'들에 대한 편견과 불신과 오만함을 그대로 지니고 있었다. 이 '작은 예수'들을 차별하고, 배제하고, 어리다든지 능력이 부족하다든지 그런 이유 등으로 무시해버린 때가 한 두 번이 아니었다. 도대체 누가, 무슨 권한으로 이 '작은 예수'들을 교회 안에서 배척했던 것일까.

사람으로 오신 우리 주 예수님께서도 연소한 과정을 지나셨다. 그래서 성경은 주님의 성장과정을 묘사하면서, "아기가 자라며 강하여지고, 지혜가 충만하며, 하나님의 은혜가 그 위에 있더라(눅2:40)."고 기록하고 있다. 또 "예

---

[89] 이 글에서 '청소년 사역자(youth-worker)'는 '청소년으로서 사역에 참여하는 일꾼'을 말하는 것이고, 일반적으로 사용되고 있는 '청소년사역자(youth worker)', 즉 '성인 사역자'와는 용어의 뜻을 구별하기 위하여, 그 표현방식을 달리 하고자 한다.

수는 지혜와 키가 자라가며, 하나님과 사람에게 더욱 사랑스러워 가시더라(눅2:52)."고 일러준다. 이렇게 예수님께서는 출생, 성장, 성숙, 성화의 과정을 몸소 우리에게 보이셨다. 그런데 열두 살에 부모와 함께 예루살렘에 가셨던 소년 예수님은, 성전에 남아서 그곳의 선생들과 '그 지혜와 대답'에 놀랄만한 대화를 나누고 계셨다. 그리고 사흘 후에야 되찾아 온 부모들에게 "내가 내 아버지 집에 있어야 될 줄을 알지 못하셨나이까."라고 '하나님의 자녀'인 자신을 드러내셨다. 그러나 "그 부모가 그가 하신 말씀을 깨닫지 못하더라."고 지적하고 있다(눅2:41-51).

소년 예수님처럼 '작은 예수'되려는 우리의 청소년 사역자들도, 하나님께서 부르시고 들어 쓰시면 하나님의 자녀답게, 그리스도의 제자요 일꾼답게, 성령님께서 이끄시는 하나님의 사람답게 넉넉히 제 몫을 담당해낸다. 그리스도교회의 공동체사역의 '청소년 동역자들'답게, 자기 역할기능을 주님 안에서 능히 해낼 수 있다. 혹시 청소년들이 어리고 경험이나 기술이 부족해서 더러 실수를 저지르는 경우가 있다고 하더라도, 나이 들어 제대로 제 구실해야 할 어른들이 저지르는 어처구니없는 실수보다는 훨씬 가볍게 여길 수 있는 실수이다. 아니, 청소년들은 이런 실수나 실패할 수 있는 기회를 통하여 더 큰 일꾼으로 성장 성숙하는 것이기에, 실수나 실패는 청소년만의 특권인지도 모를 일이다.

그러므로 교회는 청소년 동역자들과 함께, 이 '작은 예수'들과 함께 일함으로써 그리스도의 몸을 이루어나가는 것을 주저하지 말아야 한다. 그러한 목표지향이 결국 '교회의 일치, 그리고 성도의 참여, 연대, 협력'이라는 '하나의 커다란 사역체계의 형성'에 힘을 보태게 될 것이기 때문이다. 그리고 이 '작은 예수'들이 대를 이어 우리 주님이 오실 때까지 그리스도의 사역에 참여하여, 이를 지속하고 완성해나가게 될 것이다.

청소년 동역자들과 함께 일하려는 의지와 노력

그런데 이 글의 여기저기에서 강조했듯이, 청소년사역에서 청소년이 주체적으로 사역에 참여하지 못하고, 오히려 배제되거나 차별을 당하고 있다는 것이 사역의 문제점이요 장해이다. 그것도 외부로부터 청소년의 참여가 차단되거나 방해를 받고 있는 것만이 아니라, 교회 안에서도, 교회의 어른들로부터도 이런 사태가 일어나고 있다. 특히 어른들의 편견이나 선입관이 작용하여 청소년의 사역 참여가 제한받고 있다면, 이는 안타까움을 넘어서는 아픔이 아닐 수 없다. 또 세상의 흐름을 따라 청소년을 입시전쟁이나 취업전선에 내몰아놓고, 그들의 영혼이 어찌되건 하나님께서 어찌 여기시건 아랑곳하지 않고, 청소년을 사역의 대열에서 '열외'시켜놓고 있다면, 누가, 어떻게 이 책임을 짊어져야 할 것인지 두렵다.

하나님의 일꾼을 사역의 현장과 그 대열에서 빼내는 것은 전장에서 병사를, 군량미를, 무기를 빼돌리는 행위와 무엇이 다르겠는가. 지금은 그리스도교회 공동체 사역의 일꾼들이요, '작은 예수'인 청소년 동역자들과 함께 일하려는 의지와 노력이 시급하고 절실히 요망된다. 청소년을 열외에 둘 것이 아니라, 청소년과 함께하는, 청소년을 포함시킨, 그래서 '청소년 사역자, 곧 작은 예수'를 섬기는 그런 '새로운 사역의 틀(체계)'을 형성하기 위해 힘써야 할 때이다. 바로 이것이 '청소년사역의 새 지평'을 여는 길이다.

이를 위하여 교회가, 교회의 지도자들이, 어른들이 이 문제를 '긴요한 기도제목'으로 하나님 앞에 올려놓고, 심각한 자기성찰과 함께 새롭게 분발해야 할 것이다. 그리고 그리스도인 청소년들도 또래청소년들과 함께, 어른사역자들과 함께 이 청소년시절에 주님의 뜻을 받들어 섬겨야 할 일이 무엇인지를 주님께 진지하게 여쭤야 할 때다. 해답은 주님께 있고, 길도 능력도 주님께 있다.

그리스도교회 공동체 사역의 다섯 번째 목표가 '교회의 일치, 그리고 성도의 참여, 연대, 협력'이었듯이, 청소년사역의 목표도 그리스도의 사역의 지속과 완성을 위하여 '청소년 동역자들과 함께' 일하려는 '새롭고 진지한 접근과 노력'이 시급히 전개되어야 한다. 그런 발상의 대전환이, 그런 '청소년사역의 새 불길'이 교회 안에서, 교회지도자들 사이에서, 청소년사역자와 청소년들 사이에서 활발히 일어나야만 한다.

제1장을 마치면서

청소년사역의 목적과 목표 요약

우리는 지금까지 제2편 제1장을 통하여 청소년사역의 본질이요 핵심인 '목적과 목표'를 살펴보았다. 특히 여기 제3절에서는 '그리스도교회 공동체 사역의 목표들'과 '청소년사역의 목표'까지를 살펴보았다. 이제까지의 내용을 요약, 정리해보면 <표 14> '청소년사역의 목적과 목표(종합)'과 같게 된다.

표 14 청소년사역의 목적과 목표들(종합)

사역의 궁극적 원인 주 하나님 ↓ ↓
사역의 궁극적 목적 하나님의 영광 · 하나님의 뜻 ↓ ↑
사역의 실천적 목적 하나님의 사랑 · 하나님의 공의 · 그리스도의 사역 ↓ ↑
'그리스도의 사역 ↓ ↓
(사역의 계승) '그리스도의 성역(聖役)에 쓰임 받는 일꾼' - 그리스도교회 공동체 - ↓ ↑

그리스도교회 공동체 사역의 제1의적 목적 삶 전체가 드려지는 예배 ↓ ↑
그리스도교회 공동체 사역의 핵심적 실천 목적들 사랑의 실천 · 정의의 구현 · 그리스도사역의 지속과 완성 ↓ ↑
교회의 5대 사역(사명) 하나님사랑, 그리고 감사와 찬양을 드리는 '예배' 일꾼사랑, 그리고 하나님의 뜻과 사랑을 가르치는 '교육' 영혼사랑, 그리고 그리스도의 복음을 전파하는 '선교(전도)' 이웃사랑, 그리고 정의구현을 실천하는 '봉사와 참여' 교회사랑, 그리고 성도의 '교제와 협력' ↓ ↑
그리스도교회 공동체 사역의 목표들 예배(자)의 갱신과 회복: 예배의 내면화, 생활화, 체질화 하나님의 일꾼세우기: 그리스도의 제자화 제자의 사명완수: 세계복음화 이웃사랑 실천과 정의사회 구현 교회의 일치, 그리고 성도의 참여, 연대, 협력 ↓ ↓
(수행 및 계승) **청소년사역의 목적** 청소년사역의 목적(그리스도교회 공동체 사역의 목적)은, 그리스도교회 공동체 사역의 궁극적 목적인 '하나님의 영광'과 '하나님의 뜻'을 위하여, 그리고 그 실천적인 목적인 '사랑의 실천, 정의의 구현, 그리스도사역의 지속과 완성'을 위하여, 삶 속에서 몸으로 드려지는 '예배행위'의 하나로서, 그리스도의 몸인 그리스도교회 공동체를 중심으로 교회 안팎에서, 성령님의 이끄심에 따라 교회의 5대 사역(사명)인 '하나님사랑(예배), 일꾼사랑(교육), 영혼사랑(선교), 이웃사랑(봉사와 참여), 교회사랑(교제와 협력)'을 힘써 받들어 섬기는 데에 있다. ↓ ↑

> **청소년사역의 목표**
> 예배자다운 나의 형성: 소명적 자아정체성의 확보
> 그리스도인 청소년의 제자화
> 모든 청소년의 복음화
> 사랑과 정의의 '작은 예수' 구현
> 청소년 동역자들과 함께
>
> 갈릴리공방 / 청소년사역연구개발원

이와 같이 청소년사역은 그리스도교회 공동체 사역의 '목적과 목표의 위계적 구조와 질서'에 따라, 그 동질적인 맥락 속에서 이제 그 '목적과 목표'가 일목요연하게 체계적으로 요약되고 정리되었다.

'목적과 목표'를 통하여 얻는 것들

이 '청소년사역의 목적과 목표'를 통하여 얻는 것들이 몇 가지 있다.

첫째, 청소년사역의 동질성과 정통성의 확인이다. 청소년사역은 그리스도교회 공동체 사역과 본질적으로 동질적인 것이며, 그 내용과 맥락도 온전히 동일하다는 사실을 확인할 수 있게 되었다. 우리는 지금까지 그것을 밝혀 온 것이다. 청소년사역은 인위적으로 또는 임시방편으로 만들어진 '유사사역형태'가 아니라, 그리스도교회 공동체 사역 그 자체임을 똑똑히 보게 된다. 따라서 이제 더 이상 청소년사역을 무슨 '서자'처럼, '허드렛일'처럼 취급해서는 안 된다. 청소년사역은 하나님의 일, 하나님나라의 일이기 때문이다.

둘째, 청소년사역의 당위성의 근거를 확보하게 된다. 청소년사역이 그리스도교회 공동체 사역과 그 동질성과 정통성의 측면에서 온전히 일치한다면, 그래서 이 사역이 '하나님의 영광'을 위하여, '하나님의 뜻'을 이루기 위하여 받들어 섬겨지는 사역이라면, 이 사역의 당위성에 대해서 이제 누구도 더 이상 왈가왈부할 수 없게 되었다. 만약 누군가가 그렇게 한다면 그것은 하나님의 뜻에 대한 도전이요, 그리스도의 사역에 대한 훼방이 될 것이기 때문이다.

셋째, 청소년사역의 중요성, 필요성, 시급성을 수용하게 된다. 제1편에서 '청소년사역을 해야 할 35가지의 이유들'을 나열해가면서, 청소년사역의 당위성과 그 중요성, 필요성, 시급성 등을 설명한 바 있었다. 그러나 '목적과 목표'가 규명되고 난 지금은 더 이상의 설명이나 설득이 필요 없다. 이제는 이를 아무도 부인하거나 회피할 수 없도록, 그 근본에서부터 시작하여 청소년사역의 목적과 목표에 이르기까지 일목요연하게 모든 것이 밝혀졌기 때문이다.

넷째, 청소년사역이 보다 더 체계적이고 일관성 있게 전개될 수 있으며, 사역의 지속가능성sustainability도 확보할 수 있게 된다. 지금껏 교회 안에 청소년사역이라는 말은 있었고, 실제로 이 영역에서 헌신하는 일꾼들도 많았다. 그러나 청소년사역은 그의 정체성identity에 적잖은 혼란이 있었던 것이 사실이다. 목적과 목표가 확연히 드러나 있지 않았거나, 저마다의 해석이나 주장이 달랐기 때문이다. 따라서 사역자들이나 이 분야에 관련된 뜻있는 정책결정자들은 당황하거나, 방황하거나, 심지어 '청소년사역도 사역이기나 한 것인가' 하면서 의혹을 떨쳐버리지 못한 경우도 없지 않았을 것이다. 그래서 청소년사역은 갈팡질팡해왔던 것도 또한 부인할 수 없는 사실이다.

그러나 이제는 확실한 목적과 목표를 중심으로, 체계적이고 일관성 있는 사역을 펼칠 수 있다. 그리고 그 목적과 목표가 하나님으로부터 비롯된 것이기에, 주님의 뜻을 따라 청소년사역은 우리 주님 오실 때까지 주님의 발자취를 따라 '시온의 대로(시84:5-7)요, 주님의 길'(마3:3)을 걸을 수 있게 되었다.

다섯째, 청소년사역은 '그리스도교회 공동체의 사역'이라는 확신 가운데, '청소년사역의 새 지평'을 향한 새 출발을 할 수 있게 되었다. 청소년사역의 본질이요 핵심인 '목적과 목표'를 확보한 이 언덕에 올라서서 사역의 손길을 기다리는 저 세상을 내려다보면, 우리 앞에는 '청소년사역의 새 지평'이 눈에 들어온다. 그리스도 우리 주 예수님의 일꾼으로서, 성령님의 이끄시고 도우심을 따라 전개될 '청소년사역의 새 지평'이 드넓게 펼쳐져있음을 확인하게 된다.

그것은 이제까지 목적과 목표가 선명하게 눈에 보이지 않던 상태에서 청소년사역을 거의 맹목적으로, 또는 감각적이거나 경험적으로 전개했었던 것과는 전혀 다르다. 이제부터 교회는 사역자들은 확실한 실체를 따라 확신을 가지고 일할 수 있게 되었다. '청소년사역의 새 지평을 향하여' 새 출발을 할 수 있게 된 것이다. 이제 우리는 제2편의 첫머리에서 기도하였던 청소년사역의 씨알을, 생명 있는 불씨를 얻었기 때문이다.

제2장 청소년사역의 내용은 어떤 것들인가

제1절 청소년사역의 내용을 탐색하면서
1. 사역의 목표들을 구현하기 위한 '내용'들
2. '청소년사역의 내용'들이 지니는 의미와 특성

제2절 청소년사역 내용의 분류와 발굴
1. 청소년사역 내용의 분류
2. 청소년사역 내용의 발굴

제3절 청소년사역 내용들의 발전적 전개
1. 청소년사역 내용들의 전개 방향
2. 사역프로그램에 대한 이해

제1절 청소년사역의 내용을 탐색하면서

1. 사역의 목표들을 구현하기 위한 '내용'들

가. 청소년사역의 목적과 목표를 향하여

우리는 제1편과, 제2편 제1장을 통하여 '그리스도교회 공동체의 사역은 (왜) 하나님께서 목적을 두고 계획하신 바를 위하여, (무엇을) 친히 부르셔서 명령하신 일(성역)을, (누가) 세우심의 은혜를 입은 사람(사역자)들이 이를 받아, (언제&어디서) 우리 주님이 오실 때까지 이 땅에서, (어떻게) 예배하는 자세로, 주님 안에서 주님의 뜻을 받들어 섬기며, 이를 실행하는 것'이라고 요약 정리한 바 있다(제3장 1절 3. 가. 1) 사역의 정의1).

그리고 또한 '그리스도교회 공동체의 사역은 (명령자) 그리스도 우리 주 예수님께서, (사역자) 구속의 은혜에 힘입어 구원 받아 새 사람이 된 성도와 그리스도교회 공동체에게, (일거리) '그리스도의 사역'을 지속하고 완수하기 위하여 친히 분부하신 '그리스도인(교회공동체)의 사명'을 다 하기 위하여, (사역형태) 성령님의 역사하심에 따라 그리스도의 일꾼으로서 받들어 섬기는 것'이라고 요약 정리한 바 있다(제3장 1절 3. 가. 2) 사역의 정의2).

다시 말해서 이 사역은 그리스도의 사역, 즉 하나님의 뜻에 따라 만민을 구속하시기 위한 십자가희생이라는 그리스도의 순종(받듦)과 봉사(섬김)를 본받고 또 이를 계승하여, 오늘날 그리스도교회 공동체가 성경말씀의 완벽한 성취자이신 그리스도 주 예수님 안에서 영과 진리로 주 우리 하나님을 예배하며, 그 예배자의 자세와 열정으로 하나님의 동역자이면서 또한 하나님(나라)의 일의 대행자로서 일하는 것이라는 점도 살펴보았다.

그리고 이와 함께, 그리스도교회 공동체 사역의 하나인 청소년사역을 '하나님의 일'이라는 관점에서 보면, 이는 '청소년을 위하여 행하시는 하나님의 일', '청소년과 함께 이루시는 하나님의 일', '청소년을 통해서 이루시는 하나님의 일'이라는 속성을 지니는 것임도 아울러 살핀 바 있다.

그래서 '청소년사역'이란 그리스도교회 공동체 사역의 하나로서, 그 사역의 성격이 '청소년과 관련된 사역'이거나 '청소년을 위한 사역for youth', 그리고 청소년이 직접 간접으로 사역에 참여하는 사역, 즉 '청소년과 관련사역자가 함께하는 사역with youth' 또는 '청소년에 의한, 청소년의 사역by & of youth' 등의 사역유형을 모두 일컫는 것'이라고 요약 정리한 바 있다(제2장 2절 1. 나. 1) 청소년사역의 정의). 또한 이들을 바탕으로 청소년사역을 해야 할 이유들이나 그리스도교회 공동체 사역의 목적과 목표 등도 위에서 체계적으로 살핀 바 있다.

청소년사역의 핵심적 목표: '그리스도의 성역에 쓰임 받는 일꾼'

그런데 이러한 과정들을 거쳐 이제 여기에 이르러, 이 모든 것들을 종합해서 청소년사역의 목표를 한마디로 압축해본다면, 그것은 결국 우리의 '청소년들이 그리스도의 사역에 쓰임 받게 되는 것(받는 것)', 즉 '청소년: 그리스도의 성역聖役에 쓰임 받는 일꾼Youth: Fellow workers for the Holy Work of Christ'에 있다고 함축적으로 표현할 수 있을 것 같다.

그렇다. 이 '그리스도의 성역에 쓰임 받는 일꾼'은 이 글의 여기저기에서 이따금씩 강조해온 표현이다. 우리는 그리스도의 사람(그리스도인)이고, 그리스도의 성역에 쓰임 받기 위하여 부르심을 받은 일꾼들이기 때문이다. 그것이 우리의 실체요, 본질이요, 정체이다. 따라서 그리스도의 사람들에게는 이보다 더 소중한 일이 없다. 우리의 삶이 여기에 고정(히3:1)되어 있다면 더 이상 바랄 게 없다. 이것이 우리가 존재하는 이유요, 인간이 향유할 수 있는 최상의 가치이기 때문이다.

사람이 그리스도의 성역에 쓰임 받는다는 것, 이것이 그리스도 우리 주 예수님께서 우리를 향하여 바라시는 바요, 하나님께서 기뻐하시는 우리의 모습이다. 그래서 성령님께서는 우리가 그리스도의 성역에 참여하여 충성하고 헌신하도록 이끄시고 도우신다. 마찬가지로, 만약에 우리의 청소년들이 이와 같은 상태에 이르도록 성장, 성숙, 성화되고, 그래서 청소년 자신이 그리스도의 성역에 쓰임 받아 스스로 주님의 뜻을 받들어 섬기게 된다면, 이를 일컬어 '청소년사역의 목표에 도달하였다'고 말할 수 있을 것이다. '청소년사역의 목표들이 도달할 진정한 정점頂点'은 바로 여기에 있다.

청소년을 일꾼으로 만들기 위하여

그런데 청소년사역의 핵심적 목표인 '청소년: 그리스도의 성역에 쓰임 받는 일꾼'이라는 말 속에는 첫째, '청소년을 그리스도의 성역에 쓰임 받는 일꾼으로 만들기 위하여'라는 뜻과, 둘째, '청소년도 그리스도의 성역에 쓰임 받는 일꾼이므로(일꾼으로서)'라는 뜻을 동시에 내포하고 있음에 유의할 필요가 있다. 이것은 청소년사역에서 매우 중요한 의미를 지닌다.

첫 번째의 '청소년을 그리스도의 성역에 쓰임 받는 일꾼으로 만들기 위하여'라는 말은, 청소년이 사역의 대상이 되고, 교회나 관련사역자가 주체가 되어 청소년을 일꾼으로 만들기 위해서 노력하는 것을 말한다. 따라서 여기에는 청소년을 그리스도의 성역에 쓰임 받는 일꾼으로 만들기 위하여 교회가 이들을 양성해야 할 그 필요성, 중요성, 시급성 등이 반영되어 있다. 다시 말하자면, 청소년을 향한 교회나 관련사역자의 의지가 담겨있다. 그래서 '교회나 관련사역자가 주도하는 사역'이 전개된다. 청소년사역의 5대 목표 중에서 '그리스도인 청소년의 제자화', '모든 청소년의 복음화' 등이 여기에 해당된다.

이러한 형태의 청소년사역은 하나님께서 교회에 맡기신, 그래서 교회가 반드시 이뤄내야 할 매우 중요한 과업(사역의 목표)이다. 이는 지금까지 우리 교회들이 전개해 온 청소년사역의 대부분을 차지하고 있었고, 기존의 청소년사역의 '전형적인 모습'을 그대로 지니고 있기 때문에 쉽게 이해될 수 있을 것이다.

청소년도 일꾼이므로(일꾼으로서)

두 번째의 '청소년도 그리스도의 성역에 쓰임 받는 일꾼이므로(일꾼으로서)'라는 말은, 청소년을 '오늘, 여기, 하나님의 일꾼'으로 여기는 발상법, 또는 그런 믿음에서 출발하고 있다. 즉 청소년을 '현재의 일꾼'으로 여긴다. 미래 어느 시점에서 일하게 될 장래의 일꾼만이 아니라, 바로 오늘 여기에서 일할 현역 일꾼으로 여긴다.

우선, 교회나 어른(사역자)들이 청소년을 '현역 일꾼'으로 여긴다. 청소년을 사역의 대상보다는 주체로 여긴다. '청소년들도 그리스도의 성역에 쓰임 받는 일꾼이므로'라는 확신을 가지고 당연히 이들 청소년을 사역의 현장에 참여시킨다. 청소년과 합리적인 역할분담을 하고, 청소년과 함께 손잡고 사역의 목표를 달성하기 위하여 힘을 모아 나아간다. 여기에는 어른 아이가 따로 없다. 모두가 한 주님 안에서, 그리스도의 성역에 쓰임 받는 대등한, 현역 동역자들이다.

또한 그리스도인 청소년 자신도 스스로 '나는 그리스도의 성역에 쓰임 받는 일꾼'이라는 뚜렷한 자아정체감을 갖는다. 그래서 '나는 그리스도인 청소년으로서, 그리스도의 성역에 쓰임 받는 일꾼으로서'라는, 그런 신앙고백과 결단에 결코 인색하거나 주저함이 없다. "너는 칼과 창과 단창으로 내게 나아오거니와, 나는 만군의 여호와의 이름 곧 네가 모욕하는 이스라엘 군대의 하나님의 이름으로 네게 나아가노라(삼상17:45)."고 하면서 골리앗을 꾸짖던 소년 다윗의 용맹을 지닌다. "나도 나의 시녀와 더불어 이렇게 금식한 후에, 규례를 어기고 왕에게 나아가리니, 죽으면 죽으리이다(에4:16)."라고 선언하던 에스더의 결단이 선다.

"왕이여, 우리가 섬기는 하나님이 계시다면, 우리를 맹렬히 타는 풀무불 가운데서 능히 건져내시겠고, 왕의 손에서도 건져내시리이다. 그렇게 하지 아니하실지라도 왕이여, 우리가 왕의 신들을 섬기지도 아니하고 왕이 세우신 금신상에게 절하지도 아니할 줄을 아옵소서(단3:17-18)."라고 선언하고 신앙의 절조節操를 굳게 지켰던 다니엘의 벗들–그들의 아름다운 이름조차도 정복자들에 의해서 사드락과 메삭과 아벳느고로 바뀌어버린–저 하나님의 사람들, 하나냐, 미사엘, 아사랴의[90] 비장한 신앙고백이 있을 뿐이다.

이러한 믿음에 바탕을 둔 사역의 형태는 청소년사역의 5대 목표 중에서 특히 '예배자다운 나의 형성: 소명적 자아정체성의 확보', '모든 청소년의 복음화', '사랑과 정의의 작은 예수 구현', '청소년 동역자들과 함께' 등을 추진하기 위한 사역으로 그 모습을 드러낸다.

그러니까 첫 번째로 말했던 '청소년을 일꾼으로 만들기 위하여'라는 관점과는 자못 그 형태나 방향이 다르다. 이 '청소년도 일꾼이므로(일꾼으로서)'라는 관점은, 기존의 전형적인 청소년사역에 익숙한 이들에게는 다소 생소한 발상으로 여겨질 수도 있다. 그래서 종래의 생각에 커다란 변화가 생겼을 때에야 비로소 이들 '일꾼'된 청소년을 제대로 바라 볼 수 있게 된다. 바로 이러한 관점이 '청소년사역의 새 지평'을 바라보게 되는 '새로운 관점'이다.

청소년사역의 내용을 결정짓는 중요한 이정표

위에서 본 사역의 형태들, 즉 '청소년을 그리스도의 성역에 쓰임 받는 일꾼

---

[90] 바빌로니아의 왕 느부갓네살(Nebuchadnezzar)의 제1차 유다 침공(B.C.606) 때에 포로로 잡혀간 다니엘과 그의 세 청소년들은 정복자들에 의해서 강제로 개명(改名)되었는데, '하나님께서 심판하신다'는 뜻의 다니엘은 정복자들이 섬기던 신(神) '벨이여, 그의 생명을 보존하소서'라는 뜻의 벨드사살(Belteshazzar)로, 하나냐(하나님은 자비로우시다)는 '태양의 영감'을 뜻하는 사드락으로, 미사엘(하나님과 같으신 분이 누구이랴)은 '아쿠 신 같은 분이 어디 있으랴'라는 뜻의 메삭으로, 아사랴(하나님께서 도우신다)는 '느고의 종'이라는 뜻의 아벳느고로, 각각 뒤바뀌는 치욕적인 수모를 당했다.

으로 만들기 위하여'와 '청소년도 그리스도의 성역에 쓰임 받는 일꾼이므로(일꾼으로서)'는 둘 다 청소년사역의 내용을 결정짓는 중요한 이정표가 된다. 이 형태들 속에 청소년사역의 목표들이 모두 담겨져 있기 때문에, 이 둘 중 어느 것에 역점을 두느냐에 따라 청소년사역의 '내용과 향방'이 달라질 수 있다. 만약에 전자에 역점을 두면 청소년은 대상이 되고 어른이 주체가 되는 '청소년을 위한(향한) 사역'이라는 종래의 방식이 그대로 유지되고, 후자에 역점을 두면 청소년은 주체요 사역자가 되어 청소년의 주체적 사역참여가 증대되고 활성화될 수 있다.

그런데 이 두 가지 사역의 형태는 모두 다 청소년사역의 목표를 구현하는 데에 없어서는 아니 될 것들이므로, 이 사역형태가 동시적으로 대등한 가치와 무게를 가지고, '균형과 조화'를 이루어 추진되도록 힘써야 '청소년사역의 새 지평'을 열기 위한 '사역의 불씨'가 제대로 살아날 수 있는 것이다. 이런 전제 아래서, 이제 여기 제2장에서는 '청소년: 그리스도의 성역에 쓰임 받는 일꾼'으로 압축되는 '청소년사역의 5대 목표'들을 구현하기 위하여 보다 더 '실천적이고 구체적인 내용들contents'의 탐색에 착수하려고 한다.

나. 목표를 더욱 실천적으로 구체화하기 위하여

이 '청소년: 그리스도의 성역에 쓰임 받는 일꾼'이라는 목표가 구현되려면, 바로 위의 <표 14> '청소년사역의 목적과 목표(종합)'에서 정리되었던 '청소년사역의 5대 목표들'이 체계적이고, 구체적으로 실천에 옮겨져야 한다. 그런데 이 '5대 목표'는, <표 13> '그리스도교회 공동체 사역과 청소년사역의 목표'의 왼쪽 칸에 있는 상위목표들('그리스도교회 공동체 사역의 목표들')이 나열된 순서에 따라 그 오른쪽 칸에 연관되는 '청소년사역의 목표'가 나란히 도출되어 있었다. '동류항끼리 상하위 목표가 옆으로 나란히' 말이다. 그래서 우리는 <표 13>의 맨 오른쪽에서 청소년사역의 '목표들' 다섯 가지를 읽을 수 있다.

그러나 이 목표들은 실제로 청소년사역의 '추진 단계나 순서'를 고려하지 않고, 오직 <표13>의 왼쪽에 있는 상위목표들에 '짝을 맞추어' 옆으로 나란히 제시되어있을 뿐이다. 그러므로 '체계(단계)적인 사역'을 위해서는 이 목표들이 '사역의 추진단계나 순서'에 맞게 다시 나열될 필요가 있다.

이를 위해서는 우선 '5대 목표들'을 <표 15> '실천적, 체계적으로 재조정한 청소년사역의 목표'와 같이 사역전개과정의 선후관계(단계나 순서)에 따라, 실천적, 단계적으로 조정하여 재배열해야 한다. 그래야 사역목표의 선후관계도 분명해지고, 체계적인 사역의 전개도 가능하게 된다. 즉 <표 15> '실천적, 체계적으로 재조정한 청소년사역의 목표'의 오른쪽 칸에서와 같이, '청소년사역의 5대 목표'는 모든 청소년의 복음화 → 예배자다운 나의 형성: 소명적 자아정체성의 확보 → 그리스도인 청소년의 제자화(일꾼화)→ 청소년 동역자들과 함께 → 사랑과 정의의 '작은 예수' 구현 등의 순서로 '재배치'한다.

표 15 '실천적, 체계적으로 재조정한 청소년사역의 목표'

	<표 13> 오른쪽의 목표 ⇒	순서를 재조정한 목표 <핵심 목표> 그리스도의 성역에 쓰임 받는 일꾼
1	예배자다운 나의 형성: 소명적 자아정체성의 확보	모든 청소년의 복음화
2	그리스도인 청소년의 제자화	예배자다운 나의 형성: 소명적 자아정체성의 확보
3	모든 청소년의 복음화	그리스도인 청소년의 제자화
4	사랑과 정의의 '작은 예수' 구현	청소년 동역자들과 함께
5	청소년 동역자들과 함께	사랑과 정의의 '작은 예수' 구현

갈릴리공방/청소년사역연구개발원

여기 <표 15> '실천적, 체계적으로 재조정한 청소년사역의 목표'에서와 같이 믿지 않는 청소년에게 복음을 전하여, 하나님, 주 예수님, 성령님을 영접하게 한다(모든 청소년의 복음화). 그리고 그들을 양육하고 가르쳐서 하나님께 영과 진리로 예배하며, 삶 전체를 예배로 드리는 나를 형성하게 한다. 소명적 자아정체성을 확보하는 것이다(예배자다운 나의 형성: 소명적 자아정체성의 확보). 그래서 이들 그리스도인 청소년을 제자화한다. '그리스도의 제자'요, '그리스도의 성역에 쓰임 받는 일꾼'으로 세운다. 이와 함께 이들을 그리스도교회 공동체 사역의 동역자로, 또는 사역의 계승자로 삼는다(그리스도인 청소년의 제자화). 교회와 사역자들은 이들 청소년 동역자들과 손잡고 함께 일한다(청소년 동역자들과 함께). 마침내 청소년은 사랑과 정의를 구현하는 '작은 예수'가 되어 사역의 현장에서 섬긴다. 이를 통하여 청소년들은 영적 전쟁의 정병들이 되고, 성결한 자아를 실현하여 하나님 앞에 선다(사랑과 정의의 '작은 예수' 구현). 이래야 청소년사역의 목표는 그 동질적 맥락을 그대로 유지하면서도, 보다 더 실천적, 체계적인 모습을 갖추게 되는 것이다.

'5대 목표'만으로는 막연하므로

그런데 청소년사역의 목표들을 구현하기 위해서는 이렇게 목표들을 나열하는 것만으로는 턱없이 부족하다. 위의 '제1장을 마치면서'에서, "청소년사역의 목적과 목표를 확보한 이 언덕에 올라서서 사역의 손길을 기다리는 저 세상을 내려다보면 우리 앞에는 청소년사역의 새 지평이 눈에 들어온다."라고 했다. 그런데 이 목적과 목표만으로, 과연 눈앞에 '청소년사역의 새 지평'이 드넓게 펼쳐져있음을 확연히 볼 수 있었을까. 아마 그렇지 않았을 것이다. '불명확하던 목적이나 목표가 일목요연하게 체계적으로 규명되었으니, 이제 확신을 가지고 사역을 전개해야겠구나.' 하는 마음이 생겼을지는 몰라도, 그러나 정작 청소년사역의 현장으로 눈을 돌리면, 아직도 안개 속에 가려진 듯 희미하고 뿌옇게만 느껴졌을 것이다.

그렇다. 목적이나 목표는 현실이 아니기 때문에 선명하게 눈에 들어오지 않는다. 그것은 우리에게 사역을 해야 할 이유와 동기를 제공해주고, 지침이 되고, 방향을 제시하고, 기준이 된다. 그러나 그 '내용'이 구체적이고 현실적으로 밝혀져야 그때 비로소 사역의 실제(실체)가 환하게 보이게 되는 것이다.

따라서 두 번째 작업으로는 '사역의 구체적 내용과 방향'들이 보다 실제적(현실적)이고 실천적으로 탐색, 설정되어야 한다. 실제로 사역에서 목표가 없다면 지향하는 바도 없고 추진되는 바도 없어서, 결국 아무 것도 이루지 못하고 아무 곳에도 이르지 못하게 된다. 그러므로 사역에서 목표를 설정하는 것은 매우 중요한 과정이며, 그 사역의 목표를 설정함에 있어서, '하나님의 뜻'을 따라 온전히 목표를 세우는 것은 청소년사역에서도 매우 중요한 과제가 된다.

그런데 목표는 그 자체가 내용과 방향성을 지니는 것이므로, 이 목적과 목표에 따라 사역의 '내용'과 '방향'을 탐색하는 일은 목적과 목표를 명확히 하는 일 못지않게 중요하다.[91]

이를 위하여, 길을 물어가야 하는 여정처럼, 하나님의 뜻에 따라 그 내용과 방향도 잡아야 할 것이라는 점은 너무나도 당연하다. 성경 속에서 보면, 주님의 부르심을 받고 쓰임 받아 일했던 사역자들은 예외 없이, 하나님께 그 뜻하신바 나아가야 할 방향을 여쭙고 일했다. 심지어 그리스도 우리 주 예수님께서도, 아버지 하나님의 뜻을 여쭙고 그 뜻에 따르시기 위하여 밤새워 기도하셨다(눅6:12). 땀이 땅에 떨어지는 핏방울같이 되도록 애써 간절히 기도하셨다(눅22:44). 그러셨으니, 하물며 우리이겠는가.

그러므로 청소년사역의 '내용'이나 '방향' 탐색도, 인간의 발상에 의존하거나, 상황판단만을 근거로 삼지 말아야 한다. 사람의 지식이나 경험에만 내맡기지도 말아야 한다. 인간의 의지나 주변 상황을 뛰어넘어, 주님의 뜻을 확인하기에 힘쓰는 것이 옳다.

더러 우리는 청소년사역의 내용이나 방향을 탐색하는 과정에서 상황판단

---

91 청소년사역의 '내용과 방향'의 탐색을 위하여, 여기 제2장에서는 '내용'을, 그리고 '방향'은 제3장에서 각각 나누어 다루게 된다.

을 해야 하는 경우가 많다. 이는 물론 필요한 일이다. 그러므로 그것은 면밀하고 철저한 것이어야 한다. 그러나 그렇다고 그 것이 전부일 수는 없다. 상황과 사람의 판단은 모두 한계가 있는 것이고, 더군다나 그것은 본질도 아니기 때문이다. 따라서 상황을 판단한다는 것과 사역의 내용을 설정하거나 방향을 지향하는 것은 서로 구별되어야 한다. 우리는 흔들리지 않는 '푯대(빌4:14)'이신 주님의 뜻에 사역의 내용과 방향을 고정fix(히3:1)시켜야 한다. 우리는 '그리스도의 성역에 쓰임 받는 일꾼'들이기 때문이다.

2. 청소년사역의 내용들이 지니는 의미와 특성

청소년사역의 '내용들'을 탐색함에 있어서, 이 '내용들이 지니는 의미와 특성'을 먼저 이해하는 것은 매우 중요한 일이다. 이 내용들은 청소년사역의 특수성, 즉 청소년사역다운 면모를 잘 드러내주며, 청소년사역이 다른 사역들과 구별되는 청소년사역만이 지니는 특수한 모습을 제대로 보여주기 때문이다. 따라서 이 '내용들이 지니는 의미와 특성'을 이해하는 것은 곧 청소년사역의 특수성을 새롭게 확실히 이해하는 계기가 될 수도 있고, 그러한 특수성을 고려하면서 청소년사역의 '내용들'이 주님 안에서 주님 뜻을 따라 탐색될 수 있다. 여기에서는 그 '의미'와 '특성'을 따로 나누어 살펴보고자 한다.

가. 청소년사역의 내용들이 지니는 의미

청소년사역의 내용들이 지니는 '의미'를 살펴보기 위하여, 여기에서는 그 '내용들'이 담고 있는 두드러진 것들, 즉 청소년사역의 과제들, 청소년과 관련된 문제들, 그리고 청소년의 삶의 질 향상과 청소년개발 등을 중점적으로 다루고자 한다.

1) 청소년사역의 과제들

과제의 발굴과 선정의 중요성

첫째, 청소년사역의 내용들은 청소년사역의 목표들을 달성하기 위하여 추진되고 있는 '단위사역單位使役'들을 나열하는 데에만 그치지 않고, 그 내용들 하나하나는 그 자체가 '청소년사역이 감당해야 할 사역의 과제tasks'라는 의미를 지닌다. 청소년사역의 '내용'들이란 결국 청소년사역의 과제들이 무엇인지를 보여주는 것이란 말이다.

너무나도 당연한 말이지만, 청소년사역의 내용들은, 청소년사역의 목표를 달성하기 위해서 교회가 추진해야 할 선결과제 또는 과업들을 그 안에 담게 된다. 그러니까 사역의 '내용'이나 '과제'는 같은 의미로 파악될 수 있다. 이 선결과제나 과업들을 먼저 추진해야 사역의 목표에 도달할 수 있기 때문에, 그 '과제나 과업들'이 과연 무엇인가에 우리의 관심이 쏠리는 것은 당연하다. 그 과제들의 성격이 곧 사역의 성격을 좌우하게 되고, 사역의 방향을 예고하기도 하기 때문이며, 그 과제의 수준과 깊이에 따라 사역 추진과정의 난이도를 예측해볼 수도 있기 때문이다.

그래서 과제들은 더러는 사역자들의 공감을 불러일으키기도 하고, 더러는 문제의식과 참여의식을 고취시키기도 한다. 그래서 이 과제들은 그 자체가 그리스도교회 공동체 사역의 정책대상이 되기도 하고, 청소년사역을 연구, 개발하는 이들에게는 연구과제가 되기도 한다. 그래서 그 과제들이 실천을 전제로 연구, 검토, 기획되어서 마침내 사역현장에서 그 모습을 드러내는 것이다. 이때 그것을 '사역의 내용contents of work-service'이라고 부르게 된다.

그런데 만약에, 제시된 선결과제나 과업이 없거나 부실하게 되면, 정책도 연구도, 검토나 기획도 덩달아 유명무실하게 되고 말 것이다. '사역을 위한 기도 제목'이 없는 셈이다. 그렇게 되면 청소년사역은 결국 제자리걸음만 반복하거나 퇴보할 따름이고, 사역의 생명력도 잃게 될 것이다. 꿈꾸고, 기도하고, 힘쓰지 않는 자에게는 결코 오늘도, 내일도 없는 법이니까. 반면에 활발하고, 폭넓고, 의미 있는 과업탐색이 지속되어서 새로운 과제들이 줄기차게 제시된다면, 이는 청소년사역에 생동감을 불어넣게 될 것이고, 이 제시된 과제들은 사역추진에 필요한 '수단의 개발'에도 박차를 가하게 하고, '사역행동에 동기를 부여하는 역할motivation'도 하게 될 것이다.

그러므로 청소년사역의 내용이 될 과제의 질적, 양적 상태에 따라 청소년사역의 질적, 양적 수준에도 차이가 발생하게 된다는 점에 유념할 필요가 있다. '양질의 다양한 과제 발굴'이, 즉 '청소년사역을 위하여 하나님께 간구할 기도제목들의 탐색'이 사역목표의 추진에 결정적인 역할을 하게 된다는 그 중요성을 꼭 명심해야 한다.

편중(편향)된 과제발굴은 피해야

이와 함께, 편중된 과제의 발굴은 편중(편향)된 사역을 초래한다는 점도 경계해야 한다. 편중 또는 편향된 사역은 결과적으로 사역의 총체적 완성에 장해가 되기 때문이다. '청소년사역의 5대 목표들'을 모두 다 온전히 달성하기 위해서는, '목표를 달성하기 위한 사역의 내용들'이 고루고루 발굴, 추진되어야 한다. 가령 '우리 교회는 5대 목표들 중에서 이러이러한 것만을 선정해서 거기에 역점을 두고 있다'는 식으로 말한다면, 이것을 잘 하는 일 또는 자랑스러운 표현이라고 받아들이기에는 다소 무리가 있다. 그것은 스스로 편중(편향)된 사역을 하고 있노라고 시인하는 것과 다를 바 없기 때문이다.

여기에는 교회들의 고충이 있다. 5대 목표를 한꺼번에 다 수용해서 추진할 수 없다는 '현실적인 판단' 위에 서있기 때문이다. 그래서 '사역의 내용' 즉 '과제의 발굴이나 선정' 자체를 아예 처음서부터 '축소'하고, 어느 가능하다고 여겨지는 부분만을 '선택'하고, 거기에만 '집중'하고 마는 경우가 많다. 이런 경우, 대부분의 교회들은 늘 해왔던 것처럼, 대체로 교육사역과 관련된 영역에 치중한다. 너무나도 당연하다는 듯이, 별다른 문제의식 없이 청소년사역은 그냥 그렇게 교육사역 영역의 프로그램만으로 충당되어버린다. 그리고 이러한 추세가 상당히 많은 교회들에서 그대로 지속되고 있는 실정이다.

이것은 교육사역 영역이 중요하지 않다고 말하고 있는 것이 결코 아니다. '편중(편향)된 경향이 고착되어 있는 현상'을 문제시하고 있는 것일 뿐이다. 그러다가 어느덧 '청소년사역은 곧 교육사역'인 것처럼 굳어져버린다. 그래서 누군가가 '청소년사역의 또 다른 세계' 즉 '교육사역 영역이외의 새로운 청소년사역'을 말하면, 마치 생뚱맞은 소리라도 들은 것처럼 거부반응을 보이거나, 그냥 흘려듣고 마는 지경에 이르러있다.

이러한 현상은 근본적으로 청소년사역의 목표가 무엇인지조차 교회 안에 제대로 규명되어 있지 않았기 때문이다. 모르는 상태에서 빚어진 사역의 편중(편향)성은 어쩔 수 없는 일이었다고 치더라도, 그러나 이제 청소년사역의 목적과 목표가 규명된 상태에서 청소년사역은 더 이상 편중(편향)된 사역만을 고집해서는 안 된다. 알고도 한쪽에만 치우친다면 그것은 하나님의 뜻에 역행하는 것이다. 더 이상 앞서하던 일을 답습만 하거나, 물려받은 '경험적 과제'만 만지작거리면서 사역한답시고 안주하지 말아야 한다. 그 누구도, '그리스도의 성역에 쓰임 받는 일꾼 : 청소년', 그들의 참여의 길을 가로막거나 오도誤導하지도 말아야 한다.

지금은, 그리스도교회 공동체의 청소년사역을 진작시키는 데에 기여할 과제발굴이, 사역의 목표를 달성하기 위한 선결과제나 실천과업의 진지한 탐색과 개발이 시급하게 요망되는 시점이다. 그 과제들을 청소년사역의 '내용' 속에 차곡차곡 담아야 한다. 무엇을 그릇(내용)에 담느냐에 따라, 하나님의 축복의 내용과 분량도 달라질 것이기 때문이다.

2) 청소년과 관련된 문제들

교회의 관점, 입장, 태도가 표출되는 일

둘째, 청소년사역의 내용들은 그리스도교회 공동체 사역의 관점에서, '청소년과 관련된 문제들'이 무엇인지, 그리고 그러한 '문제들'에 대한 교회의 입장은 어떤 것인지를 보여주게 된다. 청소년사역의 내용들은 교회의 다른 사역들과는 달리 특히 '청소년과 관련된 사역'의 내용들로 채워지고, 그 내용들 중에는 '청소년과 관련된 문제들'과 밀접하게 잇닿아 있는 내용들이 많이 담겨진다. 청소년사역 그 자체가 청소년기를 지나는 '청소년과 관련된 사역'이고, 그 '청소년과 관련된 문제들'이 교회 안팎에는 그만큼 많기 때문이다.

그런데 그리스도교회 공동체 사역의 내용 속에 이 민감한 '청소년과 관련된 문제'들이 포함된다는 것은 교회적으로나 사회적으로 더 더욱 민감한 일이 아닐 수 없다. 그 내용 속에는 '문제를' 바라보는 교회의 관점과 그에 대한 교회의 입장이나 태도가 저절로 표출되기 때문이다. 만약에 교회가 '청소년과 관련된 문제들'에 대해서 올바른 식견과 태도를 확보하고 있다면, 청소년사역은 청소년 개개인은 물론, 가정과 사회에도 큰 도움을 주고 모범이 될 것이다. 또한 교회가 시대를 앞서가고 교회가 사회의 견해들이나 행동들보다 탁월한 시야나 효과적인 방책을 지니고 있는 것으로 이해된다면, '교회의 청소년정책'은 사회적 귀감이 되어 사회를 선도先導하게 될 것이다.

그러므로 청소년사역의 내용 속에 필연적으로 등장할 수밖에 없는 '청소년과 관련된 문제들'에 대한 교회의 관점, 입장이나 태도는 섬세하게 설정되고 온전히 실행되어야 한다. 맹인이 맹인을 인도하는 것(마15:14, 눅6:39) 같은 세상을 교회가 뒤따라가는 것이 아니라, 시대를 앞서 사회를 이끌어가는 교회가 되어야 마땅하다.

청소년문제에 관한 올바른 견해

흔히들 청소년문제靑少年問題라고 하면 곧바로 '철부지한 청소년들이 철딱서니 없는 짓을 저지르는 것'을 연상한다. 이른바 청소년의 일탈행동, 즉 청소년 범죄와 비행 등, 청소년이 사회 속에서 빚어내는 '사회적인 골칫거리'를 청소년문제라고 일컫는 경향이 많다. 그것은 실제로 청소년들이 개인적으로든, 가정과 사회 속에서든 우려할 만한 부적응행동을 많이 일으키고 있기 때문이다. 실제로 이러한 청소년 부적응행동不適應行動[92]은 심각한 양상으로 확산, 심화되고 있다. 심지어는 이러한 행동들이 나이 어린 아이들에게까지도 번지고, 어른 뺨칠 정도로 섬뜩한 짓을 저지르기도 한다. 이것이 우리의 '현실'이기 때문에, '청소년'이라는 말만 들어도 머리부터 절레절레 흔드는 세상이 되어버린 듯하다. 그래서 '청소년문제'라 하면, 더욱 '골치 아픈 문제'로만 여겨질 수밖에 없는 노릇인 것 같다.

그러나 '청소년문제'라는 용어는 그리 어둡고 부정적인 뜻만 지니고 있는 것이 아니다. 청소년문제의 어두운 '현실적 상황'만을 말할 것이 아니라, '긍정적이고 적극적이며 진취적인, 청소년과 관련된 문제들'도 곰곰이 생각해 볼 필요가 있다. 청소년문제에 관한 올바른 견해가 문제해결의 올바른 길잡이 노릇을 할 것이기 때문이다.

다양한 의미의 '청소년문제'들

청소년문제라는 용어가 지니는 다양한 의미를 제대로 이해하는 것이 바로 이 '문제'에 접근하는 첫 번째 할 일이다. '청소년문제'라는 용어는 어두운 의미만을 지니는 낱말이 아니다. 다양한 모습으로, 전혀 서로 다른 의미로, 파악되는 용어이다

첫째, 청소년문제에는 '청소년 자신의 문제' 즉 '청소년이 문제로 여기는 개인적 문제personal troubles'가 있다. 가령, 학업성적과 관련된 고민이나 친구관

---

[92] 이른바 '청소년의 일탈과 비행' 등은 '청소년이 일으키는' 문제행동이지만, 그 원인과 배경에는 사회적(환경적) 요인이 훨씬 더 강하게 작용하고 있는 것이므로, 청소년을 문제시하기보다는 청소년이 오히려 피해자일 수도 있다는 점을 강조하고, 청소년을 보호하며, '사회적(환경적) 책임'을 부각시키기 위해서, 여기에서는 일탈, 즉 범죄나 비행 따위의 살벌한 용어보다는 '청소년 부적응행동maladjustive behavior'이라는 표현을 사용하고자 한다. 그리고 일반적으로 사용하는 '청소년의 일탈과 비행'이라는 표현은 잘못 사용되고 있는 것이므로, 이 글에서는 청소년 부적응행동(일탈deviant behavior 즉 범죄와 비행juvenile crime and delinquency)으로 바로잡아 쓴다. 일탈과 비행은 동격이 아니라, 일탈 속에 범죄와 비행이 포함되는 것이 옳은 이법이기 때문이다.

계 때문에 생긴 개인적인 고민이라든지, 체력이 달려서 공부하기가 힘들거나, 시력이 좋지 않아서 악보나 칠판글씨가 잘 보이지 않는다든지, 자연계로 진학할지 인문계로 진학할지 갈등을 느끼고 있다면, 이것들은 청소년의 개인적인 '문제'이다. 그것은 자연스럽고, 이 무렵의 청소년들이라면 누구에게나 있을 수 있는 '문제'이다. 이런 문제를 느끼고 있다고 해서 이 청소년이 '문제아'는 결코 아니다. 그러니까 나무랄 일도 아니다. 그렇다고 방치해둘 일도 아니다. 관심을 가져줘야 하고, 해결할(될) 수 있도록 도와야 할 '문제'이다. 그러니까 이것도 '청소년문제'이다.

둘째, 청소년문제는 '청소년과 관련된 사회적 문제social problems'이기도 하다. 가령, 학교에서 단체급식을 하는 것은 가정과 사회의 큰 관심거리이다. 그런데 이 학교급식 때문에 청소년들이 비만해지기 시작했다는 주장이 있다면, 이것은 당장에 사회적으로 중요한 사안이 된다. 또 만약에 학교급식 때문에 식중독으로 고생하는 청소년들이 발생했다면, 이것은 즉시 사회적으로 문제가 된다. 이것은 청소년이 문제를 일으킨 것이 아니다. 청소년과 관련이 있는 것은 분명한데, 그러나 청소년에게는 아무런 책임이 없다. 오히려 청소년은 피해자이다. 이렇게 청소년에게 아무런 잘못이 없어도 사회적으로는 청소년과 관련된 일이므로, '청소년문제'의 하나로 분류된다.

셋째, 청소년문제는 '청소년이 빚어내는 사회적 골칫거리social troubles'를 일컫는 용어이기도 하다. 대체로 지금 우리 사회 속에서는 청소년의 이런 모습들 때문에, '청소년문제'하면 곧 '골치 아픈 일'이라고 여기는 경향이 생겼을 것이다. 이른바 일탈행동, 즉 청소년 부적응행동 등과 같은 청소년이 빚어내는 '사회적인 골칫거리'들 때문에 '청소년'이나 '청소년문제'에 대한 전반적인 인상이 부정적으로 자리를 잡은 것으로 보인다. 이러한 청소년의 '부적응행동'은 확실히 우리사회 속에서 심각한 사회적 문제임에 틀림없다. 그래서 이것도 '청소년문제'의 하나[93]로 분류된다.

---

[93] 그런데 이러한 청소년 부적응행동의 원인이나 배경에는 반드시 청소년을 충동하는 외부의 환경이

넷째, 청소년문제는 '청소년을 위해서 국가사회나 교회가 적극적으로 해결해줘야 할 문제social tasks'를 일컫기도 한다. 가령, 군에 입대한 청(소)년은 군복무를 하는 동안에 외부와 단절된 듯한 느낌을 갖는다. 그것은 군복무를 하려면 사랑하는 가족과 친지들로부터 공간적으로 격리되어 있어야 하기 때문에 당연한 노릇이다. 그러나 당사자의 입장에서 보면 갑갑하고, 외롭고, 그립고, 그래서 더러는 불안하고 불만족스럽기도 하다. 그렇지만 그가 그런 느낌을 갖게 된다고 해서 '문제의 병사'는 결코 아니다. 군복무를 소홀히 하는 것도 아니다. 병영 내에서 말썽을 부리거나 문제를 일으키지도 않는다. 그렇다고 국가사회나 군 당국이 이런 상황이나 고충을 모른 체 할 일만도 아니다. '여기는 군대니까 참아라.'고만 할 수 없는 '문제'이다. 병사들의 그런 상황이나 고충을 해결해주기 위해서 뭔가 적절한 조치를 취해주는 것이 바람직하다.

이와 같이 청소년들에게는 보다 더 적극적으로 사회(부모, 어른, 교회 등)가 해결해줘야 할 과제들이 있다. 청소년의 인권이나 복지, 그리고 참여 등과 같은 것이 그것이다. 그것은 인정되고 보장되고 향상될수록 청소년에게 좋은 일이므로, 청소년이 요구하기 전에 사회가 이를 긍정적인 관점에서 적극적으로 해결해줄 필요가 있는 '문제(과업)'이다. 이렇게 청소년을 지원하고 육성하기 위한 적극적이고 발전지향적인 '문제'도 사회적으로 다뤄야 할 '청소년문제'의 범주에 들어가는 것이다.

용어사용에 각별한 주의를

위에서 보는 바와 같이 '청소년문제'는 다양하고 폭넓은 의미를 지니는 용어이다. 개인적인 문제에서부터 긍정적이고 적극적인 문제나 어둡고 부정적인 의미의 문제에 이르기까지, '청소년문제'가 지니는 의미는 참으로 다양하다. 그

관련되어 있음을 잊어서는 안 된다. 그것이 사람이건 사회문화적인 환경이건 간에, 청소년으로 하여금 문제를 일으키도록 하는 것은 외부적 요인이지, 처음부터 청소년이 스스로 문제를 일으키는 요인을 지니고 있었던 것은 아니다. 따라서 엄밀한 의미에서 청소년은 피해자이지, 가해자나 문제아가 아니다. 그러므로 청소년이나 청소년문제에 대한 부정적인 선입관이나 편견은 꼭 버려야 한다.

러므로 올바른 청소년사역을 위해서는 '청소년문제에 대한 올바른 견해'를 먼저 확보해야 한다. 이 용어에 대한 지금까지의 선입관이나 편견도 버려야 한다. 고개부터 절레절레 흔들 일이 아니다. 부정적인 의미만을 지닌 용어로 받아들여도 안 되고, 그렇게만 사용해버려도 안 된다.

따라서 '청소년문제'라는 용어를 사용할 때에는 각별한 주의를 기울여야 한다. 그리고 이 폭넓은 의미를 지니는 용어를 내가 지금 어떤 뜻으로 사용하고 있는지를 분명히 인식하면서 사용하는 것이, 우리의 '청소년들에 대한 올바른 도리요, 예의'일 것이다. 청소년에 대한 '각별한 배려와 폭넓은 관용'은 사역자들에게 필수적인 요소일 테니까.

특히 부정적 의미에서 '청소년문제'라는 용어를 사용해야 할 경우에는 이 글에서 '청소년 부적응행동'이라는 용어를 일부러 사용하고 있는 것처럼, 청소년에게 불이익을 주거나 불필요한 선입관을 조장할 만한 표현을 삼가는 것이 청소년을 돕는 길이다. '청소년문제'라는 용어를 부정적 의미로만 쓰면 부정적인 측면에서만 청소년을 바라보게 되고, 그래서 그것은 결과적으로 청소년에 대한 좋지 않은 편견이나 선입관을 낳을 수도 있기 때문이다.

청소년문제의 원인과 배경에도 관심을

다음으로 우리는 청소년 부적응행동을 비롯한 갖가지 사회적으로 문제시되는 '청소년문제의 원인과 배경'에도 관심을 가져야 한다. 이러한 성질의 문제는 대체로 '청소년이 일으키는 문제'들이고, 그 양상이 심각한 경우도 많다. 그러다보니 '청소년은 곧 골치 아픈 아이들'로 낙인labelling찍혀버린다. 그러나 그들을 변호하거나 그들의 입장을 대변하려는 목소리는 사회 속에 그리 많지 않다. 그저 툭하면 '되먹지 못한 녀석들'이라고 손가락질만 돌아온다.

이런 사회적 분위기에 익숙한 청소년들은 덩달아 '우리는 골치 아픈 아이들'로, 스스로를 그렇게 여겨버리는 경향마저 생겨날 수도 있다. 그래서 '기왕 그렇게 된 걸, 난들 어쩌겠는가. 나도 모르겠다.'는 생각이 그를 사로잡아, 불쑥 엉뚱한 일을 더 저질러버릴 수도 있다. 그래서 '이유를 찾기조차 힘든' 청소년 부적응행동을, '묻지 마식의 부적응행동들'을, 우리는 주변에서 오늘도 많이 보게 된다.[94]

물론 이러한 경향은 청소년 부적응행동의 원인과 배경을 모두 다 설명해주는 것은 아니지만, 이러한 행동의 배경에는, 청소년 자신이 아닌, 다른 수많은 '외부적 요인'들이 작용하고 있음을 꼭 유념해야 할 것이다. 실제로 청소년 부적응행동과 관련한 많은 이론들은 문제발생의 원인이 청소년 자신에게 있다기보다는, 외부적 요인, 특히 경제사회적인 또는 사회문화적인 환경요인들이 더 강하게 작용하고 있다는 점을 지적하고 있다.[95] 그래서 이른바 '문제의 청소년'은 오히려 피해자이고, 외부적인 환경요인으로서의 '어른들과 유해환경'이 곧 가해자이며 문제발생의 직접, 간접적인 원인임을 밝히고 있다.

아이들을 망쳐놓은 어른들과 유해한 경제 사회 문화적 환경요인들이 청소년 부적응행동을 유발시키는 공동정범共同正犯임을 고발하고 있는 것이다. 말하자면 세상이 온통 오염되어, 거센 탁류처럼 범람하는 속에서 우리의 청소년들이 그 오물을 삼키면서, 허우적거리면서 마냥 떠내려가고 있는 것이다. 퇴폐와 방종에 병든 어른들을 흉내 내다가, 무규범 무질서의 혼탁한 비인간화 현상들을 얼결에 받아들이다가, 우리의 청소년들은 어른도 되기 전에 '문제아'로 병들고 있는 경우가 너무나 많다. 거의 손쓸 겨를도 없이 청소년들은 전염병처럼 번진 '사회적 병폐'들 앞에 노출되어 있고 손쉽게 감염되고 있다. 그래서 이제는 어른이나 젊은이나 다 오염되고 상한 상태(요8:7-9)에서, 누구도 감

---

94 범죄화(犯罪化) 과정을 다룬 이론들 중에서 낙인이론(烙印理論, labelling theory)은, 어떤 사람이 일탈자, 문제아 등의 낙인을 받게 되면, 처음에는 이를 거부(부정)하다가, 이런 지적을 계속 받게 되면, 자신이 범죄자라는 자아개념(self-concept)이 은연중에 형성되어, 마침내 이러한 자아의식이 또 다른 문제행동을 저지르게 할 수도 있음을 지적하고 있다.

95 이와 관련하여 청소년의 유전적, 심리적, 신체적 요인들을 청소년 부적응행동의 요인으로 내세우는 학자들도 있다. 유념해야 할 만한 지적들도 그들의 주장 속에 들어있다. 그렇지만, 우리는 그러한 요인들이 있음에도 불구하고, 이를 잘 극복하면서 자신을 지켜나가는 청소년들이 우리 사회 속에 더 많다는 사례를 얼마든지 볼 수 있기 때문에, 이러한 주장들을 일반화할 수 있는 이론으로 받아들이기는 어렵다.

히 이 엄청난 소용돌이 속에서 우리의 청소년을 구출해낼 엄두조차도 내지 못하고, 발만 동동 굴리며 함께 허우적거리며 안타까워하고 있을 뿐이다.

그러나 그래도, 문제해결의 방책을 제시해야

여기 이 절박한 상황 속에서 유일한 희망은 우리 주 하나님뿐이시다. 그리고 구원의 방주方舟인 하나님의 교회가 이 상황 앞에 당당히 맞서는 길밖에 없다. 비록 감당하기 어렵고 이겨내기 힘든 싸움이지만, 교회는 이 상황에서 몸을 숨겨서는 안 된다. 비록 밑 빠진 독에 물 붓듯이 끝이 없는 악전고투일 것이 분명하지만, 그러나 그래도 교회는 문제해결의 방책을 제시해야 한다. 현장으로 달려 나가서 행동해야 한다. 이것이 오늘 한국 교회를 향하신 하나님의 뜻과 일치하는 일이라고 믿는다. 어차피 우리의 영적 전투는 우리 주님께서 다시 오실 때까지 계속될 것이고, 마침내 우리는 그리스도와 함께 승리할 것이니까.

하나님께서 포기하지 않으시고 여전히 관심을 가지시는 청소년문제를 왜 우리가 힘들다, 귀찮다, 골치 아프다, 바쁘다, 예산 없다 해야 하겠는가. 그리스도 우리 주 예수님께서 친히 십자가희생으로 구원해놓은 영혼들이 세상의 탁류에 휩쓸려 가는데, 이를 바라만 보고 있어야 하는가. 남도 아니고, 우리의 자식들이 강도만난 사람처럼 만신창이가 되어 저 길거리에, 뒷골목에 쓰러져 있는데, 그냥 지나쳐서야 될 일인가. 아니다. 결코 그래서는 안 된다. 더 이상 그런 '성직자'나 '교인'이어서는 안 된다(눅10:31-32). 그것은 '그리스도인의 직무유기'이다. 만약에 교회가 침묵으로만 일관하거나 문제의 핵심을 벗어난 원론적인 말로 변죽만 울리는 데에 그친다면, 교회는 세상을 향한 그의 본분을 다하지 않는 것이다. 빛도, 소금도 아니다. '아무 쓸 데 없어, 다만 밖에 버려져 사람에게 밟힐 뿐(마5:13)'이다.

그러므로 지금은 교회가 청소년문제의 해결을 위한 방책을 제시해야 할 때이다. 교회가 빛다운, 소금다운 역할을 자임自任하고 나서야 할 때이다. 파수군의 나팔을 불고 경종을 울리면서 청소년들의 현장으로 찾아나서야 할 때다.

전능하신 주 우리 하나님의 능력을 힘입어 치유와 보호, 예방과 대처, 육성과 지원을 위한 방책을 세우고, 실제적인 행동을 해야 할 때다. 이를 위하여 그리스도교회 공동체는 이런 다양한 청소년문제의 해결을 위한 방책과 대안들을 '청소년사역의 내용'에 구체적이고 실천적으로 반영, 포함시켜야 한다.

3) 청소년의 삶의 질 향상과 청소년개발

사람답게, 청소년답게, 일꾼답게

셋째, 청소년사역의 내용들은 '오늘, 여기' 청소년의 '삶의 질 향상'과, '내일, 그곳'을 위한 '청소년개발'에 대한 교회의 의지가 어떠한지를 보여주게 된다. 청소년문제 중에서 특히 '긍정적, 적극적, 진취적인 측면에서 청소년을 육성, 지원하려는 문제(과업)', 즉 청소년이 '사람답게, 청소년답게, 일꾼답게' 살 수 있도록 보장하려는 문제에 대한 교회의 자세가 이 '사역의 내용' 속에 드러난다는 말이다. 교회가 앞장서서 추진하려는 의지가 과연 어느 정도인지, 어떤 복안腹案들을 가지고 있는지, 청소년사역의 내용 속에는 그러한 문제들에 대한 교회의 의지와 자세가 그대로 표출되게 마련이기 때문이다.

만약에 한 청소년이 가정, 교회, 학교, 사회 속에서 '사람답게, 청소년답게' 살 수 있도록 그 여건이 보장되고, 또 장차 교회와 사회의 '일꾼답게' 설 수 있도록 오늘, 여기에서 그런 '환경'과 '기회'를 함께 확보하고 있다면, 이 청소년의 오늘은 만족할만한 상태에 있는 것이고 그의 내일은 밝고 바람직하다고 말할 수 있을 것이다. 이렇게 청소년에게 사람답게 살 수 있는 '환경', 즉 '권리'나 '여건'이 보장되고, 내일을 위한 준비가 가능할만한 '기회'가 주어지는 것이 곧 청소년의 권리와 복지의 핵심이다. 그러므로 우리의 자녀요, 교회와 사회의 일꾼인 청소년들이 그런 권리와 복지를 누리도록 보살핌을 받아야 마땅하므로, 교회는 바로 이런 점에 더욱 유념하고 힘써야 할 것이 요망된다.

물론 교회들은 이 분야에서 사회의 모범이 되어왔다. 그리스도인가정과 학교가 그 모범을 보여 왔고, 교회의 선교역사의 발자취들이 또한 이를 잘 보여 주고 있다. 자랑스러운 일이고, 감사한 일이 아닐 수 없다. 그것은 일찍이 우리 주님께서 자라나는 세대들에게 '우선적이며 각별한 관심'을 보이셨던 그 주님의 모습(막10:13-16)을 닮은 일이기에, 이는 참으로 아름답고 복된 일이다.

그런데 지금도 교회가 이런 관심과 배려와 지원을 우리의 청소년들에게 쏟고 있다고 자부할 수 있는가 하는 점에 대해서 심각히 우리 자신들을 되돌아볼 필요가 있다. 그리고 '지금과 같은 상태에서 우리의 청소년들이 자라면, 장차 교회의 일꾼답게 우뚝 설 수 있을 것인가'에 대해서도 면밀히 따져보아야 한다. 그러므로 교회는 이 분야의 사역이 더 확장되고 심화되도록 노력해야 하고, 그것이 '청소년사역의 내용' 속에 확연히, 구체적이고 실천적으로 드러나 있도록 이를 반영해야 한다. 오늘, 여기 청소년의 삶의 질을 향상시키려는 교회의 의지가 주님의 뜻을 따라 더욱 확고하게 사역의 내용 속에 담겨야 하고, 그래서 '일관되고 지속적으로, 창의적이고 효율적으로' 이 분야의 사역이 추진되어야 할 것이다.

청소년개발, 청소년인간자원개발

그런데, 지금 지구촌의 각 지역과 국가들과 국제기구들은 '청소년의 인권, 복지, 참여'의 중요성과 필요성에 대한 인식을 새롭게 하고, 이 분야의 다양한 '행동프로그램들'을 활발히 전개하고 있다. 그리고 이와 함께 청소년개발 또는 청소년 인간자원개발에 온 힘을 기울이고 있는 추세이다.

개인적인 수준에서건 교회와 사회의 수준에서건, 청소년을 개발하여 그들이 사람답게, 일꾼답게 살아갈 수 있도록 하는 사역, 즉 '오늘, 여기, 청소년의 삶의 질 향상'과 '내일, 그곳을 향한 청소년개발'을 위한 사역은 매우 중요한 일이다. 그러므로 청소년의 인권, 복지, 참여는, 그리스도교회 공동체 사역에서도, 그리고 사회적으로도 '공통의 현안'으로 등장해있는 셈이다.

따라서 교회도 더 늦기 전에 이 분야에 '사역의 불'을 지펴야 한다. 세상 따라

잡기에 급급한 교회가 되지 않으려면, 세상을 앞서가는 선지자적인 교회의 사명을 다하려면, 교회는 청소년사역의 내용 속에 이 분야에 대한 실천적 의지를 확고하게 담아놓아야 한다. 그리고 청소년이 하나님의 자녀요 그리스도의 성역에 쓰임 받는 일꾼으로서 그 능력을 제대로 발휘할 수 있도록, 교회는 말씀 안에서 '새로운 접근방식, 새로운 경계설정, 새로운 사역체계'를 마련하기 위한 노력[96]을 시급히 강화해야 할 것이다.

나. 청소년사역의 내용들이 지니는 특성

위에서 우리는 청소년사역의 '내용'들이 어떤 '의미'를 지니는지를 크게 세 가지로 나눠서 살펴보았다. 그러면 이제는 그 내용들이 어떤 '특성'을 지니는지도 살펴보자. 이 특성들을 이해하는 것은 곧 청소년사역의 특성을 파악하는 것과도 같은 일이기 때문이다. 여기에서는 청소년사역의 내용이 지니는 특성을 '교회와 사회가 맞닿는 일들', '세상에 드러나는 교회의 역량', '역사와 사회를 향한 교회의 메시지', 그리고 '여기, 오늘, 교회의 신앙고백' 등으로 나누어 살펴보고자 한다.

1) 교회와 사회의 경계가 맞닿는 일들

청소년사역의 내용들 속에는 첫째, 교회와 사회의 경계가 맞닿는 일들이 많다는 특징을 지닌다. 그것은 청소년사역이 '청소년과 관련된 사역'이고, 그 '청소년'이 가정과 학교와 일터와 지역사회 속에서 살고 있기 때문에, 교회의 다른 사역들보다는 훨씬 많은 부문에서 '사회'와 그 경계가 맞닿게 된다는 특성을 보인다. 그래서 청소년사역의 내용은 사회에 공개되는(드러나는) 경우가 많

---

[96] 여기에서 '청소년의 삶의 질 향상'과, '청소년 인간자원개발'의 방향으로 제시한 새로운 접근방식, 새로운 경계설정, 새로운 사역체계를 마련하기 위한 노력은 범교파적(교단적)으로 추진될 것이 요망되는 일이지만, 개별교회들이나 관련기구 등의 개별적인 노력도 아울러 전개될 것이 요망된다.

다. 일부러 공개하지 않더라도, 세상 사람들은 교회가 사회 속에서 전개하는 청소년사역의 '내용'을 훤히 들여다보게 된다. 그 과정에서 '교회의 실체'가 드러나고, '교회와 사회의 차이'도 드러난다. 그래서 바로 이때에 '매우 의미 있고 중요한 만남'(접촉)이 교회와 사회 사이에 형성된다.

이 교회와 사회의 만남에서 만약에 '교회다움'이나 '거룩함과 생명력' 등이 사회와 맞닿는다면, 청소년사역은 자체의 사역효과는 물론 그 이상의 부수적인 효과까지도 얻게 될 수 있다. 그러나 만약에 교회의 사역내용이 허술하고 성의도 없고 어설퍼서, '사회나 교회나 다를 바가 없어 보인다'고 사회가 판단하게 된다면, 사역은 차라리 하지 않음만도 못하게 될 것이다. 또한 교회가 사회에 대하여 '친화적이고 유익한 존재'로 인식된다면, 교회와 사회의 상호관계의 형성, 유지, 발전에 바람직한 분위기가 조성되고, 선교(전도)의 문도 열리게 될 것이다. 그러나 만약에 교회와 사회의 '차이'가 물과 기름처럼 이질적이고 배타적이며, 유해한 것으로 세상 사람들에게 인식된다면, 이 차이점은 곧바로 사역의 암초요 장벽이 되고 말 것이다.

그러므로 교회와 사회의 경계가 맞닿는 일들이 많다는 특징을 지니는 청소년사역의 내용은, 특히 사회를 향하여 사역이 전개되는 경우 더욱 철저하고 신중하며, '뱀같이 지혜롭고, 비둘기 같이 순결'하게(마10:16) 마련되어야 할 것이다.

2) 세상에 드러나는 교회의 역량

청소년사역의 내용들은 둘째, 교회의 역량이 세상에 드러나는 계기가 된다는 특징을 지닌다. 사역은 하나님께서 친히 함께 일하시는 하나님의 일, 하나님나라의 일이기 때문에, 사역과 세상과의 만남이 이루어지게 되면, 거기에는 세상 사람들도 '하나님의 능력' 또는 '교회의 역량'을 실제로 확인할 수 있는 기회가 주어진다. 특히 청소년사역은 청소년 또는 청소년과 함께하는 사람들[97] 속에서 전개되는 '현장사역field work-service'이라는 특성이 강하기 때문에, 이 현장에서 교회의 역량은 시험대에 오르는 것이나 다름없는 상황에 놓이게 된다.

이 현장에서 만약에 청소년사역을 체험하는 사람들이 교회의 역량을 새롭게, 진지하게 바라보게 된다면, 이 현장사역은 하나님의 임재와 권능이 드러나는 체험의 장이 될 것이다. 그래서 '모든 청소년의 복음화'라는 청소년사역의 첫 번째 목표를 구현하는 데에 크게 기여하게 될 뿐만 아니라, 하나님께 많은 영광을 '교회 밖의 현장'에서도 올려드리게 될 것이다.

그런데 만약에서 이 현장에서, 말만하는 교회, 종이호랑이 같은 무기력한 교회, 흥미도 유익도 주지 못하는 청소년사역이라는 인상을 남기게 된다면, 그 사역은 차라리 현장으로 나가지 말았어야 할 일이 아니겠는가. 따라서 현장으로 나가야 할 사역, 교회의 역량을 세상에 드러내는 청소년현장사역은 더욱 기도와 말씀과 성령님의 충만하신 임재로써 그 내용을 충실히 마련하며, 온전하고 치밀하게 준비할 것이 요망된다.

3) 역사와 사회를 향한 교회의 메시지

청소년사역의 내용들 속에는 셋째, 역사와 사회를 향한 교회의 메시지가 담겨져 있다는 특징이 있다. 무릇 '교회 밖을 향한 사역' 속에는 교회의 메시지가 담겨있기 마련이다. 특히 청소년사역의 경우는 지금 역사적으로나 사회적으로 '청소년'과 '청소년문제들'에 대한 관심이 크게 집중되고 있는 상황이기 때문에 더욱 그렇다. 그러므로 교회가 사회 속에 들어가서 청소년사역을 하게 된다면, 사회는 그 사역 속에 담긴 '교회의 메시지'를 예의주시하게 될 것이다. 교회는 전능하신 우리 주 여호와 하나님의 이름으로, 주 예수 그리스도의 이

---

[97] 여기에서 '청소년과 함께하는 사람들'이란, 청소년을 위해서 또는 청소년과 함께하는 사역자들을 말하는 것이 아니라, '청소년과 함께 살고 있는 사람들' 즉 가족이나 또래들, 이웃주민 등과 같은 불특정다수를 의미하는 것이다.

름으로 세상에 나서기 때문에 더욱 그렇다.

그 사역의 현장 속에는 어둡고 사악한 영적세력들도 끼어 있어서, 무슨 꼬투리라도 잡아 훼방하려고 기회를 엿볼 것이다. 청소년, 청소년문제 때문에 근심하거나 고전하던 이들도 끼어있어서, 혹시 교회가 청소년문제해결의 실마리를 풀어주지 않을까 하고 사역의 현장과 그 내용을 관찰(예의주시)하게도 될 것이다.

만약, 이 청소년현장사역 속에 시대와 세상을 향한 참 위로와 평강, 큰 능력과 산 소망의 메시지가 담긴다면, 그 메시지는 역사의 새벽을 알리는, 세상을 흔들어 깨우는 큰 기쁨의 좋은 소식(눅2:10), 즉 복음이 선파되는 위대하고도 아름다운 현장이 될 것이다. 그 사역의 메시지 속에 어둡고 사악한 영적세력의 잔악함과 거짓됨을 드러내는 경종이 울려서, 억눌리고 오염되었던 영혼들이 회개하고 주님 품으로 돌아와 참 자유와 해방을 맛보게 된다면, 주님께서 '성령으로 또다시 크게 기뻐하실 것(눅10:21)'이다.

그러나 반대로, 세상의 평가가 염려되고 혹시 실수라도 할까 두려워서 주저주저하다가 외부지향적인 청소년현장사역을 아예 추진하지도 않고 주저앉아 버린다면, 그래서 꿀 먹은 벙어리 같은 교회, 세상 따라잡기에 바쁜 교회, 뒷북이나 치는 교회가 되고 만다면, "너희 빛이 사람 앞에 비치게 하여, 그들로 너희 착한 행실을 보고, 하늘에 계신 너희 아버지께 영광을 돌리게 하라(마5:16)."라고 하시던 주님의 명령을 받들어 섬길 기회는 '주님 다시 오시는 그날까지도' 영영 주어지지 않을 것이다.

그러므로 청소년사역은 주님께서 사역자들을 현장으로 파송하시면서 "사람을 삼가라. 염려하지 말(마10:17, 19)."라고 하시던 말씀을 따라, 담대하게 역사와 사회를 향한 교회의 메시지를 전달할 준비를 해야 한다. "내가 세상 끝날까지 너희와 항상 함께 있으리라(마28:20)."라고 하시던 주님의 약속에 의지하여, 청소년사역은 오늘도 '영문 밖으로 나갈 준비(히13:12-13)'에 만전을 기해야 한다.

4) 여기, 오늘, 교회의 신앙고백

청소년사역의 내용은 넷째, 여기, 오늘 '한국교회의 신앙고백'을 고스란히 담게 된다는 특성이 있다. 그리스도교회 공동체의 모든 사역은 그 자체가 하나의 예배행위요, 하나님께 대한 신앙고백이다. 사역은 일꾼(사역자)인 내(교회)가 하나님의 부르심 앞에 서서, 하나님의 말씀을 듣고, 이를 어떻게 '오늘, 여기'에서 구현해나가고자 하는지에 관한 나(교회)의 믿음, 나(교회)의 태도가 드러나게 마련이다. 그러므로 사역은 하나님께 대한 나(교회)의 신앙고백을 행동으로 옮기기 위해서 올려드리는 출사표出師表와도 같은 것이고, 그래서 주님의 재가裁可를 받고, 나가서 일하는 것이나 마찬가지다. 따라서 사역의 내용 속에는 하나님께서 인정하시고 받으실 만한 신앙고백, 즉 '한 처음, 그 분'에 대한 믿음과 소명의식이 '오늘, 여기'에 대한 사랑과 창조적 고뇌가, 그리고 '내일, 그곳'에 대한 소망과 참 꿈vision이 고스란히 담겨 있어야 한다. 그리고 그 신앙고백이 세상을 향해서도 나팔소리처럼 울려 퍼지고 있어야 한다.

그러려면 사역의 행동목표와 방향이 '여기, 오늘'을 향하신 하나님의 뜻에 맞게 작성되어야 할 것은 너무나도 당연한 노릇이다. 청소년사역도 이와 마찬가지다. 청소년사역의 내용 속에는, '여기, 오늘을 사는 청소년을 향하신 주님의 뜻'이 무엇인지를 우리가 어떻게 이해하고 있는지, 그리고 그 뜻을 어떻게 실행하고자 하는지 그 믿음과 태도가 나타나게 마련이다. 더러는 "주여, 내가 여기 있사오니 나를 보내소서(사6:8)."라고 할 것이다. 그런 그에게는 적극적이고 진취적이며, 행동지향적인 사역(자)의 태도가 나타난다. 주님의 말씀을 그대로 믿고 '준비된 일꾼'은, 그 태도 속에 하나님께서 기뻐하실 만한 신앙고백을 간직하고 있다. 그래서 주님께서는 "가서 이 백성에게 일러라(사6:9)."고 하시고, 그에게 사명을 주시며 일꾼으로 삼아 파송하실 것이다.

그러나 더러는 "이곳은 빈들이요 때도 이미 저물었으니 무리를 보내소서(마14:15)."라고, 소극적이고 부정적이며 회피적인 태도를 드러낼 것이다. 주님에 대한 믿음 없이 주님의 뜻을 제대로 헤아리지도 않고, 사람의 생각만으로 현장사역을 회피하려는 태도에 대해서 주님께서는 오늘도 단호하게 말씀하실 것이다. "그들을 보낼 것 없이 너희가 먹을 것을 주어라(<공동> 마14:16).''고. 그것도 '너희가 직접 주어라'고, 게으르고 나약한 일꾼(교회)들을 향해서 그렇게 힘주어 말씀하실 것이다.

이처럼 사역의 내용 속에서 우리는 주님을 향하여 은연중에, 그것이 어떤 종류의 신앙고백이건 우리의 믿음과 태도를 드러낸다. 그리고 그것을 하나님께서는 '불꽃같은 눈(<공동>계2:18)'으로 보고 계신다. 사역은 하나님께 드리는 예배행위라고 한다면, 청소년사역 속에 담긴 '여기, 오늘' 한국교회의 신앙고백도, 주 하나님께서 기뻐 받으실 만한 향내 나는 제물(빌4:18)로 가득해야 할 것 아닌가.

제2절 청소년사역 내용의 분류와 발굴[98]

1. 청소년사역 내용의 분류

가. 사역 내용의 유효한 분류를 위하여

얽히고설킨 사역내용들의 '유효한 분류'

위의 제1절에서 살펴 본 바와 같이 청소년사역의 내용은 매우 중요한 의미와 특성들을 지니고 있으므로, 그 내용은 진지하고 섬세하게 탐색, 발굴되어야 할 것이다.

그런데, 여기 제2절에서 발굴할 청소년사역의 내용은 그리 단출하지만은 않을 것 같다. 왜냐하면, 우선 그 상위 개념인 '청소년사역의 목표'만하더라도 '5대 목표'이다. 그러니 그 목표들의 하위개념인 '내용들'은 보다 더 많을 것이 분명하다. 그리고 '청소년사역을 해야 할 이유'도 이미 '35가지 이유'가 제시되어 있다. 한 가지 이유에서 하나의 '내용(사역거리)'만 나오더라도 사역의 내용은 35가지를 넘어서게 된다. 따라서 이 목표와 이유들로부터 발굴(도출)될 사

---

[98] 여기 제2절 '청소년사역 내용의 분류와 발굴'은 청소년사역 영역에서는 아마도 처음 시도되는 작업일 것으로 짐작된다. 따라서 당연한 논리가 전개되고 있음에도 불구하고, 처음으로 들어보는 내용들이기 때문에, 어딘가 생소하고 난해하고 복잡한 듯한 느낌을 갖게 되는지도 모른다. 그러나 바로 이 대목이 이 글에서 염원하는 '청소년사역의 새 지평'을 열기 위한 '여울목'이요, 그리스도교 '청소년사역론(靑少年使役論)'을 정립하기 위한 하나의 '좁은 문'임을 이해하여, 차근차근 인내심과 관심을 집중하여 함께 살펴주기를 부탁드린다.

역의 내용은 그 가짓수가 많을 것이라고 넉넉히 미루어 짐작할 수 있다. 마치 '줄기와 가지가 많은 나무'(사역)처럼, 그 줄기들(목적과 목표들)에 붙은 가짓수(사역내용)만 해도 참 많을 것 같다. 또한 이미 '35가지 이유'에서 본 바와 같이, 이 가지에 해당하는 '내용'들은 각각 서로 얽히고설켜 있었다. 즉 당위성차원을 비롯해서 중요성, 필요성, 시급성 '차원'들이 서로 얽혀있었고, 그 각각의 '차원'에다가 또다시 다섯 가지 '관점'들까지 더 덧붙여 조명하였으니 그 얽히고설킴은 이만저만한 것이 아니다.

이렇게 가짓수도 많고, 또 서로 얽히고설킨 청소년사역의 내용들을 분류하고 발굴하기 위해서는, 그러므로 우선 그 내용의 '가닥'부터 잡아야 할 것 같다. 마치 광부가 금맥을 따라 금을 캐고 탄맥을 따라 석탄을 캐내는 것처럼, 사역내용도 어떤 '기준'에 따라 가닥(맥락)을 먼저 잡은 다음에 그에 따라 발굴작업을 해야 '유효한 작업'이 될 것이기 때문이다. 금과 석탄이 서로 뒤섞이지 않게 말이다.

그래서 여기 제2절의 제목부터가 '청소년사역 내용의 분류와 발굴'이다. '분류'가 앞에 나와 있고 '발굴'이 뒤따른다. 대체로 발굴이 앞서고 그 발굴된 것들의 분류(선별)작업은 나중에 하는 것이 보통이다. 그러나 여기 사역내용들만큼은 '가닥잡기', 즉 분류기준이나 체계화 방식이 먼저 탐색[99] 되어야 한다. 그래야 이 기준이나 방식에 따라 일사분란하게 그 내용을 발굴(도출)할 수 있을 것이기 때문이다. 우리가 헝클어진 색실을 정리하려면 그 만큼 여러 개의 실패를 미리 마련해야 하듯이 말이다.

상호관련성과 체계성이 확보되어야

그러므로 이 가닥잡기 작업에서는 수많은 줄기와 가지, 가지와 가지 사이의

---

[99] 가령 채광작업에서는 광물질이 함유되어 있을 것으로 보이는 암석을 먼저 발굴하고, 그 중에서 가치 있는 것들을 선별하지만, 사역의 내용은 그 자체가 모두 가치 있는 것들이므로, '선별'을 하는 것이 아니라 사역의 용도에 따라 '분류'하는 작업이 필요하다. 그러므로 사역의 내용은 우선 '가닥잡기' 작업부터가 섬세하고 완벽하게 앞서 진행되어야 한다.

상호관련성이나 체계성이 일목요연하게 정리될 필요가 있다. 그래야 어느 한 '단위사역unit ministry'[100]이 지니는 독자적인 영역과 다른 사역들과의 관련성 등을 쉽게 식별하거나 파악할 수 있을 것이고, 실제로 사역을 실천하는 과정에서도 이러한 사역내용의 분류는 '사역의 체계적인 운영'이 가능해지도록 도와줄 것이기 때문이다.

그러나 유감스럽게도, 교회 안에서 '청소년사역의 내용'만큼은 현재 정리가 제대로 되어 있지 않은 상태이다. 그것은 지금까지 이런 체계적 경로를 따라 탐색, 발굴된 일이 거의 없었거나, 혹시 있었더라도 산발적이거나 부분적인 작업이 고작이었기 때문일 것이다. 그래서 이런 현상은 사역내용의 허술한 나열로 이어지거나, 그 내용들을 막연히 '진열'하는 정도에 그치게 된다.

그것은 마치 서류함에 무슨 사역, 무슨 사역 하는 많은 사역 파일들이 무질서하게 꽂혀있는 모습이나 마찬가지다. 그냥 쌓여있을 뿐이라는 표현이 더 정확할는지도 모른다. 그렇게 되면 사역은 어떤 기준이나 체계도 없이 그저 손에 잡히는 대로 추진될 터이다. 즉, 우리 교회는 무슨 사역이 누락되거나 부족하거나 편중되어 있는지, 어떤 사역들이 서로 중복되고 있는지, 지금 단계에서는 어떤 사역의 준비가 필요한지 등을 잘 알 수도 없는 상태에서, 청소년사역은 그저 습관적으로, 또는 무작위적[101] 으로 추진될 수도 있다. 그렇게 되면 사역의 효과성과 능률성, 즉 효능성效能性이 상대적으로 낮아질 수밖에 없다는 것은 자명한 노릇이다.

물론, 그리스도교회 공동체 사역에서 사역의 '효능' 그 자체가 반드시 최종적인 목표는 아니다. 주 우리 하나님을 향한 우리의 마음과 뜻과 정성이 담긴

---

[100] 단위사역은 청소년사역의 5대 '목표'를 달성하기 위한 '사역의 실천적 영역'들이 각각 그들 속에 품게 되는 '독자성(독자적 특성)'을 지닌 개별 사역 하나하나를 일컫는 것인데, 이는 사역의 최소단위이며, 이 단위사역들로부터 현장에서 실천할 '행동프로그램들'이 개발된다. 이와 관련하여 <표 16> '청소년사역의 하위체계'를 참고하기 바란다.

[101] 여기에서 사역이 '습관적으로' 추진된다는 말은, 사역이 어떤 계획과 준비에 따른 것이기보다는, '또 여름이 돌아왔으니 여름성경학교를 해야지'하는 식으로, 거의 선례나 전통을 따라 실행하는 사역을 말하는 것이고, 사역이 '무작위적으로' 추진된다는 말은 뚜렷한 목적(목표)나 체계적인 계획도 없이 '그저 손에 잡히는 대로' 사역을 마구잡이식으로 전개하는 경우를 말한다.

사역의 모든 '과정'이 일차적이고 궁극적으로 중요한 예물이지, 가시적인 결과물에 사역의 본래적 목표가 담겨있는 것만은 아니라고 믿는다. 은밀한 중에 보시는 하나님(마6:4), 사람의 중심을 보시는 하나님(삼상16:7)께서는 사역자의 충심, 즉 그 믿음과 마음을 보시기 때문이다.

그러나 그렇다고 사역에서 '효과와 능률'을 도외시해버려서도 안 된다. 사역은 하나의 '일'이다. 하나님께서 부르시고 명령하신 일이다. 목적과 목표가 분명한 '과업'이다. 그 과업을 받들어 섬기는 것이 사역이다. 그러므로 섬김의 과정이 그 무엇보다 중요지만, 과업도 또한 달성(완수)되어야 마땅하다. 일한 만큼의 '효과'가 나타나야 하고, 그렇게 되도록 '능률적'이어야 한다. 그게 일꾼의 도리이다. 그러므로 과업(사역)은 하나님께서 기뻐하실 만한 '과정'을 통하여 훌륭하게 그 과업의 '목표를 달성'하여, 많은 '열매(효과, 결과)'를 하나님께 올려드리는 것이 일꾼에게는 매우 중요하다.

그러려면 일(사역)이 일답게 추진되어야 한다. 그리고 그 일이 일답게 추진되려면 효과적이고 능률적으로, 즉 '효능성 있게' 사역이 전개되어야 한다. 따라서 여기 사역의 체계적인 운영을 준비하기 위한 그 첫 단계에서, 다양한 사역내용들을 먼저 유효하게 분류해야 할 필요성과 중요성이 제기되는 것이다.

단위사역 간의 협력을 위해서도

또 다른 한편으로, 단위사역이 다른 사역들과의 '유기적인 협력'을 위해서도 사역내용들의 '유효한 분류'가 필요하다. 청소년사역의 각 단위사역 내용들은 저마다 특성이 있다. 저마다의 사역 추진전략과 프로그램이 따로따로 있다. 그리고 이 전략과 프로그램을 추진하기 위해서는 인력과 재정, 공간(시설)과 시간 등이 소요된다. 이 인력과 재정, 공간(시설)과 시간 등은 모두 다 '하나님의 창고'에서 꺼내서 쓰는 것들이므로, 거기에는 "버리는 것이 없게 하라 <KJB>nothing be lost(요6:12)."고 하시는 우리 주 예수님의 말씀처럼, 하나님의 창고인 '교회의 역량'에 '일체의 낭비요소가 없도록' 해야 한다. 이는 하나님의 소유요, 하나님께서 우리에게 관리와 선용善用을 맡기신 것들이기 때문이다.

그런데 청소년사역은, 교육사역 영역을 제외하면 엄밀한 의미에서 교회들에서 아직 제대로 정착이 되지 않은 상태의 '어설픈 영역'에 속하는 사역들이다. 그것은 미개척분야이거나 초보적 또는 실험적 단계에 머물고 있다. 그래서 각 단위사역들마다의 자체 전략이나 행동프로그램action programme 등은 아직 마련되지 않은 상태에 있다. 그러니까 당연히 단위사역과 단위사역들 사이의 상호의존적인 협력체계는 꿈도 꾸어보지 못한 상태에 있는 것이 청소년사역의 실상이다.

돌이켜보면, 하나님께서 이 시대, 이 땅의 교회를 향하여 바라시는 청소년사역의 내용은 실제로 다양하시다. 그리고 이 단위사역들은 서로 밀접한 관계를 갖고 있는 경우들이 참 많다. 사역과 사역이 서로 협력해야 비로소 그 효능이 나타나는 것도 있고, 또는 어느 사역이 먼저 추진되고 어느 사역이 그 뒤를 따라 추진되어야 하는, 그런 선후관계가 분명한 것들도 있다. 그래서 사역들이 서로 체계적인 상호관련성을 유지하면서 추진될 필요도 있고, 또는 그 순서와 절차에 따라 단계적이고 순차적으로 추진해야 할 것들도 있다. 따라서 각 단위사역의 특성에 맞는 독자적 운영을 도모하면서 단위사역간의 유기적이고 효과적인 협력체계를 형성, 유지, 발전시켜나가기 위해서도, '사역내용들의 유효한 분류'가 앞서서 이루어져야 할 필요가 있는 것이다.

합리적이고 체계적인 분류 기준과 틀이 마련되어야

그런데 청소년사역의 내용들을 유효하게 분류하려면, 그 내용들을 분류할 합리적이고 체계적인 '분류 기준이나 틀'이 먼저 마련되어야 한다. 청소년사역의 내용은 나열이나 진열에 그치는 대내외 과시용 전시물이나 장식품이 아니라, 실제로 현장에서 추진되고 열매를 맺어야 할 과업들이므로, 그럴수록 청소년사역 '내용의 가닥잡기'는 '유효하게 분류되어야' 하고, 사역에 도움이 되는 '생산적인 분류'가 이뤄져야 한다. 그리고 그것이 유효하고 생산적이려면 그

분류의 기준과 틀 그 자체가 '합리적이고, 체계적이어야' 한다.

여기에서 분류 기준과 틀이 '합리적이고 체계적'이어야 한다는 말은 첫째, 청소년사역의 내용들은 모두 사역의 목적과 목표에 뿌리를 둔 것이므로, 사역 내용들의 분류 기준과 틀도 이에 합치되어야 합리적이라는 말이다. 즉, 기준과 틀이 궁극적인 목적과 목표에 합치되어야만 선별되는 사역의 내용도 '동질성同質性'을 확보할 수 있고, 그래서 '합리성合理性'도 인정을 받게 되기 때문이다. 그리고 그 '동질성'과 '합리성'을 바탕으로 사역으로서의 '합법성合琺性'과 '정통성正統性'도 확보하게 될 것이고, 그래야 사역이 '권위성權威性'을 유지하면서 앞으로 나아갈 수 있게 된다. 만약에 이 '동질성, 합리성, 합법성, 정통성, 권위성'이라는 '필수적인 조건'들 중의 어느 하나라도 빠져있다고 가정해보면, 그 사역은 그리스도교회 공동체 안에 설 수 없다는 것을 곧바로 알 수 있다. 그러므로 분류기준과 틀도 '합리적으로' 마련되어야 이러한 '필수조건'들을 충족하게 될 것이다.

둘째, 분류 기준과 틀이 '합리적이고 체계적'이어야 한다는 말은, 청소년사역의 '특성'이나 사역의 '실제'에도 걸맞게 마련되어야 한다는 것을 의미한다. 그런데, '청소년사역의 내용'이란 <표16> '청소년사역의 하위체계'에서와 같이, 청소년사역의 목적과 목표를 이루기 위한 '사역의 실천적 영역들practical domains'과 '단위사역unit ministry'들을 모두 포함하는 것이다. 즉 청소년사역은 그 '목적과 목표'들 속(아래)에 보다 더 세분화된 '실천적 영역들'(예: 교육사역, 선교사역, 봉사사역 등의 영역들)이 들어 있고, 그 영역들은 또 각각 수많은 독자적인 개별사역들인 '단위사역'들을 그 속에 지닌다. (그리고 그 단위사역들은 현장에서 실천할 다양한 '행동프로그램'들을 개발하여 추진하게 된다.)

표 16 청소년사역의 하위 체계[102]

사역의 체계	주요 내용	참고
사역의 최상위 목적과 목표 ↓	'하나님의 궁극적, 실천적 목적' 및 '그리스도의 사역'	<표14>
청소년사역의 상위목적과 목표 ↓	그리스도교회 공동체의 '5대 사명'및 '사역의 목적과 목표'	
↓ ↓ 청소년사역의 목적과 목표		<표14,15>
↓ 청소년사역의 차 하위 목표	↓ '청소년사역의 내용' : '청소년사역의 실천적 영역들'	<표18>
차차 하위목표 ↓	'단위사역'들 ↓	<표19>
현장(실행)프로그램	'사역(행동) 프로그램'	사역자의 몫

갈릴리공방/청소년사역연구개발원

이러한 '실천적 영역들'이나 '단위사역'들에 담겨있는 청소년사역의 내용들 하나하나는 청소년사역다운 '특성'들을 저마다 지니게 마련이고, 또 그러해야 한다. 그래야만 청소년사역은 교회의 다른 사역들과 구별되는 '청소년사역만의 특성'을 지닌 채로, 사역의 '실제'에 맞게 추진될 수 있다.

예를 들면, 위에서 우리가 탐색하였던 '청소년사역의 5대 목표'는 '그리스도교회 공동체 사역의 5대 목표'와 그 내용은 본질적으로 같다. 그렇다고 이 '교회의 5대 목표'를 청소년사역에서 그대로 받아 '글자 그대로를 목표'라고 내걸지 않았다. 어른들에게 걸맞은 표현과 내용이 있는 것이고, 청소년의 수준

---

[102] 여기에서 청소년사역의 '실천적 영역'이나 '단위사역'은 맨 아래의 '행동프로그램'과는 구별된다. 행동프로그램은 현장상황이나 여건, 그리고 사역자나 사역대상 등에 따라서 언제나 변할 수 있는 것이기 때문이다. 예를 들어서 'vision trip'이라는 '단위사역'의 명칭은 똑같지만, 작년과 올해가 다르고, 대상국가나 지역이 바뀌든지, 사역참여자나 인도자가 바뀌면 그때그때마다 프로그램 내용이 달라지는 것과도 같다. 이 '행동프로그램'은 서문에서 밝힌 바와 같이 이 글에서는 그 기초와 원칙만을 다루고, 그 '실제'는 사역자의 몫으로 남겨둔다.

과 실정에 맞는 표현과 내용이 또 달리 있어야 하듯이, 청소년(사역)의 '특성'에 걸맞아야 하고 청소년사역다운 그 '실제'가 제대로 표현되어야 하기 때문이다. 그래서 <표 13> '그리스도교회 공동체 사역과 청소년사역의 목표'에서와 같이 '청소년사역의 목표'는 '교회의 5대 목표'라는 그 동질성을 유지하면서도, '청소년사역'이라는 '특수성' 때문에 청소년사역의 '실제'에 맞게 그 '표현방식'도 다소 바뀌었던 것이다. 이는 마치 다음과 같이 바꿔서 표현했던 것과 같다.

① '예배(자)의 갱신과 회복: 예배의 내면화, 생활화, 체질화' → '예배자다운 나의 형성: 소명적 자아정체성의 확보'
② '하나님의 일꾼세우기: 그리스도의 제자화' → '그리스도인 청소년의 제자화'
③ '제자의 사명완수: 세계복음화' → '모든 청소년의 복음화'
④ '이웃사랑 실천과 정의사회 구현' → '사랑과 정의의 '작은 예수' 구현'
⑤ '교회의 일치와 성도의 참여, 연대, 협력' → '청소년 동역자들과 함께'

이처럼 청소년사역의 내용을 분류하는 데에 있어서도 교회의 일반적인 사역분류의 틀(예: 예배, 교육, 선교, 봉사, 친교)속에 억지로 그 내용을 끼워 맞추려한다면, 그것은 분명히 무리한 작업이 되고 만다. 그렇게 되면 실제 사역에 아무런 도움이 되지도 않고, 오히려 청소년사역 특유의 합리적이고 체계적인 사역추진에도 장애가 되고, 그래서 사역의 효능성을 저하시키는 결과를 초래할 수도 있다.

'청소년사역의 새 지평'을 열기 위해서도
그런데 여기에서 청소년사역의 내용들이 '유효하고 생산적'으로, 즉 '합리적이고 체계적'으로 탐색, 분류되어야 한다는 것은, '청소년사역의 새 지평'을 여는 데에도 매우 중요한 작업과정이기 때문에 그 중요성이 더욱 강조된다. 청소년사역의 '내용' 속에 나타나는 '실천적 영역'들과 그의 '단위사역'들은 곧 청소년사역의 '특수성'은 물론이요, 청소년사역의 '실체'를 그대로 드러내기 때문이다. 그리고 이 실천적 영역들과 단위사역들, 즉 '청소년사역의 내용들'로부터 비로소 '청소년사역의 고유영역'이 무엇인지가 그대로 표출되기 때문이다. 그래서 청소년사역의 현 위치와 실정이 어떤 것인지, 어디로 어떻게 나아가고자 하는지 그 좌표와 향방을 명확하게 보여주게 된다.

이렇게 청소년사역의 내용 속에 '청소년사역의 새 지평'의 실체가 드러나는 것이기에, 그 내용들은 반드시 잘 정리되어야 한다. 그러기 위해서는 청소년사역만이 지니는 그 특수성들이, 즉 '청소년의 현실'과, '청소년사역의 현장'과, '사역의 미래지향성' 등과 같은 '실천적인 요구조건'들이, 실제 내용을 '분류'하고 '발굴'하는 과정 모두에 제대로 반영되어야 할 것이다.

나. 청소년사역 내용의 합리적, 체계적 분류기준

그러면 이제 청소년사역 내용을 합리적이고 체계적으로, 유효하고 생산적으로 분류하기 위한 그 '기준'은 무엇인가를 살펴보자. 여기에서 제시하고자 하는 '분류기준'은, '청소년사역의 5대 목표를 근간으로'하고, '청소년사역을 해야 할 35가지 이유들을 토대로'해야 유효한 분류가 가능할 것이라는 점이다.

1) 합리적, 체계적 분류를 위한 기준

'청소년사역의 5대 목표'를 근간으로

일반적으로 사역의 내용을 분류할 때는 그리스도교회 공동체의 보편적 사역목표인 '5대 목표', 즉 예배, 교육, 선교, 봉사, 교제를 중심으로 각 목표의 특성에 맞는 내용(실천영역들)을 분류하여 정리하면 된다. 즉, 목표달성에 가장 직접적으로 또는 효과적으로 관련이 있을 것으로 판단되는 실천영역들을 그 목표 아래에 배치하면 된다. 예를 들면, '제자의 사명완수: 세계복음화'라는 목표 아래에 '선교사역'이라는 실천영역을, '하나님의 일꾼세우기: 그리스도의 제자화' 아래에 '교육(훈련)사역'을, '이웃사랑 실천과 정의사회 구현' 아래에 '봉사사역'을 배치하는 것과도 같다.

청소년사역의 내용도 이와 마찬가지다. 다만 청소년사역은 그의 '특성'과 '실제'에 맞게 정리된 '5대 목표'가 따로 마련되었으니까, 이 '청소년사역의 5대 목표'를 근간으로 청소년사역 내용을 분류하는 것이 합리적, 체계적 분류를 위한 기준의 하나가 된다.

이러한 분류 기준과 틀은 '그리스도교회 공동체 사역의 5대 목표'를 근간으로 이루어지는 것이기 때문에, 청소년사역의 내용들은 당연히 사역의 동질성, 합리성, 합법성, 정통성, 권위성 등을 모두 확보하게 된다. 그래서 이 분류 기준과 틀은 '합리적이고, 체계적이어야 한다'는 조건을 충족하게 된다.

'청소년사역을 해야 할 35가지 이유들'을 토대로

다음으로, 청소년사역 내용의 분류가 유효하고 생산적이기 위해서는 그 기준과 틀이 청소년사역의 특성과 사역의 실제에도 걸맞아야 한다. 그런데 이를 위해서는 이미 제1편 제4장에서 '청소년사역을 해야 할 35가지 이유들'을 '4가지 차원(당위성, 중요성, 필요성, 시급성)과 '5가지 관점(그리스도교회 공동체 사역의 관점, 인간적 관점, 사회문화적 관점, 세계(사)적 관점)'에서 하나의 '체계적으로 구조화된 틀'을 중심으로 발굴해놓은 바 있음을 기억할 것이다.

이 '청소년사역을 해야 할 35가지 이유들'은 청소년사역의 특수성, 현실성, 현장성, 미래지향성 등을 모두 확보하고 있을 뿐만 아니라, 청소년사역의 특성과 사역의 실제에도 걸맞아야 한다는 '실천적인 요구조건'을 충족한다. 따라서 이를 토대로 내용을 분류하는 것이 또 하나의 합리적이고 체계적인 분류기준이 될 것이며, 이로써 '유효하고 생산적인 분류방식'으로 인정받을 수 있을 것이다.

'5대 목표'와 '35가지 이유'를 동시에 반영해야

그런데 청소년사역의 내용을 제대로 분류하기 위해서는, 사역의 동질성, 합리성, 합법성, 정통성, 권위성 등의 '필수조건'과, 청소년사역의 특수성, 즉 현실성, 현장성, 미래지향성 등의 '실천적인 요구조건'을 모두 다 동시에 충족시킬 수 있어야 한다. 어느 한 가지 조건의 충족만으로는 청소년사역의 보편성과 특수성, 그리고 그 실체를 온전히 드러낼 수 없기 때문이다. 따라서 이 두 가지 '필수조건'과 '실천적 요구조건'을 동시에 모두 충족할 수 있는 '통합적 분류와 체계화 방식'이 모색되어야 한다는 것은 당연한 논리이다.

2) 청소년사역 내용의 통합적 분류와 체계화 방식

그러면 이제부터는, 위의 두 가지 분류기준인 '5대 목표'와 '35가지 이유'에 따라 청소년사역 내용의 '유효하고 생산적인 분류'와 '합리적이고 체계적인 분류'를 위하여, 그 '필수조건'과 '실천적 요구조건'을 동시에 충족할 수 있는 '통합적 분류와 체계화 방식'을 모색해야 할 차례이다.

청소년사역의 3가지 유형을 중심으로

이를 위하여 제1편 제3장 제2절 '청소년사역이란 무엇인가'에서 청소년사역의 행위주체와 대상을 기준으로 청소년사역의 '3가지 유형'을 발굴해두었음을 기억에 떠올릴 필요가 있다. 그 첫째 유형은 '청소년을 위한(청소년관련) 사역', 즉 '청소년을 위하여 행하시는 하나님의 일'이었으며, 두 번째 모형은 '청소년과 함께하는 사역', 즉 '청소년과 함께 이루시는 하나님의 일'이었고, 세 번째 모형은 '청소년에 의한, 청소년의 사역', 즉 '청소년을 통해서 이루시는 하나님의 일'이었다.

이 세 가지 유형, 청소년사역을 그 '사역행위주체'와 '사역대상'을 중심으로 사역의 '실질적인 행태'를 분류한 것이므로, 합리적이고 실질적이다. 예를 들면, 어른 사역자가 청소년을 대상으로 하는 사역과 청소년이 청소년을 위해서 하는 사역과는 그 '내용'에 차이가 있기 때문에 이들을 서로 분류해야 하는 것과도 같은 이치이다. 따라서 청소년사역의 행태를 중심으로 도출된 이 '3가지 유형'을 청소년사역 내용의 분류에 활용하는 것은 당연하고도 유효적절한 방식이다.

내용의 통합적 분류와 체계화

이 청소년사역의 '3가지 유형'에다가 청소년사역의 '5대 목표'와 청소년사역을 해야 할 '35가지 이유들'을 통합하는 경우를 상정想定해보자. 이해를 돕기 위하여 이를 도표화해보면 <표 17> '청소년사역의 유형, 목표, 이유들의 통합'과 같다.

표 17 청소년사역의 유형, 목표, 이유들의 통합

3유형		5대 목표		35가지 이유들
청소년을 위한 사역	→ ← 1차적 조합	<핵심 목표> 그리스도의 성역에 쓰임 받는 일꾼 <5대 목표> ① 모든 청소년의 복음화 ② 예배자다운 나의 형성: 소명적 자아정체성 확보 ③ 그리스도인 청소년의 제자화 ④ 청소년 동역자들과 함께 ⑤ 사랑과 정의의 '작은 예수' 구현	→ ← 2차적 조합	'청소년사역을 해야 할 35가지 이유들' ↓ ↓ 여기에서 발굴되는 '청소년사역내용의 큰 줄거리들' 즉 '실천적 영역들' ↓ ↓ (사역의 내용들)
청소년과 함께하는 사역	→ ←		→ ←	
청소년에 의한, 청소년의 사역	1차적 조합		2차적 조합	

갈릴리공방 / 청소년사역연구개발원

위의 <표 17>에서 보는 것처럼, 우선 청소년사역의 실질적인 행태인 '3가지 유형'과 청소년사역의 동질성, 합리성, 합법성, 정통성, 권위성 등의 확보라는 '필수조건'을 충족할 '5대 목표'가 서로 만나서, '일차적인 통합적 분류와 체계화'가 이루어질 것이다. 여기에다가 청소년사역의 특수성, 현실성, 현장성, 미래지향성도 보장해야 한다는 '실천적인 요구조건'을 충족할, '청소년사역을 해야 할 35가지 이유들'을 통합하여 분류한다. 그것은 앞에서 말한 바와 같이 목표 달성에 가장 직접적으로 또는 효과적으로 관련이 있을 것으로 판단되는 '실천영역들'을 그 '목표' 아래에 배치하는 방식으로, '이차적인 통합적 분류와 체계화'가 이루어질 것이다.

그렇게 되면, 다양한 청소년사역의 내용들이 일목요연하게, 그리고 합리적이고 체계적으로, 그래서 유효하고 생산적으로, 분류, 정리될 수 있다. 그리고 이러한 '청소년사역 내용의 통합적 분류와 체계화 방식'은 위에서 지적했던 모든 문제점들과 조건들도 충족하게 된다.

첫째, 이러한 청소년사역 내용의 통합적 분류와 체계화는 청소년사역의 체계적 운영을 가능하게 하고 그 효능성을 높여주게 된다.

둘째, 지금까지 교회 안에서 '어설픈 영역'에 속하던 청소년사역의 실체가 확연히 드러나고, 그 독자적 영역이 교회의 다른 사역들과 확실히 구별될 수 있게 된다.

셋째, 그래서 청소년사역의 보편성과 특수성에 대한 인식을 새롭게 해주며, 사역의 동질성, 합리성, 합법성, 정통성, 권위성 등의 확보라는 필수조건과, 청소년사역의 특수성, 즉 현실성, 현장성, 미래지향성도 보장되어야 한다는 실천적인 요구조건도, 모두 충족될 수 있다.

넷째, 이러한 청소년사역내용의 통합적 분류와 체계화는, '청소년사역의 새 지평'을 가시화可視化하는 데에 기여하게 되고, 그래서 그 체계화된 내용들은 '청소년사역의 길잡이 노릇'을 하게 될 것이다.

2. 청소년사역 내용의 발굴

이러한 '통합적 분류와 체계화 방식'에 따라, 이제부터는 단계적으로 청소년사역의 '내용 발굴 작업'을 진행해나가려고 한다.

<u>가. '사역의 실천적 영역들의 큰 줄기'를 발굴하기 위한 1차적 조합</u>
: '3유형'과 '5대 목표'의 통합적 분류와 체계화

우선, 청소년사역의 '3가지 유형'과 청소년사역의 '5대 목표'를 통합적으로 분류, 체계화하기 위하여, 이들 '3가지 유형'과 '5대 목표'들에 대하여 잠시 몇 가지 유념해야 할 점들을 되새겨보자. 여기에서 이들을 다시 생각하는 것은 반복적으로 이들을 강조하기 위해서라기보다, 앞으로 사역의 내용을 발굴하는 과정에서 이들을 제대로 반영하기 위함이다.

1) 청소년사역의 '3가지 유형'의 재음미

'사역의 3유형'에 대한 바른 이해

청소년사역의 '3가지 유형'은 '청소년을 위한 사역for', '청소년과 함께하는 사역with', '청소년에 의한, 청소년의 사역by and of'이었다. 이는 얼핏 보면 아브라함 링컨의 저 유명한 '게티스버그 연설'의 '국민의, 국민에 의한, 국민을 위한 정부는 지구상에서 사라지지 않을 것이다Government of the people, by the people, for the people shall not perish from the earth.'를 연상하게 한다. 그래서 청소년사역의 3유형에 나타난 '청소년을 위한, 청소년과 함께하는, 청소년에 의한&청소년의'는 아마도 그 연설에서 어떤 암시를 받았을 것이라고 생각하기 쉽다. 그러나 전혀 그런 것이 아니다.

링컨은 이 대목에서 '주권재민'의 정치이념을 말한 것이다. 그런데 이 사상을 청소년사역에 원용援用했다고 치자. 그러면 이 대목은 '청소년사역의 모든 주권은 청소년에게 있고, 청소년사역을 위한 정책결정이나 일꾼의 선정 등은 청소년의 의사에 따르며, 청소년사역은 청소년의 권익을 보호하고 증진하기 위해서 존재하는 것'이라고 해석될 수 있을 것이다.

이것이 청소년사역인가. 아니다. 이것은 청소년사역의 본래 모습이 결코 아니다. 그러므로 청소년사역에다가 이 연설을 원용한다면, 그것은 '사역의 본질'을 크게 훼손하는 잘못을 저지르게 된다. 다시 말하지만, 청소년사역의 '3가지 유형'은 링컨과 전혀 아무런 관련이 없다. 이것은 사역의 행위주체와 대상, 즉 누가 사역을 하느냐, 어른이냐 청소년이냐, 그 대상이 누구냐를 중심으로 사역의 유형pattern을 분류한 것일 뿐이다. 그래서 어른이 주체가 되고 청소년이 대상이 되는 사역유형인 '청소년을 위한'이 맨 앞에 나왔다. 가장 일반적이고 전통적인 사역 행태이니까. 그리고 '청소년과 함께'가 교회 안에서 그 다음의 빈도頻度를 나타내기 때문에 두 번째로, 그리고 거의 상상조차도 되고 있지 않았던, 그러나 이 글에서는 거듭거듭 강조하고 있는, 그리고 앞으로는 반드시 실현되어야 할 또 하나의 사역유형인 '청소년에 의한, 청소년의'가 맨 나중에 등장한 것일 뿐이다.

청소년사역이 변천되어 온 역사적 추세도 반영

이와 함께, 청소년사역의 '3가지 유형'은 청소년사역이 변천되어 온 역사적 변천추세도 반영한 것이다. 역사적으로 교회 안에서 청소년사역은 대체로 '어른중심사역'이었고, 청소년은 그 사역의 '대상'이었다. 그런 의미에서 청소년사역은 '청소년이 대상인 사역'이다. 그것은 가부장적, 어른중심적인 사고방식으로 가득했던 지난날에는 충분히 그럴 수 있는 것이었다.

그러나 사람들의 인식이 바뀌고 청소년의 존재의미나 사회적 역할기능이 새롭게 부각되기 시작하면서, 청소년을 주님의 일꾼으로 양육하기 위한 교회적 노력은 '교회교육'을 강화하기에 이르렀다. 그 교회교육의 일환으로 어른들의 사역활동을 '청소년도 함께 경험해보도록 하는 교육훈련방식'들이 나타난 것은 근래의 일이다. 이것은 이른바 '행위를 통한 학습', 즉 경험학습experience learning의 이론에 따라 생겨난 교육(훈련)방식이다. 이 교육방식은 오늘날 교회 안에서 비록 빈번히 이루어지고 있는 것은 아니지만, 점차 청소년사역의 한 모습으로 프로그램화되고 있다. 아직은 초기형태이긴 하더라도, '청소년과 함께하는 사역'이라는 하나의 사역유형으로 나타나 있다.

그런데 오늘날에 이르러 우리의 청소년들이 '그리스도의 성역에 쓰임 받는 일꾼'으로 일어서고 있다. '청소년의 자발적이고, 주체적인 사역참여'의 뜨거운 열기가 바로 그것이다. 비록 아직은 그 기세가 세간의 이목을 집중시킬만한 정도는 아니라고 할지라도, 이러한 열기는 지금 우리나라에서뿐만 아니라 지구촌 여기저기에서 불붙기 시작하고 있다. 마지막 때에 주님께서 세우시는 것이리라. 이렇게 청소년사역의 '3가지 유형'은 사역의 역사적인 변천추세를 순서대로 반영한 것이기도 하다.

청소년활동의 세계(사)적 변천추세도 염두에 두고

또한 '3가지 유형'은 청소년사역이 청소년을 위한, 청소년과 함께, 청소년에 의한(청소년의)의 순으로 변천해온 것처럼, 일반 청소년활동youth activities의 세계사적 변천추세도 이와 같은 단계를 거쳤음을 염두에 두고 있는 것이다. 이미 제1편 제2장 제2절 '청소년에 대한 일반적 이해'에서 자세히 살핀 바와 같이, 청소년에 대한 세계적인 인식과 태도의 변화도 청소년사역과 마찬가지 과정을 거쳐 왔다. 전통적으로 이어져온 어른중심의 일방적인 청소년 교육과 보호(청소년을 위한), 그리고 제1,2차 세계대전과 산업화과정 등을 거치면서 사회 속에 새로운 모습으로 출현한 청소년에 대한 사회적 인식과 태도의 변화, 즉 평화와 발전을 위한 '청소년과의 동반자'관계 개념(청소년과 함께), 그리고 정보화, 국제화시대와 함께 급속히 부각되고 있는 청소년 참여의 물결(청소년에 의한, 청소년의) 등이 그것이다.

이러한 청소년에 대한 사회적 인식과 태도의 변화는 청소년사역에서 보았던 것과 똑같은 변천과정(단계)을 겪은 것임을 알 수 있다. 그것은 우연의 일치가 아니다. 따지고 보면 교회와 사회는 동일한 시대를 함께 살고 있는 것이니까. 이와 같이 청소년사역의 '3유형'은 청소년사역의 역사적, 세계적 변천추세도 반영한 것이라는 점을 이해할 필요가 있다. 그것은 청소년사역이 앞으로 어떤 형태와 방향으로 발전되어야 할 것인가를 강력하고도 분명히 보여주고 있기 때문이다.

그것은 첫째로, 더 강화, 개선, 지속되어야 할 '청소년을 위한 사역'임을 시사하고 있다. 가장 보편적이고 전통적인 것이라고 해서, 그것을 '이제 그만해야 할 낡은 것' 또는 '쓸모없거나 장해가 되는 것'이라고 생각하는 것은 옳지 않다. '청소년을 위한 사역'도 마찬가지다. 그것은 그리스도교회 공동체 사역 중에서도 그 진가를 톡톡히 발휘한, 그래서 그 공적도 많은, 고귀한 사역의 하나이다. 이 사역이 대를 이어 '일하는 교회'를 이어왔으므로, 이 사역은 더욱 강화되고 시대적 정황에 맞게 개선되고 지속되어야 할 사역유형이다.

둘째로, '청소년과 함께하는 사역'은 아직 교회 안에서 정착된 사역유형은 아니지만, 그래도 어느 정도는 그 모습과 방향을 지니기 시작한 상태이다. 이것은 새로운 사역유형으로서, 앞으로 그 효능이 더 드러나도록 개발, 촉진, 확장해야 할 사역유형이므로, '청소년과 함께하는 사역' 유형은 교육훈련이나 실습 정도가 아닌 '실질사역實質使役'으로 개발, 촉진, 확장되어야 할 것임을 시사해주고 있다. 사역은 연습이 아니라 실제니까.

셋째로, 새롭게 적극적으로 확장, 구현해야 할 '청소년에 의한, 청소년의 사역'임을 강조하고 있다. 이 '청소년에 의한, 청소년의 사역' 유형은 낯선 것이고, 그래서 어떤 경험적인 자료도, 실천적인 방향제시도 아직은 거의 없다. 그래서 실패할 가능성도 높고, 아무래도 청소년이 사역에 참여한다는 것이 어쩐지 미덥지 않을 수도 있다. 그러나 그래도 그것은 사람생각일 뿐이지 하나님의 뜻은 아니다. 당연히 그것은 성경적인 판단도 아니다. 오히려 지나치게 망설이다가는 하나님의 뜻을 어기게 되고, 시대의 흐름에도 뒤떨어지는 결과를 초래할 수도 있다. 그러므로 이 유형의 사역을 위해서 새롭고 적극적으로 접근하고, 이를 확장, 구현함으로써, 여태껏 비밀히 감춰져있었던 '청소년사역의 새 지평'을 오늘, 여기, 우리가 활짝 열어가야 할 것이다.

2) 청소년사역의 '5대 목표'의 재음미

실천적, 단계적으로 조정, 재배열된 목표들

다음으로, 청소년사역의 '5대 목표'는 <표 15> '실천적, 체계적으로 재조정한 청소년사역의 목표'에서와 같이, 그 '핵심 목표'인 '청소년: 그리스도의 성역에 쓰임 받는 일꾼'을 중심으로 모든 청소년의 복음화, 예배자다운 나의 형성: 소명적 자아정체성의 확보, 그리스도인 청소년의 제자화, 청소년 동역자들과 함께, 사랑과 정의의 '작은 예수' 구현이다. 그런데 여기 이 '5대 목표'는 원래 <표 14> '청소년사역의 목적과 목표(종합)'의 맨 아래와 같이 배열되어 있던 것을, '사역이 전개되는 그 선후관계'에 따라 실천적, 단계적으로 조정, 재배열했던 것임을 기억하고 있을 것이다.

이러한 작업이 주는 의미는 청소년사역이 단계적으로 또는 체계적으로 추진되어야 할 것임을 강조하는 것이다. 청소년사역은 믿지 않던 청소년이 주 예수 그리스도의 복음을 듣고 믿는 데에서부터 출발하여, 성장, 성숙, 성화의 단계를 거치면서, 마침내 사랑과 정의의 '작은 예수'를 구현하는 데에 이르기까지 그 모든 과정들을 연속적으로 품고 있는 사역이다. 그러니까 첫 단계 즉 청소년에게 복음을 전하는 것만으로 사역을 다하는 것이 아니다. 두세 단계쯤에 이르렀다고 거기서 사역을 다한 것도 아니다. 거기서 멈추면 아무 것도 아니다. 마지막 단계까지 이르러야 한다. 그렇다고 이 마지막 단계의 사역만을 전개하면 되느냐 하면, 그것도 아니다. 만약에 첫 단계 즉 선교단계가 생략되면, "듣지도 못한 이를 어찌 믿으리요(롬10:14)."라는 말씀처럼 어떤 청소년에게서도 주님을 영접하는 경우는 나타나지 않게 된다. 그러면 나머지 그 뒤를 이을 단계들은 덩달아 아무 쓸모가 없게 되고, 더더군다나 마지막 단계는 엄두도 못 낼 일이 되고 말 것이다.

이와 마찬가지로, 청소년사역에서는, 앞 단계에서 반드시 이루어져야 할 과업들이 완수됨이 없이는 '그 다음단계'란 있을 수 없다. 만약에 앞 단계에서 이뤄야 할 과업을 무시하고 다음의 어떤 단계에 바로 뛰어든다면 아무런 성과가 나타날 수 없다. 혹시 무엇이 이뤄진듯하게 보이는 경우가 있다고 하더라도, 그것은 아무런 의미가 없는 허상일 뿐이다. 예를 들면, 두 번째 목표인 '소명적 자아정체성의 확보'가 안 된 청소년이, 세 번째 목표인 '제자화'를 제대로 구현할 수 없다. 혹시 제자화된 듯해도 그것은 겉모양만 그럴 뿐이지, 실제로는 속 빈 강정이나 마찬가지다. 그러므로 청소년사역은 무리하게 도약을 꿈꾸기보다는 '한걸음씩 착실하게, 단계적이고 체계적으로' 전개되어야 한다.

이와 같이 청소년사역의 각 목표들은 단계적이고 체계적인 틀 속에서 전개되어야 하는 것이므로, 어느 목표, 어느 단계 하나라도 중요하지 않은 것이 없어야 하고 소홀함이 없어야 한다는 점을 각인시켜주는 것이기도 하다. 어떤 특정한 사역에 대한 편중과 편향은 편견과 선입관 못지않게 사역의 장해물障害物이 되는 것임을 잊지 말아야 한다.

동시다발적으로, 상호유기체적으로

이와 함께 청소년사역의 '5대 목표'는 동시다발적으로, 그러면서도 상호유기체적으로 질서 있게 추진, 전개되어야 한다.

첫째로 '동시다발적으로' 5대 목표를 추진 전개해야 한다는 말은, 청소년 개개인의 성장, 성숙, 성화의 정도와 수준은 저마다 서로 다른 것이므로, 각 개인들의 정도와 수준에 맞게 동시적으로 다양하게 사역목표들을 적용하면서 추진해야 한다는 뜻이다. 예를 들면 초신자 청소년에게는 '복음화'나 '소명적 자아정체성의 확보'를 위한 사역이 필요하고, 이런 단계를 지난 청소년에게는 '제자화'를 위한 교육훈련이, 그 다음으로는 사역현장에 '청소년 동역자'로 서기(세우기) 등과 같이 그 청소년의 정도와 수준에 맞게, 각각 서로 다른 사역의 동시다발적인 사역추진을 말한다. 생각해보라. 늘 초신자를 위한 교육만 진행한다면, 나머지 청소년들은 우두커니 구경만 하게 될 것 아닌가. 이제 초신자인 청소년을 청소년 동역자로 세운들 제 구실 하겠는가. 그러므로 수준이 서로 다른 대상들 각자에게 걸맞은 사역들이 동시다발적으로 진행되어야 한다.

둘째로, '상호유기체적으로' 청소년사역의 5대 목표가 추진, 전개되어야 한다는 말은 동시다발적인 사역들이 서로 상호연관성을 갖도록 항상 염두에 두면서 사역을 준비하거나 전개해야 할 것임을 강조하는 말이다. 예를 들면, 세 번째 목표인 '제자화'를 위한 교육훈련을 진행하면서 다른 한편으로는 네 번째 목표인 '청소년 동역자들과 함께' 할 수 있는 네트워크를 구축하기 위한 사전작업을 교육훈련프로그램 속에 반영한다든지, 또는 첫 번째 목표인 '모든 청소년의 복음화'를 위한 현장적응훈련을 이 제자화 교육훈련과정에 반영하는 등의 '상호유기체적인 목표의 추진과 전개를 그려볼 수 있을 것이다. 그래야 청소년사역의 '5대 목표'가 전체적으로는 '하나의 사역'처럼, 고루고루 추진되고, 그 연관성을 유지하면서 한 목적을 향하여 각각의 목표들이 함께 나아갈 수 있기 때문이다.

그런데 이것은 '청소년의 사역참여youth participation in ministry'와도 밀접한 관련이 있다. 예를 들면, 실제로 청소년사역현장에서 보다 수준 높은 사역단계에 도달한 청소년은 그 보다 미성숙한 청소년형제자매들을 섬길 수 있다. 그는 일꾼을 세우는 일에 참여하게도 되고, 사역 속에서 리더십을 발휘하기도 하고, 청소년 동역자로서 다른 사역자들과 서로 협력하기도 하는 식으로, 그 정도와 수준을 높여가며 사역에 참여할 수 있게 된다. 그러면서 그는 성장, 성숙, 성화되어 간다. 이것이 '사역의 발전적 효과'이다.

이런 단계들을 거치면서, 청소년사역의 '효과'로서 마침내 '준비된 청소년 일꾼(사역자)'가 탄생되고, 이 '청소년 사역자'가 '사역의 수요'에 '공급'되며, 그는 사역의 목표를 달성하는 데에 기여하게 되고, 그렇게 사역에 투입된 '청소년 사역자'는 자신에게 맡겨진 과업을 감당하는 한편으로 자신과 같은 새로운 청소년일꾼들을 양육하는 데에도 쓰인다. 사역은 그렇게 유지되고 지속가능한 발전을 이루시는 것이다.

이렇게 '청소년의 사역참여'는 확대재생산적으로, 그리고 순환적으로 성령님의 이끄시고 도우심에 따라 전개된다. 그리고 그 확대재생산적 순환과정을 거듭하면서, 천국은 마치 겨자씨같이, 누룩같이 확장되어간다(마13:31-33). 그러므로 청소년사역은 청소년이 단계적으로 성장, 성숙, 성화되어 '그리스도의 성역에 쓰임 받는 일꾼'으로 우뚝 설 수 있도록 사역의 모든 목표들이 서로 유기체적으로 연결되어야 한다. 그리고 '청소년의 사역참여'를 확장하는 일도 아울러 힘써야 한다.

3) 유형과 목표의 조합(제1차적 조합)

가) 유형과 목표의 상호관계에 따른 복합적 조합

위에서 청소년사역의 '3유형'과 '5대 목표'를 잠시 재음미해본 것들을 염두에 두고, 여기에서는 이제 이들을 통합적으로 분류하고 체계화하기 위한 '실질작업'(1차적 조합)에 착수하여 청소년사역의 내용을 단계적으로 발굴해내려고 한다.

그런데 청소년사역의 '3유형'과 '5대 목표'가 조합될 때 이 '1차적 조합'은 단답형 줄긋기처럼 서로 딱 맞아떨어지지 않게 되어 있다. 유형은 세 가지이고 목표는 다섯 가지이니까. 그러니까 어느 한 가지 유형에 두 가지 이상의 목표가 복수로 연결되거나, 또는 그 반대로 어느 한 목표가 두 가지 이상의 유형들에 중복 연결되는 조합이 이루어지게 마련이다. 이렇게 '유형과 목표의 복합적 조합'이 불가피하다.

그러나 그것은 당연한 것이다. 실제로 청소년사역의 각 유형들은 그 각각의 유형 자체가 청소년사역의 5대 목표를 다 수용할 수도 있는 사역들이기 때문에, 어느 한 유형이 여러 목표들과 연결되는 것은 전혀 이상한 일이 아니고, 어느 한 목표가 두 가지 이상의 유형에 중복 연결되는 것도 또한 당연한 일이다.

예를 들면, 사역유형 중에 '청소년을 위한 사역'은 지금까지 교회들이 전개해온 사역이다. 이 사역 속에는 청소년사역의 5대 목표가 어떤 형태로든지 다 포용되어 있었고, 정도의 차이는 있지만 이 목표들은 지금껏 추진되어 왔다. 아래의 <표 18> '유형, 목표의 상호관계에 따른 조합과 실천적 영역'에서 보는 바와 같이, '청소년을 위한 사역 및 청소년관련사역'은 주로 청소년사역의 4가지 목표를 추구해왔다. 다만 '청소년 동역자들과 함께'라는 목표는 앞에서 여러 차례 지적했듯이, 아직까지 교회 안에서 그리 활발하게 전개되고 있지 않기도 하고 바로 그 아래에 '청소년과 함께'하는 유형이 따로 분류되어 있기 때문에, 여기에 포함시키지 않았을 뿐이다. 그렇게 보면, '청소년을 위한 사역' 유형은 청소년사역의 5대 목표를 다 수용할 수 있는 사역이다. 그러므로 어느 한 유형에 복수의 목표가 연결되는 것은 당연한 일이다.

다른 한편에서 '모든 청소년의 복음화'라는 목표는 모든 사역유형에 다 해당된다. 어른도 해야 하고 청소년과도 함께 해야 하고 청소년들 스스로도 해야 하는 그런 과업이기 때문이다. 그러므로 어느 한 목표가 복수의 유형에 연결되는 것도 이상한 일이 아니다.

이러한 유형과 목표의 상호관계에 따라 이들을 분류하고 체계화하여, 하나의 표로 집약하면 <표 18> '유형, 목표의 상호관계에 따른 조합과 실천적 영역'과 같게 된다.

표 18 유형, 목표의 상호관계에 따른 조합과 실천적 영역

사역의 3유형	사역의 5대 목표 '그리스도의 일꾼'	사역의 실천적 영역(예시)		
사역의 3유형	사역의 5대 목표 '그리스도의 일꾼'	공통적 영역		실천적 내용들
청소년을 위한 사역	모든 청소년복음화	공동체 기도 사역	사역화를 위한 준비	선교사역, 청소년섬기기사역
청소년을 위한 사역	소명적 자아정체성	공동체 기도 사역	사역화를 위한 준비	교육(훈련)사역, 지원사역
청소년을 위한 사역	그리스도인 청소년의 제자화	공동체 기도 사역	사역화를 위한 준비	교육(훈련)사역, 인간자원개발사역
청소년을 위한 사역	'작은 예수' 구현	공동체 기도 사역	사역화를 위한 준비	지원사역
청소년을 위한 그리스도인문화사역				
청소년과 함께하는 사역	청소년동역자와 함께 / 복음화	공동체 기도 사역	사역화를 위한 준비	교류협력사역, 지원사역, 봉사(참여)사역 등의 통합적 추진
청소년과 함께하는 사역	청소년동역자와 함께 / 소명적 자아	공동체 기도 사역	사역화를 위한 준비	교류협력사역, 지원사역, 봉사(참여)사역 등의 통합적 추진
청소년과 함께하는 사역	청소년동역자와 함께 / 제자화	공동체 기도 사역	사역화를 위한 준비	교류협력사역, 지원사역, 봉사(참여)사역 등의 통합적 추진
청소년과 함께하는 사역	청소년동역자와 함께 / '작은 예수'	공동체 기도 사역	사역화를 위한 준비	교류협력사역, 지원사역, 봉사(참여)사역 등의 통합적 추진
청소년과 함께하는그리스도인문화사역				
청소년에 의한, 청소년의 사역	모든 청소년복음화	공동체 기도사역	사역화를 위한 준비사역	선교사역
청소년에 의한, 청소년의 사역	소명적 자아정체성	공동체 기도사역	사역화를 위한 준비사역	예배사역, 연수사역
청소년에 의한, 청소년의 사역	그리스도인 청소년의 제자화	공동체 기도사역	사역화를 위한 준비사역	교육(훈련)사역
청소년에 의한, 청소년의 사역	'작은 예수' 구현	공동체 기도사역	사역화를 위한 준비사역	봉사(참여)사역, 교류협력사역
청소년에 의한, 청소년의 그리스도인문화사역				

갈릴리공방 / 청소년사역연구개발원

우선 <표 18>을 잠시 읽어보자. <표 18>의 왼쪽 칸에는 '누가 사역을 하느

냐'를 중심으로, 위에서 아래로 청소년사역의 '3가지 유형'이 제시되어 있다. 처음의 것은 어른들이 청소년을 위해서 하는 사역유형이고, 그 아래는 어른과 청소년이 함께하는 사역유형이며, 맨 아래는 청소년이 주체적으로 사역에 참여하고 봉사하는 유형이다.

다음으로, 이 각각의 '사역유형이 추진할 수 있는 청소년사역의 목표들은 어떤 것인지'가 해당 유형의 오른쪽 '청소년사역의 목표' 칸에 차례로 나타난다. 그리고 여기에는 각각의 유형에 따라 '그리스도인문화사역'이, '청소년을 위한', '청소년과 함께하는', '청소년에 의한, 청소년의 그리스도인문화사역' 등, 서로 다른 표현으로 제시되고 있다.

그리고 <표 18>의 맨 오른쪽 칸 '사역의 실천적 영역'(예시)에서는 어떤 '유형'이, 어떤 '목표'를 추진하기 위해서는 어떤 '실천적 사역영역', 즉 '청소년사역의 실천적 내용들'이 필요한 것인지를 예시例示해주고 있다. 이 '청소년사역의 실천적 내용들'이란 <표 17> '청소년사역의 유형, 목표, 이유들의 통합'의 오른쪽 아래 부분에 있던, 바로 그 '청소년사역 내용들의 큰 줄거리'를 말하는 것이다. 그러니까 유형과 목표들의 조합에 따라 '새로운 사역 내용들'이 발굴되어 나온 셈이다.

이 '사역의 실천적 영역'은 다시 '공통적 영역'과 '실천적 영역'으로 나뉜다. 공통적 영역은 어떤 유형, 어떤 목표를 위한 사역을 하든지 모든 사역과정에서 공통적으로 실천해야 할 영역이다. 이 공통적 영역은 '공동체기도사역'과 '사역화를 위한 준비사역'으로 나뉜다. '기도'와 '준비'는 모든 사역에서 필수적인 것임과, 그 자체가 사역임을 나타낸다. 그리고 '실천적 영역들'은 사역이 어떤 형태로 추진되어야 할 것인지를 예시하고 있다. 이를 등장하는 순서대로 나열하면, 선교사역, 청소년 섬기기 사역, 교육(훈련)사역, 지원사역, 인간자원개발사역, 교류협력사역, 예배사역, 연수사역, 봉사(참여)사역 등 '9가지 실천적 영역'이다. 청소년사역의 추진 가능한 영역들이 다양하고 폭넓은 것임을 보여준다. 여기에서 예시된 청소년사역의 '9가지 실천적 영역들'은 이 글의 앞에서 줄

곧 거론되었던 '사역의 여러 형태들' 바로 그것이다. 이제 그 실천적 형태들이 이곳에 등장하여, 사역의 유형과 목표에 따라 적절한 자기 위치에 배치된 것이다.

사역의 유형(주체)과 목표에 따라 달라지는 실천적 영역

그런데 <표 18>의 '유형'과, '목표'와, '실천적 영역'을 자세히 살펴보면, 사역의 유형이 무엇이냐에 따라서, 즉 누가 사역을 하느냐에 따라서 사역의 '목표'도 다르고 그 실천내용(형태)도 달라지는 경우들을 보게 된다. 우선, '사역 유형'의 두 번째 줄인 '청소년과 함께하는 사역'을 보자.

이 사역은 '청소년사역의 목표' 다섯 가지를 모두 수행할 수 있다. 여기 '목표'를 보면, 그 위나 아래의 목표들과는 달리 '청소년 동역자들과 함께'를 앞에 내세우고, 나머지 4가지 목표들이 그 다음에 제시되어있다. 청소년들과 함께 사역이 추진되는 유형임을 강조한 것이다. 그리고 청소년과 함께, 즉 어른과 청소년이 함께 사역을 전개하게 되면, 그때 전개될 '실천적 내용들'(표의 오른쪽)은 그 위의 '청소년을 위한 사역'이나 그 아래의 '청소년에 의한, 청소년의 사역'과는 서로 비교가 될 만큼 사역의 '내용'과 '형태'가 다르게 제시되어 있다. 그것은 어른과 '청소년 동역자들과 함께' 하는 사역은 다른 유형의 사역과는 달리 '동역-지원-참여' 등이 복합적으로 얽힌 사역이기 때문이다.

이렇게 청소년사역의 '유형'에 따라, 즉 사역의 '주체'가 누구냐에 따라 전개될 사역의 '목표'도 달라지고, '사역의 실천적 영역' 즉 실천적 내용들도 다르게 제시된다. 또한, 가령 사역의 '목표' 중에서 '예배자다운 나의 형성: 소명적 자아정체성 확보'의 경우를 보자.

사역의 유형 '청소년을 위한 사역'에서 어른들은 청소년이 이 목표에 도달할 수 있도록 '교육(훈련)'을 실시하고, 또 그들을 '지원'하기에 힘써야 할 것이라고 실천적 영역에서 예시하고 있다. 그런데 사역의 유형 '청소년에 의한, 청소년의'에서 보면, 청소년은 이 경우에 스스로 자신을 하나님 앞에 온전히 드리고(예

배하고), 또 그리스도의 성역에 쓰임 받는 자신을 깨끗하게 가꾸기 위하여 힘써야 한다고, '예배사역'과 '연수사역'을 예시하고 있다. 즉 '하나님께서 귀히 쓰시는 그릇이 되어 거룩하고 주인의 쓰심에 합당하며, 모든 선한 일에 쓰임 받을 수 있도록 준비하기 위하여 청소년의 정욕을 피하고(딤후2:21-22), 자신을 올바르게 세우려고 힘쓰는 노력, 즉 '자기개발과 연수練修'의 길에 들어서야 할 것이라고 실천적 영역에서 예시하고 있다.

이렇게 사역의 '목표'인 '예배자다운 나의 형성: 소명적 자아정체성 확보'라는 점은 같은데도, 그 목표를 위해서 '누가' 일하느냐에 따라 그 '모습'(사역의 형태나 내용)이 다르게 제시됨을 본다. 또 다른 예로서 '사랑과 정의의 작은 예수 구현'의 경우도, 어른들은 청소년이 그런 목표에 도달하도록 청소년이 사역하는 현장에서 그들을 '지원'한다. 그런데 청소년은 자신이 그렇게 되기 위하여, 그리스도 우리 주 예수님께서 하시던 그 모습을 본받아 현장에서 '참여하고, 섬기기(봉사)'에 힘쓴다. 그리고 이를 위하여 '동역자(청소년사역자 또는 청소년 사역자)들과 힘을 모아(협력하여)' 이 사역을 전개하려고 노력한다. 이와 같이 '누가' 어떤 '목표'를 수행하느냐에 따라 사역의 형태나 내용은 달라진다.

나) 그리스도인 청소년과 문화사역

다음으로, <표 18>에는 청소년사역의 각 유형마다에 'Christian문화사역'이 '목표'이자 '실천적 영역'으로 들어있다. 그리고 그 문화사역은 사역의 유형에 따라 각각 '청소년을 위한', '청소년과 함께하는', '청소년에 의한, 청소년의' Christian문화사역 등으로 구별되어 있다.

Christian문화사역이 이렇게 목표이기도 하고 실천적 영역으로 표현되는 이유는, '그리스도의 문화', '그리스도교의 문화', '그리스도교회의 문화'가 꽃피는 것이 곧 '복음화에 버금가는 사역의 목표이자 실천영역'이기 때문이다. 더군다나 문화를 '생활양식'이라고 이해한다면, 청소년들의 Christian문화사역은 곧 자신의 삶의 방식을 그리스도교회 공동체의 문화에 동화시키는 것과도 같다. 그것은 교회의 가치관과 규범, 전통과 질서 등을 자신의 것으로 수용하는 과정이기도 하다. 그리고 그리스도인 청소년들이 Christian문화사역을 창달하기 위해서 일(활동)한다는 것은 곧 기존하는 문화를 계승, 발전시키려는 의지의 표현으로도 읽을 수 있다. 따라서 이 문화사역 영역은 독립적인 영역으로 다루는 것이 청소년사역의 내용을 분류하는 데에서는 적절하다고 여겨진다.

그리스도의 문화

청소년사역에서 Christian문화사역이 복음화에 버금가는 사역의 목표이자 실천영역으로 여겨지는 이유는 첫째, 지금 우리는 그 어느 때보다도 그리스도의 진리, 그리스도의 사랑, 그리스도의 생명으로 치유되고, 회복되고, 거듭나야 할 시대에 살고 있기 때문이다. 비인간화현상이 극에 달한 이 마지막 때에, 우리 주 예수 그리스도의 심장(빌1:8)이, 그리스도를 닮은 삶의 방식들이 우리들의 가슴속에, 그리고 일상생활 속에 회복되어야 할 것이 요망되기 때문이다. 우리 모두가 '그리스도의 문화<독> Christlike kultur'를, 그분의 가치관과 그분의 사고방식, 그분의 행동양식들을 실제 생활 속에서 그대로 본받아 그대로 구현할 수 있도록 힘써야 할 것이기 때문이다. 특히 '평화의 문화, 관용의 문화, 섬김의 문화, 자기희생의 문화'가 우리 사회 속에 꽃피어야 할 것이 절실한 계절에 살고 있기 때문이다.

이것은 특히 사회화와 자아실현이라는 발달과제를 안고, 자아정체성의 확보가 그 어느 시기보다도 절실하게 요망되는 청소년기를 살고 있는 우리의 청소년들에게는 더 더욱 중요한 과제가 아닐 수 없다. 더군다나 그리스도인 청소년들에게 "너희 안에 이 마음을 품으라, 곧 그리스도 예수의 마음이니(빌2:5)"라는 명제는 매우 중요하고도 필수적인 과제이다. 그러므로 청소년들이 '그리스도의 문화Christly culture에 문화화culturalization'되는 것, 즉 '작은 예수' 되는 것(그리스도인화christianization)은, 그리스도인 청소년의 '신앙적 사회화의 목표'가 되는 것이므로, 청소년사역에서는 복음화에 버금가는 사역의 '목표'이자 '실천적 영역'이 아닐 수 없다.

그리스도교의 문화

둘째, 우리는 지금 다원화되고, 그래서 이질적인 것들이 동시에 뒤섞여 존재하는 혼란과 갈등의 소용돌이 속에 살고 있다. 이른바 다문화시대에 살고 있다. 여기 다문화 양상 속에는 '그리스도교의 문화culture of Christianity'와 동질적인 문화권에 속하는 양상들도 있지만, 그와는 반대로 사악하고, 어둡고, 훼방하는 세력들의 간교하고 퇴폐한 작태作態들이 문화라는 탈을 쓰고 인간과 사회를 무너뜨리려는 양상들도 얼마든지 있다.

그런데 이 다문화시대에 대중적 인기에 편승한 퇴폐하고 가증한 양상들은 오히려 사람들을 더욱 비인간화시키는 상태로 이끌어가고 있는 실정이다. 더군다나 과학과 기술의 발달에 힘입어 개발된 다양한 매체들은, 사람들이 오염된 것들에 쉽게 접촉할 수 있도록 통로를 제공하고 기회를 제공해준다. 그래서 결과적으로 이러한 비인간화현상을 더욱 부채질하는 역기능을 담당하고 있다. 그리고 오염은 중독을, 중독은 더더욱 비인간화의 길을 탐닉하도록 사람들을 이끌고 있다. 더욱 두렵고도 놀라운 것은, 이러한 양상이 교회 안에까지도 침투한 듯한 조짐들을 보이기 시작하고 있다는 점이다. 심지어는 교회가 세상풍조나 추세를 뒤따라가기에 급급하고 있는 것 아닌가 싶을 정도로, 우려되는 모습들을 보일 때도 없지 않다.

바로 이러한 시대에 '그리스도교의 문화'가 확립되어 모든 문화들 위에 우뚝 세워져서 관용과 평화, 공존과 번영을 이끌어나가는 한편, '그리스도의 계절이 온 세상에 임하도록' 해야 한다는 것은 곧 '지구촌 복음화와 맞닿는 과제'가 아닐 수 없다.

이러한 과제는, 문화접변[103]이나 문화수용 과정에서 매우 민감한 반응을 보

---

103 문화접변(acculturation)이란, 문화체계가 서로 다른 문화들이 접촉하여, 그들 사이에 상호작용이

이는 청소년들에게, 특히 그리스도의 문화, 그리스도교의 문화를 계승하고 발전시켜야 할 그리스도인 청소년들에게 매우 시급하고도 중요한 사역의 목표요 실천적 영역으로 등장한다. 따라서 저급하고 퇴폐한 '대중문화 흉내 내기'나 '청소년문화 따라잡기'에 급급하지 말고, 그리스도교회 공동체의 문화가 정립되고 확산되도록 하는 데에 힘써야 할 때이다. 그래서 이 땅의 청소년들이 건전하고 유익한 삶을 누릴 수 있도록, 그래서 그리스도의 계절을 만끽할 수 있도록, '그리스도교의 문화'를 창달하기에 힘쓰는 것은 곧 청소년사역의 목표요 실천적 영역의 하나라고 할 것이다.

그리스도교회의 문화

셋째, 교회는 '하나님의 집(고전3:9)'이며, 그리스도 안에서 그리스도와 함께 이루시는 공동체이다. 그리고 이 그리스도교회 공동체의 구성원들은 '그리스도교회의 문화culture of Christian community church'를, 그 '공동체문화'를 습득, 공유, 계승, 발전시키며 이 땅에서 살아간다. 그것이 하나님의 뜻이기에, 우리는 교회의 규범과 질서와 전승을 스스로 몸에 익히고, 익숙하도록 배우고, 따르고, 지킨다. 그리고 이 아름다운 '믿음의 공동체, 사랑의 공동체, 삶의 공동체'의 질서 속에서 우리는 평화와 안정과 행복을 누린다. 그러므로 '그리스도교회의 문화'를 확립하고 이를 온전히 유지하는 것은 '사역의 목표'에 버금가는 '실천적 과제'라 할 수 있다.

그런데 교회들 중에는 안타깝게도 '그리스도교회의 본질'에서 벗어났거나 이를 왜곡한 교회문화를 지닌 교회들도 없지 않다. 그것이 부분적이고 일시적인 현상이건, 애당초 처음부터 전폭적으로 뒤틀린 것이건 간에 교회의 문화는 '초기 그리스도교회 공동체처럼' 바로 세워져 있어야 한다. 특히 적그리스도, 이단, 사이비집단들이 창궐하는 이 시대에는 더욱 그렇다. 교회가 주님 안

일어나서, 새로운 형태의 문화가 생겨나는, 일종의 문화변동(文化變動) 현상(그 과정이나 결과)를 말하는 것이다.

에서 주님의 뜻을 따라 '덕을 세우고 사람들에게 유익을 주는(고전10:23-24)' 그런 참되고 아름답고 차원 높은 '교회문화'를 확립하고 있지 못하다면, 이는 참으로 큰 위기 앞에 놓여있는 것이다. 변질되고 오염된 '사이비교회문화'는 마치 세균처럼 삽시간에 교회 안의 모든 것을 감염시켜버릴 수도 있기 때문이다.

이와 마찬가지로 교회 안에서 교회의 문화에 따라 사회화되고 자아실현의 터전을 구축해야 할 그리스도인 청소년에게, 온전한 그리스도교회의 문화가 건재해야 한다는 것은 매우 중요한 선결과제이다. 청소년이 그의 청소년기에 참된 그리스도교회 공동체의 문화의 영향을 받아, 주체적으로 이를 계승, 발전시킬 역할기능을 담당할 다음세대의 일꾼으로 양성되어야 할 것이기 때문이다.

목표이며, 실천적 영역인 그리스도인문화사역

이렇게 Christian문화사역 청소년사역의 '목표'이면서 동시에 '실천적 영역'에 해당되는 특수한 위치에 있다. Christian문화사역을 '사역의 목표'에 포함시키기에는 '목적과 목표의 위계적 구조와 질서'의 틀에 딱 들어맞지 않는 듯한 느낌이 있고, '실천적 영역'에만 포함시키기에는 그 내용과 형태 등이 매우 광범위하고 다양하여 그의 수준에 걸맞지 않은 점이 있다. 그래서 별도의 독립된 영역으로 다루는 것이 합리적이고 효율적이라고 판단되어서, '사역의 유형'에 따라 각각 '청소년을 위한', '청소년과 함께하는', '청소년에 의한, 청소년의' 그리스도인 문화사역 등으로 구별하여, 목표이면서 동시에 실천적 영역에 해당되는 자리에 위치하도록 한 것이다.

이 세 가지 유형의 Christian문화사역은 사역의 다른 목표들이 그러했듯이 '누가 사역을 전개하느냐'에 따라 그 사역의 모습이 달라질 것이다. 어른들이 청소년을 위해서 전개하는 사역이라면 '청소년을 위한 문화사역'이 될 것이고, 청소년과 함께 추진하는 사역유형이라면 '청소년과 함께하는 문화사역'이 될 것이며, 청소년들이 주체적으로 참여하고 전개하는 사역유형이라면 '청소년에 의한, 청소년의 문화사역'이 될 것이다. 그것이 어떤 모습의 문화사역이건 간에 거기에는 '그리스도의 문화'와 '그리스도교의 문화', 그리고 '그리스도교회의 문화'를 꽃피워서, 그리스도의 계절이 충만하고 풍성하도록 하는 데에 기여하게 될 것이다.

다) '공동체기도사역'과 '사역화를 위한 준비사역'

여기 <표 18>에서 '공통적 영역'의 '공동체기도사역'은, 그리스도교회 공동체 사역의 모든 과정은 기도로 시작하여 기도로 마치는 사역이 되어야 할 것이기 때문에 '공통적 영역'에 들어간다. 우리 주 예수님께서 '그리스도의 사역'을 이 땅에서 행하실 때에 언제나 몸소 기도부터 하셨던 것처럼, '하나님의 일, 하나님나라의 일인 사역'을 하면서 우리가 기도한다는 것은 당연하고도 중요한 일이다. 더군다나 합심하여 '공동체기도'에 힘쓰는 사역은 그 자체가 하나의 공동체 예배행위요, '주님과 함께 일하는 과정'이기 때문이다.

다음으로, '사역화를 위한 준비사역'은 사역을 위하여 사전에 준비하는 사역을 말한다. 이 준비사역에는 탐색, 조사, 연구, 개발, 기획 등의 여러 가지 사역과정들이 포함될 수 있다. 이 사역화를 위한 '준비과정'을 '사역'으로 보아야 할 것이냐는 논의는 이제 더 이상 필요하지 않으리라 믿는다. 청소년사역을 사역답게 하기 위하여 준비하는 사역은, 모든 '단위사역unit ministry'들의 사역화 과정에서 필수적인 과업이고, 매우 중요한 단계이다. 이러한 '사역화를 위한 준비사역' 단계는 사역의 기초를 닦고, 그 이정표를 세우는 첫 번째 작업과정이기 때문에, 사역에서 이를 생략하거나 소홀히 한다는 것은 상상조차 할 수 없는 노릇이다. 그러므로 이러한 단계가 사역의 '실천적 내용 중의 하나'로 반드시 포함되어야 한다. 그래야 사역이 사역답게 준비될 수 있는 단계(기회)를 확보하고, 또한 이를 근거(토대)로 하여 관련된 사역내용들이 활발히 개발되고, 추진될 수 있을 것이기 때문이다.

이와 같이 '공동체기도사역'과 '사역화를 위한 준비사역'은, 우리 주님께서 그리스도사역을 시작하실 때의 모습을 본받아 이를 실천하는 일이기에 그 어느 사역의 실천적 영역에 못지않은 사역영역들임을 잊지 말아야 할 것이다.

라) 청소년사역의 12대 실천 영역

다음으로 <표 18>의 맨 오른쪽에는 사역의 '실천적 영역'들이 나타난다. 청소년사역의 실천적 영역들은, '공통적 영역'인 공동체기도사역, 사역화를 위한 준비사역, 그리고 9가지의 '실천적 내용들'인 예배사역, 교육(훈련)사역, 선교사역, 봉사(참여)사역, 교류협력사역, 청소년 섬기기 사역, 연수사역, 지원사역, 인간자원개발사역, 그리고 그 자체로서 목표이며 실천적 영역인 그리스도인 문화사역이다. 이 사역의 실천적 영역들은 '그리스도교회 공동체 청소년사역의 큰 줄거리'들이다.

여기에서는, '공통적 영역'과 그리스도인 문화사역은 앞에서 설명했으므로, 9가지의 실천적 내용들(예배사역~인간자원개발사역)에 관해서 살펴보자.

'예배사역'은 '그리스도교회 공동체의 5대 사역'의 첫 번째인 '하나님사랑, 그리고 감사와 찬양을 드리는 예배'와, '그리스도교회 공동체 사역의 목표(1)'인 '예배자의 갱신과 회복: 예배의 내면화, 생활화, 체질화'와 직결되는 사역이다. 특히 여기에서는 하나님께 청소년 자신을 모두 드리는 '예배'를 강조하는 사역이다. 그래서 '청소년에 의한, 청소년의 사역' 유형에서 '예배자다운 나의 형성: 소명적 자아정체성의 확보'를 위한 실천적 영역으로 등장하는 것이다.

다음으로 '교육(훈련)사역'은 '그리스도교회 공동체의 5대 사역'의 두 번째인 '일꾼사랑, 그리고 하나님의 뜻과 사랑을 가르치는 교육'과, '그리스도교회 공동체 사역의 목표(2)'인 '하나님의 일꾼 세우기: 그리스도의 제자화'와 직결되는 사역이다. '교육(훈련)사역'은 '청소년을 위한 사역'과 '청소년에 의한, 청소년의 사역' 유형에서 실천되어야 할 '교육과 훈련'을 강조하는 사역이다. 그래서 '교육(훈련)사역'은 '그리스도인 청소년의 제자화'를 위한 실천적 영역으로 등장하는 것이다. 특히 여기 '청소년에 의한, 청소년의 사역' 유형에서 '교육과 훈련'이 실천적 영역으로 예시된 것은 '청소년 또래집단 내에서 자체적으로 이루어 질 수 있는 교육과 훈련'[104]을 강조한 것이다.

다음으로 '선교사역'은, '그리스도교회 공동체의 5대 사역'의 세 번째인 '영혼사랑, 그리고 그리스도의 복음을 전파하는 선교(전도)'와, '그리스도교회 공동체 사역의 목표(3)'인 '제자의 사명완수: 세계복음화'와 직결되는 사역이다. 특히 여기에서는 청소년사역의 모든 유형에서 실천되어야 할 '선교(전도)'를 강조하는 사역이다. 그래서 '선교사역'은 사역의 모든 유형에서 '모든 청소년의 복음화'를 위한 실천적 영역으로 등장하는 것이다.

다음으로 '봉사(참여)사역'은, '그리스도교회 공동체의 5대 사역'의 네 번째인 '이웃사랑, 그리고 정의구현을 실천하는 봉사와 참여'와, '그리스도교회 공동체 사역의 목표(4)'인 '이웃사랑 실천과 정의사회 구현'과 직결되는 사역이다. 특히 여기에서는 '청소년과 함께하는 사역'이나 '청소년에 의한, 청소년의 사역' 유형에서 실천되어야 할 '봉사와 참여'를 강조하는 사역이다. 그래서 '봉사(참여)사역'은 '사랑과 정의의 '작은 예수' 구현'을 위한 실천적 영역으로 등장하는 것이다.

다음으로 '교류협력사역'은, '그리스도교회 공동체의 5대 사역'의 다섯 번째인 '교회사랑, 그리고 성도의 교제와 협력'과, '그리스도교회 공동체 사역의 목표(5)'인 '교회의 일치와 성도의 참여, 연대, 협력'과 직결되는 사역이다. 특히 여기에서는 '청소년과 함께하는 사역'이나 '청소년에 의한, 청소년의 사역' 유형에서 실천되어야 할 '교류와 협력'을 강조하는 사역이다. 그래서 '교류협력사역'은 '청소년 동역자들과 함께'라는 청소년사역의 목표를 향하여 참여, 연대, 협력하기 위한 실천적 내용으로 등장하는 것이다.

---

104 청소년 또래집단 내에서 자체적으로 이루어 질 수 있는 교육과 훈련은 청소년들의 체험 및 탐구학습, 상호학습, 청소년이 청소년을 교육 훈련하는 방식 등과 같이 청소년들 끼리 수행하는 다양한 교육훈련방식들youth-to-youth scheme이 활용될 수 있다.

다음으로 '청소년 섬기기 사역', '연수사역', '지원사역', '인간자원개발사역' 등은 '그리스도교회 공동체의 5대 사역'이나 '그리스도교회 공동체 사역의 목표'에서 직접 도출된 사역영역들이 아니다. 이미 앞에서도 말한 대로 이 사역영역들은 청소년사역의 특수성, 즉 현실성, 현장성, 미래지향성 등의 '실천적인 요구조건'을 청소년사역의 내용에 반영한 '실천적 사역내용들'이다.

여기에서 '청소년 섬기기 사역'은, 청소년사역의 특수성, 즉 현실성, 현장성 그리고 미래지향성 등을 모두 고려한 사역영역이다. '청소년 섬기기 사역'은 청소년을 주님 섬기듯 섬기는 사역이다. 섬긴다는 표현 때문에 얼핏 '봉사사역'이나 '지원사역'과 같은 것이 아닌가 생각할 수도 있겠지만, 여기에서는 청소년사역의 특수성 등을 고려하여, 별도로 반영한 사역영역이다. 이 사역은 모든 청소년의 삶과 그 현장에 교회나 사역자가 개입intervention해서 청소년을 돕는(섬기는) 사역이므로 청소년에게 매우 중요하고 필요한 사역영역이다.

그것은 단순한 구휼이나 자선과 구별된다. 이 혼탁하고 오염된 세상 속에서 청소년의 '삶의 동반자적인 역할기능'을 교회가 담당해야 한다는 것은 청소년을 교회와 어른들에게 맡기신 '하나님의 뜻'이다. 이 사역은 청소년을 우리에게 맡기시고, 섬기도록 하신 주님의 은혜에 대하여 기쁘고 감사한 마음으로, 두렵고 떨림으로, 눈물과 무릎으로 청소년을 섬기는 사역이다. 또한 그리스도를 온전히 섬기기 위하여 주님의 고난에 동참하듯이, '그리스도의 성역에 쓰임 받는 일꾼으로서의 청소년' 그들의 삶이 곧 '그리스도의 고난에 참여하는 사역기간'이 되도록 교회와 어른들이 이들 청소년을 섬기기에 전념하는 사역이다.

이를 위하여 청소년이 '사람답게, 청소년답게, 일꾼답게' 살 수 있도록 그들의 인권과 복지와 참여 등을 적극적으로 보장하는 사역도 함께 전개되어야 할 것이 강조되는 사역이다. 아울러 '청소년 섬기기 사역'은 '모든 청소년의 복음화'라는 목표를 달성하기 위한 기반사역基盤使役으로서 매우 큰 의미를 지니는 사역영역이다. 즉 '청소년복음화를 위한 접근로'를 열어주고, 그 접근을 훨씬 수월하게 하며, 그에 따른 선교효과도 높일 수 있는 유효한 길이기도 하다.

다음으로 '연수사역'은 청소년사역의 현실성과 미래지향성을 반영한 사역영역이다. '연수사역'은 청소년 스스로가 자신을 '그리스도의 사역에 쓰임 받는 일꾼'으로 성장, 성숙, 성화시키기 위하여 힘쓰는 자기수련사역이다. 그래서 '예배자다운 나의 형성: 소명적 자아정체성의 확보'라는 청소년사역의 목표를 달성하기 위하여 '예배사역'과 함께 실천적 영역으로 등장한다. 청소년들도 하나님 앞에 설 때에는 결국 자기 혼자이다. 주 하나님 앞에 서는 '나'를 어떤 모습으로 형성하느냐는 청소년에게도 가장 중요하고 심각한 과제이다. 그래서 나를 조성하시고 주관하시는 하나님 앞에서 나를 비우고 '갈고 닦는self culture' 과정이 청소년에게도 필요하다.[105] 특히 연수사역은 그리스도인 청소년들이 자발적으로, 주체적으로 자신을 하나님 앞에 세우기 위한 과정이므로, 그 의미가 참으로 크고 중요한 사역이다. 따라서 이를 실천하기 위한 구체적이고 체계적인 '자기수련 프로그램'이 필요하며, '교회의 지도와 지원'이 필수적이라는 의미에서 교회의 깊고 큰 관심이 요망된다.

다음으로 '지원사역'은 청소년의 삶의 현장과 그 현실성 등을 고려한 사역영역이다. 이 '지원사역'은 청소년이 살고 있는 곳이라면 그 '현장'에, 청소년이 주님 안에서 무엇인가 하고자 하거나 또는 하고 있는 곳이라면 그 '과업'에 교회의 지원이 있어야 할 사역이다. '지원사역'이 '청소년 섬기기 사역'과 다른 점은 특히 청소년들이 하고자 하는 의지가 담겨있는 일들이기는 하지만, 청소년의 역량만으로는 그 일을 이루기 힘든 경우들에 대한 지원이라는 성격이 강한 사역이다. 그래서 '청소년을 위한 사역'이나 '청소년과 함께하는 사역' 영역에 이 '지원사역'은 폭넓게 자리하고 있다. 실제로 청소년사역의 모든 영역에서 이 '지원사역'을 빼놓고 사역의 전개를 생각한다는 것은 거의 불가능하다. 따

---

105 연수(練修)의 본래 의미는 스스로 자신을 단련하고 일에 익숙하게 하며, 자신을 다스려, 깨끗하고 새롭게 가꾸려는 개인적 또는 집단적 과정이나 노력을 말한다.

라서 이는 '지원사역 없이는 청소년사역도 없다'는 말과도 같고, 거꾸로 '청소년사역의 부재 또는 부실은 교회의 지원이 없거나 부족하기 때문이다'는 논리로도 연결되는 사역영역이기에 청소년사역의 실천적 영역으로 등장한다.

끝으로 '인간자원개발사역'은 청소년사역의 현실성과 미래지향성을 반영한 사역영역이다. '인간자원개발사역'은 교회와 사회의 인간자원인 청소년개발에 대한 적극적인 노력이 시급히 전개되어야 할 것을 강조하는 사역이다. 그리스도교회 공동체 청소년사역의 관점에서 볼 때 교회 밖의 청소년을 교회 안으로 이끌어 주님의 일꾼으로 세우고, 교회 안에서 일꾼으로 양성된 청소년을 교회의 여러 사역영역과 사회 속에 파송하여 거기서 주님의 뜻을 이루시는 일에 헌신할 수 있도록 힘쓰는 것은 교회의 기본적인 사명이기 때문이다. 그 뿐만 아니라 청소년의 잠재능력과 가능성을 개발하는 것은 개인적으로나 사회적으로도 필요한 과제이다.

따라서 '청소년 인간자원의 개발'은 교회는 물론 사회적으로도 매우 중요한 의의가 있다. '주님 안에서 건전하고 유능한 시민', 그리고 '세상 속에서 세상을 이기며 세상을 이끌어갈 주님의 일꾼'을 양성하는 일은 '그리스도인 청소년의 제자화'라는 사역의 목표를 달성하는 데에 매우 중요한 사역영역이다. 그러므로 지구촌 전체를 사역의 현장으로 삼고 나아갈 청소년의 '인간자원개발'에 적극적으로 힘을 기울여야 할 필요성을 절감하여, 실천적 영역으로 제시되는 것이다.

위에서 예시한 '9가지 실천적 영역들'은 청소년사역의 특수성, 즉 현실성, 현장성, 미래지향성 등의 '실천적인 요구조건'을 청소년사역의 내용에 반영한 '실천적 사역영역들'이다. 그러므로 더 더욱 그 '세부실천계획'들을 주도면밀하게 마련할 수 있어야 할 것이다. (그리고 여기 제시된 '9가지 실천적 내용들'은 사역의 유형과 목표에 따른 '대표적인 사역의 내용과 형태'를 제시한 것이므로, 또 다른 사역내용이나 형태들이 추가될 수 있는 가능성의 문을 열어둔다.)

마) '유형과 목표의 1차적 조합'이 시사하는 것들

위의 <표 18> '유형, 목표의 상호관계에 따른 조합과 실천적 영역'은 결국 <표 17> '청소년사역의 유형, 목표, 이유들의 통합'에서 보았던 '유형과 목표의 1차적 조합'에서 비롯된 결과물이다. 이 '유형과 목표의 1차적 조합'이 시사하는 것들을 여기에서 정리해보고 넘어가는 것이 '사역의 유형과 목표의 상호관계에 따른 조합', 즉 '통합적 분류와 체계화'의 의의를 이해하는 데에 유익하리라 생각한다.

'유형과 목표의 1차적 조합'이 시사하는 것 그 첫째는, 사역의 주체와 대상이 누구이며(유형), 어떤 목표를 추구하느냐(목표)에 따라 사역의 모습(형태와 내용)은 달라진다는 점이다. 얼핏 보기에 사역의 유형마다 추구할 수 있는 일(목표)들이 서로 같거나 중복되는 것 같지만, 실제로는 서로 확연히 구분되는 사역의 모습이 있다. 특히 '청소년과 함께하는 사역'과 '청소년에 의한, 청소년의 사역'이라는 사역유형은 지금까지 거의 거론조차 되지 않았던 영역이었다. 그러나 여기 <표 18>을 통해서 본 바로는 이 두 가지 사역유형도 확실히 자체의 실천적 영역을 지니고 있음이 확연히 드러났다. 그것은 청소년사역이 어른들의 전유물이 아님을 보여준다. 청소년은 '사역의 대상'만이 아니라 '사역의 주체'이기도 하다는 사실을 보여준다. '청소년과 함께하는 사역'과 '청소년에 의한, 청소년의 사역'이라는 사역유형은 분명히 '청소년사역의 새 지평'으로 우리 곁에 있음을 보여준다.

둘째, 이로써 지금까지 모호하게만 느껴지던 '청소년사역의 새 지평'이 실재實在한다는 사실을 확증해준다. 청소년사역을 위해서는 교회의 어른들이 할 일도 있고, 청소년이 할 역할기능도 있음이 확연히 드러난다. 이 두 가지의 총화總和가 온전한 청소년사역을 이루는 것임을 분명히 보여준다.

셋째, 청소년사역은 '청소년을 위한, 청소년과 함께하는, 청소년에 의한, 청소년의 사역' 어느 것 하나도 중요하지 않은 것이 없는 '하나님의 일, 하나님나라의 일'임을 보여준다. 이 모든 사역들이 '서로 합력하여 선을 이루시는 것'이기 때문이다(롬8:28). 따라서 그것은 더 이상 '청소년과 함께하는 사역'과 '청소년에 의한, 청소년의 사역'이라는 사역유형이 어른들의 선입관과 편견, 오만과 불신 등으로 방해받지 말아야 할 것임을 반증하고 있으며, 이러한 어른들의 그릇된 모습들이 얼마나 '하나님의 뜻'에서 벗어나고 거역하는 것인지를 일깨워준다.

넷째, 청소년사역의 유형과 목표의 조합에 따라 '사역의 실천적 영역', 즉 이 장에서 찾고자 하는 '청소년사역의 내용'들의 큰 줄거리가 새롭게 드러나서 청소년사역의 '내용'에 더 보태지게 되었다. 이것은 <표 16> '청소년사역의 하위체계'에서와 같이 '청소년사역의 차하위목표'들이 설정된 것과도 같다. 이렇게 '청소년사역의 실천적 구조와 체계'가 일목요연해짐으로써 청소년사역은 보다 더 실천적인 국면으로 접어 들어갈 수 있게 되었다.

바) 더 실천적으로 발굴되어야 할 사역의 영역들

그런데 <표 18>의 오른쪽 '사역의 실천적 영역'들의 '예시'를 보면 우리가 평소에 늘 사용하던 용어들이 대부분이다. 그래서 우리는 그것을 잘 알고 있는 것으로 여기고 있다. 그러나 정작 그 실천적 영역들이 '구체적으로 또는 실질적으로 어떤 것들이냐'고 묻는다면, 쉽게 그리고 체계적이며 실천적으로 그 대답이 나오질 않는다. 예를 들면, '모든 청소년의 복음화'를 위해서는 선교사역을 전개해야 하고, '예배자다운 나의 형성: 소명적 자아정체성 확보'를 위해서는 청소년을 '교육(훈련)'해야 하고, 또 그들이 그렇게 되도록 '지원'해야 한다는 것까지는 대부분 잘 알고 있고, 그래서 자신 있게 말한다. 그런데 이러한 사역들은 너무 '포괄적인 개념'의 사역이기 때문에, 정작 좀 더 구체적으로 어떤 내용, 어떤 형태의 선교사역, 교육(훈련)사역, 지원사역 등을 해야 하는 것이냐고 물으면 대답이 좀 궁색해진다. 대답이 조리 있게 나오질 않는 것이 보통이고, 얼버무리다가 꼬리를 내리기 일쑤다.

   이것이 '하나님의 일, 하나님나라의 일인 사역'을 한다는 우리의 실정이다. 우리는 여태껏 이 자리만을 맴돌면서도 '그 다음 단계'를 찾아들어가는 노력이 부족했다. 혹시 그런 단계에 접어들었다고 하더라도 '체계화'되어 있지는 못했다. 그러니까 '청소년사역의 새 지평'은 가려져있을 수밖에 없었고, 청소년사역은 늘 '모호한 사역'으로 남아있어야 했었고, 그러다 보니 청소년사역은 그리스도교회 공동체 사역의 '자투리사역'이나 '장식품'정도로 여겨지지 않았을까 짐작된다. 그래서 사역을 하기는 하는데 어쩐지 '겉돌기만 하는 사역', 그래서 '체계적이고 효과적으로 추진되지 못하는 사역'이 되고 마는 그런 악순환을 거듭하게 된 것이 아닐까.

   여기 <표 18>에서 보는 바와 같이, 이제 '청소년사역 내용의 큰 줄거리'가 발굴되었다. 이것은 '청소년사역의 실천적 체계'를 확보하고, 또 앞으로 '사역의 실천적 영역들'을 발굴하는 데에 근간이 될 것으로 기대되기 때문에 이 작업 결과는 매우 중요한 의미를 지닌다.

   그러나 이 큰 줄거리를 찾은 것만으로는 부족하다. 여기에 나타난 사역들은 너무 포괄적인 개념이면서 동시에 '판에 박힌' 사역개념으로 이미 우리들의 뇌리에 고착화되어 있다. 그래서 말은 쉽게 잘 튀어나오는데, 행동(사역)으로 옮겨지지 않는 경우가 너무나 많다. '주여, 나가서 주님의 복음을 전하는 일꾼이 되도록 저에게 힘을 주옵소서', 기도는 잘 하는데, 일 년 내내 단 한 번의 전도도 안(못)하는 '교인敎人'도 있는 것처럼 말이다. 또한 정작 행동으로 옮겨보아도, 늘 하던 방식과 되풀이 되는 내용이 고작이다. 그래서 사역은 제자리를 맴돌다가 힘에 겨워 이내 주저앉아버리고 만다.

   따라서 '행동으로 나타나는 사역, 효과적인 사역'을 위해서는 '더 실천적이고, 더 실제적인 사역의 영역과 내용들이 발굴되어야' 할 것이 절실하다. 그리고 그것은 누구나 명확하게 '사역의 내용과 방향'을 파악하고 일할 수 있을 만큼 '명료하고 구체적'으로 발굴되어야 하고, '체계화'되어야 한다. '청소년사역의 실천적 영역과 내용들'이 발굴되어야 비로소 사역은 행동지향적인 생동감 넘치는 참 모습을 지니게 될 것이기 때문이다.

나. 보다 더 실천적, 실제적인 내용 발굴을 위한 2차적 조합
: '1차적 조합'과 '35가지 이유들'의 통합적 분류와 체계화

위에서 우리는 청소년사역의 유형과 목표의 1차적 조합을 통하여 청소년사역의 실천적인 큰 줄거리를 도출해냈다. 그러나 청소년사역의 '차하위목표'로서의 구실을 할 만한 더 실천적이고 더 실제적인 사역의 영역과 내용들을 발굴하고 규명하기 위하여, 이제부터는 그 나머지 작업을 계속해야 한다.

이 나머지 작업에서 활용될 자료는 앞에서 말했던 '청소년사역을 해야 할 35가지 이유들'이다. 이 '35가지 이유들'은 청소년사역의 특수성, 즉 현실성, 현장성, 미래지향성 등의 '실천적인 요구조건들'을 청소년사역의 내용에 반영해 줄 수 있는 근거자료가 될 수 있기 때문이다.

이를 위하여 이 실천적인 요구조건을 충족할 '35가지 이유들'을 재음미하고, 그 이유들 속에서 청소년사역의 실천적, 실제적 사역의 영역과 내용들을 더 발굴하려는 것이다. 그래야 여기에서 발굴된 영역과 내용들을 바로 앞에서 작업했던 '유형과 목표의 1차적 조합'의 틀에다가 통합할 수 있을 것이고, 이러한 '2차적 조합' 작업을 통하여 마침내 '청소년사역내용의 통합적 분류와 체계화 작업'을 완성할 수 있을 것이며, 이를 통하여 청소년사역은 더 실천적, 실제적 사역단계로 접어들 수 있을 것이기 때문이다.

1) '청소년사역을 해야 할 35가지 이유들'의 재음미

우리는 이미 제1편 제4장에서, '청소년사역의 당위성, 중요성, 필요성, 시급성'의 '4가지 차월'과, '청소년 및 청소년사역에 대한 그리스도교회 공동체 사역

의 관점, 인간적 관점, 개인적 관점, 사회문화적 관점, 세계(사)적 관점'의 '5가지 관점'의 만남을 통하여 '왜 청소년사역을 해야 하는가'에 대한 대답으로 '청소년사역을 해야 할 35가지 이유들'을 발굴해놓았다. 이 '35가지 이유들' 속에는 청소년사역과 관련한 여러 가지의 메시지가 담겨있다. 그 중에서도 여기에서는 다음과 같은 몇 가지 점에 대해서 우리의 생각을 가다듬고 넘어가려고 한다.

하나님 앞에서 동등한 어른과 청소년

'35가지 이유들' 속에 담겨있는 메시지는 첫째, 하나님 앞에서는 어른과 청소년의 차이가 없다는 점이다. 이들은 모두가 하나님의 자녀로서의 그 위상이 동등하다. 어른과 청소년 사이에 나이(연령) 차이는 분명히 있다. 경험과 지식이나 기술 등의 차이도 있을 수 있지만, 그것은 생각 나름이다. 어른이라고 모든 경험을 다 한 것이 아니고, 모든 지식이나 기술 등에서 반드시 청소년을 능가하는 것도 아니다. 오히려 청소년의 경험, 지식, 기술이 어른을 훨씬 능가하는 경우들도 얼마든지 있다. 더군다나 하나님께서 보시기에는, 그것이 나이이건 또는 그 어떤 차이이건 간에 그리 큰 차이가 아니실 것이다. 좀 표현이 어울리지 않지만, '도토리 키 재기' 아닐까. 하나님께서 보시기에는 어른이나 청소년 모두가 하나님께서 허락하신 동등한 인격적 가치를 지닌다.

특히 사역과 관련해서 볼 때, 어른이나 청소년 모두가 '하나님의 사랑의 대상'이요 '하나님의 일꾼으로 쓰임 받는 대상'이라는 점에서 아무런 차별을 두지 않는다는 것을 성경은 우리에게 가르쳐주고 있다. 그런데 만약에 우리가 우리 사람들의 판단기준을 가지고 어른과 청소년을 차별하고 있다면 이는 잘못된 것이다. 이는 하나님의 뜻을 벗어난 것이거나 앞서가는 짓이다.

그러므로 사역과 관련하여 청소년에 대한 인식을 하나님중심으로 새롭게 해야 한다. 지금까지 성인중심적인 관점이나 판단기준으로 청소년을 보아왔던 폐습은 이제 교회 안에서 청산되어야 한다. 그리고 이것은 사역의 영역에서도 마찬가지로 적용되어야 한다. 청소년도 '하나님의 뜻'이라면 얼마든지, 언제든지 '하나님의 일꾼'일 수 있다는 믿음과 인식이 강화되어야 한다. 청소년도 그리스도교회 공동체의 사역자일 수 있다는 확신이 서야 한다. 청소년 그들도 어른과 마찬가지로 하나님께서 부르시고 명하시고 들어 쓰시면, 어른도 감히 흉내 낼 수 없는 일을 해낼 수 있다는 사실을 꼭 직시해야 한다. 그래야만 청소년사역의 새로운 내용들이 실천적으로 발굴될 수 있고, 그 터전 위에서 마침내 '청소년사역의 새 지평'은 열릴 수 있다.

한 영혼, 한 생명, 그리고 교회 밖 청소년에 대한 관심

둘째, 청소년사역은 청소년, 그 한 영혼, 한 생명에 대한 관심과 사랑과 존중에도 초점이 맞춰져야 한다. 청소년사역은 청소년에 대한 '관심'이 전제되는 것이고, '사랑'으로 채워져야 하는 것이며, 청소년에 대한 '존중'이 항상 함께해야 한다. 이 관심과 사랑과 존중은 우선 교회 안에 들어와 있는 모든 그리스도인 청소년에게 집중되어야 한다.

그런데 여기에서 말하는 '모든 그리스도인 청소년에게'라는 말은 청소년연령층에 대한 집단적이고 일괄적인 관심과 사랑과 존중 못지않게, 특히 청소년 개개인에 대한 개별적인 관심과 사랑과 존중이 가시적으로 나타나야 할 것을 강조하고 있다. 그리스도교회 공동체 사역의 대상과 그 관심의 초점은 집단 그 자체에 있다기보다는 차라리 그 집단 속의 한 영혼, 한 생명에 더 집중되어 있기 때문이다.

그와 함께, '교회 밖의 청소년'에 대한 관심과 사랑과 존중도 같은 비중으로 동시에 강조되고 실천되어야 한다. 교회 안에서 주님의 은혜를 만끽하는 성도들 못지않게, 교회 밖에서 방황하는 영혼들에게도 사역의 초점이 맞춰져야 할 것이기 때문이다. 우리 주 예수님께서 "사람이 만일 온 천하를 얻고도 자기를 잃든지 빼앗기든지 하면 무엇이 유익하리요(눅9:25)."라고 말씀하심 같이, 또 '잃은 양 한 마리'를 목자 곁에 있는 아흔아홉 마리 못지않게 소중히 여

기신 것처럼(마18:12-14, 눅15:4-7) 말이다. '목자를 떠나 있는 교회 밖의 양들' 개개인에 대한 교회의 관심은, 교회 안에 들어와 있는 그리스도인 청소년 못지않게, 대단한 관심과 열성을 가지고 찾아나서야 한다. 만약에 청소년사역이 '내 품안의 내 새끼만을 돌보는 것'과 같은 '닫힌 사역'이라면, 그래서 '교회 안에만 머무는 사역'이라면, 그 사역은 이미 어느 정도 짠맛을 잃은 것이고, 그 빛은 밝음이 퇴색된 것일 수 있을 터이니까(마5:13-16).

사람답게, 청소년답게, 일꾼답게 살 권리

셋째, 청소년사역은 '여기, 오늘'을 사는 청소년의 삶에 대한 깊은 통찰과 배려를 포함하고 있어야 한다. 그래서 청소년과 관련된 문제들이 해결되고 개선되어서, 모두가 청소년기를 사람답게, 청소년답게, 일꾼답게 살 수 있도록 하는 데에 기여하는 청소년사역이 되어야 한다. '인간다운 삶을 살 권리<독> Menschen würdiges da sein'는 애당초 하나님께서 우리에게 선물로 주신 것이므로, 이 권리는 청소년도 오늘, 여기에서 향유享有할 수 있어야 한다. 그리고 청소년이 사람답게, 청소년답게, 일꾼답게 살 수 있게 하려는 노력은 세상을 향해서도 달려가고 있어야 한다. 그리스도교회 공동체의 '세상을 향한 사역'은 주님께서 명령하신 엄숙한 의무이기 때문이다. 따라서 이러한 노력은 '교회 밖 청소년'의 고충과 아픔의 현장으로 찾아가서 펼쳐져야 한다. 그래야 그들이 주님의 품으로, 교회의 품으로 들어와서, 주님의 자녀요 일꾼이 될 수 있기 때문이다.

이를 위하여, '청소년의 일상적인 삶이 교회와 무슨 직접적인 관련이 있으며, 이것이 어찌 교회의 사역내용에 포함되어야 하느냐'는 식의 우문愚問은 이제 더 이상 우리 속에서 나타나지 말아야 한다. 그런 비성경적이고 사람의 판단에만 의존하는 발상과 고집은, 이제 교회로부터 추방되어야 한다. '여기, 오늘을 사는 청소년', 이 '지극히 작은 자'들의 고충과 아픔을 함께하는 것이 곧 '주님께 하는 것과 같은 받들어 섬김(사역)'이다(마25:40).

청소년을 섬기는 사역

넷째, 청소년사역은 그리스도 우리 주 예수님을 섬기듯이 청소년을 섬기는 사역이어야 한다. 그것은 요즈음 일부 부모들이 제 자식을, '만지면 깨질까, 불면 날아갈까' 애지중지 안절부절 못하며 품안에 가둬놓고 무분별하게 감싸고 돌기만 하는 것 같은, 그런 '몽매한 돌봄'이 아니다. 그것은 '새끼욕심'에 지나지 않는다. 그것은 섬김도 아니고, 자녀를 돕거나 잘 되게 하는 일이 아니라 아이를 망치는 짓이다.

청소년을 섬기는 참 모습은 그리스도 우리 주 예수님을 섬기는 것과 같아야 한다. 무엇보다도 청소년을 우리에게 맡기시고 섬기도록 허락하신 그 은혜에 대하여 기쁘고 감사한 마음으로, 두렵고 떨림으로 온 정성을 다하여 청소년을 섬겨야 한다. 그리고 이와 함께 우리가 그리스도를 온전히 섬기기 위하여 주님의 고난에 동참하듯이, 청소년들도 '그리스도의 성역에 쓰임 받는 일꾼'으로 장성해지도록 청소년을 양육, 지원하기 위하여 전념해야 한다.

그것은 마치 '하나님께서 눈동자 같이 이스라엘을 지키심 같이', 그리고 '마치 독수리가 자기의 보금자리를 어지럽게 하며, 자기의 새끼 위에 너풀거리며, 그의 날개를 펴서 새끼를 받으며, 그의 날개 위에 그것을 업은 것 같이(신 32:10-11)' 섬세하면서도 강인해야 할 것이다. 또한 주님 안에서 정도正道를 따라 열성과 힘을 다하여, 적극적이고 창조적으로 청소년을 가르치고 연단시키는 청소년을 섬기는 사역은 그런 의미에서, '눈물과 무릎으로 섬기는 사역'이어야 한다. 이를 위하여 청소년의 삶이 곧 '그리스도의 고난에 참여하는 사역기간'이 되도록 교회와 사역자들과 부모들은, 청소년을 이끌고 다스리고 가르치며, 지원해야 할 것이다.

이와 함께 청소년 자신도 스스로 그 '좁은 문으로 들어가기를 힘써야(눅 13:24)' 한다. 한 사람의 '청소년 사역자youth-worker'로서 자신의 '사역을 통하여서도, 그 과정 속에서 성장, 성숙, 성화되어 가도록' 청소년 자신을 주님께 헌신할 수 있어야 한다. 그래서 하나님의 뜻을 잉태하고, 하나님나라를 잉태한 청소년으로, 일꾼으로, 주님 앞에 우뚝 설 수 있도록 우리 모두가 한마음 한뜻으로 힘써야 할 것이다.

청소년 인간자원개발을 위한 노력

다섯째, 교회와 사회의 인간자원인 청소년개발에 대한 적극적인 노력이 시급히 전개되어야 한다. 앞에서도 몇 차례 말한 바와 같이, 교회와 사회에 기여할 청소년 인간자원의 개발은 교회 밖의 청소년을 교회 안으로 이끌어 주님의 일꾼으로 세우는 일과, 교회 안에서 양성된 주님의 일꾼인 청소년을 교회의 여러 사역영역과, 그리고 사회 속에도 파송하여 거기서 주님의 뜻을 이루시는 일에 헌신할 수 있도록 힘쓰는 데에 있다. 따라서 청소년 인간자원의 개발은 교회는 물론 사회적으로도 매우 중요한 의의가 있다.

어떤 이들은 '교회를 위하는 일에만 일꾼을 쓰면 되었지, 교회가 사회 속에까지 청소년 일꾼을 파송할 필요가 있다는 말이냐'고 반문할는지도 모르겠지만, 이런 생각은 이제 교회 안에 더 이상 남아있지 말아야 한다. '주님의 교회는 주님께서 세상에 두고 가신 주님의 작업장(요17:11,15,18)'이고, 세상은 곡식과 채소가 자라는 논밭과 같이 '사역이 이뤄지는 현장'이기 때문이다.

주님께서는 부자와 거지 나사로의 비유(눅16:19-31)를 비롯한 성경 여러 곳에서 사회공동체社會共同體에 대한 교회의 책임을 강조하신다. 세상을 등지고 나 몰라라 하는 교회가 되지 말고, 명령하신 바를 나가서 행하라고, 나누고 베풀고 섬기고 도우라고, 주님은 교회들에게 오늘도 당부하신다. 다행히 한국사회의 부모들은 '세계적 수준의 교육열'을 지니고 있다. 이 교육열이 제 자식만을 위한 것이 아니라 교회와 사회를 위한 일꾼을 만들어내는 데에 집중된다면, 아마도 놀라운 결과를 가져올 수 있을 것이다. 이와 마찬가지로 교회와 성도인 부모들이, '주님 안에서 건전하고 유능한 시민' 그리고 '세상 속에서, 세상을 이기며, 세상을 이끌어갈 주님의 일꾼'을 양성하는 일에 '한국 부모들의 그 열심'을 기울인다면, 청소년 인간자원개발의 효력은 세상을 변화시키기에 부족함이 없을 것이다.

그러므로 이제 그리스도교회 공동체는 하나님의 뜻을 이루고 하나님나라를 확장하며, 그리스도의 사역에 지속적으로 참여하고 이를 완성하기 위하여, 혹시라도 지니고 있을지도 모르는 '교회의 집단이기주의'를 청산하는 한편, 지구촌 전체를 사역의 현장으로 삼고 나아갈 청소년의 개발에 적극적으로 힘을 기울여야 한다.

2) '35가지 이유들' 속에 함축되어 있는 사역의 내용들

여기에서는 위에서 '35가지 이유들'에 대해서 생각을 가다듬어 본 것을 바탕으로, 이 '이유들이 그 속에 담고 있는 메시지들', 즉 어떤 모습의 청소년사역이 어떤 내용과 방향으로 전개되어야 할 것인지에 관한 보다 더 실천적이고, 실제적인 사역의 내용들을 찾아 나선다. 이를 위하여 제1편 제4장 제2절 '청소년사역을 해야 하는 이유들'로 되돌아가서, 거기 '당위성 차원'과 '중요성, 필요성, 시급성 차원'에서 제시하고 있는 '이유들 속에 함축되어 있는 청소년사역의 실천적이고 실제적인 내용들을, 중복여부를 따지지 않고 순서대로 도출'해 내려고 한다.

이 내용들의 도출을 위해서는 앞에서 여러 차례 강조한 바와 같이, 청소년사역의 특수성, 즉 청소년의 현장과, 청소년의 현실, 그리고 청소년의 미래를 두루 살펴서, 그것들을 '내용'에 반영하도록 할 것이다. 다만, 여기에서는 왜 그런 사역내용들이 도출되는지에 관한 설명은 이미 이 글을 처음서부터 읽어 내려오는 동안에 충분히 이해하고 있으리라 믿기 때문에 과감히 생략하고자 한다.

가) '당위성 차원'에서 도출된 내용들

그리스도교회 공동체 사역의 관점에서
- 그리스도의 사람이요, 하나님의 일꾼인 '청소년을 섬기는 사역'
- 하나님의 일꾼인 '청소년과 함께 일하는 협력사역'
- '그리스도의 사람다움'을 내면화, 생활화, 체질화하기 위한 청소년 자신의 '연수사역'
- 청소년 개개인의 소명적 자아형성과 영적 성장, 성숙, 성화를 위한 '교육훈련사역'
- 하나님의 인간자원인 청소년을 양육, 지도, 개발, 지원하기 위한 '사역자(지도자) 양성사역'
- 청소년 자신의 '자기개발사역'
- 비그리스도인 청소년을 인도하기 위한 '청소년선교(전도)사역'
- 청소년을 하나님의 일꾼으로 세우는 '교육사역 또는 제자화사역'
- 청소년의 삶이 펼쳐지고 있는 '현장을 찾아나서는 지원사역'
- 청소년관련문제의 해결을 위하여 '사회 속에서 청소년을 섬기는 사역'

인간적 관점에서
- 청소년이 사람답게, 청소년답게, 일꾼답게 살 수 있도록 '청소년을 섬기는 사역'
- 청소년 인권을 존중, 보호, 신장하기 위한 '인권사역'
- 청소년복지의 보장과 증진을 위한 '청소년복지사역'
- 요보호청소년[106]을 비롯한, 차별, 배제, 소외된 청소년을 돕기 위한 '위기의 현장으로 찾아나서는 사역'
- 청소년관련문제의 예방과 해결을 위한 '전문사역자 양성사역'
- 청소년관련문제의 예방과 해결을 위한 '정책의 연구 및 개발사역'

---

[106] 요보호청소년(要保護靑少年)은, 예를 들면, 장애인, 결손가정의 자녀, 생활보호대상자, 무연고자, 생활에 적응하지 못한 이주자... 등과 같이, 이웃과 국가사회와 교회로부터 특별한 관심과 보호를 받을 필요가 있는 청소년을 말한다.

개인적 관점에서

- 모든 청소년의 원만한 사회화를 돕는 '개입사역'
- 모든 청소년의 효과적인 자기실현self-actualization을 돕기 위한 '지원사역'
- 그리스도인 청소년의 참 자아실현self-realization에 개입, 지원할 '사역자 양성사역'
- 그리스도의 형상을 이루기 위한 청소년 양육, 지도 '프로그램 개발사역'

사회문화적 관점에서

- 사회문화적 변동과 혼탁한 시류時流 속에서 청소년의 순수성과 도덕성을 지키기 위한 '청소년 계도啓導사역'
- 문화충격, 문화갈등, 문화지체 등의 원만한 극복과, 주체적이고 창조적인 문화수용 및 향유를 돕기 위한 '사회문화적 지원사역'
- 사회문화적 영역에서 주체적으로 활동할 역량을 확보하기 위한 '문화사역자 양성사역'
- '그리스도(그리스도교/교회)의 문화'를 창달暢達하기 위한 'christian문화사역'
- 문화사역에 참여할 청소년의 활동영역과 내용의 '연구, 개발사역'

세계(사)적 관점에서

- 영적 전투에 참여할 병사다운 성결聖潔을 유지하기 위한 '영성강화훈련사역'
- 지구촌의 발전, 번영, 평화에 기여할 '인간자원개발사역'
- Global youth-leadership 함양을 위한 '청소년지도력개발 및 지원사역'
- 그리스도교회 공동체 사역의 계승을 위한 '차세대 역량강화 사역'

나) '중요성, 필요성, 시급성 차원'에서 도출된 내용

그리스도교회 공동체 사역의 관점에서

- 청소년을 바로 알기 위한 '탐구사역'
- 비그리스도인 청소년에 대한 이해의 확장을 위한 '연구조사사역'
- 그리스도인 청소년의 실태를 파악하기 위한 '연구조사사역'
- 청소년을 향하신 하나님의 뜻을 바로 알기 위한 '탐구사역'
- 청소년 사역자(청소년사역자)인 나를 향하신 하나님의 뜻을 바로알기 위한 '탐구사역'
- 하나님을 향한 사역자의 열심을 강화하기 위한 '영성훈련사역'
- 하나님의 뜻에 부합되는 사역의 틀과 판을 짜는 '사역화使役化 준비사역'
- 실패할 수 있는 용기와 믿음으로 나아가는 '창조적 실험사역'
- 실패할 수 있는 가능성에도 불구하고, 창조적 실험사역을 권장, 지원하는 '지원사역'
- '교회가 잃어버린 청소년'을 되찾기 위한 '잃은 양 찾기 사역'
- 교회 밖에서 방황하는 '청소년 영혼구원사역'
- 청소년에 의한 '잃어버린 친구 찾기 사역'
- '그리스도인 청소년 인간자원개발사역'
- 사역의 계승자 양성을 위한 '일꾼 양성 개발사역'
- 청소년 잠재능력개발을 위한 '능력개발사역'
- 자발성, 적극성, 창조성을 개발하기 위한 '청소년 창의력개발사역'
- 청소년사역자다운 주체적 '사역능력강화사역'
- 청소년의 참여를 보장하고 지원하기 위한 '참여(활동) 지원사역'
- 청소년 교류, 협력의 강화와 지원을 위한 '청소년교류협력사역'
- '사역참여를 통한 인간자원개발사역'
- '청소년선교사역'
- 청소년에게 그리스도교의 진리를 학습하게 하는 '교육사역'
- 결신決信한 청소년의 신앙 및 교회생활 '지도사역'

- '청소년 제자화 사역'
- '청소년을 위한 봉사사역'
- '청소년참여활동을 통한 봉사사역'
- 사역의 계승자로 세우기 위한 '현장체험(실습)사역'
- 개입사역, 교육 및 개발사역, 지원사역, 참여사역, 협력사역 등의 '통합적 청소년사역'

인간적 관점에서
- 청소년의 고충과 장애요인의 처리를 위한 '상담 및 치유사역'
- 청소년의 인권과 복지의 증진을 위한 '청소년인권사역' 및 '청소년 복지사역'
- 청소년의 학업, 직업, 자기개발을 위한 '청소년장학 및 지원사역'
- 청소년의 능동적이고 주체적인 '청소년참여(활동)사역'
- 청소년사역지원을 위한 '연대와 협력사역'
- 청소년개발, 지원, 협력을 위한 '청소년정책개발사역'
- 하나님께서 위탁하신 청소년을 사회적 위기로부터 보호, 구출하는 '청소년보호사역'
- 힘든 청소년기를 살고 있는 청소년의 삶에 개입, 청소년을 돕는 '청소년지원사역'
- 청소년들이 빚어내는 사회적 문제의 해결을 위한 '현장개입사역'
- 위기의 현장으로부터 청소년을 구출하기 위한 '위기개입사역'
- 청소년을 자극하고 충동질하는 사회적 불량환경을 정화, 척결하기 위한 '사회정화사역'
- 사회적 환경의 피해자가 된 청소년을 치유, 회복시키기 위한 '위기 개입 및 치유사역'
- '청소년상담(진단), 치유, 회복사역'
- '청소년 부적응행동(일탈 즉 일체의 범죄와 비행) 예방을 위한 사역'

- '청소년을 위한 청정지대Green Zone 조성사역'
- '청소년문제해결을 위한 청소년의 참여사역'
- 청소년문제해결을 위한 '청소년참여사역'을 촉진하기 위한 '참여(활동)지원사역'
- 하나님의 형상과 모습을 형성(회복)하게 하려는 '인간화 촉진사역'
- 비인간화현상(추세)에 대한 경각심을 높이고 이를 척결하기 위한 '비인간화 척결사역'
- 청소년 인권과 복지를 개선, 보장하기 위한 '청소년인권복지 지원사역'
- 자발적, 주체적, 창의적인, 청소년의 사회적 역할기능의 '지원보장사역'
- 권리, 복지에 관한 청소년의 인식을 높이기 위한 '청소년계도사역'
- 인권을 침해당하고 있는 청소년을 돕기 위한 '인권보호사역'

개인적 관점에서
- 청소년의 발달과제(사회화와 자아실현)을 온전히 이루도록 돕는 '개입, 지원사역'
- 청소년이 사회적 관문을 넉넉히 통과할 수 있도록 돕는 '사회진출 지원사역'
- 청소년의 주체적 역할기능화를 지원할 '직업적성 발굴, 진로지도, 능력개발 지원사역'
- 주체적으로 세상을 이끌고, 변화시킬 수 있는 일꾼의 양성, 지원을 위한 '지원사역'
- 소명적 자아정체성 확보를 위한 '교육훈련사역 및 지원사역'
- 하나님께서 기뻐하실 만한 '사람다움'의 형성 : 예배자다운 나의 형성을 돕기 위한 '참 사람 만들기(되기) 사역'

사회문화적 관점에서
- '주체적 인간, 유능한 시민'의 유용성확보를 위한 '청소년지도, 지원사역'

- 잘못 이해된 실용주의의 폐단을 극복하기 위한 '계도(교육)사역'
- '하나님의 일에 유용할 일꾼, 사회에 유익을 줄 청소년'의 양성을 위한 '교육, 지원사역'
- 청소년의 공동체적, 이타적 자아형성을 위한 '교육훈련사역'
- 그리스도(그리스도교/교회)의 문화를 창달하기 위한 '청소년의 참여(활동) 지원사역'
- Christian청소년문화를 개발, 진작시키기 위한 '청소년문화사역 및 지원사역'
- '그리스도인 청소년 문화사역 일꾼을 양성하기 위한 '일꾼양성사역'
- 퇴폐한 청소년문화를 퇴척, 정화하기 위한 '청소년 건전문화사역'

세계(사)적 관점에서
- 급격한 사회변동과 오염된 환경으로부터 청소년을 보호하기 위한 '청소년 보호사역'
- 새 시대 지구촌을 이끌어 갈 국제 global youth-leadership 확보를 위한 '청소년개발사역'
- 청소년의 교제, 교류, 협력의 촉진을 위한 '교류, 협력, 지원사역'
- 마지막 때 사역의 계승자가 될 청소년일꾼을 양성하기 위한 '교육 훈련사역'

위에서 본 사역의 내용들은, '당위성 차원'과 '중요성, 필요성, 시급성 차원'에서 제시된 청소년사역을 해야 할 이유들 속에서, '사역의 실천적이고 실제적인 내용들'을 이끌어낸 것이다.

확연히 드러난 청소년사역의 실체

이와 같이, 청소년 '사역을 해야 할 35가지 이유들'로부터 그 속에 함축되어 있던 수많은 사역내용들이 도출되었다. 우선, 그 가짓수가 100개에 육박할 만큼 청소년사역의 내용들이 많이 나타났다. 아직 정리가 다 된 것은 아니지만,

그 내용들이 중복되는 것을 감안하더라도 가짓수가 참으로 많다. 우리는 여기에서 다음과 같은 사실들을 확인할 수 있다.

첫째, 이 처럼 가짓수가 많다는 것은, 즉 청소년사역 내용과 형태가 다양하다는 것은 청소년사역도 그만큼 할 일이 많다는 것을 의미하는 것이다. 할 일도 없는 것을 억지로 만들어서 하는 청소년사역이 아니라, 실제로 할 일이 그렇게도 많은 것이 청소년사역임을 보여준다. 그래서 주 예수님께서 "추수할 것은 많되 일꾼이 적으니, 그러므로 추수하는 주인에게 청하여 추수할 일꾼들을 보내주소서 하라(눅10:2)."고 하신 그 말씀이 청소년사역에서도 오늘날 그대로 적용된다.

둘째, 이 작업을 통하여, 다양한 모습의 청소년사역들이 구체적으로 드러났다. '청소년사역의 실체'가 확연히 드러난 것이다.

셋째, 그러므로 청소년사역은 이제 더 이상 '막연한 사역'이 아니다. 청소년사역은 실체가 있는 사역이고, 청소년사역 특유의 특성화가 가능한 사역이며, 다른 사역들과 차별화가 가능한 사역임이 밝혀졌다.

넷째, 그래서 어디에 어떤 이유 때문에 어떤 내용과 형태의 사역이 필요한지 확연히 들여다보인다. 더 이상 그 누구도 청소년사역을 뒤로 미루거나 몰라서 안했다는 핑계를 댈 수 없게 되었다.

다섯째, 여기 청소년사역의 내용과 형태로 도출된 것들은 하나하나가 모두 간단한 일(사역)들이 아니다. 여기 도출된 사역들 하나하나를 자세히 음미해 보면, 그 자체가 막중한 의미와 중요성, 필요성, 시급성을 지닌 사역들임을 곧 바로 알 수 있다.

여섯째, 각각의 사역내용들로부터 또 수없이 많은 '행동프로그램들'이 파생될 수 있을 만큼 그 내용들이 함축하고 있는 세부사항들은 매우 광범위하고 포괄적이다. 그러므로 청소년사역의 행동프로그램들은 상황과 여건의 변동에 따라, 또는 새로운 필요에 따라 더 많이 발굴, 확장되어야 할 것이다.

일곱째, 이 수많은 할 일들을 '가서 행하라'고, 하나님께서 오늘 여기 한국 교회에게 명령하고 계신다고 생각하면 한없이 어깨가 무거워짐을 느끼게 된다. 그러나 한편으로는 한국 교회가 하나님께 크게 쓰임을 받을 수 있는 '은혜의 기회'라고 마음을 고쳐 잡고 보면, 감사하기 이를 데 없는 축복이 아닐 수 없다.

다) 도출된 청소년사역 내용들의 정리

그런데 위에서 본 바와 같이 '35가지 이유들'로부터 도출된 청소년사역의 내용들은 중복되거나 유사한 것들이 많다. 물론 유사한 것들의 경우 그 내용을 자세히 살펴보면 표현이 비슷할 뿐이지, 실제로 사역의 내용이나 형태가 서로 다른 경우들도 있다. 이미 제1편 제4장 말미에서도 지적했듯이, 이러한 중복현상은 결코 잘못된 것이 아니라 당연한 것이다. 그것은 '청소년사역'이라는 피사체被寫體는 하나이고, 이것을 여러 시각, 즉 '4가지 차원과 5가지 관점'에서 촬영(탐색)하여 얻은 결과[107]와도 같기 때문이다. 그러니까 서로 비슷비슷한 것이 많고, 중복된듯하기도 하는 것은 전혀 문제될 것이 없는 단계이다.

이유야 어떻든, 지금의 이 상태로는 여기 도출되어 있는 '청소년사역의 내용들'을, <표 18>의 '사역의 실천적 영역들'과 만나게 하기에는 기술적으로 어려울뿐더러 내용상으로도 적절하지 않다. 그것은 엇비슷한 항목들이 중복되어 있고, 사역내용의 의미가 명확하지 않거나 구체적이지 못한 경우들도 있으며, 사역의 유형도 구별되어 있지 않을 뿐더러, 사역이 추진되는 선후관계도 정리됨이 없이 나열만 되어 있는 상태이기 때문이다. 그래서 한 번 더 도출된 내용들을 정리하는 작업이 필요하다.

이를 위해서는 우선 중복되는 항목들을 통합부터 해야 한다. 그래서 항목의 수효부터 실질적인 상태로 조정해야 한다. 그 다음으로, 엇비슷한 항목들

---

[107] 만약에 누군가가 또 다른 시각과 관점에서 청소년사역을 재조명한다면, 또 다른 사역의 내용들이 새롭게 도출될 가능성은 얼마든지 남아 있다. 이는 앞으로 이 분야에 관심 있는 분들이 도전해 볼 만한 과제가 될 수도 있을 것이다.

은 그 차이를 명료화하고, 차별화하여, 각 항목들이 저마다 독립된 자체영역을 지니는 '하나의 사역내용', 즉 '단위사역 내용單位使役 內容'들이 될 수 있도록 정리되어야 한다. 아울러 이 '단위사역내용'들의 성격을 분명하게 하기 위하여, 그 표현도 실제적 또는 구체적으로 '재조정'하는 것이 유효한 분류에 도움이 될 것이다. (그렇게 되면 위에서 도출된 청소년사역의 내용들과는 다소 그 표현에 변동이 있게 되는 경우도 있을 것이다.)

이 독립적인 항목(단위사역내용)들을 각각 <표 18>의 '청소년사역의 실천적 영역'이라는 틀의 해당되는 곳(영역)에 배치하는 작업이 필요하다. 그래야 '유형, 목표, 영역, 내용'이 서로 체계적으로 연결될 것이기 때문이다. 이 배치작업과 병행하여, 청소년사역의 단위사역내용들을 사역이 실제로 전개(추진)되는 순서(단계)에 따라, 그 '시간적 선후관계를 재배열'하는 작업도 병행되어야 한다. 그래야 '사역의 실제'에 맞는 사역내용들의 배열이 될 것이다. 이렇게 <표 18>의 '사역의 실천적 영역'들에다가, 위에서 설명한 정리과정을 거친 '단위사역내용'들을 '2차적으로 조합'하면, '청소년사역의 내용'들은 실제적, 구체적, 체계적으로 일목요연하게, 또한 논리정연하게 나타나게 될 것이다.

이제 여기에서는 이러한 작업과정을 거치면서 도출된 사역내용들을 실제적, 구체적, 체계적으로 '유효한 분류(정리) 작업'을 진행하려고 한다. (다만, 이 작업과정에서 수정 또는 조정되는 변동사항들을 이 글 속에서 일일이 설명하거나 기록해두지 않으려고 한다. 그렇게 하려면 너무나 많은 지면이 할애되어야 하기 때문이고, 또 그럴 필요성을 느끼지도 않는다. 이 글을 처음서부터 읽어 내려온 분이라면 누구나 작업결과만 보고도 충분히 그 내용을 이해할 수 있을 것이기 때문이다.)

3) '제1차적 조합'과 '사역내용들'의 통합적 만남(제2차적 조합)

사역의 유형, 목표, 사역 영역, 내용의 만남

여기에서는 '1차적 조합'에 이어서 사역의 유형과, 목표와 '사역의 12가지 실천적 영역'과 '단위사역내용들'이 통합적으로 만난다. 그래서 이 '청소년사역의 3유형, 5대 목표, 12가지 영역 및 단위사역내용'의 통합적 만남을 '2차적 조합'이라 부른다. 이 '2차적 조합'을 위한 작업은 바로 위에서 설명한 바와 같은 방식과 순서로 진행되었다. 이제 그 결과를 다음의 <표 19> '청소년사역 내용의 통합적 분류와 체계화 일람'에 담는다. 이 <표 19>는 이 장에서 얻고자 했던 바로 그 '청소년사역내용의 통합적 분류와 체계화 작업'의 결과이기도 하다.

이 '청소년사역내용의 통합적 분류와 체계화 작업'의 작업결과는, 이 글만이 지니는 '특유의 소산물'이다. 그리고 여기에 요약, 정리(분류)된 이 <표 19> '청소년사역 내용의 통합적 분류와 체계화 일람'은, 이 글의 제목인 '청소년사역의 새 지평'의 '실체'가 무엇인지를 밝히고 있으며, '청소년사역의 새 지평'을 열기 위한 그리스도교회 공동체 청소년사역의 '실천적 과제와 방향'을 구체적으로 제시하고 있다. 비록 그 소상한 내용을 일일이 설명하지는 않지만, 이 단위사역내용 하나하나는 그 안에 한국 교회가 청소년사역을 통해서 이룩해야 할 많은 '일(사역)거리'들을 담고 있다.

여기 이 <표 19>에 이르기까지 이 글은 지루할 정도로 많은 질문과 까다로운 조건들을 스스로 반복적으로 제시하면서 '본질에서부터 현실까지' 낱낱이 검토와 탐색을 거듭했고, 여러 단계의 작업절차를 거치고 또 거쳤다. 그런 만큼 이 <표 19>의 내용들이 <표 18>과 함께 청소년사역의 현장에서 실제로 활용되고, 반드시 성취될 수 있기를 바란다.

표 19 청소년사역 내용의 통합적 분류와 체계화 일람

이 <표 19>를 읽거나 활용할 때는 이 일람표가 <표 18> '유형, 목표의 상호 관계에 다른 조합과 실천적 영역'의 틀frame을 바탕으로 작성된 것이므로, 두 가지 표를 함께 참고하기 바란다. 여기 <표 19>의 각 내용들 앞에 붙은 번호는 이 표를 활용하는 데에 도움을 주기 위하여, 앞에는 '사역유형의 번호'를,

뒤에는 '사역내용의 일련번호'를 차례로 부여한 것이다.

<표 19-1> 유형 #1
'청소년을 위한 사역for(on) youth'의 내용

사역의 주체: 교회와 청소년사역자
사역의 객체(대상): 청소년

#1. 공통적 영역 – 사역화를 위한 준비사역

1-1 '청소년을 향하신 하나님의 뜻'을 바로 알기 위한 탐구사역

1-2 '청소년'을 바로 알기 위한 탐구사역

1-3 비그리스도인 청소년을 이해하기 위한 연구조사사역

1-4 그리스도인 청소년의 실태를 파악하기 위한 연구조사사역

1-5 '청소년사역'의 이론과 실제에 관한 탐구사역

1-6 '청소년사역자인 나를 향하신 하나님의 뜻'을 바로 알기 위한 탐구사역

1-7 하나님을 향한 '사역자의 열심과 헌신'을 강화하기 위한 영성훈련사역

1-8 청소년사역자의 역량강화를 위한 교육, 훈련사역

1-9 기존의 청소년사역에 대한 분석, 평가사역

1-10 하나님의 뜻에 부합되는, 실천적인 '사역의 틀과 판'을 새로 짜는 사역화 준비사역

⟨#1-1. 사역의 목표⟩ '모든 청소년의 복음화'를 위하여

공통적 영역

1-11 청소년복음화를 위한 공동체기도사역

1-12 청소년선교사역을 위한 준비사역

선교사역

1-13 모든 청소년에게 그리스도(교)의 진리를 이해(학습)하게 하는 선교(교육)사역

1-14 비그리스도인 청소년을 인도하기 위한 청소년선교(전도)사역

1-15 교회가 잃어버린 청소년을 되찾기 위한 '잃은 양 찾기' 사역

청소년섬기기 사역

1-16 모든 청소년이 인간답게, 청소년답게 살 수 있도록 하기 위한 청소년섬기기 사역

1-17 청소년의 고충과 장애요인들의 처리를 위한 청소년상담(진단) 및 치유, 회복사역

1-18 힘든 청소년기를 살고 있는 청소년의 삶에 개입하여 청소년을 돕는 청소년지원 사역

1-19 어려운 청소년(요보호청소년)의 생활환경개선을 위한 개입 및 지원사역

1-20 청소년 부적응행동(일탈 즉 일체의 비행과 범죄) 예방을 위한 예방사역

1-21 '청소년을 위한 청정지대' 조성사역

1-22 청소년들이 빚어내는 사회적 문제들의 해결을 위한 현장개입 사역

1-23 위기의 현장으로부터 청소년을 구출, 보호하기 위한 보호사역 및 위기개입사역

1-24 청소년을 자극하고 충동질하는 사회적 불량환경을 정화, 척결하기 위한 환경정화사역

1-25 사회적 환경의 피해자가 된 청소년을 치유, 회복시키기 위한 위기개입 및 치유 사역

1-26 청소년관련문제의 예방과 해결을 위한 정책연구 및 프로그램 개발사역

1-27 청소년관련문제의 예방과 해결을 위한 전문사역자 양성사역

1-28 청소년의 학업, 직업, 능력개발 등을 위한 청소년장학사역 및 지원사역

1-29 청소년인권과 참여의 보장과 증진을 위한 청소년복지사역

〈#1-2. 사역의 목표〉 '예배자다운 나의 형성: 소명적 자아정체성의 확보'를 위하여

공통적 영역

1-31 청소년의 소명적 자아정체성 확보를 위한 공동체기도사역

1-32 '참 예배자다운 청소년'의 형성을 위한 준비사역

교육(훈련)사역

1-33 청소년 개개인의 소명적 자아형성과 영적 성장, 성숙, 성화를 위한 교육, 훈련사역

1-34 결신(決信)한 청소년에게 신앙생활, 교회생활을 지도하는 신앙생활지도사역

1-35 '사람다움'의 형성을 돕기 위한 '참 사람 가꾸기' 사역

1-36 그리스도인 청소년의 참 자아실현에 개입, 지도할 프로그램개발사역 및 사역자 양성사역

1-37 영적전투에 참여할 병사다운 성결을 유지하기 위한 교육훈련 및 프로그램개발사역

1-38 청소년의 순수성과 도덕성을 지키기 위한 성인 및 청소년의 계도(啓導)사역

지원사역

1-39 소명적 자아형성과 영적 성장, 성숙, 성화를 위한 청소년들의 자체 노력에 대한 지원사역

1-40 청소년의 온전한 사회화(인간화 문화화 주체적 역할기능화)를 돕기 위한 개입사역

1-41 모든 청소년의 효과적인 자기실현을 돕기 위한 지원사역

⟨#1-3. 사역의 목표⟩ '그리스도인 청소년의 제자화'를 위하여

공통적 영역

1-42 그리스도인 청소년의 제자화를 위한 공동체기도사역

1-43 청소년의 제자화를 위한 준비사역

교육(훈련)사역

1-44 청소년을 '준비되고 헌신된 하나님의 일꾼'으로 세우는 교육, 훈련사역
1-45 그리스도교회 공동체 사역의 계승을 위한 차세대일꾼 역량강화사역
1-46 사역의 계승자로 세우기 위한 현장체험(실습)사역

인간자원개발사역

1-47 청소년개발, 지원, 협력을 위한 정책개발사역과 프로그램개발사역
1-48 인간자원인 청소년을 양육, 개발, 지도, 지원하기 위한 사역자(지도자)양성사역
1-49 청소년의 발달과제(사회화와 자아실현)를 온전히 이루기 위한 개발, 지원, 협력사역
1-50 청소년 직업적성의 발굴, 사회진출, 능력개발 지원사역
1-51 지구촌의 발전과 번영, 화해와 평화적 공존에 기여할 Global youth-leadership 개발사역

⟨#1-4. 사역의 목표⟩ '사랑과 정의의 작은 예수 구현'을 위하여

공통적 영역

1-52 그리스도인 청소년의 '작은 예수' 구현을 위한 공동체기도사역
1-53 그리스도인 청소년의 '작은 예수' 구현을 위한 준비사역

지원사역

1-54 청소년의 참여영역 개발 및 프로그램개발사역
1-55 청소년의 참여기회 보장을 위한 정책연구사역 및 지원사역
1-56 현장에서 활동(참여)하는 청소년사역자 및 청소년 사역자youth-worker[108]에

---

[108] 이 글에서 '청소년 사역자'(youth-worker)는 '청소년으로서 사역에 참여하는 일꾼'을, '청소년사역자'(youth worker)는 '성인 사역자'를 일컫는 것과 같이, 그 자신이 청소년인 '청소년지도자(력)'(youth-leader(ship))도 일반적인 성인 '청소년지도자(력)'(youth leader(ship))과 구별하여

대한 지원사역

⟨#1. 청소년을 위한 Christian문화사역⟩

1-57 모든 청소년에게 그리스도(그리스도교/교회)의 문화를 꽃피게 하려는 문화사역 정책수립과, 사역프로그램의 개발 및 문화사역의 기반조성사역

1-58 Christian문화 및 사회의 문화영역 등에서 활동할 청소년문화 사역자 양성사역 및 연계사역

1-59 모든 청소년의 주체적이고, 창조적인 문화수용과 향유를 위한 사회문화적 차원의 지원사역

1-60 모든 청소년의 인간회복을 위한 인간화촉진사역

1-61 비인간화현상(추세)에 대한 경각심을 높이고 이를 척결하기 위한 비인간화 척결사역

<표 19-2> 유형 #2
'청소년과 함께하는 사역with youth'의 내용

사역의 주체 : 교회, 청소년사역자, 청소년 사역자
사역의 객체(대상): 청소년 및 일반인

⟨#2-1. 사역의 목표⟩ '청소년 동역자들과 함께'하기 위하여

사용한다. 이렇게 청소년의 주체적 참여를 강조하는 낱말을 성인과 구별하여 사용하는 것은, 앞으로 '청소년에 의한. 청소년의 사역'(by & of youth)이라는 인식을 높이고, 현장에서 실제로 이를 구별하여 사용하는 데에도 도움을 주게 되리라 믿는다.

공통적 및 실천적 영역

2-1 '청소년 동역자들과 함께'하기 위한 공동체기도사역

2-2 청소년들과 함께, 청소년사역의 각 목표들을 달성하기 위한 준비사역

2-3 그리스도의 사람이요 일꾼인 청소년 동역자를 섬기는 사역

2-4 청소년 동역자들과 함께 일하기 위한 교류, 친교, 연대, 협력사역

2-5 실패할 수 있는 용기와 믿음으로 나아가는 창조적 실험사역

2-6 창조적 실험사역에 대한 지원사역

〈#2-2. 사역의 목표〉 '모든 청소년의 복음화'를 위하여

교류협력사역

2-7 청소년복음화를 위한 참여역량들의 교류협력사역(교회(기관 및 기구)간, 성인-청소년, 청소년-청소년)

선교 및 지원사역

2-8 비그리스도인 청소년을 인도하기 위한 청소년선교(전도)사역 및 선교활동 지원사역

2-9 '잃은 양 찾기' 사역 및 지원사역

봉사(참여)사역 및 청소년섬기기 사역

2-10 소년관련문제에 참여할 청소년사역자(청소년 사역자) 양성 및 지원사역

2-11 청소년관련문제의 예방과 해결을 위하여 현장에서 청소년을 섬기는 봉사(참여)사역

2-12 어려운 청소년(요보호청소년)의 생활환경개선을 위한 개입 및 지원사역

2-13 청소년의 인권을 존중, 보호, 신장하기 위한 인권사역

2-14 청소년복지의 보장 및 증진을 위한 청소년복지사역

2-15 청소년의 참여기회 보장과 참여증진을 위한 교회적, 사회적 인식높이기 참여사역

2-16 청소년의 삶의 질 향상과, 환경과의 조화를 이루기 위한 봉사(참여)사역

⟨#2-3. 사역의 목표⟩ '예배자다운 나의 형성: 소명적 자아정체성의 확보'를 위하여

교육(훈련)사역 및 지원사역

2-17 소명적 자아형성과 영적 성장, 성숙, 성화를 위한 교육, 훈련사역 및 지원사역

2-18 청소년의 도덕성 함양을 위한 청소년계도啓導사역 및 활동지원사역

2-19 온전한 사회화를 돕기 위한 개입사역 및 청소년도우미[109] 양성사역

2-20 모든 청소년의 자기실현과 사회진출 등을 돕기 위한 지원사역

⟨#2-4. 사역의 목표⟩ '그리스도인 청소년의 제자화'를 위하여

교육(훈련)사역 및 지원사역

2-21 청소년을 동역자로 세우는 교육(훈련)사역 및 지원사역

2-22 청소년의 참여를 보장하고 지원하기 위한 참여활동지원사역

2-23 '사역(참여)를 통한' 인간자원개발사역

2-24 청소년 사역자다운 주체적 사역능력강화사역 및 지원사역

2-25 청소년 잠재능력개발을 위한 능력개발사역

2-26 자발성, 적극성, 창조성 등을 개발하기 위한 창의력개발(훈련)사역

---

[109] 청소년의 사회화에 영향을 미치는 '일반화된 타인'(generalized others) 또는 '중요한 타인들'(significant others) 중에는, 어른도 있지만, 같은 또래의 청소년도 그와 같은 역할기능을 담당할 수 있다. 이때 일정한 조건이나 수준에 도달한 또래 청소년을 '사회화의 도우미'로 참여하게 하는 것은 의미 있는 작업이 될 것이다.

인간자원개발사역 및 교류협력사역

2-27 청소년 인간자원개발을 위한 교류협력사역

2-28 청소년을 지도, 지원하기 위한 청소년사역자(청소년 지도자) 양성사역 및 교류협력사역

2-29 제자화 사역에 참여하는 청소년사역자(청소년 사역자)의 교류협력사역

2-30 청소년의 교류, 협력을 강화하고 지원하기 위한 청소년교류협력사역

2-31 Global youth-leaddership함양을 위한 청소년 지도력개발 및 청소년 국제활동 지원사역

〈#2-5. 사역의 목표〉 '사랑과 정의의 작은 예수 구현'을 위하여

교류협력사역 및 지원사역

2-32 청소년(이웃)의 삶의 현장을 찾아나서는 봉사(참여)사역 및 청소년봉사활동 지원사역

2-33 교회와 가정, 학교, 일터, 지역사회 등과의 관계개선을 위한 '새 이웃 만들기'사역

2-34 요보호청소년을 비롯한 차별, 배제, 소외된 청소년과 이웃을 돕기 위한 연계강화사역

2-35 세대, 지역, 계층 간의 갈등해소와 화해를 위한 참여사역

2-36 분쟁, 질병, 가난, 무지, 재해 및 재난 등에 대처하기 위한 청소년(국제)교류 및 공동협력사역

2-37 청소년참여 영역과 프로그램의 개발 및 지원사역

2-39 현장에서 활동하는 사역자들에 대한 봉사(참여)사역 및 지원사역

〈#2. 청소년과 함께하는Christian문화사역〉

2-40 퇴폐한 청소년문화를 퇴척退斥, 정화하기 위한 '청소년 건전문화사역'

2-41 그리스도인문화사역자 양성 및 교류협력 지원사역

2-42 주체적, 창조적 문화 수용 및 향유를 위한 사회문화적 차원의 교류, 협력, 지원 사역

2-43 모든 청소년의 인간회복 및 하나님의 형상과 모습을 형성하게 하려는 인간화 촉진사역

2-44 비인간화현상(추세)에 대한 경각심을 높이고 이를 척결하기 위한 비인간화 척결사역

<표19-3> 유형 #3
'청소년에 의한, 청소년의 사역by & of youth'의 내용

사역의 주체 : 청소년 사역자
사역의 객체(대상) : 청소년 및 일반인

갈릴리공방 / 청소년사역연구개발원

〈#3. 공통적 및 실천적 영역〉

3-1 실패할 수 있는 용기와 믿음으로 나아가는 창조적 실험사역

〈#3-1. 사역의 목표〉 '모든 청소년의 복음화'를 위하여

공통적 영역

3-2 지구촌 청소년복음화를 위한 공동체기도사역

3-3 청소년에 의한 선교사역을 위한 준비사역

선교사역

3-4 비그리스도인 청소년을 인도하기 위한 국내외 청소년선교(전도)사역

3-5 '잃어버린 친구 찾기' 사역

⟨#3-2. 사역의 목표⟩ '예배자다운 나의 형성: 소명적 자아정체성의 확보'를 위하여

공통적 영역

3-6 청소년의 소명적 자아정체성 확보를 위한 공동체기도사역

3-7 '참 예배자다운 청소년' 형성을 위한 준비사역

예배사역 및 연수사역

3-8 '참 예배자다운 나의 형성'을 위한 예배사역 및 참 사람 되기 사역

3-9 소명적 자아형성과 영적 성장, 성숙, 성화를 위한 개별적 및 집단적 연수사역

3-10 영적전투에 참여할 병사다운 성결을 유지하기 위한 연수사역

3-11 청소년 심성개발을 위한 연수사역

3-12 청소년 도덕성 함양을 위한 연수사역

⟨#3-3. 사역의 목표⟩ '그리스도인 청소년의 제자화'를 위하여

공통적 영역

3-14 그리스도인 청소년의 제자화를 위한 공동체기도사역

3-15 청소년의 제자화를 위한 준비사역

교육(훈련)사역

3-16 또래청소년을 양육, 지도, 개발, 지원하기 위한 또래사역자 및 지도자 양성사역

3-17 청소년 자신을 준비되고 헌신된 일꾼으로 세우려는 교육훈련사역

3-18 또래청소년 사역자들과의 교류협력사역

3-19 청소년의 공동체적, 이타적 자아 형성을 위한 교육훈련사역

3-20 Global youth-leadership함양을 위한 청소년 지도력개발사역

〈#3-4. 사역의 목표〉 '사랑과 정의의 〈작은 예수〉 구현'을 위하여

공통적 영역

3-21 그리스도인 청소년의 '작은 예수' 구현을 위한 공동체기도사역

3-22 그리스도인 청소년의 '작은 예수' 구현을 위한 준비사역

봉사(참여)사역 및 교류협력사역

3-23 이웃과 청소년의 삶의 현장을 찾아나서는 봉사사역

3-24 사람답게, 청소년답게 살 수 있도록 또래청소년 섬기기 사역

3-25 청소년관련문제의 해결을 위하여 사회 속에서 참여하는 사역

3-26 요보호청소년을 비롯한 차별, 배제, 소외된 청소년과 이웃을 돕기 위한 위기(현장)개입사역 및 유대강화사역

3-27 세대, 지역, 계층 간의 갈등해소와 화해를 위한 참여사역

3-28 분쟁, 질병, 가난, 무지, 재해 및 재난 등에 대처하기 위한 청소년교류 및 공동체기도사역

3-29 청소년의 참여영역개발 및 프로그램개발 사역

3-30 청소년의 참여기회를 보장받기 위한 교류협력사역

3-31 현장에서 활동하는 사역자에 대한 봉사사역 및 지원사역

3-32 청소년의 인권을 존중, 보호, 신장하기 위한 인권사역

3-33 청소년복지의 보장과 증진을 위한 청소년복지사역

3-34 권리와 복지에 관한 인식을 높이기 위한 성인 및 또래청소년 계도사역

3-35 청소년의 삶의 질 향상과 환경과의 조화를 이루기 위한 참여사역

3-36 청소년 참여증진을 위한 교회적, 사회적 인식높이기 참여사역

〈#3. 청소년에 의한, 청소년의 Christian문화사역〉

3-36 Christian문화사역에 참여할 청소년의 활동영역 및 내용의 연구, 개발사역
3-37 문화사역자 양성사역 및 교류협력사역
3-38 Christian문화사역의 활성화를 위한 봉사(참여)사역
3-39 청소년퇴폐문화를 퇴척, 정화하기 위한 청소년 건전문화사역
3-40 하나님의 형상과 모습을 형성(또는 회복)하려는 성화聖化 촉진사역
3-41 비인간화현상(추세)에 대한 경각심을 높이고 이를 척결하기 위한 비인간화 척결사역

갈릴리공방 / 청소년사역연구개발원

위의 <표 19> '청소년사역 내용의 통합적 분류와 체계화 일람'에서 본 바와 같이, '청소년사역의 내용' 즉 '청소년사역은 무엇을 해야 하는가'에 대한 어느 정도의 해답이 이제 실제적, 구체적, 체계적으로 정리, 요약되었다. 여기 <표 19>에 실린 내용들을 다시 일일이 풀어서 설명을 하는 것은, 이 글을 처음부터 꼼꼼히 읽어 내려온 독자들에게 이중의 부담을 줄뿐더러, 앞으로 더 많은 독자들에 의한 논의와 후속연구를 촉진하기 위해서라도 이 정도에서 멈추는 것이 바람직하리라 여겨진다.

청소년사역 내용의 통합적 분류와 체계화의 의의

이렇게 하여, 청소년사역은 그 '궁극인窮極因'에서부터 시작하여 '사역의 실천적 내용'에 이르기까지 '사역의 목적과 목표의 위계적 구조와 질서'의 틀 안에서 이제 '하나의 체계'를 구축하게 되었다.

그러나 여기 <표 19> '청소년사역 내용의 통합적 분류와 체계화 일람'에 제시된 단위사역내용들만으로는 청소년사역의 모든 것을 다 발굴, 제시했다고

말할 수 없다. 누구도 그런 장담을 할 수 없다. 왜냐하면 청소년사역을 바라보는 시각과 관점은 사람마다 다양하기 마련이다. 그런데 이 글에서 아무리 여러 가지 접근방법과 단계들을 거치면서 청소년사역의 '실체'를 드러내기 위한 시도를 했다고 하더라도, 청소년사역의 '모든 것'을 빠짐없이 드러낸다는 것은 실제로 불가능하다. 특히 청소년사역에 영향을 미치는 '현실과 상황'은 항상 변동에 변동을 거듭하기 때문에 더 더욱 그렇다. 따라서 청소년사역의 내용들은 앞으로도 끊임없이, 누군가에 의해서라도 반드시 새롭게 탐색, 개발, 보완되어 나아가야 할 필요가 있다. 이런 전제 아래에서 여기 <표 19>에서 밝힌 '청소년사역 내용의 통합적 분류와 체계화'의 의의를 살펴보면 다음과 같다.

그 첫 번째 의의는, 지금까지 '모호한 상태'에 있었던 청소년사역이 그리스도교회 공동체 사역의 정통성을 그대로 계승하고, 또한 그 동질성의 맥락도 유지하는 가운, 청소년사역의 당위성과 정당성을 확보할 근거로서의 '청소년사역의 확실한 틀(체계)'과, 그리고 '청소년사역의 목적과 목표와 내용'이라는 알맹이(실체)를 규명하였다는 데에 있다.

둘째, 따라서 청소년사역의 위상도 교회 안팎에서 새로워져서, '자투리사역'처럼 여겨지기 쉬웠던 상태에서 '그리스도교회 공동체 사역의 하나a ministry'로 정착될 수 있는 근거를 확보하게 되었다. 그래서 '왜 하필이면 청소년사역을, 지금, 우리가 해야 하느냐'고 묻는 질문 앞에서 땀을 흘리며 쩔쩔매지 않아도 될 뿐만 아니라, 이제는 '이러이러한 청소년사역을 이러한 목적(목표)을 향해서 해야 한다'고 당당히 말할 수 있게 되었다. 청소년사역은 이제 사람의 '선택사항'이 아니라 '하나님의 뜻'임이 확인되었기 때문이다.

셋째, 이렇게 청소년사역의 '체계와 실체'가 실제적, 실천적, 체계적으로 규명됨으로써, 청소년사역에 헌신하고자 하는 사람이라면 누구든지 이 일람표를 사역의 목적과 목표를 구현하기 위한 사역의 '실천적 기초자료'로 활용할 수 있게 되었다. 청소년사역자들은 이제 이 체계와 실체를 활용함으로써 청소년사역과 관련된 탐색의 시간을 많이 절약하면서, 체계적으로 사역을 준비하고 추진할 수 있게 되었다.

넷째, 특히 청소년사역의 '유형과 목표와 영역과 내용'들이 통합적으로 분류되고 체계화됨으로써, <표 18, 19>를 활용하여 현재 진행되고 있는 청소년사역의 실상을 점검, 평가할 수 있을 뿐만 아니라, 앞으로 추진해야 할 청소년사역의 내용들을 조망해볼 수도 있게 되었다. 즉 위의 <표 18, 19>의 청소년사역내용을 하나의 '점검표'로 활용하여 전반적인 사역내용에 비추어 볼 때, 사역자 자신 또는 우리 교회가 현재 진행하고 있는 사역이 질적으로나 양적으로 어느 정도의 수준에 도달한 것인지, 사역의 어떤 분야에 편중(편향)성을 드러내고 있는지, 중복되거나 누락된 부분은 없는지, 앞으로 어떤 분야의 사역을 더 개척하거나 보완해야 할 것인지, 어떤 사역과 병행(협력)하여 사역을 전개할 수 있는지, 사역을 어떤 순서로 추진해야 할 것인지 등을 살펴볼 수 있을 것이다.

다섯째, 청소년사역을 위한 실무적 작업과정에서 하나의 '지침'과 같은 역할을 할 수 있을 것이다. 특히 <표 19>에 나타난 단위사역내용들은 사역의 전체 영역들을 일목요연하게 보여주고 있기 때문에, '사역화를 위한 준비과정'이나 '정책결정과정' 등에서, 그리고 사역프로그램들의 기획-시행-평가과정 등에서 이를 지침 삼아 '체계적인 사역'을 추진할 수 있게 될 것이다.

여섯째, 이와 함께, 청소년사역의 추진 '방향'을 탐색하는 데에 있어서도 이 <표 19>에 나타난 '단위사역내용들'은 사역이 마땅히 전개되어야 할 모습이나 방향들을 시사해주는 역할기능도 할 수 있을 것이다. 이 청소년사역의 내용들은 '역사와 사회를 향한 교회의 메시지'를 담고 있으며, '청소년사역에 관한 여기, 오늘, 그리스도교회 공동체의 신앙고백'과 같은 것이기 때문이다.

일곱째, 이제 청소년사역의 '유형과 목표와 영역과 내용'들이 통합적으로 분류되고 체계화됨으로써 이 글이 염원하는 '청소년사역의 새 지평'을 열기 위한 '행동내용의 표준'을 체계적으로 확보하게 되었다.

무릇 행동은 그 '실체와 표준'을 고루 갖춤으로써 온전해질 수 있는 법인데,

<표 18,19>는 성경 안에서, 그리스도교회 공동체 사역의 정통성과 동질성의 맥락 속에서 청소년사역의 행동내용을 발굴하여 이를 체계적으로 실체화實體化해놓았고, 사역의 당위성과 정당성을 인정받을 만하게 어느 정도 표준화하는 데에까지 이르렀다. 따라서 이제는 '사역내용들을 발전적으로 전개하는 일' 즉 '행동화를 위한 작업'만을 남겨두고 있는 셈이다.

제3절 청소년사역 내용들의 발전적 전개

1. 청소년사역 내용들의 전개방향

가. 단위사역 내용들의 속성

실행을 필요로 하는 단위사역내용들

위의 <표 19> '청소년사역 내용의 통합적 분류와 체계화 일람'에서 밝혀진 청소년사역의 내용들은 무엇보다도 '행동으로 옮겨야 할 것들' 즉 실행을 필요로 하는 사역내용들이다. 이 '사역내용들'의 하나하나는 저마다 그 안에 수많은 '행동'을 잉태하고 있다. 이 '단위사역내용'은 행동으로 나타나야 비로소 그 의미와 가치가 발휘될 수 있다. 이들이 행동으로 옮겨지지 않는다면 그것은 아무 소용도, 효과도 없는 외침에 지나지 않게 된다.

그러므로 사역내용의 발굴도, 체계화도 모두 중요한 과정이었지만, 그에 못지않게 내용들을 실천하는 행동과정이 또한 중요하다. 이 행동과정 속에서 비로소 각각의 단위사역내용들은 생명력을 지니게 되는 것이고, 사역의 열매를 맺어 참 의미와 가치가 나타나게 되는 것이며, 그것 때문에 하나님께서 기뻐하시고 영광을 받으시게 되는 것이다. 따라서 청소년사역의 내용들은 통합적 분류나 체계화 작업에서 그치는 것이 아니라, 반드시 행동(실천)지향적으로 발전되어야만 한다.

그 안에 많은 세부행동내용들을 지닌 단위사역내용

그런데 이 단위사역내용들을 자세히 음미해보면 내용 하나하나가 곧바로 행동에 옮겨질 수 있는 것은 아니다. 그것은 어떤 행동을 '지향'하고는 있지만, 사역내용으로 분류되고 체계화된 그것만으로는 '행동과 직결'되지 않는다. 가령 '비그리스도인 청소년을 인도하기 위한 청소년선교(전도)사역'이라고 하면, 그것은 선교를 지향하고는 있지만 그것 자체만으로 곧바로 행동에 옮겨질 만한 준비가 갖춰진 것은 아니다. 적어도 '선교'라는 행동이 이뤄지려면 그 대상과 시기와 선교지, 사역자와 선교에 필요한 전략, 필요한 수단들과 지원체계 등이 먼저 확보되어야 한다. 이와 같이 선교사역은 보다 큰 개념이고 목표와 행동을 지향하는 개념이지만, 곧바로 행동에 옮겨지는 것은 아니다. 오히려 실행을 위한 세세한 '선교프로그램'들이 개발을 기다리고 있다. 그렇기 때문에 이 '행동프로그램을 개발하는 것'이 앞으로의 과제로 등장한다.

이 단위사역내용들은 모두 그 안에 수많은 '세부행동내용들'을 품고 있다. 이것은 <표 16> '청소년사역의 하위 체계'에서 본 바와 같은 그런 맥락을 그대로 이어간다. 이 단위사역내용들이 하나의 '상위목표' 노릇을 하면서 수많은 '하위의 세부행동내용들', 즉 '하위프로그램들'을 파생시켜나가야 제몫을 하게 된다. 즉 여기 발굴된 단위사역내용들은 청소년사역의 목적과 목표를 달성하기 위하여 자신으로부터 '행동을 위한 가지'들을 펼쳐야 한다. 이 '잔가지('제2편을 열면서' 참조)'들에서 '사역의 열매'를 맺게 되는 것이기 때문이다. 사역내용들은 '행동프로그램'이라는 잔가지로 발전해가야 하고, 이 행동프로그램들이 사역의 현장에서 실행되어야 사역의 열매를 맺을 수 있는 것이다.

나. 단위사역내용들을 구현할 행동프로그램

사역의지와 사역행동이 함께 해야

청소년사역의 단위사역내용들로부터 '실행을 위하여 개발되어야 할 하위내용(프로그램)'들을 행동프로그램action programme이라고 한다. 그리고 바로 이 행동프로그램이 청소년사역의 현장에서 '○○사역'이라는 이름으로 그 얼굴을 드러내는 '사역의 실제', 즉 '사역프로그램'인 것이다. 이 사역프로그램의 개발과 실천은 그러므로 사역의 사활이 걸린 결정적 관건이라고 말해도 결코 과장된 것이 아니다. 아무리 그럴 듯한 사역내용을 발굴해놓아도, 그 내용을 구현할 행동프로그램인 '사역프로그램의 개발과 실행'이 없으면 무용지물이 되고 만다.

실제로 <표 19>에 제시된 단위사역내용들의 상당부분은 어쩌면 교회 안에서 '청소년사역의 과제'로서 이미 드러나 있었던 것들일 수 있다. 그런데도 불구하고 만약에 청소년사역이 교회 안팎에서 이 과제들을 해결하기 위하여 활발히 전개되지 않고 있었다면, 그 원인은 이런 사역의 '내용들'을 몰랐기 때문만이 아닐 것이다. 오히려 사역내용의 구현을 위한 '행동프로그램'을 개발하지 않았거나, 개발했더라도 그것을 제대로 실행하지 않은(못한) 데에 원인이 있었을 것이다. 사역이 펼쳐져야 할 상황(현실)에 걸맞은 행동프로그램의 개발과 추진이 부족했거나, 포기되었던 것이 그 원인이라는 뜻이다. 그러므로 이제까지의 '사역내용' 탐색과정도 중요하지만, '사역의 실제'나 '실천'이라는 관점에서 보면, 사역프로그램을 개발해야 하는 앞으로의 과정이 그에 못지않은 중요한 과제로 남는다.

단위사역내용들은 사역의 줄기와 같다. 그러나 이 줄기에서 사역의 열매가 맺히는 것이 아니다. 그 잔가지인 '사역프로그램과 현장사역'에서 열매가 맺힌다. 이렇게 내용은 행동을 잉태하고, 행동은 내용에게 생명력을 공급한다. 이들은 서로 순서와 위치만 다를 뿐이지, 상호보완적인 관계 속에서 한 몸을 이루고 있다. 그런 의미에서 '사역내용'과 '사역프로그램'(행동프로그램)은 한 몸이다. 이것은 '사역은 말뿐만 아니라 행동이 함께 해야 하는 것'임을 보여준다. 그리고 '사역은 의지만으로 완수되는 것이 아니라, 의지와 행동이 함께 할 때에만 온전한 사역이 되는 것'임도 함께 일깨워주고 있다.

효과적인 사역프로그램의 개발을 위하여

실제로 청소년사역을 개발, 전개하는 과정에서 단위사역내용과 사역프로그램(행동프로그램)의 상호관계는 매우 중요한 관심사가 된다. 하나의 사역프로그램은 하나 또는 그 이상의 '실천적 영역'이나 '단위사역내용들'과 관련되기 때문이다. 위에서는 하나의 단위사역내용에서 수많은 사역프로그램이 파생될 수 있다고 말했는데, 여기에서는 그와는 반대로 어떤 사역프로그램은 여러 단위사역내용들과 밀접한 관련성을 지니는 형태로 개발될 수도 있다는 또 다른 점을 말하고 있는 것이다.

가령 <표 19>의 '사역유형 #1'의 '사역의 목표'에서, '선교사역'의 경우에, '우리 교회 주변에 거주하는, 믿지 않는 청소년(비그리스도인)을 교회로 인도하기'라는 청소년선교(전도)사역프로그램을 전개한다고 상정해보자. 이 사역프로그램을 전개하기 위해서는, 우선 우리 이웃에 사는 청소년들이 교회에 나올 수 있도록 성령님께서 함께하여 주십사고 기도할 것이다. '청소년복음화를 위한 공동체기도사역'이 앞서야 할 것이니까. 그리고 이와 함께 전도를 하기 위한 구체적인 방안들이 논의되고, 또 그에 필요한 것들을 준비할 것이다. 즉 '선교사역을 위한 준비사역'이 필요하다. 이 준비사역에는 <표 19, #1. 공통적 영역: 사역화를 위한 준비사역, 1-1~10>의 각종 단위사역내용들이 반영되어야 한다.

그리고 이러한 사역은 '선교(전도)'뿐만 아니라 그 효과를 더 높여줄 수 있는 다른 '보조적인 프로그램들'이 함께 추진되는 것이 필요하므로, <청소년섬기기 사역, 1-16~30>에 들어있는 갖가지 사역들 가운데에서 적절한(해당되는) 단위사역내용들이 동시에 고려되어야 할 것이다. 동네 청소년들을 교회로 인도하기 위한 사역프로그램 하나를 개발, 추진하는 데에도, 여기에 관련성을 갖고 등장하는 단위사역내용들은 이렇게 여러 가지일 수 있다.

그러므로 효과적인 사역프로그램의 개발을 위해서는, 첫째, 이 사역프로그램을 개발, 전개하기 위해서는 '어떤 실천적 영역의, 무슨 단위사역내용들이 함께 추진되어야 하는지'에 관해서 주도면밀한 검토가 있어야 한다. 그리고 그 단위사역내용들이 서로 밀접하고 원활하게 연대, 협력할 수 있는지, 무슨 장애요인이나 불편한 경우는 없는지도 아울러 배려해야 할 것이다.

둘째는, 하나의 사역프로그램이 성과를 거두기 위해서는 다양한 사역 방식과 기법과 수단들의 동원이 필요하다. 그러므로 사역프로그램을 개발할 때에는 하나의 행동방식에만 집착하지 말고, 다각적이고 다양한 '통합적 접근방식'을 모색하기에 힘써야 한다.

셋째, 하나의 사역프로그램을 성공적으로 추진하기 위해서는 관련되는 '사역역량들의 결집과 공동노력'이 절실히 요망된다. 특히 여기에는 전문인력을 포함한 관련 인적 역량들은 물론이고, 재정이나 시설, 기자재 등과 같은 물적 자원의 뒷받침이 보장될 수 있는지에 대한 철저한 검토도 있어야 할 것이다.

여기에 덧붙여서, 사역프로그램을 개발해야 하는 일꾼들은 더러 '인간중심적인 판단'에 빠져들기 쉽다. 그것은 하나님께서 바라시는 바가 아니다. 그렇다고 하나님께 맡겨버렸다는 이유만으로 손을 놓고 있어서도 안 된다. 사람은 주님 안에서 주님의 뜻을 따라 사람이 해야 할 일, 할 수 있는 일들을 열심히 해야 한다. 하나님은 이런 충성된 일꾼을 기뻐하신다. 그러므로 사역프로그램을 개발하는 일꾼은 "사람이 마음으로 자기의 길을 계획할지라도, 그의 걸음을 인도하시는 이는 여호와시니라(잠16:9)."는 말씀과 함께 "만사를 성취하시는 하나님의 일을 네가 알지 못하느니라. 너는 아침에 씨를 뿌리고, 저녁에도 손을 놓지 말라. 이것이 잘 될는지, 저것이 잘 될는지, 혹 둘이 다 잘 될는지 알지 못함이니라(전11:5-6)."라는 말씀도 깊이 새겨들어야 한다.

주님의 일꾼들은 전능하신 주 하나님께 기도할 수 있다. 성경이 우리 곁에 살아 있고, 성령님의 이끄심을 받는, 유능한 조언자들과 유익한 문헌자료들이 교회 안에 있다. 따라서 주님의 일꾼들은 우선 자신이 해야 할 '일'에 관해서 충분한 지식과 지혜와 능력을 함양하기 위한 '자기개발'에도 힘서야 한다. 이를 위하여, 아래에서는 사역프로그램(행동프로그램)의 실제에 관하여 살펴봄으로써 이 장을 마무리하려고 한다.

2. 사역프로그램에 대한 이해

가. 프로그램에 대한 일반적 이해

프로그램programme의 개념

사전에서 프로그램은 명사적 의미로는 예정계획표, 음악, 연극, 기타 공연에 관한 제목, 순서, 출연자 등을 밝힌 차례표 등으로 나타나 있고, 동사적 의미로는 프로그램을 기획하는 것, 예정계획을 세우고 계획대로 이를 진행시키는 것이라고 되어 있다. '프로그램'이라는 용어는 이렇게 그 용도가 다양한 어휘이다. 실제로 프로그램이란 용어는, 널리 그리고 자주 사용되면서도 그 의미가 혼동되어 있기 때문에 명확한 이해를 가지고 이 용어를 사용할 필요를 느끼게 한다.

프로그램의 정확한 뜻을 파악하기 위해서, 이 어휘가 어디쯤에 위치하며 어떤 용도로 쓰이고 있는가를 먼저 살펴보자. 우선 이해를 돕기 위하여 생물학의 분류방식을 예로 들어 보면, 생물학에서 생물들은 종種 → 속屬 → 과科 → 목目 → 강綱 → 문門으로 분류되는데, 이 분류방식에다가 프로그램과 관련된 체계를 대비해보자. 프로그램과 관련된 어휘들은 모두 'p'자로 시작된다. 그것은 기획planning, 사업계획programming, 세부사업계획projecting 등이다. 여기에서 '기획'을 가장 상위개념인 '종'이라고 한다면, 그 아래에는 정부기획, 사역기획, 경영기획 등과 같은 '속'이 있고, 그 '속'의 내부에는 각각 여러 개의 '사업계획'이라고 하는 '과'를 포함하게 되고, 이들 사업계획은 다시 몇 개의 '세부사업계획'이라고 하는 '목'을 갖게 된다.

여기에서 볼 수 있는 것과 같이, 사업계획은 기획의 하위개념에 속한다. 그러므로 기획과 계획은 동의어가 아니다. 그들 사이에는 엄연한 서열이 있다. '무엇을 할 것인가what to do'에 해당하는 것을 기획企劃이라 하고, 그 기획이라는 의사결정과정을 거친 결과로서 나타난 최종적인 산물을 기획서企劃書라고 한다. 그리고 '어떻게 할 것인가how to do'에 해당하는 사업계획事業計劃의 결과물을 사업계획서事業計劃書programme라고 한다. 이와 함께, projecting은 세부계획細部計劃을 작성하는 것이고, project는 세부사업계획서細部事業計劃書라고 각각 번역하여 사용하는 것이 일반적이다. 그러나 실제로 청소년사역 영역이나 일반 사회 속에서는 이 프로그램에 대한 인식이 체계적이지 못하여, 기획, 사업계획, 세부사업계획 등이 서로 혼용되고 있는 실정이다.[110]

'어떻게'에 관한 단계

위의 프로그램의 개념에서와 같이, 프로그램은 '어떻게how'의 단계에서 등장한다. 지금까지 살펴보았던 청소년사역의 '목표'라든지 '실천적 영역'이나 '단위사역내용들'은 모두 '무엇what을 할 것인가'에 관한 것들이었다. 이 '무엇'들을 '어떻게how 할 것인가'를 다루어야 하는 단계에서 등장하는 것이 바로 프로그램이다. 그러므로 사역의 내용과 사역프로그램은 같은 맥락 속에는 있으면서도 서로 다른 개념이다. 이렇게 사역프로그램은 '어떻게 할 것인가'라는 방법 탐색과 밀접한 관계가 있다.

이 탐색과정을 거치면서 행동프로그램인 사역프로그램이 마련되어야 비로소 '현장'에서 '00사역'이 전개될 수 있는 것이다. 그러니까 사역프로그램은 사역의 내용과 현장 사이를 이어주는 징검다리와도 같다. 이 징검다리가 없으면 뜻이 현장에 닿지 못하고, 사역이 행동으로 이루어지지 않는다. 또한 사역프로그램은 '사역'이라는 아기를 잉태하고 있는 임산부와도 같다. 그것은 임산부가 아기를 잉태하고 있는 동안에 어떤 마음가짐으로 어떻게 처신하고 자신과

---

[110] 이 대목의 내용은 필자의 청소년학 강의노트 '프로그램의 이론과 실제: 그 서설적 접근'의 내용을 인용 또는 참고한 것이다.

주변을 관리하며, 어떤 태교를 하느냐에 따라 '아기'(사역)의 상태가 영향을 받는 것과 비슷한 상황이기 때문이다. 이처럼 효과적인 사역을 창출하고 말고는 그러므로 사역프로그램 작성과정이 얼마나 합리적이고 충실한 것이냐에 달려 있다.

목적이나 목표가 아닌 수단

청소년사역에서도 마찬가지로 청소년사역프로그램은 '무엇'에 해당하는 목표, 실천적 영역, 단위사역내용들을 구현하기 위하여 '어떻게' 프로그램을 작성하고 추진할 것인가를 다루는 과정이다. 그러므로 사역프로그램은 그 자체가 사역의 목적이나 목표가 아니라, 그 목적이나 목표를 달성하기 위한 수단이다. 따라서 아무리 좋은 목적이나 목표라 하더라도, 그것을 구현할 수단이 마련되지 않으면 그것은 허공을 향해 외치는 독백처럼 공허한 것이 되고 만다. 그러므로 사역자들에게는 '최상, 최선, 최적의 수단'을 마련하는 '프로그램 과정'이 매우 중요한 과업으로 남게 된다. 그것은 새로운 활로를 탐색하고 개척하는 '창의적인 도전'과도 같은 과정이다.

다른 한편으로, 청소년사역의 현장에서 흔히 볼 수 있는 모습이지만, 프로그램이 마치 무슨 목적이나 목표인양 오직 프로그램에만 푹 빠져있는 안타까운 경우들을 보게 된다. 본래의 목적이나 목표에는 거의 관심을 두지 않은 채로, 프로그램 그 자체에만 매달려서 허둥대는 모습들이 많다. 사역프로그램이 중요하지 않다거나 프로그램에 열중하지 말라는 뜻이 아니다. 사역자에게 열정은 아름다운 것이다. 그러나 사역프로그램이 현장에 가까워지면 질수록 사역은 현장성과 실무적 성격이 강해지다 보니 상위목적이나 목표와 경계가 점점 모호해진다. 그래서 현장사역에 몰두하려는 '열심'만 너무 커져서, 정작 목적과 목표는 뒷전에 두고 프로그램에만 전념해버리는 경향이 나타난다. 헤엄치는 것은 목적지에 도달하기 위함이지 첨벙대는 것이 목적은 아닌 것처럼, 사역은 하나님의 뜻을 이루기 위한 힘찬 헤엄치기와도 같은 것이기 때문에 프로그램에 전념하는 것이 나쁠 거야 없다. 하지만, '과연 지금과 같이 사역이 추진된다면 목적이나 목표를 틀림없이 달성할 수 있을 것인가'를 항상 살피면서 사역프로그램이 진행되어야 할 것이다.

또 다른 한편으로, '사역은 무슨 프로그램이든지 일단 프로그램을 하고 있어야 한다'는 강박관념 때문에 프로그램을 무리하게 추진해서는 안 된다. 그런 준비되고 헌신되지 않은 '과열된 프로그램 욕심'이나 '일 중독' 때문에, 사역 본래의 목적과 목표가 변질되거나 왜곡되지 않아야 한다. 하나님께서는 준비되고 헌신되지 않은 예배를 받지 않으시듯이, 예배행위로서의 사역이나 그 사역프로그램도 예외가 아니다.

또 이와 아울러, '프로그램을 위한 프로그램'이라는 고질적인 병폐 때문에 목적과 목표를 달성하는 데에 별로 도움이 될 것도 없고 내용이나 알맹이도 없는 그런 프로그램을 한답시고 법석만 떨어서는 안 된다. 사역은 누구에게 보이기 위한 것이 아니다. 자기과시나 자기만족을 위한 것도 아니다. 사역프로그램은 그리스도교회 공동체 사역의 목적과 목표를 달성하기 위해서만 존재하는 하나의 '과정'일 뿐이다.

모방과 답습은 금물

사역프로그램의 작성이나 전개와 관련하여 또 한 가지 유념하고 넘어가야 할 것은, '프로그램의 모방과 답습'의 문제이다. 사람은 모방하면서 배우고, 답습踏襲하는 동안에 익숙해진다. 좋은 것은 본받고 흉내 내고 따라 해보는 그 '아름다운 모방'의 과정 속에서 우리는 그 좋은 것을 배운다. 좋은 선례를 따라서 실행하고, 또 반복하는 그 답습의 과정 속에서 좋은 것에 익숙해진다. 이렇게 모방과 답습은 우리들의 생활 속에서 적잖은 순기능順機能을 한다. 그러므로 모방과 답습을 처음서부터 아예 나쁜 것, 버려야 할 폐습 등으로 몰아붙이는 것은 성급한 짓이다. 사역프로그램에 있어서도 이 모방과 답습을 전적으로 배제하기는 어렵다. 오히려 좋은 프로그램을 모방하고, 효과적인 프로그램을 반복하는 가운데 프로그램은 더 성숙한 단계로 진입해갈 수도 있기 때문이다.

그런데 이 모방과 답습이 사역프로그램에서 철저히 배격되어야 할 때가 있다. 그것은 사역의 현장이나 현실, 그리고 사역의 대상 등을 제대로 파악하고 탐색하는 과정을 일부러 생략해버린 채로 무분별하게 '모방부터 일삼는 경우'이다. 그럴싸하게 보이는 것, 새로운 것, 남의 관심을 끌만한 것이라면 분별없이 퍼 담아 와서, 아무런 검토도 없이 현장에 그냥 그것을 풀어놓아버리는 것이 그 예이다. 그리고 한번 시도해본 프로그램에 대한 반응이 좋았다고 여겨지는 경우에 그 효과에 대한 진지한 분석이나 검토도 없이 그것을 마냥 반복해서 '쓰고 또 써먹는' 답습경향도 문제이다. 반복적으로 답습되는 프로그램 때문에 나타날 역효과나 악영향 등은 고려하지 않고, '아직은 별 탈 없이 받아먹으니 계속 먹이자'는 식의 답습행위가 그 예이다. 더군다나 자체적인 프로그램개발 노력도 없이 '어디에서 또 퍼오면 되겠지'라든지, '급한데 전에 했던 것 또 써먹자'는 식의 악습과 게으름과 무책임한 태도는 사역프로그램의 모든 과정에서 철저히 없어져야 한다.

사역프로그램 과정에서 나타나는 이런 모방과 답습의 병폐는 '하나님의 일, 하나님나라의 일인 사역'에서 철저히 없어져야 한다. '하나님의 자녀'요, '그리스도의 성역에 쓰임 받는 일꾼'인 청소년과 관련된 행동프로그램에서 이토록 성의 없는 프로그램이 전개된다면, 그것은 '하나님 앞에서, 하나님과 함께 행하는 사역자'의 도리가 결코 아니다. 어쩌면 그것은 "네가 제단 위에 드릴 것은 이러하니라. 매일 일 년 된 어린 양 두 마리니, 한 어린 양은 아침에 드리고 한 어린 양은 저녁에 드릴지며(출29:38-39)"라고 말씀하신 하나님께, 전날 먹고 남은 고기를 드리는 것과 같은, 사역에서는 있어서는 아니 될 못된 행실이다. 그런 의미에서 모방과 답습은 금물이다. 거듭 말하지만, 사역프로그램은 '창의적 도전'이 필요한 과정이다. 이것은 곧 '사역의 창조성'[111] 과 연결되는 과정이

---

111 사역의 창조성에 관해서는 제1편 제3장 2. '사역의 의미와 성격' 참조

다. 그것은 무릎으로 개발되고, 눈물과 땀으로 전개되어야 할, 사역의 '최전선' 이다.

나. 사역프로그램에 대한 이해

행동을 위한 최종적인 사역화 준비단계

그리스도교회 공동체 사역에서 '사역프로그램'이 등장하는 것은, 사역의 '목적과 목표', '실천적 영역'과 '내용' 등이 모두 구체적으로 드러난 다음단계부터이다. '무엇'을 해야 할 것인지가 확정된 다음에, 그것을 실천에 옮기려고 '어떻게' 할 것인가를 결정해야 하는 그 '행동을 위한 준비단계'에서 사역프로그램은 관심과 논의의 대상으로 등장한다. 그러니까 이 프로그래밍단계는 '사역'이라는 '행동을 위한 최종적인 사역화 준비단계'이다. 따라서 사역프로그램은 행동지향적이며 동태적인 성격을 지니고, 그래서 '행동프로그램'이라고도 부른다. 이 과정이 추진됨으로써 사역은 비로소 행동으로 옮겨진다. 그것은 자동차 엔진을 작동시키는 것과도 같다.

그리고 사역프로그램은 미래지향적이며 현실지향적인 성격도 동시에 지닌다. 사역은 '오늘, 여기'에서 전개되지만, '그날, 그 주님의 날'을 향하여 나아가는 것이고, 그와 함께 '오늘, 여기'를 향하여서도 펼쳐져야 할 과업이기도 하다. 그래서 사역프로그램은 사역의 목적과 목표가 추구하는 '미래의 바람직한 상태'와 '현실적인 과제들의 해결'을 동시적으로 추구하려는 성향을 가지게 된다. 이 미래지향적이자 현실지향적인 사역프로그램의 실천을 통하여 사역은 그 목적과 목표를 달성해나가게 된다.

이렇게 사역프로그램은 사역의 목적과 목표를 구현하는 데에 결정적 역할을 한다. 사역을 통하여 하나님의 뜻을 이루어 하나님께 영광을 올려드리는 것도 사역프로그램이라는 '최종적 사역화 준비단계'가 있었기에 가능해진다. 사역이 사역답게 그 모습을 드러내는 것도 사역프로그램이 그렇게 마련되었기에 가능한 일이다. 그러므로 사역프로그램의 중요성과 필요성은 아무리 강조해도 모자랄 지경이다. 사역프로그램이 '창의적 도전'이어야 할 이유를 여기에서도 볼 수 있다.

기술적 요소를 포함하는 단계

사역에서 사역프로그램이 이렇게 중요하고 필요한 역할을 담당하는 것이기 때문에, 이 사역을 위한 프로그래밍 과정은 어느 정도의 기술적 요소를 포함하는 단계로 여겨진다. 그것은 마치 건축을 위한 설계와 같이 치밀하고 완벽한 준비가 필요하다.

건물 하나를 세우려면 건축주建築主의 뜻에 맞는 설계가 이루어져야 한다. 그러려면 설계사設計仕는 건축주의 뜻을 부지런히 여쭈어봐야 한다. 건축주와 설계사 사이에 의사소통이 충분히 이루어져야 설계에 그 뜻이 반영되기 때문이다. 이 '의사소통'은 사역의 경우 기도이다. '하나님의 뜻'을 여쭙는 것이다. 사역의 '공통적 영역'에서 '공동체 기도사역'이 강조되었던 이유가 여기에 있다.

이 의사소통 과정을 통하여 건축주와 설계사 사이에는 마침내 '건물을 이렇게 세우자'는 의사결정이 이루어져서, 설계도設計圖가 작성되고, 건축공사를 담당할 회사는 공사에 필요한 일정을 조정하고, 인력과 자재와 장비 등을 갖추어 공사에 들어간다. 이 설계도가 사역에서는 '사역(행동)프로그램'이다. 공사를 담당할 회사는 '교회'이다. 거기 동원된 인력은 '사역자'이다.

이때 설계도가 건축공사에서 지니는 의미는 실로 막중하다. 그것은 건축공사에 참여하는 현장인력들에게 유일하고 결정적인 '지침'이다. 그 뿐만 아니라, 공사를 추진하는 회사에서도 이 설계도를 중심으로 공사 진행상황을 파악하고, 중간점검도 실시하고, 필요한 것들을 조달하기도 한다. 그리고 공사가 끝나면 이 설계도를 '기준'으로 건물이 제대로 지어진 것인지 준공검사('평가')를 하기도 한다. 사역프로그램도 이 설계도와 마찬가지의 역할기능을 한다. 이와 같이 사역프로그램은 사역의 목적과 목표를 성취하기 위한 최상, 최선, 최적의 수단을 제공하는 것이고 사역의 능률적인 운영을 위한 준비과정이므로, 그 중요성과 필요성은 실로 대단한 것이다. 그러므로 사역프로그램은 대수롭지 않은 일이듯이 대충대충 아무렇게나 해서는 안 된다. 어림짐작으로 해서도, 과거경험이나 평소실력만 믿고 해서도 안 되는 과정이 프로그래밍 과정이다.

사역프로그램은 치밀하고 완벽해야 한다. 그것은 합목적적이고 합리적이어야 한다. 하나님의 뜻에 합치되어야 하고, 온전하신 하나님께서 인정하시고 재가裁可해주실 만한 것이어야 한다. 무엇보다도 정확해야 하고, 빈틈이 없어야 한다. 그래야 사역의 현장에서 지침과 기준이 될 수 있다. 그러면서도 사역 현장에서 있을 수 있는 상황의 변동에도 유연하게 대처할 수 있는 '융통성이나 유연성'도 지녀야 한다. 사역도 현실과 현장 속에서 전개되기 때문이다. 그러므로 사역을 위한 프로그래밍은 하나님께서 허락하신 모든 지식과 지혜와 기술을 다 동원해서 사역프로그램을 완성해야 한다. 기술적 요소들이 프로그램 속에 반영되도록 하는 일은 사역을 담당할 '사람들 몫'이기 때문이다.

사역 프로그래밍에서 반드시 경계해야 할 요인들

그런데 사역 프로그래밍 과정에서 반드시 경계해야 할 요인들이 있다. 그 1차적 경계의 대상은 바로 사역을 담당하는 '사람'이다. 그래서 사역프로그램 과정에서 '경계해야 할 인간적 요인들'을 짚어보겠다.

그것은 첫째, 사람이 하나님을 앞서가고 사람이 사역의 중심을 장악해버리는 것이다. 사역프로그램의 작성과 운영을 사람이 하다보면 자칫 '주님의 뜻'은 뒤로 밀려버리고, 사역프로그램 관련자의 개성이나 경험, 기호嗜好 등 '인간(개인)적 요인들'이 앞장서서 활개 칠 수도 있음을 경계해야 한다. 사람은 저마다 개성이나 경험, 기호 등을 지니고 있어서 그것들이 행동으로 나타게 마련이다. 그런 경향이 사역에까지 연장되는 것을 전혀 무시할 수는 없는 노릇이다. 우리 주 예수님의 제자들도 다양한 개성과 경험과 기호를 지니고 있었고,

그것이 사역현장에서 행동으로 나타났던 사례들을 볼 수 있듯이 말이다.

그러나 그것은 사람의 모습일 뿐이지, 하나님의 일에 쓰임 받는 일꾼들의 본연本然의 모습은 아니다. 만약에 이런 인간적 요인들이 주님 안에서 사역의 순기능으로 작용하는 경우라 하더라도 방심해서는 안 된다. 사역에서 인간적 요인들은 아무 때든지 역기능逆機能으로 돌변할 수 있기 때문이다. 사역의 현장에서 사역자의 의지나 행동이 하나님을 앞서가는 것은 사역의 본질을 망각한 것이거나 사역의 정도正道에서 벗어난 것이다. 사역의 중심에 사람이 자리 잡는 것은 하나님께 대한 반역이나 마찬가지다. 사역의 중심에는 언제든지 우리 주 하나님께서 좌정하고 계셔야 올바른 사역이다.

둘째, 이와 아울러 사역관련자들 사이의 '불신과 갈등'은 사역프로그램에서 경계해야 할 인간적 요인들이다. 우리 주 예수님께서는 "스스로 분쟁하는 나라마다 황폐하여질 것이요, 스스로 분쟁하는 동네나 집마다 서지 못하리라(마12:25)."라고 말씀하셨다. 사역에서도 인간관계의 문제가 걸림돌로 작용하게 되고, 심지어는 하나님의 일, 하나님나라의 일인 사역 전체를 무너뜨리게 될 수도 있음을 경계해야 한다.

셋째, 사역프로그램과정에서 외부의 '여론이나 압력' 등과 같은 '사회적 또는 인간적인 요인들'을 경계해야 한다. 사역은 교회의 안팎에서 이루어지고, 그 교회의 안팎은 사회적 또는 인간적 영향력이 작용하는 현장이다. 거기에는 끊임없이 '사역에 관한 여론과 '사역에 대한 압력'이 있게 마련이다. 이때에, 우리는 이 여론과 압력에 대하여 반응을 보이게 되는 데, 대체로 이들을 전혀 무시해버리지 못하는 경우가 많다. 특히 그 여론이나 압력이 교회 안으로부터 오는 것이라면 그런 경향은 더욱 두드러진다. 가령 사회로부터 오는 여론이나 압력은 '핍박'이라는 이유만으로도 이를 극복해낼 수도 있다. 그러나 교회 안에서 일어나는 여론이나 압력은 매우 민감한 것이기 때문에 쉽게 판단하고 처신해버릴 수 없는 어려움이 있다. 특히 교회의 어른들이나, 평소부터 사역에 관심을 보여 왔던 사역후원자들, 그리고 동역자나 또래들로부터 오는 여론이나 압력은 더욱 그렇다.

여론을 수렴하고, 압력을 선의의 충고로 여겨, 이에 순응하는 것은 미덕일 수 있다. 그러나 과연 이 여론이 어디에 근거한 것인지, 이 압력이 무엇으로부터 또는 누구로부터의 어떤 압력인지를 정확히 분별해야 한다. 그 판단기준은 '사역의 주主님'이신 '하나님'과, 하나님의 말씀인 '성경'이다. 그리고 하나님의 말씀에 근거한 '교회의 가르침'이다. 사역은 언제나 이를 훼방하려는 사악한 영적 세력들과의 영적 전쟁이다. 그래서 '사역의 전투성'[112]이 강조되었던 것이다. 그러므로 사역은 하나님중심, 말씀중심, 교회중심으로 '믿음의 선한 싸움(딤전6:11-12)'을 싸워나가야 한다.

넷째, 지도자나 정책결정자의 권위주의적 발상이나 독단, 즉흥적 발상이나 전시효과적인 욕망 등의 인간적 요인에 대한 '슬기로운 극복'[113]을 항상 유념해야 한다.

사역에서 최고, 유일의 권위는 하나님, 그리고 하나님의 말씀이다. 그런데 사역프로그램과정에서 사람 특히 지도(자)적 위치에 있거나 의사결정에 영향력을 지닌 사람들이 권위주의적 발상을 하게 되고, 그래서 독단을 자행하는 경우를 보게 된다. 이것은 하나님 앞에서 오만한 행동이다. "교만은 패망의 선봉이요, 거만한 마음은 넘어짐의 앞잡이니라(잠16:18)."는 말씀대로, 오만한 사람은 그의 오만 때문에 넘어진다. 그런데 더욱 큰 문제는 사역도 이 오만 때문에 함께 넘어질 수 있다는 점이다.

또한 '즉흥적 발상'도 경계의 대상이다. 앞에서도 말한 바와 같이 사역프로그램은 치밀하게, 사전에, 충분히 준비되어야 한다. 더러 즉흥적 발상이 위대한 발견으로 발전되는 경우도 있다고들 말하지만, 주님께 여쭤보지도 않은 순간적인 발상을 사역에 옮기려는 것은 경솔한 짓을 넘어선 위태로운 망동妄

---

112 사역의 전투성에 관해서는 제1편 제3장 2. '사역의 의미와 성격' 참조

113 여기에서 '슬기로운 극복'이라 함은 올바르지 않거나 견해가 달라서 상대의 권유나 지시, 주장 등을 받아들일 수 없을 때, 이를 정면으로 거부(반대)함으로써 서로의 관계가 좋지 않게 되는 경우를 막기 위하여, 거부(반대)하되 이를 지혜롭게 대처 또는 극복하는 것을 말한다.

動이다.

그리고 사역프로그램에서 '전시효과'나 노리는 얄팍한 소행은 삼가야 한다. 그것은 차라리 사역을 하지 아니함만도 못한 위선적 행동이다. 하나님 없는 자들이나 도모함직한 기만적인 행위이다. 그것은 하나님을 잊은 사람의 욕망을 드러낸 것이다. 전시효과나 노리는 인간의 욕망이 사역에서 문제되는 것은, 사역 그 자체가 영이신 하나님께 드리는 예배행위요, 그 예배는 영과 진리로(요4:24) 드려야 하기 때문이다. 겉이 아니라 속사람의 진실성, 땀과 눈물어린 받들어 섬김(순종과 봉사), 그것이 사역을 사역답게 하는 것임을 잊지 말아야 한다.

그런데 이러한 태도나 소행들이 특히 지도(자)적 위치에 있거나 의사결정에 영향력을 지닌 사람들에게서부터 나타나게 될 때, 여기에 사역자들의 고민과 고충이 있다. 이런 경우 사역자들은 저 나아만 장군의 종들(왕하5:1-14)처럼 '용기와 지혜'로써 이 어려운 경우들을 원만히 극복하고, 지혜롭게 대처할 수 있도록 기도해야 할 것이다. 그리고 한걸음 더 나아가서, "너희가 섬길 자를 오늘 택하라. 오직 나와 내 집은 여호와를 섬기겠노라(수24:15)."라고 외치던 여호수아처럼, "내가 하나님께 좋게 하랴, 사람들에게 좋게 하랴(갈1:10)."라고 되묻던 사도 바울같이, 우리도 우리가 섬길 '사역의 주主님'이 누구신지를 분명히 되짚어보아야 할 것이다. 사역의 현장에서 우리와 함께하시는 하나님께서는 이런 정황들을 다 보고, 듣고, 알고 계시기 때문에.

결과보다 과정에 초점을 맞춰야

이러한 인간적 요인들을 경계하면서 사역프로그램에서 또 한 가지 유의해야할 것은 결과보다 과정에 초점을 맞춰야 한다는 점이다. 사역프로그램은 '계획 - 실시 - 평가'의 단계를 거친다. 사역의 목적과 목표에 따른 계획 → 그 계획의 실천 → 실천된 사역결과의 평가 → 그 평가를 토대로 한 새로운 사역의 계획 등등. 이렇게 그리스도교회 공동체 사역은 주님 오실 때까지 교회와 하나님의 일꾼들에 의하여 반복적으로 계속된다.

이것이 바로 '사역의 영속성永續性'[114]이다. 하나의 단위사역내용이 사역프로그램으로 전환되어 그 사역을 마치게 되면, 그 단위사역은 일단 종료된 것으로 볼 수도 있다. 그러나 그리스도교회 공동체의 사역이라는 큰 안목에서 이 단위사역프로그램을 바라보면, 엄밀한 의미에서 그것은 종료된 것이 아니다. 오히려 한 단위사역의 종료는 새로운 사역의 시작을 알리는 '쉼표'에 불과하다. '그리스도의 사역'이 종료되는 그날까지 '그리스도의 성역에 쓰임 받는 일꾼'들은 '계획 - 실시 - 평가'를 일관되고 지속적으로 반복해야 한다.

그러므로 사역프로그램의 모든 단계와 과정은 하나하나가 매우 중요한 의미와 가치를 지닌다. 이 단계와 과정들의 총화가 곧 '그리스도의 사역을 완성'하는 데에 기여하는 것이기 때문이다. 따라서 사역프로그램은 당장 눈앞에 나타나는 결과(효과발생)에 급급하기 보다는, 보다 더 길고 넓은 안목으로 과정 하나하나에 초점을 맞춰야 한다. 사역은 '하나님의 일, 하나님나라의 일'이므로, 결과와 평가는 하나님께서 주관하실 일이다. 결과에 대한 일꾼들의 책임이 없다는 말이 아니라, 결과는 주관자이신 하나님께 맡기고 사역자는 오직 주어진 일에 충성스럽게 최선을 다 할 뿐이라는 말이다. 그리고 그 결과는 이미 하나님의 예정하심 안에 있고, 뜻을 정하시고 섭리하시는 하나님께서 마침내 이루실 것이기 때문에, 우리는 사역의 전 과정이 '예배행위로서의 사역'이 되도록 온몸과 마음을 다 드릴 뿐이다.

이를 위하여 사역프로그램은 그 계획단계와 같은 비중으로 이를 실시하는 단계, 즉 현장에서 행동이 이루어지는 실시단계, 그리고 단위사역의 종료에 따른 평가단계가 어느 것 하나 소홀히 다뤄서는 안 될 중요한 단계들이다. 흔히 계획은 충실히 해놓고 실시와 평가가 허술한 경우를 본다. 그렇게 되면 '열매'가 없는 사역이 되고, 터만 닦다가 그만 둔 공사와 같게 되어 평가란 있을 수도 없게 된다. 또는 자기 경험과 평소실력만 믿고 계획단계는 생략한 채로 덥

---

[114] 사역의 영속성에 관해서는 제1편 제3장 2. '사역의 의미와 성격'을 참조

석 실시단계로 뛰어드는 경우를 본다. 하나님께 여쭙지도 않고 시작한 사역이 제대로 될 리 없다. 설령 그럴듯하게 사역이 진행되었다고 한들, 그것을 하나님께서 인정하시겠는가. 또한 계획과 실시를 제대로 해놓고도 평가단계를 소홀히 취급해버리는 경우를 흔히 본다. '계획 잘 세워서 사역을 제대로 했으면 되었지, 평가는 무슨 평가냐'고 볼멘소리를 할 수도 있을는지 모른다. 그러나 사역은 정확하고 엄중한 평가에 의해서 확대재생산적으로 새로운 단계의 사역에 진입하게 되는 것임을 잊지 말아야 한다. 사역프로그램의 평가는 잘잘못을 따지는 과정이기 보다, 새로운 출발을 위해서 획득된 자료[115]를 검토하는 단계'라는 점을 기억해야 할 것이다.

6W1H(7하원칙)의 틀 속에서

이렇게 사역프로그램의 세 단계는 모두 중요한 단계이다. 그런데 이 모든 단계에서 반드시 기억하고, 또 유념해야 할 것이 있다. 그것은 '6W1H'[116]라는 '사역프로그램의 틀'이다. 우리는 흔히 '6하원칙六何原則'이라는 말을 많이 사용한다. '언제, 어디서, 누가, 무엇을, 왜, 어떻게 하였다'가 그것이다. 어떤 상황을 표현하거나 보고할 때 이 6하원칙을 적용한다. 그리고 프로그램에서조차도 이 틀에 맞춰 내용을 채우고 있음을 본다. 그러나 그리스도교회 공동체 사역의 사역프로그램에서는 그러지 말아야 한다. 사회에서 일반적으로 통용되는 '군대식 6하원칙'이라는 틀을 사역프로그램에서는 온전히 벗어나서, 하나님중심의 '7하원칙七何原則(6W1H)'으로 돌아서야 한다. 사역프로그램은 6W1H, 즉 왜why, 무엇을what, 누가who, 언제when, 어디서where, 누구를 위하여for whom, 어떻게how라는 순서와 내용으로 채워져야 한다.

그 이유는 첫째, 사역은 '하나님'께서 그 '궁극인'이 되시고 '하나님의 뜻'이

---

[115] 여기에서 '획득된 자료'라 함은 사역프로그램을 실시한 결과로서 얻어진 새로운 경험적 사실들. 그래서 새로운 사역을 기획하는 데에 참고가 될 자료들을 말한다.

[116] 이 '6W1H'는 필자의 청소년학 강의노트(UNESCO청년원 연수교재) '프로그램의 이론과 실제 - 그 서설적 접근'에서 처음 사용한 용어이다.

사역의 궁극적인 목적이 되는 것이기 때문에, 사역프로그램의 맨 처음에도 그 '왜why'가, 즉 '사역의 이유와 목적'인 '하나님의 뜻'이 확실하게 드러나 있어야 할 것이기 때문이다. 그래야 처음서부터 이 이유와 목적을 지향하면서, '하나님의 뜻'을 받들어 섬기는 사역의 전 과정이 일관성 있게, 흔들림 없이 전개될 수 있다.

둘째, 이 글의 '사역의 목적과 목표의 위계적 구조와 질서'의 틀에서와 같이 목적은 목표를 낳는다. 그리고 그 목표는 사역의 실천적 영역과 단위사역내용들을 파생시킨다. 그러므로 '이유와 목적why' 다음에 있어야 할 것은 당연히 '목표', 즉 '무엇을what'이다. 이 목적과 목표를 구현하기 위한 것이 사역이다.

셋째, 사역은 하나님께서 부르시고 명령하신 바를 그대로 순종하고 봉사하는 행위이다. 그런데 그 사역을 받들어 섬기는 행위주체는 '사람(교회)', 즉 '누가who'이다. 그러므로 사역의 행위주체가 누구인가가 구체적으로 분명히 밝혀져 있어야 한다. 청소년사역의 경우는 그 사역의 '3가지 유형', 즉 '청소년을 위한, 청소년과 함께, 청소년에 의하여 & 청소년의'가 분명해야 한다.

넷째와 다섯째는 '시기와 장소', 즉 언제when와 어디서where이다. 이 시기와 장소의 차례는 바뀌어도 문제될 것이 없다. 일반적으로 '프로그램이 행동으로 옮겨질 수 있는 3요소'를 '누가, 언제, 어디서'라고 한다. 프로그램은 '사람'이 하는 것이고, 그것은 일정한 '시간' 속에서 전개되는 것이며, 특정한 '공간' 안에서 이루어진다는 뜻이다. 실제로 사역프로그램이 전개되는 과정에서 '시기와 장소'의 선정문제는 사역의 효과에 미치는 영향력이 막강하다. 더러는 사역의 성패를 좌우할 수도 있을 정도로 시기와 장소는 신중한 고려대상이다. 이 사역프로그램이 행동으로 옮겨질 수 있는 요소인 '언제'와 '어디서'는 그러므로 '누가'에 잇달아 함께 위치하는 것이 타당하다.

여섯째, 사역프로그램이 목적과 목표를 탐색하고, 그 실천적 영역과 단위사역내용들을 발굴하고, 일꾼을 선정하여 적재적소에 배치하고, 사역의 시기와 장소를 선정하고 등등, 이런 단계들을 거쳐 내려오다 보면 실제로 프로그램관련자(사역자)는 이쯤에 이르러서는 몹시도 지쳐있기 마련이다. 아마도 사역프로그램을 직접 경험해 본 분들이라면 이런 기억이 생생할 것이다. 이 단계쯤에 다다르면 사역을 행동으로 옮기기도 전에 '프로그램'에 푹 빠져서 허우적거리기 십상이다. 그래서 목적도, 목표도 몽롱한 꿈속의 장면처럼 흐려지기 쉽다.

이때에 반드시 확인해야 할 것이 있다. 그것이 바로 '내가 왜 지금 이 고생을 하고 있는가. 이 사역이 누구를 위한 것인가'라는 물음이요, 확인이다. 즉 '누구를 위하여for whom'이다. 그렇다. 그 첫째는 '주님의 영광을 위하여, 주님의 뜻을 이루기 위하여'이다. 이 물음과 확인을 통하여 사역은 새 힘을 얻고, 주님과 함께 사역자의 길을 걸어 갈 수 있게 될 것이기 때문이다. 이와 함께 둘째로는 '사역의 대상(객체)가 누구인가'에 대한 확인이 반드시 필요하다. 특히 청소년사역의 대상이 청소년인 경우는 더욱 그렇다. '청소년을 위한 사역'을 망각한 자리에는 '어른 사역자인 나'만이 볼품없이 서있게 마련이다. 그리고 셋째로는, 보다 더 구체적으로 사역대상의 현장과 현실, 그들의 욕구와 기대 등도 면밀히 파악하여 이것을 '누구를 위하여'에 실질적으로 반영해야 한다.

일곱째, 이런 과정들을 겪어서 '어떻게how'에 해당하는 프로그램의 '세부실행계획project'들이나 '진행용 대본script/continuity'에 따라 드디어 사역이 행동으로 옮겨지게 되는 것이 마땅한 순서이다.

그러므로 이제부터 모든 사역(행동)프로그램들은 상위개념들이 그러하였듯이 체계적, 실천적, 구체적으로 작성되고 실행되어야 하겠다. 이를 위하여 지금까지 해왔던 것과 같은 방식, 즉 '사회적 통념'에 따른 구태의연한 프로그래밍 방식을 과감히 벗어나서, 이 '6W1H'(7하원칙)의 틀 속에서 그 순서에 따라, 그리스도교회 공동체 사역프로그램답게 새롭게 출발할 수 있게 되기를 바라는 마음 간절하다.

다양한 접근방법

사역의 목적과 목표는 예나 지금이나 같고, 여기서나 저기서나 같다. 한 하나님, 한 성경 안에서 세워진 것이기에 변함이 있을 수 없다. 그것은 주님 오실 때까지 보편성과 일관성과 지속성을 지켜가는 불변의 목적이요 목표이다. 이것이 '사역의 절대성絕對性'[117]이다.

이 절대적 목적과 목표를 구현하기 위한 '수단'으로서의 사역프로그램은, 그 목적이나 목표와는 다르게 사역을 추진하는 교회나 사역자에 따라 그 모습이 달라질 수 있다. 교회나 사역자가 사역을 추진하려는 그 환경과 여건은 유동적이고 가변적이기 때문이다. 또한 사역의 대상이 누구냐에 따라서도 사역의 방법과 수단이 달라질 수 있다. 사역의 대상인 사람들의 수준이나 상태, 욕구와 기대가 다르기 때문이다. 그리고 교회나 사역자의 준비된 역량의 차이에 따라서도 달라질 수 있다. 준비의 정도에 따라 사역의 행동반경이 영향을 받게 되기 때문이다.

이렇게 '사역자의 몫'인 행동단계에서 등장하는 '수단'이나 '실천방법'의 탐색과 발굴은 다양할 수밖에 없고, 그 종류도 무수히 많아질 수밖에 없다. '사역의 다양성'은 여기에서도 찾아 볼 수 있다. 사역프로그램에서는 이와 같이 다양한 접근방법이 도출될 수 있기 때문에 이 글에서 그 수많은 방법들을 제한된 지면에 싣는 것은 무리한 일이고, 앞으로 도출될 수많은 방법들을 예견하여 기록하는 것은 불가능한 노릇이다. 아니, 그럴 필요도 없다. 왜냐하면 그것은, 첫째로 이 글의 「서문」에서도 밝힌 바와 같이, 앞으로 하나님의 부르심을 받아 이 분야의 일을 받들어 섬겨야 할 '일꾼(사역자)들의 몫'이기 때문이다. 그래야 사역프로그램의 '현장과 현실에 맞는 유효한 행동프로그램의 창출'이 가능할 것이기 때문이다.

그리고 둘째, 시중에는 사업계획programming에 관한 유익한 자료들이 얼마든지 널려있다. 이 글에서 '교회교육' 분야를 의도적으로 다루고 있지 않는 것과 마찬가지로, 꼭 이 사업계획 분야를 다뤄야 할 필요성을 느끼지 않는다. 더군다나 이 글은 '청소년사역의 새 지평을 향하여' 가는 데에 집중되고 있기 때

---

117 사역의 절대성 및 다양성에 관해서는 제1편 제3장 2. '사역의 의미와 성격' 참조

문이다.

 그러므로 여기에서 '청소년사역내용들의 발전적 전개'에 관한 방향과, 그리스도교회 공동체 사역프로그램에 관한 논의를 맺으려 한다. 여기까지 이끄시고 도우시며 이루신 하나님께 감사하면서, 이 글은 이제부터 '청소년사역의 방향'을 탐색하는 마지막 과정으로 들어가고자 한다. 청소년사역이 앞으로 '어떤 방향으로, 어떻게 전개되어야 할 것인가'를 밝히는 것이 이 글이 짊어진 마지막 소임일 것이기 때문에.

제3장 청소년사역은 어떤 방향으로, 어떻게 전개되어야 하는가

제1절 청소년사역은 어떤 방향으로 전개해야 하는가

1. 청소년사역 전개의 기본원칙과 방향
2. 청소년사역의 실천적 전개방향

제2절 청소년사역 목표의 구현과 활성화를 위한 과제는 무엇인가

1. 청소년, 청소년사역 바르게 이해하기
2. 청소년사역을 위한 정책적 배려와 지원
3. 청소년사역의 장애요인 극복 및 해결
4. 청소년 및 관련 역량들의 연대와 협력

제3장을 시작하면서

사역 행동의 기본원칙과 방향

청소년사역은 한 하나님, 한 성경에서 비롯된 성역이다. 그 '목적과 목표'도 성경 안에서 도출된 것이다. 그래서 청소년사역은 그리스도교회 공동체 사역의 목적과 목표를 공유하고 있다. 그런데 청소년사역의 목적과 목표를 구현하기 위한 '실행방법'은 여러 가지일 수 있다. 시대에 따라, 상황이나 여건에 따라, 사역의 대상이나 프로그램의 성격에 따라 등으로 청소년사역의 방법은 다양해지기 때문이다. 또한 같은 영역의 사역을 하더라도 사역을 전개하는 사람이나 접근방식에 따라 저마다의 특성(개성)이 나타나게 마련이다. 따라서 청소년사역에서 '단 한가지의 실행방법'이란 존재하기 어렵고, 꼭 그걸 고집할 필요도 없다. 사역의 방법이 다양하고 가변적인 것이 오히려 더 자연스럽고 당연한 것이다.

그러나 그렇다고 해서 사역을 사역자의 임기응변식 판단만으로 처리해버릴 수는 없다. 사역(성역)을 그렇게 마음대로 '해버려서는' 안 된다. 사역은 하나님과 함께하는 거룩한 역사(일)이기 때문이다. 따라서 오직, 사역자는 일마다 때마다 성령님께서 이끄시고 도우심에 따라 올바르게, 열심히, 충성하고 헌신해야 한다. 그리고 비록 접근방법은 다양할 수 있다고 할지라도, 그 행동의 기본원칙이나 방향은 주님 안에서 하나이어야 한다.

그렇다면, 지금까지 청소년사역의 '목적과 목표', 그리고 실천적 '영역'과 '내용'까지를 밝힌 이 글에서 이제 남은 작업은 '청소년사역의 새 지평'을 열기 위하여 '청소년사역을 어떤 방향으로, 어떻게 전개해야 할 것인가'에 관한 그 기본원칙이나 방향부터 탐색하는 일일 것이다.

이 글의 결론이요 사명선언으로서

이 작업은 이미 본문 내용 속의 여기저기에서 언급한 것들이지만, 이제 이 글을 마무리하고 강조하는 의미에서, 청소년사역 행동(전개)의 기본적인 원칙이나 방향을 정리하고자 한다. 이를 위하여 제1절에서는 청소년사역을 그리스도교회의 '공동체사역'으로 정착시키고, 방대한 청소년사역 영역과 내용들이 한 방향으로 효과적으로 전개되며, 청소년사역을 훼방하는 사악한 세력들의 음모를 차단하기 위하여, 청소년사역이 전개되는 모든 과정에서 지켜 나아가야 할 '행동의 기본원칙과 방향'을 확고부동하게 정립하는 데에 역점을 두고자 한다. 그리고 제2절에서는 청소년사역의 목표를 구현하고, 사역을 활성화하는 데에 필요한 '전략적 과제들'을 탐색하는 데에 중점을 두고, 이를 살펴보고자 한다. 특히 여기에서는 청소년사역에 '필요한 요소'들과 '장애(해)요소'들을 염두에 두고 '청소년사역이 확보(해결)해야 할 과제들'을 살펴보려고 한다. 이렇게 함으로써 이 글의 사실상의 '결론'이요, 청소년사역에 관한 하나의 '사명선언a mission statement'으로 삼고자 한다.

제1절 청소년사역은 어떤 방향으로 전개해야 하는가

여기에서는 청소년사역을 전개하는 모든 과정에서 항상 유념하고 준수해야 할 사역행동의 기본원칙을 '기본원칙과 방향', 그리고 '실천적 전개방향'으로 각각 나눠서 살펴보겠다.

1. 청소년사역 전개의 기본원칙과 방향

가. 하나님중심, 성경중심, 교회중심의 청소년사역

하나님중심

청소년사역은 반드시 하나님중심, 성경중심, 교회중심으로 전개되어야 한다. 여기에서 첫째, '하나님중심'의 사역이란, 청소년사역의 궁극적 이유와 목적이 '하나님께로부터 비롯된 일'이고, 하나님께서 친히 이를 주관하시는 '하나님의 일'이며, 이를 위하여 주님께서 세우신 교회와 친히 부르시고 세우신 일꾼들과, 하나님께서 친히 함께하시는 '하나님나라의 일'임을 믿고, 이를 사역의 모든 과정 속에서 행동으로 시인하고, 이를 관철하는 사역태도이다. 따라서 '하나님중심'의 사역은 결코 사람이 하나님을 앞질러 나아가지 않는다. 더군다나 하나님의 위치에 사람이 자리하지도 않는다. '하나님의 뜻'을 알고도 게으르거나 회피하지 않는다. 비록 사람의 지식과 경험으로 이해가 되지 않는 경우라고 할지라도, 그것이 하나님의 뜻이라면 어떤 경우든지 거역하지 않고 순종하며 봉사한다. 그리고 사역의 모든 열매는 '하나님의 영광'을 위하여 봉헌되는 것이 마땅한 줄로 안다. 이렇게 하는 것이 '하나님중심'의 사역 태도이다.

성경중심

둘째, '성경중심'이란, 청소년사역의 모든 목적과 목표, 그리고 그로부터 파생되는 모든 사역의 실천적 영역 및 내용들의 '유일한 원천과 근거'가 곧 성경이어야 하며, 사역행위의 모든 판단기준과 지침도 '성경에 의한 것, 성경에 합치되는 것'이어야 함을 말한다. 따라서 청소년사역에서 성경은 그 유일한 기초요, 최선 최상 최적의 판단을 위한 근거가 되어야 한다. '청소년사역을 향한 하나님의 뜻'도, 주 성령님의 역사하심 가운데, '성경을 통하여' 깨달아 알게 된다. 청소년사역의 당위성이나 정당성, 그리고 그 필요성이나 중요성들도 모두 '성경에 근거한 것'이어야 하고, '성경에 합치되는 것'이어야 한다.

성경은 사람의 지식이나 경험, 인간적 논리나 그 어떤 주장들을 앞세우는 데에 활용되는 '참고 서적' 중의 하나가 아니다. 사람이 저술한 자료가 아니라, 하나님의 감동으로 된 것(딤후3:16)이다. 그래서 성경은 하나님의 말씀을 받아쓴 것이고, 따라서 '사역의 유일한 원전原典'이다. 우리 주 예수님께서도 이 성경이 하나님의 말씀임을 입증하셨다. '하나님의 뜻'을 따라 이 땅에 오신 주 예수님은 "내가 율법이나 선지자를 폐하러 온 줄로 생각지 말라. 폐하러 온 것이 아니요, 완전하게 하려함이라. 진실로 너희에게 이르노니, 천지가 없어지기 전에는 율법의 일점일획도 결코 없어지지 아니하고 다 이루리라(마5:17-18)."고 말씀하셨다. 그리고 주님께서는 '그리스도 사역'의 모든 과정들 하나하나가 '하나님의 말씀'인 '성경을 응하게 하려 함(마26:54, 막14:49, 요13:18, 17:12)'에 있었음을 친히 밝히셨다. '성경을 응하게 하려함'이라는 말씀은 '하나님의 뜻과 말씀'을 이루기 위함과 같은 의미이다.

이렇게 그리스도 우리 주 예수님께서 성경이 하나님의 말씀임을 친히 사람 앞에서, 또한 하나님 앞에서(요17:12) 밝혀주심으로써, 성경의 절대적 권위에 대한 일체의 의심이나 논쟁의 여지를 깨끗이 없애버리셨다. 그러므로 '그리스도의 성역에 쓰임 받는 청소년사역과 그 일꾼들'이 하나님의 말씀인 성경을 중심으로 사역을 전개해야 하는 것은 당연하고도 옳은 길이다.

교회중심

셋째, '교회중심'이란, 청소년사역이 '하나님의 작업장'이며 그리스도께서 머리가 되시는, 즉 그의 몸인 '교회(엡1:23, 골1:18)를 중심으로 전개되는 사역'이어야 하고, 동시에 '교회(안)에서부터 교회 밖으로 나아가는 사역'이어야 하며, 그것은 '그리스도교회들의 공동체사역'이어야 할 것임을 의미한다. 따라서 청소년사역은 '사역의 주님'이신 아버지 '하나님의 뜻'과, 교회의 머리이신 우리 주 예수 '그리스도의 명령'을 받들어 주님 안에서 전개되어야 한다. 그리고 그리스도의 사역을 완성하기 위하여 이 땅에 '자기 피로 사신 교회(행20:28)', 즉 '그리스도교회'를 중심이요 토대로 삼아, 주님의 교회가 사역행위의 주체가 되어 사역을 전개해야 한다.

이와 함께 청소년사역은 주님의 교회 안에서는 물론이고, 교회 밖으로도 그 사역의 현장을 넓혀 나아가야 한다. 교회 안에서만 이루지는 청소년사역은 '반쪽사역'에 지나지 않는다. 청소년사역의 중심이요, 기지基地는 교회이지만, 그 실질적인 사역의 현장은 대부분 교회 울타리 밖에 있고, 바로 거기에 '청소년사역의 새 지평'이 열려있기 때문이다. 또한 교회중심의 청소년사역은 '그리스도교회들의 공동체사역'이어야 한다. 여기에는 교회들의 역량이 결집된 '공동체사역'이 필수적이다. 청소년사역은 어느 한 개인이나 개별교회의 노력만으로는 그 목표를 이루기가 거의 불가능한 일이기 때문이다.

언제나 한 몸처럼 하나님중심, 성경중심, 교회중심

넷째, 그리고 이 세 가지 중심, 하나님중심, 성경중심, 교회중심의 사역은 사역의 모든 과정에서 언제나 한 몸처럼, 유기체적으로 전개되어야 한다. 이 세 가지 '중심'은 사역의 모든 과정에서 항상 함께 유지되어야 한다. 어느 한 중심이라도 결여된다면, 그것은 원칙이 무너진 것이 되고 만다. 그러므로 이 세 가지 '중심'은 언제나 한 몸처럼 유기체적으로, 서로 분리되지 않고 어느 중심 하나라도 누락되거나 소홀하게 취급함이 없이, 사역의 기본원칙이요 방향으로 굳건히 서 있어야 한다.

이와 관련하여, '청소년사역의 실제가 과연 이 기본원칙과 방향을 따르고 있는가'에 대한 진지하고 심각한 자기성찰이 필요함을 잊지 말아야 한다. 특히 사역의 현장들에서 사역이라는 이름으로 펼쳐지고 있는 갖가지 프로그램들이 무슨 '행사나 흥행물'처럼 전개된다면, 무슨 '장식품이나 자기과시용'으로 운용된다면, 이는 '청소년사역의 걸림돌'이 되고 말 것이다. 이런 것들은 청소년사역에 커다란 폐해를 주게 되는 것이므로, 교회와 사역자들은 청소년사역의 현장들을 항상 유의해서 살펴볼 필요가 있다.

하나님중심, 성경중심, 교회중심이어야 할 이유들

청소년사역의 본질이 그 궁극인이신 하나님께로부터 비롯되었고, 사역의 근거가 성경에 기초한 것이며, 사역의 기지요 현장이 교회이며, 동시에 그 행위주체가 그리스도교회 공동체이기 때문에, 청소년사역이 하나님중심, 성경중심, 교회중심으로 전개되어야 할 것임은 위에서도 말하였다.

여기에 덧붙여서 청소년사역이 하나님중심, 성경중심, 교회중심으로 전개되어야 할 또 다른 이유들은 첫째, '청소년사역을 훼방하려는 사악한 세력들의 도전'이 끊임없이 계속되고 있기 때문이다. 청소년사역이 하나님중심, 성경중심, 교회중심으로 전개되어야 한다는 것은 온전히 신앙의 뿌리를 내린 분들에게는 당연한 것이다. 그래서 올바르게 믿는 많은 분들은 청소년사역이 그렇게 전개되고 있을 것으로 여길 터이지만, 실제로는 그렇지 않은 '도전과 함정'이 준동蠢動하고 있음을 잊지 말아야 한다.

지금 세계적으로, 그리고 한국 교회의 주변에는 노골적으로 하나님의 존재를 부정하고 주 예수 그리스도의 신성神性을 부정하며, 성경의 절대적 권위를 공공연히 부정하고, 그리스도교회 공동체의 존재의의와 그 역할기능을 부정하는 사이비, 이단, 적그리스도의 무리들이 얼마든지 있다. 그들은 매우 교묘하고 현학적이어서, 자칫 방심하다가는 그들의 논리에 자신도 모르게 빠져들기 쉽다. 그래서 얼결에 이들의 논리에 오염된 사람들은, 자신이 얼마나 위험한 말과 행동을 교회와 사역현장에서 하고 있는지 조차도 모르면서 사악하고 훼방하는 세력들의 앞잡이노릇을 자행하게 된다. '반식자우환半識者憂患'[118]이라고, 그런 소행들이 주님의 교회와 사역현장에 미치는 악영향은 거의 치명적일 수밖에 없다. 그리스도의 사역을 훼방하는 무리들은 자기들의 허점을 지적하고 그들의 정체를 드러내는 이들을 향하여 무차별적인 역공세를 펼친다. 하나님의 진리를 수호하려는 이들을 무너뜨리려고 온갖 수단을 다 동원한다. 그래서 성도님들 중에는 '차라리 이들을 모르는 체하는 것이 낫겠다'는 식으로 '식자우환識字憂患의 피해의식'을 갖게 됨으로써, 진리를 사수하는 대열에서 멀어지려는 경향도 없지 않다. "진리를 알지니 진리가 너희를 자유롭게 하리라(요8:32)."라는 말씀이 새삼스럽게 커다란 경종으로 들리는 상황이란 말이다.

이런 현상은 청소년사역 영역이라고 예외일 수는 없다. 더군다나 청소년을 포함한 청소년사역 관련자들에게 이런 세력들의 영향이 미친다고 하면, 그것은 교회의 오늘과 내일을 위협하는 심각한 결과를 가져올 것이 분명하다. 생각만 해도 아찔한 이런 상황들은 하나님중심, 성경중심, 교회중심의 원칙이

---

[118] 반식자우환(半識者憂患)은 반쯤 아는 것이 근심을 가져 옴을 뜻하는 데, 잘 알지도 못하는 '사람'(者)이 아는 체하다가 일을 그르치게 되는 경우에 쓰는 말이고, 식자우환(識字憂患)은 '글자'(字)를 아는 것(학식 있는 것)이 도리어 근심을 사게 된다는 말로써, 흔히 '아는 게 병'이라는 뜻으로 사용하기도 한다.

무너진 그곳에서부터 비롯된다. 그러므로 하나님중심, 성경중심, 교회중심의 원칙이 무너지면 사역도 변질되고, 마침내 사역은 무너지고 만다는 것을 명심해야 한다. 교회와 사역자들은 늘 경각심을 갖고 하나님중심, 성경중심, 교회중심의 원칙을 사수하기에 힘쓰고, 또 애써야 할 것이다.

둘째, 여기에 덧붙여서, 청소년사역 영역에서는 더러 상업주의적거나 대중문화적인 흐름에 편승한 듯한 '아슬아슬한' 사역의 행태들도 볼 수 있기 때문이다. 대체로 이러한 행태들은 '청소년들의 눈높이를 맞추기 위하여'라는 명분을 앞세우고 '청소년들의 반응'을 중요시한다. 어느 면에서 이러한 명분과 관점은 일리 있는 주장이기도 하고, 청소년사역에서는 이러한 점에 유의하고 반영하거나 중요시해야 할 필요도 있다. 그러나 과연 이러한 모습들이 '청소년의 인기에 영합'하기 위한 것인지, 아니면 '하나님중심, 성경중심, 교회중심의 원칙에 합치되는 것'인지를 언제나 진지하게 검토하고 분별해보아야 할 것이다. 원칙을 벗어난 그 어떤 사역도 온전한 사역일 수 없으며, 정도를 벗어난 사역은 결국 사역이라는 탈을 쓴 '밥벌이'이거나, 아니면 사악하고 훼방하는 세력들의 '사역교란행위'에 동조하는 것과 같은 것이기 때문이다.

목표지향, 행동지향적인 하나님중심, 성경중심, 교회중심

이와 관련하여 그리스도교회 공동체는, 그리고 청소년사역도, 소극적이고 교회 안에만 머물고 있는 태도를 과감히 벗어버려야 한다. 말로만 외치고 머릿속에만 맴돌고 있는 사역이 아니라, '믿음을 행동으로 보이는(약2:18)' '목표지향적이며 행동지향적인 하나님중심, 성경중심, 교회중심의 사역'이 시급히 확립되어야 한다.

사역은 '무엇이든 열심히만 하면 되는 것'이 핵심이 아니라, 그 열심으로 '하나님의 뜻'을 받들어 섬기는 데에 참 의미와 가치가 있다. "이더러 가라 하면 가고, 저더러 오라 하면 오고, 내 종더러 이것을 하라 하면 하나이다(마8:9)."라던 백부장의 진술처럼, 사역은 주님의 명령을 받들어 섬기는 것이다. 그러므로

주님의 명령이 사역의 목적이요, 목표가 되어 '이것을 하라' 하면 그것을 그대로 실행하는 목표지향적이며 행동지향적인 사역이 되어야 한다.

그런데 '하나님중심, 성경중심, 교회중심'이란 표현만으로는 자칫 교회 안에만 머물러있을 구실을 제공할 수도 있다. 가령, 교회에 모여서 하나님을 예배하고, 성경말씀을 읽고 배우며, 서로 교제하면서 사는 것은 참으로 복되고 아름다운 일이고 성경적인 모습이다. 그러나 이 '모여 있는 교회'만 유지된다면 그것은 정녕 '주님께서 원하시는 교회의 온전한 모습'이 아니다. 교회 안에만 오글오글 모여 앉아서 "주여, 우리가 여기 있는 것이 좋사오니(마17:4)"라고 하던 것과 같은 '그 소극적이고, 편하기 이를 데 없는 하나님중심, 성경중심, 교회중심'의 모습도 얼마든지 만들어낼 수 있을 터이니까.

'교회 밖으로 나가서 행하라'시면 나가고, '행동으로 보이라'하시면 행동하는 것이 참 예배, 참 사역이다. 주님께서는 '가서, 행하라'고, '흩어져 나가서 일하는 교회'가 되라고 거듭 명령하시고 당부하셨다. 그것이 주님의 '지상명령(마28:18-20)'이었다. 그런데도 교회 안에서만, 말로만 '주님의 뜻'을, '사역'을, '충성과 헌신'을 아무리 읊조린들 그것이 과연 참 사역이 되겠는가. 그렇게 해서 무슨 목표를 달성할 수 있겠으며, 그것을 '행함'이라고 말할 수 있겠는가. 주님께서 승천하실 때에 하늘을 쳐다보고 있던 제자들에게 "갈릴리 사람들아, 왜 여기 서서 하늘만 쳐다보고 있느냐(<현대>행1:10-11)."라고 한 그 음성이 오늘, '너 하나님의 사람들아, 어찌하여 교회 안에만 웅크리고 앉아서 하나님중심, 성경중심, 교회중심을 되뇌고만 있느냐'며, 더 큰 음성으로 다가오고 있는 것 아닌지.

목표지향적인 사역, 동시에 행동지향적인 사역이 하나님중심, 성경중심, 교회중심으로 이루어질 수 있도록, 사역태도를 철저히 내면화, 생활화, 체질화하기 위하여, 교회와 청소년사역자들은 너, 나 할 것 없이 부지런히 '묵은 땅을 기경起耕(호10:12)'해야 한다. 그래서 하나님 앞에 바로 서야 한다. 그래야 '이미 구원함을 얻은 자들의 삶' 또는 '그리스도의 성역에 쓰임 받는 일꾼들의 삶'

을 행동으로 보이는 참 예배자, 참 사역자의 모습을 '소명적 자아형성기'의 청소년들에게도 보여줄 수 있을 것이기 때문이다.

나. 예배행위다운 청소년사역

두렵고 떨림으로 거룩하게, 기쁘고 감사함으로 온전히

그리스도교회 공동체의 모든 사역은 곧 예배행위이다. 사람들이 자기 의지에 따라 일상적으로 살아가는 것과는 달리, 사역은 하나님의 뜻에 따라 하나님을 받들어 섬기는 행위, 즉 예배행위이다. 청소년사역도 예배행위답게 전개되어야 한다. 이것이 '청소년사역 전개의 두 번째 기본원칙과 방향'이다. 예배는 하나님의 부르심을 받아 주 하나님께 예배를 드리게 된 사람답게 '두렵고 떨림으로 거룩하게' 드려져야 한다. 그리고 예배는 하나님의 자비와 은혜와 은총을 입은 자들답게 '기쁘고 감사함으로 온전히' 주 하나님께 영광과 감사와 찬송을 올려드려야 한다.

하나님께 드리는 예배는, 예배를 드리는 그 시간과 처소에서만 드리는 것이 아니다. 우리를 지으시고 사랑하시는 하나님께서 기뻐 받으시는 참 예배는, 하나님께 우리의 '삶 전체를 드리는 예배'이다. 그것은 언제나, 어디서나 드리는 예배이다. 그리고 마음뿐만 아니라 '몸으로 드리는 살아있는 제사'가 참 예배이다. 청소년사역도 하나님의 부르심을 받아 주 하나님 앞에 선 일꾼들답게 '제사장처럼 두렵고 떨림으로 거룩하게, 그리스도의 성역에 쓰임 받게 된 일꾼의 그 기쁘고 감사함으로 온전히' 온 정성과 힘을 다하여 순종하고 봉사하여야 한다.

예배를 위해서는 예배자의 '갱신과 회복'이 항상 필요한 것처럼, 사역자들의 믿음과 삶이 거룩하고 온전히 갱신되고 회복되어야 한다. 청소년 관련 사역을 전개해야 하는 청소년사역자(청소년 사역자)들에게서 이 거룩함과 온전함에 이르기 위한 노력은 그 어느 사역 못지않게 중요한 과제이다. 특히 청소년사역이 교회 안에서 사역답게 정착하지 못하고, '곁도는 사역, 자투리사역, 장식품이거나 예행연습과 같은 어설픈 사역, 심지어는 하찮은 사역'으로 여겨지는 경향이 없지 않은 풍토 속에서 청소년사역을 그리스도교회 공동체 사역의 위치에 확고부동하게 정착시키기 위해서는, 그 무엇보다도 청소년사역을 예배행위답게 거룩하고 온전히 확립하기에 주력해야 한다. 만약 청소년사역프로그램이 무슨 일회성 행사나 흥행물처럼 여겨지게 된다면 사역은 시작해보기도 전에 이미 끝난 것이다. 청소년사역프로그램의 하나하나마다에서 거룩함이, 온전함이, 진지함과 헌신이, 땀과 눈물이 밴 기도의 향기가 하늘에 닿도록 갱신되고 회복되어야 한다. 그렇지 않으면 청소년사역은 '하나님께서 흠향歆饗(창 8:21, 레26:31)하시지 않는 예물이 되고 말 것이고 교회 안에서도 '쓸데없는 짓만 한다'는 비난을 면치 못할 것이다.

온몸으로, 행동으로 드리는 예배로서

이를 위하여 '예배(자)다움, 사역(자)다움'을 이루기 위한 내면화, 생활화, 체질화 노력은 끊임없이, 강도 높게 철저히 사역자들에게서 추구되어야 한다. 하나님을 부르기만 하는 사역(자)이기보다는, 하나님께서 늘 눈여겨보고 계시는 일(꾼)이어야 한다. 성경에 밑줄만 긋고 있는 것이 아니라, 말씀을 삶 속에서 구현하는 사역(자)가 되어야 한다. 교회 안에서 뿐만 아니라 영문 밖 저 세상 속에서 그리스도의 나라를 건설하는, 진정한 도전자요 개척자가 되도록 피와 땀과 눈물과 무릎으로 힘써 일해야 한다.

이와 아울러 '사역프로그램다움'을 이루기 위한 행동프로그램의 합목적화, 합리화, 효율화를 위한 노력도 진지하고 면밀하게 전개되어야 한다. 그래서 사역프로그램들이 양적으로나 질적으로 '성장'함은 물론, 사역자와 사역프로그램들이 모두 '성숙'하고 '성화聖化'된 모습으로 사역의 현장에 나타나야 한다. 그리고 그것은 '그리스도교회 공동체 사역의 실천적 목적'인 '사랑의 실천, 정의의 구현, 그리스도 사역의 지속과 완성'을 위한 목표지향적이고 행동지향적인 사역으로, 그런 온몸으로, 행동으로 드리는 예배로서 구체화되어 당당히 제 모습을 드러내야 한다.

청소년사역도 이와 마찬가지로 성장, 성숙, 성화를 위한 피나는 과정을 거쳐서 거듭나야 한다. 그래서 '청소년사역의 5대 목표'인 '모든 청소년의 복음화', '예배자다운 나의 형성: 소명적 자아정체성의 확보', '그리스도인 청소년의 제자화', '청소년 동역자들과 함께' '사랑과 정의의 작은 예수 구현'을 성취하려는 실천적 몸부림이 용솟음쳐야 한다. 그리고 이러한 실천적 몸부림이 사역의 모든 과정 속에서 하나님사랑, 이웃사랑, 교회사랑, 일꾼사랑, 영혼사랑이라는 구체적인 행동으로 나타나야 한다. 그래야 청소년사역은 '참 예배행위다운 참 사역'이 될 것이기 때문이다.

다. 그리스도의 사역방식을 본받아

사역의 주主시며, 사역의 온전한 완성자

청소년사역 전개의 세 번째 기본원칙과 방향은, 청소년사역이 그리스도의 사역방식을 본받아 이를 실행해야할 것이라는 점이다. 청소년사역의 목적과 목표, 그리고 그 실천적 영역들과 단위사역내용들은 모두가 다 주님으로부터 비롯되었고 주님 안에서 파생된 것들이므로, 이를 실행하기 위한 행동의 기본원칙과 방향도 '사역의 주님'이신 그리스도의 사역방식을 본받아 행하는 것이 마땅하다. 또한 그리스도 우리 주 예수님은 '사역의 온전한 완성자'[119]이셨으며, 청소년사역은 그 '그리스도의 성역에 쓰임 받는 사역'이므로, 그리스도의 사역방식이 청소년사역행동의 '표준이나 모범'이 되는 것은 옳고, 당연한 일이다.

더군다나 청소년사역은 다양한 인간적 방식, 세상적인 방식이 범람하는 저 바깥세상 속에서도 과업을 추진해야 하는 특성을 지닌 사역이다. 그래서 청소

---

119 '사역의 온전한 완성자'에 관하여는 제1편 제3장 제1절 사역이란 무엇인가 참조

년사역은 교회와 사회의 경계가 맞닿는 현장 속에서 자칫 잘못하면, 세상의 풍조를 본받아 하나님중심 성경중심 교회중심의 본령과 원칙을 벗어나서, 인간적이고 세상적인 방식으로 사역을 전개해버릴 수도 있는 '위험지역'에 놓여 있다. 청소년사역 속에서 자주 등장하는 성과주의, 물량위주, 명예욕에 사로잡힌 인기영합 등이 바로 그런 것들이다.

그래서 인간적, 세상적인 방식을 따라 가다보면 과정보다는 결과나 실적에 치중하는 경향들이 나타난다. 성실과 근면으로 열매를 얻으려 하기보다는, 요행이나 단숨에 성과를 올리려는 졸속함이 드러난다. 걸핏하면 기도보다는 물량부터 투입하려 하고, 질보다는 양을 중요시하여 아이들 머릿수나 헤아리는 물량위주의 경향이 나타난다. 헌신과 봉사보다는 사역을 자신의 영달榮達이나 출세의 기회요 수단으로 삼으려는 치졸한 모습을 드러내기도 한다. 그래서 사역인지 사람의 일인지 구별이 되지 않는 안타깝고 가증스런 모습들이 청소년사역의 주변에서 나타난다.

그러므로 청소년사역이 그리스도교회 공동체의 사역답게 전개되려면, 흔들리지 않고 오류를 범하지 아니 할 표준이나 모범, 즉 우리 주 예수 그리스도의 사역방식을 따라 행하는 것이 필요하다. 그리스도 우리 주 예수님께서는, '하나님의 뜻'을 이루어드리기 위하여 자기를 비워(<KJB>of no reputation), 종의 형체를 가지심(빌2:6-7)으로써, 사역자에게 최우선적으로 요구되는 절대순종과 자기희생의 모범을 보이셨다.

하나님의 독생성자이신 주님께서 사람의 아들로 세상에 오실 때, 그리스도는 성령으로 잉태되어 동정녀의 몸을 통하여 오심으로써(마1:18-23), '성령님으로부터 비롯된, 죄에 오염되지 않은 순수하고 순결한 사역자'의 표준이 되셨다. 또한 주님은 여관에 딸린 가축우리의 구유(여물통)에서 탄생하시기(눅2:1-7)까지 자기를 낮추심(빌2:8)으로써 사역자들이 찾아나서야 할 현장, 그 낮은 곳으로 임하셨고, 자신을 낮추실 대로 낮추신 겸손한 사역자의 모범을 보이셨다. 그리고 우리 주 예수님은 어린 시절부터 공생애사역을 시작하시기 전까지 신체적 성장, 정신적 성숙, 그리고 영적 성화의 모든 준비과정(눅 2:40,49,52, 3:21-22, 4:1-13)을 거치심으로써, 사역자의 철저한 준비성과 자기 연수의 모범을 보이셨다.

주님은 세례자 요한이 체포되어 감옥에 갇힌 상황 속에서, 공생애 사역을 갈릴리지방에서 시작하실 때 나사렛을 떠나 가버나움으로 가셨고, 거기서 맨 처음으로 "때가 찼고, 하나님의 나라가 가까이 왔으니, 회개하고, 복음을 믿으라(막1:15)."라고 하시며 '하나님나라'와 '복음'을 선포하셨다. 이는 '그리스도의 사역'의 궁극적인 목적과 목표가 성경에 기록된 말씀을 이루어(마4:14) '하나님의 뜻'을 이루어드리는 데에 있음을 분명히 하셨다. 오늘 우리의 사역도 목표지향적이며, 행동지향적인 사역이어야 할 것임을 행동으로 보여주신 것이다. 주님은 친히 가르치시며, 전파하시며, 고치심의 사역을 통하여 우리에게 '교육, 선교, 봉사'(마4:23-24, 막1:14-34, 눅4:14-44 등)라는 '사역의 모형'을 보이셨다.

그리고 주님은 '사람을 낚는 어부'로 쓸 제자들(마4:19, 10:1-8)을 부르시고, 그들 중에서 사도司徒를 불러 세우실 때에는 산에 오르셔서 밤이 새도록 하나님께 기도하셨고(눅6:12-16), 또 항상 기도에 힘쓰실 뿐만 아니라 기도를 강조하심으로써 기도로 준비하고, 기도로 추진하는 사역의 모범을 보이셨다. 또한 그 제자들과 함께하시며 늘 가르치기에 힘쓰심으로써 제자화교육의 모범과 공동체사역의 실체도 보여주셨다.

"여우도 굴이 있고, 공중의 새도 거처가 있으되, 인자는 머리 둘 곳이 없다(마8:20)."라고 하시던 주님은 청빈한 사역자의 본을 보이셨다. 또한 말씀을 들으러 여러 고을에서부터 와서, 들판에 모인 무리들을 불쌍히 여기셔서, 떡 다섯 개와 물고기 두 마리로 5천명을 먹이신 주님(마14:13-21)은 "남은 조각을 거두고, 버리는 것이 없게 하라(요6:12)."라고 당부하심으로써, 하나님께서 베푸신 은혜를 소중히 여김은 물론, 낭비함이 없는 절약, 절제된 사역의 중요성

도 가르치셨다.[120]

또 주 예수님은 잡수실 시간도 없으실 정도로 바삐 섬기는 사역(막6:31)을 강행하시면서도 "내가 무리를 불쌍히 여기노라. ……길에서 기진할까 하여 굶겨 보내지 못하겠노라."라고 하시고 4천명을 먹이셨다(마15:32-38). 그리고 수많은 병자를 고치시고, 귀신들린 사람들을 구하신 주님은, 높은 산에 올라가 제자들 앞에서 변형되셨다. 그렇게 그리스도의 영광을 드러내실 때 제자들이 '우리가 여기 있는 것이 좋사오니'하고 말씀드렸으나, 주님은 거기 머무시지 않으셨다. 오히려 산 아래로 내려 오셔서 귀신들려 간질로 고생하는 사람을 구하여주셨다(마17:1-18). 이렇게 우리 주 예수님은 긍휼을 베푸는 사역, '오늘, 여기' 삶의 현안을 돌아보는 사역, 현장중심의 사역의 중요성도 친히 행동으로 보여주셨다.

주 예수님은 주님이시며 또한 선생님이시면서도 친히 제자들의 발을 씻어주심으로써 섬기는 사역의 본을 보여주시고(요13:3-17), 이렇게 자기를 낮추신 주님은 마침내 죽기까지 복종하셨다. 곧 십자가에 죽으심으로써(빌2:8) '하나님의 뜻을 받들어 섬김(순종과 봉사)', 즉 사역의 극치인 '자기희생'의 모범을 보이셨다.

이러므로 하나님이 그를 지극히 높여 모든 이름 위에 뛰어난 이름을 주사 하늘에 있는 자들과 땅 아래에 있는 자들로 모든 무릎을 예수의 이름에 꿇게 하시고, 모든 입으로 예수 그리스도를 주라 시인하여 하나님께 영광을 돌리게 하심으로써(빌2:9-11), 주 예수님은 '사역의 온전한 완성자'의 표준이요 모범이 되셨다.

따라서 성경에 기록된 수많은 사역의 표준이나 모범의 사례들을 다 찾아 여기 옮겨오지 않았더라도, 위에서 간추려 살펴 본 내용들만으로도 그리스도

---

[120] 여기에서 '버리는 것이 없게 하라'는 말씀의 더 깊은 뜻은, 장차 많은 사람을 죄와 사망으로부터 구원하시기 위하여 대속의 제물로 내어주실 그리스도 예수님 자신의 몸, 즉 그 참 떡, 하나님의 떡, 생명의 떡(요6:32,33,35, 눅22:19)을 예표(豫表)하는 '떡'을 무리들에게 나눠주신 주 예수님께서, '하나님께서 베푸신 은혜는 사소한 것까지라도 소홀하게 여김이 없이 잘 받아 간직해야 할 것'을 강조하여 당부하신 데에 있을 것이다.

교회 공동체 사역과 청소년사역은 우리 주 예수 그리스도의 사역방식을 따라 행하는 것이 올바르고 마땅한 것임을 알 수 있기에 충분하다. 그러므로 청소년사역은 성경을 깊이 고찰하여 예수 그리스도의 사역방식을 열심히 찾아내고, 이를 사역에 적용하기에 더욱 힘써야 할 것이다.

라. 그리스도교회의 공동체사역으로

그리스도교회 공동체의 사역, 그리스도교회의 공동체사역으로

청소년사역이 추구해야 할 네 번째 기본원칙과 방향은, 청소년사역을 그리스도교회의 공동체사역으로 전개해야 할 것이라는 점이다. 이 말은, 청소년사역의 위상이나 수준이 '그리스도교회 공동체 사역의 하나'다운 그 본래의 모습이 확보되어야 할 것이라는 의미와, 그 사역의 추진모형推進模型이 '공동체사역' 형태이어야 한다는 필요성도 함께 강조하는 것이다.

먼저 '그리스도교회 공동체의 사역'으로 그 본래의 모습을 확보해야 한다는 말은, 사역이 사역다운 모습을 지녀야 한다는 것을 의미함은 물론이고, 본질적이고 의식적인 측면에서, 청소년사역에 대한 종래의 잘못된 인식, 편견과 선입관 등이 교회 안에서 청산되어야 할 것을 의미하고, 이와 함께 '청소년사역도 그리스도교회 공동체 사역의 하나'라는 올바르고 확고한 인식을 새롭게 확립하는 것이 요구된다는 뜻이다. 또한 사역의 추진모형이 '공동체사역' 형태이어야 한다는 말은, 전략적이고 기능적인 측면에서 청소년사역은 몇 사람의 사역자나 몇 가지 프로그램만으로 전개가 가능한 것이 아니라, 교회의 역량들이 결집되고 합력하여 '공동의 과업'으로 추진되어야 할 특성을 지닌 사역이므로, '공동체사역 형태'로 전개되어야 할 것임을 강조하는 것이기도 하다.

본래적 교회의 모습이 그러하기에

이러한 소견과 주장은 전혀 새로운 것이 아니다. 청소년사역의 중요성을 강조하기 위해서 억지로 만들어 낸 주장도 아니다. 이미 이 글에서 여러 차례 말한 바와 같이 그리스도교회의 사역이 지니는 본래의 모습이 그러한 것이기에, 사역을 '공동체사역'으로 전개해야 한다는 것은 어떤 논리 이전의 당위當爲이다. 그리스도교회의 사역이 곧 예배행위의 하나라면, 그 예배는 무엇보다도 '하나님께서 받으실 만한 진정한 의미에서의 예배(창4:4, 사58:6, 요4:23-24, 롬12:1)'이어야 한다. 그리고 하나님께서 받으실 만한 예배가 되도록 하기 위해서는 하나님께서 기뻐하시는 바대로 '예배(자)의 모습'을 갖추는 것이 필요하다. 예배(자)의 모습을 갖춘다는 것은 '하나님의 뜻에 합치되는 예배(자)다운 모습으로의 변화'가 있어야 하고, 예배(자)의 '갱신과 회복'이 요구된다.

이렇게 예배(자)의 모습을 온전히 갖추기 위한 갱신과 회복은, '그리스도 예수 안에서 거룩하여지고 성도라 부르심을 받은 자들', 즉 '하나님의 교회'(고전1:2)가 그 '본래적 모습의 교회'로 돌아가는 것과 같은 것이다. 여기에서 '본래적 모습의 교회'로 돌아간다 함은, '믿음의 공동체, 사랑의 공동체, 삶의 공동체'인 초기 그리스도교회의 그 '처음 모습'(행2:37-47, 4:23-37)을 지향하고, 그래서 많은 교회들이 잃어버린 그 '본래의 올바른 모습'을 되찾아 회복(환원)되는 것을 말한다. 그런 의미에서 '본래적 모습의 교회'로 돌아간다 함은, '새로운 교회'를 추구하는 것과도 같다.

왜냐하면 원래 '새롭다'라는 낱말은 처음과 같다, 곱고 신선하다, 낡은 것을 새롭게 한다는 의미를 지니고 있는 것처럼, '새로운 교회'라 함은 처음의 모습, 즉 처음 사랑, 처음 믿음, 처음의 그 열정으로 돌아가는 것이며, 교회가 세상 속에 있으되 세상에 물들지 않고 하나 되고, 거룩하고, 온전하며, 참신한 모습의 교회(요17:11-23)를 견고히 유지하는 것이요, 교회가 하나님의 뜻에 합치되는 교회답게 되기 위하여 과감히, 그리고 끊임없이 낡은 것을 새롭게 하려는 자기갱신과 원상회복을 추진하는 것을 의미하기 때문이다.

그런데 '본래적 모습의 교회'요 '새로운 교회'는, 하나님의 동역자들과 하나님의 밭이요 하나님의 집(고전3:9)인 성도들이 주님 안에서 그리스도의 몸이요 지체의 각 부분(고전12:27)으로 '한 몸'을 이룬, '공동체교회'를 말한다. 그리고 그 '공동체교회'는 '교회의 머리(엡1:22)'이신 주님의 뜻을 따라 '일하는 교회' 이다. 그리스도 우리 주 예수님께서 세상에 사람으로 오신 것은 아버지 하나님의 뜻을 받들어 섬기기 위하여, 즉 '일'하기 위함이셨다. 그리스도의 '사역'을 감당하시기 위하여 오신 것이고, 이를 위하여 '내 교회(마16:18)', 즉 그리스도 교회도 세우셨다. 그러므로 그리스도교회 공동체는 그리스도의 성역에 쓰임 받는 '일하는 공동체교회'이다. 이 '일하는 공동체교회'가 교회의 본래적 모습이요, 주님 안에서 주님의 뜻을 따라 새로워진 교회의 모습이다.

그리고 이 공동체교회가 공동체예배를 드리듯, 예배행위로서의 사역을 '공동체사역'으로 전개하는 것은 당연한 모습이다. 교회는 그리스도와 한 몸이요 그리스도와 함께 일하는 동역자이고, 그 일(사역)은 머리와 각 지체가 함께 일하듯이 공동체사역으로 전개되는 것이 당연하고도 자연스런 일, 즉 본래적 모습이기 때문이다. 그러므로 그리스도교회 공동체 사역의 하나인 청소년사역도 이와 마찬가지로 공동체사역으로 전개되어야 하는 것이 마땅하다.

일하는 공동체교회답게 하나 되어

그런데 특히 청소년사역은, 그 사역현장이 교회와 사회에 걸쳐서 널리 펼쳐져있고, 그 해결하고 성취해야 할 목표와 과제들이 실로 방대할 뿐만 아니라, 그 일들이 매우 복잡하고 까다롭게 얽혀있는 것들이 대부분이다. 그렇기 때문에 어느 개인이나 개별교회의 노력만으로는 청소년사역을 제대로 전개하기도 어렵고, 그 목표달성도 지극히 어려운 사역이 곧 청소년사역이다.

그래서 실제로 많은 청소년사역들이 교회 안팎에서 전개되고 있음에도 불구하고, 그 효과가 매우 미약하거나 몇 걸음 못가서 멈춰서고 마는 경우들이 많다. 그래서 하나님 아버지의 사랑이, 주 예수님의 복음이, 성령님의 경이로운 은혜가 '성도와 교회를 통하여 청소년사역의 현장에까지' 충분히 전달조차 되지도 못하고, 그래서 사역의 열매도 제대로 거두고 있지 못하다. 이러한 사태는 오늘 이 땅에 청소년사역의 효과를 나타낼만한 교회역량의 투입이 부족하거나 적절하지 못함을 보여주는 것이고, 한국 교회가 '교회적 사명'을 제대로 잘 감당하지 못하고 있다는 것을 반증하는 것이기도 하다.

그런데 만약에, 마땅히 공동체사역으로 전개되어야 할 청소년사역들이 '공동체적 결속과 협력'이 잘 이루어지지 않아서 사역이 원활하게 전개되지 못하는 것이라면, 그것은 '주님의 뜻을 벗어나 있는 상황'이므로 이만저만한 문제가 아니다. 어떤 이유에서인지는 잘 모르겠으나, 한 하나님, 한 성경말씀 아래에 있는 그리스도교회 공동체가, 교회들이나 사역자들 사이에서 개별교회와 개별교회, 교단과 교단, 교파와 교파들 사이에서 형제적 우애와 동역자적 결속과 협력이 잘 이루어지지 않는 안타까운 현실을 우리는 바라만 보고 있다. 그리스도인들끼리, 교회들끼리 서로 '하나 되어' 주 예수님의 이름으로 세상에 나가 섬길 때 비로소 세상은 예수님을 그리스도로 믿고 영접하게 될 터인데(요17:18-23), 이는 참으로 안타깝고 답답한 노릇이 아닐 수 없다. 바로 이 '하나 되어 세상에 나가서, 하나님의 사랑을 전하는 것'이 교회를 향한 주님의 뜻이요 명령이신데, 이에 역행하는 사태가 계속되고 있으니 더욱 더 그렇다. 그러기에 개인이나 교회들 사이에 쌓인 단절의 벽을 허물고, 함께 뜻과 힘을 모아 일하러 나서야 한다는 외침이 불가피한 상황이다. '화있을진저, 너희들 나뉘기를 식은 죽 먹듯 하는 자들아, 주님이 피 흘려 담을 허물어놓은 곳에(엡2:14) 너희는 더 높은 담을 쌓고 제 것 챙기기에만 몰두하는구나.'라고 외쳐야 할 지경이다.

그러므로 지금은 주 예수님께서 아버지 하나님께 간절히 소원하신 그 '공동체, 하나가 되게 하옵소서(요17:11,21)'를 이 시대, 이 땅에서 구현하는 것이 급선무 중의 급선무이다. 그리스도의 지체요 그리스도의 일꾼답게, 주님의 말씀(진리)를 중심으로 '한 몸이 되는 작업'부터 착수해야 한다. 그리하여 우리에게 주신 은혜대로 받은 은사를 따라(롬12:4-6), 서로 사랑하며 주님과 함께, 또한 교회들과 성도들이 함께 그리스도교회 공동체의 사역을 전개해야 한다.

그것이 우리를 향하신 하나님의 뜻을 받들어 섬기는 '진정한 의미의 사역'의 길이기 때문이다.

절실히 요망되는 공동체사역

더군다나 지금은 사악하고 훼방하는 세력들이 준동하고 있는 이 세상 속에 들어가서 청소년사역을 전개하려면, '하나의 사역공동체'로 반드시 결속되어 전열을 가다듬어야 한다. 또한 청소년사역프로그램들은 거의 전부가 혼자의 힘으로는 결코 감당할 수 없는 것들로 채워져 있다. 프로그램의 차원과 규모가 개인적 또는 개별교회적 능력의 한계를 뛰어넘는 것들이 대부분이다. 그것은 <표 19>의 단위사역내용들 그 하나하나를 음미해보면 곧바로 알 수 있는 바와 같이, 어느 것 하나 혼자의 힘으로 손쉽게 이룰만한 것들이 아니다.

그리고 경우에 따라서는 사회 속에 들어가서 '사회를 뒤바꿔놓아야' 할 때도 많다. 더러는 의식과 여론을, 더러는 법령과 제도까지도 바꿔야 하는 일들도 있다. 그런데 주님께서는 이 일들을 교회와 일꾼들에게 '가서, 행하라'고 명령하신다. 이 일(사역)은 하나님의 일, 하나님나라의 일이므로, 주 하나님 외에는 그 누구도 주님의 명령에 대하여 취사선택할 권리나 권한을 갖고 있지 않다. 하나님께서 그리스도교회 공동체에게 명령하신 것이므로, 너, 나 할 것 없이 모두가 함께 마음과 힘을 모아 실행해야 한다.

그러므로 사역은 하나님의 뜻을 받들어 섬기는 예배행위이며 공동체사역이 '일하는 교회'의 참 모습임을 진정으로 믿는다면, 그리고 청소년사역은 공동체사역 형태를 반드시 필요로 한다는 사실을 인지認知한다면, 더 이상 머뭇거리거나 딴전피우거나 거역의 길을 꾸역꾸역 가지 말고, 청소년사역이 하나님께서 보시기에 기뻐하실 만한 예물이 되도록 한시바삐, 제발 한시바삐, '교회들이 진리 안에서 하나 되어, 함께 일하는 공동체사역'을 구현하기에 착수하고 이룩해야 한다.

청소년사역만이라도 공동체사역 형태로

그런데 여기에서 '교회들이 하나 되어, 함께 일하는 공동체사역'이란, 궁극적으로 지상의 모든 그리스도교회들의 화합과 일치 속에서 이루어지는 '거룩한 공교회', 그 보편교회적普遍教會的인 그리스도교회 공동체의 사역을 말한다. 그러나 지금 지구촌의 교회들은 그렇지 못한 것이 우리의 아픈 현실이다. 그렇다고 우리는 거룩한 공교회의 분열 상태를 기정사실로 고착화시켜서도 안 되고, 모든 교회의 화합과 일치를 위한 노력을 포기하거나 방치해둬서도 안 된다. 그런데 안타깝게도 이런 수준의 화합과 일치는 곧 이루어질 것 같지 않다. 그리고 이를 기다리고만 있을 수는 없는 것이 '사역현실'이다. 청소년사역도 마찬가지다. 당장 눈앞에 펼쳐지는 상황들은 우리로 하여금 '가능한 교회들만이라도 속히 하나가 되어' 힘을 모아 공동체사역을 펼쳐나가야 할 필요성을 절감하게 한다. 청소년사역은 '여기, 오늘'을 사는 청소년과 관련된 '시급한 사역'이기 때문이다.

그러므로 여기에서 말하는 공동체사역 형태는, 아쉽지만 우선 '연대와 협력이 가능한 교회들 및 사역역량들에 의한 공동체사역'이다. 즉 개인 사역자들 또는 사역기구들, 그리고 개별교회들, 교단과 교파들이 연대와 협력을 통하여 '청소년사역만이라도 보편교회적인 공동체사역'으로 전개하는 형태이다. 이러한 공동체사역은 산적한 청소년사역목표들의 동시다발적인 추진, 청소년관련 대對사회적 문제들의 적극적이고 창의적인 해결, 사악하고 훼방하는 세력들의 음모와 도전에 대한 능동적이고 효과적인 대처 등을 위해서 필수적으로 요망되는 사역 형태이다. 특히 청소년사역 영역은 교회와 세상에 그 '현장'이 두루 펼쳐져있기 때문에, 개인이나 개별교회 수준만으로 그 소임을 다 감당하기에는 힘겨운 짐(부담)이다. 따라서 개인이나 개별교회의 노력도 필요하고 중요하지만, 보편교회적 공동체사역도 반드시 그 '실질적 체계'를 청소년사역만이라도 갖춰나가야 한다. 이런 의미와 필요성 때문에 이 글은 '청소년사역만이라도 공동체사역 형태로' 전개되어야 한다고 강조하고 있는 것이다.

부디 주님의 명령과 사역의 현실을 외면하지 말고

청소년사역을 위하여 교회들이 서로 연합하는 데에는 그리 큰 장벽이 없다. 다른 사역이라면 몰라도, 청소년사역에 무슨 교리敎理의 차이나 갈등이 있을 만한 것도 없다. 무슨 이익관계가 크게 걸려있는 것도 아니다. 제도적 절차나 조건이 까다로울 것도 없다. 교회를 떠나서 세상적으로 생각해봐도, '우리 아이들과 관련된 일'이다. '우리 아이들'이라면 무엇인들 못하랴 하면서, 팔 걷고 덤비지 않는가. 여기에는 여야與野도, 좌우左右도 없지 않은가. 그런데 하물며 '하나님의 일'에 하나님의 교회가 연합하지 못할 이유가 무엇인가. 마음을 서로 열어놓고, 주님의 뜻을 따라 행하기로 결단만 한다면 연대와 협력은 그리 어려울 일이 아니다. 적어도 청소년사역만큼은 그렇다. 연대, 협력하는 것이 오히려 서로에게 힘이 되고 유익한 일임을 이내 피부로 느낄 수 있는 그런 사역이다. 장사를 하는 이들이 서로 경쟁하지만, 상권商圈을 확보하기 위해서라면 일단 경쟁을 접어두고, 서로 연대와 결속을 강화하지 않던가.

그런데 왜 이 일이 청소년사역에서 불을 지피지 못하는 것일까. 아니, 누가 이 불을 지펴보기라도 했던가. 주님께서 그리도 간절히 바라시던 '하나 되는 것'이 왜 그리 어렵고, 더디고, 까다로울까. 서로 헐뜯고 다투고 나뉘면, 과연 누구와 손잡고 힘 모아 일하겠다는 것인가. 이런 상태로 뿔뿔이 흩어져있는 동안에 만약 우리의 청소년들이 어느 날 주님의 이끄시고 도우심에 따라, 이 교회 저 교단 청소년들이 모두의 뜻을 한데 모아 초교파적인 '하나의 청소년사역공동체'를 이루어낸다면, 이루어냈다고 가정해보면, 그때 어른들은 무슨 낯으로 청소년과 주님을 바라보게 될까. 당나귀에게 말을 하게 하시던(민 22:21-30) 주 하나님께서 참고 참으시다가 그리하시면 어쩌려고 이러고들 있는 것인가.

우선 개별교회 안에서 사역자와 사역자들이 연대하고 지역사회의 기구와 기구들이 협력하며, 교회와 교회가 연대하고 교단과 교파가 서로 교류하고 연대할 것이 요망된다. 또한 중앙과 지방이 연대하고, 사역의 성격과 수준에 따라 서로 연대하고, 기능과 역량들 간에 교류와 협력이 이루어져야 한다. 그래서 '그리스도교회의 공동체사역'으로 청소년사역은 시급히 '체질개선'이 이루어져야 한다. 이를 위하여, 주님 안에 있는 성도와 교회라면, 누구든지, '이 일은 내가(우리 교회가) 앞장서야 할 일이구나' 느껴지는 바로 그 순간, 그 성도, 그 교회부터 앞장서서 주님의 뜻을 받들어 섬겨야 한다. 그래야 청소년사역은 '전방위, 전지역에 걸친 전천후사역'이 가능해져서, 세상 속에서 주님의 뜻을 관철하는 '사환과 증인'(<개역> 행26:16)의 역할을 감당할 수 있게 될 것이기 때문이다.

2. 청소년사역의 실천적 전개방향

그리스도교회 공동체의 사역의 기본원칙과 방향들이 청소년사역에서도 예외 없이 그대로 적용되어야 할 것임을 위에서 살펴보았다. 이제 이 원칙과 방향을 준수하면서, 청소년사역은 다음과 같은 '실천적 전개방향'을 추구할 것이 요망되므로 그 내용들을 살펴보고자 한다.

가. 한 목적, 다양한 방법으로

청소년사역의 실천적 전개방향의 첫 번째는, '청소년사역의 새 지평'을 열기 위하여 청소년사역이 한 목적, 다양한 방법으로 전개되어야 할 것이라는 점이다.

공통되고 단일한 목적

청소년사역이 '한 목적을 향하여 전개되어야 한다'는 말은 하나의 목적, 공통의 목표를 지향해야 한다는 뜻이다. 이 하나의 목적, 공통의 목표는 곧 하나님의 영광을 위하여, 하나님의 뜻을 이루기 위하여, 그리스도 사역의 지속과 완성을 위하여 등과 같이 그리스도교회 공동체 사역의 공통되고 단일한 목적을 말한다. 무릇 이를 지향하는 사역이 그리스도교회 공동체의 참 사역이며, 청소년사역도 또한 그래야 한다.

그러므로 그리스도교회 공동체들은 청소년사역의 목적과 목표를 실질적으로 공유하기 위한 작업부터 착수해야 할 것이 요망된다. 목적과 목표가 공유되지 않으면 이는 곧 사역의 분열과 분리를 의미하는 것이나 마찬가지이므로, '청소년사역의 새 지평'을 한마음, 한뜻으로 바라보고 함께 지향해나가는 것이 우선적으로 추구되어야 한다. 사역이 만약에 이 공통되고 단일한 목적과 목표를 벗어난다면, 그것은 하나님의 뜻을 벗어나서 궤도를 벗어난 것이요, 변질된 것이다. 실제로 청소년사역이 이 목적과 목표를 벗어나서 인간중심적이고 세속적인 형태의 그 무엇인가를 추구하기 시작한다면, 그것은 사역이라는 탈을 쓴 위선이거나 속임수가 아니면 사리사욕을 채우기 위한 수단으로 반드시 전락하고 마는 것을 우리는 보아왔다.

이와 함께 우리는 자신도 모르게 목적과 목표를 벗어난 사역행동을 할 수도 있음에 유의해야 한다. 그래서 비록 그것이 '의도되지 않은 탈선'이라고 하더라도, 사역의 정도를 벗어나면, 이는 예외 없이 '하나님의 뜻'에 역행하는 것임을 명심해야 한다. 따라서 청소년사역은 더욱 더 경각심을 갖고, 공통되고 단일한 목적과 목표만을 지향하면서 순수한 마음가짐으로 '참 사역'에만 전심전력해야 한다.

조화와 균형을 이루시는 다양한 방법

다음으로, 청소년사역이 '다양한 방법으로 전개되어야 한다'는 말은, 청소년사역의 공통되고 단일한 목적과 목표를 달성하기 위하여, 다양한 접근방식이나 방법론들을 사역의 모든 차원, 모든 수준에서 유효적절하게 창의적으로 활용하기에 힘써야 할 것이라는 뜻이다.

그리스도교회 공동체의 사역은 '주 성령님께서 친히 함께 역사하시는 일'이므로, 여기에는 항상 모든 것이 합력하여 선을 이룰(롬8:28) 만한 수단과 방법들이 제공된다. 그것이 성경의 가르침이요, 우리의 확신이며, 또한 생생한 경험이다. 청소년사역의 경우에서도 목적과 목표는 공통되고 단일하지만, 그 접근방식이나 실천방법은 우리가 기도하고 탐색하기에 따라 주님 안에서 얼마든지 다양하게 얻을 수 있다. 뿐만 아니라 그리스도교회 공동체 사역의 역사 속에서 축적된 방대한 경험과 유익한 자료도 풍부하다. 그리고 청소년사역과 관련된 인접학문들 속에서도 그리스도인 형제자매들에 의해서 연구, 개발된 여러 가지 접근방식과 실천방법들을 참작할 수 있다.[121] 따라서 우리는 이 수단과 방법들을 찾기에 최선을 다하고, 확보된 수단과 방법들을 주님 안에서 창의적으로 활용하여 목적과 목표를 이루어나가기에 힘써야 한다.

사역의 다양한 수단과 방법들을 활용함에 있어서 우선 유의해야 할 것은, 확보된 이것들을 사역의 각 차원과 수준에 걸맞게 적용하는 일이다. 청소년사역은 '유형'과 '목표', '실천적 영역'과 '단위사역내용'으로 위계적 구조와 질서를 지니고 있고, 그것이 현장에서는 '사역프로그램'으로 나타나는 것이므로, 사역의 수단과 방법은 이 각각의 차원이나 수준에 따라 적절한 활용이 이루어져야 한다. 가령, 어른들이 활용하기에는 적절한 방법이라도 청소년이 활용하기에는 어울리지 않을 수도 있다. 교회 안에서는 유효한 방법이지만 교회 밖에서는 적절하지 못한 것도 있다. 교육훈련사역에는 어울리는 수단이지만, 현장사역에서는 적절하지 않을 수도 있다. 이와 같이 사역의 수단과 방법은, 각각의 경우를 따져서 그에 적절한 선택과 활용이 필요하다.

---

[121] 청소년사역과 관련된 인접학문 영역들 속에서, 그리스도인연구자들은, 큰 사명감과 높은 긍지를 가지고 기도하는 가운데 유익한 지식과 정보를 제공해주고 있고, 그것이 직간접적으로 교회의 사역에도 원용되어왔다. 그런데 이러한 인접학문들의 활용을 '세상학문'이라는 이유로 문제시하는 경향이 더러 있다. 그것은 성경의 참 뜻을 잘못 이해한 데에서 비롯된 것이거나, 이른바 '세상학문'에 대한 지나친 편견이나 몰이해 때문일 것이다. 사도 바울이 지적한 초기 그리스도교 당시의 문제점들인 '세상의 초등학문'이란, 유대인의 율법주의나 이방인들의 천체(天體)숭배, 우상숭배(갈4:3), 또한 성속일(聖俗日)을 구별하여 놓고 절기의 준수를 강요하던 유대주의자들의 왜곡된 신앙태도(갈4:9), 그리고 영지주의(靈知主義, Gnosticism) 철학(골2:8)과, 인간이 만든 금욕주의적 규정들(골2:20) 등을 말하는 것이지, 우리의 삶에 필요한 양질의 과학적 지식과 정보를 두고 말한 것이 아님을 직시해야 할 것이다.

다음으로 사역의 접근방식이나 실천방법들은 '창의적으로' 활용되어야 한다. '어디서 퍼온 것을 그대로 써먹는 식'은 이제 사역에서 추방되어야 한다. 새로 창안된 것은 아니더라도, 최소한 새롭게, 정성껏 창의적으로 다듬어진 수단과 방법이 현장에서 활용되어야 한다. 예배행위로서의 사역은 항상 하나님께 '새 것'을 봉헌하려는 자세로 전개되어야 할 것이기 때문이다.

그리고 이들의 활용은 반드시 '주님 안에서' 창의적으로 활용되어야 한다. 사람이 창안해낸 접근방식이나 방법론이 아무리 그럴싸하더라도, 성경말씀에 위배되는 것이라면 그것은 단호히 사역에서 제외되어야 한다. 인간의 창안물이나 이른바 '세상학문' 속에는 얼마든지 사악하고 훼방하는 세력들의 간교한 음모가 숨어있을 수 있기 때문에, 우리는 항상 경계를 소홀히 해서는 안 된다. 이와 함께, 사역의 상황이나 대상, 조건이나 수준이 바뀌었음에도 이에 아랑곳하지 않고 구태의연하게 동일한 방법을 반복해서 '써먹는', 그런 사명감 없고 게으른 태도는 버려야 한다. 사역이 영적 전투라면, 여기에는 투철한 도전정신과 필승의 의지가 반드시 수반되어야 하기 때문이다.

나. 균형 잡힌 '청소년을 위한, 청소년과 함께, 청소년에 의한'

어느 것 하나도 소홀히 할 수 없는 '3유형'들

청소년사역의 두 번째 실천적 전개방향은 사역유형들이 균형을 이루고 이 균형을 유지하는 데에 있다. 여기에서 '균형 잡힌 사역유형'이란, 청소년사역의 '3유형', 즉 '청소년을 위한 사역', '청소년과 함께하는 사역', 그리고 '청소년에 의한, 청소년의 사역'이 서로 균형을 이루고, 그 상태를 조화롭게 잘 유지하는 것을 말한다. 청소년사역의 이 세 가지 유형은, 청소년사역에서 차지하는 그 의의와 중요(필요)성 등에 비추어 볼 때 어느 것 하나도 소홀히 할 수 없는 사역의 모형들이다.

먼저, 청소년을 위한 사역은 청소년사역 유형들 중에서 가장 오랜 기간 동안 전개되어 온 사역으로서, '청소년사역의 거의 전부였다'고 말해도 틀리지 않을 만큼 큰 비중을 차지해왔다. 그리고 실제로 청소년사역은 '청소년을 위한 사역'에서부터 출발한다는 점에서도 그 중요성은 실로 막중하다.

다음으로, 청소년과 함께하는 사역은, 비록 현재로서는 그 전개 양상이 교회 안팎에서 활발하지 못하지만, 이런 유형의 사역이야말로 '청소년사역의 진일보한 모형'이고, 동시에 '사역효과의 증대가 기대되는 모형'이라는 점에서 그 발전적 전개가 기대되는 사역모형이다. 아울러서 이 유형은, '청소년사역의 새 지평'을 열어가는 첫 관문이라는 점에서 큰 관심을 갖고 사역프로그램의 개발에 박차를 가할 것이 요망된다.

마지막으로, 청소년에 의한, 청소년의 사역은, 아직껏 확실한 목소리로 주창된 바조차도 거의 없는 사역모형이지만, 하나님의 관점에서 그리고 성경말씀 속에서 청소년사역을 재음미하면 할수록 더욱 선명하게 부각되어 그 모습을 확연히 드러내는 사역모형이 바로 이 분야이다. 더군다나 젊은이들의 참여와 그들의 역할기능이 날로 증대되고 있는 이 시대에, 그리스도인 청소년에 의한 그들의 사역이 구현될 수만 있다면, '청소년사역의 새 지평'은 더욱 힘차게, 더 빠르고 더 드넓게 펼쳐질 것이 분명하다.

이와 같이 청소년사역의 세 가지 유형들은 어느 것 하나도 소홀히 할 수 없는 사역의 모형들로서, 이 유형들이 서로 조화와 균형을 이루어야 온전한 사역으로 그 모습을 드러내게 된다. 만약에 청소년을 위한 사역이 부실하게 되면 나머지 두 가지 유형의 사역도 덩달아 힘을 잃게 된다. 그러나 그렇다고 만약에 이 영역의 사역만이 강조되거나 여기에만 사역프로그램이 편중되면, 청소년사역은 지금까지 우리가 경험한 바와 같이 제자리걸음만 하게 되기 쉽다. 언제나 어른중심이고 '청소년을 대상으로만 삼는 사역'이 전개될 뿐이다. 그렇게 되면 '청소년사역의 새 지평'이 열리기를 바라기 어렵게 된다.

또한 만약에 청소년과 함께하는 사역이 살아나지 않으면, 청소년사역의 '발전적 국면'은 형성되지 못한다. 청소년일꾼들의 참여기회가, 참여를 통한 청소년일꾼들의 역량강화가 이뤄질 겨를이 없게 된다. 그렇게 되면 어른중심의 사역만이 되풀이되고, 어른들에 가려서 '청소년사역의 새 지평'은 보이지 않게 된다.

또 만약에 청소년에 의한, 청소년의 사역이 구현되지 않으면, '청소년사역의 획기적이고 발전적인 전개의 기회'를 잡지 못하게 된다. 이 마지막 때에, 이 할 일 많고 훼방과 도전이 극심한 상황 속에서 가장 효과적으로 청소년의 사역 현장에서 맞서 싸울 '다윗(삼상32:31-51)'을 세우지 못하게 된다. 그것은 '하나님의 뜻이 사람들에게 가려지는 모양새'가 되는 것과도 같다. 하나님의 일, 하나님나라의 일이 우리들의 불민不敏함 때문에, 어른들의 불찰 때문에 방해를 받는 결과를 낳는 것이나 다를 바 없게 된다.

그러므로 어느 것 하나도 소홀히 할 수 없는 세 유형들은 모두, 고루, 활발하게 살아나야 한다. 그리고 어느 것 하나에 편중, 편향됨이 없이, 이 사역모형들이 각각 제 모습을 확실히 갖춰나가야 한다.

그러나 실상은 뜻에 훨씬 미치지 못하고 있다. 청소년사역의 세 가지 유형 중에서 겨우 청소년을 위한 사역 하나만 가동되고 있을 뿐이다. 그것도 교육 관련 프로그램을 제외한다면, 별로 준비된 사역프로그램도 없이 '어설픈 사역'이 전개되기 일쑤다. 교육적 전문성마저도 확보되지 않은 사람들이 사역에 뛰어들어 섣부른 '교사'노릇을 한다. 청소년과 함께하는 사역은 이따금씩 시범적으로 또는 실험적으로 전개되는 경우가 있지만, 아직 그 모양새를 제대로 갖추지도 못하고, 더군다나 그 내실을 기대하기 어려운 상태에 있다. 청소년에 의한, 청소년의 사역은 '극히 예외적으로' 우리의 청소년들에 의해서 사역프로그램이 전개되는 경우가 있기는 하지만, 아직은 지속성이나 일관성이 없는 '몸부림'으로 끝나고 마는 안타까움이 있다.

다른 한편으로 청소년사역은, 이미 해오던 사역도 타성惰性에 젖어 있어서 그나마 제대로 추진되지 않고 지지부진하게 겨우 명맥만 유지하는 경우가 많다. 그래서 청소년사역은 그리스도교회 공동체 사역의 '부차적 수준'에 머물고 있는 상태이고, 심지어는 '교회가 할 일도 많은데 청소년사역 좀 천천히 하자'는 볼멘소리마저 생기고 있다. 거기에다가 성적위주의 입시경쟁에서 살아남기에 급급한 '교육적 분위기'에 청소년사역이 덩달아 휘말리는 경향마저 보이고 있고, 그래서 청소년사역, 특히 '교회학교 침체'의 이유를 '입시'(교육환경) 탓으로만 돌리는 이들도 많은 것을 볼 수 있다.

그런가 하면 이 안타깝고 갑갑한 정황 속에서 청소년사역의 당위성과 중요성, 필요성, 시급성을 외치는 사람들을 마치 무슨 다른 꿍꿍이속을 지닌 사람처럼 여기는 시선들도 없지 않다. 그리고 심지어는 청소년사역이 부진하건 말건 이를 방치하거나 또는 회피하려는 경향마저도 없지 않다.

청소년사역이 이런 상태에 있기 때문에, 그것이 오래전부터 실시되어 온 사역이면서도 소수의 중대형 교회나 특정한 교회들을 제외한다면 청소년사역은 겨우 명맥만을 유지할 뿐이다. 하나님께서 기뻐하실 만한 사역다운 모습은 드러내지 못하고 있는 것이, 숨길 수없는 청소년사역의 현실이다. 이것은 머잖은 장래에 닥칠 수도 있는 '그리스도교회의 위기'와 결코 무관하지 않은 상황이라는 점에서 우려되는 바가 크다. 오늘 한국 교회가 교회와 사회 속에서 일할 그리스도인 청소년일꾼을 세우는 일에 흡족한 진척을 보이지도 못하고, 또한 하나님의 일, 하나님의 일인 청소년사역이 활발히 전개되지도 못하고 있다는 것은, 결국 내일의 그리스도교회에 닥칠 수도 있는 위기를 담당하고 극복할 일꾼이 없게 된다는 상황과 직결된다.

청소년사역은 그러므로 '나중에 형편 보아가면서 천천히 해도 될 일'이 아니라, 지금 당장, 시급히 전면적인 '개보수작업'에 착수해야 한다. 그리고 이를 위하여 '청소년사역의 새 지평'을 활짝 열기 위한 세 가지 유형의 '정립작업'[122]에 너, 나 할 것 없이 힘과 정성을 기울여야 한다.

---

122 정립(鼎立)이란 세 사람 또는 세 세력이나 요소가 솥을 받치는 발(足)과 같이 서로 벌어서는 것을 말하는데, 여기에서는 청소년사역의 세 유형인 for, with, by & of youth가 서로 균형과 조화를 이루며 튼튼히 섬을 말한다.

'청소년사역의 새 지평'을 여는 열쇠

이를 위하여, 이 글의 <표 19> '청소년사역 내용의 통합적 분류와 체계화 일람'에서 밝힌 바와 같은 청소년사역의 목적과 목표, 그리고 그 실천적 영역들의 단위사역내용들을 구현하는 일에 그리스도교회 공동체의 역량을 결집시켜야 한다. 그리고 청소년사역은 지금까지 해오던 일, 특히 '청소년을 위한 사역'의 확장과 강화에 더욱 힘을 기울여야 한다. 이 사역유형이 제대로 확립되어야 나머지 두 가지 유형도 원활한 사역활동을 전개할 수 있는 힘을 받기 때문이다. 이와 함께, '청소년과 함께하는 사역'과, '청소년에 의한, 청소년의 사역'도 이를 구현하기 위한 기초를 튼튼히 닦고, 그 접근방식과 실천방법들을 연구, 개발하고, 이를 촉진하기에 주력해야 한다. 그래서 이 '3유형' 모두가 사역다운 제 모습을 지니고 굳건히 서서 각각의 역할기능을 온전히 감당할 수 있도록, '청소년사역의 기본 틀을 착실하게 정립'시키는 방향으로 청소년사역은 전개되어야 한다. 바로 이것이 '청소년사역의 새 지평'을 여는 '열쇠'이기 때문이다.

다. 실천적 영역들의 통합적 접근

전략적 측면에서 필요한 통합적 접근

청소년사역의 세 번째 실천적 전개방향은, 전략적 측면에서 '실천적 영역들의 통합적 접근'이 필요하다는 점이다. 실천적 영역들이란 <표 18> '유형, 목표의 상호관계에 따른 조합과 실천적 영역'에서 본 바와 같이, 그리스도인 문화사역을 비롯한 공동체기도사역과 사역화를 위한 준비사역, 그리고 예배사역, 교육(훈련)사역, 선교사역, 봉사(참여)사역, 교류협력사역, 그리고 청소년 섬기기 사역, 연수사역, 지원사역, 인간자원개발사역 등의 '12가지 영역들'을 말한다.

이들 실천적 영역들이 서로 합력하여 통합적으로 접근될 필요가 있는 이유는 첫째, 청소년사역의 대상이 되는 청소년 그 자체가 복합적인 특성을 지니고 있고, 둘째, 청소년사역도 '5대 목표'를 동시적으로 지향하고 있기 때문에, 그 접근방식도 통합적인 것이 보다 더 경제적이고 효과적일 수 있기 때문이다.

그런데 실천적 영역들은 저마다 특유의 전문성과 기능성을 갖고 있기 때문에 이들 영역들이 서로 함께 어우러져서 통합적으로 접근하는 것은 그리 쉬운 일이 아니다. 여기에는 전문성간의 의견차이나 기능성간의 불협화음 등이 발생하기 쉽다. 그래서 편리한대로 서로 저마다 독자적 사역을 전개하는 것이 일반적인 모습이다. 교육 따로, 선교 따로, 봉사 따로. 한 공동체, 한 청소년사역이 서로 나뉘고 서로 끊어진 채로 비효율과 낭비를 반복하게 된다. 이것은 청소년사역의 다양한 사역방식들이 하나의 연결고리처럼, 그물망처럼 체계적으로 엮어지고, 조화와 균형을 이루면서 전개되어 나가는 그런 사역의 바람직한 모습에 역행하는 것이다. 따라서 전략적 측면에서, 청소년사역의 실천적 영역들이 합리적, 경제적, 능률적, 체계적으로 '통합적 접근'이 가능하도록 그 실천방향을 재정향하는 것이 시급히 요망된다.

청소년사역과 교회교육의 융합 속에서

여기에 덧붙여서, 청소년사역은 교회교육과의 공존과 공조를 통하여 '융합적인 사역'을 전개할 필요가 있다. 청소년사역과 교회교육의 관계에 대하여는 제1편 제3장 제2절 2에서 살핀 바 있는데, 청소년사역과 교회교육의 공존과 공조를 통한 융합적인 사역의 전개는 현 시점에서 반드시 이루어져야할 선결 과제이다. 그것은 청소년사역이 아직 제자리를 찾지 못하고 있는 실정이고, 이러한 상황에 어떤 변동이 없는 한 교회교육은 청소년사역의 유일한 대안으로 여겨질 수밖에 없는 것이 현실[123]이기에 더욱 그렇다. 그러므로 교회교육에 대한 관심이 더욱 높아져야 하는 것은 당연한 귀결이다. 청소년사역이 제자리를

---

[123] 교회교육을 청소년사역의 유형에 따라 분류한다면 '청소년을 위한 사역'의 범주에 들어갈 수 있다. 그런데 현재 전개되고 있는 청소년사역의 양상은 '청소년을 위한 사역'이 거의 전부를 차지하고 있다. 그것도 교회교육이 '청소년사역의 교육(훈련)사역'에 해당하는 내용의 대부분을 담당하고 있는 실정이다. 따라서 '지금 상태에서 교회교육을 청소년사역의 유일한 대안으로 여길 수밖에 없다'는 말은 결코 과장된 표현이 아니다. 이것이 한국 청소년사역의 현실이다.

찾게 될 때까지는 교회교육만이라도 건재해야 할 테니까.

이런 관점에서 첫째, 교회교육의 지속적 강화 즉 교회교육이 전통적으로 담당해왔던 그 역할기능을 유지, 발전시켜나가는 것이 필요한 과제로 부각된다. 이 분야만이라도 차질 없이 잘 유지, 발전시켜나가면서, 다른 한편에서 청소년사역의 나머지 두 가지 유형('청소년과 함께, 청소년에 의한')이 제자리를 잡을 수 있도록 힘써나가야 할 것이기 때문이다.

둘째, 따라서 여기에는 교사의 역량강화 즉 교회교육관련 사역자들이나 교사들이 본연의 기능을 수행할 수 있도록 하기 위한 능력강화는 물론, '청소년사역을 개발, 추진할 역량까지도 함양할 수 있는 방안'이 적극적으로 모색될 필요가 있다. 교회교육과 관련사역자 그리고 교사는, 현재 상황으로서는 '청소년사역의 불씨를 살릴 불쏘시개'와 같은 매우 중요한 기능들이기 때문이다.

라. '청소년을 섬기는 사역'에 일차적 역점을 두고

청소년사역의 5대 목표를 이루기 위한 정지작업

청소년사역의 네 번째 실천적 전개방향은, '청소년섬기기 사역('청소년에 의한 청소년 섬기기 사역' 포함)'에 일차적인 역점을 두고 사역을 추진할 필요가 있다는 점이다. '청소년섬기기 사역'은 현장에서 펼쳐지는 청소년사역의 가장 첫 단계에 해당하기 때문이다.

앞의 <표 15> '실천적, 체계적으로 재조정한 청소년사역의 목표'에서와 같이, 청소년사역의 핵심목표는 '청소년: 그리스도의 성역에 쓰임 받는 일꾼'이고, 그 5대 목표는 모든 청소년의 복음화, 예배자다운 나의 형성: 소명적 자아정체성의 확보, 그리스도인 청소년의 제자화, 청소년 동역자들과 함께, 사랑과 정의의 '작은 예수' 구현에 있다. 그런데 '청소년섬기기 사역'은 바로 이 '핵심목표'와 '5대 목표'를 이루기 위하여 그 첫 삽을 뜨는 것과 같은 일, 즉 '묵은 땅을 기경(호10:12)'하여 텃밭을 일구는 일과 같다. 이 '청소년섬기기 사역'이 제대로 펼쳐져서 교회(사역자)와 일반청소년과의 사이에 원만한 관계가 형성되어야, 비로소 전하는 복음이 효과적으로 귀에 들어오게 될 것이고, 복음을 귀담아 듣고 믿어야 구원받아 주님 안에서 예배자다운 나의 형성, 즉 소명적 자아정체성이 확보될 것이며, 그 터전 위에서 그리스도인 청소년일꾼으로 제자화되어 청소년동역자들과 함께 일함으로써, 마침내 사랑과 정의를 실천하는 '작은 예수', 즉 '그리스도의 성역에 쓰임 받는 일꾼'으로 하나님 앞에 서게 될 것이기 때문이다. 이렇게 '청소년섬기기 사역'은 청소년사역 5대 목표의 첫 단계 사역인 '모든 청소년의 복음화'를 이루기 위한 정지작업整地作業과도 같은 것이기 때문에, '청소년섬기기'에 일차적인 역점을 둘 필요성이 강조되는 것이다.

'청소년섬기기'에 일차적인 역점을 둘 필요성이 강조되는 두 번째 이유는 청소년의 '여기, 오늘'이 너무나 중요하고 긴박하기 때문이다. 그것은, 이미 제1편 '청소년의 이해'에서도 말한 바와 같이, '일꾼'도 물론 중요하지만 일꾼 되기 이전에 '사람답게 살고, 사람답게 되는 것'이 하나님 앞에서 급선무이기 때문이다. 또한 청소년기라는 과도기요 형성기를 사는 청소년들이, 청소년답게 아름답고 복되게 사는 것도 중요한 일이기 때문이다. 그리고 오염되고 타락한 사회적 위기 속에 놓여있는 청소년을 보호하고 지원하는 일이 긴박한 실정이므로, 청소년사역이 개입하고, 지원하면서 청소년을 섬기는 것은 당연하고도 중요한 과업이기 때문이다.

'청소년섬기기'에 일차적인 역점을 둘 필요성이 강조되는 세 번째 이유는 '하나님의 일꾼 만들기'가 중요한 과업이기 때문이다. 청소년도 '참 자아실현', 즉 소명적 자아정체성을 형성하여 '그리스도의 성역에 쓰임 받는 일꾼'이 되고, 마침내 '그리스도의 형상' 즉 '사랑과 정의의 작은 예수를 구현'하기까지 '나'를 가꾸고, 세워나가기에 힘써야 할 사람이다. 이와 함께 '그리스도인 청소년의 사회화(그리스도인화)' 즉 그리스도교회 공동체의 한 지체요 일꾼으로서 '나'의 잠재력을 개발하고 강화해야 할 사람들이다. 그런데 청소년이 '참 자아실현'이나 '그리스도인사회화'되는 것은 자기 혼자의 노력만으로는 이루어지기 어렵다. 누군가 그를 섬겨줘야 한다. 그러므로 청소년을 하나님의 일꾼으로 세우기 위하여 여기에서 '청소년을 섬기는 사역'이 강조되는 것이다.

청소년에 의한 청소년섬기기 사역의 강화

그런데 여기에서 청소년섬기기 사역은 '청소년에 의한 청소년섬기기 사역'의 강화에도 힘써야 할 것임을 함께 강조해두고자 한다. 청소년섬기기 사역이 청소년에 의해서만 이루어지는 것은 아니지만, 여기에서 이를 특별히 강조하는 이유는 청소년은 그 누구보다도 같은 또래인 청소년과 가깝기 때문이다. 그래서 또래청소년과 가장 잘 어울리고, 속마음도 열어놓는다. 그것은 부모나 선생님이 따라가기 힘든 부분이다.

그래서 이 청소년섬기기 사역은 사역의 실현가능성 차원에서 볼 때 가장 현실적으로 접근이 가능하기 때문이다. 그리고 경험적으로나 사역의 효과성 차원에서 볼 때도, '청소년이 청소년을 섬기는 모형youth-to-youth scheme'의 성과가 그 어느 사역방식 못지않게 크기 때문이다. '청소년에 의한 청소년문제의 해결youth problem solving by youth themselves'이라는 모형은 이미 지구촌 곳곳에서 활발히 적용되고 있는 행동방식이고, 또 많은 효과도 얻고 있음은 널리 잘 알려진 사실이다. 그런데 하물며 하나님께서 일꾼으로 세우신 '청소년사역의 주체들인 그리스도인 청소년'의 재능을 묻어둬서야(마25:24-30) 되겠는가.

'청소년에 의한 청소년섬기기 사역'의 강화를 강조하는 또 다른 이유는, 그것이 '행동(체험)을 통한 학습'이라는 효과를 발생시키기 때문이다. 일을 해봄으로써 일을 배우고, 그래서 일꾼으로 성장해가는 효과가 있다는 말이다. 그러므로 '일을 통한 일꾼의 양성'방식은 사역의 실천적 영역 중에서 특히 '교육(훈련)사역'이나 '연수사역'의 효과를 동시에 얻을 수도 있다는 것과 같은 뜻이다. 그래서 '청소년에 의한 청소년섬기기 사역'을 통한 '예배자다운 나의 형성: 소명적 자아정체성의 확보'라든지, 사역을 통한 '그리스도인 청소년의 제자화'

와 같은 사역의 목표들을 단계적으로 성취해갈 수 있게 된다. 제자를 뜻하는 disciple과 훈련을 뜻하는 discipline은 한 뿌리에서 파생된 어휘들이다. 이 두 단어를 서로 연관지어보면, '제자는 훈련된 사람이어야 한다' 또는 '제자로 세우려면 훈련부터 시켜야 한다'는 뜻이 담긴 것으로 이해할 수도 있을 것 같다. 이는 청소년을 제자화하는 데에서도 마찬가지다. 청소년도 훈련되어야 일꾼으로 세울 수 있다. 훈련되게 하려면 그만한 훈련거리를 실제로 경험하게 해야 한다.

이와 마찬가지로, '청소년에 의한 청소년섬기기 사역'은 그리스도인 청소년들이 '청소년 동역자들과 함께' 일하는 과정을 통하여, 좋은 훈련기회도 갖게 해준다. 그래서 '청소년 사역자'로서의 힘을 기르고, 주체적 역량강화라는 효과도 얻는 것이다. 그리고 이렇게 청소년이 청소년섬기기에 참여하여 또래 청소년을 돕고 섬기는 과정 그 자체는 '청소년의 참여증진'이라는 효과도 함께 얻을 수 있게 해준다. 이 과정이 거듭되는 동안에 사역은 사역대로 진행되고, 청소년일꾼은 더욱 유능한 제자로 성장, 성숙, 성화되어 간다.

이렇게 되면, 그리스도인 청소년은, 그리스도교회 자체의 과업은 물론이고, 인권, 자유, 정의, 평화, 발전, 공존공영 등과 같은 '지구촌의 과제들'을 해결하는 일에도 능동적으로 참여할 역량을 함양하는 기회를 갖게 된다. 그리고 이 과정 속에서 청소년의 연대와 교류협력의 연결망을 확보해나갈 수도 있게 될 뿐만 아니라, 지구촌의 과제들을 해결하기 위한 Christian youth-leadership의 확보에도 도움을 주게 되는 것이다.

이와 같은 '청소년에 의한 청소년섬기기 사역' 과정들에 대하여 교회(어른)들의 적극적이고 적절한 '지원사역'이 첨가되기만 한다면, '청소년섬기기 사역'은 '교류협력사역'의 효과와 '인간자원개발사역'의 효과까지도 모두 함께 거두어드릴 수 있는 실천적 영역이 되는 것이다. 그래서 마침내 '하나님의 영광', '하나님나라의 확장'을 위하여 일하는 '사랑과 정의의 작은 예수 구현', 즉 '그리스도의 성역에 쓰임 받는 일꾼'으로 우뚝 서게 될 것이다.

그러므로 '청소년에 의한 청소년섬기기 사역'에 일차적 역점을 두고 이를 지원하기에 더욱 힘써 나가야 한다. '청소년에 의한 청소년섬기기 사역'은 '청소년에 의한, 청소년의 사역'의 핵심적인 사역영역으로서, '청소년사역의 새 지평'도 여기에서부터 비로소 활짝 열리기 시작하게 될 것이기 때문이다.

제2절 청소년사역 목표의 구현과 활성화를 위한 과제는 무엇인가
청소년사역에 필요한 요소들과 장해요소들을 염두에 두고

제1절에서 청소년사역 전개의 '기본원칙과 방향', 그리고 '실천적 전개방향'을 살펴보았으므로, 여기에서는 청소년사역의 목표를 구현하고 사역을 활성화하는 데에 필요한 '전략적 과제들'을 탐색하는 데에 중점을 두고 이를 살펴보고자 한다. 특히 여기에서는 청소년사역에 '필요한 요소'들과 '장해요소'들을 염두에 두고, 청소년사역이 반드시 확보해야 할 것들을 살펴보려고 한다.

1. 청소년, 청소년사역 바르게 이해하기

이 글의 끄트머리에 와서 이런 표현을 다시 한다는 것이 좀 새삼스럽고 어색하기까지 한데, 청소년사역이 그 목표를 구현하고 사역을 활성화하기 위해서는 첫째, 청소년과 청소년사역에 대한 올바른 이해가 필요하다. 사역의 대상이자 주체이기도 한 '청소년'에 대해서, 그리고 하나님의 일, 하나님나라의 일인 '청소년사역'에 대해서 올바른 이해가 없으면 온전한 청소년사역의 전개를 기대할 수 없음을 우리는 앞에서 줄곧 보아왔기 때문이다.

'청소년에 대한 이해'는 우선 '한 인간으로서의 청소년' 즉 인간으로서의 존엄성을 지닌 한 인격체요, 권리주체인 청소년을 바르게 이해하는 데에서부터 출발한다. 여기에는 청소년에 대한 어른들의 편견이나 선입관을 버리는 것도 중요한 과제이다. 다음으로 '청소년기'라는 매우 중요한 삶의 단계를 통과하고 있는 청소년을 바로 읽는 노력이 필요하다. 아울러 이 과도기過渡期요, 형성기形成期인 청소년기의 청소년을 잘 지도하고 지원하기 위한 노력도 필요하다. 또한 오염되고 비인간화된 현대사회의 여러 가지 병폐들 때문에 '위기에 처한 청소년'의 현실상황을 통찰하고, 청소년들이 겪는 갈등과 고충을 바로알기에 힘써야 한다. 그래서 청소년들이 느끼고, 겪고 있는 갖가지 문제들을 해결하기에 힘써야 한다. 그래야 청소년은 그들이 정당하게 인정받고 사랑받고 있다는 것을 알게 되어 청소년사역도 힘을 받게 될 수 있다.

또 다른 한편으로, 과학과 기술의 발달에 힘입어 한 마을처럼 좁아진 지구촌시대, 특히 정보화, 국제화, 세계화시대에 접어들어선 세계 속에서, '새 시대의 어엿한 일꾼'으로서 참여하고 활동할(하고 있는) 청소년들을 새로운 시각과 관심을 가지고 바라볼 필요가 있다. 그리고 이 청소년들과 함께 손잡고 일할 채비를 해야 한다. 그리고 그 무엇보다도 하나님의 관점에서, 성경 속에서 재해석되는 '하나님의 일꾼인 청소년'에 대한 확실한 이해와 신뢰가 확보되어야 한다. 청소년은 '그리스도교회 공동체의 인간자원'으로서, '그리스도의 성역에 쓰임 받는 일꾼'이며, '그리스도교회의 미래를 열어 갈 새 세대'임을 새롭게 인식하여야 한다. 청소년에 대한 이러한 이해와 신뢰가 없다면, 사역은 옛 모습을 그대로 지닐 수밖에 없다. 그러므로 청소년사역이 최우선적으로 확보해야 할 과업의 하나는 '청소년에 대한 바른 이해'에 있다.

'청소년 바르게 이해하기'와 함께 확보되어야 할 또 하나의 과제는 '청소년사역'을 바르게 이해하는 일이다. 청소년사역은 지금껏, 교회교육과 동일시되는 경우를 제외한다면, 거의 불모지처럼 방치되어 있었거나 이름만 달랑 달아놓은 모양새였다. 그러나 청소년사역은 엄연히 성경에 바탕을 둔 거룩한 목적과 목표를 지닌 그리스도교회 공동체 사역의 하나임을 바르게 이해해야 한다. 청소년사역은 하나님의 뜻을 받들어 섬기는 예배행위로서, 이는 하나님께서 함께하시는 하나님의 일, 하나님나라의 일임을 확인해야 한다.

따라서 청소년사역은 '해도 그만, 안 해도 그만'인 사역이 아니며, '여유 있을 때 천천히 해봄직한' 선택적 사역이 아니라, '필수적 사역'임을 확인해야 한다. 그것은 교회의 여러 주요사역들의 우선순위에도 끼지 못하는 '하찮은 사역'이거나 '부수적 사역'이 아니며, 사역의 '장식품'같은 것도 아님을 '뉘우치는 마음으로' 바르게 깨달아야 한다.

청소년사역에 대한 올바른 이해가 없거나 부족하면 청소년사역은 제대로 수행되지 못한다. '제대로 행동에 옮겨지지 않는 사역', 그것은 하나님의 뜻에 합치되지 않는 것이라는 점을 잊지 말아야 한다. 청소년과 청소년사역에 대한 올바른 이해는 교회의 어른들(교역자, 관련사역자)에게서부터 이루어져야 할 것 같다. 지도자의 인식과 태도는 성도와 사역에 미치는 영향이 지대한 것이므로, 교회의 어른들에게 '청소년(사역)관'만은 반드시 '오류 없이 온전히, 흔들림 없이 굳건히, 행동으로 표현될 만큼 착실히' 확립되어야 할 것이다. 다음으로 청소년의 부모 또는 보호자들이 청소년과 청소년사역을 올바르게 이해해야 한다. 교회교육의 현장에서만 보더라도, 부모(보호자)의 몰이해나 오해가 교회학교에 얼마나 큰 장해가 되는지 우리는 잘 알고 있다. 반면에 부모(보호자)의 이해와 협력이 사역에 얼마나 많은 보탬이 되는지도 경험하고 있다. 그렇다. 부모(보호자)의 이해와 협력은 청소년사역에서 '반드시 확보해야 할 요소'이다.

이와 함께 일반 학교의 교사, 일터 또는 복무현장의 관련 상급자, 지역사회의 어른들이 청소년과 청소년사역을 이해할 수만 있다면 얼마나 편리한 사역환경을 조성할 수 있겠는가. 따라서 이를 위하여 우리는 적어도 그리스도인 교사와 관련자와 어른들만이라도 청소년과 청소년사역을 바로 알도록 하는 일에 힘써야 한다.

마지막으로, 청소년들도 스스로 '청소년 사역자'의 시각과 관심을 가지고 청소년(사역)에 대해서 진지하게 배우고, 또 스스로 탐구할 필요가 있다. 그래서 청소년을 향하신 하나님의 뜻이 무엇인지를 청소년시절부터 바르게 깨닫고, 주님의 부르심 앞에 경건히 설 수 있어야 한다. 이 '부르심에 대한 청소년의 응답'이 구현되기만 한다면, '청소년에 의한, 청소년의 사역'은 바람 부는 날 끝없는 벌판에 질러진 들불처럼, 성령님의 바람을 타고 '청소년사역의 새 지평'을 훨훨 펼쳐나가게 될 것이다. 그러므로 이와 관련하여 청소년 스스로도 진지하게 탐색할 뿐만 아니라, 교회와 어른들이 우리의 청소년들을 부지런히 가르쳐야(신6:7) 할 것이다.

2. 청소년사역을 위한 정책적 배려와 지원

정책적 결단과 배려가 관건인 청소년사역

둘째, 청소년사역이 그 목표를 구현하고 사역을 활성화하기 위해서는, 교회가 청소년사역에 대하여 정책적 배려와 지원을 아끼지 말아야 한다. 청소년사역은 교회의 정책적 배려와 지원이 없으면 한 발짝도 나갈 수 없을 정도로 교회에 대한 의존도가 매우 높은 사역이라는 특성이 있다. 그것은 청소년사역이 아직 교회 안에서 제자리를 찾지 못하고 어설픈 상태에서 명맥을 유지하고 있는 것이 그 실태이기 때문이기도 하고, 사역의 성격이나 그 현장이 교회 밖으로까지 광범위하게 잇대어 있고, 사역의 효과도 투입에 비례하지 못할 뿐만 아니라 단기간에 그 효과가 나타나지도 않기 때문이다. 그래서 청소년사역프로그램의 시행가능성 여부는 '교회의 정책적 결단과 배려'에 달려있게 된다. 그러므로 청소년사역의 목적과 목표를 구현하고 사역을 활성화시키기 위해서는, 청소년사역과 관련된 모든 정책과정policy process들의 운용행태를 재정향[124]할 필요가 있다.

---

[124] 정책과정은 정책형성, 정책수행, 정책평가의 모든 과정을 말하는 것인데, 이 정책과정들의

실제로 청소년사역정책靑少年使役政策은 현장에서 청소년사역에 헌신하고 있는 관련사역자의 제안이나 요구가 있으면 그에 따라 교회의 정책적 결단이 그 뒤를 따르는 경우가 많다. 물론 그렇지 않은 교회들이나 사역관련기구들도 있지만, 청소년사역은 '요구에 따라 전개되는 것'이 지금까지의 대체적인 경향이다. 그러다보니 요구가 없으면 청소년사역정책도 없게 되고(no request, no policy), 정책이 없음으로써 청소년사역도 없게 되는(no policy, no action) 현상도 나타난다. 그것은 청소년사역에 관심이 있는 사역자가 일할 때는 청소년사역이 전개되는 듯하다가, 그 사역자가 없으면 사역이 시들해지고 마는 경우를 경험한 분들이라면 이를 쉽게 이해할 수 있을 것이다.

이러한 현상은 사역이 '사역관련자의 요구에 따라 반응'하게 된 데에서 비롯된다. 이것은 앞으로 관련사역의 요구에 응하지 말아야 할 것이라는 뜻이 아니다. 사역자에 의한 현장의 의견을 경청하고 그 요구를 존중하는 것은 매우 중요한 일이지만, 여기에서는 교회가 사역정책과정에 '주도적이고 능동적으로 개입'하지 않고 있음을 지적하고 있는 것이다. 청소년사역의 정책과정은 요구를 기다려서 반응하는 소극적인 운용행태로부터, 적극적이고 능동적으로 청소년사역의 계획-실시-평가의 모든 과정에 '교회가 주도적으로 개입하여 이를 책임성 있게 관장管掌해나가는 행태'로 시급히 전환되어야 할 것임을 강조하는 것이다.

이를 위해서는, 모든 정책과정이 '청소년사역은 하나님의 일, 하나님나라의 일'이라는 분명한 인식 아래에서 사람의 생각보다 '하나님중심'으로 이루어져야 한다. 그리고 하나님의 말씀 안에서 장기적이고 미래지향적이며, 거시적이고 포괄적인 통찰의 안목을 가지고 청소년사역에 접근해야 한다. 이와 함께 청소년사역정책은 매우 섬세하고 치밀하며, 체계적이고, 지속가능한 정책으로서의 면모를 갖추어 사역에 투입되어야 한다.

운용행태를 재정향(再定向)하자는 것은, 실제로 이 3과정을 운용하는 '정책관련자의 행태'(행동방식과 태도)와, '관련업무의 처리방식' 등을 바람직한 방향으로 새롭게 조정 또는 지향하자는 뜻이다.

정책적 배려에 포함시켜야 할 사항들

이러한 원칙적인 전제 아래서, 청소년사역에 대한 '교회의 정책적 배려에 반드시 포함시켜야 할 사항들'을 살펴보면, 그 첫째는 청소년사역을 '사역의 우선순위에 포함'시키는 배려가 각별히 요망된다. 청소년사역이 정책적으로 교회의 여러 사역들의 '상위 우선순위'에 포함되지 않는다면, 아무리 청소년사역의 당위성과 그 중요성, 필요성, 시급성을 외쳐본들, 그것은 메아리 없는 독백과도 같을 것이기 때문이다. 따라서 청소년사역을 이제 더 이상 '부수적 사역'이나 '자투리사역'으로 한 구석에 밀쳐두지 말고, '그리스도교회 공동체의 주요 사역'의 하나로 격상시키는 정책적 배려가 반드시 뒤따라야 한다.

둘째, 청소년사역의 효과가 불확실하거나 모호한 경우들에 대한 이해와, 그럼에도 불구하고 이를 일관성 있게 수용하고 지원하려는 정책적 배려가 요망된다. 이미 '청소년사역의 특성(제1편 제3장 제2절)'에서도 말한 바와 같이, 청소년사역은 '투입-산출'의 계측이 모호할 뿐만 아니라 그 투입효과도 미미할 수 있는 사역이다. 따라서 세상의 경영논리만으로는 사역의 타당성여부를 가늠하기 어려운 사역이 곧 청소년사역이다. 이러한 사역의 특성을 고려하여, 청소년사역에 대하여 주님 안에서 확신과 인내심을 가지고 일관성 있고 지속적으로 이를 수용하고 지원하는 정책적 배려가 반드시 있어야 한다. 실제로 청소년사역이 부진하거나 중도에 흐지부지되고 마는 현상들의 주요원인이 바로 여기에도 있기 때문이다.

셋째, 청소년사역의 '창조적 실험 요소'에 대하여 이를 긍정적, 적극적으로 포용하는 정책적 배려가 있어야 한다. 청소년사역은 결과보다 과정이 중요시되는 사역으로서, '과정 그 자체가 사역'이라는 특성도 있다. 그리고 청소년사역은 그 자체가 '창조적 실험'이라는 요소를 지니기 마련이다. 그래서 이 실험적 요소가 강한 청소년사역프로그램에 대하여 교회가 선뜻 정책적 결단을 내리기란 그리 쉬운 일이 아니다. 여기에는 정책적 포용력과 결단이 필요하다. 이 포용력과 결단은 '청소년을 향하신 하나님의 뜻을 따르는 순종'이어야 한다.

3. 청소년사역의 장애요인 극복 및 해결

청소년사역이 그 목표를 구현하고 사역을 활성화하기 위해서는 청소년사역을 전개하는 과정에서 만나게 될 '안팎의 장애요소', 즉 교회내적 장애 및 사회적 장애를 극복(해결)할 수 있도록 교회가 앞장서려는 정책적 결단도 요망된다. 청소년사역은 교회 안에서는 물론, 가정과 사회 속에까지도 그 '사역현장'이 펼쳐진다. 그래서 이 드넓은 현장 속에서 사역이 숱한 장애에 부딪치게 될 수도 있고, 그 장애의 범위도 넓게 자리하게 된다. 이때, 관련사역자만의 힘-'청소년에 의한, 청소년의 사역'일 경우는 청소년 사역자만의 힘-으로 이 장애를 극복하기란 거의 불가능에 가깝다. 따라서 이 장애들을 극복(해결)하는 일에 교회가 앞장서려는 각오와 정책적 결단이 확실히 서야 한다.

여기에서 정책적 결단이라 함은, 어느 정책관련자의 개인적인 결단이나 한두 개별교회의 개별적 결단만을 말하는 것이 아니다. 그것은 '연대와 결속이 현실적으로 가능한 그리스도교회 공동체의, 공식적 합의에 의한, 정책적 결단'까지를 의미한다. 그래야 청소년사역의 일꾼들은 그리스도교회 공동체의 날개 아래에서 '새끼 독수리의 날갯짓(신32:11)'을 힘차게 할 수 있기 때문이다.

가. 청소년 참여기회의 확보

청소년 참여기회의 확보가 최대의 관건

여기에서 특별히 강조하고 온 힘을 다하여 역설하고자 하는 것은, 청소년사역이 그 목표를 구현하고 '청소년사역의 새 지평'을 열기 위해서는 '청소년의 사역참여기회를 확보'하는 것이 그 무엇보다도 필요하고 시급하다는 점이다. 청소년은 사역프로그램에 체계적으로 참여하여 사역의 효과를 높이는 것은 물론, '사역을 통하여 배우고 성장'하며, '사역을 통하여 일꾼으로 세워져야'하기 때문이다.

그런데 지금 청소년사역은 청소년이 사역프로그램에 참여할만한 기회와 시간적 여유가 거의 없다는 커다란 벽 앞에 서있다. 그렇잖아도 사역프로그램이 태부족한 상태이고, 체계적으로 학습할 만한 여건이 갖춰지지 못한 상황 속에서, 청소년에게 참여기회와 시간적 여유조차 주어지지 못하고 있다는 것은 이만저만한 장애가 아닐 수 없다. 아니, 이것은 장애라기보다는 그보다 훨씬 심각한 '학습과 성장의 위기'이다. 이것은 청소년사역의 위기요, 그리스도교회 공동체의 위기일 수도 있다. 그래서 이 글은 맨 첫머리에서 '하나님의 작업장'인 교회에서 '하나님의 일꾼인 청소년'이 감소하는 현상부터 떠올렸던 것이다.

돌이켜보면 청소년이 '참여기회'를 갖지 못하거나 시간적인 여유를 갖지 못하는 것은, 청소년 자신에게 어떤 문제가 있어서가 아니다. 그보다는 '사회제도적 장벽'과 '의식과 욕망의 장벽'이 가로막고 서있기 때문이다. 여기에서 '사회제도적 장벽'이란 성적위주의 입시제도와 그에 따른 치열한 경쟁 등을 두고 하는 말이다. 그리고 '의식과 욕망의 장벽'이란, 청소년자신과 부모와 학교(학원)와 교사 등이 '무슨 수를 써서라도 반드시 이겨야 한다'는 경쟁의식과, '합격 → 일류대학졸업 → 대기업취업' 등과 같은 영예를 획득하고자 하는 욕망 등을 말한다. 경쟁에서 이기려는 마음과 영예를 얻겠다는 욕망을 두고 왈가왈부할 필요를 여기에서는 느끼지 않는다. 다만, 이른바 '경쟁을 통한 상급학교 진학contest mobility'을 부추기는 교육정책과 그 제도들 때문에, 우리의 청소년들이 이 끔찍한 구렁텅이 속에서 승자가 되려고 자의반 타의반 악전고투를 하다 보니, 정작 자신의 참 모습을 가다듬고 청소년답게, 인간답게, 일꾼답게 살아야 할 기회를 가질 수 없게 된 그것을 '문제'요, '위기'라고 지적하는 것이다.

이러한 벽이 청소년의 앞을 가로 막고 있는 한, 청소년사역도 그 장벽 앞에 멈춰 설 수밖에 없다. 지금까지 교회학교를 중심으로 힘을 기울여 온 '청소년을 위한 사역'도 예외일 수 없다. 그리고 이제 '청소년사역의 새 지평'을 힘차게 열어나가야 할 '청소년과 함께하는 사역'이나 '청소년에 의한, 청소년의 사역'

도 결정적인 타격을 받아 새싹조차도 피워보지 못할 수 있다. 따라서 이 장벽을 허무는 일이 '청소년사역 최대의 관건'이므로, 청소년사역은 결코 이 장벽 앞에 멈춰 서지 말고 오히려 이 장벽을 허무는 일에 앞장서야 한다. 그래야 청소년이 살고, 청소년사역이 살아나며, 교회의 미래를 확보할 수 있다.

문제해결의 열쇠를 쥔 교회

그런데 이 벽은 개인적인 또는 개별교회의 수준만으로 깨쳐버리기에는 너무나 막강하고 거대한 장애물이다. 국가사회의 '정책과 제도'라는 것이 배경에 깔린 장벽이요, 사람의 '의식과 욕망'이 물불을 가리지 않고 억세게 작용하고 있는 장애이다. 그래서 이 장벽을 허물고 청소년의 사역참여기회를 확보하기 위해서는 '그리스도교회 공동체의 공식적 합의에 의한 정책적 결단'이 반드시 필요하다.

여기에서 '그리스도교회 공동체의 공식적 합의'란 몇몇 개개인의 대화 속에서 느끼는 '공감' 정도가 아니다. 그것은 '교회나 교단들을 대표하는 공식적인 회합에서 실천을 전제로, 의도적이고 집중적으로 논의된 결과로서 교회안팎에 표명된 공식적 합의'를 말한다. 그리고 '정책적 결단'이란, '선언적 의미'밖에 없는 형식적인 결단이어서는 안 된다. '주님 앞에 올려드리는 출사표'요, '세상을 향한 선전포고'와도 같은 것이어야 한다. 이 '합의와 결단'이 상대해야 할 '장벽'은 국가사회의 잘못된 정책과 제도를 건드려야 하는 문제가 포함될 수도 있고, '장애'를 가진 사람들의 의식을 바꾸고 그 바뀐 자리에 '새롭고 거룩한 야망'을 심어야 하는 대대적인 역사役事이기 때문이다.

따라서 주님께서 지상의 교회에게 주신 권능(마18:19-20)을 믿고 '문제해결의 열쇠를 쥔 것은 교회'라는 확신을 먼저 가져야 한다. 주님 안에서 그럴만한 역량과 경험과 대안이 이미 하나님의 교회에 주어져있다고 믿는 교회들부터 일어나 앞장서야 한다. 그런 '믿음과 결단들'을 우선 한곳에 결집시켜야 한다. 그리고 엘리야시대에 바알에게 굴종하지 않은 칠천 명을 남겨두셨던(왕상

19:18) 하나님께서는, 오늘날에도 이미 수많은 그리스도인일꾼들을 사회의 각 계각층에 배치시켜 놓으셨다. 아주 영향력 있는 일꾼, 유능하고 전문적인 일꾼들을 정계, 관계, 학계, 언론계 등에 이미 심어놓으셨다. 그러므로 이 '그리스도인 역량들'을 주님의 이름으로 속히, 한 곳에 불러 모아야(삿20:1, 삼상7:6) 한다. 그래서 학교교육정책과 제도의 문제, 학교교육현장의 문제는 물론, 성적 위주의 인물평가, 경쟁적 입시제도, 학력보다 학벌을 주요시하는 그릇된 사회 전반적인 기업(직장)풍토와 의식 등을 바로잡기 위한 대책마련에, 함께 기도하면서 지혜를 한데 모아야 한다. 그리고 주님의 병사들답게(빌2:25, 딤후2:3, 계17:14) 대오를 정비하고 나아가 총력을 기울여 이 장벽을 허물어야 한다. 이 장벽에 갇힌 청소년과 학부모를 해방시켜야 한다(수6:1-25). 그들이 '그리스도의 성역에 쓰임 받는 사역의 현장'으로 돌아와 함께 참여할 수 있게 구출해내야 한다.

나. 사역프로그램의 개발에도 주력해야

프로그램의 미비는 사역활성화의 교회내적 장애

둘째, 청소년사역이 그 목표를 구현하고 사역을 활성화하기 위해서는, 청소년의 사역참여기회 확보와 함께 사역프로그램(행동프로그램)의 체계적인 개발에도 주력해야 한다. 지금 우리는 사역프로그램이 태부족한 상태이고, 체계적으로 학습學習할만한 여건이 갖춰지지 못한 상황 속에 있기 때문이다. 가령 청소년들에게 사역프로그램에 참여할 '기회'가 주어졌다고 가정해보자. 그런데 정작 청소년에게 제공될 '사역프로그램'이 마련되지 않았거나 또는 빈약하고 허술하다면 청소년사역은 어찌 되겠는가. 그러면 청소년은 교회나 사역현장에서 떠나가고, 사역은 물거품처럼 이내 사라지고 만다. 그렇게 되면 '하나님의 뜻'이 사람(사역자)들 때문에 무산되는 것이나 마찬가지인 현상이 나타난다. 그러므로 참여기회 못지않게 이와 동시에 또는 이에 앞서서 마련되어야 할 것은, 청소년을 먹이고, 청소년이 참여할 사역프로그램의 개발이다.

그런데 지금 청소년사역의 행동프로그램은 교회교육프로그램을 제외한다면 거의 전무한 상태이다. 이것은 청소년사역의 활성화를 저해하는 '교회내적 장애'이다. 이 현실을 직시해야 하고, 이 상황을 큰 문제로 받아들여야 한다. 앞에서 청소년사역의 활성화를 저해하는 장벽 중에는 '교회내적 장애'와 '사회적 장애'가 있다고 말한 바 있다. 그런데 이 '사역(행동)프로그램의 부족' 현상은 교회내적인 장벽에 속한다. 따라서 이러한 프로그램 부족현상은 어디 밖을 향하여 그 책임을 전가해버릴 수 있는 일도 아니다. 바로 내 탓이요, 우리 교회의 탓일 뿐이다. 그것은 청소년사역과 사역프로그램에 대한 몰이해沒理解, 사역프로그램 관련(사역)자들의 방만함과 태만함, 타성에 젖은 절제되지 않은 프로그램의 모방 또는 반복 행태, 사역프로그램 개발에 대한 노력이나 지원의 부족(부재) 등에서 그 원인을 찾을 수 있다.

따라서 지금은 '충성되고 지혜 있는 종(마24:45-47, 25:20-21)이었어야 할 우리들' 자신에 대한 깊은 성찰과 각성이, 그리고 '악하고 게으른 종(마24:48-51, 25:24-30)처럼 마땅히 해야 할 일을 다 하지 않은 잘못들'에 대한 철저한 회개와 분발이 필요한 시간이다. 그러므로 지금부터라도 '사역화준비사역의 일환'으로, '사역(행동)프로그램 연구개발사역'에 그리스도교회 공동체가 앞장서서 체계적으로 이에 속히 착수해야 한다. 그리고 제대로 된 프로그램이 지속적으로 창출되도록 총력을 기울여 지원해야 한다. 그리고 필요하다면 '사역프로그램 공동연구개발기구'를 설립해서라도 이 과업을 수행하든지, 그렇지 않으면 기존의 관련기구들을 적극 활용하여 이들의 연구개발 작업을 지원하는 방안들도 검토해보아야 할 것이다. 이 글은 이러한 사역프로그램의 개발에 실질적인 도움을 드리기 위하여 앞에서 많은 지면을 할애하여 <표 19> '청소년사역 내용의 통합적 분류와 체계화 일람'을 도출, 제시하였다. 여기 <표 19>에서 체계적으로 제시된 사역유형별, 사역목표별, 실천적 영역별 단위사역내용들을 참조하면서, 실천적이고 실용적인 행동프로그램의 개발이 활발히 촉진되기를 기대해마지 않는다.

그리고 할 수 있는 대로 영역에 있어서는 다양하며, 내용의 질에 있어서는 알차며, 그 가짓수에 있어서는 많은 사역프로그램들을 반드시, 시급히 생산, 보유하는 한편 또 이를 사역의 모든 현장들에 보급하고 공유하는 일에도 온 힘을 다 기울여야 한다.

다. 청소년사역에 헌신할 일꾼의 확보

셋째, 청소년사역이 그 목표를 구현하고 사역을 활성화하기 위해서는, 청소년사역에 헌신할 일꾼(청소년사역자 또는 청소년 사역자)의 확보에도 주력해야 한다. 청소년에게 사역프로그램 참여기회가 주어지고 행동프로그램이 마련되어 있다고 하더라도, 정작 청소년사역에 헌신할 일꾼, 즉 '사람'이 확보되지 않으면 이런 조건들은 아무 소용이 없게 되기 때문이다.

청소년사역에는 '청소년을 위해서 일할 일꾼'과 '청소년과 함께 일할 일꾼', 그리고 '청소년들 스스로 함께 일할 일꾼'들이 고루 필요하다. 일(사역)은 일꾼들(사역자)가 하는 것이기 때문이다. 그리고 그 일꾼들은 '그리스도의 성역에 쓰임 받는 일꾼'으로 손색이 없는 '준비되고 헌신된 일꾼들'이어야 한다. 사역은 하나님께 드리는 예배행위이기 때문이다. 그러므로 이 일꾼들을 확보하는 것이 '사역목표의 구현과 사역의 활성화를 위한 핵심과제'로 남게 된다.

그런데 실제로 사역에 헌신할 일꾼을 확보한다는 것은 그리 쉬운 일이 아니다. 사회 속에서 급여를 지불하면서 고용하는 근로자도 제대로 자격조건을 갖춘 사람을 구하기란 그리 쉽지 않다. 그런데 '헌신적으로 봉사할 일꾼'을, 그것도 '교회 안에서' 확보해야하는 이 일은, 그러므로 참으로 어려운 과제이다. 그러나 걱정할 필요는 없다. 사역은 '하나님의 일, 하나님나라의 일'이기 때문에 "이는 힘으로 되지 아니하며, 능력으로 되지 아니하고, 오직 나의 영으로 되느니라(슥4:6)."고 말씀하신 하나님께서 손수 일꾼을 부르시고 채워주시기 때문이다. 그래서 우리 주 예수님께서도 "추수할 일꾼들을 보내주소서 하라(마 9:38)."고 먼저 하나님께 기도할 것을 당부하셨다. 그리고 주님께서는 "구하라, 찾으라, 문을 두드리라(마7:7-8)."고도 말씀하셨다. 이는, '일꾼을 확보하기 위해서, 교회는 교회 나름대로 마땅히 해야 할 노력을 다하라'고 명령하신 것으로 받아들일 수 있을 것이다.

일꾼의 확보를 위하여 교회가 해야 할 일은 청소년사역에 동참할 일꾼을 '발굴'하는 일이다. 교회 안에는 공동체예배에 참예하면서도 '그리스도의 일꾼'으로서는 별다른 역할이나 기능을 하지 않고 있는 사람들이 많다. 그런데 이런 사람들 속에는 그들의 숫자만큼, 또는 그보다 더 많은 '잠재력과 재능'들이 발굴의 손길을 기다리고 있다는 것을 잊지 말아야 한다. 하나님께서는 이들 각자에게도 하나님의 일에 투신하여 헌신할 재능을 이미 주셨기 때문이다. 그러므로 교회가 이들 가운데에서 일꾼을 발굴해내는 일이 우선 시급하다. 그래서 이들을 '행하도록 가르쳐서(<공동> 마28:20)', 청소년사역의 현장에도 배치할 것이 요망된다.

일꾼의 확보를 위하여 교회가 해야 할 일은 청소년사역에 기여할 일꾼을 '개발'하는 일이다. 여기에서 청소년사역에 기여할 일꾼을 개발하는 일이란 두 가지의 의미가 있다. 그 하나는 교회 안에서 '사역에 동참할 사람'을 발굴해 낸 다음에, 이들에게 잠재되어 있는 '일꾼으로서의 소양素養'을 개발하는 일을 말한다. 그러니까 이 일은, 위에서 말한 일꾼으로 발굴된 이들을 '행하도록 가르쳐서' 사역에 기여할 수 있게 하는 그런 단계를 말하는 것이 아니다. 이 작업은 우선, '일할 만하게 여겨지는 사람'이나 '일할 의향이 있는 사람(들)'을 발굴하고, 그리고 이 사람(들)이 지니고 있는 '일꾼으로서의 소양'이 어떤 것인지를 찾아내는 과정을 통하여, 교회는 그 발굴된 일꾼의 특성, 소질, 재능 등을 파악한다. 그러므로 이 작업은 교육, 훈련시키기는 일보다 한 단계 앞선 작업 과정이다. 또 다른 하나는, 청소년사역을 위해서는 과연 어떠어떠한 역할기능을 담당할 일꾼들이 필요한지 그 '역할이나 기능의 종류(분야)'들을 먼저 자세하게 찾아내는 일, 즉 '역할기능의 개발' 작업을 말한다. 그래야 일꾼을 양성할 '전문분야들'이 드러나게 될 것이기 때문이다.

그런데 이 두 가지 일들은 더러 일꾼을 개발, 양성하는 과정에서 생략되거나 무시되는 경향이 없지 않다. 그것은 크게 잘못된 것이다. 앞에서 말한 '소양개발'이 제대로 되지 않으면 자기 적성이나 재능에 맞지 않는 일을 하게 될 수도 있다. 그것은 하나님께서 주신 일꾼으로서의 소양을 발휘할 기회를 잃게 되는 것이나 마찬가지다. 또한 뒤에서 말한 역할기능개발이 제대로 되지 않으면, 사역의 현장에서 꼭 필요로 하는 그 역할기능을 습득할 수 없게 된다. 그렇게 되면, 현장에서 쓸모도 없는 엉뚱한 것을 가르치고 배우느라 시간과 재원만 소모할 뿐이고, 그래서 사역의 진행과정이 원만하지 못하고, 사역의 효과도 덩달아 감소된다.

그러므로 사역에 기여할 일꾼을 개발하기 위해서는 이 두 가지 과정을 반드시 거쳐야 한다는 점을 강조해두고 싶다. 이 두 가지 과정이 서로 제대로 어우러져야 비로소 교육, 훈련과 같은 '양성단계'로 접어들 수 있을 것이기 때문이다. 특히 역할기능의 개발 작업을 위해서는 이 글에서 체계적으로 제시한 사역유형별, 사역목표별, 실천적 영역별 단위사역내용들을 유심히 들여다보면, 청소년사역에 필요한 '실질적인 역할기능의 종류나 분야들'을 체계적으로 개발해낼 수 있을 것이다.

일꾼의 확보를 위하여 교회가 해야 할 일은 청소년사역에 기여할 일꾼을 '양성'하는 일이다. 여기에서 일꾼을 양성한다는 것은 발굴, 개발된 일꾼들을 각각 사역에 필요한 방향으로 교육, 훈련시켜서, 필요한 분야에 일꾼으로 세우는 과정process을 말한다. 이 과정은 청소년사역에서 '교육(훈련)사역'의 일환인데, 이 '교육(훈련)사역'은 사역에서 일반화된 과정이기 때문에 널리 알려진 일이고 흔한 일이지만, 이 일은 결코 쉬운 일이 아니다.

일꾼을 제대로 양성하려면, 여기에는 매우 다양한 교육, 훈련 과정course 들이 개설, 운영되어야 한다. 또한 많은 인력과 재정과 시설 등이 투입되어야 한다. 그래서 이렇게 양성하는 일이 너무나 힘들고 어렵기 때문에, 이를 감당할 만한 능력조차도 없는 개별교회들이 얼마든지 있다. 일꾼을 개발 양성하는 일을 개별교회가 자체로 감당하는 경우가 더러 있지만, 대체로 그리스도 교회 공동체의 공동사업 또는 협력사업 수준에서 이루어지는 것이 바람직하다고 여겨진다.

그런데, 청소년사역 영역에서는 이 일꾼의 개발과 양성사업이 거의 이루어지고 있지 않다는 데에 문제가 있다. 그나마 교회교육 분야에 헌신할 일꾼들을 위한 '교사양성(훈련)과정'은 더러 있지만, 이를 제외한다면 청소년사역자를 개발, 양성하기 위한 정규(정기)적 과정은 거의 찾아보기 어려운 실정이다.[125]

공동사업, 협력사업 수준에서 추진해야

따라서 청소년사역의 일꾼을 개발, 양성하는 일에 교회들이 새로운 관심과 적극적인 노력을 기울일 것이 시급히 요망되는 상황이다. 여기에는 그리스도 교회 공동체의 공동사업 또는 협력사업 수준에서 '체계적이고, 정규적인, 그리고 다양한' 청소년사역자 개발양성과정이 시급히 개설, 운영되어야 할 필요가 있다. 이 과업은 소수의 몇몇 교회에서 간헐적으로 전개하는 수준이나 규모로서는 그 목표를 달성하기 어려운 일이기 때문이다. 그것은 실로 방대한 자원과 오랜 시일을 요구하는 대역사大役事이기 때문이기도 하다. 동시에, 이 과업은 크고 작은 교회를 막론하고 어느 한 교회라도 소홀히 하거나 뒤로 미뤄서는 안 될, 한국 교회의 공통된 과업이기 때문이다.

그러나 이런 과정의 개설이 그리 쉽지도, 단시간에 이루어질 성질의 것도 아님을 우리는 잘 알고 있다. 따라서 여기에서는 청소년사역을 위한 일꾼(사역

---

[125] 한국 그리스도교 8대 교단의 대표적인 신학대학(교, 원)에 개설된 청소년사역 관련학과의 교과과정 내용을 조사해본 바로는, 교회교육과 관련된 것을 제외하면 청소년사역에 직, 간접적으로라도 관련된 과목은 거의 찾아보기 힘든 실정이었다. 이것은 청소년사역이 교회 안에서만, 그것도 교회교육에만 편중될 수밖에 없는 이유를 실증적으로 보여주는 사례의 하나라고 할 수 있다.

자)의 개발과 양성 작업은 전체 한국 교회가 참여하는 '공동체적 사역추진'이 필요하며, 이를 위한 '공동협력체계의 구축과 운용'이라는 커다란 과제가 한국 교회에 안겨져 있다는 사실을 강조해두자 한다.

일이 이렇게 이루어지기만 한다면야 얼마나 좋을까만, 과연 언제쯤에나 현실로 이루어질 것인가. 서글프고 안타깝고 갑갑한 마음을 숨길 수 없다. 그러나 그러면서도, 여기에서는 우선 지역사회 내에서 크고 작은 이웃 교회들끼리 교단(교파)을 초월하여 서로 힘을 모아 자체적으로 청소년사역자들을 양성하여 세우고, 또 사역자들을 필요에 따라 서로 '교류하고 협력하는 사역'만이라도 함께 펼쳐나갈 수는 없을까 묻고 싶다. 이웃 교회는 '적'이나 '경쟁상대'가 아니라, 주님께서 피 흘려 세우신 한 그리스도교회 공동체요, 한 형제자매인 '주님의 교회요, 성도들'이기 때문이다.

라. 사역에 필요한 여건과 수단의 확보

여건과 수단의 확보는 마지막 관건

넷째, 청소년사역이 그 목표를 구현하고 사역을 활성화하려면 사역에 필요한 여건과 수단을 확보해야 한다. 여기에서 '사역에 필요한 여건과 수단'이란, 넓은 의미에서 보면 사역에 필요한 여건과 수단의 '모든 것'일 수도 있다. 그렇게 본다면 이 글에서 지금까지 말해온 필요한 모든 것들이 여기에 포함될 것이지만, 여기에서는, 제한된 의미로서 '참여기회, 프로그램, 일꾼 등과 같은 수준에서 요구되는 것', 즉 시설 및 공간, 재정, 그리고 지원협력체계를 두고 하는 말이다. 청소년사역에서는 아무리 참여기회, 프로그램, 일꾼 등이 확보되더라도, 시설이나 공간, 재정, 그리고 지원협력체계가 확보되지 않으면, 사역은 그 자리에 멈춰서있을 수밖에 없기 때문이다. 청소년사역은 특히 사역의 대상이요 주체가 바로 '청소년'이라는 특수한 사역이기 때문에 더욱 그렇다. 이 '여건과 수단의 확보'라는 커다란 '마지막 관건(문빗장과 자물쇠)'이 청소년사역의 실행여부를 좌우하는 최종관문에 덩그렇게 매달려 앞을 가로막고 있는 것이다.

시설 및 공간: 본당을 허물겠다는 결단으로

청소년사역에서 필요로 하는 시설이나 공간은 프로그램의 '6W1H'를 소개하면서 말한 바와 같이, '프로그램이 행동으로 옮겨질 수 있는 3요소' 즉 '누가, 언제, 어디서'의 '어디서where'와 밀접히 관련되는, 매우 중요하고 필수적인 프로그램 요소이다. 따라서 청소년사역에서 시설과 공간은 '사람who'이나 '시기when'와 함께 '반드시 갖춰져야 할 조건'이다.

그런데 청소년사역에서 필요로 하는 이 시설이나 공간은 사역프로그램의 성격에 따라 퍽 다양하다. 그래서 다양하다 못해 복잡다단하다는 느낌마저 줄 정도다. 언제나 그런 것은 아니지만, 청소년사역의 행동프로그램 중에는 교회에서 예배드리거나 모임을 갖는 정도에서 그치지 않는 것들도 있다.

교회 안에 있는 시설이나 공간만으로는 사역프로그램을 다 수용하지 못할 경우도 있고, 교회 밖으로 나가서 해야 하는 프로그램도 있다. 어떤 때는 국제적 규모로 해외로까지 나가고, 나라 밖에서 일꾼들이 들어오기도 한다. 특수한 장치나 값비싼 장비, 그리고 이름조차 제대로 들어보지 못한 기자재가 동원되어야 효과가 나타나는 프로그램도 있어, 그 가짓수가 참으로 많고 비용도 많이 들어간다. 또 어떤 청소년사역프로그램 중에는 뛰고, 굴리고, 뒹굴어야 하는 경우도 많다. 주님을 믿지 않는 청소년들까지 불러 모아서 한 바탕 시끌벅적한 멍석을 펼치기도 한다.

그래서 프로그램에 사용한 장소의 뒷정리조차 제대로 되지 않아서 주일 대예배에 지장을 줄 때도 없지 않다. 이러다보니 청소년사역을 위한 시설이나 공간을 확보한다는 것은, 대단한 포용력과 인내심이 없다면 수용하기 어려울 지경이다. 그러나 그것이 다양한 청소년사역프로그램 중의 한 단면이고, 청소년사역만이 갖는 특수성이기도 하다.

그런데 이런 모습들이 이해가 안 되면, 시설이나 공간을 확보해줄 결단이 서지 않게 된다. 그리고 그런 결단과 배려가 없으면 청소년사역프로그램 가운데 상당히 많은 부분이 주저앉게 된다. 그렇게 되면 적어도 이 영역의 청소년사역들은 가라앉아버리고 만다. 실망한 청소년들 중에는 교회를 떠나는 청소년도 생겨난다. '청소년과 함께하시는 하나님의 일, 청소년을 통하여 이루시는 하나님의 일인 청소년사역'이 '사람의 이해부족'으로 실행조차 못해보고 물거품처럼 되고 만다.

물론, 청소년사역프로그램이라는 이유 때문에 무분별하게 아무 프로그램이나 받아들여놓아서는 안 될 것이다. 여기에는 각별한 관심과 주의가 필요하다. 그런데 만약에 주님 안에서 교회가 수용하고 권장할 만한 프로그램임에도 불구하고 '사람의 이해부족'이나 편견, 선입관 등이 프로그램을 좌절시키게 된다면, 이것은 참으로 서글프고 어처구니없는 노릇이 아닐 수 없다. 바로 이 대목에서, "진실로 너희에게 이르노니, 너희가 돌이켜 어린 아이들과 같이 되지 아니하면 결단코 천국에 들어가지 못하리라. ……또 누구든지 내 이름으로 이런 어린 아이 하나를 영접하면 곧 나를 영접함이니, 누구든지 나를 믿는 이 작은 자 중 하나를 실족하게 하면 차라리 연자 맷돌이 그 목에 달려서 깊은 바다에 빠뜨려지는 것이 나으니라. ……삼가 이 작은 자 중의 하나도 업신여기지 말라. 너희에게 말하노니, 그들의 천사들이 하늘에서 하늘에 계신 내 아버지의 얼굴을 항상 뵈옵느니라. ……이 작은 자 중의 하나라도 잃는 것은 하늘에 계신 너희 아버지의 뜻이 아니니라(마18:3-14)."는 말씀이 또 다시 문득 떠오르는 것은 무슨 까닭일까.

그러므로 여기에는 청소년사역 정책결정 관련자들의 깊은 '관심'과 함께 '결단'이 요구된다. 그 결단은 '본당을 허물어서라도 하나님의 일인 청소년사역을 살리겠다'는 '비움의 결단, 순종의 결단(빌2:5-8)' 바로 그것이다. 주님께서는 그런 용기 있는 결단(순종)을 흠향하시지 않을까. 그런 교회지도자를 더 높이 들어 쓰시지 않으실까. 그런 교회에 더 많은 것으로 채워주시고, 더 많은 일을 맡기시지 않으실까. 그래서 그런 지도자와 교회를 통하여 더 많은 영광을 우리 주 하나님께서 받게 되시지 않을까. '그렇게 하지 아니하실지라도(단3:18)', 우리는 주님의 뜻을 받들어 섬겨야 할 것 아니겠는가.

재정: 하나님의 뜻에 따라, 하나님의 일에 쓰여야

사역에는 재정財政이 필요하다. 예수님께서 제자들과 함께 '그리스도의 사역'을 감당하실 그 때에도 재정은 필요했다. 그래서 예수님을 따라 다니며 사역을 섬기던 여인들이 자신의 소유로 주님의 사역공동체를 도왔다(눅8:1-3). 그 재정(돈궤)을 맡았던 제자가 바로 예수님을 팔았던 배신자, 가룟 사람 유다(요12:6, 13:29)였다. 청소년사역도 다른 사역들과 마찬가지로 사역의 거의 모든 과정에서 재정이 필요하다. 그리고 청소년사역의 재정은 자비량自費糧(<개역> 고전9:7)으로 충당되기보다는, '교회가 지원해주어야 할 재정'이 대부분인 경우가 많다. 이것이 청소년사역에 소요되는 재정의 특성이다.

그런데 청소년사역에 투입되는 재정이 결코 만만치 않다. 그래서 어떤 때는 교회가 큰 부담을 느낄 정도이다. 특히 새로 개척하는 교회나 미자립교회는 엄두도 못 낼 많은 비용이 소요되기도 하는 것이 청소년사역이다. 그래서 재정적으로 취약한 교회들은 청소년사역에 대한 참 꿈vision을 지니고 있으면서도, 정작 한 발짝도 내딛지 못하는 안타까움이 있다.

더군다나 청소년사역에 투입되는 재정은 그 효과발생이 더디기 일쑤이고, 성과가 나타나더라도 미미한 경우가 많다. 그래서 경영적 관점에서만 '투입-산출'을 따져보면 '청소년사역에 계속해서 재정을 투입하는 것은 큰 무리가 따르게 되므로, 이를 재고해야 한다'는 진단이 나오게 마련이다. 청소년사역이 그리스도교회 공동체 사역의 우선순위에 포함되지 못하는 이유 중의 하나도 결국 여기에 있을 것이다. 그렇게 되면 청소년사역에 재정을 지원하려던 결단이 덩달아 흔들리게 되고, 재정지원이 삭감되거나 중단되기도 한다. 그러면 청소년사역도 약화되거나 중단된다.

그러나 '예배행위요, 하나님의 일인 사역'인 청소년사역에 투입되는 재정을 경영적 관점이나 인간적 판단에 따라 좌우해버리는 것은 잘못된 것이다. (물론 교회재정의 투입여부를 결정하는 실질적인 책임은 교회내의 관련정책결정자들에게 있다. 그러므로 재정투입과 관련하여 합목적적이고, 합리적이며, 경제성과 효과성 등을 고려하는 '경영자적 관점'은 그 어느 곳보다도 더 철저히 요구된다. 교회재정은 하나님의 창고(말3:10)를 관리하는 거룩하고 엄정한 임무이니까.) 사역에 필요한 재정투입의 판단기준은 '사역의 주님이신 하나님의 뜻에 합치되는 것'이어야 한다. 하나님의 뜻에 합치되는 일(사역)에, '하나님의 창고'를 관리하는 교회와 그 일꾼들이 충성되고 지혜롭게 필요한 것을 공급하는 것(마24:45-47)이 교회재정의 참 모습이다. 그러므로 결과(성과/효과)보다는 '과정을 더 중요시하시는 하나님의 뜻'에 따라 청소년사역의 모든 과정들이 원활히, 충실하게 전개될 수 있도록 적극적이고 지속적인 재정지원에 힘을 기울여야 할 것이다. 또 참 꿈vision은 있으되 재정이 열악하여 안타까워하는 다른 형제 교회들을 지원하는 일에도 힘을 기울여야 옳다.

적절한 예가 될지 모르겠지만, 가령 미전도종족the unreached을 위한 선교라든지, 선교금지 국가들을 포함하는 이른바 '창의적 접근지역'에서의 선교를 생각해보자. 그곳에서 사역의 효과가 나타날 때까지 걸리는 '기간'이 얼마나 길며, 그 '성과'라고 하는 것이 숫자적으로 얼마나 미미한지를 따져보자. 그 비용이 얼마이며, 현지선교사를 지원하거나 해외선교사를 파송한 교회가 안게 될 수도 있는 위험부담이 또 얼마나 큰 것인지를 생각해보자. 기간도 기약할 수 없고 성과도 장담할 수 없다. 무슨 위험이 닥칠지, 얼마나 많은 부담을 교회가 안게 되는지 알지 못한다. 앞으로 얼마를 더 투입해야 할지도 모른다. '그러나 그래도' 우리는 이것이 주님의 '지상명령'이기에, 그 명령에 따라 선교사를 파송하고, 지원(교회재정의 투입)을 계속한다.

청소년사역도 이와 꼭 마찬가지다. '그러나 그래도' 해야 한다. 주님의 뜻을 따라 성과보다는 과정을, 현재보다는 장래를 바라보면서, 믿음과 인내로써 이 일을 멈춰서는 안 된다. 사역현장에서 재정투입이 끊기면 청소년사역과 사역자가 제자리에 주저앉고, 하나님의 뜻도 거기서 멈춰서있게 되기 때문이다.

주 예수님께서는 '너희 중에 누가 아들이 떡을 달라 하는데 돌을 주며, 생선을 달라 하는데 뱀을 줄 사람이 있겠느냐'고 물으신다. 그렇다. 우리는 우리 자식들에게, 우리의 청소년들에게 좋은 것을 주려고 노력한다. 그래서 '기러기 아빠'노릇도 한다. 엄마도 궂은일 마다 않고 밖에 나가서 일한다. 청소년사역에도 함께하려고 시간을 쪼갠다. 그런데 하물며, 하나님께서 청소년사역현장에 더 좋은 것으로 주시려고 하나님의 창고를 열어라 하시는데 사람이 가로막고 선다면, 이것이 있을 수 있는 일이겠는가(마7:9-11). 그러므로 청소년사역에 필요한 재정을 확보하고 지원하는 일은 사람의 선택사항이 아니라, 하나님께서 교회에게 맡기신 의무임을 잊지 말고, 힘써 행해야 한다.

4. 청소년 및 관련역량들의 연대와 협력

청소년사역의 지원협력체계

청소년사역을 활성화하고 그 목표를 구현하기 위해서는 청소년사역을 지원, 협력할 '체계'가 확보되어야 한다. 이 '체계의 확보'가 워낙 중요한 현실적 과제이기에, 여기에서는 이 청소년사역의 지원협력체계를 따로 떼어서 설명하겠다.

청소년사역에서 지원과 협력을 원활하고 효과적으로 수행하기 위한 '체계의 확보'는 필수적인 과제이다. 여기에서 말하는 청소년사역의 지원협력체계란, 청소년사역에 필요한 것들을 종합적으로 파악하여, 이들을 준비하고 제공(전달/공급)하며, 사역의 모든 기능들이 원활하고 효과적으로 전개될 수 있도록 지원, 협력하는, '하나의 연경망連境網(network)'[126]을 말한다. 이 지원협력체

---

[126] 여기에서 말하는 연경망(連境網, network)이란, 일반적으로는 망상조직(網狀組織) 또는

계의 연경망은 작게는 한 사역단위나 한 개별교회 안에 형성되기도 하지만, 넓게는 지역사회 속의 교회들끼리, 교단(교파)들이, 그리고 국가적인 단위들이 모인 지역차원에서, 온 지구촌의 그리스도교회 공동체가 주님 안에서 형성할 수 있는 연경망이다.

이 지원협력체계의 연경망을 구성하는 모든 역할기능들이 제 기능을 잘 감당하고 서로 원만한 협력이 이루어지면 청소년사역은 순조롭게 전개될 수 있고, 그것이 그리스도교회 공동체 사역의 열매가 되어 주님께 봉헌될 것이다. 그러나 어느 한 부분이라도 부실하면 어디에선가부터 제동이 걸리기 시작하고, 그것이 확산되고 심화되어 결과적으로는 원활하고 효과적인 사역추진을 기대하기 어렵게 만드는 지경에 이른다. 사역현장에서 이 지원협력체계가 사역의 실질적인 지원기능을 완벽하게 다 해내야 비로소 사역이 온전히 추진될 수 있기 때문에, '청소년사역의 필수불가결한 실천적 조건'이 되는 것이다. 그래서 청소년사역은 그 '실천적 영역'으로 '지원사역'과 '교류협력사역'을 '사역의 12대 영역' 속에 포함하여 그 필요성과 중요성을 강조하고 있는 것이다.

하나의 유기체적 연결망을 통하여

청소년사역의 지원협력체계는 첫째, 교회와 교회들(교단과 교단)의 연대와 협력을 위한 체계가 형성되어야 한다. 청소년사역은 국가정책이나 사회 속의 시민의식을 바꿔야 할 만큼 커다랗고 광범위한 문제들을 포함하고 있기 때문에, 그리스도교회 공동체의 힘이 총집결될 필요가 있는 사역이다. 따라서 '그리스도교회 공동체의 상위지도체계上位指導體系'들 상호간의 '수평적 연대와

네트워크 등으로 쓰이는 낱말이다. 이 용어는 필자의 논문 '한국청소년정책과 그 제도에 관한 연구'(1980)에서 처음 사용한 것인데, 이 글에서도 특별히 사용하는 이 '연경망'은 사역의 모든 역할기능들이 서로 연결되어 협력할 수 있도록, 하나의 망(網, net)처럼 엮이어져서, 유기체적인 상호작용을 이루는 체계(system)를 말한다. '연경'(連境, 경계가 맞닿아 서로 이어짐)이라는 새로운 어휘를 쓰는 이유는, 각각의 역할기능이 제 기능을 독자적으로 수행하면서도 다른 역할기능들과 서로 빈틈없이 연결되어 협력하되, 이 경우 다른 역할기능들의 고유영역을 침해하거나 서로 중첩됨이 없이 그 경계(境界, boundary)를 지켜나감으로써, 경제적이고 효과적인 협력체계를 이루시는 것이 바람직하다는 점을 특히 강조하기 위함이다.

협력'은 가장 먼저, 그리고 가장 확실하게 형성되어야 할 과제이다.

당연히 하나님의 말씀에 따라 이 상위지도체계들의 연대와 협력체계가 확립되어 있어야 할 것인데, 여기에서 그 필요성과 중요성이 언급되고 있다는 것 자체가 이상하다. 그 이유가 어디에 있는지, 여기에서는 그런 부분까지 논의할 겨를이 없다. 다만, 청소년사역이 하나님의 뜻을 따라 세상 속에서 힘차게 전개되려면, 이 상위지도체계들의 실질적, 실천적 연대와 협력은 반드시, 그리고 시급히 이뤄져야 한다는 점만을 거듭 강조해둔다.

둘째, 이 상위지도체계와 그 산하의 개별교회, 기구 및 기능들 상호간에도 수직적인 '지원협력체계'가 형성되고, 가동되어야 비로소 청소년사역이 힘차게 전개될 수 있다. 즉 상위지도체계의 정책적 요소와 개별교회를 비롯한 산하 기구 및 기능들의 실천적 요소가 제대로 연결되어야 '하나의 추진력'을 형성하게 될 것이기 때문이다. 이와 아울러 개별교회들끼리, 특히 이웃한 교회들끼리의 공동체적 협력사역은 현시점에서 가장 손쉽게, 가장 빨리, 가장 효과적으로 열매를 맺을 수 있는 실천과제이기에, 이를 위한 연대와 협력이 시급히 요망된다.

셋째, 교회와, 가정 학교 지역사회 등의 '기능적 협력'이 이루어져야 청소년사역은 현장기능이 활성화 될 수 있다. 하나님께서는 청소년을 교회에만 맡겨 놓으신 것이 아니다. 가정의 부모와 가족들에게, 학교의 교사에게, 일터와 지역사회의 어른들에게도 청소년들을 돌보도록 맡기셨다. 그러므로 청소년사역도 '맡은 이'들이 서로 제 역할기능을 다 나누어 감당하도록 '하나의 연결망'을 확립하는 것이 바람직하다. 이러한 '기능적 연대와 협력'이야 말로 청소년에게 가장 가까이 다가가는 기능인 것이다. 그러니까 '현장기능'이다. 이 현장기능들이 서로 연대와 협력이 되어야 '현장에서의 사역효과'가 나타난다. 만약에 이 현장기능의 연대와 협력이 없다면 청소년사역은 교회 안에만 머물러 있을 뿐, 청소년사역의 효과도, '청소년사역의 새 지평'도 기대할 수 없게 된다.

사역의 현장에서는 사역자(지도자)는 물론 부모나 가족, 학교교사, 또래친구들이나 선배 등의 '개별적이고, 유기체적인 연결망' 구축이 절실히 요망된다. 이 개별적인 연결망이 유기체적으로 가동되어야, 마치 실핏줄이 신체의 끝부분에까지 닿아 작용하는 것처럼, 비로소 사역의 현장 구석구석이 살아나기 때문이다. 이와 관련하여 '청소년의 연대와 협력'의 연결망도 형성되어야 한다. 특히 '청소년에 의한, 청소년의 사역'의 경우는 더욱 그렇다. 청소년들끼리의 연대와 협력은 청소년의 참여의 원동력이 될 뿐만 아니라, '청소년사역의 새 지평'을 넓혀가는 계기가 되는 것이기 때문이다.

넷째, 개별교회 내에서 청소년사역은 교회교육, 교회행정 등과 수평적 지원협력체계를 형성하여야 한다. 청소년사역은 교회교육과는 그 사역의 내용이 중첩되는 부분이 많아서 거의 같은 사역처럼 혼용될 때도 있음을 지적한 바 있지만, 이 두 사역이 서로 '창조적인 융합'을 이루어 협력할 수 있어야 사역효과를 배가할 수 있기 때문이다. 그리고 교회행정은 교회 내에서 거의 유일한 '청소년사역의 주요 지원체계'이다. 이는 교회교육과 함께 매우 긴밀하고 원만한 협력관계를 확보해야 청소년사역이 지속, 발전될 수 있기 때문에, 교회행정적인 지원협력체계야 말로 청소년사역의 사활이 걸려있다고 해도 지나치지 않다.

다섯째, 청소년사역에 도움이 될 인접학문이나 전문적 기능들의 지원협력체계도 필요하다. 청소년사역은 다양한 활동역역을 지니고 있기 때문에, 그 중에는 과학적 또는 다학문적인multidisciplinary 접근이 필요한 사역도 있고, 전문적 기능의 도움이 필요한 때도 많다. 이때 이러한 능력들이 지원(동원) 가능한 체계를 이루고 있어야 청소년사역은 더욱 효과적으로 사역(행동)프로그램을 전개할 수 있게 된다. 따라서 청소년사역은 '사역화를 위한 준비사역' 단계에서부터 이를 염두에 두고 필요한 기능들을 한데 엮어서, 언제든지 사역에 도움을 받을 수 있도록 준비해야 한다. 대체로 사역이 얼마가지도 않아서 지지부진하게 되는 요인 중의 하나가 바로 이러한 분야의 준비부족에 있기 때문이다.

그런데 이러한 전문적 인력이나 기능이 한 교회 안에 항상, 다 모여 있기란 사실상 어려운 경우가 대부분이다. 그러므로 교회들이 서로 '인력이나 기능을 교류, 협력'할 것이 요망된다. 따라서 이를 위하여, 청소년사역을 지원하고 협력할 'Christian사역 전문인력집단specialist pool'을 확보하는 일에도 반드시 관심과 노력을 기울여야 한다.

이와 같이 청소년사역을 활성화하기 위해서는 여러 수준, 여러 형태의 지원협력체계가 필요하다. 이 연대와 협력이 사역자들 사이에서, 교회 안에서, 교회들 사이에서, 교회와 지역사회 속에서 원활히 이루어질 수 있도록 우리는 기도하고 힘써야 한다. 그래서 형제 교회들이 '서로 통용하고, 나눠주는(행 2:44,45)', '한 하나님, 한 성경, 한 사역의 연결망'이 형성되어야, 그런 그리스도 교회 공동체 '본래의 모습'으로 돌아가서 하나님 앞에 바로 서야 그때 비로소 '청소년사역의 새 지평'도 활짝 열릴 것이라고 믿는다.

마치면서

: 누가 이 청소년사역의 십자가를 질 것인가

수많은 과제, 미비한 여건

지금까지 우리는 청소년은 누구인가, 청소년사역이란 무엇인가, 왜 청소년사역을 해야 하는가, 청소년사역의 목적과 목표는 무엇인가, 청소년사역의 내용은 어떤 것들인가, 청소년사역은 어떤 방향으로, 어떻게 전개해야 하는가, 청소년사역목표의 구현과 활성화를 위한 과제는 무엇인가라는 물음들에 대해서 답을 찾아왔다. 그래서 '하나님의 일, 하나님나라의 일 인 청소년사역'에 관한 전반적인 내용들을, 본질적인 데에서부터 현장에 이르기까지 두루 살펴보았다.

이 과정 속에서 우리는 어른중심의 안목에 가려서 잘 보이지 않던 청소년과 청소년사역의 참 모습을, 성경말씀을 중심으로 주 성령님의 인도하심에 따라 하나님의 관점에서 바라봄으로써, '하나님의 일꾼인 청소년'과 '하나님의 일, 하나님나라의 일인 청소년사역'에 관해서 새롭게 이해하게 되었다. 그리고 어렴풋이 맴돌기만 하고, 그래서 막연하기만 하던 청소년사역의 목적과 목표를 명확히 정리하게 되었고, 그리고 그에 따른 청소년사역의 실천적 영역과 단위사역내용들까지도 일목요연하게 체계적으로 파악함으로써, '청소년사역의 새 지평'을 뚜렷이 바라보게 되었다.

또한 청소년사역을 사역답게, 원만히, 알차게 추진하고 전개하려면, 청소년사역은 지금까지 우리가 생각했던 것보다 훨씬 더 해결해야 할 과제들이 많고, 또한 그 과제들의 해결이 시급하다는 점도 깨닫게 되었다. 이렇게 청소년사역에 할 일이 많다는 것은, 주님께서 청소년과 청소년사역을 통하여 이루고자 하시는 바가 많으시다는 것을 반증하는 것이다. 우리는 '청소년사역을 해야 할 이유들'을 통해서 이 일들이 얼마나 중요하고, 필요하며, 시급한 것인지도 살펴보았다.

그리고 '하나님의 영광을 위하여', 그리고 '하나님의 뜻을 이루기 위하여' 그리스도 우리 주 예수님과 함께 '그리스도의 사역'에 참여하는 이 일들에는 언제나 사악하고 어둡고 훼방하는 세력들이 맞서서 버티고 있다는 사실도 알았다. '그리스도의 성역에 쓰임 받는 청소년사역'은 그 자체가 하나의 영적 전투이기 때문이다. '그리스도의 궁극적인 승리'와 '하나님나라의 완성'을 위한 싸움에는 이루 말로 다 표현할 수 없을 만큼 엄청난 고난과, 시련과, 손실과, 심지어는 자기희생이 따라야 할 것을 성경은 가르쳐준다. 청소년사역도 마찬가지다. 청소년사역도 싸워 나가야 할 수많은 과제가 쌓여있음을 우리는 앞에서 보았다. 그리고 현재로서는 이를 해결해내기 위한 여건이 너무나 미비한 상태라는 점도 확인하였다.

그래서 마치 '고양이 앞의 쥐'처럼, 우리의 모습은 초라하기 이를 데 없다. 그것은 '누가 고양이의 목에 방울을 달까'하고, 서로 눈치만 보면서 움츠리고 있는 것처럼 보인다. '행동은 없으면서 말만 무성한 상태no action, talk only'가 우리의 실상 아닌가 싶다.

오직 너, 하나님의 사람아

여기 이런 우리들을 향하여 성경은 "오직 너, 하나님의 사람아, 이것들을 피하고, 의와 경건과 믿음과 사랑과 인내와 온유를 따르며, 믿음의 선한 싸움을 싸우라. 영생을 취하라. 이를 위하여 네가 부르심을 받았고, 많은 증인 앞에서 선한 증언을 하였도다(딤전6:11-12)."라고 말씀하신다. 그 '너'는 누구인가. 사도 바울이 디모데 한 사람에게만 이른 말씀일 뿐인가. 아니면, 이 글을 옮겨 담은 필자를 두고 하신 말씀인가. 아멘, 주여, 말씀대로 내게 이루어지이다(눅1:38). 또 혹시 그 '너'는 이 글을 읽고 계신 분들을 향하신 부르심이 아닐까. 아니면 또 누구를 향하신 '너'일까. 주님께서 "내가 누구를 보내며 누가 우리를 위하여 갈꼬." 말씀하시며 사람(일꾼)을 찾으시는데, "내가 여기 있나이다. 나를 보내소서(사6:8)."라고 선뜻 대답하며 나설 사람은 과연 누구이어야 할까. 그가 누구이든지, 개인이든지 교회이든지 "귀 있는 자는 성령이 교회들에게 하시는 말씀을 들을지어다(계2:7, 11, 17, 29, 3:6, 13, 22)."라고 거듭거듭 주 성령님께서 말씀하실 때, 깨어 일어나서 "말씀하옵소서. 주의 종이 듣겠나이다(삼상3:11)."라고 하는 '참 종들, 참 교회들'이 많이 일어서게 되기를 간절히 기원한다.

그리스도교회 공동체의 지도자님들과 힘 있는 교회들

그가 그리스도교회 공동체의 지도자들이시라면, 힘 있는 교회들이라면, 일어나서 한국 그리스도교회 공동체의 '일치'를 위한 노력의 열매가 하루라도 빨리 영글도록 힘써주기를 간청한다. 적어도 청소년사역의 현장에서만이라도 교회의 일치와 화해와 공동노력이 가시화되도록 힘써주기를 바라고 또 바란다.

그래서 청소년사역만은 교단을 초월해서 한 마음 한 뜻으로 힘 모아 추진될 수 있게 길을 열고, 그래서 우리의 청소년들만이라도 오늘, 여기 이 땅에서, 서로 뜻을 모아 함께 일하고, 참여하고, 협력하는 분위기 속에서 자랄 수 있게, 그래서 그들의 마음속에, 삶 속에 '하나의 그리스도교회 공동체'가 청소년시절부터 확실히 자리 잡을 수 있게, 그러다가 '그들의 시절'이 오면 아주 자연스럽게, 온전히 서로 하나가 되어 주님의 일에만 전념할 수 있게 그 길만이라도 속히 열어주시기를 간곡히 부탁의 말씀드린다. 청소년사역의 '결정적인 많은 부분'이 오늘, 한국 그리스도교회 공동체의 지도자들과 힘 있는 교회들의 손에 달려있다고 확신하기 때문이다.

교역자(목회자), 그리고 사역관련 담당자와 사역자들

또 그가 교역자(목회자), 그리고 사역관련 담당자와 사역자들이라면, 주님의 십자가 정병精兵님들!

교회가 '오늘, 여기' 세상의 중심에 돌올突兀히 서있지 못하고, 청소년사역이 청소년의 삶의 현장에까지 이르지 못하면, 이 시대, 이 땅에서 사는 청소년들은 암울하고 불안할 수밖에 없다. '하나님의 일꾼인 청소년'의 오늘이 밝고 원만하지 못하면, 내일의 우리 모두가 암울해질 수도 있다. 청소년은 그 자신뿐만 아니라 우리들 모두의 소망스런 존재들이니까.

지금까지 교회들은 청소년과 청소년사역을 위한 수많은 노력들을 전개해 왔다. 많은 업적도 남기고 많은 발전도 거듭했다. 그럼에도 불구하고 청소년사역은 편향, 편중되어 있고, 그리스도교회 공동체 사역의 우선순위에서 밀리고 있는 실정이다. 많은 일거리를 눈앞에 두고 바라보면서도, 제대로 손을 쓰지 못하고 있기도 하다.

이 청소년사역의 현장에서 가장 가까이에 있는 것이 지역사회 속의 개별교회들이다. 따라서 청소년사역의 사활은 일차적으로 지역사회 내에 있는 개별교회들의 노력여하에 달려있다고 해도 지나친 표현이 아닐 것이다. 그런데 이 현장 속의 교회들은 여러 가지 사역여건이 불비하고 부족하여서, 제대로 청소년사역을 전개할 만한 여력이 없다는 것이 그 현안으로 나타나 있다. 더군다나 막중한 학교교육의 영향 때문에 교회가 흔들리는 양상마저 보이고, 심지어는 교회학교가 학교교육의 '보조적 프로그램'을 감당해서라도 아이들을 교회에 '모셔두려는' 몸부림이 빈번해지기까지 하였다. 한마디로 '청소년사역의 위기'이다. 이런 정황 속에서 청소년사역을 지속한다는 것은 무리한 일처럼 보인다. 이 막막한 정황 속에서 청소년사역을 전개하라는 부르심을 받고 서있는 분들이 바로 교역자님, 그리고 사역관련 담당자님들과 사역자님들이다. 청소년사역이라는 힘겨운 십자가를 지고 계시는 것이다.

그러나 모든 사역은 '창조적 소수자'의 고뇌에 찬 기도와 땀방울을 먹고 자랐음을 기억한다면, 그리고 사역은 '하나님과 함께하는 일'이요, '그리스도의 사역에 쓰임 받는 것'이라는 사실을 기억한다면, 우리가 지고 있는 십자가는 그리 두려울 것이 없다. 그 무엇보다도 '그리스도의 십자가 복음'이 청소년사역의 중심에 서있기만 한다면, 주 성령님께서 친히 이끄시고 도우셔서, 주 우리 하나님의 뜻이 청소년사역 속에서도 이루어지게 친히 역사하실 것이다.

"그리스도를 위하여 너희에게 은혜를 주신 것은 다만 그를 믿을 뿐 아니라, 또한 그를 위하여 고난도 받게 하심이라(빌1:29)."라는 말씀처럼, 사역을 위한 고난과 역경은 두려움의 대상이 아니라 오히려 '내게 유익한 것(시119:71, 사38:7)'이라는 믿음으로 굳게 서서, 믿음의 선한 싸움을 싸우시기를 주 예수님의 이름으로 간절히 기도한다.

평신도 형제자매들

또 그가 평신도 형제자매들이면, 평신도laity의 본뜻인 '하나님의 백성'들<헬> laos/laicos답게 하나님의 자녀요, 백성이 된 그 몫을 다해야 할 것이다. 교회에 모여서는 배우고 힘을 기르고, 현장으로 흩어져 나가서는 주님의 일꾼으로 일하는 가운데, 하나님의 나라가 확장되는 데에 기여하여야 할 것이다. 특히 여기에서는 남선교회, 여전도회, 평신도사역모임 등이 청소년사역과 서로 연대와 협력의 연결망을 형성하여, '청소년과 함께하는 사역ministry with youth'의 새 지평을 열어 갈 수 있기를 기도한다.

교회학교 및 일반 학교의 교사들

그가 교회학교나 일선 학교의 교사들이라면, 존경하는 선생님들! 자신이 청소년의 사회화와 자아실현에 개입하는 주요한 타인일 뿐만 아니라, '전문성을 지닌 청소년사역의 일꾼'임을 항상 기억하고, 청소년들의 교과서요, 거울이요, 지팡이로서 건재하기를 기도한다. 특히 '선생님들은 청소년사역의 불을 지필 불씨'들이다. 교회교육의 영역으로부터 '청소년사역의 새 지평'에 이르기까지 그 영역을 확장할 수 있는 실질적 역량은 교사들에게 주어져 있기 때문이다. 특히 '청소년과 함께하는 사역'과, '청소년에 의한, 청소년의 사역'이 학교 안팎에서도 활발히, 지속적이고 창의적으로 전개되어, '학원사역'의 불씨를 퍼뜨릴 이들도 선생님들이기 때문이다.

청소년을 자녀로 둔 부모님들

또 그가 청소년을 자녀로 둔 부모님들이라면, 부모의 자녀양육태도가 청소년의 성장, 성숙, 성화에 미치는 영향이 거의 '결정적인' 것임을 기억하시고, 자녀들을 하나님 앞에 온전한 일꾼으로 세우기 위해 온 힘과 정성을 다 기울이는 '엘가나와 한나(삼상1-3장)'같은 부모님들이 되시기를 기원한다. 특히 어렵고, 힘들고, 까다로운 청소년기를 보내는 자녀들이 '예배자다운 나'를 형성할 수 있도록, 그래서 '소명적 자아정체성'이 확보될 수 있도록, 하나님께서 귀댁 자녀들에게 선물로 주신 재능을 넉넉히 발휘하여 '그리스도의 성역에 쓰임 받는 일꾼'이 되고, '사랑과 정의를 구현'하는 '작은 예수'가 될 수 있도록, 부모님들은 무릎으로, 사랑으로, 자녀들의 후견인과 격려자와 후원자가 되어 청소년과 청소년사역을 적극 지원하시기 바란다.

신학생을 비롯한 관련 대학생, 청년들

또 그가 신학생들이거나, 청소년(사역)관련 전공학생들이라면, 아끼고 사랑하는 대학생, 청년여러분!

청소년과 청소년사역의 장래는 결국 준비되고 헌신된 일꾼의 어깨에 짊어지워지기 마련이다. 이 십자가를 아멘으로 받아 '기쁘고 감사함으로 온전히, 두렵고 떨림으로 거룩하게' 짊어지기를 간곡히 부탁드린다. 여러분에게 한국교회와 청소년사역의 내일이 맡겨져 있기 때문이다. 여러 가지로 여건이 미비한 상황 속이지만, 청소년사역에 관한 체계적인 탐구와 청소년사역프로그램의 개발에 창의적으로 접근하는 노력을, 그리고 '청소년을 섬기는 사역'의 현장에 투신할 힘을 기르기 위해서 지금부터라도 착실히, 힘차게 접근해가기 바란다. 이것이 "청년아, 일어나라(눅7:14)."라고 하시던 주님의 뜻이다.

청소년들

끝으로 그가 청소년 여러분이라면, 사랑하는 청소년 여러분!

무엇보다도 '너는 누구냐'는 질문 앞에서, '나는 아버지 하나님의 자녀요, 그리스도 우리 주 예수님의 제자요 일꾼이며, 성령님의 이끄심을 따라 사는 하나님의 사람'이라는 확실한 고백을 할 수 있는 '나'를 세우기 바란다.

그리고 성경말씀과, 기도와, 성령님의 인도하심을 따라, '하나님께서 나를 통하여 이루고자 하시는 것이 무엇인지'를 발견하기에 힘쓰기 바란다. 눈앞에 보이는 세상 것들만 따라가지 말고, 거기에 내 영혼이 파묻혀버리지 않게 나를 지키고 다스리며, 오직 위로부터 주시는 참 꿈vision을 이루기 위하여 지금부터 착실하게 꾸준히 목표를 향해 나아가기 바란다. 그러나 '내일, 그곳'을 위해서 뿐만 아니라, '오늘, 여기'에서도 하나님의 일꾼으로서 해야 할 일이 있는 '나'임을 기억하고, '하나님의 일꾼인 청소년'인 내가 돌아보고 섬겨야 할 내 가족, 내 친구, 내 이웃이 있음을 항상 기억하면서, 배우고 깨우친 것을 주님 안에서 행동으로 옮기기 바란다.

필요하면 또래친구들과, 선배 형 언니들과, 어른들과 힘을 모아서, 주체적으로, 능동적으로, 실천적으로, '청소년사역의 새 지평'을 청소년 여러분의 힘으로 주님의 뜻을 따라, 주님과 함께 힘차게 올곧게 펼쳐나갈 수 있기를, 주 예수님의 이름으로 간절히 부탁드린다.

'하나님사랑, 이웃사랑, 교회사랑, 일꾼사랑, 영혼사랑'을 위한 '교육 선교 봉사 사역공동체 - 갈릴리공방Education, Mission, Service - Galilee Workshop Community, G-G'과, 그 산하의 '청소년사역연구개발원(G-G R&D Youth)'도, 그리고 부족한 필자도, 자신의 십자가를 지고 우리 주님께서 다시 오실 때까지 대를 이어 주님의 뜻을 받들어 섬기게만 하옵소서. 아멘

"우리 주 예수 그리스도의 은혜와, 하나님의 사랑과, 성령의 사귐이 여러분과 함께하기를 빕니다(<현대> 고후13:13)." 아멘.

내가 여기 있사오니, 성령의 불길이여 태우소서.

언제
이 불을 지펴보기라도 했던가요
오, 주님

이 불씨
불꽃으로 살아나

청소년사역이
사역답게
온 누리에
들불처럼 번지게 하시며

우리의 청소년
젊은 영혼들이
활활 타는 불 속에서도 살아나온 사람들같이
싱그럽게
주님 앞에 우뚝우뚝 서게 하소서

'주여,
내가 여기 있사오니
성령의 불길이여 태우소서' 하며

무릎 조아리는
당신의 일꾼들을 하나로 엮어주소서

아멘.

청소년사역의 새 지평

이하운 씀

초판 1쇄 2012년 7월 2일

발행처 SFC출판부
총 판 하늘유통(031-947-7777)
인 쇄 (주)독일인쇄

137-803 서울특별시 서초구 반포4동 58-5 2층 SFC출판부
Tel. (02)596-8493 Fax (02)596-5437

ISBN 978-89-93325-55-3 03230

값 22,000원
독자의 의견을 기다립니다.
www.sfcbooks.com

잘못 만들어진 책은 언제든지 교환해 드립니다.

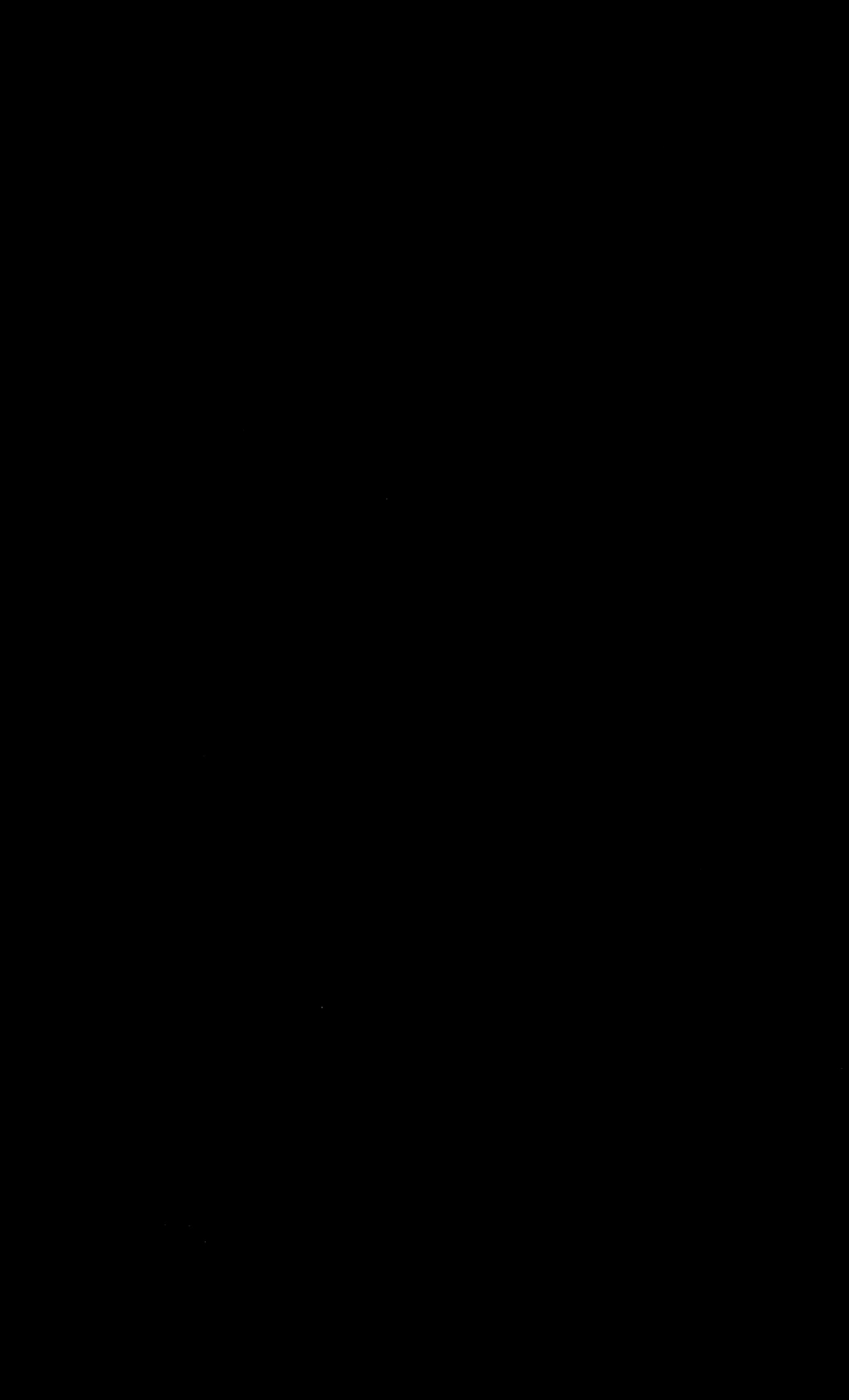